山川菊栄研究

過去を読み 未来を拓く

伊藤セツ

Kikue Yamakawa

ドメス出版

① 山川菊栄（1920年）

② 山川均 44歳（1925年10月）

③ 山川夫妻、振作と（1925年）兵庫県御影にて

④ 菊栄　1947年9月〜1951年5月
　まで在任した婦人少年局長室にて

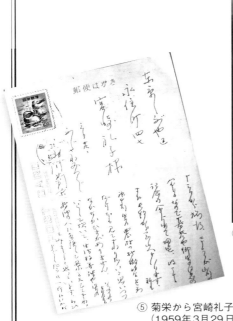

⑤ 菊栄から宮崎礼子氏への葉書
　（1959年3月29日付）

⑥ 社会政策学会第19回大会参加者記念写真（1959年5月　於：専修大学）
　（前列中央の女性 山川菊栄、同列左から2人目嶋津千利世、前から2列目右端広田寿子、
　同列右から7人目 竹中恵美子）

⑦ 国際婦人デー 50周年記念集会にて（1960年3月8日　於：東京文京会館）
左から野坂竜、市川房枝、山川菊栄、帯刀貞代

⑧ 菊栄（1970年）

⑨ 均が育てたバラ園のなかで（1957年）

⑩ 山川均と菊栄の墓
　岡山県倉敷市大連寺山門前

⑪ 菊栄のローマ字サイン
　（労働省婦人少年局長時代の英文文書より）

写真出所：
①②③④⑧⑨ 神奈川県立図書館「山川菊栄文庫」(「山川菊栄記念会」提供)による
⑤ 宮崎礼子氏提供
⑥ 社会政策学会提供
⑦ (公財)市川房枝記念会女性と政治センター提供
⑩ 2017年9月18日伊藤セツ撮影
⑪ 「国立国会図書館憲政資料室」GHQ/SCAP文書：請求記号 CIE(B)01718中より

まえがき

　1963年以来50年もかかった私のクラーラ・ツェトキーン研究*の締めが近づいた2013年の終わり頃から，次なるテーマが私のうちに温められ次第に膨らんでいった。次なるというより，本当はクラーラ・ツェトキーン研究の前に手がけたかったテーマに，半世紀の歳月ののち，具体的内容を伴って戻ってきたという思いがする。自分という研究マラソンランナーが，いわばクラーラ・ロードを50年走って，バトンをもう一人の自分に渡して，二人の自分がリレーをつないでいるという感じである。

　本書の対象となる山川菊栄（1890.11.3-1980.11.2）研究は，私にとってそのようなものだ。これまで私は婦人（女性）**問題・運動に関する領域ではクラーラ・ツェトキーン（松原〈伊藤の旧姓〉編訳1969，伊藤 1984，2013），国際婦人（女性）デー史（川口，小山，伊藤 1980，伊藤 2003），そして少しばかりアウグスト・ベーベルの『女性と社会主義』（昭和女子大学女性文化研究所 2004）を研究対象として手がけてきた。しかし，本当は私自身の関心は，山川菊栄という人物へのほうが先であった。

　「誰もやったことがないテーマで研究しなさい。外国語文献から出発しなさい」という恩師・新川士郎先生の指導により，1963年に北海道大学大学院修士課程でクラーラ・ツェトキーンを研究テーマとすることとなり，そのかたわら，私は，漠然とした予感から，断片的ながら山川菊栄の資料も集め，菊栄関連研究の動向を見逃さないように注意してきた。なぜなら，研究のプロセスで，菊栄とクラーラとの，あるいは菊栄とベーベルとの，そして菊栄と初期コミンテルン（第3インターナショナル）の女性政策（それは多くがクラーラの手になっていた）との関わりが意外と多く，ここを押さえておくことは重要だと直感したからである。

　私のこれまでの菊栄についての関心の一端は，1980年代初めの小論1点（伊藤 1982：47-55）と，北海道大学への博士の学位請求論文中の第1章第2節（伊藤 1984：20-33）に痕跡をとどめている。前者はまったく意識していなかったが偶然にも，山川菊栄の最初の選集にあたる『山川菊栄集』（田

中寿美子・山川振作編，編集協力 鈴木裕子 全10巻＋別巻 岩波書店）が完結した1982年に，後者は，鈴木裕子がこの『山川菊栄集』1巻から7巻に収録された257篇中78篇をさらに選って『山川菊栄女性解放論集全3巻』（岩波書店）を出した1984年に発表，出版された年と同じである。

　さらに私は，2000年代に入って，1977年に国際デーと国連が定めた「国際女性デー」（International Women's Day）の歴史を追う仕事（伊藤 2003：142-144）から，菊栄の「国際女性デー」の国際的・歴史的認識が当初から不十分であったのではないかと疑問をもつようになる。その後，ソ連・東欧の崩壊後，利用可能となった資料をベルリンのアルヒーフ SAPMO（ザプモ＝Die Stiftung Archiv der Parteien und Massenorganisationen der DDR の略語）やモスクワのロシア国立社会政治史文書館 RGASPI（ルガスピ＝ロシア語のキリル文字の略語 РГАСПИ のローマ字表記）で検索して，再びクラーラ・ツェトキーンの旧著を全面的に組み替え，加筆・修正して，新たなクラーラ・ツェトキーン研究書（伊藤 2013，増補改訂版 2018）を出したが，そこでは菊栄との関連はほとんど書かなかった。

　しかし，2013年といえば，山川菊栄の新しい選集『新装増補　山川菊栄集 評論篇』（岩波書店，2012，鈴木裕子編，全八巻＋別巻）が刊行された翌年である。この間，菊栄生誕100年／没後10年（1990），同110年／20年（2000），同120／同30年（2010），同125／35年（2015）も「山川菊栄記念会」の方たちの魅力的企画に記念されて足早に過ぎて行った。その節目に行われた行事は，山川菊栄生誕百年を記念する会編『現代フェミニズムと山川菊栄』（大和書房 1990），山川菊栄記念会『山川菊栄の現代的意義－女性が働くこととフェミニズム』（労働者運動資料室，2011），同『山川菊栄生誕125周年記念シンポジウム記録集』（労働者運動資料室 2016）にまとめられている。

　2010年11月3日の生誕120年記念シンポジウム「山川菊栄の現代的意義」（東京ウィメンズプラザ）と2015年11月3日の山川菊栄生誕125周年記念シンポジウム「山川菊栄が描いた歴史」（YMCA アジア青少年センター）には，私も参加する時間がもてた。1981年からはじまった山川菊栄記念会による「山川菊栄賞」は，2014年の作品の選考（授賞式は2015年）を最後に終了したが，その最後の年に受賞した2作品のうちの1つは『日本占領とジェンダ

――米軍・売買春と日本女性たち』（平井 2014）であり，この作品が対象とする時期は，菊栄が GHQ のもとで労働省婦人少年局長の地位にあったときと重なっている。さかのぼって，戦後の菊栄の労働省婦人少年局長時代に関係をもつ占領下の女性解放・女性労働政策に関すると思われる GHQ 側の原資料を用いた研究も上村（2007），豊田（2007）によって行われ，また，別な意味で，菊栄と関連するのではないかと思われる占領期の GHQ の検閲に関する実態も明らかにされてきた（山本 2013）が，これらを，菊栄と噛み合わせる動きは，「山川菊栄記念会」の企画のなかでもとくにみられなかった。

　2014年4月に，当時「山川菊栄文庫」を所蔵する移転間近の江の島の「かながわ女性センター」での「山川菊栄展」を観，「山川菊栄文庫」を閲覧し，新旧の二種の選集『山川菊栄集』『新装増補　山川菊栄集　評論篇』を揃えて，私は菊栄研究に取りかかった。

　本書は，これまでの私の研究中，山川菊栄に関する論及を部分的に利用してはいるが，ほとんど「書き下ろし」である。研究単著を「書き下ろし」で書くということは，私のかねてからの憧れでもあった。また，菊栄を知るためには彼女の夫の山川均研究も必須であったが，私は，均をこれまで一度も研究対象としたことはなかった。ところが，折しも，2014年9月，山川均研究に示唆を与える『資料集　コミンテルンと日本共産党』（和田春樹，G.M.アジベーコフ監修，富田武・和田春樹編訳 2014）が出版され，同年11月と翌2015年4月に『マルクスを日本で育てた人　評伝・山川均　Ⅰ，Ⅱ』（石河 2014，2015）が，また，2014年11月に，山川均を中心に据えた1つの章を含む『帝国に抗する社会運動　第一次日本共産党の思想と運動』（黒川 2014）が出された。これらの出版は私にとって絶好のタイミングでもあり，また均を関わらせながらの菊栄研究の必要性とその難しさを予感させるに十分でもあった。

　また私は，山川菊栄に関心はもち続けたが，菊栄を「先生」として仰いだことはなく，特別の思い入れがあるわけでもなく，生前にお会いしたこともなく，「山川菊栄記念会」には個人的に知り合っている方もいるとはいえ，ご一緒に仕事をしたこともない門外漢である。しかも，その門外漢が，これ

まで菊栄と関わった諸先輩とは異なる視点・角度から菊栄に光を当てるというのだから，本書は一種の冒険である。異論や反論が八方から私を取り巻くであろうことが予測されるが，そうしたことは，山川菊栄研究にとっては，避けて通れないことと考えているし，今日の日本の社会を取り巻く情勢のなかでは，そうした議論を通じて理解を深めることがとくに必要だと私は思っている。

　ただし，本書は，あくまで菊栄の女性問題・運動関連領域を対象とし，菊栄の民俗学・歴史学的な著作は，菊栄の全体を理解するとき重要ではあるが，先行研究に任せ，かつ女性問題・運動領域中でも，主にこれまで取り上げられてこなかった問題に重点をおいている。このことをまず，お断りしておきたい。

注
* 　クラーラ・ツェトキーン（Zetkin, Clara: 1857-1933）。これに関する私の研究は，単著は，本書「文献リスト」中の松原（＝伊藤の旧姓 1969），伊藤（1984, 2013，2018），それを構成する習作は，2013年の単著の「文献リスト 6」（伊藤 2018：958-961）を参照いただきたい。
** 「婦人」という用語は，およそ1990年を境に，「女性」に置き換えられていった。私も，1993年の単著から，理由を説明した（伊藤 1993：4-6）うえで，「女性」を使用している。山川菊栄の生存中はほとんど「婦人」を使用していた。しかし現在の時点で書くとき，「婦人」を「女性」に置き換えるわけにはいかないのは当然であるが，現在の視点で「女性」という用語が自然になっている場合は，文脈によって両用する場合も生じる。例えば，本書で重要な意味をもつ「国際婦人デー」と「国際女性デー」などはその例である。あまりに区別を厳密にせずに，両用語が混在することもあるということをあらかじめご了解いただきたい。

　2018年7月6日

伊藤　セツ

山川菊栄研究

過去を読み 未来を拓く

●

目次

まえがき　　1

凡　例　　14

序　章　問題意識，先行研究，研究方法

1．私の問題意識
　　　　──私の菊栄自覚史から　　18
2．先行研究・残されている課題・資料の所在　　27
　⑴　資料と先行研究　　27
　⑵　30年を隔てた2つの『山川菊栄集』の異同について　　30
3．本書の独自の研究方法　　35
4．本書の展開のしかた
　　　　──章構成の特徴　　40

第1章　出自と時代的背景の考察
──初期社会主義，冬の時代，大正デモクラシー

はじめに　　44
1．出自：場所と生いたち，家庭の生活水準　　49
　⑴　父方：松江藩の下級武士　　49
　⑵　母方：水戸藩の藩士　　52
2．両親の結婚
　　　　──森田菊栄の誕生，家庭環境，青山菊栄へ　　54
3．時代的背景
　　　　──明治後期からの日本の解放思想：自由民権思想と初期
　　　　社会主義思想　　63

目次　　7

第2章　受けた教育と思想的基盤
——1910年代前半までの到達点

はじめに　70
1．家庭教育：幅広く深い教養　72
2．学校教育
　　——英語力をつける　75
3．英語で読み翻訳する　79
4．"J'accuse"の抄訳出版　85
5．菊栄の評論活動の理論的基礎への考察　89

第3章　山川均との結婚，山川菊栄の誕生，家庭生活

はじめに　98
1．山川均の登場，均と菊栄の出会い　98
2．山川均と菊栄の結婚　107
3．青山菊栄が山川菊栄となって
　　——家庭生活など　119

第4章　ロシア革命，ドイツ革命を経て（1917-1919）
——理論の基礎がため

はじめに　126
1．菊栄夫妻にとっての1917年ロシア革命　126
2．1918年の菊栄の仕事
　　——社会政策学会デビュー　133

8

　　3．ドイツ革命：ローザ・ルクセンブルクとカール・リープク
　　　　ネヒト，クラーラ・ツェトキーンへの注目　139

　　　（1）　ローザ・ルクセンブルクとカール・リープクネヒト　140

　　　（2）　クラーラ・ツェトキーン　141

　　4．1919年の3冊の単著出版　146

　　　（1）　最初の著書『婦人の勝利』について　146

　　　（2）　第1論集『現代生活と婦人』と第2論集『女の立場
　　　　　から』　152

　　5．ILO第1回総会への代表・顧問問題に関する発言　160

第5章　1920年代前半の山川菊栄
──初期コミンテルン・赤瀾会・国際婦人デー

はじめに　168

1．初期コミンテルンの女性政策と山川菊栄　172

　（1）　初期コミンテルンの女性政策摂取前の菊栄と翻訳　172

　（2）　1919─20年のコミンテルンの女性政策と山川菊栄によ
　　　る紹介と受容　175

　（3）　1921─22年のコミンテルンの女性政策と山川菊栄　178

　（4）　1922年の菊栄の英文論文，Yamakawa, K "Women in
　　　Modern Japan" について　181

　（5）　1923─24年のコミンテルンの女性政策と山川菊栄　187

2．国際動向への呼応：赤瀾会・八日会・水曜会・七日会・
　　国際婦人デー（1921─1924）　189

　（1）　赤瀾会　189

　（2）　国際婦人デーと山川菊栄の国際婦人デー認識　196

３．日本共産党と山川均との関係でみる菊栄の位置と
　　その後　206
　(1)　コミンテルンと日本の社会主義者の接触　206
　(2)　初期（第1次）日本共産党と山川均・菊栄　209

第6章　ベーベル『婦人論』の本邦初完訳をめぐる
　　　　諸問題

はじめに　222
１．アウグスト・ベーベルと『女性と社会主義』　223
　(1)　アウグスト・ベーベル　223
　(2)　ベーベルの原書『女性と社会主義』の出版の変遷　227
　(3)　原書の各国語への翻訳の変遷のなかでの英米語翻訳の
　　　位置　229
２．菊栄が読んだ英訳本
　　　　　──ダニエル・デ・レオン版と翻訳の
　　　　　　　原本：メタ・シュテルン版　232
３．ベーベル『婦人論』の日本語訳の流れにおける菊栄の
　　翻訳　234
４．山川菊栄訳と牧山正彦訳 つまり重訳と原著訳との
　　若干の対比　241
５．ベーベルの『女性と社会主義』についての『歴史評論』の
　　山川菊栄へのインタビューより　245
　附：連続学習会（2010年）での水田珠枝氏のベーベルと菊栄に関する
　　　見解について　248

第7章　1920年代後半の山川菊栄
——労働婦人組織と諸問題

はじめに　256

1．菊栄の単著『婦人問題と婦人運動』（1925年）　259

2．「婦人の特殊要求」と「婦人部テーゼ」
　　（1925-1926年）　265

　⑴　「婦人の特殊要求」について（1925.10）：政党綱領のレベル
　　　での婦人問題　267

　⑵　「婦人部テーゼ」と労働組合婦人部設置可否論争（1925-
　　　1926）：「日本労働組合評議会」婦人部の組織問題　272

3．婦人労働者の組織をめぐる問題（1926年）　280

　⑴　「無産階級運動における婦人の問題」　281

　⑵　「婦人同盟と組合婦人部」　287

　⑶　「婦人労働者と組合婦人部」　291

4．山川均とともに「労農派」を選ぶ
　　——日本共産党とは与せず　297

第8章　1928年以降15年戦争の間の山川菊栄

はじめに　304

1．「婦人運動小史」，「ドグマから出た幽霊」，「フェミニズム
　　の検討」（1928年）　308

　⑴　婦人運動小史　309

　⑵　ドグマから出た幽霊
　　　——高群逸枝氏新発見の「マルクス主義社会」に
　　　ついて　317

⑶　フェミニズムの検討　　320

2．雑誌『労農』と山川菊栄
　　　──『労農』掲載論考と，附録婦人版の編集発行　　324
⑴　「無産婦人運動の任務とその批判」（1928年）　　324
⑵　雑誌『労農』附録婦人版　　328

3．この時代の菊栄にみる評論，時評の評価　　334
⑴　1920年代の終わりから1930年代へ　　334
⑵　「3.15事件」（1928）と「4.16事件」（1929）について菊栄の
　　見方　　337
⑶　1930年代・「満洲事変」から15年戦争間の山川菊栄
　　　──宮本百合子との対比で　　342
⑷　1940年代──女性知識人に対する思想「統制」のなかでの
　　菊栄と柳田国男　　350

第9章　　戦後・GHQ の占領下での山川菊栄
──労働省婦人少年局退任まで

はじめに　　354
1．戦後直後，占領下日本の女性をめぐる動向と菊栄の位置
　　（1945-1947）　　356
⑴　敗戦と占領　　356
⑵　「戦後対策婦人委員会」と「新日本婦人同盟」：市川房枝の
　　動向　　359
⑶　「婦人民主クラブ」の創設
　　　──宮本百合子に注目して　　361
⑷　山川菊栄の戦後と「民主婦人協会」の創設
　　　──山川均の「民主人民連盟」との関係で　　366

⑸　GHQ の婦人政策の性格　　374

２．占領下と重なる労働省婦人少年局長時代の菊栄（1947.9-
　　1951.5）　377

⑴　菊栄　労働省婦人少年局長となる　　377

⑵　山川菊栄と広田寿子　　382

⑶　占領軍と性の問題，「女性を守る会」　　385

⑷　占領下の労働政策と婦人労働者の問題
　　──生理休暇問題・「スタンダー発言」をめぐって　　391

⑸　日本戦後初期の国際婦人デー開催をめぐる菊栄の言動
　　の謎　　394

３．婦人少年局長としての仕事と退任　　407

第10章　戦後「日本社会党」の女性運動への関わりのなかで
──外遊,『婦人のこえ』と「婦人問題懇話会」を足場に

はじめに　　412

１．山川均の戦後動向，そしてその死　　415

２．菊栄の外遊とそこから得たもの　　421

⑴　英国　　422

⑵　ユーゴスラヴィア　　429

⑶　インド　　434

⑷　中華人民共和国　　435

３．日本の女性運動のなかでの日本社会党の女性運動と菊栄の
　　位置　　440

⑴　1950年代の婦人運動と『婦人のこえ』　　440

⑵　1960年代〜70年代の婦人運動のなかで
　　──婦人問題懇話会と日本婦人会議　　452

終　章　過去を読み 未来を拓く

はじめに　　464

1. 山川菊栄と宮崎礼子：手紙，葉書（1957-1970）
　　　　──農業問題への菊栄の関心　　466
2. 山川菊栄と嶋津千利世　　471
3. 山川菊栄の現代的意義について：マルクス主義，社会主義，
　　フェミニズム　　479
　(1) 水田珠枝による評価　　482
　(2) 竹中恵美子による評価　　484
　(3) 鈴木裕子の所説　　486

あとがき　　488

引用・参考文献リスト　　493
山川菊栄の年譜と関連年表（明治維新以降菊栄の死まで）　　509
索引
　人名索引　　606
　事項索引　　615

カバー装丁　市川美野里

凡　例

1．引用文献について：山川菊栄の選集，『山川菊栄集』旧版については，『山川菊栄集』Aとし，新版『新装増補　山川菊栄集　評論篇』については『山川菊栄集』Bとし，その後に巻数をつけるが，AB共通の場合（1巻から7巻）は，例えば（『山川菊栄集』AB 1）のように記し，引用箇所はそのあとに：を付してページを入れる。同じ文脈で続ける場合，同じ巻については（同上：ページ）とし，まったく同ページの引用は（同上）と略記する。山川均については原則として，『山川均全集』から引用するので（『山川均全集』何巻，ページ）の順で記す。他の引用中表記については，今日一般に社会科学系学会誌の執筆要綱を参考にしている。すなわち（著者の姓　発表年：引用ページ）として巻末の引用文献と対応可能とする。

2．『山川菊栄集』ABに収録されていない他の山川菊栄の文献の所在も，山川均との区別のため，フルネームを使い，発行年：ページの順で記し，巻末の引用文献と対応可能とする。例（山川菊栄　0000：00-00）。引用文献中，同姓の著者が複数いる場合は，引用箇所もフルネームとするが，筆者　伊藤セツに関しても，「まえがき」以外は同じ扱いとする。

3．菊栄の原記述については，仮名づかいは，原記述どおり旧仮名づかいとしたが，旧漢字については，読者の読みやすさを考えて常用漢字とした。

4．本書では，随所に菊栄の『おんな二代の記──わたしの半自叙伝』を引用するが，この書の初版は『女二代の記』の表記で1956年に日本評論新社から出されたものである。のち1972年に，平凡社の東洋文庫〔203〕に『おんな二代の記』として入ったものであり，『おんな二代の記』と書き表す。『山川菊栄集』A9には，後者の題で収録されるが，『山川菊栄集』Bには収録されず，2014年に，同題で岩波文庫として刊行された。本書では，かねてから私が読み親しんだ『山川菊栄集』A9を用い，引用ページもこれによる。

5．本書で使用する引用・参考文献リストは，巻末にまとめて記載した。

6．年号は本文は西暦を主とするが，初出，あるいはその他必要と思われる場合のみ（　　）内に元号を示した。引用文献中元号で記されている場合は，そのまま用い，初出，その他必要な場合には（　　）内に西暦を示した。本文の西暦を元

号と照合する場合は，巻末の「山川菊栄の年譜と関連年表」を参照していただきたい。

7．国名を略記するとき，アメリカ合衆国を米国，イギリスを英国とする場合がある。

8．本文中下線は，伊藤が付したものには，その旨注記している。

9．引用文中の脚注は，伊藤によるものであり，その旨記している。

10．「婦人」と「女性」は同義であるが，菊栄の時代は「婦人」が一般的であった。英語の Woman の翻訳も婦人を用いている。しかし，菊栄が「女性」を用いる場合もあり，しだいに適宜「女性」を使用するようになったが，厳密に区分してはいない。

12．「日本社会党」と「社会党」の区分は，1906年結党のものは「日本社会党」と明記するが，戦後のものは，「日本社会党」，単に「社会党」を両用している。「日本共産党」についても，単に「共産党」と略記している場合が多い。

13．「コミンテルン」とは Kommunistische Internationale の略称であり，「第3インターナショナル」と同義である。

14．現在では使われていない国名，地名，職業の呼称など，適切でない表現もあるが，歴史的用語として当時の表記をそのまま用いた。

序　章

問題意識，先行研究，研究方法

1．私の問題意識——私の菊栄自覚史から

(1) 私の菊栄自覚史

　私の問題意識，なぜ私が山川菊栄を取り上げたいと思ったかの理由は，それを私が自覚した順（重要度順ではなく時系列的）に書くと次の7点となる。

　第1に，私にとって山川菊栄への関心は，北海道大学教養文類に入学した1958（昭和33）年に遡る。当時女子学生は，大学の全学生の5％（5000名中）しかおらず，全員加盟の「北大女子学生の会」が，いろいろな問題の改善を大学に要求していた。日常活動の中心は，読書会であり，そのなかにドイツのアウグスト・ベーベルの『女性と社会主義』（初版 1879）の邦訳『婦人論』が，含まれていた。そのとき，山川菊栄なる女性が，この本の邦訳の最初の完訳者（1923年）だと知り，菊栄の名が印象づけられた。しかし，私たちが読んだのは，菊栄の訳によるものではなく[1]，また訳本も各種あることを知った。それでも最初の完訳者が山川菊栄という女性であることに強い関心をもたずにはいられなかった[2]。読書会で，日本ではこの書の存在や紹介は20世紀冒頭から断片的に行われていたこと，菊栄は最後の改訂版 第50版の，メタ・シュテルンの英訳[3]を重訳で日本語に完訳したこと，だが，菊栄の重訳の完訳が出た1923年当時，なぜか急に競い合うようにドイツ語から直接邦訳完訳に取り組んだ複数の男性[4]がいたこと，しかし，当時の日本では，重訳翻訳は，直接の原語からの邦訳と同様に評価されていたらしいこと

1）草間平作訳の改訂版『婦人論』（岩波文庫，1958，14刷，第1刷は1928年，ドイツ語からの直訳）であった。

2）ベーベルのこの書の初版は1879年で，第2インターナショナルの創立10年前であり，最後の版が出たのは1910年で，第2インターナショナルの崩壊4年前であるが，邦訳で日本に普及する完訳は1923年，すでにロシア革命を経て，第3インターナショナルつまりコミンテルンも創立されて4年後であり，その重訳完訳者が菊栄であった。

3）この英訳は，今日の米国のベーベル研究者から必ずしも名訳とは評価されていない（Ropes & Ruth 2000：20）。

4）村上正雄，加藤一夫，牧山正彦（＝草間平作）らである。後述。

序章　問題意識，先行研究，研究方法　　19

や，また重訳であれ原語からの訳であれ，当時は検閲による削除もあるので，いずれも完璧なものとはいえないということも徐々に知るところとなった。山川菊栄は，ベーベルの英語訳には実は1912〜13年頃からふれており，ベーベル以外の英文文献の翻訳とも並行して重層的に菊栄の思想や理論形成に影響を与えながら，1922年に訳を終え，ついに1923年に出版したのであった。

　私が，ベーベルの原書そのものが通算30年間（1879-1909）にわたる幾度もの改訂によって今の形をとり，その英訳と邦語訳の変遷のなかに菊栄訳も編み込まれていることを知ったのは，クラーラ・ツェトキーンの研究との関連でかなりあとのことであったが，とにかく，ベーベルの婦人論との関わりが，菊栄への最初の関心を呼び起こしたことは間違いない。

　本書では，翻訳家としての菊栄のなかでのベーベルの位置，菊栄が訳した原題『女性と社会主義』のベーベルの改訂の過程のなかでの位置，さらに菊栄がそれを邦訳した英訳者の位置，ドイツ語の原語から直訳した菊栄以外の日本人邦訳者たちを重層的に扱いたい。これまでの菊栄研究では，そうしたことは問題にされていなかったからである。この問題は，本書第6章で取り上げるが，私の特殊固有の関心事であるので飛ばして読まれても本書の文脈には関係はない。《私の関心のキーワード：菊栄とベーベル・婦人論》

　第2は，クラーラ・ツェトキーン研究を続けてコミンテルン時代に入った博士課程在学中（1965年）に気づいたのだが，クラーラ・ツェトキーンの紹介やクラーラの論考のうち，コミンテルン時代（1919-1943）に関して，1920年以降のもの数点を，やはり英語からであるが，初めて日本語に翻訳したのが山川菊栄であった[5]ということである。菊栄は，コミンテルンの時代のクラーラを同時代人として知って日本に伝えたのだった。このことは，私のクラーラ研究の過程のなかでの発見であり，上記第1の問題以上に重要な関心事となったことはいうまでもない。

5）そのことは大崎（1983：11〜21）も，指摘している。それ以前，第2インターナショナル期，1907年のクラーラ・ツェトキーンについては，福田英子による紹介・言及がある（『世界婦人』18号（1907.10.1：140））。菊栄は第2インターナショナルの情報には疎かった。また，菊栄がクラーラ・ツェトキーンに言及しているものは，山川菊栄（1919.12および1921.2）。詳細は，伊藤セツ（1984：18-24）参照のこと。

しかし，菊栄のほうは特別クラーラに注目していたのではなく，クラーラについてふれるとき，コミンテルン時代を経験せずに没したローザ・ルクセンブルクとドイツ革命の関連においてだったり，またコミンテルンの女性政策に関するものもクラーラの起草としてとくに意識しているわけではなく，国際婦人デーとの関連で名前が出てきた限りにおいてふれるという程度のように思われた。

要するに，菊栄は，実際はクラーラが第2インターナショナル時代を通しての女性運動の指導者であり，1910年に国際婦人デーを提唱した人物であって，そのクラーラが関わった1920年代初期コミンテルンの女性政策を日本に紹介しているのだということも強く自覚していたわけでなかった。直接的に菊栄によるクラーラの翻訳は，1923年3月『種蒔く人』に掲載された「露独革命と婦人の解放」という，英文で2つの異なるクラーラの複合された論文である。

第2インターナショナルの崩壊前から，レーニンを介して，クラーラは，ロシアの女性活動家イネッサ・アルマンド（1874-1920）やレーニンの妻クループスカヤ（1869-1939）との交流をもちながら，コミンテルン国際女性書記局の責任者として，西欧の経験を入れた新しい時代の国際的女性政策を主導していた。菊栄は，そのことを当時知らないにしても，コミンテルンの女性政策に反映されたクラーラの理論の内容を日本人女性で，本当にただ1人，把握していた人物といっても過言ではない。その知識・裏づけがあってこそ，当時の日本の無産政党の女性政策の不十分さ，労働組合婦人部論争やテーゼなど，今日も評価されている菊栄の自信に満ちた諸発言が可能だったのだということを私はクラーラ研究の過程で確信した。また，この時期，夫・山川均は，菊栄に先んじてコミンテルンの動向に詳しかったし，無産政党と労働組合の婦人政策に高い見識をもっていた。

コミンテルンの婦人政策への菊栄の関心は，山川夫妻がコミンテルン支部である（いわゆる第1次）日本共産党との創設に連なる1920年代初期から，それとの関わりを絶った1920年代半ば以降まで続いていることをみても，菊栄には重要な情報源であったといってよい[6]。つまり，菊栄が，ローザ，ロシア革命，ドイツ革命，ボルシェヴィキ，コミンテルン，ロシア革命以降の

国際婦人デーを云々するとき，それらはまさに，クラーラと同時代進行だったのだ。クラーラがコミンテルンの女性政策に影響を失い始めたのはレーニン没（1924）後，1925年前半頃からであり，菊栄がその情報を把握するのがほぼ2年遅れであるから，クラーラと菊栄を関連づけてとらえてみたいという私の第2の問題意識が湧き起こった。これは，本書，第5章，第7章，第8章にわたって取り上げられる。《**私の関心のキーワード：菊栄とクラーラ・ツェトキーンとコミンテルン**》

第3に，山川菊栄は，1923年に「国際婦人デー」を日本で初めて挙行した中心人物であった。「国際婦人デー」といえば，1910年に第2インターナショナルのコペンハーゲン大会で，20世紀冒頭の「アメリカ社会党」の婦人参政権運動と結びついてクラーラ・ツェトキーンが提唱したものであるが，菊栄は日本で初めての国際婦人デーの先頭に立ちながら，国際婦人デーを第2インターナショナルの流れで知ってはいなかった。それでも第2インターナショナルの国際女性運動の系譜を引く「国際婦人デー」が，米国，ヨーロッパ諸国，帝政ロシアの婦人運動につながって，1917年のロシア2月革命の発端と歩みをともにし，それが初期コミンテルンの婦人政策と重なって，菊栄によって，日本の婦人運動に媒介されていることは，私にとっては大きな関心事となった。菊栄は，ペテログラードの婦人デーが1917年3月8日のロシア第2次革命の起源とつながったこと，1921年のコミンテルンの第2回国際共産主義女性会議が，「国際婦人デー」をその3月8日と定めたことは知っていた。菊栄は，1922年から情報を得て，23年をピークとして日本の「国際婦人デー」の先頭に立ったのだったが，その後，急速に「国際婦人デー」から手を引き，戦前も，戦後も国際婦人デーにほとんど（1960年を除いて）関わらなかったのはなぜか。

20世紀初頭の「アメリカ社会党」の婦人参政権運動，1910年の第2インターナショナルでの国際婦人デーと1921年のコミンテルン決議による「国際婦人デー」をつなげる（つまりロシアの国際婦人デーを，国際的歴史のなかに置く）ことはともかくとして，この日が将来（実際は菊栄の生存中の1977年

6）山川菊栄・山川均（1928）『無産者運動と婦人の問題』白揚社。

だが)「国連の日」となるなどという国際的動向の予測などは誰にもできなかった[7]。しかし，第2インターナショナル時代に相当する日本の初期社会主義時代から，コミンテルンにいたる時代の，また，レーニンからスターリンへの移行の時代の，日本の社会主義思想と理論と運動への菊栄のコミットのしかた，同時に，占領下のGHQの検閲・宣伝や，占領政策の「転換期」に菊栄が労働省婦人少年局長となったという事情と，日本の「婦人の日」と「国際婦人デー」をめぐるいわゆる共産党系の婦人運動の側での短絡的言動・行動に，菊栄があれほど断固として対処したことは，私にはあまりに強い印象を与えたのである。本書では関連する各章でこの問題が繰り返されるが，第9章で，占領と菊栄をめぐる他の問題と併せてこれに多くのページを割く。《私の関心のキーワード：菊栄と国際婦人デー》

第4に，菊栄は1910年代の終わり頃には，マルクス主義的社会主義女性解放論の基本理論を身につけた日本でほとんど唯一の女性とされ，したがってブルジョア女性運動のもつ本質を明確に分析している点では，他の追随を許さなかったとされていた[8]。

しかし，最晩年に菊栄は，「マルクスも男ですから」「こまかい最近のことまではマルクスも考えていなかったのではないでしょうか」「やたらとマルクス主義とむすびつけて考えないでほしい」(「歴史評論」編集部編　1979：47-48) と発言した。鈴木裕子は，こうした事実から菊栄に「社会主義フェミニスト」という新たな性格づけを与えている。社会主義は，マルクス主義

---

7) 私は再三，拙稿（伊藤 1982：54，2003：142-144）で菊栄の国際婦人デーの起源の事実に反する言説（『山川菊栄集』AB 7：101）を指摘したが，そのことに2012年に出た『山川菊栄集』B7の解題にも，B別巻の解説にも言及はない（A，Bについては本書pp. 30-34 参照のこと）。

8) しかし，鈴木裕子は，上記 A7 の解題（1982：374）のなかで，「……マルクス主義婦人論の代表的著書と，一部でいわれている『婦人の勝利』（一九一九年），『婦人問題と婦人運動』（一九二五年）」という書き方をしている。一部とは誰か。後述するが，嶋津千利世はむしろ山川菊栄を「形式的，しかも教条主義的マルクス主義のきわめて固定的な受け入れ」（『歴史評論』1966, No.195：6）と評し，田中寿美子は菊栄を「はじめてマルキシズムの基礎に立って」（日本婦人会議 1977.8：i），犬丸は「マルクス主義婦人論の成立者」（犬丸 1982：151-159），外崎は「マルクス主義婦人論の形成」の項で「ひとり山川菊栄の理論活動は他を圧している」（1989：105）といっている。

より広い概念であるから，結果的にはそれでよいのかもしれない[9]。そうだとしても，社会主義やマルクス主義を，初期に菊栄は何から学び，当時の自分をどのように自覚していたか。自分の言葉では自分を何と言っていたのか。夫の山川均が，戦前戦後を通じて，有数のマルクス主義的社会主義の理論家であったことは衆目の一致するところであり，のちに労農派＝社会主義協会マルクス主義者であったことに異論のあるものはいない[10]。しかし，菊栄が，晩年むしろマルクス主義との関わりに否定的であったことの意味を今日につなげるとどうなるか。マルクス主義の摂取と乖離（かいり）は菊栄の理論の発展だったのか。このことをどう評価するかが私の第4の問題関心である。**《私の関心のキーワード：菊栄は「マルクス主義者」だったか》**

第5に，菊栄は，1910年代の終わりから無産（プロレタリア）女性労働問題について多くの論考を書き，1917年のロシア革命に関しては，均とともにこれを歓迎し，1920年代初めには「赤瀾会」等の社会主義女性運動にも事実上理論的に指導的立場で関わっていく。

山川均は，19世紀末期から20世紀冒頭の初期社会主義，そして社会主義の「冬の時代」から日本の紆余曲折する社会主義運動を経験する。日本の知識人が欧米に渡航したり，留学したりする時代にも，均は，ひとり日本にあってほとんど独学で独語も仏語も学び，欧米の社会主義理論を，マルクス主義理論を含めて，当時第一級の水準で身につける。その流れで1922年の非合法の（いわゆる第1次）日本共産党の結成にいたるまで，均は理論的には先頭に立ち，リーダー格であった。結成期とほぼ時を同じくして書かれた1922年8月に発表された均の有名な「方向転換論」は，当時のコミンテルンの方針

9）最近では進藤久美子（2014：48）も，菊栄を「フェミニスト」と呼ぶ。

10）菊栄の思想が英国の文献の影響によって形成されたとする今井けいの研究（1998,
2001）によれば，第1にあげられる英国人はエドワード・カーペンター（1844-1929）である。カーペンターは，詩人，社会主義思想家で，ウィリアム・モリス（1834-1896）と親しく，1883年にはヘンリー・ハインドマン（1842-1921）の社会民主連盟に参加するが，のちにフェビアン協会の創設メンバーとなった人物で，日本のアナキストの石川三四郎（1876-1956）と親交があった。菊栄は，カーペンターの英文原文とベーベルの独語の英訳を1910年代の前半から同時並行的に読んでいたと推測される。菊栄の社会主義を，マルクス主義ときめつけずに広くみていくことも必要ではないかと私は考える。

とも，自ら関わった日本共産党の方針としても結果的に矛盾するものではなかったと理解される[11]。しかし，1923年6月1日の治安警察法による最初の弾圧である，第1次共産党事件，さらに3カ月後9月1日の関東大震災に乗じた，在日朝鮮人，大杉栄，伊藤野枝，大杉の甥橘宗一の虐殺や亀戸事件を経て，均は，自ら先頭に立って作ったといっても過言ではない日本共産党そのものに「時期尚早」と疑義を呈し，1925年頃から身を引いて，1926年の（第2次）共産党の再建には加わらない。

さらに均は，1927年末「労農派」社会主義＝「非共産党マルクス主義[12]」（合法マルクス主義）者の中心人物となる。そこには，「山川主義」に対する「福本主義」（後述）の対立，混乱のなかでの（第2次）共産党の再建，コミンテルンによる介入，1927年の「コミンテルン27年テーゼ」の承認という初期日本共産党史上の複雑な問題が絡んでいた。

菊栄の夫，山川均のこうしたプロセス自体は，私の研究の対象ではないが，均には多くの研究がありながら，配偶者である菊栄の，日本共産党から非共産党への移行について正面から解明した先行研究は見当たらない。私は，戦前のまれにみる水準での公私ともに対等と思われる「マルクス主義」社会主義者カップルの，夫妻両者のこの時期の事実関係と，均なきあとの菊栄の個有の理論的アイデンティティについて先行研究がほとんど向き合っていないことに疑問をもっていた。そのためには，「社会主義」「マルクス主義」の漠然とした混同ではなく，山川夫妻個々人の立ち位置を明らかにしたいという第5の問題意識が生じる[13]。《私の関心のキーワード：菊栄の均との思想的・理論的関係》

第6に，菊栄は，日本の社会主義の「冬の時代」と一部重なる「大正デモクラシー」時代に興隆した日本のブルジョア的婦人運動の理論のもつ欠陥に，

11）コミンテルンに提出している，1922年の諸文書をみてもそのことは証明されるし（富田・和田ら編訳 2014：51-59，74-77 資料5，資料13等），同年11月5日～12月5日開催のコミンテルン第4回大会は，幅広い統一戦線をスローガンとしている。この大会で日本共産党が支部として承認されたことからも，そのことはうかがわれる。

12）小山・岸本編著（1962）の書名ともなっている。もっとも関（1992：13-55）は，「非共産党マルクス主義」という言葉，議論に疑義を唱えているが，本書では，とりあえず使用させていただく。

論争を挑み，的確な評論を多く書き残している。婦人解放を掲げた平塚らい
てうの『青鞜』(1911-16) にも与せず，婦人参政権を要求した平塚らいてう，
市川房枝，奥むめおらの「新婦人協会」(1919-1922) にも加わらない。その
思想を「女権主義」「フェミニズム」[14]と表現して歯に衣を着せず批判し，
階級闘争を第一義として無産階級（プロレタリア）の側に立ち，1922年，非
合法下の日本共産党に加わった（『山川菊栄集』B別巻：147）。しかし，
1923年6月5日の（第1次）日本共産党への弾圧や，治安維持法制定後の社
会主義者への弾圧を目の当たりにして，慎重にふるまうようになり，1927年
には，均と同じ『労農』派の立場を明確にした。このことは，日本共産党と
は縁を切ったことの天下への表明であった。しかし，その頃，均と菊栄も加
わって敷いた短いレールの上を，弾圧の標的となることを意に介さず，弾圧
をまともに受けて，自らの主体的判断で支配階級と闘った次の世代の男女が
続いていたこともまた事実である[15]。

　そうした男女の受難の1928年（3.15事件）や1929年（4.16事件）とクラー
ラ・ツェトキーンが没する1933年という「点」を取り上げても，具体的人物
の名前や顔が浮かび上がる。土屋文明をして「こころざしつつたふれし少女
よ新しい光の中におきておもはむ」とうたわせた伊藤千代子，クラーラ・ツ
ェトキーンへの追悼の辞を書いてほどなく命尽きた野呂栄太郎，徹底弾圧の

---

13) しかし，1966年に刊行を始めて2003年までかかって完結した『山川均全集』全20巻を
　一瞥しただけでも，没後3年目に菊栄と向坂の手で出された均の『自伝』の叙述の複雑
　さを見ても，前注の小山・岸本編著 (1962)『日本の非共産党マルクス主義者　山川均
　の生涯と思想』(三一書房) や，石河の評伝 (2014-15)『マルクスを日本で育てた人
　評伝　山川均』I，II (社会評論社) を読んでも，これは私の守備範囲を超えるので，
　菊栄との関係において必要と思われる点のみ，多少の空白を埋めることしかできない。
14) ここで，また「フェミニズム」の定義と用語法の厳密性に私の関心はおよぶ。
15) 途中まで菊栄と行動をともにした同志たちや新たな世代が，まさにこの時期に，非合
　法の日本共産党に身を投じて，投獄，拷問，自死，誹謗中傷，想像を絶する諸困難を背
　負い，その先の人生を中断・喪失したものは少なからずいた。それは，知識人，プロレ
　タリア女性を問わない。そしてその背後には，農村や鉱山の，奪われるものは「命しか
　ない」日本の人口の大多数を占める無産階級の貧困をきわめる女性たちがいたことを忘
　れるわけにはいかない。どちらを選ぶかは，個人の思想性の問題であり，第三者がとや
　かくいうことではないだろう。

なかを戦後までもちこたえながら十分な活動の時間をもたずに倒れた中條（宮本）百合子などはほんの一例にすぎない。ギャング，スパイ，リンチ，人殺し，ハウスキーパー，エロ班，つつもたせ，性奴隷，転向など，主に官憲の仕掛けや宣伝の渦のなかで，「治安維持法」によって拷問され殺された，あるいは「転向」せざるをえなかった多数の男女がいたが，これらの人々との対比で菊栄を相対化する試みも，菊栄研究にとっては避けられまい。これが問題意識の第6であり，第8章，第9章で取り上げることにする。《私の関心のキーワード：菊栄の日本共産党との関係》

　第7に，菊栄は戦後直後の占領の一時期，均とともに，新しい道を模索し，均の「民主人民戦線」の流れに沿う婦人団体「民主婦人協会」を立ち上げた。均の運動は均の健康上の問題が妨げとなって挫折したが，その後の1947年5月，日本の占領下で成立した社会党・民主党・国民協同党連立の片山哲首班の連立内閣の時期に，7月，山川夫妻は日本社会党に入党した。さらに菊栄は，この内閣のもとで，GHQからの指名での初代労働省婦人少年局長となった。それは占領下で，まさにGHQが日本の民主化から，冷戦の砦へと政策を大きく転換する戦後の決定的に重要な時期であった。占領下という現実は，治安維持法下とは異なるとはいえ，GHQの検閲と諜報・宣伝工作の網がはりめぐらされていた（山本 2013）時期である。そうしたなかで，米軍の「慰安婦問題」，「国際婦人デーの起源をめぐる事実」，「GHQの労働政策と女性労働問題」など，菊栄は，当然GHQの意向の範囲で最善を尽くしたと考えられる。それにも関わらず，菊栄は，その労働省婦人少年局長のポストから巧妙なやり方で退けられることとなる。なぜか。GHQとのせめぎあいのなかで，冷戦にともに立ち向かうことでは利害が一致した日本政府の権限・官僚の力はどう働いていたか。GHQの占領政策の研究は多く，女性政策の研究もいくつかある（上村 2007，豊田 2007，平井 2014）。しかし，全占領期間7年中，3年8カ月にわたって労働省婦人少年局長の地位にあった山川菊栄の，GHQとの関係を掘り下げた研究はといえば不十分に思われる。これが私の最後，第7番目の問題意識である。これは戦後を扱う第9章で取り上げられる。《私の関心のキーワード：菊栄のGHQとの関係》

　戦後山川夫妻が所属した日本社会党は，その後紆余曲折を経て，さまざま

に名称を変えながら，複雑な流れとなって今日にいたっている。二人が手を切っていることを再三にわたって世間に周知させ，むしろ敵対的関係にさえあった日本共産党はとくに1950年代は，コミンフォルムや中国との関係で困難な問題に直面し，分裂や自己批判等紆余曲折しながら，独自の路線で名称を変えずに今日（2018年 96周年）にいたっている。均・菊栄の戦後の定位置は「日本社会党（左派）」であった。均は，労農派から社会主義協会の側で論陣を張ったが，菊栄の思想性のアイデンティティは，均と一体化したものだったのか。クラーラ・ツェトキーンと２人の夫たち，あるいはローザ・ルクセンブルクとレオ・ヨギヘス，などが私の脳裏をよぎる。

　時系列的な私の菊栄自覚史から離れて一般化すると，私の菊栄に対する問題意識は，次の３点となる。第１に，菊栄の《ベーベルの婦人論重訳完訳》の位置づけと《国際婦人デー》の歴史認識度，第２に，菊栄の《クラーラ・ツェトキーンとコミンテルンの女性政策の摂取》はどのようなものであったか，第３に，《マルクス主義・日本共産党との距離》にみる均との関係，附として《GHQ下での言動》ということになる。

２．先行研究・残されている課題・資料の所在

(1) 資料と先行研究

　今回の山川菊栄研究は，先人のおかげで資料的条件はかなり整ったうえでなされたとはいえる。問題点をあげれば，『全集』がないということ，このことは，『全集』をもつ夫の山川均と比べても不利であることは否定できない。しかし，研究者は，『全集』に収録された資料だけで対象を研究することはむしろまれであり，『選集』には，選集編集者が選択の外に置いたものにも目を向けるのと同様，『全集』に対しても，さらに埋もれている資料を発見しようとするし，いずれにしても膨大な資料の渉猟に乗り出さなければならない。その意味では，ある時点での見逃しも避けられない。

　菊栄の場合，生前1979（昭和54）年に外崎・岡部（1979）によって，山川振作からのかなりきつい批判を受けながらも（山川振作 1979：38-41），ま

た没後30余年を経て2012年，鈴木裕子によってほぼ完璧に近い著作文献リストが，整えられたことだけでもありがたいことであったし，江の島の神奈川女性センターから2014年に移転して神奈川県立図書館に収まった公立の「山川菊栄文庫」が存在することもまた稀有のことといってよい。だがこの文庫もまた完全とはいえない。例えば，菊栄が編集した女性関係雑誌『民主婦人』，『婦人解放』，『婦人のこえ』，『婦人問題懇話会報』のような基本的なものもどれ一つとして全巻揃っているわけではない。もっとも，『婦人問題懇話会報』は（2017年11月現在）ネット上で全巻の閲覧は可能であるが――。手書きの紙切れ一枚にもナンバーを付して，実物の保存とそのデータ化で，全世界からの閲覧者に備えるような欧米先進国のアルヒーフの質や体制とはほど遠い。

　しかし，菊栄の所有していた文献の保存は（2015年以降，神奈川県立図書館内）の「山川菊栄文庫」，菊栄を記念する組織「山川菊栄記念会」（会長：井上輝子），菊栄の研究・紹介者（鈴木裕子，菅谷直子，岡部雅子ら）もあり，2014年をもって廃止されたとはいえ，1981年度から2014年度まで34回にわたり，「山川菊栄賞」で研究者を奨励し[16]，菊栄生誕100年，120年，125年の節目の行事の記録も出版されている[17]。

　山川菊栄120年記念事業のひとつとして，2011年に76分のドキュメンタリー『山川菊栄の思想と活動「姉妹よ，まずかく疑うことを習え」』（監督　山上千恵子）も製作され，山川均生誕135年，菊栄生誕125年を記念して，山川菊栄記念会・労働者運動資料室編で『山川菊栄・山川均写真集――イヌとからすとうずらとペンと』（同時代社　2016）も刊行された。

　しかし，それに比べれば，菊栄の全生涯を通じた伝記に相当するものは，

16）その全貌は，山川菊栄記念会編の2冊の刊行物（『たたかう女性学へ　山川菊栄賞の歩み 1981-2000』（インパクト出版会，2000と『山川菊栄記念会記録集 2000-2015　たたかう女性学の歩み』労働者運動資料室，2015）に収録されている。

17）山川菊栄生誕百年を記念する会編『現代フェミニズムと山川菊栄　連続講座「山川菊栄と現代」の記録』（大和書房，1990），山川菊栄記念会編『山川菊栄の現代的意義　いま女性が働くこととフェミニズム』（労働者運動資料室，2011），山川菊栄記念会編『山川菊栄生誕125周年記念シンポジウム記録集　山川菊栄が描いた歴史』（労働者運動資料室，2016）。

2018年現在鈴木裕子（2006）の新書判『自由に考え，自由に学ぶ　山川菊栄の生涯』以外みられない。

　前述のように，菊栄の文献や研究が盛んになったのは，1980年の没後以降のことであり，それ以前は，下記のような状況であった。

　菊栄の生存中，1977年に，初めての菊栄の論文集が日本婦人会議[18]から『女性解放へ－社会主義婦人運動論－』として出された。そのとき，同会議顧問の田中寿美子は「まえがき」で次のように書いているので抜粋する（下線は筆者による。この書については第10章でふれる）。

　　山川さんははじめてマルキシズムの基礎に立って社会主義と婦人解放のかかわりを透徹した理論で分析解明した唯一の婦人の理論的指導者でした。それなのに第二次大戦後，日本の民主化の歴史のなかで日本女性史や婦人解放論がにぎやかに展開されたなかで，日本共産党の系列のもののみがアンバランスに大きく評価され，山川さんの業績は故意に省かれたり歪曲されたりして，正当な評価を与えられないきらいがあるのを私はいつも不満に思っていました（下線は伊藤）。

　　六〇年代末からの新たな婦人解放の波は「リブ」と呼ばれる特殊な偏向を一方に生みながらも，世界的に婦人の地位の見直しと婦人運動の高揚をまきおこしました。そして世界的な規模で女性史や婦人問題が新たなライトをあてられ，広く深く詳細に研究されるようになりました。そういうなかで山川さんの果たされた役割は正当に高く評価し直され，今日では近代の日本女性史や婦人論を研究し，語る人は山川さんの存在の偉大さに敬意を払わずにはいられなくなりました（日本婦人会議1977：i-ii）。

　この「まえがき」に続いて，86歳の菊栄自身が『女性解放へ－社会主義婦人運動論－』に「新刊にあたって」を書いているが，そこには，「男女平等が進むにつれ，労働階級のみならず，保守，有産階級の女性も活動的になり，現に英国のごとき，参政権運動の活動家は多く保守党にはいったように，今日でも保守系婦人の勢力は強大で，現にサッチャーのような婦人党首を出し

―――――――――――――
18）1962年創設。2002年に「∥女性会議」と改称。

ているくらいです。男女同権は，社会主義と一つになってこそ，真実の威力を発揮することを忘れないようにしたいものです」（同上：13，下線は伊藤）という一文がある。菊栄が，最後まで社会主義者であったことを物語る。

さらに，同書の山川菊栄論文集編集委員会による「あとがき」にも，「山川先生の婦人論はまとめられた出版物が何もないばかりか[19]，今日でも[20] 不当に評価されており，私たちの手でその貴重な遺産を守り，発展させなければならないことに思いいたった」（同上：310）とある[21]。

それから今日まで，菊栄没年の1980年から，2015年の生誕125年にいたるまでの，文献その他の充実ぶりには隔世の感がある。それらの条件（均のように全集が編まれていないとはいえ）のもとで，私が菊栄を取り上げようとしているいま，そのことに感謝しないわけにはいかない。山川菊栄研究は当然山川均研究にも負うところ大である。本書は，『山川均自伝』，『山川均全集』はもちろん，均に関する評伝，労農派研究，山川イズム研究等も参照した。

(2) 30年を隔てた2つの『山川菊栄集』の異同について

菊栄が1980年に90歳で逝って2018年現在38年を経過した。その間，没後1年の1981年11月に組織された「山川菊栄記念会」を中心に，多くの事業・菊栄研究が行われた。1980年代以降は1970年代とは異なる菊栄研究の条件が整えられている。

山川菊栄には，残念なことに，山川均のような『全集』はない。

菊栄の著作については，1981年から82年にかけて，田中寿美子・山川振作編『山川菊栄集』全10巻・別巻1（岩波書店，以下Aと略記する）が出されているが，さらに30年後の2011-12年には，鈴木裕子編『新装増補　山川菊

---

19) 上述，菊栄の文献が整備されていくのは1980年の没後以降のことであるので，1977年段階ではそのような表現になったのも理解できる。

20) 1977年のこと：伊藤。

21) この書は，日本婦人会議編であり，田中寿美子の菊栄への接し方は，菊栄は「先生」である。菊栄を客観的研究の対象とし，広い読者を想定するなら「先生」というのは一般的ではない。「私たち」というのは，編者という役割を超えた読者を広く想定しなくてはなるまい。私物化であってはならない。

栄集　評論篇』全8巻　別巻1（岩波書店，これをBとする）が，Aを補った[22]。新装増補版の出版は，菊栄に関心をもつ者にとって歓迎される快挙であった。30年を隔てて出版された2つの『山川菊栄集』（旧版A，新版B）にはどのような相違があるであろうか（表序－1）。

　まず，編者が違う。Aの編者2人（田中寿美子，山川振作）は故人となり，Aで編纂協力者として，出典等の解題を行った鈴木裕子がBでは編者となって，評論のジャンルに入る第1巻から第7巻まではAで収録したものをそのまま踏襲し，評論とはいえない「第8巻　このひとびと」，「第9巻　おんな二代の記」，「第10巻　武家の女性」を除外している。そのかわり，第8巻を，「抵抗のかたち」，として1929年から42年までの87篇をあらたに収録し，「別巻」としてさらに1929年から38年までの社会評論21篇を選択して「戦時下論説拾遺」として加えている。この両巻にはのちに菊栄の単行本に収録したものからではなく，「初出」から収録している。さらに「別巻」には，菊栄の全著作の文献目録と，詳細な年譜が付され，2012年までの菊栄研究の内外の文献リストも掲載されているので，いたれり尽くせりという感がする。ここで鈴木裕子は，編集，解題，解説，年譜，文献のすべてを引き受け，A以降の研究成果に広く目配りし，各巻の解説と，別巻の解説を行っているが，これを総合すれば，鈴木の菊栄研究の総まとめともいうべき様相を呈している。

　そしてまた，このような著作集の編み方と解題もまた，当然のことではあるが時代を反映する。Aでは，第一編者の田中寿美子が，解題冒頭に，頭角を現したばかりの1916年の菊栄を「……菊栄は，女子英学塾を1912年卒業以来，馬場孤蝶らについて深めた文学的素養の上に，大杉栄，荒畑寒村，堺利彦らの社会主義思想や欧米の文献から学んだ社会主義理論により，すでにマルクス主義を知り，ベーベル，カーペンターを読み，社会主義思想に立っていたのである」（『山川菊栄集』A1：266）と評価する。しかし，ある意味では，厳密な書き方ではない。

　それに対し，Bの編者鈴木裕子は，解題の冒頭の基底に流れているのは

22）そのほかに，『山川菊栄　女性解放論集』全3巻　鈴木裕子編（岩波書店，1984），『山川菊栄評論集』鈴木裕子編（岩波文庫，1990），さらに鈴木裕子解説の『おんな二代の記』（岩波文庫，2014）もある。

表序－1 二つの菊栄集 A. B.（いずれも岩波書店）の対比

書名	『山川菊栄集』全10巻，別巻，毎巻「しおり」（「月報」と呼ばれているが，「しおり」とした）付。『山川菊栄集』A とする。	『新装増補版 山川菊栄集 評論篇』全8巻，別巻，「しおり」なし。『山川菊栄集』B とする。
編者	田中寿美子・山川振作（編集協力：鈴木裕子）	鈴木裕子
出版年	1981-82	2011-12
宣伝チラシ	刊行によせて：村上信彦，丸岡秀子，水田珠枝，犬丸義一	編者のことば：鈴木裕子 推薦のことば：上野千鶴子
第1巻	女の立場から（1916-1919）31篇／解題1 田中，2 鈴木／年譜(1)／〔しおり1回1巻81/11〕帯刀貞代，もろさわようこ，金子洋文	同左／年譜無／鈴木解題：265-296
第2巻	女性の反逆（1919-1921）38篇／解題 鈴木／年譜(2)／〔しおり5回2巻82/3〕太田典礼，山本（大森）松代，小山伊基子，香内信子	同左／同上 鈴木解題：309-345
第3巻	牙をぬかれた狼（1921-1924）36篇／解題 鈴木／年譜(3)／〔しおり6回3巻82/4〕黒田あい，渡辺悦治，山本千恵	同左／同上 鈴木解題：303-352
第4巻	無産階級の婦人運動（1925-1927）26篇／解題1 田中，2 鈴木／年譜(4)／〔しおり7回4巻82/5〕渡辺多恵子，田所八重子，古賀泰子，横山きよ	同左／同上 鈴木解題：289-311
第5巻	ドグマから出た幽霊（1928-1930）33篇／解題 鈴木／年譜(5)／〔しおり8回5巻82/6〕樋口恵子，丹野セツ，足立克明，山内みな	同左／同上 鈴木解題：305-335（鈴木の解題は書き直されている）
第6巻	女は働いている（1931-1944）52篇／解題 鈴木／年譜(6)／〔しおり9回6巻82/7〕石井雪枝，武井美子，加納実紀代	同左／同上 鈴木解題：311-347
第7巻	明日の女性のために（1946-1980）41篇／解題 鈴木／年譜(7)／〔しおり10回7巻82/8〕谷野せつ，菅谷直子，一番ケ瀬康子	同左／同上 鈴木解題：339-371

第8巻	このひとびと（1921-1970）30数篇／解題1 松尾尊兊，2 鈴木／〔しおり3回8巻82/1〕山崎朋子，李順愛，伊藤成彦	→『山川菊栄集』Bから削除。新：抵抗のかたち（1929-1942）『婦人公論』等への評論87篇　鈴木解題：351-378
第9巻	おんな二代の記（1956）／〔しおり4回9巻82/2〕尾崎秀樹，原田伴彦，近藤真柄	→Bから削除
第10巻	武家の女性他・わが住む村他（1943）解題1 芳賀徹，2 鈴木／〔しおり2回10巻81/12〕永井道雄，矢島せい子，小宮山富恵	→Bから削除
別巻	覚書　幕末の水戸藩（1974）解題 瀬谷義彦／〔しおり11回別巻82/9〕鹿野政直，埴作楽，井上輝子	→Bから削除　新：戦時下論説拾遺・解説・著作目録他（1929-1938）社会評論21篇，解題：107-123，解説：126-190，著作目録：1-73，年譜：75-112，参考文献目録：113-135

「フェミニズム意識の迸り」としての菊栄であり，男性中心主義への抗議は女性自身による主体形成への熱い呼びかけをも伴って，「フェミニストとしての面目躍如たる」菊栄であり，「一九一〇年代後半からみずみずしい女性論・社会評論を展開し，社会主義フェミニストとしての出発点に立ちつつ，実践運動に向けても第一歩を踏み出そうとしていた」（『山川菊栄集』B1：268）菊栄である。鈴木のとらえ方のほうが今日では無理なく読めるだろうが，やはり歴史的「マルクス主義」の位置づけが菊栄には前提としてどうしても問われなければなるまい。

　約30年，私はAとともにあった。『山川菊栄集』に収録されているものは，私は「初出」からではなくAから引用してきたが，Bの出現により，両者同ページのものは AB と書いており，どちらを使う読者にもトレースできるようにした。ここに AB 対照表を掲げる（表序－1および表序－2）。

　『山川菊栄集』は，『集』であって『選集』という言葉を使っていないが，A刊行にあたっての岩波書店の宣伝チラシには，「約3000点に及ぶ膨大な文業の中からとりわけ重要な著作を選び」とあるので「選集」的なものである。Aでは，全10巻，別巻に，題がつけられ，Bでは，同じ内容の7巻までAと同じ題が付されている。題は，選者によって，当時の菊栄の単行書から取ら

34

表序－2　山川菊栄集の題，その付け方の特徴（AB 共通の 1-7 巻まで）

第1巻	女の立場から（1916-1919）31篇 単行本『女の立場から』三田書房（1919.10.23）から題を採用。	同左／年譜無／鈴木解題：265-296
第2巻	女性の反逆（1919-1921）38篇 単行本『女性の反逆』三徳社（1922.5.10）から題を採用。	同左／同上　鈴木解題：309-345
第3巻	牙をぬかれた狼（1921-1924）36篇 水曜会パンフレット第2輯『牙を抜かれた狼』，水曜会出版部，（1921/10/5）から題を採用。	同左／同上　鈴木解題：303-352
第4巻	無産階級の婦人運動（1925-1927）26篇 均との共著，単行本『無産階級の婦人運動』無産社（1928.12.16）から題を採用。	同左／同上　鈴木解題：289-311
第5巻	ドグマから出た幽霊（1928-1930）33篇 論文「ドグマから出た幽霊―高群逸枝氏新発見の『マルクス主義社会』について」『婦人公論』（1928年6月号）から題を採用。	同左／同上　鈴木解題：305-335
第6巻	女は働いている（1931-1944）52篇 単行本『女は働いている』育成社（1940.10.10）から題を採用。	同左／同上　鈴木解題：311-347
第7巻	明日の女性のために（1946-1980）41篇／ 単行本『明日の女性のために』鱒書房（1947.11.30）から題を採用。	同左／同上　鈴木解題：339-371

れているか，パンフ，主要論文名から採用されている。Aの第8巻，9巻，10巻，別巻にも題がついているが，第7巻までのそれとは異なる題の付け方（包括的に収録されたものを意味する題あるいは，収録された単著そのもの）である。Bの第8巻，別巻の題もまたそれらとは異なる題の付け方である。

　新版第8，9巻の特徴は，菊栄の戦時中の発言を盛り込んだことである。第8巻は抵抗のかたち（1921-1942），別巻は，戦時下論説拾遺（1929-1938：『山川菊栄集』A第5，6，8集に収録していないものを新たに選んだという），続いて，鈴木による解説・著作目録・年譜が付されている。

　具体的に，表序－2にAとBに共通する第1-7巻までの題を示す。

　この表でわかるように，A，Bともに第1，2，4，6，7巻には，山川菊栄著の同名の単行本が存在するが，『集』の内容は，単行本の内容とは異なり，取捨選択し，単行本に含まれているものは少なく，その単行本にないも

のをとりこんだり（第1，2巻），あるいは，その表題の下に，関連する論文を集めたものだったり（第4，6，7巻）と，それぞれ異なる編集のしかたをしている。それらに関することは，巻末でとくに説明されてはいない。『集』に，同名の既存の単行本の題をつける必要があったのかどうか，もしあったとすれば，その関係を説明する必要があったのではないかと思う。

　同名の単行本が存在して，その半分を『集』に収録している各巻は，どう取捨選択され，何が付け加えられたかを私は検討したが，煩雑になるので私の心覚えとしてここでは省略する。

　第3巻，第4巻は，同名のパンフ，単行本はあるが，内容の対照はできない。第5巻は高群逸枝批判の題名から，第6巻は，同名の単行本はあるが，むしろ『婦人と世相』（北斗書房，1937.3.25）に収録されているもののほうが多い。

　ここで，個人の『全集』ではなく，『選集』あるいは『集』というもの，その他，テーマごとの論文についての『集成』なるものについての，私の考え方を示しておきたい。

　私は「便利な選集や集成を使う時」という小論を書いたことがある（伊藤セツ 1985：227-238）。そのなかでは，編者は，編者の関心に沿って個人やテーマを選ぶわけだから，それを利用するものは，そのことを理解して，それに漏れているものにも目を向けなければいけないという意味のことを学生向けに書いている。研究に際しては当然のことであって，私のクラーラ・ツェトキーン研究においても，選集はありがたく利用させていただきながら，そこに収録されていない何倍もの文献を探り当てなければならなかった。山川菊栄についても当然である。選集に収録されていない論考のなかに，これまで見落とされてきたさまざまな，菊栄が見いだされることもあるに違いないし，選集の範囲だけの検討ではほとんど研究というに値しないだろう。

3．本書の独自の研究方法

　田中寿美子は，1977（昭和52）年8月15日発行の，『女性解放へ』（日本婦人会議編：i）で，既述のように，菊栄を「はじめてマルキシズムの基礎に

立って社会主義と婦人解放のかかわりを透徹した理論で分析解明した唯一の婦人の理論的指導者」であったと特徴づけていた。その場合，それが，どのようなマルクス主義で，どのような社会主義かということになると，既述のようにそう単純ではない。

　しかし，山川菊栄を，「日本におけるマルクス主義婦人論者」として特徴づけたのは，田中寿美子だけではない。その翌年『歴史評論』No. 335（1978年3月：2-22＝これをCとする）の「山川菊栄氏に聞く」というインタビュー（聞き手：菅谷直子，外崎光広，司会者：犬丸義一，インタビュー日1977年12月2日）のサブタイトルは，「日本におけるマルクス主義婦人論の形成過程」となっている。このインタビューでは，冒頭で，司会者の犬丸が，「今日は，日本のマルクス主義＝科学的社会主義の婦人解放論の文字通りパイオニア＝開拓者であり，生き証人でもある山川菊栄先生の理論形成の道筋について，お聞きしようという企画です。」というところから始まる。この場合は，マルクス主義＝科学的社会主義である。

　この原文は，上述の通り『歴史評論』No. 335（1978年3月）に掲載されたが，のちに，2度，単行本に収録されている。

　ひとつは，翌1979年4月30日付発行の，すでに88歳になった山川菊栄の『日本婦人運動小史』（大和書房＝これをDとする）で，このインタビューが，「日本で育った社会主義婦人論」（菊栄　1979：195-232）として収録され，冒頭で「今日は，日本の科学的社会主義の婦人解放論の文字通りパイオニア＝開拓者であり，生き証人でもある山川菊栄先生の理論形成の道筋について，お聞きしようという企画です。」と司会者犬丸の「マルクス主義」という用語が削除されている。

　他のひとつは，時を置かず，同じ1979年10月10日付発行の「歴史評論」編集部編『近代日本女性史への証言　山川菊栄／市川房枝／丸岡秀子／帯刀貞代』に「山川菊栄　日本における社会主義婦人論の形成過程」（同書：7-48＝これをEとする）として採録されている。ここでは「今日は，日本の科学的社会主義の婦人解放論の文字通りのパイオニア＝開拓者であり，生き証人でもある山川菊栄先生の理論形成の道筋について，お聞きしようという企画です。」と，やはり「マルクス主義」というタームを消している。これは，

表序－3　山川菊栄へのインタビュー（聞き手：菅谷直子，外崎光広，司会者：犬丸義一，インタビュー日時不明）を収録した3つの文献の表題・目次の比較

C. 山川菊栄氏に聞く—日本におけるマルクス主義婦人論の形成過程—『歴史評論』 No.335 （1978年3月：2-22）（1977年インタビューは12月2日）	D. 山川菊栄『日本婦人運動小史』（大和書房）1979.4.30（195-232）（Eより先に出版している）	E.「歴史評論」編集部編『近代日本女性史への証言 山川菊栄/市川房枝/丸岡秀子/帯刀貞代』（ドメス出版）1979.10.10（7-48）
日本におけるマルクス主義婦人論の形成過程	日本で育った社会主義婦人論	山川菊栄 日本における社会主義婦人論の形成過程
一，はじめに	一，はじめに	なし
二，津田英学塾前後	二，津田英学塾前後	津田英学塾前後のころ
1．津田に入学して	津田に入学して	なし
女学校時代	女学校時代	なし
三，婦人解放論を求めて	三，婦人解放論を求めて	婦人解放論を求めて
津田時代に学んだ婦人解放論	津田時代に学んだ婦人解放論	なし
藤井悌氏について	藤井悌氏について	なし
「婦人参政権や婦人の地位」についての当時の考え	「婦人参政権や婦人の地位」についての当時の考え	「婦人参政権」のうけとめられ方
読んでいた新聞・雑誌	読んでいた新聞・雑誌	なし
大学進学問題	大学進学問題	開かれざる大学の門
堺利彦との関係	堺利彦との関係	堺利彦との関係
四，ベーベルと山川さん	四，ベーベルと私	なし
ベーベル・エンゲルスとの出会い	ベーベル・エンゲルスとの出会い	ベーベル，エンゲルスとの出会い
ベーベルの本邦初完訳	ベーベルの本邦初完訳	ベーベルの本邦初完訳
ベーベル訳書の海賊版	ベーベル訳書の海賊版	なし
平凡社・改造文庫	平凡社・改造文庫	なし
五，マルクス主義婦人論の確立過程	五，マルクス主義婦人論の確立過程	なし（マルクス主義消える）
マルクス主義の理論研究	マルクス主義の理論研究	なし（マルクス主義消える）
『婦人の勝利』	『婦人の勝利』	『婦人の勝利』の意義
『社会主義研究』の時代	『社会主義研究』の時代	『社会主義研究』と英文「近代日本の婦人」

英文・「近代日本の婦人」	英文・「近代日本の婦人」	（独立させずに上記のように一本）
『婦人問題と婦人運動』の意義 Eの＊1-3なし	『婦人問題と婦人運動』の意義 Eの＊1-3なし	社会主義婦人論の体系を確立した『婦人問題と婦人運動』 ＊1 赤瀾会から八日会へかけて ＊2 一人で書いた『労農』婦人版 ＊3 労働省婦人少年局時代
現代の女性に望むこと	現代の女性に望むこと	現代の女性に望むこと
【山川菊栄氏の主要な著作・論文】〕	なし	なし

　菊栄の意向であったのだろう。もう少し詳しく内容をみるために，この３冊の見出し等の比較をしてみよう。

　上記，D，E（つまり本人の手になる場合）は，マルクス主義という表現をさけている。

　Eについては，1979年７月25日付で「歴史評論」編集部（文責　犬丸義一，宮地正人）の「あとがき」がついている。それによれば，山川菊栄については，「赤瀾会から八日会へかけて」より「労働省婦人少年局時代」を新たに追加（C：155-156）したことが書かれている。何から追加したかは書いていないが，多分，最初の聞き取りCで省略していた部分を追加したものと思われる。それによって，菊栄が，実はCでは，「マルクスも男ですから」（E：47），や「やたらとマルクス主義と結びつけて考えないでほしい」（E：48）と言っていたことがわかる（あるいは，つけ加えたのかもしれない）。山川菊栄を「マルクス主義」と位置づけようとする犬丸義一の誘導を，あとで自らの意思で退けた気配を感じる。

　さらに，「あとがき」にはEでは，山川に限らず，「語り手がかなりの加筆訂正を行った」（E：256）とも書かれているので，Cで省略したことを，加筆修正したのかもしれない。またEでは，見出しもC，Dとは異なり，簡単なものになっている。

Cでは，菊栄自身「科学的社会主義」という言葉を使い（C：34），聴き手も「1916年11月の結婚の前に社会主義の研究は一応すましていらっしゃる」（C：35）「すでにあの段階で，山川先生は，科学的社会主義的立場・観点からの婦人問題についての理論をきちんとつかまれている」（同）と「科学的社会主義」を使用しており，菊栄は「NYのカーという出版社，社会主義関係の新聞・雑誌，イギリス労働党・フェビアン協会あたりの資料」（C：36）で勉強したと社会主義を学んだ文献についていっている。

問題はEでの加筆部分である。C，Dにはみられないが，ここで，「労働省婦人少年局時代」という柱のなかで，「マルクスも男ですから」（E：47），「こまかい最近のことまではマルクスも考えていなかったのではないでしょうか」（同上），「やたらとマルクス主義とむすびつけて考えないでほしい」（E：48）という言説がある。ここは見逃すことができない重要な菊栄の発言である。

イギリス女性史研究の今井けいは，「女性労働問題における資本制と家父長制——山川菊栄のイギリス研究によせて」（今井 1998）において，「（菊栄は）日本における社会主義婦人論の確立者としてみなされてきた」が，1990年の生誕百年記念シンポでは，「現代フェミニズムの先駆者」として評価が目立ち，それは，「彼女が当時としては例外的に広い国際的視野，とくにイギリス女性労働運動の歴史とその現状（1920年代）について該博な知識をもっていたことと無関係ではない」（同上：4），といっている。もっとも以後今井は山川を「社会主義的フェミニスト」「社会主義的フェミニズムの理論家」（今井 2001：130）とも「現代フェミニズムの先駆者」（同上：132）とも呼ぶ。菊栄とイギリス社会主義，あるいはイギリスの女性解放思想との関わりも丁寧にみる必要がある。その点については，今井の研究（今井 1998，2001）に学ぶところ大である。

こうした点を含めて，菊栄はどのような社会主義女性解放論者であったのかという課題も，私の問題意識のうえに重ねられる。社会主義というだけではあまりに広く，どの社会主義を指しているかわからないと意味がないからであるが，菊栄は科学的社会主義というタームは使用している。その意味はどういうものだったのだろう。

本書は，先行研究の多いなかで，私の独自の問題意識から山川菊栄という人物を扱うので，先行研究とは異なる手法を用いている。それは，巻末の，煩雑とさえ思われる年譜・年表（日本と世界）・山川夫妻の主要著作を統一して，一つのテーブルに並べ，比較対比しながら菊栄を浮きぼりにするという方法である。これは，クラーラ・ツェトキーン研究の際とった方法を継承しており応用し，さらに詳細にしたものである。

4．本書の展開のしかた──章構成の特徴

本書は，菊栄の生涯を描くいわゆる伝記ではない。10章構成で，取り上げる対象は，ほぼ菊栄の生涯の順をたどってはいる。最初の3章では，菊栄という人物をつくりあげた要因，すなわち出自，受けた教育，均との結びつきを取り上げる。この3つの章は伝記的印象を受けると思うが，その後の菊栄の著作や活動におよぼすと思われる基本部分を押さえておくことを目的にするものであり，のちに続く章に比べてページ数も短い。

続く5つの章は戦前の，菊栄の主要論考を解読しながら，1910年代の思想と理論の形成期を第4章に，1920年代前半の発展を第5章に，時代が重なるがとくにベーベルの翻訳をめぐる問題を第6章として分けた。1920年代後半からは情勢がらみで対象も複雑となるが，菊栄の労働婦人組織と問題をめぐる諸発言を第7章に，1928年以降「労農派」を選んでから15年戦争の終わりまでを8章とした。

戦後をGHQの女性政策とそれを受けた労働省婦人少年局長としての活躍を9章，それ以降日本社会党の女性運動と山川菊栄を第10章とした。

10章の構成を示しておく。

第1章　出自と時代的背景の考察
　　　　　──初期社会主義，冬の時代，大正デモクラシー

第2章　受けた教育と思想的基盤──1910年代前半までの到達点

第3章　山川均との結婚，山川菊栄の誕生，家庭生活

第4章　ロシア革命，ドイツ革命を経て（1917-1919）──理論の基礎がため

第5章　1920年代前半の山川菊栄——初期コミンテルン・赤瀾会・国際婦人デー

第6章　ベーベル『婦人論』の本邦初完訳をめぐる諸問題

第7章　1920年代後半の山川菊栄——労働婦人組織と諸問題

第8章　1928年以降15年戦争の間の山川菊栄

第9章　戦後・GHQ の占領下での山川菊栄——労働省婦人少年局長退任まで

第10章　戦後「日本社会党」の女性運動への関わりのなかで
　　　　　　——外遊，『婦人のこえ』と「婦人問題懇話会」を足場に

　出自や，受けた教育，結婚の最初の3つの章にも，私なりの独自の考えを入れた。第4章以下は，論考については，その内容の解読を中心に置くことが重要と考え，これまで丁寧に内容が取り上げられていない論考でも，重要と私が判断するものに掘り起こし，目を向けるよう心がけ，先行研究者が取り上げて，よく知られている論争，評価の定まっているに論点には，あえて言及しなかった（例えば，母性保護問題）。叙述はあくまで，先行研究がふれていない私の独自の問題意識の解明に沿っている。

　しかし，本書が菊栄の従来の評価を復誦しない部分があるからといって，菊栄批判の書では決してない。女性運動とはもとより，客観的経済的なものに規定されるとしても，政治的立場を離れて女性運動を論ずることはできない。それは，クラーラ・ツェトキーン研究で私が学んだことである。クラーラは女性運動家・政治家であったが，菊栄はそうではなく，あえて性格づければ，「女性運動での理論面でのリーダー」であり，「評論家」であった。

　本書は，繰り返すが山川菊栄の伝記ではなく，いわば「山川菊栄の思想的アイデンティティ史」を探るという性格をもつ。その試みのなかで，これまで欠けていたと私が思う点を掬い上げ，客観的に菊栄を評価する。それによって，これまでの日本の歴史のなかで形成された異なる歴史と文化をもつ多様な女性運動組織がそれぞれの立場を尊重しながら，協力し合う条件を探り，新しいジェンダー平等の日本の歴史を切り開く一助としたいというのが本書のねらいである。

　最後に，独自の年譜・年表，本書で使用した文献リストを掲載した。なお

本書の体裁は，そのページの下で，注を同時に参考にできるように横書きを採用した。本文の流れを複雑にする恐れのあるものを注におとしているが，注の内容は本文と同じ重みをもつだけでなく，しばしば私からのメッセージもはめ込まれている。ぜひ同時進行で読んでいただきたい。

第 **1** 章

出自と時代的背景の考察
初期社会主義，冬の時代，大正デモクラシー

はじめに

　山川（←青山←森田）菊栄は1890（明治23）年11月3日に生まれ，1980（昭和55）年11月2日に没している。菊栄は，1912年に「女子英学塾」を卒業する頃までに，当時としては高レベルの基礎的教養と英語の基礎をかため，卒業2年後の1914（大正3）年頃から執筆活動に入って，以後1970年代の後半，90歳に近づくまで60年以上にわたって，多くの評論・著作を残した。菊栄が世に出たとき，そしてさまざまな評論活動を行ったとき，日本はどのような，思想的，理論的状況にあったのだろう。そのなかで，とくに女性問題のとらえ方，女性解放思想，女性運動は一般にどのようなものだったのだろうか。

　その点は，菊栄の場合も，クラーラ・ツェトキーンが後年，自らの運動史上の位置を確認するかのように，『ドイツプロレタリア女性運動の歴史によせて』（Zetkin 1958）を残したのと似ている。菊栄自身が若いときから折にふれて歴史を振り返り，1950年代に，複数の雑誌に連載したものを最終的に『日本婦人運動小史』（山川菊栄 1979）として晩年にまとめている[1]ことにまず注目しておきたい[2]。

1）初出は同書末尾年表のあとにあるが，1957-58年の執筆である。その内容は，1 夜明け前——封建制下の婦人の地位／2 四民平等どころか——明治の初め／3 明治初年の女性の人権／4 女権拡張を叫んだ人々／5 明治初期の男女同権論者／6 近代産業の発展と婦人の地位／7 明治後期の婦人運動／8「青鞜」前後及び新婦人協会／9 動く世界のなかに／10 第一次大戦より第二次大戦まで／11 婦人の地位のめざましい変化／12 戦後婦人運動の種々相／13 世界平和と婦人の役割，となっている。菊栄の運動小史の特徴は，黒船が姿を現した頃からの封建制下の女性の地位から説き起こすことであり，水戸藩の血統を表すかのように徳川光圀と斉昭の文献が引用される。

2）それ以前，菊栄は，英・仏の女性運動について，すでに1916年5月「婦人運動の沿革」を『世界人』に青山菊栄名（『山川菊栄集』AB 1：23-43で書いており，『婦人問題と婦人運動』（山川菊栄 1925a）では，原始から文明にいたる世界的女性史を概観している。これはのちに取り上げる。また，1928年，『社会科学』4巻1号に「婦人運動小史」を載せている。菊栄はこのように，いくたびも世界と日本の婦人運動の歴史を意識しながら，自らの位置を確認し，道を拓こうとしていたことがわかる。

第1章　出自と時代的背景の考察──初期社会主義，冬の時代，大正デモクラシー　　45

　菊栄の自伝としてあげられるものとしては，菊栄本人による半生記『女二
代の記──わたしの半自叙伝』（山川菊栄 1956a）[3]があるが，それを構成す
る部分的回想記小篇にも目を向ける必要がある。また，1963年に赤瀾会（後
述）の頃から，1930年代冒頭の運動を振り返った回顧「私の運動史──歩き
始めの頃」（外崎光広，岡部雅子編 1979：7-89）[4]，初出論考を組み合わせ
て編集した『二十世紀をあゆむ──ある女の足あと』（山川菊栄 1978）も自
伝の補強となるが，主として戦前に偏っている。しかし，自伝の資料的価値
は，対象となる人物をつきはなして客観的に取り上げようとする場合，さま
ざまの問題を考慮に入れて初めて意味をもたせることができる。自伝は，そ
れをいつの時点で書いたかによって強調面やニュアンスに相違が出てくるこ
とも避けられない。したがって，多面的な裏づけによる確認や，他の角度か
らの照射が必要不可欠となり，その作業を省いて本人が書いている内容をそ

3）この書は，山川均との結婚40年にあたる1956年に『女二代の記』として日本評論新社
　から出されている。均は翌1957年発病し，1958年に77歳で没している。この書は増補し
　て1972年に，「女」を「おんな」に変えて，『おんな二代の記』として平凡社の東洋文庫
　[203] で再刊され，版を重ねる。鈴木裕子（『山川菊栄集』A9：269.「解題二」）によ
　れば，丸谷才一をして「おそらく『寒村自伝』と並ぶ自叙伝の傑作」と激賞せしめたの
　とのことである（鈴木は丸谷の出典を示していない）。私は，多くの自伝を読んでの感想
　であるが，一般に，自伝なるものは，きわめて主観的なものだと感じている。菊栄に限
　らず，事実に関して思い違いも多い。それが許されるのが「自伝」だと受け止める必要
　がある。なお，『山川菊栄集』A9での「解題一」は，鶴見俊輔によって行われている
　（同書：361-367）。鶴見は，菊栄の特徴を，幕末水戸藩士の党派闘争と関連づけ，この
　自伝を「水戸藩士の不毛な党派抗争を背景として，はじめて成立し得た女性の思想史で
　ある」（同上：361）としている。『おんな二代の記』は採録を評論に限定した『山川菊
　栄集』の増補新版に際し，『山川菊栄集』の1冊から外れ，単行本として2014年に岩波
　文庫として独立し，鈴木裕子の新たな「解説」や「関係系図」が付された。
4）同書88ページによれば「私の運動史──歩き始めの頃」の初出は『月刊社会党』
　73-78号とある。73-78号とは，1963年に発行された『月刊社会党』の号数に相当する。
　さらに，これを収録した同書には，菊栄による1978年11月の〈追記〉が付されている。
　これは外崎・岡部編の同書への収録にあたって，1978年に菊栄が〈追記〉を書いたもの
　と思われる。ただし，この書のために〈追記〉を菊栄が寄稿したのか，編者の注記がな
　く不明である。またなにゆえに外崎・岡部編の同書が，自伝的部分が含まれる菊栄の論
　考を収録しながら，菊栄の名を共著者にしなかったのか疑問が残る。内容は，1963年と
　いう社共間の力関係を反映してか，『月刊社会党』という身内の機関誌のゆえか，菊栄
　としては，文章は仲間うちに語られるような書き方になっているように思われる。

のまま事実とみなして受け入れるということはまずありえない。

　菊栄自らの手によるものではないが，戦後に焦点をあてたものとして，『不屈の女性——山川菊栄の後半生』（菅谷 1988）があり，また伝記のジャンルではないが，上記を補うものとして夫の均なきあと菊栄と生活をともにした岡部の『山川菊栄と過ごして』（2008）をあげることができる。この種のものも，書き手の主観を脇に置いた利用を心がけなくてはならない。書き手もまた，自分の視覚から対象をみているからである。自伝と伝記は異なる。伝記は書き手の数だけ，書き手の角度から光を当てうる。本書は伝記ではない。

　菊栄の生涯を通して一定程度菊栄を客観的に理解できるものとして，序章でもふれたが，菊栄研究者の鈴木裕子による伝記『自由に考え，自由に学ぶ 山川菊栄の生涯』（鈴木 2006：そのもととなっているのは，鈴木 1989，1990）があり，菊栄生誕120年記念事業として，山川菊栄記念会が企画・監修して製作された76分のドキュメンタリー映画「山川菊栄の思想と活動『姉妹よ，まずかく疑うことを習え』（山上千恵子監督，2011）がある。また2016年には，菊栄没後125年の行事として，山川菊栄記念会・労働者運動資料室編『山川菊栄・山川均写真集——イヌとからすとうずらとペンと』（同時代社）が出されている。この３つの作品のタイトルは，それぞれ菊栄の本質的なある側面を突いたものとして，菊栄研究の伏線ともなるものと私は理解する。

　さらに，本人も上記以外に断片的伝記的叙述を含む小篇をたくさん発表しているほか，菊栄の出自について類推をめぐらすには十分な歴史的叙述と，1936（昭和11）年から住んだ日常の地域性を語る文献を，戦中と，最晩年に菊栄自らが残していることも考慮に入れなければならない。すなわち，戦中には，『武家の女性』（山川菊栄 1942），『わが住む村』（山川菊栄 1943），戦後には『覚書 幕末の水戸藩』（山川菊栄 1974）などがそれである。

　また，晩年に，菅谷直子，外崎光広，犬丸義一によって行われたインタビュー「山川菊栄氏に聞く——日本におけるマルクス主義婦人論の形成過程」（1978）がある。これは，犬丸・外崎ならではの問題意識にやや偏りすぎている感があるとはいえ，これまで書かれたものの空白に迫って，いくつかの

第1章　出自と時代的背景の考察——初期社会主義，冬の時代，大正デモクラシー　47

重要な論点を浮き上がらせてくれている。

　そのうえ，全集ではないが，選集ともいうべき田中寿美子・山川振作編『山川菊栄集』全10巻 別巻１巻（岩波書店，1981-1982：序章にも書いたが以下，『山川菊栄集』Ａと記す），鈴木裕子編の『新装増補 山川菊栄集 評論篇』（全８巻 別巻 2012：同じく『山川菊栄集』Ｂと記す）があり，後者の別巻には著作目録と年譜の完成版ともいうべきものが掲載されている。このように，必要文献は申しぶんなく整い，2015年以降は神奈川県立図書館内に「山川菊栄文庫」もより整理され，「山川菊栄記念会」[5]がこれらに目配りしており，選集に入れられていない論考など菊栄研究の資料の入手がしやすくなり，新たな菊栄研究の環境は申しぶんないように見受けられる。

　長年，クラーラ・ツェトキーン研究を続けてきた私は，日本の女性問題に関する理論を研究するならクラーラとの接点においても，それ自体としても山川菊栄をおいてほかにないと思ってきたが，これだけ資料がそろって，私たちの前に姿を現している段階で山川菊栄研究に取りかかれるのは稀な条件として感謝すると同時に，それを利用させていただいて，「私なりの独自の何を書く気か」と自分に厳しく問うことともなる。その点については，序章の私の７つの問題意識でご理解いただけていることと思う。

　これら多くの方の菊栄研究のあとを追うことになる私の研究は，「菊栄ポスト生誕125年研究」としてでも位置づけられることになるであろうか。また，菊栄に対する私の視点は，菊栄自身の言葉「姉妹よ，まずかく疑うことを習え」「自由に考え，自由に学ぶ」があてはまる。この言葉はまた，私の研究姿勢としても，つねに念頭に置いてきたことである。「疑う」という姿勢，「自由」に考察するということなしに研究は成り立たない。その言葉は菊栄自身にも菊栄研究をする私にも当然適用される。

　また，歴史的に多くをなした個性的人物は，それなりの魅力に溢れているので，どんなに多くの人が書き尽くしたようにみえても，どんなに時を経ても，後人は別な視点から取り上げてみたくなるものである。紫式部しかり，

5）主に山川菊栄奨励賞を出し，この賞に関する２冊の文献（山川菊栄記念会 2000，2015）を出版している。

千利休しかり，戦国の武将しかりではないか。山川菊栄に関しては，非力も
かえりみず私もそれをやってみたいのである。菊栄は，「どうぞ『疑って』
『自由に』やれるものならやってみてください」というに違いない。

　その際，10歳年上の，のちに夫となる山川均の生涯も，その出自から関連
させて菊栄をみていくのは当然である。既述の通り，幸い均に関しても，
『山川均自伝』（山川菊栄，向坂逸郎共編 1961），『山川均全集』（勁草書
房 1966-2001）その他によって，均の人生，均の理論と菊栄との関連をある
程度は探ることができる。そのうえ，2014-2015年には，新たに，未公開の
記録 2 点を加味して書き下ろされたという，山川均の評伝『マルクスを日本
で育てた人』（石河 Ⅰ 2014，Ⅱ 2015）が出版された。未公開記録の一つと
は，1937年の人民戦線事件で検挙され，東調布署に勾留されていたときに綴
って特高第一課に提出した「手記」であり，他の一つは均の前妻大須賀里子
に関するノート「仰臥」であると石河は説明する[6]。前者の資料的価値は多
分に，利用する側の目的によっても異なる意味をもつものであり，利用に際
しては十分な再検証が必要とされるのは当然であるが，そこに書いてあるこ
と自体のもつ意味は事実とは離れている場合でも（だいたい，勾留中の手記
は官憲の監視のもとで書くという制約づきのものであり，そこに本心・事実
を書くということは稀であろうが）それ自体ある側面の「意義」をもつと思
われる。

　また，私が伝記でとくに重視するのは，私の「クラーラ・ツェトキーン」
研究の場合がそうであったように，出自，歴史環境と置かれた場所，受けた
教育，遍歴した思想，家族関係の 5 点である。菊栄の場合，遍歴した思想の
叙述がもっとも難関であることが予測される。それは，菊栄が，1 人の人間
でありながら，山川均という「並外れた」特別の人物をパートナーとしたこ
とも一因である。私は，山川均にこれまでそれほどの関心をもっていなかっ
たが，菊栄を研究するには否応なしに山川均（以下，しばしば均と書く）の
思想遍歴とも向かい合わなければならないことになった。それを欠いては，

6）2つは未公開資料であるが，後者は大原社会問題研究所で公開（石河 2015：290）と
　のことである。

第1章　出自と時代的背景の考察——初期社会主義，冬の時代，大正デモクラシー　　49

山川菊栄研究は成り立たない。菊栄は均の没後22年も生きていた。菊栄が均の没後，均について書いたものも多くを語っている。それらも本章に利用する。

1．出自：場所と生いたち，家庭の生活水準

　菊栄に，1890（明治23）年11月3日，東京の麹町で生まれた。父は森田竜之助（1850-1917），母は（旧姓 青山）千世（1857-1947）。4人きょうだいの3番目の次女であった。菊栄が生まれたとき父は39歳，母は33歳，4つ上に姉松栄，2つ上に兄敏雄（のち青山家の「家督」を継いで，延敏と改名），4年後に妹志都栄が生まれた。

　菊栄の生家について叙述する場合，本人も含めておおかたが注目するのは母方の系譜（しかもその父方のみ）であり，現に，菊栄の半生記自体が『女二代の記』と母から自分への系譜を語るものとなっている。父については，そのなかで付属的にふれられるという特徴がある。鶴見俊輔の解題においても鶴見をして「山川菊栄の育った家庭においては，母と姉が，父にくらべてはるかに手ごたえある存在だった。このことが，菊栄にとっては伝説である水戸藩の男のむごたらしい抗争以上に，（社会主義者を含めて）男の言説をわりびきしてとらえる流儀を育てた」（『山川菊栄集』A9：363）といわしめている。興味深い視点ではあるが，はたしてそうであっただろうか。男の言説といっても，男一般ではない。菊栄には，男である夫の均の言説を割引した形跡はみられるであろうか。

　私は，ここで，あえてあまり重視されていないように思われる父方からみていく。父方も明治・大正の日本の転換期を，理想をもって生きた人物と推測されることもあり，なにゆえに母方に多くの光が当てられるかを知るためにも，まず父方からはじめたい。

⑴　父方：松江藩の下級武士

　そういう私も，主な資料は，菊栄自身が父について書いたものであり，それ以外には当たっていないので，客観的な書き方ができているかは確たる自

信はない。菊栄が，父について書いたものは，「父のこと」(1934「森田家の
ひとびと」[7]『山川菊栄集』A8：229-233)，「私の受けてきた教育」(山川菊
栄 1950『教育』1950.1)，半自叙伝である『おんな二代の記』[8]中の「足軽
の次男坊から新興産業の技師へ」(『山川菊栄集』A9：63-68)，「お月さまい
くつ」(同上：88-93)，「高利貸，常陸丸」(同：122-127)，そして『二十世
紀をあゆむ　ある女の足あと』(山川菊栄 1978)に採録された「リンゴと父
と」(同上：38-40，初出は『幼児開発』1975.2)などである。

　父，森田竜之助は，1850(嘉永3)年3月生まれである。どのような人物
であったのだろうか。菊栄自身の説明(1939)によれば(『山川菊栄集』
A8：228-233)，竜之助は，松江藩士，宮次繁左衛門の次男として松江市に
生まれ，1865(慶応元)年同藩森田萬作の養子となり，1868(明治元)年9
月には，東北諸藩鎮定の軍に従って藩から出征を命じられたとある。ただし，
別の個所(『山川菊栄集』A9：63)には次のように書いている。

　　竜之助の父は松江の造り酒屋の次男で，親が宮次という足軽の家[9]の
　株を買ってあてがったもの，殿さまの料理人頭，つまりコック長だった
　そうです。足軽でも長男はとにかく親のあとをついで禄にありつけます
　が，次男ときては，食うあてがなく，養子の口をさがすよりほかはあり
　ません。竜之助は家が貧しいのでかぞえ年九つのときから家老の家へ奉
　公に出，やがて殿さまのお鷹のために小鳥をさす餌さしの森田家に養子
　縁組がきまりました[10]。そこへ維新が来て兵隊にとられて従軍[11]し，東
　北平定の後，東京にひきあげ，藩の奨学金をうける貢進生[12]となって

---

7)『山川菊栄集』A8：355-356の鈴木裕子解題参照。

8)鈴木裕子の解題によると，この自伝は，丸谷才一をして前述注3)のように，『寒村
　自伝』とともに激賞させているが，私は必ずしも丸谷才一と意見を同じくする者ではな
　い。この半自叙伝は，母の歴史と重ね合わせた母没年の1947年(菊栄 57歳)で終わっ
　ているが，出版は1956年(菊栄 66歳)である。

9)足軽といえば，江戸時代には武士の最下位に位置づけられている。しかし，各藩共通
　の呼び名ではなかったようで，水戸藩では，他藩でいう足軽を「同心」といったことが，
　菊栄自らによって説明されている(『覚書 幕末の水戸藩』岩波文庫，1991：45)。しか
　し，菊栄が，足軽という身分を低いものとみていたらしいことは，菊栄没後1980年菊栄
　の息子振作と江刺昭子との対話から推し量られる(江刺 1994：139-140)。

第 1 章　出自と時代的背景の考察——初期社会主義，冬の時代，大正デモクラシー　　51

横浜の外国語学校にはいりました。（文中の脚注は伊藤による）

　その頃の竜之助の書いたものから，菊栄は，当時の父の気持ちを表していると思われる箇所を引用している（同上：64）。

　　「天下の形勢大に文明開化に進まんとす。壮士僻遠に退いて安閑消光すべからざる時に向へり。これによって焦心苦慮，百万周旋の末，ようやく東京に駐まるを得。而してなお生計の費途なきに苦むと雖も，感慨発奮，以て志を断然フランス学に決し，横浜に往て幕府設立の外国語学校に入る。抑も竜之助のフランス学に志を立つる起因は，フランスはヨーロッパ中に於て聖賢しきりに興り，聡明聡知の士，世々出て各其材力を竭し，国家の為に裨益を発明する多ければ，他の国に比すれば善書最も多し。これ竜之助初志を立つるの所以なり」（父の原文の出所不記）。

　竜之助のフランス学を志す決意の書と見受けられる。なかなかの気概と読み取れる。その後，苦学してフランス語を習得し，陸軍省の雇い通訳を務めたが（補14等出仕）「殖産興業」の時代の波に乗って，食肉開拓技術のパイオニアとなるという進取の人であった。フランス人の学校では，中江兆民

10）菊栄は「幕末水戸学者の長女」と題する1936年の談（神奈川県立図書館所蔵コピー：130-138）で，「父は松江藩小心者の次男に生まれ，禄を貰っているとは名許りの家に養子となりました。その家はお鷹師の下に使はれて，殿様のお鷹の餌にする雀をとるのが商売の鳥刺でした。そんな家にでも養子に行けるときまった時の喜び，これで己も一生兄の厄介にならずに済む，と思った時のうれしさは生涯忘れられない。明治になって月給百円の官吏になった時より嬉しかったという父の話でしたから，封建時代の下層武士の，しかも次男以下の悲惨な運命が思いやられます。」とも書いている。父についての叙述に際し，足軽という身分，次男という家族序列（しかもわざわざ小心者のと付しているが，慎み深く細事もおろそかにしないという意味であろうか。），菊栄は特別のこだわりをもっていたようである。後年，1968年4月の竹西寛子のインタビューに対し，菊栄に「父は足軽の次男坊ですが，次男坊というのは松江藩ではみな算盤と字，写字を練習したのだそうです。それで試験を受けていろんな役目につく。そうしなければ，長男は親のあとを継ぐけれども次男は一生失業です。あたくしの父の字は実にきれいな楷書で，崩してもせいぜい行書，それがまた実に早くてまるで人間のタイプライターみたいなものでした。藩のいろいろな書類を写していたんですね。九つの年から家老の家に奉公に行ったというのですから，相当苦労した人だったようです。」（竹西　1970：200-201）と答えている。

11）1863（明治元）年官軍として出兵している。

12）1871（明治4）年7月廃藩置県により学費は切られる。

（1847-1901）と同窓の後輩であったという。兆民といえば1871年に政府派遣の岩倉使節団に入り，2年半におよぶフランス留学を経験し，1874年6月に帰国し，東京麹町に住んだ。兆民は8月に家塾の仏蘭西学舎（のちに仏学塾）を開くが，竜之助は，兆民の仏学塾を手伝った。兆民は帰国後，ジャン・ジャック・ルソーの『社会契約論』を翻訳した人物であり，自由民権運動の指導者となった人物である。このことが，父に何らかの影響を与えたに違いない。

その竜之助は，千葉県立食肉製造所主事に就任し，1880年に青山千世と結婚する。

父のことについては『おんな二代の記』で4ページ（『山川菊栄集』A9：63-68）にわたって書いているが，父の死後，父が再婚であったことを明かしている。「先妻は江戸っ子でご家人の娘，遊びずきで，はでな人で，私の母とは正反対だったようですが，家庭に風波がたえず，離縁話がきまったのち，病死したのでした」（同上：214）。それがいつのことかはわからない。また，なぜ，その父が，母，青山千世と結婚するにいたったかの詳細が書かれた資料は発見できない。

(2)　母方：水戸藩の藩士

母方の父，つまり，菊栄の祖父は代々学者の家柄の青山延寿という儒学者で，水戸藩の藩校・弘道館の教授を務めた。菊栄の母となる娘の千世は，クラーラ・ツェトキーンと同じ1857（安政4）年に生まれている。当時水戸藩は開国絶対反対の攘夷党，保守的佐幕派，中間温和の勤王開国派に分かれていたが，青山家は，中間温和の勤王開国派であったため，他の両方から挟撃にあい，幽閉ののち，維新後，1871（明治4）年の廃藩置県ののちに上京した。延寿は，東京府地誌課長の職を得て東京日比谷に住んだ。千世はもともと上京し，英語を習い，外国に留学したいと思っていたという。

母は，1872年10月30日，上田敏の父の創立による築地の「上田女学校」に入り，米国人ミセス・カローザルに学ぶ。生徒は10人で，初めて地球儀をみせられた。翌1873年，千世は，「報国学舎」に転学し，寄宿舎に入る。青山一家は，東京麹町4番町（現　千代田区九段北）に転居した。兄量一は，画

第1章　出自と時代的背景の考察——初期社会主義，冬の時代，大正デモクラシー　　53

家志望，妹ふゆは三味線・寄席好きと兄弟姉妹の趣味は異なっていた。千世
は，赤坂御所の有馬家邸内の有馬女学校に入り，英国人ミス・ビヤソンに英
語等を基礎から学んだ。1874年，千世の兄，量一はチフスで死去したが，千
世は，続いて中村正直（1832-1891：慶応2年から幕府の命で英国留学）の
同人社女学校に入学し，カナダ人カクラン夫人に英語で授業を受け，カクラ
ン家のクリスマスに招かれる。しかし，ここでも英会話が主で，千世の望む
レベルの教育を受けられないと感じ，その後，重野安繹の『講習所』（小学
校教員養成所）に入った。そこには女生徒3人の1人にのちの日本基督教婦
人矯風会を創設した矢島楫子（1833-1925）がいたという。千世のさらなる
教育を受けたいという気持ちは抑えられない。

　1874年，千世17歳のとき，皇后，皇太后も訪れる東京女子師範学校が設立
され，翌年に11月29日の開校と同時に首席で入学した。入学者は70余名であ
ったが，4年後1回生として卒業したのは15人にすぎなかった。中村正直が
校長代行を務めた。中村は英国の作家サミュエル・スマイルズ（1812-1904）
の Self Help を『西国立志篇』の邦題（別訳名『自助論』）で出版し，序文
にある‘Heaven helps those who help themselves’を「天は自ら助くる者
を助く」と訳した人物である。また彼は，お茶の水師範に付属幼稚園を開設
した。「卒業後は進退自由たるべし」とのことであり，千世の両親は彼女の
結婚を待ちかねていた。21歳の千世は，母校の手伝いや幼稚園の子どもの世
話，個人教授をしていたという（以上は，前掲注10コピー「幕末水戸学者の
長女」参照）。当時としては稀にみる日本の最高の女子教育を受けた千世が
なぜ職業を選ばず，両親の望む結婚の道を選んだのであろうか。ただ，菊栄
は，「千世の失敗は，結婚に対して自主性がなく（中略）全く親まかせだっ
たこと」（山川菊栄 1978：37）と書き残している。

　いずれにせよ，菊栄の生涯は，水戸藩，儒学者の孫という母方の父の系譜
が多くを規定している。菊栄は，『おんな二代の記』では，母出生時の時代
的背景を次のように描いている。

　　私の母千世が生まれたのは安政四（1857）年，開国問題で世間がさわ
　　がしくなりかけたころのことで，その翌五年が安政大獄で井伊大老から
　　正面の敵とされた水戸藩では首相級の人物の投獄や処刑があいつぎ，前

藩主烈公（＊水戸第9代藩主・徳川斉昭—1800-1860）の幽閉となり，藩は俗に天狗党激派とよばれる極端な攘夷党と，鎮撫派とよばれる中間派と，諸生党とよばれる佐幕派との三派に分裂して動揺留まるところをしらず，万延元（1860）年には激派による桜田門の大老暗殺となり，ついで元治元（1864）年には「子年のおさわぎ」として知られた藩の内乱となり，佐幕派が勝って攘夷党の惨敗と虐殺に終りました。さらに4年，維新を迎えると天狗党の生き残りが官軍として錦のみ旗をかついでのりこみ，少しでも気にいらぬ者は誰かれなしに朝敵の汚名をきせて虐殺私刑をたくましくし，まっくらな恐怖時代を出現しました。千世の父青山延寿もそのそばづえをくって禄を奪われ，蟄居を命ぜられ，上市の六百坪の屋敷を追われて馬場という場末の二室しかない，こけらぶきのあばら屋に，四年にちかい月日を送ったのでした（『山川菊栄集』A9：2-3）。

　ここで，菊栄は，幕末の水戸藩の党派の対立の激しさを書いているのだが，鶴見俊輔は，「このような党派抗争は，男の指導者層にとっては回復できないほどの打撃をあたえたが，その傷痕は，同藩出身の女性の思想形成にひとつの力として生かされた」と分析している（同上：361）。

　ともかくも菊栄は，水戸藩の由緒ある学者青山延寿を祖父とし，知識人の母のもとで成長したという出自が，父方以上の強い力で菊栄を規定したのであろう。

2．両親の結婚——森田菊栄の誕生，家庭環境，青山菊栄へ

　1880（明治13）年，青山千世は，23歳のとき，森田竜之助（29歳）と結婚する。

　ところで，この父と母はどうして結婚したのであろうか。最初，青山家は，父を婿養子で迎えようとしたが，既述のような父の複雑な戸籍上の問題（竜之助の実家は宮次，竜之助は森田家の養子で当主だった）から婿養子とはならなかった。しかし，森田—青山家の関係では，青山家が上位に立っていた。水戸藩の儒学者の家系と松江藩の足軽（水戸藩でいえば同心）の出身は，封建社会の身分関係では，青山家のほうが上位だったのである。

第1章　出自と時代的背景の考察——初期社会主義，冬の時代，大正デモクラシー　　55

　しかし，明治の時代となっては，フランス語通訳，殖産興業の波に乗るという，過去と未来を結ぶような新しい生き方をする男性との婚姻はあり得ることであったのだろう。何しろ，時代が動いていたときである。菊栄は「明治13（1880）年の暮れに，ただ一度の形式ばかりの見合いで結ばれました」（『山川菊栄集』A9：63）と書いている。23歳の千世は当時としては結婚を急いでいたかもしれない。あれだけの教育を受けながら，職業をもった形跡もなく，一度の見合いで結婚を決意するということも，今日では意外に思われるが，当時としては見合い自体が進歩的であったという側面もある[13]。

　そのとき，竜之助は29歳で既述のように再婚であり，千葉県立食肉製造所主事（千葉県勧業課長とも書いている），また，第2回内国勧業博覧会係を務めていた。

　千世夫妻は，千葉の登戸村に住んだ。夫妻には結婚後6年子どもがなかったので，千世は，夫からフランス語を習ったり，自宅で少年少女の相手をしたり，知事の子を9〜14歳まで預かるなどして過ごしていたという。

　竜之助は結婚の翌年1881年千葉県銚子に県立鰯缶詰製造所の設立に携わり，1882年「職務勉励」で，ヨーロッパから購入した種豚17頭を当局より受領したが，「わたくしすべきもの」でないとして，それを千葉県の篤志家に配るなどしていた。84年には千葉県立食肉製造所の製品をロシアに輸出し，兵隊の食品としても採用された。

　中国人，顧亜宝を雇い入れて豚肉や魚肉の中国風貯蔵法の研究にも携わり，1885年には『塩豚製造法』（銀座博聞社）を出版し「豚博士」の異名までとった。

　その翌年の1886年に竜之助，千世の第1子，松栄が誕生している。1888年に第2子，森田敏雄（のちの青山延敏）が生まれるが，この年の暮れ，竜之助は，山県有朋内相の命で，パリ，ブリュッセル，ベルリン，オランダ，英

13）菊栄は，見合いというものをどう書いていただろうか。後年，1968年4月の竹西寛子の，先にも引用したインタビューの際，菊栄は「父と母は見合結婚ですが，むかしの結婚はじつにのんきで，見合は進歩的なものだったんですね。あたくしの友だちのお母さんの場合を聞いても，見合なんぞなくて，明治のはじめには，第一写真を撮ると死ぬとか言ってね，写真の交換どころではなかったらしい」（竹西 1970：199）といっている。

国，米国で食肉製造法を学び，翌1889年11月，デンバー，サンフランシスコ経由で帰国することとなった。フランス学を志した父が，パリの土を踏んだときはきっと感慨深かったことであろう。

この間，母千世は，2児とともに，東京麹町の実家で暮らしていた。竜之助の帰国直前，1889年11月，千世の母きく[14]が没した。

洋行帰りの父は，白人の横暴と有色人種の奴隷状態，欧米の生活水準の高さ，生活様式の簡素さ，大学教授でも女中を使わず，夫人や娘が職業をもっていることを語って聞かせたという（『山川菊栄集』A9：88）。菊栄は「竜之助がしばらくおいてもらったベルギーの教授の家では，女中なしで夫人が一切やり，教授も家事を手つだうのに，竜之助はよほど驚いたようでした。洋行いらい，竜之助が身のまわりのことを自分でするようになり，以前とはひとがちがったほどらくになったという利益がありました」（同上：89）と書いている。もっともこれは，のちに母から聞いたことであろう。

なぜなら，父の帰国後1年目に菊栄が生まれたのだから。こうしてみると，菊栄は，フランス語を話し，欧米各国で技術を学んだのみならず，中国流の魚肉の製造法の専門家として明治政府に仕える役人としての父の，もっとも働き盛りのときに生まれたということになる。父は菊栄出生後，石川県知事の委嘱を受けて，石川県各地で養豚・食肉製造の方法を講演し，北海道庁技師師補に命じられ北海道物産共進会審査委員となり，1893年には，北見紋別製鮭所から招聘され，水産伝習所製造科講師も勤めた。菊栄の幼いとき，父は，北海道庁の役人であったことになる。

1894年には，千世との間に第4子志都栄が生まれている。1894年といえば，国が日清戦争を起こした年であるが，竜之助は，この年，陸軍技師として，軍用食肉缶詰の製造に当たり，北海道庁5等技師となった。

父が北海道庁勤務であるときは単身赴任であった。そのことを示す叙述は，

14）菊栄が生まれたのは，1890年であるので，母方の祖母，延寿の妻きくはすでに没していてその顔を知らない。きくがどのような家の出であったかは，書かれたものは発見できない。延寿はその後，たねという後妻を迎えているが，なぜか家系図（山川菊栄 2014：459の後のページ）には載っていない。たねは，「おたねさん」として，しばしば菊栄の叙述に出てくる。のちにまたふれるが後に離縁されている。

第1章　出自と時代的背景の考察——初期社会主義，冬の時代，大正デモクラシー　　57

菊栄の「リンゴと父と」（山川菊栄 1978：39）にある。

　　私が三つか四つのころのことだった。北海道にいる父からリンゴの箱が届いた。

　　私がリンゴといえないで，ジンゴ，ジンゴといったと母が後年よく笑ってきかせたものである。母と姉と兄と私の，つごう四人の家族は，東京麴町の母の実家に住んでいたのだった。父というもの，リンゴというものを覚えたのはその時が始めてのような気がする。（中略）それは，明治二六，七年ごろのことで，あのころ北海道でリンゴができ始めたのではなかったろうか。とにかく私は父ということばは北海道というところにいて，リンゴを送ってくる人の名として覚え，リンゴと一緒にその存在を意識したように思う。とにかくこのリンゴ事件以前には全く父という言葉の印象すらない。（後略）。

1895年，菊栄は5歳で富花小学校に入学し，翌年番町小学校に入っている。

竜之助は，1897年から，豚業調査のため自費で，台湾，清国，香港，マカオをまわっている。自費でということは，この頃北海道庁の役人を辞したということであろうか。1900年には，沖縄県知事の委嘱を受けて，同県下を調査で巡回する。竜之助はこのように，日本国内はもちろん，欧米，アジア諸国の「豚」業を知る当時の日本人としては稀にみる存在であったと思われる。父は，まるで「豚」にとりつかれたかのようである。

菊栄は，『おんな二代の記』（『山川菊栄集』A9：126-127）で書いている。

　　父は日清戦争後，台湾，中支，ウラジオ等へ出かけて食肉の加工販路を調査し，日本内地も旅行して畜産を奨励し，『養豚新説』という相当よく売れた本を書き，また事業会社を起すためにおおいに奔走しました。けれども企業的才能に恵まれていなかったので失敗つづきで，徒らに借金がふえてあせっているうち，沖縄県知事奈良原繁氏が，県内に豚が多く，原料の豊富なところから，それを利用しての産業振興策として食品会社創立に力をいれ，旧藩主尚侯爵等の出資により，同地に会社ができ，父の設計で工場も作られ，奈良原男爵が薩州人である所から海軍と特約して販路を確保し，事業に着手しました。折から日露開戦となり，かんづめの需要が盛んで一時は事業も繁栄しましたが，戦争が終わるとまた

不況に見舞われ，事業が縮小されました。

　肉食が今ほど普及せず，とくに民間でのかんづめ消費量などは問題でなかった当時ではあり，本土に遠すぎた点もあり，これはやむをえないことでした。が時代より一歩進んだ，将来性のある技術をもちながら父の後半生を失敗に終らせた責任は父自身にもないとはいえず，自負心がつよすぎ，放漫であったことは事実でした。父は『福翁百話』，『福翁自伝』，『一年有半』などとともに心学道話を読み，中江兆民とも親しければ，大倉喜八郎，岩谷松平ともつきあって[15]，そのはでな生活ぶりに多少の魅力も感じていたらしい矛盾がありました。明治初期の自由主義とともに，それと両立しないいろいろの思想を，不消化のままに頭の中に平和共存させていたのは，父に限らず，あの時代の人に共通の現象だったでしょうが。（脚注は伊藤による）

　菊栄は，ここでは，父を相対化する。そして，「会社の事業は三七，八年（1904-1905：伊藤注）の戦役当時の異常な需要を絶頂として，衰頽(すいたい)に向かい，四一（1908）年には，父もこれと関係を断って帰京し，大正六（1917）年六十九歳をもって永眠した」（菊栄〈1934〉「森田家のひとびと」[16]『山川菊栄集』A8：232-233）のである。

　その衰退に向かったときというのは，父が沖縄に滞在中（何年か明確ではないが，「1900年には，沖縄県知事の委嘱を受けて，同県下を調査で巡回する」とあるので，それ以降，日清戦争後の不況の頃，1905-06年頃だったのではないだろうか），父の借財のために，東京の家には高利貸しが家財の競

15）　2人とも実業家，大倉喜八郎（1837-1928），岩谷松平（1850-1920）。

16）『山川菊栄集』A8：355-356の鈴木裕子解題参照。

17）数年後1908年，菊栄は，平塚らいてうの求めに応じて，ある回覧雑誌に，競売の光景を描いた短文を出した。なぜ競売を題材としたかは興味がある。この文は公表されていないとのことである。ある回覧雑誌とは何か。平塚らいてうは回覧雑誌について自伝（平塚 1971：211-212）に「生原稿をそのままとじつけただけのもの」で自分の外に菊栄だけが「一葉張りの美しい文章で，細い毛筆で，やはり罫紙にきれいに，正確な字で書いてありました」と貴重な想い出を残している。菊栄は，この回覧雑誌に，らいてうが『末日頌』と題する短い小説を書いたと，らいてう没後直後の『婦人公論』1971年8月号に想い出を書いている（『山川菊栄集』A8：195，354による）。

第1章　出自と時代的背景の考察——初期社会主義，冬の時代，大正デモクラシー　　59

売に押しかけた。競売の様子を，菊栄が『おんな二代の記』に書いている[17]。

　竜之助の死去は1917（大正6）年2月で，病臥中ではあったが菊栄が均と前年結婚したのを見とどけてはいる。

　高い教育を受けたとはいえ千世は，資産はいざ知らず，自らが働いて稼ぐという点では経済的には無力であり，竜之助の経済力に頼っての森田家であったであろう。また，上述の「ただ一度の形式ばかりの見合いで結ばれました」というのも，当時としては問題ないとはいえ，あれほど向学心に燃えて学校をいくつも変え，最高峰の女高師1期生として卒業した母千世が，それにあっさり応じていることは，時代の限界というべきか。やはり疑問が残る。

　菊栄はまた，次のようにも書いている。父に対してどこまでも手厳しい。

　　（両親は）いずれも明治の新しい教育をうけ，藩閥嫌いで欧化主義の影響をうけ，明治一〇年代には家でも洋服に椅子テーブルで暮していたというハイカラぶりでした。父は中江兆民とフランス人の学校の同窓の後輩で親しく，その自由主義には共鳴していましたが，一面見えをかざりたがり，大倉喜八郎，岩谷松平などとも交際あり，その花々しい成功と生活ぶりにあこがれているような，立身出世主義者じみた所もありました。母は純潔な理想家で非妥協的な性格でもあり，父が小成に安んじ，放蕩と事業熱に溺れて経済的破綻をきたし，性格的にもすさむに従い，二人の間の溝は深く大きくなり，家庭は全く母のみを中心としたものになり，教育も母の趣味に偏ってしまいました。父はお祭や縁日，寄席芝居に子供をつれ出すことがすき。多弁で社交的で積極的なところ全く母とちがい，母の欠点を補うことができた筈ですが，一面体裁屋で浪費家で無責任で家庭の人としては仕末に悪く，子供たちはもとより，父の身内の者まで母に同情し母を信頼し尊敬するばかりでした。成功をあせるほどぬかるみに足をつっこんだ恰好で深くおちこみ，失意のうちに病をえて亡くなった父の後半生もみじめでしたが，自己犠牲に終始した母の結婚生活もあまりにむごく，この運命的な組み合せが，私にとっては結婚や家庭についての批判を無意識のうちに育てる大きな力となりました（山川菊栄 1978：56-57）。

　両親は，結婚後6年子どもがなかったとはいえ，そのあと，先述のように

1886年姉松栄，1888年兄敏雄（青山延敏），1890年に菊栄が生まれた。さらに4年後1894年に妹志都栄が生まれている。母は総領である姉，松栄を厳しくしつけたという。この頃，森田家は，山の手の邸町にあり，「お手伝いさんも二人，書生もいた」（山川菊栄 1978：41）とのことである。姉は優秀で，姉と兄の教育やしつけには母が主導し，父の姿はない。しかし，兄敏雄を千世がどうしつけたかの叙述はみられない。

　隣家には水戸藩の儒学者である母の父が住んでいて，2人に漢詩を教え，歴史を講じた。この祖父青山延寿手製の水戸時代からの『唐詩選』や『新古今』のかるたを正月にとって，詩や歌に馴染んだという。お手伝いさんがいたのは，当時の中流以上の家庭では一般的であったろう。お手伝い2人と書生1人が，家庭内で何をどう分担していたかはとくに書かれていない。隣家に千世の父が住んでいたということは，森田留守宅，山の手の邸町とは，東京麹町の実家青山家の敷地内にそのままあったということであろう。

　菊栄は，文化的水準は高く，しつけは厳しい家庭であったが「薄給の一技術家に甘んじられない父が企業家になろうとあせった失敗から，年毎に家計は苦しくなり，母の苦労は見るに忍びないものがありました。その中で母は次々と父の親戚の世話までよく努めましたが，人の二倍は働く精力家でもおいおい子供にかまけている暇がなく，私にとっては姉が母代りでもあり師でも友でもありました。」（同上：47）と書いている。ここでも父への批判は厳しいが，父には父なりの理想もあったのであろう。「薄給の一技術家」とはいえ，父の収入で，家族6人と，お手伝い，書生を養っていたということは，当時の一般的庶民の家計と対比すれば比較にならないほど恵まれていたということにならないであろうか。

　しかし，父の他の側面についても，先述の洋行帰国後の民主的思考と行動のほかに次のように書かれている。

　　　父と母とは（中略）藩閥ぎらいの一事だけはよく話があいました
　　（『山川菊栄集』A9：105）。

　共に藩閥をきらい，民権運動の同情者として，話が合ったとのことである。

　さらに，菊栄は「父は実に善良な人でしたが，何分のんきすぎて無責任なところがあり，子供達の教育も何も母の裁量一つ，母は両親の仕事を一手に

第1章　出自と時代的背景の考察——初期社会主義，冬の時代，大正デモクラシー　　61

引うけ，其の上債鬼に責められ通しの三十八年間でした。」とも書いている。

　そうはいいながら，兄は帝大，姉と自分は女子英学塾まで卒業しているの
だから，繰り返すが，こういう点でも，一般にいう貧困家庭とはやはり比較
の対象にならない異次元での生活であったといってよい。このことを菊栄は
どれだけ認識していただろうか。

　それにしても，夫婦関係で，両親のような生活はしたくないとの思いが痛
烈だったことも，次の言葉で伺われる。

　　　父は非常にのんきな人でした。わしの一生は苦学力行で立志伝になる
　　とよく言っていましたけれども，あたくしどもはまじめに聞きもしなか
　　った。またお父さんが法螺を吹いているぐらいに思って。母にはいろん
　　な苦労をさせましたね。外で勝手にお金を使ってしまったり，知らない
　　うちに借金をつくったり……どうにも仕方ない時には母と筆耕の内職を
　　やりました。（中略）貧乏でも満足しているならばいいけれど，母は一
　　生，父のでたらめに不満で不愉快に暮したということ，あれはいやだと
　　思った。ああいう生活はしたくないと思いましたね（竹西　1970：201-
　　202）。

「姉妹よ，まずかく疑うことを習え」という菊栄の言葉は，文脈は異なる
とはいえその「疑う」ことは，菊栄の叙述にも適用される。両親の結婚生活
38年（菊栄は，上述，債鬼に責められ通しの38年といったが，実際は）のう
ち，最初の6年は水入らず，それ以降は，父は2児をおいての洋行生活，そ
して3児をおいての，今流にいえば父の北海道への単身赴任（父もまだ十分
に開発されていない北海道で，東京とは似ても似つかない不自由な生活を強
いられたかもしれないが，妻子と二重生活でも，両家に家事使用人をおいて
生活が成り立ったということでもある），日露戦争頃まで少なくとも結婚後
25年は，お役人として経済的には豊かではなくとも安定していたというべき
であろう。その間，父の不在という点では，子どもの教育への差配（しかも
当時としては破格の高度な教育）も，千世にかかってきていたではあろうが，
まかせきりでも学費・生活費は父が出したのであろうから，その程度の苦労
は常識の範囲を出ないというべきであって，当時の庶民の生活と比べて，そ
れほど困難さを強調されるべきことかと私は「疑う」。債鬼がやって来たと

きの叙述は，1894年生まれの妹が10歳の小学生のときというから（『山川菊栄集』A9：122）1904年のことで，父の死が1917年であるから，負債に攻め立てられたのはせいぜい10年くらいと推測される。

　1906（明治39）年11月，隣家に住む祖父延寿が亡くなった（最初の妻，つまり菊栄の祖母，きくは，すでに1889年に没している）。菊栄は，遺言により，青山姓を継いで，16歳になったばかりで青山家の戸主となる。翌年1907年3月，菊栄は府立第二高女を卒業した。菊栄を青山家の相続人，戸主とすることは，本人に何の相談もなかったという（同上：162）。菊栄は，これを「法律上の形式にすぎない」と重視していないが，2年前に縁談がもちあがったときは母が一蹴している[18]。それから数年後（1909年頃のことであろうか：伊藤），兄が東京の大学に入学すると，菊栄を隠居にして，親族会議を開いて裁判で森田家の一人息子で相続人である兄を廃嫡して青山家の戸主とすることになったという（同上：162）が，兄は戸主となると同時に系図にはないが後妻であったたねを離籍した（同上：164）[19]。菊栄はこのとき，戸主制度の形式と背後の経済問題をみてとった。

　祖父青山延寿の死の1906年頃から，例の父の事業の失敗と高利貸問題で，森田家の経済はひっ迫していた。高利貸についての実体験の菊栄の叙述は強烈である（同上：164-165）が，正確な時期，期間は，多少の齟齬を生じている。

　また菊栄は，「一人息子には若死にされ，婚養子のつもりだった私の父はあてにならず，八十七まで自分の生活費をかせがなければならなかった孤独な老人，祖父延寿からうけついだわずかばかりのボロ貸家[20]は私たち母子が管理しその収入の大部分はおたねさんに送金しました」（同上 163-164）

18）縁談は，菊栄がまだ14歳の頃の1904年にも父からもち上がり，母の反対で実現しなかったということをかなり後に聞かされたという（『山川菊栄集』A9：125-26）。

19）再婚相手のたねは，水戸に帰っていたようである。たねが，祖父青山延寿の後妻であった（『山川菊栄集』同上：105，122）ことは，菊栄の叙述からわかるが，先述のように鈴木裕子作成の関係系図には載っていない。しかし，菊栄は「兄は戸主となると同時におたねさんの要求するものを全部あたえて離籍し，無関係の間柄となりました」（同上：164）と書いているので，「離籍」というからには法的に正妻であったことは確実である。

第1章　出自と時代的背景の考察——初期社会主義，冬の時代，大正デモクラシー　　63

と書いており，菊栄と母は筆耕の内職をして家計を補ったという。兄が実家の戸主となったときには青山家の多少の遺産も相続したが，宇都宮で教員をしていた姉が一家の責任を取る決意をしていたとのことである。

しかし，「婿養子のつもり」で「あてにされた」父も，結局は「経済問題」からの期待に束縛された存在であったわけで，菊栄ほどの人物ならもっと客観的書き方をしてもよかったのではないかと，私には何とも「父」が気の毒に思われる。

3．時代的背景——明治後期からの日本の解放思想：自由民権思想と初期社会主義思想

菊栄が生まれた1890（明治23）年から，文筆活動をはじめる1914（大正3）年頃まで，日本の思想状況はどのようなものであったのだろうか。それは，諸外国のそれとどのような関わりをもっていたのであろうか。

菊栄が生まれる前年1889年，大日本帝国憲法が制定された。帝国議会は貴族院と衆議院に分けられ，25歳以上の直接国税（地租・所得税）15円以上を納める男性だけが，衆議院議員の選挙権をもった。したがって当初の有権者は人口の1.1％にすぎなかった。菊栄が生まれた1890年11月，最初の帝国議会が開催され，「教育勅語」も「下付」され，国民が守るべき絶対的道徳として強制された。1890年前後には，欧化主義を批判するナショナリズムの思想も台頭した。

1890年はまた，民法（旧民法）が公布された年であったが，日本固有の家族制度を破壊するものだという非難・攻撃が起こり，結局施行は延期され，新たに設置された法典調査会のもとでつくられた民法（明治民法）が，1898年に公布・施行された。菊栄の身の上に生じた，戸籍問題は，この民法と関わる。

1894年の日清戦争を経て，明治政府は権益拡大のため，列強の動向を見極めながら，北進してロシアと対決する路線を選択し，1902年に日英同盟を結

20）「ボロ貸家」のことは，前にも出てくる。「隣に住む青山の祖父の少々ばかりもっていたボロ貸家の手入れにきている大工や左官の仕事を眺めてすごした」（『山川菊栄集』A9：92）とある。祖父はこの「貸家」からの収入で生計をたてていたのかもしれない。

んだうえで日本国内の世論を，開戦論に誘導した。内村鑑三，幸徳秋水，堺
利彦らは非戦論を唱えたが，1904年2月8日に，日本海軍が遼東半島のロシ
ア租借地にある旅順軍港を奇襲攻撃して日露戦争が始まった。戦争中，与謝
野晶子，大塚楠緒子らも歌人，詩人の立場から反戦の作品を残した。1905年
5月，日本海海戦で日本が勝利したが，同じ年ロシアでは，立憲政治を求め
る第1次ロシア革命がはじまり，黒海では戦艦ポチョムキンの反乱も起き，
ウクライナのオデッサ市民がこれに呼応した。

　開港以来，日本の輸出品のトップは生糸であったが，製糸工場は小規模な
ものが多かった。初期の重工業の中心は軍需工場で，製鉄事業は1901年，官
営の八幡製鉄所が操業を開始した。日清・日露戦争の間に産業革命が進んだ。
工場制工業の急成長で大量の賃金労働者が生まれた。繊維産業労働者の中心
は女工で，男性は重工業や鉱山業で働いた。

　すでにアメリカ合衆国で労働運動を体験した高野房太郎[21]らが日本で職
工義友会を作ったのは，1897年，さらに高野・片山潜[22]らは，労働組合期
成会を結成し，そのあと職能別労働組合が次々と結成された。これに対し，
政府は，1900年，治安警察法を制定して，労働者の団結，団体交渉，争議を
禁止したのである。

　ところで，社会主義に関する欧米の知識は，すでに明治初期の，1870年代
日本に伝えられており，日清戦争後の資本主義の矛盾に対する自覚が人々を
社会主義へとかりたてた。

　1899年，安部磯雄，幸徳秋水，片山潜らは，「社会主義研究会」を設立し，
翌年「社会主義協会」（安部が会長）に改めた。1901年5月には，安部・片
山・幸徳ら6人が日本で最初の社会主義政党である「社会民主党」を結成し
た。しかし，前年制定の治安警察法によってただちに結社を禁止され，解散
した。

　日露戦争後の恐慌のなかで，労働争議の件数は急増し，1906年には官営軍

---

21) 高野房太郎（1869.1.6-1904.3.12）は明治期日本の労働組合運動の先駆者（二
　　村 2008）。
22) 片山 潜（1859.12.26-1933.11.5）は，日本の労働運動家・社会主義者・マルクス主
　　義者（片山潜 1954，片山やす他 2009）。片山潜については後述。

第 1 章　出自と時代的背景の考察——初期社会主義，冬の時代，大正デモクラシー　　65

需工場や造船所・銅山・鉱山など，大工場・大経営で大規模な争議が相次ぎ，1907年の足尾銅山争議は3000人規模の暴動となり，弾圧のために軍隊が出動した。

　一方，社会主義者は1906年2月，「国法の範囲内」で社会主義を主張することを掲げて「日本社会党」を結成[23]し，政府もこれを認可したが，1907年2月，幸徳秋水の直接行動論へと傾斜して，解散させられた。1908年に成立した第2次桂内閣は，社会主義者取り締まりを強化したが，1910年5月，いわゆる「大逆事件」をでっち上げ，幸徳秋水らを逮捕し，1911年1月幸徳・管野スガら12名を絞首刑にした。1911年8月には，警視庁に「特別高等課」を設置して社会主義者を「特別要視察人」としてリストアップして監視する体制を固め，社会主義は「冬の時代」に入ったといわれる[24]。

　1911年はまた，明治の終わりの年でもあったことに注意したい。このとき，20歳代に入ったばかりの菊栄は，まだ論壇に登場してはいない。明治期の社会主義は，別名，「初期社会主義」とも呼ばれている。したがって菊栄は，初期社会主義の範疇に入らないが，初期社会主義を吸収し，「冬の時代」の終わり頃，1914年から頭角を現した人物であるといえる。

　他方，この時代と重なって日本で1910年代から1920年代にかけて（おおむね大正年間に）起こった，政治・社会・文化の各方面における民主主義の発展，自由主義的な運動，風潮，思潮を大正デモクラシーと呼び（信夫 1959）この時代に女性運動の先駆者たちが活動したというみかたもある。

　さて，このような時代背景のもとに，菊栄は育ち，教育を受けていたのである。菊栄が，執筆活動を始めるのは，大正時代からである。しかも執筆活動の初めは欧米の文献の翻訳から始まっているのが特徴である。

---

23) 後述のように「日本社会党」に山川均は入党している。均は，初期社会主義時代からの活動家と思われるが，そのようには位置づけられていない。

24) 社会主義の「冬の時代」とは，大逆事件（1910年）以降約5年間をさす。この間，堺利彦は（売文社）を起こし，文筆に力を注ぎ，荒畑寒村と大杉栄は，雑誌『近代思想』を発行し，言論活動の場をつくった。社会運動よりも文化運動に力を注いでいた時代である。石川啄木は「時代閉塞の現状」を1910年に書いた。

```
┌─────────────────────────────────────────────────────────────┐
│           初期社会主義，冬の時代，大正デモクラシー関連図          │
│                                                                │
│         明 治 時 代                    大 正 時 代              │
│   1890年代・・・1900年・・・1905年・・・1910年・1911年・・1915年・・1920年 │
│       初期社会主義                 冬の時代    大正デモクラシー    │
│                                        └────┘                  │
└─────────────────────────────────────────────────────────────┘
```

　では，当時，とくに社会主義思想はどのような形で日本に入ってきたのだろうか。

　西川正雄は，『初期社会主義運動と万国社会党——点と線に関する覚書』（1985）という書のなかで，「初期社会主義」というタームを定義せずに用いているが[25]，内容からみて，ほぼ1890年代終わりから，1900年代の最初の10年を対象としており，その間に出された日本の社会主義関係雑誌が，第2インターナショナルからどの程度情報を得ていたかが記されている。西川は書いている。

　　わが初期社会主義者たちが，海外の労働運動・社会主義運動に向けていた関心には，彼らの機関紙誌を少しでも繙いた者ならすぐ気付く通り，並々ならぬものがあった。すでに片山潜の新聞『労働世界』（一八九七・一二・一創刊）にもいろいろな海外情報が載っていたが，（週刊）『平民新聞』（一九〇三・一一・一五創刊）になると，「世界之新聞」なる欄が設けられ，世界各地種々さまざまなでき事が報じられるようになった。（中略）いっそう重要なでき事が別に記事として掲載されたことは言うまでもない。

　　その情報源となったのは，日本の他の新聞からの転載もあったにせよ，大部分は諸外国から送られてくる新聞・雑誌・小冊子であった。それにどのようなものがあったかは，押収されたり散佚したりしたようで，全

───────────────────────────────

25）序章で取り上げた，『初期社会主義研究』創刊号と合わせても，「初期社会主義」については，明確な定義はないようで，日清戦争後，日露戦争を経て大逆事件にいたり，さらに大正の初期までをつないだ「明治期」から「大正期」にかけての社会主義者たちの理論や行動を指しているというところであろう。

第1章　出自と時代的背景の考察——初期社会主義，冬の時代，大正デモクラシー　　67

　　貌をつかむことは難しい（西川 1985：7）。
としたうえで，「英語の新聞とくにアメリカのそれが圧倒的に多い。このこ
とは，わが国の労働運動に対する外からの刺激が，周知のように，どこより
もアメリカから来たことを考えれば，異とするに当たるまい。そして，平民
社の人びとの能くする外国語は英語の他なかった」（同上：9）といってい
る。
　　菊栄の出自と，世に出るまでの時代的背景は以上のようなものであるが，
具体的にどのような教育を受けたかを次にみたい。

第 **2** 章

受けた教育と思想的基盤
1910年代前半までの到達点

はじめに

　菊栄が生涯にわたって書いたものをみると，彼女がどのような教育的基礎のうえで，思想と理論を展開させていったか，その基盤は何だったのかに大いなる関心をもたずにはいられない。

　本章では，1916（大正5）年の山川均（以下，均）との出会い・結婚までに，菊栄が到達していた理論的水準はどのようなものであったか。そして均との結びつきによって影響を受けた面はどういうものかを探ることにする。均との結婚ののちの菊栄の文筆活動は，それ以前からの滑らかな連続であって，特別影響を受けて変わったというものではないようにもみえる。しかし，菊栄は均と結婚しなくても，菊栄のその後は今日みるようなものであったか，均の思想の変遷と菊栄のそれは関わりなく，のちにみるようなものであったか，あるいは，公平を期すためにその逆はなりたつのか，すなわち，均の理論や思想的到達は菊栄との結婚から影響を受けるところがあったか，と問題を設定して細かくみれば，かなり慎重な考察を要求される。

　とくに私の最大関心事の一例は，均と1916年の結婚後2年目──この2年間に，菊栄の病気・妊娠・転地療養のための別居，出産などがあってあわただしかったと想像されるが，1918年の社会政策学会[1]の例会[2]で菊栄が報告したあの水準（内容は第4章で取り上げる），すなわち20代の終わりに結実した菊栄の女性労働問題に関するあの到達点ともいうべきものが，独力でどのようにして可能になったのかを知りたいということである。

　戦後しばらくでさえ，なお敷居の高かった社会政策学会をメイン学会として約半世紀身を置いてきた私には，1918年当時，たとえ「本」大会ではなく「例会」の場であったとしても，並み居る男性研究者の前で菊栄が報告の機

1）1897年桑田熊蔵らにより創設され，小泉信三，森戸辰男，河上肇らも名を連ねたが，1924年の第18回大会を最後に活動を停止した。戦後1950年に大河内一男，岸本英太郎らを中心に再建された。啓発活動・政策提言なども担っていた戦前学会と異なって純粋な学術団体となる。

2）社会政策学会ホームページ http://jasps.org/nenpu.html#23 で確認。

第2章　受けた教育と思想的基盤——1910年代前半までの到達点　71

会をもちえたこと自体驚嘆に値する。また社会政策学会に菊栄を引き込んだ
のが森戸辰男[3]であったことにも，私がかつて森戸から学んだことが多かっ
ただけに特別の関心をいだかせる。さらに戦後盛んになった，社会政策学会
レベルで輩出した女性労働問題研究者に，そのときの菊栄の存在は何らかの
影響を与えたか否か。継承点はあったのかどうかということも実は私の問題
意識のなかにある。

　すなわち，戦後，社会政策学会が「婦人労働」をはじめて取り上げたのは，
1959（昭和34）年5月15・16日に専修大学で開催された，第19回（戦後の社
会政策学会の年2回の大会の）大会である。菊栄の戦前の社会政策学会の登
場から実に40年以上を経過した時点であった。社会政策学会が1924年の会の
活動停止以後，戦後の1950年の再出発まで，長い休会中に，戦後GHQの支
配下で，1947年9月-1951年5月まで，労働省婦人少年局長を経験して，こ
のとき69歳になっていた菊栄は，1959年の社会政策学会に出席して集合写真
に写っている[4]。理論の内容的継承というのでなくとも，この大会に出席し
ていたという事実そのものにその継承の一端がうかがわれて興味をそそられ
る。社会政策学会の女性会員で，菊栄と人的つながりをもっていたのは，こ
の時点では広田寿子であろう。嶋津千利世，竹中恵美子にもそれぞれ別な意
味で，間接的につながっていくことは後述（終章）する。

　そのようなことも念頭に置きつつ，本章では，さかのぼって菊栄が受けた
家庭教育環境と学校教育，そしてその後の研鑽を追って，出発点の思想的基
盤を探り，均と結婚する前までの青山菊栄としての到達点を明らかにしたい。

　3）森戸辰男（1888-1984），私はとくにエルンスト・エンゲル『ベルギー労働者家族の生
　　活費』栗田書店，1941や，ドイツ帝国統計の紹介によって，学ぶところ大であった。
　4）この写真は，社会政策学会のWebsiteで観られる（http://jasps.org/sengo19taikai
　　photo.html）。本書冒頭の口絵写真参照。これまで山川菊栄関係の写真集等には掲載さ
　　れていない。しかし，神奈川県立図書館の山川菊栄文庫には，このときの資料（プログ
　　ラムや出席者）が保存されている。菊栄が所持していたものであろう。

1. 家庭教育：幅広く深い教養

　前章でみたように，豚肉の製造法の専門家として『塩豚製造法』という著書までもつ父竜之助は，1888（明治21）年12月，山県内務大臣の命で，日本を発ち洋行した。マルセイユからパリへ着き，食肉製造法を研究し，ベルギー，ドイツ，オランダ，ロンドン，ワシントンで，ハムや缶詰工場を見学し，翌1889年11月27日，デンバー，サンフランシスコ経由で帰国した。菊栄は，その翌年1890年11月3日に生まれ，菊の花盛りだったので菊栄と名づけられたという。

　父は，海外で，白人の横暴と有色人種の奴隷状態，国辱的日本の娘子軍（からゆきさん），欧米の生活水準の高さ，生活様式の簡素さ，嫁入り道具は宝石や株券，大学教授でも女中を使わず，夫人や娘が職業をもって働きに出ていること，教授も家事を手伝うことなどを見聞してきた。洋行以来，父は身のまわりのことを自分でするようになったという。その一事を取ってみても，菊栄の父もまた啓かれた人であり，「婚養子」としてあてにされたとしても，あるいは，そのせいもあってか，明らかに当時の並の「家父長」とは異なることを物語る。

　菊栄が生まれて間もなく，父は北海道庁に勤めることになる。幼少時の父の家庭教育の場面は，『おんな二代の記』にもあまり明確に描かれていないが，父は北海道庁勤務で不在で，北海道からリンゴが送られてくるのが楽しみという叙述があった（『山川菊栄集』A9：89）。

　父は，日常不在のうえ，子どもたちをかわいがりはしたが無関心で，「自然子供たちは母を中心に育ちました」（同上：100）と菊栄が書いており，さらに「母はまた夫に失望することが大きかったにつれ，対照的に実家の父を愛し尊敬する情が深くなり，二人は親子でもあれば師弟でもあり，同時に友達でさえあるというふうで，夕飯がすむとよく母は隣の祖父のところにいって話しこみ，子供たちは一人ずつ母のあとを追い，ついには四人とも祖父の所に集まってみなでゾロゾロ母をかこんで帰ってくるという有様でした。父が家庭を忘れている間に家庭は変則的な母系家族として育ってしまったので

第2章　受けた教育と思想的基盤——1910年代前半までの到達点　　73

す」（同上）と家庭環境を書いている。

　確かに，菊栄の叙述する限りでは，父への思慕のようなものはみられず，母の，夫森田竜之助への失望や，尊敬する父（菊栄からみて祖父）ばなれしない母千世の姿が，むしろ千世に寄りそう筆致で描かれている。

　しかし父は，菊栄が，のちにふれる「国語伝習所」に入った1907年，「日刊『平民新聞』が出たのもこの年の春のことで，ときどき父は日比谷あたりでそれを買ってきて『今にこの人たちのいうような世の中がくるぞ』などといっていましたが，私たちは平生から信用しない父のいうことで，あまり気にとめませんでした」（同上：144）と，父に味方しないつきはなした書き方をしているのである。菊栄は，「平生から信用しない父」と軽視するニュアンスの叙述をしているが，『平民新聞』に関心をもって，購入し，そのように父がいったという事実が，私には重要と思われる。父は決して保守的ではなかった。それどころではない。なにしろのちに菊栄の夫となる均が，1906年にできた日本社会党に入党し，堺利彦に請われて上京し，この頃，守田文治宅に同居して，『日刊平民新聞』の編集に従事していたのだ。菊栄の父は，まさに均が編集した新聞に関心を示して購入していたのである。

　さて，菊栄は，家庭でどんな本を読んだか。

　菊栄自身，読んだ本について，随所で書いている。まず，字が読めるようになった頃から姉や兄が購読していた『少年世界』を暗記するほど読んだこと，博文館の少年叢書のなかの『曾我兄弟』や『紀文大尽』，落合直文[5]の『卯花月夜』，女学校に入った頃は，帝国文庫の『呉越軍談』『漢楚軍談』『三国史』などを読んだと書いている（同上：101）。読書への母の影響は非常に強かったようである。母は，「読書百ぺん意おのずから通ず」「ことごとく書を信ずれば書を読まざるにしかず」という言葉を繰り返した。「どうせ本にはいいかげんなことがたくさん書いてあるよ，たくさん読めばそのうそがわかるようになるからなるべくなんでも読むのがいいのさ」といっていたという（同上：102）。また，菊栄は「『唐詩選』，『古今集』，『新古今集』などは母がよく口ずさみ，ことに『唐詩選』の五絶，七絶，『新古今集』の秋冬の

　5）落合直文（1861-1903）は，歌人，国文学者。

部などは祖父が手製の水戸時代からのカルタまであって，お正月には『虫ぼし』と名づけて家の者だけでやることになっていたので，それらの詩歌はひとりでに覚えました」（同上）とも書いている。並でない家庭の教養環境に恵まれて，教養的基礎は十分にはぐくまれたという想像がつく。

　明治32，3年頃，祖父からのお年玉は（徳冨蘆花の小説）『不如帰』で，それを読み，菊栄は浪子の生き方に疑問をもった（同上：104）ことにもふれている。

　森田家では，新聞は『日本』を，祖父の後妻おたねさんは，『中央新聞』をとっていたことも書かれている。菊栄は読書欲旺盛で，祖父の物置の古新聞，母の妹の嫁ぎ先森家（麹町平河町）へ日曜ごとに出かけて，一週間分の新聞を読んだ（同上：105）。この森の叔父から福沢諭吉の『新女大学』をもらい，『万葉代匠記』や国宝級古美術品の印刷本等を借りて読んだ（同上：107）。小学校の最後の学年で，菊栄は，『少年世界』，巌谷小波[6]『世界お伽噺』を読んでいた（同上：111）。

　女学校の頃（1902-1904）の読書には，父方のまたいとこ，読書家の小川卯太郎[7]の影響を受けている。雑誌『丁酉倫理』，『太陽』を借りて読んだ。小説では，矢崎さがのや[8]訳のトルストイの『セバストポール』を感動して読んだという。小川卯太郎から，日本文学全書の第1，2巻，西鶴の『一代男』『一代女』『五人女』，近松の世話浄るり十種をもらった。

　菊栄は「これが病みつきで女学校時代におもな物語や日記類，近松や西鶴ものはひととおり読みこなしました。姉が津田へ通うかたわら，井上通泰[9]

6）巌谷小波（1870-1933），明治から大正にかけての作家，児童文学者，俳人。

7）鈴木裕子作成の「関係系図」（『おんな二代の記』岩波文庫 2014：巻末）の注記によれば，「小川家は，松江市外竹屋村庄屋。小川卯太郎は繁左衛門妻の兄の子か。18歳のとき，千葉県勤務の竜之助のもとに身を寄せる」とある。繁左衛門とは（宮次家養子。1890年死）と注記されているが，前章1の(1)でみた竜之助の父で，菊栄の父方の祖父にあたる。

8）「矢崎さがのや」と菊栄が書いているのは，嵯峨の屋おむろ＝さがのや おむろ，本名：矢崎鎮四郎（1863-1947）のこと。明治期の日本の小説家，翻訳家，評論家。東京都生まれ。坪内逍遥の門下。東京外国語学校（現 東京外国語大学）卒業。矢崎嵯峨の舎（屋），北邙散子名義なども使用していたという。

博士の門に入って万葉などの研究をしており，千蔭[10] の『万葉集略解』，季吟[11] の『枕草子春曙抄』，『源氏物語湖月抄』などももっていたのでおおいに助かりました」（同上：119）と書いている。

　ここに父方のまたいとこが登場するのも，父方のもつ影響力が菊栄にとってまんざらでもなかったということが証明される。しかし，菊栄はそのような認識はない。

　また，祖父が水戸へ引退するとき（1903年，菊栄13歳の頃である）かたみわけとして菊栄に「お前は新聞がすきだから」と「私に日清戦争の号外をひとまとめにした大きな束を渡された」という（同上）。

　なお，女学校時代は森田家は『朝日新聞』をとっていた。

2．学校教育——英語力をつける

　さかのぼるが，菊栄の学校教育は，満5歳になった1895（明治28）年の冬，学年半ばに富花小学校という私立学校に入ったことに始まる（『山川菊栄集』A9：92）。それから半年後，1896年3月に，改めて番町小学校の1年に入った（同上：94）。卒業後，東京府立第二高等女学校（現 竹早高校）に入って卒業した。

　菊栄は，晩年に書いている。

　　女学校を出たのが明治四〇年（菊栄16歳　伊藤注）自然主義やら自由
　　主義やらの開花期で，イプセンその他社会問題をとりあつかった文芸が
　　さかんに読まれ，同時に婦人参政権運動が世界の話題ともなっており，
　　ごく少なくはあったが婦人運動や婦人問題一般に関する資料も目につき
　　始めた（山川菊栄 1978：150）。

9）井上通泰（1867-1941），主に明治時代に活躍した桂園派の歌人・国文学者，また眼科を専門とする医師。実弟の1人は民俗学者柳田国男。のちに戦中1943年，菊栄は，柳田国男の企画する「女性叢書」の一環として『武家の女性』，『わが住む村』を書くが，間接的に何か関係でもあったのか偶然か確認できない。菊栄と柳田との関係は，関口（2012b）を参照のこと。

10）加藤千蔭（1735-1808），江戸時代中期から後期にかけての国学者，歌人，書家。

11）北村季吟（1625-1705），江戸時代前期の歌人，俳人，和学者。

その後，菊栄は早く教師にでもなろうと1907年，前出「国語伝習所[12]」へ入る。しかし，ここは，菊栄の満足のいくところではなく，退学した。その頃，正規の学校ではないが，成美女学校を会場として朝1時間だけ開かれる生田長江発案の「閨秀文学会[13]」にも通った。15，6人の聴講生のなかに平塚らいてうがいて，菊栄がらいてうを知ったのはこの会である。らいてうの印象を，寡言，しとやか，上品，「親しみにくい中に，犯すことのできぬ自信と権威とをもっているかのごとき態度を持していられた」（『山川菊栄集』A8：190，初出は『婦人公論』1925年4月号）と書いている。他方らいてうは，菊栄から刺激を受けたこと，彼女に好奇心をもったこと，家にも立ち寄ったことがあることを自伝のなかに書き残している（平塚 1971：205-206）のは貴重である。菊栄は，そこで，馬場孤蝶（1869-1940）のツルゲーネフの散文詩，ブランデス[14]の評論，イプセンの劇の英訳を読み，とくに馬場孤蝶の書斎で外国の小説の英訳ものを読む機会に恵まれたという。こうした

---

12) 国語伝習所の前身に1888年，杉浦鋼太郎によって大成学館が，東京神田三崎町（現千代田区三崎町）に設立された。翌年，国語伝習所を創設。国語伝習所は，日曜日ごとに，国語国文を研究することを目的とし，大成中学校内にあったというが，詳細については私の調べがついていない。

13) 1906年に東京帝国大学を卒業し，翌年成美女学校の英語教師となった生田長江の発起により校内に閨秀文学会が開設された。その講演会を金葉会と呼んだ。講師は，与謝野夫妻，上田敏，島崎藤村，平田禿木，馬場孤蝶，戸川秋骨，生田長江，森田草平，相馬御風，5-7月半ば。平塚明（らいてう），青山菊栄ら15，6人が聴講。長江のすすめもあり，らいてうは，1911年文芸誌『青鞜』を創刊。『青鞜』の誌名は長江が命名したもの。菊栄は『青鞜』には加わらず距離を置いた。菊栄は，閨秀文学会で，与謝野晶子の『源氏物語』の講義を聞いた。しかし菊栄は，古典では『源氏物語』より『枕草子』を好んだ。また，近代文学では樋口一葉を高く評価したという（竹西 1970：204-205参照）。

14) ゲオルグ・モリス・コーエン・ブランデス（Georg Morris Cohen Brandes 1842-1927）は，デンマークの文学史家・批評家。コペンハーゲン大学教授。コペンハーゲンのユダヤ人の家庭に生まれる。イポリット・テーヌ，オーギュスト・コント，ジョン・スチュアート・ミルなどの影響を受け，カエサル，シェークスピア，ヴォルテール，ゲーテや，同時代の文学についての評論を数多く著し，19世紀末のヨーロッパを代表する文学史家。

15) 竹西によれば，菊栄の英語力について，馬場孤蝶が，「或る人は，最近に，所謂る婦人論客の中で山川菊栄君が一番学問があるだらうと，小生に語った。小生は直ぐ，兎に角山川菊栄君が一番外国語が解かる人であることだけはどうしても確であると答へた」と「明治文壇回顧」に記しているとのことである（竹西 1970：205）。

第2章 受けた教育と思想的基盤——1910年代前半までの到達点　　77

場で，菊栄は，英語を読む基礎を身につけたと思われる[15]。まだ菊栄10代の
後半，17歳頃である。今でいうと高校生の年齢である。しかし，菊栄は，次
のように手厳しいことを書いている。

　　英語専門と銘うちながら私のとびこんだ最上級でさえ女学校の三，四
　年程度。生徒も先生も遊び半分でお話にならず，外国語学校の夜学を志
　願すると女人禁制。やむをえず津田の予科へはいったのが明治四一（一
　九〇八）年九月，女学校を出て一年半後のことでした。入学試験の作文
　に「抱負」という題が出，十代の子娘らしく私の抱負は婦人解放のため
　に働くことだと夢のような気炎をあげた……（『山川菊栄集』A9：148）。

多少のまわり道をして，「やむをえず」「津田の予科」に入ったというが，
この1年半のまわり道で英語の基礎を身につけ，結果的に「津田」を選んだ
ということも，英語力に磨きをかけた点で菊栄ののちの人生に大きくプラス
になっていると思われる。しかし，なぜ「やむをえず」なのか？　この一語
にも，菊栄の挫折を経験したことのない成長過程の自信の形成がみてとれる。
母千世の女高師にたどりついた教育遍歴といい，その娘の菊栄の女子英学塾
にいたるまでのそれといい，「おんな二代の」まさに目もくらむような高等
教育への願望と実現である。横道にそれるが，松田解子（1905-2004）の小
説を（松田：2004-2010）好む私には「おりん母子伝」等一連の解子の父母，
母子関係の，まさに菊栄と階級的・階層的世界が違う自伝的作品が思い出さ
れ，無意識に対比せずには菊栄母子のこうしたくだりを読み進むことはでき
ない。

　のちに婦人労働問題に取り組むきっかけは，山室軍平，河井道子らと紡績
工場を見学して，女工の労働現場を見，そのときの感触が発端になっている
ように思われる（同上：158-159）。なお，このとき訪れた紡績工場名を菊栄
は具体的にここに記していないが，鈴木裕子（2006：22）によれば，東京府
下押上の富士瓦斯紡績工場である。

　女子英学塾の外国人教師の英作文の題には，「婦人参政権」「婦人の法律上
の地位」といったテーマがあり，丸善や図書館で資料をあさり，のちに旧友
の夫となる藤井悌（内務官僚，国家社会主義者，ビスマルクの影響を受けた
人物）から工場法の話，内外の法律上の婦人の地位の比較の講義をしてもら

ったりして，この機に外国の婦人運動の理論や実際を学んだ。のちに藤井か
らマル秘の『職工事情』を借りたりしている。まだ10代の終わりから20代の
初めの頃のことである。文学だけでなく，早い時期に労働問題にも関心をも
っていることは注目に値する。

　1910年に入って，菊栄は，津田で安井哲子（1870-1945）に倫理学と心理
学を学んだ。津田梅子は，トルストイは背教者といい，著書を読むことを禁
止したので，菊栄はまた津田に満足できない思いに駆られた。当時の日本の
女子教育の制限は，外国留学より道なしの時代であった。

　津田での教育は，菊栄を完全に満足させるものではなかったとはいえ，ま
あ，まあというところであったようである。「男子なら中学でやっている程
度の英語を津田へはいってからやり，しかも，3，4年の間に男子に劣らぬ
学力をつけるには，花嫁学校の気分ではまにあいませんでした。」（同上：
150）と書いている。卒業前の1年間，週1時間の訳読の授業では，1時間
に1パラグラフしか進まないくらい，正確に，精密に読むことも学んだとい
う。こうして1910年には，メアリ・ウルストンクラーフトの『女性の権利の
擁護』や彼女の小伝も読む。また，週1時間，時事問題の時間のために，た
えず外字新聞を読み，外電に注意する必要があり，国際問題に関心をもつ習
慣が養われたとも菊栄はいっている（同上：151-152）。このような，津田の
教育こそが，間もなく，菊栄が立て続けに多くの翻訳を公表する実力をつけ
たのだということがよく理解される。

　ここで，1916年，山川均・菊栄の結婚の媒酌を務めることとなった馬場孤
蝶についてふれておきたい。馬場は，英文学者，評論家，翻訳家，詩人，慶
應義塾大学教授であったが，1907年，上記生田長江の「閨秀文学会」の講師
を引き受けた。1913年，青鞜社の講演会で「婦人のために」を講演し，また，
大杉栄・荒畑寒村らの『近代思想』[16]の集会に顔を出した。1915年の衆議院
議員選挙に，夏目漱石，生田長江，森田草平，平塚らいてう，堺利彦らの応
援を得て立候補し，落選した。1923年，関東大震災の際の流言による朝鮮人

16）山川均もこれに関わっていた。詳細は「大杉栄と仲間たち」編集委員会編（2013：
　　146, 159）参照。『近代思想』については，創刊100年記念の2012年，『初期社会主義研
　　究』No. 24が特集を組んでいる。

第2章　受けた教育と思想的基盤——1910年代前半までの到達点　79

虐殺事件の起こる最中に，朝鮮人を擁護する発言をしたことで警察に検束された。1930年，慶應義塾大学を退職している。菊栄は，馬場孤蝶を自らの師の一人として，1940年に，思い出を書いている（『山川菊栄集』A8：160-168)[17]。

松尾尊兊は，この『山川菊栄集』A8の解題を担当し，「馬場孤蝶は自由民権の名士辰猪[18]の弟。（中略）気骨のある文士の自由主義者で，幸徳事件後の『冬の時代』，堺や大杉と親交があった。（中略）菊栄が社会主義者に接近するにいたったのも，彼らが孤蝶の知人であるという安心感が手つだっていたからではあるまいか。菊栄と均の結婚の仲人役をつとめたのも孤蝶であるところからいっても，孤蝶は菊栄を社会主義へ橋渡しをした人物といってよかろう」（同上：332）と解説している。

3．英語で読み翻訳する

1912（明治45）年3月，菊栄は，女子英学塾を出てから，卒業生が入る「研究科」へ数カ月通い「職業としての個人教授や三省堂の英和事典編集の手伝いなどをしていた」（山川菊栄 1978：77）というが，どのような個人教授か不明である。

この頃，青鞜社主催の講演会を傍聴したりした。津田でつけた英語の実力は，菊栄を自ずと翻訳に向かわせた。しかも社会主義的傾向のものを手がけた。なぜか。それについて菊栄は書いている。

　　大逆事件以後暗黒時代に入っていた社会主義運動が，大正元（1912：
　　伊藤）年大杉，荒畑両氏の『近代思想』というささやかな文芸雑誌で復
　　活の火がともされ，ついで大正三年堺氏の「新社会」[19]も出，これらを
　　通じて私は，社会主義の文献を知り，ベーベルの婦人論やカーペンター

---

17) 鈴木裕子の同書「解題2」によれば，この思い出は，「馬場孤蝶先生と一葉女史」と
　　題して単行本『村の秋と豚』（1941年，宮越太陽堂書房）に収録されたものであるとの
　　ことである。筆者未見。
18) 馬場辰猪（1850-1888）は，土佐藩士，思想家，政論家。もっとも急進的で国粋的な
　　『國友会』を組織した人物。通称として辰猪を称した。

の婦人論やその他をよんだ。閨秀文学会以来，社会主義のシンパだった馬場孤蝶先生のところで何かと指導をうけていたので，社会主義者というものをこわいとは思わず[20]，大正四年大杉氏のフランス語の夏期講習会に出たあと，社会主義の研究会ともいうべき，平民講演にも出席した（同上：77，脚注は伊藤による。以下21），22）も同じ）。

菊栄の人生に，馬場孤蝶はこのような意味をももっている。さらにこうも書いている。

　　大正元（1912：伊藤）年大杉栄，荒畑寒村の「近代思想」創刊，大正三年堺利彦の「新社会」発行。それらを通じてマルクス主義のベーベル，無政府主義のカーペンターの『婦人論』を知っては訳した。『共産党宣言』や『家族・私有財産・国家の起源』にも目をふれるようになった。そのころ出た竹越与三郎[21] の『日本経済史』も面白く読んで，日本史を学び直す気になった。そのころは日本の運動はアナルコ・サンディカリズム[22] の影響が強く，米国の戦闘的組合 IWW の首領ヘーウッドなどは，いまのゲバラみたいな人気だったが，ロシア革命の後は忘れられてしまった（同上：150）。

19）『新社会』は，『へちまの花』を改題して売文社から創刊された社会主義理論誌である。大逆事件以来隠忍を強いられてきた，堺利彦を中心とする明治の社会主義者たちが，第1次世界大戦後の状況の変化から復活した，その運動の中軸となったのが，この『新社会』である。総合啓蒙雑誌的な性格からマルクス主義理論誌の性格を強めていき，とくにロシア革命の紹介，『資本論』の解説等，当時の社会主義運動に果たした役割は大きい。誌名は『新社会』『新社会評論』『社会主義』と変遷する（全62冊）。

20）菊栄が，初めて「社会主義」という言葉を使っているのは，管見の限りでは1904年である。女学校で「社会主義はいいと思うか，悪いと思うか」と聞かれ，「社会主義のことは少しも知らないので，いいか悪いかわかりません」と答えたと『おんな二代の記』に書いている（『山川菊栄集』A9：120）。

21）竹越与三郎（1865-1959）戦前の歴史学者。政治家。戦後公職追放指定を受ける。

22）アナルコ・サンディカリズム（無政府組合主義）は，社会主義の一派。労働組合運動を重視する無政府主義のこと。議会を通じた改革などの政治運動には否定的で，労働組合を原動力とする直接行動（ゼネラル・ストライキなどいわゆる「院外闘争」）で社会革命を果たし，労働組合が生産と分配を行う社会をめざした。労働組合至上主義。日本でアナルコ・サンディカリズムの影響を受けた思想家には大杉栄がいるが，大杉の虐殺後，マルクス主義が左翼運動の主流になる。

第2章　受けた教育と思想的基盤——1910年代前半までの到達点　　81

　まず，ここでベーベルとカーペンター[23]の名をあげている。「読んだ」だけでなく「訳した」といっている。出版された翻訳の順序からしてカーペンターが先であるが，読んだのはベーベルのほうが最初である。以下，読んだ順を考慮しつつも，活字として翻訳を発表したものからみていきたい。

　ベーベルは第6章で取り上げるので，カーペンターについて少しふれておく。

　エドワード・カーペンターについては，都築忠七による伝記（都築 1985）があり，その「あとがき」に，次のように書いている。

　　（日本では）「カーペンターの著作の邦訳では，すでに明治二十六（一八九三）年に民友社編『文明の弊及其救治』が平民叢書第五巻として出版されている。石川（三四郎：伊藤注）の手になる同書の翻訳は，昭和二十四（一九四九）年，『文明，その原因および救治』（世界古典文庫）として刊行された。そのほかカーペンターは，『種蒔く人』（大正十〜十二年）の執筆者として名前をあげられており，石川の個人紙『ディナミック』の第八号（昭和五〔一九三〇〕年六月）は，カーペンターの追悼にあてられている。戦前の邦訳には『吾が日吾が夢』（宮島新三郎訳，大日本文明協会発行，大正十三〔一九二四〕年），『産業的自由，其の理論及実際』（加藤一夫訳，東京洛陽堂版，大正九〔一九二〇〕年），『愛と死』（宮島新三郎訳，大日本文明協会発行，大正七〔一九一八〕年）のほか，山川菊栄訳『恋愛の成熟期』，三浦周造訳『生に徹する芸術』などがある。これにたいし戦後のわが国では，晩年の石川を除き，カーペンターにたいする関心にはほとんどみるべきものがない。

　　戦前のカーペンター導入期にも，彼の同性愛的側面がとくに注目されたようには思われない。この問題の日本での受けとめ方は，イギリスのそれとは大きく異なっていた。一般に，この国では，性愛のあり方を人間存在の根源的意味から考えることが少なく，風俗的な好奇心の対象と

---

23) カーペンター（Carpenter, Edward 1844-1929）は，イングランド，イースト・サセックスのブライトン近郊出身の詩人。社会主義思想家。ウィリアム・モリスと親しくし，1883年にはヘンリー・ハインドマンの社会民主連盟に参加するが，のちに新生活友愛会の創設メンバーとなる。日本のアナキストの石川三四郎と親交があった。

して矮小化する傾向が目立つ（都築　1985：270-271）。

しかし，堺利彦は，すでに1907（明治40）年発行の『婦人問題』の序にカーペンターの名をあげ，「予は左の数書を読者諸君に推薦す。予は主として是等の書に依りて予の思想を得たり」（堺　1907：3）として，エドワード・カーペンター，アウグスト・ベーベル，フリードリヒ・エンゲルス，フィリップ・ラッパポート，モーゼス・ハルマンの5名をあげている。カーペンターについては，次に述べるように，菊栄も抄訳ではあるが，前述都築があげているものより早い訳がある。

これらをみても，菊栄が翻訳した英文テキストは，社会主義者が書いたものであり，菊栄訳が世に出たのが，社会主義の「冬の時代」を経た「大正デモクラシー[24]」の時代であった。菊栄は，また日本の「初期社会主義の子」であったといえるだろう。

その菊栄が抄訳した『中性論』（1914　抄訳），『恋愛論』（1921）について，カーペンターの生涯のなかに位置づけてみると，『中性論』の原書は，*The Intermediate Sex*（London and Manchester, 1908）であり，1870年から1927年まで執筆活動を行った彼の後半を越えたところの作品である。『中性論』は，都築によっては『中間の性』と訳されている（都築　1985：162）。『恋愛論』は，都築は『恋愛の成熟期』と訳している（同上：271）。原題は*Love Coming of Age*（1911）である。

いずれもカーペンターの主著ではないが，ホモセクシュアルの問題が社会的忌避の時代に，運動の先頭に立って書いたものであり，菊栄が，その初期にふれているということに注目したい。

菊栄訳の，カーペンター著『恋愛論』を取り上げてみると，目次は「訳者はしがき，性の欲望，未成熟な男性，奴隷としての女性，解放された女性，過去の結婚，将来の結婚，自由な社会，批判と感想，性の崇拝について，原

---

24)「大正デモクラシー」といわれる時代について，井手，江刺（1977：4）は「日露戦争がおわった一九〇五（明治三八）年から，護憲三派内閣（首相は加藤高明）による普通選挙法の通過があった一九二五（大正一四）年までの，ほぼ二〇年のあいだを指して」おり，「女性にとって見落すことのできない大切な時代である」（同上：5）といっているが，明治の終わりの「冬の時代」のあととすべきではないだろうか。

第2章 受けた教育と思想的基盤——1910年代前半までの到達点 83

始群婚制度について，嫉妬について，家族制度について人口と人為的制限について，付録」となっている。菊栄は序文で「カーペンターの社会主義はマルクス主義ではない」とはっきりいっている。菊栄は，社会主義の種類を区別しながら取り込んでいることに注目したい。

　菊栄のベーベル訳が出たのは，1923（大正12）年だが，それを読んだのは，これまでもみたように，1912（大正元）年以降と菊栄はいっているから，カーペンターと並んで，長期にわたって英語でベーベルに接していたことになる[25]。

　一部繰り返しになるが，大正期には，大杉栄・荒畑寒村らが1912年に労働者向け文芸思想誌として創刊した『近代思想』（第1次），堺利彦創刊の社会主義思想の啓蒙誌『新社会』（1915年），大杉が『近代思想』から手を引いたのち伊藤野枝らと創刊した『文芸批評』（1918年）などがあった。このうち『新社会』は，堺が1914年に創刊した文芸雑誌『へちまの花』を改題したもので，売文社から発行され，1920年1月の第50号まで続いた。前述のように，菊栄は，当初，青山菊栄名で1914年から，英語からの翻訳を手がける。

　菊栄の評論が，のちに日本の他の女性より卓越した点は，津田で鍛えた英語の力が根底にあって，早くから国際的動向を把握していたことによることは疑問の余地がない。

　1914年中に菊栄は，ウラジーミル・ガラクティオノヴィチ・コロレンコ[26]や，前述エドワード・カーペンターの翻訳を『番紅花』（サフラン）に立て続けに載せている。

　菊栄の文献リストをみるとまず，初期には翻訳を多くなしたことが目につくが，最初に活字になったのは，1914年，尾竹紅吉，神近市子らが創刊した雑誌『番紅花』に載せた翻訳ものである。コロレンコの訳「マカールの夢」を『番紅花』4月号に，エドワード・カーペンターの抄訳「中性論」を『番

25）水田珠枝は，菊栄の多くの翻訳のうち，とくにカーペンター，ベーベル，コロンタイに注目している（山川菊栄記念会 2011：83-85）。珠枝は菊栄の翻訳『中性論』（1914）が抄訳であることはとくにふれていないが，『恋愛論』（1921）が全訳であることは指摘している。菊栄は，カーペンターとベーベルを時期的には重なり合って翻訳していたことになる。

紅花』5，6，7月号に，コロレンコの訳「盲楽師」を『番紅花』6，7，8月号に掲載しており，それらはすべてまだ青山姓である。菊栄24歳のときである。

「盲楽士」は，小ロシアの貴族の子，ペトリックは，生来の「盲」であり，音楽の才能をもっている。そのペトリックのトキムや少女ヴェリア・ヤクツスキーとの交流が美しく描かれており，人種や障がいの問題を取り上げたさわやかな小説である。

さらに，1915年8月には神近市子の誘いで，大杉栄のフランス語講習会に出席し，大杉・荒畑の平民講習会に出席もしているから，菊栄は翻訳と初期社会主義に一級の関心を寄せていたことがわかる。

1916年には，アナトール・フランス[27]の訳「判事トーマス」を『世界人』4月号に載せている。

翻訳以外では，この1916年『青鞜』新年号に「日本婦人の社会事業について伊藤野枝氏に与う」を投稿して論壇に登場した。その内容を読むとき，整然とした論の運びと，背景にある筋の通ったものの考え方は人を圧倒する。

---

26) コロレンコ（Владимир Галактионович Короленко, 1853-1921）は，ウクライナ人官吏の息子としてジトームィルに生まれ，モスクワの農学校に学ぶが，ナロードニキ運動に関わったとして放校となり，さらにキエフに追放される。1879年に最初の小説が出版されるが，同年革命運動を行ったとして投獄され，さらにシベリアに追放された。モスクワに戻ったのち，1885年に瀕死の農夫がみた不思議な夢を描いた短編『マカールの夢』を発表し，作家としての名声を獲得。その後も『盲音楽師』『川がはしゃぐ』など，人道主義的な立場から，ロシアの民衆や自然を描いた数多くの短編を発表して高く評価された。ロシア科学アカデミーの会員にも選出されたが，1902年にマクシム・ゴーリキーの同会への入会取り消しに抗議してアントン・チェーホフとともに辞任した。作家活動のかたわら，1895年に雑誌『ロシアの富』の編集長となり，ツァーリズムを批判するとともに，文芸評論にも健筆をふるった。1917年ロシア革命が起こると初めは賛成の立場を取ったが，やがてボルシェビキの急進的な活動に対して失望し，ロシア内戦時には赤軍・白軍双方を厳しく批判した。

27) アナトール・フランス（France, Anatole 1844-1924）は，フランスの詩人・小説家・批評家。パリ出身。アカデミー・フランセーズの会員を務め，ノーベル文学賞を受賞した。代表作は『シルヴェストル・ボナールの罪』『舞姫タイス』『赤い百合』『エピクロスの園』『神々は渇く』など。芥川龍之介が傾倒し，石川淳が訳していた。芥川の翻訳は1918年なので，菊栄の1916年訳は，きわめて早いものだったといえるだろう。

第2章　受けた教育と思想的基盤——1910年代前半までの到達点　85

評論家，菊栄の将来を予測させる作品といえる。

4 ．"J'accuse" の抄訳出版

　菊栄はひきつづき，女子英学塾教師アンナ－クララ・ハーツホーン[28]の依頼で "J'accuse" を抄訳したが，その後，均と結婚しており，この翻訳書を『大戦の審判』（丁未出版社）として出版したのは翌1917年であった[29]。

　山川均は，初期社会主義者とは区別される当時としては「本格的」マルクス主義的社会主義者である。菊栄が均と知り合ったのは，1916年2月10日，平民講演会例会の場でのことであるという。このとき菊栄は，25歳，均35歳であった。しかし，この出会いの会の解散後，検束され，菊栄は仕事を失ったとのことである。このことの詳しい事情は，次章で述べる。

　菊栄が均と出会ったとき，前述 "J'accuse" の翻訳中と思われるので，まず，この本に注目してみたい。

　J'accuse（1914）『大戦の審判』（1917 丁未出版社）について述べる。

　私は，『大戦の審判』を，法政大学図書館所蔵のもの（安倍能成氏大正12年2月22日寄贈）を読んだ。この書を，「山川菊栄著作目録」を最初に編んだ外崎光広（1979：99-100）は次のように解説している。

　　　菊栄が昭和二六年四月に国立国会図書館に寄贈した本書の見返しに「『大戦の審判』原著者はドイツ人，書名は "J' ACCUSE" 第一次大戦

---

28) アンナ・C．ハーツホーン（Hartshorne, Anna Cope 1860-1957）は，1860（万延1）年に医学者ヘンリー・ハーツホーンの娘としてペンシルベニア州フィラデルフィアに生まれる。22歳で美術学校を卒業後教師となった彼女は，30歳のとき，アメリカ留学中の津田梅子に出会い交友関係が始まる。1902（明治35）年，創立間もない女子英学塾（現津田塾大学）の講師として来日。以後，40年余りにわたって日本における女性高等教育の発展に尽力した。ハーツホーンは，日本の日常の姿を紹介しようとして「日本および日本人」（"Japan and Her People"）をロンドンで1904年に出版している。『津田英学塾40年史』（1943：601）に，「教授　英語　就任明治35年5月　在職38年4月　ミス・ハッホン」という記述がある。

29) ハーツホーンについて，菊栄は，『婦人公論』1929年10月号に発表した「英学界の先覚者津田梅子先生」のなかに，「三十年の協力者であるミス・ハッホン」との言及がある（『山川菊栄集』A8：176，353）。

の半年後，匿名の一ドイツ人により，ドイツ本国では出版不可能のためスウィスで出版されたもの。大戦に対するカイゼル及びドイツの責任を追及し，即時戦争中止，講和を説いたもの。当時連合諸国に訳され，広くよまれたものを，津田英学塾教授ミス・アナ・ハーツホンが日本人にもぜひよませたいからというので，その希望をうけて山川菊栄が訳したもの。山川が社会主義者なるにより訳者として名をだすことは好もしくないという津田梅子先生の意見で特に『某』としたもの。この書を刊行した丁未出版社は津田塾教授明治時代著者の英文学研究家桜井鴎村氏の管理のもとにより，事実上塾の出版部のような性質をもっていた。」と自書している。

『大戦の審判』は，法学博士浮田和民[30]序，女子英学塾長津田梅子序，独逸仮名士原著，女子英学塾卒業某女史訳とある。浮田和民は，その「序」のなかで，「（前略）百年以前ならば兎に角，第二十世紀の初頭に於いて世界最秀の文化を以て誇りとなす独逸国が，この行動を取ったことは決して独逸の名誉ではないと思う。此の意味に於いて余は本書が頗る興味あり，又た教訓ある一著書たるを疑わぬ。特に女子英学塾において塾長津田梅子女史の高弟たる某女史，之を反訳し忠実且つ明瞭に原書の意を伝えられたから，訳書としては多く遺憾あるを見ないのである。余は欣然一文を草して之を江湖に紹介することを辞せぬのである。」（『大戦の審判』：6）と書いている。

津田梅子は「はしがき」として，本書は欧米で多大の注意を惹いたが，著者は独逸の一高官というだけで姓名はわからない。「原書の序文には，瑞西人の名前で，一独逸人に委託せられた此書を社会に提供するということと，出版の責任は自分が負う」とあるだけである。「原書は，1914年12月頃から翌年の2月頃までかかって書かれたものらしく，1915年4月2日瑞西のロウサンヌで出版されております。此書はその英訳より反訳したのでありますが，

---

30) 浮田和民（1859-1946）は，熊本洋学校にてリロイ・ランシング・ジェーンズの薫陶を受けて，キリスト教に入信するが，熊本洋学校が閉校になると，開校間もない同志社に転校し，同校で新島襄からの影響を受けた。その後約11年間母校の教員を務め（その間イェール大学に2年間留学），同志社政法学校では政治学，国家学，憲法講義などを担当する。「序」を書くにいたる経過は不明。

第2章　受けた教育と思想的基盤──1910年代前半までの到達点　　87

全訳ではありません。日本人に余り興味のなさそうな，且つ絶対に必要とも
思われぬ個所は省略したり，大意をとるに留めたりしてあります。（中略）
乃ちこの反訳は量に於いて原書の約半分くらいにしか当りませんが，著者の
趣意と要旨とは全訳と異ならぬ程度に伝えられてあると信じます」（同書：
7-8）と解説している。

　全325ページの堂々たる翻訳書である。私は，この本の原書も，英訳書も
入手していないが，菊栄の重訳でざっとみただけで，周到な国際情勢の分析
のうえに立ったドイツを批判する反戦の書であることが読みとれる。まず漢
字が多くすべてに平仮名がふってある。予備知識なしに読めば，文体はこれ
が，26歳の女性の翻訳文とは思えない。しかし，内容はわかりやすく，箇所
によっては具体的で親しみやすい。

　私の関心から，ドイツ社会民主党が戦争公債に賛成したくだりを引用しよ
う。

展開せられたる悲惨なる後継
（項目略）
社会民主党の態度

　（前略，以下の文振り仮名略，人名に伏せられた棒線は削除）

　　12月2日の議会における第二回軍事費可決は，第一回の可決の必然の
結果であった。しかしこの際は非戦論者の数が殖えて，極力主戦派に抵
抗した。が，世界の知るがごとく，党議に反対して戦費不賛成の投票を
敢えてするだけの勇気と気骨とを有したものは，ひとりカル丶・リープ
クネヒトあるのみであった。

　　リープクネヒトの態度は，当然全世界の同志の賞賛を博した。然るに
社会民主党のみはこれを非として，排斥決議を通過した。かゝる無謀な
決議が，外国の同志にいかなる影響を与かを，独逸の社会主義者は知ら
ないらしい。また彼等は，全世界の同志の同情は，リープクネヒトの側
に存して，社会民主党内の愛国的多数派の側には存せぬことを知らない
らしい。この果断な行為によってリープクネヒトは，独逸社会主義者中，
外国において最も人望のある人物となった。予は敵国の讃美より，むし

ろ中立国における彼の好評を論拠として斯ういうのである。万国運動の再興は，必ずこのリープクネヒトの態度に基いてなされるであろう。そして一旦欺かれた上，後に到ってもなお政府の虚偽を見破る明なく，または，欺かれたと覚りつ，自己の謬見を告白し，訂正する勇気なくして，竟に愛国主義者と帝国主義との陣営に引き込まれた多数主戦派たるものは，平和克服後，再び国際主義を奉ずることを得ず，万国社会党もまたこの反逆者を，再びその胸に抱擁することを拒むであろう（同書：271-273）。

　この文を読む限り，著者は，ドイツ社会民主党の多数派を批判し，リープクネヒトの側に立っていることがわかる。当時のドイツにおいて，このことは，スパルタクスグルッペ，インテルナツィオナーレ派に味方しているということである。著者の実名を知りたいがそれより，これを訳した菊栄は，第1次世界大戦の本質や，ドイツにおける反戦思想をこの時点で，知っているということが重要である。

　このような，着実な仕事が，着々と菊栄の思想の土台を確かなものにしていったと思われる。

　確認するが，菊栄は，このように，均と知り合う前，コロレンコ，エドワード・カーペンター，アナトール・フランスらの社会主義的文献を読み，翻訳発表し，社会主義への関心をもっていた。したがって，菊栄の社会主義への道は，翻訳物では決してマルクス主義社会主義ではない。しかし，この段階で，社会主義関係で読んでいたものは，前にもふれたが，『近代思想』，『新社会』であり，それらを通じて，『共産党宣言』や『家族・私有財産・国家の起源』にも目をふれるようになった。アウグスト・ベーベルの『婦人と社会主義』はのちに翻訳書を出すが，マルクス主義的な理論はベーベルから間接に学んだものが多いと思われる。

　その点，均のほうはどうかというと，次章で詳しくみるが，年齢も菊栄より10歳上ということもあり，ドイツ社会民主党やヨーロッパの労働運動，第2インターナショナルの動向，『資本論』についてかなりの知識をもち，すでに1907年，『大阪平民新聞』に「研究資料　マルクスの『資本論』」を掲載し，1916年には，堺利彦の代筆でモルガン，エンゲルス，ベーベルの要約

「男女関係の過去・現在・未来」を書いていたくらいであるから，マルクス主義的社会主義の知識は菊栄よりはるかに深かった。当時としては日本で最先端をいく一人といえただろう。

そして菊栄は，広義の社会主義的感触をもつ，社会主義関係英語文献の翻訳家としては日本で第一級の人物だったといえる。

1916年，菊栄が均と出会い，婚約，結婚への過程で，『世界人』5月号の「婦人運動の沿革」のほか，『新社会』8，9，12月号にも執筆し，9月号では自ら"社会主義者"と称して「与謝野晶子氏に与う」を書いていたのである。

5．菊栄の評論活動の理論的基礎への考察

本章冒頭に私は，菊栄が生涯にわたって書いたものをみると，彼女がどのような教育的基礎のうえで，思想と理論を展開させていったか，その基盤は何だったのかに大いなる関心をもち，一つのエポックを1918（大正7）年の社会政策学会の例会での報告として考えていると書いた。

ここまでを区切って考察すると，まず，家庭教育における，当時としてはまれにみる知的家庭環境（日本の古典的文献にふれる読書量の多さと，新聞による日本および世界情勢についての知識を得るチャンスの存在），当時として英語に特化していたとはいえ最高の女子教育を受けたという事実，高度のレベルで身につけた英語という盤石の武器に，菊栄は裏打ちされていることがわかる。

英語力によって，日本に入ってきた欧米の自由主義・民主主義思想を早くから吸収することができたし，メアリ・ウルストンクラーフトとアウグスト・ベーベルという英国とドイツの2人の女性解放に関する古典的名著を，前者は，原語そのものから，後者は，英訳からではあったが時間をかけて，誰よりも先に邦訳できる水準で読み込んだのである。

社会主義については，当時のさまざまな傾向をもつ，これも最高の社会主義者集団とのまじわりがみられる。マルクス主義的社会主義については，直接マルクスやエンゲルスではなく，アウグスト・ベーベルからまず間接的に

全体を把握し，女性問題とのかかわりを理解したのであろう。

　菊栄は，のちに全訳邦訳を，原語，得意な英語であるメアリ・ウルストンクラーフトではなく，原語がドイツ語であるアウグスト・ベーベルの重訳を選んでいる。このことは，菊栄は，ブルジョア的女性解放論ではなく，社会主義的女性解放論を，しかも，カーペンター等ではなく，マルクス主義的女性解放論をあえて選んで，少なくとも延べ10年はベーベルと断続的にでも向かい合っていたであろうということがわかる。

　菊栄は，1916年には冒頭から「私ども社会主義者の主張する平等」（『山川菊栄集』AB 1：77）という表現をしてはばからない。菊栄は，山川均と対等な社会主義者として向き合ったのである。

　しかし，思うに，この段階での菊栄の，マルクス主義的社会主義者としての基盤は，均とは確実に異なっていた。アウグスト・ベーベルの文献だけでは，マルクス主義理解に不十分なことは明らかである。菊栄は，この段階で

表2－1　1910年代，山川均と結婚前の青山菊栄時代の英語からの翻訳一覧

菊栄発表年	原著者名（原語）	和訳題	原題／発表年	掲載誌／出版社	署名／注
1914	コロレンコ（露）	「マカールの夢」	／1885	『番紅花』5月号	青山菊栄訳
1914	エドワード・カーペンター（英）	「中性論」（抄訳）	A Study of Some Transitional Types of Men and Women (1908)＊ *The Intermediate Sex* (London and Manchester, 1908)	『番紅花』5-7月号	青山菊栄訳
1914	コロレンコ（露）	「盲楽師」	／1886	『番紅花』6-8号	青山菊栄訳
1916	アナトール・フランス（仏）	「判事トーマス」		『世界人』4月号	青山菊栄訳
1917	独逸仮名士原著	『大戦の審判』（抄訳　225p.）	*J' accuse*（瑞西ローザンヌ）	丁未出版社（東京）2.21	某女史訳（津田梅子はしがき）

は翻訳物によってマルクス主義を知ったが，均は，自ら，『資本論』をはじめとするマルクスの原典を原語から読みこなしていたのである。

菊栄自らが，この段階でマルクス・エンゲルスを重訳するということはなかった。

均との結婚前の菊栄の翻訳の仕事を表2－1にまとめる。

しかし，菊栄は，この表のものだけを読んでいたのでないことはもちろんである。1916年5月号の『世界人』に青山姓で書かれている「婦人運動の沿革」（『山川菊栄集』AB 1：23-43）をみれば，いかに多くの外国語文献に接していたかがわかる。列挙すると，フランスでは，ルソー，ヘルヴェチウス，ウオルティル，ホルバッハ，コンドルセー，英国では，ウルストーンクラーフトのほか，メリー・アステル，デフォー，トーマス・ペイ，スウィフト，ファニー・ブラッド，ウィリアム・ゴドヴィン，トーマス・ペイム，バイロン，ウィリアム・ブレーク，ワーレン・ヘスティング，ヘズリッド，ウォーズウォース，サウゼイ，コレリッジ，シェレー（片仮名表記は菊栄のママ）らの名前があげられている。

これをみると，マルクス主義関係の物はほとんどみられない。いや，直截にいって，マルクスの文献を菊栄は読んではいない。この点は1907年に『資本論』をはじめ，多くのマルクス主義文献を原語あるいは英語から読み，自ら紹介した山川均と比較にならない。菊栄がオリジナルにマルクス主義関係のものを翻訳するようになるのは1921年以降，レーニンを中心とするコミンテルン関係のものである。それは，ロシア革命を経たのちの一時「マルクス・レーニン主義」と呼ばれたマルクス主義で，1990年代のソ連東欧の崩壊や，ロシア革命100年を経た今日では，マルクス主義はレーニンの理論とは切り離されて取り上げられるので，菊栄のマルクス主義は，歴史的制約を含んだマルクス主義ということになる。この事実は，その後の菊栄の思想的変遷に，均とは異なる影響をおよぼすことになるだろうと私は推測する。

先取りになるが，均との結婚以降戦前の菊栄の翻訳を，本章の最後に表2－2として示す。

これらのなかから，第6章以下で取り上げる機会もあるので，出発点においてまず，田中寿美子が『山川菊栄集』A1の解題のなかで引用している堺

利彦の「我々はその時初めて，女といふ割増なしに評価する事の出来る婦人評論家に出くわしたのであつた」という評価，神近市子の「可なり多岐にわたる問題を扱つてそれを氏の一つの信念——広い意味での社会主義的見解にまで導くその明かにして鋭い論断には敬服の他はない。実に菊栄氏はまだ光明を見ず蒙昧な状態にある日本の婦人の上に，覚醒の福音を伝へた最初の有力な使徒である」（『山川菊栄集』A1：278）という称賛に反論の余地がないことをこの一覧表によっても確認しておきたいと思う。

このような女性と出会い，婚約，結婚に向かう1916年の9カ月は均にとっても誇らしくも胸ときめく日々であったに違いない。次章では，この2人の結びつきをみていきたい。

表2－2　山川菊栄1918年以降，戦前までの翻訳・紹介

（＊は単行本orパンフレット）

菊栄発表年月	原著者名（記述のママ）	和訳題（原題記述のママ）	掲載誌／出版社	著者／注（記述のママ）
1918.2	アナトール・フランス	雇人の盗み	文明評論	山川菊栄訳
1919.11.1	ウォード・カーペンター	女性中心と同性愛	アルス	堺利彦と共訳
1920.12	記載なし	ゴルキーの観たるレーニン	社会主義研究	山川菊栄訳
1921.2	記載なし	労農露国婚姻法	社会主義研究	菊
1921.2	ジノヴィエフ（一部）	ジノヴィエフの婦人と革命論	社会主義研究	菊
1921.5	レーニンの演説	レーニンの農村革命論 農村革命の進化	社会主義研究	菊栄訳
1921.5		レーニンの農村革命論	社会主義研究	菊栄訳
1921.5.10	エドワアド・カーペンター	恋愛論＊ Love Coming of Age (1911)	大鐙閣（1946年三興出版と同じ？）	山川菊栄訳
1921.8	レーニン	社会主義革命の建設的方法＝ソヴィエットの当面の問題	社会主義研究	山川均と共訳
1921.9	カール・ラデック	社会主義の進化 マルクス説の一考察	社会主義研究	山川菊栄訳述
1921.2	コロンタイ	共産国家と家庭生活	解放	山川菊栄訳

第2章　受けた教育と思想的基盤——1910年代前半までの到達点　　93

1921.9	コロンタイ	無産婦人の国際的団結	解放	山川菊栄訳
1921.9.3)	ニコライ・レーニン	労農革命の建設的方面 *	三徳社	山川均と共訳
1921.10.11		労農露西亜労働法	社会主義研究	山川菊栄
1922.1.1)	カール・ラデック	社会主義の進化 *	水曜会出版部	山川菊栄述
1922.2	ジョン・リード	ロシアの冬	前衛	山川菊栄訳
1922.3	ジョン・リード	赤色労働軍	前衛	山川菊栄訳
1922.9	ウイリアムス	冬宮陥落の夜	前衛	菊栄訳
1922.10	ウイリアムス	革命の動員	前衛	菊栄訳
1922.11	マクシム・ゴルキイ	レーニン論	種蒔く人	山川菊栄訳
1922.11	ウイリアムス	11月7日	前衛	菊栄訳
1922.12 1922	ウイリアムス コロンタイ	赤色の浦塩 共産主義国家と家庭生活	解放 労働週報13-17	山川菊栄訳
1922.12.7	アレキサンダー・ナルギン	ボルセキキの『暴政』とアナーキスト *	水曜会パンフレット『2人の革命家と2人の労働者』	山川菊栄訳
1923.1	ブレースフォード	地方ソヴイエット膨張期	前衛	菊栄訳
1923.1	ランズベリー	露西亜における子どもの生活と教育	社会主義研究	山川菊栄訳
1923.1	アーサーゼ・ワッツ	露西亜に於ける子供と母親の保護	社会主義研究	山川菊栄訳
1923.2	記載なし	労農露西亜の教育と芸術	社会主義研究	山川菊栄訳
1923.2	ジノヴィエフ	ジノヴィエフの婦人と革命論	社会主義研究	山川菊栄訳
1923.3.8	レスター・ウオード，カーペンター	女性中心説 *	アルス	堺利彦と共訳
1923.3.13	ベーベル（メタ・シュテルンの英訳からの重訳との注あり）	婦人論　婦人の過去・現在・未来 *	アルス	山川菊栄訳
1923.3	クララ・ツェトキン	露独革命と婦人の解放	種蒔く人	末尾に（山川菊栄訳とあり）

1924.3.30	フィリップ・ラッパポート（1906）	社会進化と婦人の地位＊ *Looking forward: a treatise on the status of women and the origin and growth of the family and the state*	更生閣	山川菊栄訳
1924.4.5	エドワアド・カーペンター	恋愛論＊	科学思想普及会	改訂普及版
1925.4.25	ハインドマン	階級闘争の進化＊	白揚社	山川菊栄訳
1925.11.5	ベーベル	婦人の過去現在未来＊	世界文献刊行会	山川菊栄訳
1926.11-12	コロンタイ	新社会と家族制度	婦人運動	山川菊栄訳
1927.7.5	コロンタイ	婦人と家族制度	叢文閣	山川菊栄訳
1928.4	記載なし	農民運動における左翼婦人の任務	文芸戦線	山川菊栄訳
1928.4.1	ハインドマン	階級闘争の史的発展＊	白揚社	山川菊栄訳
1928.5	コミンテルン婦人局 アーチウゼ	婦人代表者会議に就いて	文芸戦線	山川菊栄訳
1928.7	アルゴー	国際消費組合デーと無産階級	文芸戦線	山川菊栄訳
1928.7.10	ベーベル	婦人論　婦人の過去・現在・未来　上巻＊	アルス 普及版	山川菊栄訳
1928.7.10	ベーベル	婦人論　婦人の過去・現在・未来　下巻＊	アルス 普及版	山川菊栄訳
1928.8.7	オーギュスト・ベーベル	婦人論＊	社会思想全集 平凡社	山川菊栄訳
1929.2.3	フィリップ・ラッパポート	社会進化と婦人の地位＊ Lookong Forward	改造文庫	山川菊栄訳
1929.2.15	ベーベル	婦人論＊	改造文庫	山川菊栄訳
1929.6.10	レーニン	背教者カウツキー＊	白揚舎	山川菊栄訳
1930.1	テレザ・ウオルフソン	婦人労働者と労働組合	女人芸術	佐東まき子と共訳
1930.2	テレザ・ウオルフソン	組織政策と婦人組織の限度	女人芸術	佐東まき子と共訳
1931.8.8	エヌ・レーニン	プロレタリア革命と背教者カウツキー＊	社会思想全集 平凡社	山川菊栄訳

第2章　受けた教育と思想的基盤——1910年代前半までの到達点　　95

| 1942.9.7 | 記載なし | サルウィン（200字詰原稿1068枚訳了） | 中央公論社発行予定（未出版） | 山川菊栄訳 |

この表は，とくに，第6章でベーベルを扱うとき，再び参照する。本書の叙述に直接関係するものは実物にあたり，本書巻末の文献リストに入れたが，それ以外は，『山川菊栄集』B　別巻注，鈴木裕子作成の著作目録（後ろから pp. 1-27）から抜粋させていただいた。ただし，1930.1のテレザ・ウオルフソンの共訳者を佐藤として〔ママ〕とルビをふっているが，『女人藝術』の実物では佐東となっているのでそれに従う。

第**3**章

山川均との結婚，山川菊栄の誕生，家庭生活

はじめに

　青山菊栄は1916（大正5）年11月3日，その年の2月に出会った山川均と結婚した。1916年といえば，第1次世界大戦のさなかである。この年に『婦人公論』が創刊され，工場監督官が設置されている。1912年に創設された友愛会に婦人部[1]が置かれて『友愛婦人』創刊号が出たのもこの年である。また，中條百合子が「貧しき人々の群」を書き，1911年創刊の平塚らいてうの『青鞜』が無期休刊を余儀なくされたのもこの年であった。河上肇の『貧乏物語』が『大阪毎日新聞』に連載開始されたのも同じ年である。

　1916年から均の死の1958（昭和33）年[2]まで42年間，菊栄と均は志を同じくして，人生の年月を重ねた。そして菊栄は，さらに1980年の90歳まで生きながらえたのである。結婚の翌年一子振作をもうけたが，振作も菊栄没後10年の1990年に世を去っている。

　まず，ここで夫となる山川均[3]（1880-1958）を登場させ，その人物，菊栄との出会い，結婚にいたる過程，青山菊栄が山川菊栄となるまでを本章で追ってみたい。

1．山川均の登場，均と菊栄の出会い

　青山菊栄の夫となる山川均は，1880（明治13）年12月20日，岡山県倉敷に

1）友愛会は1912年8月1日に鈴木文治ら15名が集まって組織された労働組合である。しかし，結成当時は労働組合というよりは労働者同士の相互扶助が目的で，性格は共済組合であった。1916年に〈友愛会婦人部〉が設置され，女性労働者の組織化が進められた。同年8月に『友愛婦人』が創刊される。

2）1958年といえば，私が大学に入学した年であり，総評が婦人対策部を設置し，社会党は総選挙で166議席獲得，警職法改悪反対闘争，100里ガ原基地の闘いがあった。私も，「北大女子学生の会」や「北海道平和婦人会」（小笠原貞子会長）を通じて，運動にその一歩を踏み出した年であった。山川菊栄の名は，女子学生の会では，当時，戦前に日本で初めて「国際婦人デー」挙行の先頭に立った人として知れわたり，『ベーベル婦人論』の最初の邦訳者として尊敬のまなざしでみられていたことは本書序章冒頭で書いたとおりである。

第3章 山川均との結婚，山川菊栄の誕生，家庭生活 99

生まれた。均は，ここにいたるまで菊栄とはまったく異なる複雑な経緯をた
どっている。均は，「ある凡人の記録」の冒頭中，「私の村，私の家，伸びゆ
く幕末の町人，没落」，という項目のなかで，出自を詳しく述べている。
　菊栄は，均のそれを簡潔にまとめて『おんな二代の記』のなかで次のよう
に書いている。

　　幕府時代，倉敷は天領[4]で，山川の家は代官所の蔵元（くらもと）と
　いう，江戸の札差（ふださし）のような役をつとめ，そのあたりの小大
　名よりは幅がきいていたらしいのが，父が十三歳で養子に来てから幾年
　もたたずに豪放なやり手だった養父が急死し，家つきのわがまま娘だっ
　た養母が采配をふるって，三百年の旧家の屋台骨がゆらいだところへ維
　新がきて没落を早めました。明治六年，整理を妨げていた養母の死とと
　もに，残っていた家具家財のめぼしいものを残らず処分して代官所あと
　の空地を手にいれ「殖産興業」のかけ声に応じて農場の経営にのりだし，
　額に汗する生活にきりかえました。そして穀類や野菜も作れば，養蚕も
　相当の規模でやり，身を粉にくだいて働き続けた結果，得たものは母の
　病気だけ。明治十三年（一八八〇）末子の均が生れ[5]，二年たった明治
　十五年には，農場の土地家屋一切を手放して小さな糸屋をはじめました。
　均の生れた農場のあとには倉敷紡績[6]ができました（『山川菊栄集』

3 ）山川均には，没後3年の1961年に出された，菊栄と向坂逸郎共編の『山川均自伝』
　（岩波書店）がある。これには，「──ある凡人の記録・その他」という副題がついてい
　る通り，編集されたもので，自らの生涯を通して書き下ろしたものではない。編者の
　「まえがき」によれば，『山川均自伝』は，三つの部分を編者がつないだもので，第一部
　は，出生から赤旗事件の刑期を終えて帰郷した1880-1910年までの30年間を扱い，1950
　年（均70歳のとき），『朝日評論』に毎月連載されたものである。第二部は，没後発見さ
　れた未定稿（1910-16年），第三部は，1956年9月3日，月刊『社会主義』創刊5周年の
　記念として催された座談会（出席者は，均のほか，大内兵衛，岩井章，木原実，向坂逸
　郎）「日本の社会主義──50年の歩み」（1917-1945）をあてたと書かれている（『山川均
　自伝』：i）。この第三部は，座談会速記から，均の発言のみを採録したとのことであり，
　この部分のみ話し言葉となっている。座談会時，均は76歳であった。『山川均全集』の
　ほうは，菊栄と振作の手によって1966年に第1回配本（第19巻）が始められてから，菊
　栄の死（1980），振作の死（1990）を経て，最後の第1巻が（第20回配本，全20巻）が
　2003年に完結するまで36年，均没後でいえば45年かかっている。
4 ）天領とは，江戸幕府直轄の領地。幕府の経済的基盤をなす。

A9：234）。

上記は1956年の均生存中のものであるが，1958年，均没後23日目に『婦人のこえ』5月号に書いた「山川均をおもう」（山川菊栄 1958：4-7）では，均の幼少期をしのばせる菊栄の次のような叙述がある。

（前略）私たちの息子の幼年時代に，私の目には子供としてごく自然なこと，いたずらをしたり，泣いたり，しゃべったり，廊下を走ったりする動作が彼の目には乱暴，わがまま，不良行為などにみえた様子で，そのためひどく将来を案じたり，教育の失敗を云々する有様で，このことでいつも私たちは折りあわず，子供が成長するに従ってようやく彼の不安がきえ，問題が消滅した（後略）。

彼の家は地方の旧家で，父はすばらしくさえた頭を持ち，正義感の強い人物ではあったが，維新で没落はしても血筋家柄のほこりは高くきわめて気位の高い，典型的な家父長的存在であった。父は彼の幼年時代，他家の子供と遊ぶことを禁じ，室内で姉たちとままごとやおはじきをして遊ぶ事しか許さず，家族には絶対服従を求める父の激しい性格に恐れて一同鳴りを静めていたらしい。始めて彼と妹二人の子供の頃の式日用の金の定紋つき黒漆の脚付きの膳椀を見た。もちろん特にあつらえて作らせたもので，末子でもあととりの一人息子である彼の分は姉たちのそれよりも一段大きくできていてこの一品だけでも私には想像もつかぬ伝統の根強さをおもわせた（同上：4）。

均の出自がこのようなものであることを，私はこの菊栄の一文から知って，均の行動についていくつか納得がいく点があった。

まず，均が，家族思いで父母に礼を尽くすこと，何かあれば，折り目正しい義兄[7]が均を助けるということ，この2点が印象深かったのだが，その理

5）均の姉に浦，次がおり，均は末子である。「関係系図」は，岩波文庫版『おんな二代の記』（2014）の末尾（460-461）に鈴木裕子作成のものがある。また，山川菊栄記念会・労働者運動資料室編（2016）写真集中（98-99）にも「家系図」があるが，そこでは，貞という長姉がいることになっている。いずれも生年・没年の記載のないことが残念である。

6）2017年9月18日，私は倉敷を訪れた。倉敷紡績の跡は，倉敷アイビースクエアとなり，倉紡記念館（日本遺産認定）がある。

由の一端はこのような文章からもうかがうことができる。それに学歴も高く，家柄の折り目正しい女性を妻とする志向があること（均は再婚）もうなずける。

　均は，小学校尋常科を卒業し，1891年高等精思小学校に入学した。高等小学校を出る前の年1894（明治27）年に日清戦争が始まった。均の家の商売は緊迫し，東京遊学の夢は消えて，一時は家出まで考えたが，義兄の発案で京都の同志社に行くこととなった。同志社では，「自由，平等，民権の思想，キリスト教的な人道主義の思想，社会主義的な思想，こういういろいろの思想の影響が入り乱れて交叉するところに立っていた」[8]（『山川均自伝』：159）。

　1897年，均は，些細なことで，16歳で同志社を退学し，上京した。17歳頃から社会問題に関心が移っていた。20歳のときの1900年，守田文治（有秋1882-1954）[9]と小雑誌『青年の福音』を発行[10]したが，第3号に書いた守田執筆の「人生の大惨劇」[11]で巣鴨監獄に3年余り服役することとなり，1904年10月仮出獄した。

　均は，獄中にあった1903年10月に幸徳秋水，堺利彦，石川三四郎らが創立した「平民社」を，翌年6月出獄後訪れて幸徳と会った後，いったん倉敷に帰り，義兄林源十郎の薬店の経営に参加していた。薬店といっても林孚一か

7）均の義兄は，姉浦の夫で林甫三（源十郎）。均，および均・菊栄をつねに支援していた。林甫三は，青山延寿が1885（明治18）年8月8日に会った（『山川均自伝』：97）薬種商で勤王家の林孚一の孫である。林孚一の三男林醇平は，岡山県議，倉紡取締役を務めた人物でその肖像は，倉紡記念館に展示されている。均の姉浦と林甫三の孫が林雄次郎といって，山川均・菊栄夫妻の子振作と成城高校・東京大学で同窓であった。

8）菊栄は，晩年の書で，「（均は）少年の頃，物理や生物学が得意で理学博士を夢みていたが，父が上級学校進学に反対ではばまれ，その後，同志社に入って英雄気分にかぶれ，科学志望を棒にふったことを彼は一生の恨みとしていた。」（山川菊栄 1978：124）と書いている。

9）守田文治（有秋）は，コミンテルン以前に，クララ・ツェトキーンと文通し，かつ面識のあった日本人で数少ない1人である（伊藤セツ 1984：14, 16-17，伊藤セツ 2018：562-563，707-708）。均の自伝にはかなりのページに，守田との関係が書かれている。守田はのちにジャーナリストとして渡独し，クララの動向を注目し，帰国後もクララの姿を日本に伝えた（守田 1924：81）。

10）『青年の福音』は，新聞紙八つ折り，6-8ページで月1000部。初号は1900（明治33）年3月。

ら代々続く由緒ある家業であったと思われる。

　均は1906（明治39）年に創立された「日本社会党[12]」に入党して，その暮れに上京し，堺に会い，守田文治家に同居して1月から『日刊平民新聞』の編集に従事して，1907年[13]頃から，『日刊平民新聞』に社会主義的論文を書きはじめた[14]。女性問題の理論についても早くから関心をもっていたと思われる。1907年1月26日付『日刊平民新聞』第8号に，「男女関係の解放」という一文を書く。ここでは，均の結婚観ともいうべきものが書かれている。曰く「男女関係の絶対的解放は，自由思想第一の要求なり。」「男女関係の堕落とは自由恋愛の傾向にあらずして，金銭結婚にあり，権力結婚にあり，政略結婚にあり，成功主義にあり。」「人類解放の革命は生存権利の要求に始ま

---

11) この事件（のちの大正天皇の結婚相手の花嫁を人身御供と憐れんだ記事を書いたこと）について，菊栄は，『女二代の記』でふれている。「山川均というまだ10代の少年があの若い花嫁を人見御供としてあわれんだ文章を書いた友達とともに，日本ではじめての不敬罪にとわれて獄につながれようとは，誰が思ったでしょう？　はるか後年，私の母が，『社会主義といえば，あの山川均という人はどうしたかねえ。ご慶事のときは大へんなさわぎだったが，きちがいだなんていわれて』といったので，はじめてその事件のことを私は知ったのでした」（『山川菊栄集』A9：107-108）。

12) 「日本社会党」は，1906年2月24日，第1条に「国法の範囲内において社会主義を主張す」を掲げており，全国から200余名の党員が加盟したといわれる。この党を足場にして，『日刊平民新聞』が堺・幸徳らを中心にして発行されることとなった（『山川均全集』1：576，田中勝之「編者あとがき」参照）。

13) 1907年といえば，ドイツ社会民主党シュツットガルト大会が開催された年であり，均の自伝には，この大会への参加者としてクラーラ・ツェトキーンの名も把握している（『山川均自伝』：293）。

14) この段階で，26歳の均は，幸徳秋水から高く評価されていた。岸本英太郎は，芳川守圀の1936年の著作（『荊逆星霜史』青木文庫：117-118）の一文を引いて，当時の『平民新聞』関係者の山川への畏敬の念を伝えている。「平民社」に現れたときの山川均の印象を芳川が「中折帽に黒の背広をつけた眉目清秀の貴公子然たる若者」（芳川1936，小山・岸本1962：31による）といい表したと伝えている。芳川守圀（1883-1939）は，東京出身の明治―昭和時代前期の社会運動家で，1906年社会党創立に加わり，1907年片山潜らと社会主義同志会を組織。1920年日本社会主義同盟創立の発起人となり，1922年日本共産党の創立にも参加した人物とされる。1927年後述の「労農派」，のち無産政党に属した。57歳で死去した人物であるが，均の印象はそれから10年を経て菊栄の前に現れたときも，ほぼあてはまるのではないか。均の写真には終生「眉目清秀の貴公子」の面影を感じさせるものがある。

り，恋愛の自由が経済的権力の馬蹄に蹂躙せられつつあるの事実を自覚する時にあり。」「社会主義の一撃によりて，恋愛自由の前にあらゆる権利と迷信と偽善を打破するにあるのみ。」（『山川均全集』 1：10-11）と。

このとき均は27歳であるが，ドイツ社会民主党やヨーロッパの労働運動，第2インターナショナルの動向，『資本論』についてかなりの知識をもっていたようである。すでに1907年，『大阪平民新聞』第6，7，8，9号（8月20日，9月5日，20日，10月5日付）に「研究資料　マルクスの『資本論』」を掲載した（同上：79-88）。

これについて，『山川均全集1』編者の田中勝之は，その「あとがき」で，「……内容は，もちろん『資本論』を全巻にわたって詳細に紹介したものではないが，『資本論』と『剰余価値学説史』の由来からはじめて，第一巻の内容を紹介し，最後に『資本論』の読み方に至るまで解説している。山川が英訳の第二巻，第三巻を読んだのは，この解説の時期より少しあとのようである。（中略）『資本論』の方法論的研究がまだきわめて不徹底なものであったことは否めないにしても，山川が明治期において，『資本論』の研究において抜群の位置を占めていたことは，たしかであろう」（同上：578）と評価している。

しかし，1908（明治41）年1月，金曜講演会の「屋上演説事件」[15]で，堺・大杉とともに「治安警察法」違反で検挙され，禁固1カ月で巣鴨監獄へ入り，5月出獄した。

均は，米国から帰国して青山女子学院を経て日本女子医学専門学校に学んだ大須賀里子（1881-1913）と知り合っており，彼女との結婚を通知（当初事実婚）した。上記結婚観にもとづいたものであったのだろう。

ところが同1908年6月26日，山口孤剣（義三）出獄歓迎会で，大杉，荒畑らが〈無政府共産〉と記した赤旗を掲げて場外に繰り出し，警官隊と衝突するという「赤旗事件」[16]を起こし，14人が検挙された。そのなかには大須賀ら女性4名（管野スガ，小暮礼子，神川松子）もいた。均も検挙され，8月，

15）屋上演説会事件とは，直接行動派「金曜会」の堺・山川を中心とした講演会に集まった40名ほどが警官に解散を命じられ，そのあと検挙された事件。『日刊平民新聞』も解散に追い込まれた。

懲役2年，罰金20円の判決を受けて，千葉監獄へ送られた。

　2年の服役のあと1910年9月に均が出獄すると，妊娠した大須賀里子が迎えに来ていた。均は大須賀を郷里に送り届けて単身倉敷へ戻り，岡山県宇野築港に山川薬店を開業した。郷里で子どもを死産したという大須賀を，家事担当者の必要という山川家の事情もあって，12月に呼び寄せ，大須賀との婚姻届を出したが，大須賀は1913年5月に病死したとのことである。大須賀と均との関係は千葉監獄の2年を含んで前後5年にわたって続いていた。

　均の最初の結婚のことが菊栄と2人の話題になったとき，「実に不幸な結婚でした。だから僕は二度と結婚はすまいと思ったぐらいでした。が，もし僕が幸福な結婚をしていたなら，本当に再婚はしないでしょう」という。「私がどうしてそんなに不幸だったのかを聞くと，」「それはここで簡単に話す気になれないほど厳粛なことなんです。いつか話すこともあると思うけれども，実に不思議なことで不幸だったんです」（『山川菊栄集』A8：244-245／出典『婦人公論』1958年5月号「40年の同志　山川均の死」）といったという。

　しかし，均は再度，結婚してまもなくその話をした。菊栄は，大須賀里子のことを，「愛知県の人で，高等小学を出ると，移民がらくにできた当時のことで，兄か何かといっしょにサンフランシスコへ渡った。その後日本へ帰って看護婦などをしながら，まだ専門学校の認可がとれず，女子医学校といわれた吉岡弥生女史の学校の聴講生としてときどき講義を聞きにいったりしているうち，社会主義者のグループに接近し，山川に熱心に求愛した。」（同上：245）と書いている。

　この結婚は，山川にも大須賀にも出発点からして不幸なものであったらしいが，石河（2014：46-54）が詳しく研究している[17]ので，菊栄に語ったという均の言葉だけを要約してこの問題には私はこれ以上深くはたちいらない。

　宇野での顛末を均は，菊栄に，次のように語っている。

16）『日刊平民新聞』の筆禍で服役していた山口孤剣（1883-1920）出獄歓迎会をめぐり，赤旗を振りまわしたことによる騒動。止めに入った均と堺と女性4名が検挙される。山口孤剣は，東京市電の運賃値上げ反対事件に関わったとして，凶徒聚衆罪で投獄されていた。

第 3 章　山川均との結婚，山川菊栄の誕生，家庭生活　　105

　　そこでの 2 年間の同棲は地獄といっていいくらい，僕の一生で一番暗
い絶望的な時代だった。外は迫害で息もつまる思いだし，内は大須賀の
問題が何としても胸につかえ，家庭であって家庭でなく，夫婦であって
夫婦でない，不自然極まる生活で，実に陰惨きわまる日を送っていた。
大須賀としては過ちをつぐなう気か，精いっぱい両親にも仕え，僕にも
気に入られようとしてつとめた気持は分るが，それとこれとは別問題で，
もともと僕の方で積極的に愛した女ではなく，何としてもわだかまりは
消えなかった（同上：247-248）。

　均は，1915年に，薬店を閉じ，福岡，鹿児島等活動の場を求めて移動しな
がら，雑誌に論文を書いていた。1915年が長い沈黙のあとの論文発表の契機
となったと思われる。例えば，1915年『近代思想』の11月号に「女の抗議」
という小片を寄せている。一言でいえば避妊と階級闘争との関係を述べたも
ので，題はアリストパネースの「女の平和」，ドイツの1913年の「出産スト
ライキ論争」[18]を連想させ，かつ「新マルサス主義」考ともなっている。

　1916年 1 月24日，堺利彦の求めに応じて出京し，売文社に入り，『新社会』
の編集に加わった。堺は，正統派マルクス主義者として，均は，サンジカリ
ズム工場法批判や民本主義理論批判で論陣を張った。

　山川均の自伝の第一部を読むと，ここにいたるまでの遍歴のめまぐるしさ
に，均の人物はなかなかとらえにくい思いがする。教育を受けた場も転々と
変わり，ここまでで，3 回の計 5 年余りの入獄（最初は20歳のときの『青年
の福音』筆禍で 3 年，次は1908年，金曜講演会の「屋上演説事件」による治
安警察法違反で禁固 1 カ月の巣鴨監獄，3 度目は，同年，「赤旗事件」で 2
年）を経験したり，大須賀との結婚と死別もあった。しかし，気づかされる
のは，第 1 に，つねに故郷倉敷を拠点とし，倉敷に舞い戻り，そこから再出

17）大須賀との関係は，均の手による非公開手記（15万字）「仰臥」（1913）に詳しいとの
　　ことであるが，それは，石河（石河 2014：46-54）によって紹介されている。ほかにも，
　　「大須賀は友人と308にいる」（5 月29日，浜田甚左衛門宛封書），「大須賀よりよろしく
　　申し上げる」（6 月12日，浜田宛て，柏木308 南谷方），「官吏抵抗事件で昨日，14名引
　　っ張られた。（中略）14名の中，4 名は婦人だ。大須賀も其の一人だ」（6 月26日，神田
　　警察署にて）と，大須賀の名を遺した均の手紙がある（『山川均全集』1：572-574）。
18）伊藤セツ（2018：344の脚注18）参照。

発するという点，その後も父母のことを大切に思って義理を欠くことがなか
ったという点，また義兄林源十郎が何かと均を支えていたという点である。
第2に，あらゆる場で読書・語学の研鑽に努め，公教育の場以外で，他の追
随を許さない学習を積み重ねているという努力する姿である。3度入獄した
という経験よりも，入獄中の時間でそうした研鑽を第1においたという均の
特徴が浮かび上がる。最初の筆禍事件は，この国の，〈天皇制批判は些細な
ことでも断じて許さないというタブー〉を強く均の心に刻ませたのではなか
ったろうか。天皇制との関係はのちの「労農派」の議論にまでおよぶので再
びふれる。

　英語やドイツ語やフランス語に挑戦したのも獄中の時間を利用してのこと
であったという。この点は，アウグスト・ベーベルと類似している。気づか
される第3は，外国語を独学でもものにし文献を読むのに貪欲であるが，他の
社会主義者仲間とは違って，外国へは出ていないことである。私は当初，均
自ら外国に出ることを望まなかったのかと思っていたが，それは違うようで
ある。1905年，薬店の仕事から早く身を引きたいと思った均は，1905年11月
から渡米していた幸徳秋水に渡米希望の手紙を書いた。幸徳から「アメリカ
なんかくるところではない。」という否定的返事をもらって，25歳の均は，
渡米を断念したとのことである（小山，岸本：1962：30）[19]。アメリカに行
かなかったという事実だけは，菊栄と共通する点である。このこと自体，善
し悪しをいう必要のないことであるが，のちに，均の「外国帰り」への評価
や，直接的接触を自ら避けたと思われるコミンテルンへの慎重な批判的みか
たに，ひいては，日本の運動の相対化に均特有の影響をおよぼしはしなかっ
たであろうか。1905年に，均が渡米していたとすれば，日本の社会主義史も，

---

19) 幸徳秋水は1905年11月14日横浜から伊予丸に乗って，サンフランシスコに向かって出
　発した。塩田庄兵衛によると，「入獄と病気で心身ともに疲れて，いわば亡命に近い意
　識をもっての日本脱出であったようにうけとれる。」（塩田 1993：92-93）とのことであ
　る。秋水は気力を奮い起こして演説会，交流，執筆をしたが，1906年4月18日サンフラ
　ンシスコ大地震が起き，アメリカ滞在を切り上げて1906年6月5日に帰国の途につき，
　23日横浜に帰着した。幸徳は，アメリカで無政府主義者と近づき，6月1日，オークラ
　ンドで結成された日本人無政府主義者による「社会革命党」（本部バークレー）の宣言
　と綱領を執筆した（同上：97）。

片山潜との関係およびコミンテルンとの関係において異なった展開をみせたかもしれない。

　均は，このように，売文社に入る前に，すでに3度，通算5年数カ月入獄し，結婚も死別も経験して青年時代の一区切りが終わっていたようにみえる。

　1909年から1915年までせっかく身に付けた語学も生かす場がないほど悩ましい生活を強いられた。やがて1915年からは，1937年の「人民戦線事件」（後述）の検挙まで，水を得た魚のように絶え間なく論文を発表し続けるが，その最初の頃に，菊栄という稀有な女性に出会ったのである。均は，1916年，前述のように堺利彦の代筆でモルガン，エンゲルス，ベーベルの要約「男女関係の過去・現在・未来」を書いていたから，マルクス主義女性解放論の基礎については，菊栄と出会ったときには最先端でこれをものにしていた日本で数少ない男性であったといっていいだろう。このような男性と菊栄が出会ったことは偶然以上のものを感じさせる。

2．山川均と菊栄の結婚

　菊栄と均は，1916（大正5）年2月に知り合い，9月に婚約し，11月に結婚した。いわばスピード結婚である。均と出会って結婚にいたるくだりを菊栄は，どう描いているであろうか。『おんな二代の記』では次のとおりである。

　　　若い同志の家，池の端の観月亭で平民講演会の二月の例会のあった夜，久しく運動からはなれて地方にいて前年末に上京した山川均がはじめて出席。やせて青白く，のどにシップをして病人らしく見えました（『山川菊栄集』A9：193）。

　これが，均をみた菊栄の第一印象らしい[20]。さらに，この講演会参加者が拘禁されたときのことを次のように書いている。

　　　口書をとられて二カ所訂正を要求し，少々ごたごたしたあげく，やっと訂正されて拇印をおさせられ，留置所の前へ並ばされました。そのとき私の隣にいた山川が，「あそこへ入れて保護してくれるんですよ」と皮肉な微笑を浮べて目をやった部屋の入口のうえには「保護室」という

108

札がかかっており（後略）（同上：194）。

　この辺のことを，均のほうはどう描いているであろうか。

　まず，「続・ある凡人の記録」（明治43年―大正4年）の「観月亭にて」では，次のようである。

　　（前略）大杉の研究会の一つが，私が出て来たあくる月の2月10日の夜，上野池の端の観月亭というバラック建ての茶店でひらかれた。集まっていたのは20人そこそこの若い人たちで，未知の女性がひとりまじっていた（後略）。

　　　警察の取り調べに，さっきの女性は「青山菊栄」と答えた。そのご，まもなく青山菊栄は，『新社会』の執筆者となった。この年の秋，私はこの人と結婚した（『山川均自伝』1962：361-362）。

　次は，菊栄の叙述である。

　　3月中旬の研究会では，（中略）馬場先生の次には山川均が唯物史観の話。これはこの会で私のはじめてきいた社会主義理論で，聞きごたえのあるものでした[21]（『山川菊栄集』A9：197-198）。

　ということは，菊栄は，山川均からマルクス主義を学んだという意味になる。菊栄はまたさりげなくこうも書いている。

　　　ある日，私は大杉さんの下宿へ借りた本を返しにいき[22]，帰ろうとし

---

20) 菊栄は，『山川均自伝』（1961）のあとがきで，「私が知ったころの彼は，36歳でしたが，やつれて年よりだいぶふけてみえ，ふんべつくさいおじさんじみて，警察と乱闘してつかまった青年時代の姿など想像もできませんでした。しかし見かけによらず腹の中にはいつも相当の茶目っけやヤジ馬気分をたくわえ，火のような情熱をひそめていました」（同上　あとがき：487）と書いている。しかし，菊栄と出会う10年前の1906年，幸徳秋水から声がかかって上京し，平民新聞社に出社したときの均の風貌を，芳川守圀が「中折帽に黒の背広をつけた眉目清秀の貴公子然たる若者」（脚注14）という印象で書いていたことを，読者は思い出していただきたい。実際，均の写真をみても，結婚の1916年もそれ以降も年齢相応に「眉目清秀の貴公子然」は変わっていないように私にはみえる。菊栄もそれは認めるであろう。

21) 菊栄は，「（前略）大正四年大杉氏のフランス語の夏季講習に出たあと，社会主義の研究会ともいうべき，平民講演にも出席した。が当時大杉氏の多角恋愛でその周辺の空気はダレ切っており，講演らしいものは半年のうちに山川均の唯物史観の話しか聞かなかった。（中略）私は，その年一一月に彼と結婚した」（山川菊栄　1978：77）とも書いている。

たところへ山川が来あわせ、「まあいいでしょう、そう急がなくても」と大杉さんにひきとめられて、しばらく雑談の仲間入りをしました。当時社会主義者の関心の的はヨーロッパの大戦で、したがって話はそれでもちきりでした。まだアメリカは参戦せず[23]、何百万の屍をつみ、何千万の子供を飢えさせ、無数の家を焼きながら、戦争はいつ終るとも見通しのつかない状態でした（『山川菊栄集』A9：201）。

　そのころ私には、津田先生から姉を通じて、コロンビア大学の奨学資金をうけられるようにすいせんしてもいいという話があり、姉は片道五百円の旅費は工面するから、いって来いというのでした。（中略）　私は（中略）このさい、社会主義というものを知るのにアメリカと日本とどっちがいいかをハカリにかけて考えてみると、どうも日本にいた方が有利なようでした。日本で基礎的な勉強をしてからならとにかく、今いくのは、と考えて結局私はこの話を聞きながすことにしました。このときいけば片山潜、鈴木茂三郎、猪俣津南雄らとともに革命渦中のロシアをみることはできたろうと、それだけが残念ですが（同上 A9：201-202）。

　このとき、菊栄の心の中に均がやどっていたのではないだろうか。あるいは、均に相談していたかもしれない。均は、既述のように、もう10年以上も前であるが、自分が米国行きを考え、断念していたこともあって、何かを菊栄に助言したかもしれない。均の社会主義の理論水準に達したいということが「日本で基礎的な勉強をしてからならとにかく、今いくのは」と思わせたのではないだろうか。社会主義を知るのに日本のほうがよいという意味は、いったいどういうことか、特別に深い内容があってのことだろうか。結局菊栄は、均を選び、米国留学を捨てたのだと思わずにはいられない。母千世でさえ、憧れていた留学を。「このときいけば片山潜、鈴木茂三郎、猪俣津南雄らとともに革命渦中のロシアをみることはできたろうと、それだけが残念」という程度のものではない岐路ともいうべきチャンスを菊栄は捨てたの

22）この箇所は、晩年の菊栄は、「その年四月ごろのこと私がつい近所に下宿していた大杉栄氏のところへ本を返しにいくと、ちょうど山川も来合わせました。」（山川菊栄1978：78）と書いている。

23）米国は翌1917年4月6日、対独参戦。

ではないかと私は思う。

1916年といえば，社会主義的運動は米国のほうが日本の先を行っており，片山潜は4度目の米国行きで，ニューヨークで「在米日本社会主義者団」を結成した年である。社会主義とは関係はないが，女子英学塾の師津田梅子こそ米国留学の走りだったではないか。そのことに菊栄がまったく影響を受けなかったはずない。第1章にも書いたが，母千世も外国に留学したいと思っていた。

しかも，菊栄の父は，本書第1章でみたように，仕事でほとんど世界一周をしてきたような人であった。米国だけではなくヨーロッパをもよく知った人であった。

また，1916年17歳で「貧しき人々の群」を発表した中條百合子は，1918年に米国に行きニューヨークで日本人男性荒木茂と19年に結婚し24年に離婚している。それどころか，1927年にはソ連にまで行き，モスクワで片山潜と会い，長期に滞在したあとヨーロッパ旅行をして，さらに「新しきシベリアを横切」って，1930年に帰国して，文学活動とともに菊栄が活動を離れたあとの，治安維持法下の暗黒時代の日本共産党の運動に飛び込んでいく。

菊栄の米国行きを断った理由が，「社会主義というものを知るのに」というものであっただけに，当時の菊栄の社会主義への思いに，私はある種の書斎派的堅実主義を感じ，百合子には文学者の挑戦的ダイナミズムを感じる。2人の9歳の年齢の違いは，世代の違いといえるかもしれない。とにもかくにも，均は1905年に，菊栄は1916年に「米国に行かなかった」のである。

本筋に戻って，さらに5月，均は，『新社会』の原稿依頼で麹町にあった菊栄の家を訪れた[24]。

　　5月ごろ，山川がはじめて私の家へ来て『新社会』へ原稿を書けといいます。その前から『コスモポリタン』という同志の青年が出しているささやかな雑誌[25]へはときどき書きましたが，それは文芸誌で時事問

---

24) そのときのことを菊栄は，「私の母があとで，『さっき来た人はどこかの番頭さんかい』ときいたくらい，堅気の，ヤボくさい田舎の番頭さんじみた感じだった」（「40年の同志　山川均の死」石河 I 2014：66）と書いている。しかしこの表現は割り引いて読まなければならない。前述「眉目清秀の貴公子然」は，消えていたわけではないだろう。

第3章　山川均との結婚，山川菊栄の誕生，家庭生活　　111

題は書けず，『新社会』は自由なので，公娼廃止問題を書くことにしま
した（『山川菊栄集』A9：202）。

　これが，『新社会』1916年7月号の，青山菊栄「公私娼問題」である。こ
のとき，「同じ雑誌の『編集者より』のなかに，『山川君の売淫制度論をのせ
るはずでしたが同じ題目に関する青山菊栄君の長編がきたので山川君のはヤ
メにしました』と堺氏が書いているところを見ると，同じ趣旨だったのでし
ょう。」（同上：204）と菊栄はさりげなく書いているが，何か意味深長であ
る。山川均は，菊栄に近づき，菊栄に書かせたくて譲ったのではないだろう
か。あるいは編集者の立場で実質は共著だったかもしれない。とつい私が邪
推してしまったのは，同じ主旨の先の伊藤野枝批判の2文に比して，あまり
に理路整然としすぎて，文体も異なっているように感じられるからである。

　前章でみたとおり，菊栄は，均と知り合う4年前，1912年頃から，コロレ
ンコ，エドワード・カーペンター，アナトール・フランス，アウグスト・ベ
ーベルらの社会主義的文献を読み，1914年からそれらを翻訳・発表し始めて
いたのであるが，均の社会主義は，『資本論』を理解したいわば正統派マル
クスの社会主義であった。また，既述のように女性問題についても，均はエ
ンゲルスやベーベルの文献にもとづいた本格的マルクス主義女性解放論の基
礎を把握していた。

　1916年に入ると，青山菊栄は，『青鞜』新年号に「日本婦人の社会事業に
ついて伊藤野枝氏に与う」を投稿し，2月号に「更に論旨を明らかにす」を
発表し注目を浴びた。均と知り合ったのはまさにこの頃であることに注目し
たい。さらにアナトール・フランスの訳「判事トーマス」を『世界人』（『コ
スモポリタン』）4月号に発表した。同誌5月号に「婦人運動の沿革」（『山
川菊栄集』A1：23-43）という注目すべき論考を寄せている。これは以後長
い菊栄の評論活動の基礎にあった国際的女性運動の知識の水準を知るうえで，
きわめて重要なものと私は考える。『新社会』もこの論稿に注目し，同年5
月号に「十八世紀以後の婦人運動の大系を論述したもの，メリー・ヲルスト
^{ママ}

───────────────
25）『世界人』（『平明』）として1916年1月創刊，第2号から『Cosmoporitan―世界人』
　と改名した社会主義文芸誌。

ンクラフトの生涯など面白く且つ可なり詳しく書いてある」（『山川菊栄集』A1：281）と評価しているが，同じ5月号に評が掲載されることは，原稿の段階ですでに『新社会』の編集者すなわち均が把握していたのではないだろうか。

まだ青山姓で書いていた最後に近い論考，『新社会』で高い評価を得た「婦人運動の沿革」をここで，みておきたい。

構成は，1．婦人運動の要旨，2．十八世紀の婦人の状態，3．フランスの先駆者，4．英国の先駆者，5．メリー・ウォルストンクラフト（ママ），6．当時の社会的気分，である。以下要約する。（私の文脈では，<u>メアリ・ウルストンクラーフト</u>と表記する。）

1．産業革命の結果が，家庭内労働を減じたことと，婦人の職業範囲を広げ経済的独立の機会を多くしたこと，この2要因が婦人の自覚を促して不正不公平な取り扱いに甘んじなくなった結果生じたものが「婦人運動」であり，教育，職業，参政権運動がないようで中流階級の婦人を先駆者としている。労働婦人も労働条件の拡張を求めてこれに加わっても「それによって一般婦人の自由と幸福が確保されるかのように考えるのは早計である。畢 竟 婦人の自由は，男子の自由と等しく外力の強制と経済的不安の取除かれた社会の実現によってのみ得らるべきものであるから」（『山川菊栄集』AB 1：24）と総括的結論を示す。

2．18世紀の婦人解放論の発生したヨーロッパ社会は，自由平等論者のルソーも，ブルー・ストッキング運動のバーボールドも，婦人の使命は男子に仕えることにあるということ以上の理解をもたなかった。

3．18世紀中葉のフランスの思想家たちはこの風潮に異を唱えたが社会的に黙殺され，フランス革命初期，自由思想家コンドルセーが，婦人も男子と同等の権利を持つことを説き，『人間精神の進歩』で両性の絶対平等を説いた。しかし，恐怖政治とナポレオンの出現が，この動きを封じ，フランスの婦人解放運動は頓挫して，舞台は英国に移った。

4．英国には先駆者として17世紀末に女子教育の革新を主張したメリー・アステルがいたが，忘れ去られ，デフォー，スゥイフトが男性側から婦人の不当な状態を指摘したが不十分であった。

第3章　山川均との結婚，山川菊栄の誕生，家庭生活　　113

　5．英国のメアリ・ウルストンクラーフトこそ真の先駆者である。『女子教育論』『女権論』（1792）が出版され，仏独語にも翻訳された。菊栄はここでウルストンクラーフトのごく簡単な小伝を書いている。その際，夫，ウイリアム・ゴドヴィンによる『メアリ・ウルストンクラーフトの思い出』を読みこなして使用している。菊栄は，既述のように，1910年，女子英学塾時代，メアリ・ウルストンクラーフトの『女性の権利擁護』や小伝を読んだことが，ここに生かされているのがわかる。

　6．メアリ・ウルストンクラーフトは，コンドルセーと意見が一致したとし，菊栄は，メアリ・ウルストンクラーフトに影響をおよぼした当時の「社会的気分」を分析する。多くの論者を上げて博識を示すが，「婦人の覚醒もまた，数多いフランス革命の副産物の一とみなすことができる。換言すれば，婦人運動は経済的組織の変化を客観的条件とし，個人主義的思想の発生を主観的条件として生れ出で，二者の進展に伴って発達し来ったものである」（同上：43）と結んでいる。

　菊栄と均の交際について詳しく書いたものはないが，「売文社で玄関番をしていた栗原光三（山川家の手伝いもし，終生一家と親しい関係。戦後湘南で小新聞社を興す）によれば，「みんなかえってしまった夜になって，先生の引出しの中は，菊栄さんの手紙で一杯になっていて，ほかには何も入っていない。それも，頭の毛から足のつまさきまで愛しますという，いかにも唯物論者らしい立派なものである。（中略）手紙の終りには，必ず『御火中下されたく』と書いてある（後略）」（『山川均全集』4．月報4 3-4，石河Ⅰ2014：66）という証言がある。

　均を選んだ菊栄は，第1次世界大戦のことを描いたドイツ語からの英訳の『大戦の審判』を猛スピードで翻訳したのではないだろうか。均と結婚の前後に，この翻訳が入っていたはずであることが時期的に推測される。この仕事での過労が結婚後菊栄の病気を引き起こす一因だったかもしれない。というのは，それ以前まで，菊栄の健康状態を云々する文献に一度も出くわさないからである。菊栄の健康上の問題はこの頃突如現れた感がある。

　結婚後35年を経て，菊栄が初めて海外への視察旅行に出た留守に，均が「わが愛妻物語──出雲の神様は警視庁」（『文藝春秋』1952年2月号，『山川

均全集』17：202-204）を書いているので，結婚に関する部分を以下引用する。

　　大正五年の初めに，私は三度目に東京に舞いもどった。明治四三年いらい社会運動は火の消えた状態で，社会主義者は身動きもできなかった。大正四年になると，凍った空気がいくらかゆるんできた。それで東京では，先輩の堺さん（利彦）が，『新社会』（前身『へちまの花』：伊藤注）という小さな月刊雑誌をはじめ，久しく消えていた社会運動の伝統のともし火をかかげた。堺さんはそのかたわら，若い同志の生活の道をつけるため，売文社[26]というものをはじめた。売文社というのは，いわば文章代理業といったもので，大学の卒業論文から，捨てられた女の手切れ金要求の手紙にいたるまで，頼まれたものは何でも代作する仕事だった。それで私は，売文社の技術員兼番頭役を勤めることになり[27]，かたわら『新社会』の編集をやっていた。

　　そのころ大杉（栄）も青年を集めておりおり研究会を開いていた。私もたまに出かけることもあった。

　　二月一〇日の夜，この研究会が上野の不忍の池の観月亭というバラックの茶店で開かれた。二〇人ばかりの会衆はみな顔見知りの青年だったが，なかに未知の女性が一人まじっていた。大杉が例の金魚がフを食うように口をぱくぱくさせ，目をぱちくりさせながら（大杉はひどいどもりだったから）何かの話をし，そろそろ散会という頃に，おくればせにやって来た大杉夫人の保子さんが，「そとはへんですよ，妙な男がうろうろしていますよ」と報告したが，珍らしくもないことだから，誰も気にとめなかった。ところが外に出たとたんに，暗がりの中からばらばらと制服の警官が飛びかかって来て，たちまち捕ジョウを掛けられた。こ

26）売文社については，2010年11月に逝去したノンフィクション作家，黒岩比佐子の『パンとペン―社会主義者・堺利彦と「売文社」の闘い』（黒岩 2010），木下順二『冬の時代』（木下 1964）に，堺利彦を中心としてではあるが生き生きと描かれている。

27）この頃の均の姿は，木下順二作，劇団民藝上演「冬の時代」の第3幕に，脚色のうえではあるがみることができる。均は「二銭玉」というあだ名で呼ばれており，倉敷から九州を経由して1916年1月，堺の求めに応じて出京してきた均を，売文社の社員は歓迎している場面が出てくる。

うしてその夜の上野警察署の留置場は、観月亭の二次会みたいになった。

いったい何のために引っぱられたのか、かいもく見当がつかなかったが、あとで聞くと、明日の紀元節に天皇がどこかへ出掛けるので、その準備だったと分かり、なあんだ馬鹿馬鹿しい。

留置場の取調べのとき、さっきの女性は姓名を「青山菊栄」と答えた。この時から二人は親しくなり、その年の秋に結婚したのだから、出雲の神様警視庁のお引き合せで上野署の留置場で見合をしたわけだ。それから何十年のあいだ、この結びの神様にはなみなみならぬお世話になった。まことに浅からぬ因縁なのである。

（中略）

いったい菊栄の父は、中江兆民の出たフランス人の学校の後輩だった関係から、兆民の書物はよく読んでいたところから、社会主義にも多少の関心をもっていたし、馬場孤蝶さんは社会主義運動の同情者だったから、菊栄はおのずからその影響をうけたろう。しかしもっと大きな影響をあたえたのは、むろん時代の動きだったと思う。明治四〇年四一年といえば、一方では自然主義の勃興した時期であり、他方では、堺、幸徳らの社会主義者が反戦運動の旗上げをして、ついで日本社会党が組織されたり、弾圧されたり、社会主義の実践運動が華々しく登場した時期だった。そして、菊栄が津田塾にはいった四一年は、私が、れいの赤旗事件で入獄した年だった。

（中略）

ところで津田を出たのが明治四五年、私と結婚したのが大正五年だから、この五年ばかりのあいだは、なにをしていたろうか。それで数日前、私は訊問した。

問「それまでの五年間、あなたはいったい何をしていたんだ」

答「ふらふらしていたんです」

そこへもう一人、ふらふらしている人間が現われた。そしてふらふらと結婚したということになるらしい。

この「ふらふら」という均の文体特有と思われる期間は二人それぞれである。均は、この間、倉敷におり、最初の妻、大須賀と死別し、九州に行き、

いろいろな商売をして，「ふらふら」している。菊栄は，英語の翻訳をし，女子英学塾同窓神近市子[28]の誘いで，これまで何度もその名の出た大杉栄のフランス語夏期講習会[29]に出席したり，同じく神近の誘いで大杉，荒畑の平民講演会に出席したりして，語学と思想を磨いていた期間であった。

この2人は，それぞれの思いで，惹かれあったに違いない。

のちに，菊栄は書いている。

　　私たちが結婚したのは大正五年の秋だったが，そのころは例の大杉栄氏の多角恋愛[30]が世間をさわがせていた最中だった。結婚前のある日，「もし僕が大杉のようなことをしたら，あなたはどうしますか」と山川がきくので，私は，「すぐ，にげますよ。私はあんなめんどくさい関係はきらいだから」と答えると，「それじゃうっかりしたことはできないな」と彼は笑った（『山川菊栄集』A8：244，初出は『婦人公論』1958.5）。

二人の共通項は「社会主義」であり，社会主義の知識の源泉としての「英語」であったと思われる。そして均は，その頃の男性社会主義者の水準より

28）神近市子（1888-1981）は，長崎県出身の日本のジャーナリスト，婦人運動家，作家，翻訳家，評論家。女子英学塾卒。在学中に青鞜社に参加する。1916年，金銭援助をしていた愛人の大杉栄が，伊藤野枝に心を移したことから神奈川県三浦郡葉山村（現在の葉山町）の日蔭茶屋で大杉を刺傷，殺人未遂で有罪となり一審で懲役4年を宣告されたが，控訴により2年に減刑されて同年服役した。裁判では市子は社会主義者ではないと弁明した。市子は出獄後，『女人藝術』に参加して寄稿したほか『婦人文藝』を創刊して文筆活動を開始した。戦後は一時期政治家に転身し，左派社会党および再統一後の日本社会党から出馬して衆議院議員を5期務めた。

29）大杉栄（1885-1923）は，1903年東京外国語学校（現 東京外国語大学）仏文科に入学している。仏語に堪能で1904年に「フランス語教授」の看板を出す。アナーキスト。1922年12月11日日本を脱出して渡仏。1923年7月11日帰国。同年9月16日，伊藤野枝，甥の橘宗一とともに虐殺される。大杉栄の年譜は大澤正道『初期社会主義研究』No 15，2002：145-160にある。

30）大杉はまた自由恋愛論者で，居候中に堺利彦の義妹堀保子を犯して結婚。先に均が「大杉夫人の保子さん」といっているのはこの人である。当時，保子は婚約者がいたが破棄された。だが，栄は保子と入籍せず，神近市子に続き，伊藤野枝とも愛人関係となって，野枝は身ごもった（長女魔子）。女性たちからはつねに経済的援助を受けていたが，野枝（とその子ども）に愛情が移ったのを嫉妬した市子によって刺された日蔭茶屋事件が起き，大杉は重傷を負ったのは上述の通り。

第3章　山川均との結婚，山川菊栄の誕生，家庭生活　　117

女性問題の理論は先んじていたのである。時あたかも1916年『新公論』4，
5月号に「男女関係の過去・現在・未来」が堺利彦名で掲載されるが，既述
のように実際は均が執筆したものである（『山川均全集』1：188-300）[31]。

　均と菊栄の結婚式の様子は次のようであった。菊栄は，『おんな二代の記』
で書いている。

　　一九一六年の秋，満二十六歳の誕生日（11月3日：伊藤注）に私は結
　婚しました。九月に婚約，山川は郷里の両親と姉夫婦の承諾を得ており，
　私にもそうしてほしいとのことでした。私の父は尿毒症で寝ついたきり，
　母はいっさいを私の意見に任せるといっていたので問題はありませんで
　したが，ただ，三つの希望条件を出しました。一，仲人をたて，ほんの
　形だけでも式をあげること。二，式後すぐ入籍すること。三，ペンネー
　ムにも一切実家の姓をつかわぬこと。この三つは母にとって重大なこと
　であり，私にとっては痛くもかゆくもないような気がしたので承諾しま
　した。このころの社会主義者といえばごろつき同様に思われ，親兄弟が
　失業し，姉妹が離婚された例さえあるほどのきらわれ者だったので，実
　家の籍をぬき，その姓をなのらぬようにすることだけで周囲の迷惑がへ
　るならば，お安いご用だと思いました。仲人は馬場先生にお願いし，先
　生ご夫妻と十二，三の令嬢，私の母と，東大の学生だった山川の甥林桂
　二郎がたちあい，申しわけばかりの式を，新しく借りた家であげました。
　その借家は四番町の実家に近く，ガス，水道つき四室で月十円でした。
　山川は翌日から平生通り売文社へ出勤し，一日も休むことなく，新婚旅
　行などは金持の夢にすぎなかった時代でした（『山川菊栄集』A9：207）。

　私はここで一つ気になることがある。というのは「私の父は尿毒症で寝つ
いたきり」と菊栄は簡単にいっているが，父の病状はどうだったのだろう。
三つの希望条件というのは，母が出したのだろうか。父にはどの程度報告し
たのだろう。もし，父にこの結婚のことを報告して，父が意思表示できる状
態であったなら，『日刊平民新聞』を読んでいた父は，むしろ菊栄を祝福し

31）さらに，山川均は，この年1916年『新社会』12月号に，「本と雑誌『男女関係の進
　化』」という一文を載せている。フランスのシャルル・ルッルノウの『婚姻及び家庭の
　進化』の翻訳で，モルガンの説と比較できると推薦している（『山川均全集』1：301）。

たのではないかと推測するからである。森田家の父軽視が，ここでもなんとなく表れている思いがして，気になるのである。

均は，『山川均自伝』に以下のように書いている。

　　大正五年一一月三日，菊栄の誕生日にあたるこのよき日，この古い新居で私たちは「華燭の典」をあげた。

　　菊栄のがわからは，父は病中だったので母だけ，私のがわからは，そのころ帝大の学生だったオイの一人が列席し，それから媒酌人の馬場孤蝶先生―（中略）だった。菊栄はある時期のあいだ馬場孤蝶さんに師事していた。馬場さんは社会主義運動の同情者だったから，菊栄は多少ともその影響をうけていたろう。本人を加えて六人の，この盛大な結婚式の準備ばんたんを整えてくれたのは，菊栄の姉だった。姉は熱心なクリスチャンだったから，酒のかわりにブドウのジュースで乾杯した。こうして芳烈なアルコール分のない新家庭ができあがった（『山川均自伝』：362-363）。

菊栄は姉を出席者に加えていないので，姉は準備だけした裏方だったのだろうか。また，均は，馬場夫人と令嬢をカウントしていない。菊栄によれば7人，均によれば6人とあるが，均は馬場夫人を書き忘れ，令嬢は出席者としてカウントしていないということになる。さらに均の叙述を追ってみよう。

　　さしあたりの炊事道具や食器などは，菊栄の実家から余分の品をもらってきた。しかし米ビツはなかったので，米はバケツに入れて押入れにしまってあった。もう一つの押入れには二人のわずかばかりの本と新しいタンス一つ，こうりとトランク各一個，これが全財産で，窓ぎわには二人兼用の小さな机のほか，家具と名のつくものはなにもなかったから，まことにひろびろとして，いい気もちだった。

　　それから二，三カ月後の『新社会』には，こういう投書がのった。「青山菊栄氏が山川菊栄氏に変って出た。まづお目出度とうといはねばなるまい。だが結婚さるれば直ぐ名前まで山川と変るといふのは，もう菊栄氏は山川氏の私有物になつたといふものだ。絶対に私有物であることが最も貞淑なることかね（後略）」というのである。これは半分じょうだんだが，しかし社会主義が大衆運動として理解されていなかった時

第3章　山川均との結婚，山川菊栄の誕生，家庭生活　　119

代の社会主義者，といってもとくに無政府主義者の傾向をおびた人たち
の間には，「いやしくも社会主義者ともあろうものが，資本主義社会の
なかで，国家の法律によってきめられている手続きに従うなどとは（後
略）」といった気分の人がかなり多かった（同上：363）。
　均の評伝を書いた石河のこのあたりの叙述は次のとおりである。

　　結婚式は11月3日。麹町の実家の近くの小さな借家で，仲人として堺
　が前年の総選挙に候補者に担ぎ出した馬場孤蝶夫妻のもとで，菊栄の母
　と山川の甥の林桂次郎（東京帝大生）だけの隣席でおこなわれた。（中
　略）似合いの夫婦で，仲間からは「均菊相和す」とはやされた。新婚の
　二人は，式を挙げた家賃9円（前述の10円と異なるが：伊藤）の借家で
　新生活に乗り出そうとした。そのころには売文社の月給は40円にまであ
　がっており[32]，「あとにもさきにも一番裕福にくらされた」。しかし2月
　ばかりで菊栄は結核を発病。せっかくのスイートホームをたたみ，均は
　大森に下宿し，菊栄は1年ほど稲村ガ崎で転地療養をすることにな
　る[33]（石河　2014：66-67）。

3．青山菊栄が山川菊栄となって——家庭生活など

　本章冒頭にも述べたが，均と菊栄が結婚した1916（大正5）年は，第1次
世界大戦のさなかであった。高野岩三郎が「友愛会」を通して「東京におけ
る20職工家計調査」を実施した年でもある。また1911年に公布された工場法
がやっとこの年施行され（ただし，深夜業禁止は延期），工場監督官も設置
された年でもある。1884（明治17）年に26歳で初渡米し，サンフランシスコ
で働きながら勉学を続けた片山潜が，1914年に4度目の渡米を果たし，ニュ

────────

32）しかし，均はのちに1951年，「（前略）当時，売文社もなかなか経営は困難で，私は四
　五円しかもらっていなかったので，全部を充てても入院料にはたりなかった。」（『山川
　均全集』17：205）と書いている。
33）病気療養で転地というのは当時としては一般的であったのだろうか。新婚2カ月で4
　室ある借家から離れて別居したことは，かえって経済的にも負担であっただろう。別居
　は1年ほどというが，実際は，次章でみる通り翌年11月7日に菊栄が戻って借家に同居
　しているから，10カ月ほどであろう。

ーヨークで「在米日本社会主義者団」を結成したのも1916年である。

国際的には，この年，レーニン夫妻はチューリヒに亡命しており，ローザ・ルクセンブルクが「国際社会民主主義の任務に関する方針」を起草し，スパルタクスグルッペを結成し，ブレスラウの刑務所に収監され，やがてウロンケ監獄に移送されている。コロンタイは『社会と母性』や『誰にとって戦争は必要か』を出版した。国際的にも国内的にも，第1次世界大戦を背景に大きく揺れ動いている時代だったのである。

菊栄は，この時期，当初青山菊栄名での1916年9月の「与謝野晶子氏に与う」（『山川菊栄集』AB 1：76-82），結婚を挟んで山川菊栄名での1917年1月の「再び与謝野晶子氏に」（同上：90-103）は，A，B両版の解説で鈴木裕子はとくに言及されていないが，私は，菊栄の当時の「マルクス主義」ないしは「社会主義」理解を示す意味をもつ論考と思われる。これによれば，空想的社会主義を，「マルクス主義社会主義」と明確に区別して理解せよと菊栄はいっている。その限りにおいて，マルクスをどこまで読んでいたかは別として，菊栄は自らをここでは，少なくとも山川均に近い「マルクス主義的社会主義者」として自覚して立っていたと判断してよいと思う。

菊栄ともあろうものが，均を知ってから，結婚するまでの数カ月に，それまで発表された均の文献に目を通さないはずはないだろう。1907年に『大阪平民新聞』に連載された均の既述の「研究資料　マルクスの『資本論』」も，また同年『日本平民新聞』（『大阪平民新聞』改題）附録『労働者』第1号（10月15日付）に書いた「社会主義とは何ぞや」という一文も（『山川均全集』1：90-91）当然読んでいたであろう。これらを読み込んでいれば，原本にあたったかどうかは別としても菊栄の水準は，均のそれにかなりの程度で追いついていたものと推測される[34]。

既述の通り1916年11月，山川均と結婚した菊栄は数カ月もしないうちに，病気と懐妊が同時的に発覚した。常識的に考えればそのどれをとっても一大

---

34) 不思議に思うことであるが，竹西とのインタビューに菊栄は，均のことを「主人」と呼んでいることである（竹西 1970：207, 208, 211）。いちいち探し出してはいないが，「主人」とあってオヤと思ったことは，例えば『山川菊栄集』（A8：62），にもある。「私のところで主人が入獄の留学中に…」と。

第 3 章　山川均との結婚，山川菊栄の誕生，家庭生活　　121

事であろう。二人のこの難事への対処は，菊栄の療養のため均と別居するという方法であった。幸い大事にいたらず，1917年，菊栄は男児を出産するが，病気や出産などをものともせず（といいきっていいかどうかわからないが，アウトプットされるものをみるかぎりでは），1916年の結婚から1919年までの間の国際情勢を把握して，自分の理論にさらなる磨きをかけていくのは見事としか表現のしようがない。

　均に戻る。時間は飛ぶが，結婚35年後の1951年に，均は，菊栄について，『週刊朝日』1951年10月 7 日号に「妻の大望」（『山川均全集』17：193），『文藝春秋』1952年 2 月号掲載（1951年11月21日稿）の「わが愛妻物語」（同上：202-214）の 2 つを書いている。一部は前にもふれた。

　前者では，菊栄が，地味な倹約家であったこと，それでいて物忘れをしても諦めが早かったこと「おかげで結婚35年のあいだ，一度もグチや泣き言めいたことを聞かなかったこと，多年の宿望は，真空掃除機と電気洗濯機をもつことだったが成就しそうにない」と書いている。

　後者では，1916年から35年の結婚生活を，「奥さんとかく行方不明」，「誕生日に華燭の典」，「のっそり十兵衛」，「20年の病床生活」，「玉のようでない男の子」，「病気に救われる」，「幸福の配当」，「ウズラ屋さん」，「Is she poor?」，「夫婦げんか」，「不倫の夫婦」と小見出しを入れて書いている。最後「不倫の夫婦」という意味ありげな見出しでいいたかったことは何か。

　一読すると均のいつものやり方で，不自然と思われるほどのんびりと，ユーモアを入れて，さらりと深入りを避けて書いているようだが，読み込むとそうではないことに気づかされる。

　この 2 つのエッセイを書いた1951年，均は70歳，菊栄は60歳であった。 4 月，振作は，慈恵医大予科から東京大学に転職した。 5 月，均は，社会主義協会を設立し，大内兵衛とともに代表となった。その年の 5 月， 3 年 8 カ月労働省婦人少年局長であった菊栄が，労働省を退任した。その同じ 6 月均は，『社会主義』を創刊し，「創刊の言葉」を書いた。11月，菊栄は，田中峰子，田辺繁子，久保まち子，奥むめおと英国に出発した。

　国内の出来事では，1951年，国際婦人デー中央集会は政府によって禁止され，マッカーサーは，講和と集団安全保障を強調していた。再軍備反対婦人

委員会（会長　平塚らいてう）が結成された。マッカーサーが罷免され，後任リッジウェイ中将は，占領期に制定された諸法令を再審査する権限を日本政府に与える方向を出し，9月，サンフランシスコ講和条約・日米安保条約が調印されたのである。巨大な基地群を残して沖縄は切り捨てられた。沖縄に日本復帰促進期成会が結成され，10月，サンフランシスコ条約批准国会が開かれた。ILO総会は日本の加盟を承認し，同総会で100号条約（男女同一価値労働同一賃金）が採択（日本，67年に国会承認）された。前年1950年6月25日に始まった朝鮮戦争で，マッカーサー元帥を総司令官とする「国連軍」が編成され，日本は米軍の出撃・兵站基地となっていたが，51年には朝鮮戦争休戦会談が始まった。

　総評・社会党を中心に平和推進国民会議が結成されたが，10月24日に日本社会党は分裂した。

　何も，この文章を書いている1951年に限ったことではないが，社会情勢が厳しい35年の結婚生活でどれだけの修羅場を2人は潜り抜けたことであろう。しかし，当時の夫妻の時代的背景を考えても，結論としてこのように書くことのできる関係であったということもまた偽りがないのであろう。そのことを均は，さりげなく，しかし，毅然と世間に念を押しているように思われる。

　さて「わが愛妻物語」の最後の項「不倫の夫婦」であるが，少し長くなるが引用したい。

　　（前略）夫は妻に「愛」を支払って妻からは愛プラスXを受取ること，これが人倫というものである。この交換過程において夫が受取る過剰物Xすなわち「敬」というのが，どんなものだか分らぬが，たぶん夫の権威か威厳かを尊重することだろうと思う。いずれにしても私の家庭では，こういう不等価物の交換をする制度は採用していないから，私たちは人倫を踏みにじった夫婦，すなわち不倫の夫婦ということになるだろうと思う。

　　（中略）私には，私が与える以上のものを妻に要求する気もないし，妻の方でも，私の与える以上のものを与えられようとはしていない，というよりも，私の方でも妻になにものをも要求していないし，妻の方でも，私からなにものをも与えられようとはしていない，という方が正確

だと思う。

　要するに，フラフラしていた人間が二人いて，それがフラフラといっしょになり，そこにおのずから出来あがったのが私たちの家庭生活であって，決して理窟や原則，いわんやカント哲学などというむづかしいもので設計したわけではない。

　もっとも私は，菊栄より十年も早くこの地球の上に生れて来た地球上の先住民である。動物の群でも，いちばん年取った個体を群のリーダーにする習性がある。われわれのあいだにもこういう動物本能によって，先輩と後輩の関係ができ上がるかもしれない。

　しかし妻にせよ子供にせよ，かりそめにも私いがいの人はすべて他人であって，他人が独立して物を考え，そして私と同じ考えになるなら，それほど喜ばしいことはない。しかし夫であるから，親であるから，先輩であるからというなんらかの権威のために私の考えが無条件に受けいれられるとしたならば，これは私の趣味ではない。だから私は，妻からも子供からも，先輩としての威厳をみとめられないように，私の考えが彼らに影響をあたえぬように（中略）つとめて来た。もっともそういう心配をするまでもなく，菊栄の方では，いっこう私を「敬愛」したりなどしていないようだが（『山川均全集』17：213-214）。

均のこの文章には，均特有の「反語」もはめ込まれていないとはいえない。私は，均のこの文章通りに受け止めるほどには素直ではないが，「人倫を踏みにじった夫婦，すなわち不倫の夫婦」を自慢にしているあたりは，山川夫妻らしさを感じて好感がもてる。

　均の没後，菊栄は書いている。

　結婚前，彼は，自分が婦人に求めるものは聡明と温情とであって，身のまわりの世話ではない。もちろんいっしょにいるからには多かれ少かれ世話にはなるだろうが，長年の独身生活と貧乏暮しのため，自分の身のまわりのことぐらい自分でやる習慣がついているので，特にそのために人をわずらわせる必要はない。だからあなたを台所の道具や育児の道具にするつもりで結婚するのではない，とも手紙でいってよこした（『山川菊栄集』A8：249）。

当時の男性のプロポーズとしては，見事であり，菊栄の心をつかむのに十分であったことだろう。

均は1958年3月23日，膵臓がんで死去し，菊栄は，1980年11月2日まで22年間，均のいない日々を生きた。

次の章から菊栄の仕事を中心にみていくが，私のなかには，つねに均との対比という問題が離れない。均と菊栄を，「山川夫妻」という括りではなく，山川菊栄としてとらえることが可能かを意識していきたい。

第 **4** 章

ロシア革命，ドイツ革命を経て
（1917-1919）
理論の基礎がため

はじめに

本章では，結婚の翌1917（大正6）年，早々に起きたロシア革命を，2人はどのような状況で迎えたか，さらに1917年以降の1910年代の数年に菊栄はどのような仕事をしたかをみることにする。

この間，菊栄は，結核（重症といわれている）を治療しながら，妊娠・出産・育児というライフステージにあったはずだが，この3年間にものにした著作活動には目を見張るものがある。なぜそういうことが可能だったのだろうか。ここでは，私の関心に沿っていくつかの注目すべき点を取り上げ考察したい。

私が，この期の菊栄を評価する第1点は，1918年の社会政策学会研究会での報告の内容の水準の高さであり，第2は，1919年に，早々と1918年のドイツ革命とその後のドイツの動向，すなわちローザ・ルクセンブルク，カール・リープクネヒト，クラーラ・ツェトキーンの情報を得て日本に紹介したこと，第3は，この間の論考をまとめて3冊もの単著を出版したことである。この精力的文筆活動は驚嘆すべきものである。

さらに，1919年の特徴として，ILOへ初めて代表を送ることになった日本政府の混乱ぶりと，それへの女性労働運動側の動向への菊栄の態度も興味深いものがあるのでふれておきたい。

1. 菊栄夫妻にとっての1917年ロシア革命

2人の結婚の翌年の1917（大正6）年，ロシア「2月革命」（当時ロシアで用いられていたユリウス暦＝旧暦で2月，太陽暦＝西暦では3月），続いて同年「10月革命」（ユリウス暦で10月，西暦では11月）が起きた。継続する2つのロシア革命を当時日本の人々はどのように迎えたのであろうか。

まず，当時の日本の一般的な状況を犬丸義一の説明からみよう。

　　当時，ロシア革命の意義を即座に正しく見たのは，ごく少数の社会主
　　義者だけで，大多数の人びとには，その真の意味は理解できなかった。

第4章　ロシア革命，ドイツ革命を経て（1917-1919）──理論の基礎がため　127

しかし，帝政が倒され，ついで資本家の権力が倒され，労働者の権力が樹立されたことは，わが国の一般の労働者や民衆にも，為政者や資本家にも，それぞれの「階級本能」や階級的利害に応じて，それぞれの意味で大きな影響をあたえた（犬丸 1993：25）。

では，ごく少数の社会主義者，そのなかでも社会主義について日本で第一級の知識をもっていた山川均はどうだったであろうか。まず「2月革命」からみていこう[1]。均は，自伝に次のような思い出（1956年9月時点での思い出「ロシア革命の頃」による）を残している。

　　……大多数の人はレーニンの名を知らなかったですね。私は第二インタナショナルの議事録を持っていまして，シュツットガルト大会ですか，その中にレーニンが発言するところが数回あるのです。……ごく初めのころの新聞電報にはサンジカリスト[2]・レーニンとかブランキスト[3]・レーニンというように報道されていた。……しかしとにかく革命が起こって帝政が倒れたということだけでも，非常な感激を与えました。……
　　ロシア革命の日本への影響は大きかったですね。私自身にしても，受けた影響は，生涯のうちでも最も大きな影響だと言っていいでしょう。……われればかりではなしに，その当時の社会主義的な思想を持っていた者で，影響を受けなかった人はないでしょう。だから一時はロシア革命支持一色と言ってもいいくらい。そういう時代があったんです。こ

1）均の最初の2月革命論から8月頃までの論評は石河（2014：69-70）参照。

2）サンディカリスム（Syndicalisme）は，労働組合主義，組合主義，労働組合至上主義とも訳され，労働者政党の政治闘争ではなく，サンディカ（syndicat 組合）により労働者の要求と社会革命を達成しようという考え方（労働組合は政治活動ではなく直接行動を行い，ゼネストで資本主義体制を倒して革命を達成し，革命後は企業でも政府でもなく労働組合が経済を運営するという考え方）である。日本でもサンディカリスムの影響は大きく，それは，のちに展開する社会主義運動，労働運動に複雑な過程をもたらした。石河（2014：69）は，「山川はロシア革命にたいしてなおサンジカリズムの窓からながめていた」と書いている。

3）フランスのブランキ（Louis Auguste Blanqui：1805-1881）の革命運動理論信奉者。バブーフ（1760-1795）の影響のもとにいっさいの社会問題の解決は政治問題に帰着するとし，秘密組織化した少数の革命集団の武装蜂起によって権力の奪取と人民武装による独裁の必要を主張した。

れは，コミンテルンができるより前の話ですけれども。それから落着い
てきてだんだん意見が分かれてきました（『山川均自伝』：370）。

　ロシア2月革命が伝わるや，堺利彦は，日本の社会主義者グループを代表
して祝辞を「ロシア社会民主党」に送った。均は，同年5月に，日本初のメ
ーデー小集会で「ロシア革命の成功を祝す」という決議を「日本社会主義者
団臨時実行委員会」名で提案した。この決議は英訳されて，各国の社会（民
主）党指導部と，片山潜（在米），石川三四郎（在仏），守田有秋（在スイ
ス）に郵送された。

　1917年に『新社会』6月号に，筆名「胡桃生」で書いた「メーデーの小
集」のなかに，この上記決議文をロシア社会民主党に送る討議をした旨が書
かれており「直にロシアを初め各国の社会党団体に送達せられた筈である」
（『山川均全集』1：368-369）とある。この有志のメーデー小集会のことは，
菊栄が，1964年に「山川均とロシア革命」（『社会問題』1964年10月1日）で，
「一九一七年（大正六年）三月，ロシアに革命が起り，忽ちにして帝政を葬
り，仮政府ができたことは，大きな驚きだったと同時に，暗夜にともしびを
見る思いであったのでした。まだ野外の大衆的なメーデーなどは思いもよら
なかったその年の五月，新橋駅に近い自称米国伯爵山崎今朝弥弁護士宅で在
京同志約三八人がメーデーの記念集会を開き，席上ロシア革命に対する支持
激励の決議文を送ることに意見一致，その草案の起草を命ぜられた山川は，
それを皆の前で読むのに感きわまって涙にのどをふさがれ，声が出ないので
困ったといいます。その決議文は今でもソ連に保存してあると近年聞きまし
た。」（山川菊栄 1978：79）と書いている。

　事実，このときの挨拶と決議は，村田陽一編訳（1986：5-6）および和田
春樹ら監修（2014：45-46）の資料集に掲載されている。

　では，菊栄自身は，「2月革命」をどこで知ってどう感じたか。そのとき
のことを次のように書いている。

　　　三月上旬のある日，私は東京へいくために鎌倉の松林の山をおりて，
　　うららかな朝の光をあびながら，稲村ガ崎の駅の野天のベンチに腰をお
　　ろしました。新聞をひろげたトタン，目を射るような大活字。ロシアに
　　革命起る！　帝政廃止！　共和制の成立！　とうとう！　私は新聞をつ

第4章 ロシア革命，ドイツ革命を経て（1917-1919）——理論の基礎がため 129

かんだまま，電車が目の前にとまるまでわれを忘れて立っていました（『山川菊栄集』A9：215）。

菊栄はこのとき妊娠中で，新婚早々に均とも別居療養するほどの重症の結核だったとのことである。このときの東京行きは，菊栄が別の箇所で，「鎌倉で療養中の私も，医師へ行く道で，電車を待つ間，……」と書いている（外崎，岡部編 1979：13）。

この年菊栄は4月，鎌倉から生麦へ移り，さらに麹町四番町の実家で，9月長男（振作）を出産した。その後，東京府下荏原郡入新町（現 大田区大森）の借家に移り，均と10カ月ぶりに同居し，大森春日神社裏（現 大田区1丁目）に転居した。そのあとロシア「10月革命」が起こったのである。この革命について菊栄は，「忘れられない日」として次のように書いている。

　　子供の世話を頼むためにやっとさがし出した手伝いの婦人[4]とともに，母の家から大森春日神社裏の借家へ私の移ったのは十一月七日，（中略）この日はロシアに第二革命の起った当日として，二重に忘れられない日となりました。（中略）経済的に別居が不可能となっていっしょになったものの，私の病気がよくなったわけではなく，私は夜だけは子供の世話をしても昼間は床をはなれず，食器の消毒も厳重にしていました。（中略）その年もおしつまった大みそかだったかその前日だったか，にぎやかな笑い声といっしょにドヤドヤとはいって来たのは，マコちゃんをかかえた大杉さんと，おむつの包みをもった野枝さん[5]で，自分の家ではかけとりがうるさいから，ここで年越しをすることにきめたという。（中略）

　　こうして，野枝さんは台所に，子供たちは手伝いの婦人の手にある間，

4）山川家には当時の中流以上の家庭がそうであったように，つねに「手伝いの婦人」がいた。この点は，一般の労働婦人とは異なることは明記されなければならない。菊栄はのちに「女が仕事をするためには，ある時間，家族とも，すべてを断ち切って，自分一人になれる場所がなければできません」，「私は奥さんの仕事は得意ではないので，あまりしませんでした。大てい，いいお手伝いがありました。そのせいですか，家庭と仕事のことでそんなに苦しみませんでした」ともいっている（山川菊栄記念会・労働者運動資料室編 2016：49-50，初出は，『主婦の友』1956年5月号での秋山ちえ子のインタビュー）。

大杉さんと山川と私は座敷で火鉢をかこみました。話は結局革命中のロシアをどうみるか，におちつき，大杉さんは急いで政府を作るのがまちがっている。（中略）というような話でした。当時革命ロシアの真相はまだわからなかったものの，内外の反動勢力が呼応してたち，武力をもって革命政権を倒そうとして，革命と反革命との間に死闘のはじまっていたときでした（『山川菊栄集』A9：217-222）。

　均は，1917年，『新社会』12月号の「暴風の前」（時評）で，「ロシアの第二革命」，「ロシヤ革命の二重性」という小見出しで，ロシア11月革命の本質を簡潔に解説し（『山川均全集』1：410-412），1918年に入って『新社会』7月号に「レーニンとトロツキー」という短文（同上：522）を書き，さらにその翌月8月号に，初めてロシア革命についてのまとまった論文「ロシア革命の過去と未来」を載せている（同上：543-551）。

　ロシア革命について当時の思い出を，こうして均と菊栄が，それぞれ自伝的叙述その他論考に残しているのである。

　均の親しい同志であった荒畑寒村も自伝を残しているので，該当箇所をみておこう。

　寒村は次のように書いている。

　　……とにかく社会主義者が多年の沈黙を破ってふたたび活動を開始した時，青天の霹靂の如く私たちを驚かしたのはロシア三月革命の勃発である。革命！　革命！　こんな魅力的な語があるだろうか。演説に，文章に，スローガンに，かぞえきれぬほどこの語は用いられている。理論の相違，戦術の不一致，分派の争い，同志の離合，すべて革命に帰着する。その革命が，しかも反動勢力の本拠たるロシアに起って，絶対専制主義の帝政が一挙に覆えったのだから，私たちばかりでなく全世界が驚

5）大杉栄と伊藤野枝のこと：1915年から菊栄は，大杉と知り合っていたが，1916年に山川均と会う前から菊栄は，野枝を批判していた。しかしこの頃は，和解していたようだ。菊栄の振作の出産は1917年9月7日，菊栄より5歳下の野枝と大杉の長女マコ（魔子→真子）は，同年9月25日に生まれている。野枝は，その前に辻潤との間に一（1913年生まれ），流二（1915年生まれ）がおり，大杉との間に，エマ（幸子：1919年生まれ），エマ（笑子：1921年生まれ），ルイズ（留意子：1922年生まれ），ネストル（栄：1923年生まれ）がいる。最近の伊藤野枝伝に栗原靖（2016）がある。

第 4 章　ロシア革命，ドイツ革命を経て（1917-1919）——理論の基礎がため　131

倒したのである。ただ私たちはロシア革命の性質についても，労兵会と
よばれたソヴィエトの組織についても，新政府を構成した政党に関して
も，ほとんど知るところがなかった。社会革命党と社会民主党の区別は
知っていたが，メンシェヴィキとかボルシェヴィキとかは，恐らく誰も
はじめて聞いた名称であったろう。ケレンスキー，レーニン，トロツキ
ーなんていう名を，知っている者はほとんどなかった。従来，私たちに
耳馴れていたロシア社会民主党の首領は，プレハーノフ，ウェラ・ザス
リッチ，リョフ・ドイッチらで，不思議とレーニン一派の事蹟について
は何も伝わっていなかったから，私たちが五里霧中だったのも無理はな
い（荒畑　1961：241）。

　ついでに，のちに菊栄が注目して紹介するようになるドイツのローザ・ル
クセンブルクや，コミンテルンの女性政策の関係で結果的に菊栄が紹介し，
その理論を吸収することにもなるクラーラ・ツェトキーンはこのときどうし
ていたか。

　ローザもクラーラも菊栄と違って，自伝はもちろん，思い出の小文さえも
残す余裕はなかった。ローザは，1916年から，ベルリンの女子監獄，やがて
ブレスラウ（現　ヴロツワフ）の監獄，ヴロンケ要塞と移され，1917年 8 月
には，ブレスラウの監獄に「保護拘禁」された。 8 月，ローザは，獄中から
「焦眉の時局問題」（Brennende Zeitragen）を『スパルタクスブリーフェ』
（Spartakusbriefe）に発表した。

　ドイツ社会民主党の隔週発行女性機関誌『平等』の編集者だったクラーラ
の身の上に起こった出来事をみると，1917年の年が明けて， 1 月 7 日に設立
される「ドイツ独立社会民主党（USPD）」創立準備をしていたが，自ら編
集する『平等』に，ロシア 2 月革命発生前後に「社会民主党内の闘争」に関
する記事を書き続け，さらにロシア革命支持の論考も掲載して，「ドイツ社
会民主党」多数派に疎んじられて，同年 5 月に，27年編集した『平等』を最
後に追放された。

　クラーラは，『ライプツィヒ人民新聞』に執筆の場をつなぎ，1917年11月
30日付『ライプツィヒ人民新聞女性付録』に「ロシアにおける権力と平和の
ための闘争」という論考を書いている。

なお，ロシアで最初の革命が起きたとき，スイスにいたレーニンは，3月，5通の「遠方からの手紙」をロシアの『プラウダ』に送り，4月14日，チューリヒから「封印列車」でロシアへ帰国した。7月，ロシア臨時政府は20歳以上のすべての男女に普通，平等選挙を定める，ケレンスキー内閣が成立した。レーニンは『国家と革命』を出した。続いて10月革命（旧暦10月25日）が起きるという流れであった。

マルクスや社会主義について論じていた均は，1916年までは，クロポトキンにも強い関心をもっていた。レーニンやトロッキーに関心が移ったのは，ロシア革命以降であろう。

ロシア革命には，みずみずしい感動を覚えた菊栄ではあったが，ロシア革命に関する言及や行動は，先述のように均のほうが先行する。

均は，すでに1918-1919年のドイツ革命の詳細をも把握していた。1919年6月『新社会』に，「ドイツ社会党の三派鼎立」（『山川均全集』2：191-200）を書いた。また，同年12月には，『社会主義研究』1920年6月号に掲載される「ソヴィエト政治の特質と批判——プロレタリアン・ディクテイターシップとデモクラシー」の原稿を書き上げている（同上：386-408）。この稿の最後に，ロシア革命とドイツ革命との簡単な対比をしている。1919年3月のコミンテルンの創立についても，リュトヘルスや片山と直接のコンタクトがあったはずであるから当然情報を得ていたと思われるが，「第3インタナショナル」と題する論考の発表はなぜか1921年の『改造』5月号まで待たねばならない（『山川均全集』3：236-239）。

他方菊栄が，ロシア革命に注目して書き始めたのは，1919年の「革命婆さんと日本の女」（1919年1月発行の『スコブル』26号，『山川菊栄集』AB 1：240-241）と題するもので，来日したエカテリーナ・プレシコフスカヤ（1844-1934）[6]について，軽い風刺風の短文からである。菊栄の，ロシア革命についての発言の最初が，菊栄らしからぬ些末ともいえる問題から始められているのが不思議である。何か考えがあってのことであろうか。私には見当がつかない。

第4章　ロシア革命，ドイツ革命を経て（1917-1919）——理論の基礎がため　133

2．1918年の菊栄の仕事——社会政策学会デビュー

　重症な結核といわれて，わずか1年と少し後であるが1918（大正7）年，菊栄は，猛然と評論活動を再開する。1910年代後半の菊栄の傑出した評論は，出発点となった1916年の公私娼問題に続いて，1918年，すでに母となったのちの平塚らいてう・与謝野晶子・山田わかとの母性保護論争である。このふたつは，菊栄の評論活動の古くから知られたもっとも有名なものなので，多くの専門的研究もあり特別私が新たな何かを加える余地もないので，その論争自体については本書ではあえて取り上げない[7]。

　母性保護論争と同じ年，菊栄28歳の終わりの頃の11月，既述の通り，森戸辰男[8]の勧めで，非会員である菊栄が「社会政策学会<u>例会</u>」（下線は伊藤。例会は，大会とは異なる）で「婦人職業問題について」講演した。翌年その内容は『国家学会雑誌』33-2と33-3に掲載されている。社会政策学会は1897年に結成され，戦前は1924年まで続いたが，その後活動を停止し，戦後1950年に再建されて，今日に続く社会科学の老舗学会である[9]。日本の工場法施行後の2年後，1918年12月21日にその第12回大会が開催され，そのテーマが「婦人労働問題」であった。そのときの報告者は，河田嗣郎（「女子労働問

6）Ekaterina Konstantinovna- Breshkovskaya。ソ連の女性革命家。自由主義者の夫と別れ，1873年「人民の中へ」運動に参加し，1874年逮捕され，投獄，流刑となる。1896年釈放されるが，地下活動を続け，エス・エル党創設に参画し，1902年同党中央委員となる。1917年の二月革命後は臨時政府を支持し，一〇月革命後はボルシェヴィキに反対する。1919年日本を経て米国に亡命したとのことであるので，日本滞在中の行動を，日本のメディアがとらえたものを菊栄が批判したものであろう。その後はチェコスロバキアやフランスで生活したとされる。

7）菊栄の執筆活動は24歳（1914年）の「公娼問題」の評論から，クラーラ・ツェトキーンのそれは28歳（1885年）のときのパリからの「社会民主主義と女性労働」と題するジャーナリストとしての執筆から始まる。直接女性労働問題から出発したクラーラ・ツェトキーンを研究対象に手がけてきた私は，主に菊栄のプロレタリアの女性労働問題，女性労働運動・組織論にも関心の中心があり，そうしたテーマを以下中心に取り上げることになる。

8）森戸辰男（1888-1984）は，当時は東京帝国大学経済学部助教授。その後大学を追放され（森戸事件），戦後は1946年日本社会党から代議士になり3期務めた。

題」），阿部英(秀)助（「欧米における婦人労働問題」），森戸辰男（「日本に於ける女子職業問題」）で，翌年の『社会政策論叢 第12冊』にその内容が掲載されている。

　当時のことを菊栄は，『おんな二代の記』のなかでこう書いている。「このころ，森戸辰男氏がみえて社会政策学会の会合で婦人問題の話をしないかということ。人の前で話などをしたことのない私が，とりわけお歴々の学者を前に，あまり大胆なようでしたが，何も経験だと思ってずうずうしくいってみました。そのあとで原稿を『国家学会雑誌』にのせ，原稿料一六〇円送られたことは，おりがおり[10]だけに忘れられませんでした。（『山川菊栄集』A9：230）。

　菊栄は，この講演を，１．婦人と労働，２．中流階級の婦人問題，３．労働階級の婦人問題，４．婦人の給料問題，５．結婚と職業との調和，６．結論，という構成で行った。

　まず，「１．婦人と労働」では，婦人の労働生活が社会問題となるのは，産業革命以降のことである。産業革命以前も女性は生産にたずさわってはい

---

9 ）社会政策学会は，前章でもふれたが，私の1969年以来のメイン所属学会である。私は，1963年の大学院修士課程の院生時代からこの学会を傍聴し続け，1969年に入会した。1992年に，当時勤務していた昭和女子大学での第84回大会の実行委員長，1998年から2000年にはこの学会初の女性代表幹事を務め，さらに拙著『クラーラ・ツェトキーン ジェンダー平等と反戦の生涯』（2013，初版 御茶の水書房）で「第20回（2013年）社会政策学会学術賞」を受賞し，2015年以降名誉会員であるので，この学会で，戦前菊栄が報告したことにとりわけ強い関心を抱く。2018年現在会員数は約1100名である。

　そのこともあって，菊栄が，この時代に，大会ではなく「例会」においてであったとしても，女性で初めて講演したことの歴史的意義はとりわけ深く理解される。当学会で，菊栄と関係ある人物は，元労働省で同僚の故広田寿子，菊栄の記念シンポジウムで何度もパネリストを務めた竹中恵美子名誉会員である。

10）1918年，均は，荒畑寒村と労働組合研究会をつくり，『青服』を発行したが毎号発売禁止になり，４号で廃刊にした。均は，同記事で新聞紙条例違反で禁固４カ月の刑を受け10月３日に入獄していた。翌1919年２月に出獄。均は，既述の通り結婚前２度投獄された経験（1900年『青年の福音』筆禍で検挙重禁錮３年６カ月，巣鴨に入獄，1904年保釈，1908年６月赤旗事件で検挙２年千葉監獄に入獄）があるが，結婚後はこの禁錮４カ月が初めてである。その後，1923年６月の第１次共産党弾圧で捜索・訊問・起訴されるが無罪で拘束はなし。1937年の人民戦線事件で東調布署留置，巣鴨拘置所（1939.5.15保釈）に１年半拘禁された。控訴審中に敗戦。

第4章　ロシア革命，ドイツ革命を経て（1917-1919）――理論の基礎がため　135

たが，経済的価値は無視され，女性は，家事・育児を中心とする「使用価値の製造」に限定されていた。産業革命後，婦人労働は「使用価値の世界から交換価値の世界に移」（『山川菊栄集』AB 2：4）った。

　資本主義社会は，金銭を目的としない労働にのみ従事することは，餓死を意味する。

　婦人の営利行為は，次の点での社会的影響をおよぼす。第1は，貧弱な憐れむべき種類のものではあれ，経済的独立の結果，結局男子中心の現状を打破して，社会をよりよき組織へ導く誘因としてその進化的意義を無視することはできないこと，第2は，現代の婦人の職業生活，とくに工場労働は，家庭生活，育児の任務と両立しがたい「婦人を器械化してその心身を損なわしめ，社会の一員として，次代の母として，当然備えねばならぬ資格を奪う危険が多い」（同上：5）ことである。その対策を考えるために女子の職業の実相を知ることが必要である。

　「2．中流階級の婦人問題」[11]では，菊栄は「世にいわゆる婦人解放論なるものは，中流婦人問題の真髄であ」る（同上：6）といいきる。資本主義は社会の上層に膨大な富の蓄積，下層に生活難の増大を意味する。中流には，結婚機会の減少，晩婚，閑暇，等々の理由から「中流婦人の間に次第に勢いを加えてくる職業の要求は，婦人に対する経済上の圧迫とともに，独立自主の抑えがたき欲求の発現である。」（同上：7）。ここに，中流階級の婦人の「教育，職業，政権等における両性の機会均等を目的とする女権運動」（同上）が生まれてきた。この「自由婦人」は，資本家階級の利益に沿うものであった。ゆえに「資本主義的社会の肯定の上に立つ婦人解放論は，畢竟一個の夢想である」（同上：8）。「女権運動は今一歩進めば，その運動の内部に階級的分裂を生ずるが自然」（同上：9）であり，「中流本位の女権論」は，むしろ警戒に値する，と警告する。この分析の背後に菊栄は，ドイツとイギリスの労働婦人の例をおさえていたことがうかがわれる[12]。

　「3．労働階級の婦人問題」では，菊栄は，「特に都会の労働者，すなわち

---

11) 中流階級の婦人問題論については，1918年に母性保護論争から発展してすぐれた論考を残している。「婦人を裏切る婦人論」（『山川菊栄集』AB 1：156-175），「婦人運動に現われたる新傾向」（同上：200-213）など。

工場労働てふ〔という〕特殊の生産方法を中心とする労働者の問題」（同上：9）に限定する。この種の労働形態は，資本家を利するが「労働者側より見る時は，彼らを一堂に集め，同一仕事に従わしめ，したがって利害の一致を呼び，共同的精神の涵養に資するのである。殊に婦人労働者は，かかる生産方法の発展により，始めて家長に対する在来の従属的地位より放たれ，ここに始めて独立の経済的単位とみなさるるにいたったのである。かかる経済的地位の変化が，直接間接彼らの自覚を刺戟せずにはおかない」（同上：9-10）という[13]。また，資本の搾取に対する団結，知識の必要を述べ，婦人労働制限の可否，婦人労働害悪説という，イギリスにおける論争を1842年までさかのぼって紹介し，とくに，フェビアン協会[14]のハッチンスの『近代工業における婦人』[15]からの引用をあげ，自らの意見として，労働者の問題は労働者自身の自覚にまつほかはなく，日本では，「治安警察法，新聞紙法，出版法等の改廃により，労働者の啓発を容易ならしむることの主張に始まらねばなるまい」（同上：14）とする。この階級の男女は男子を敵とせず男女の提携が必要であり，中流階級の婦人運動との区別を無視しては「軽率にして危険な

12）菊栄は，「現に，階級的観念の熾烈なるドイツの労働婦人のごときは，利害の不一致を強調して，断じて中流本位の女権運動と提携するを肯じえない〔がえん〕。イギリスのごときは，女権運動の隆盛なる結果，労働婦人のこれに吸収せらるるものが多く，したがってその階級的自覚の上に少なからぬ打撃を蒙っているといわれている」（『山川菊栄集』AB 2：9）と書いている。出典を明らかにしてはいないが，論旨から，妥当な対比と思われる。

13）この見解はクラーラ・ツェトキーンの1889年の小冊子と同じである。

14）1884年1月4日，フェビアン協会はロンドンで設立された。1883年にトーマス・デヴィッドソンがロンドンに新生活友愛会をつくり，詩人のエドワード・カーペンター，ジョン・デヴィッドソン，性科学者のヘイヴロック・エリス，エドワード・R・ピースらがメンバーとなっている。1896年には第2インターナショナルのロンドン会議にも参加している。設立後すぐに，ジョージ・バーナード・ショー，シドニー・ウェッブ，ベアトリス・ウェッブ，アニー・ベサント，グレーアム・ウォーラス，ヒューバート・ブランド，イーディス・ネズビット，H・G・ウェルズ，シドニー・オリヴィエ，エミリン・パンクハーストら社会主義に魅力を感じた多くの知識人を引きつけた。その後，バートランド・ラッセルもメンバーになった。このグループは革命的ではなく，社会改良主義志向の社会主義であった。

15）Hutchins, B. L. *Women in Modern Industry*, Mallon, London, 1915のことであろう。

る結論を生みやすい」と警告し，「婦人問題の解決者は，労働運動を措いて他にあるべからず」（同上：15）という。女性運動の要求の階級的性格の相違に注意を促しているくだりである。

「4．婦人の給料問題」については，婦人の賃金問題は，第1に，同一仕事に対し男子より低廉であること（理由は，①能率の相違：自然的と後天的），②女子の生活程度の低さ〈理由は生活状態の影響＝稼がず使わず，経済思想は消極的・萎縮〉，③婦人に小遣い取りの職業者が多い，④女子は家族扶養の義務を負わないとみなされる，⑤女子における団結の薄弱，自覚の機会のないこと，第2に，婦人の独占と目されている職業は，経済的に低く評価されて低廉なる報酬しか与えられないこと，である。

こうした問題の解決を，アメリカ等の例をあげたうえで，「労働問題は，畢竟労働者自身の問題にほかならない。彼らをして自己の問題をみずから解決するの権利と義務とを覚らしめよ。彼らにこの権利と義務とを遂行するの自由を与えよ。それを措いて，他に何処にこの問題の解決が得られようか」（同上：27）といっている。

菊栄は，英米独の文献から学んで自説を構成している様子がわかる。

「5．結婚と職業との調和」については，職業生活は婦人にとって，個人的自由の唯一の保障である経済的独立と，ある者にとっては生命の一部である知的生活を意味するが，この職業生活と家庭の両立をどう考えるかを，イギリスの「婦人産業調査会調査報告」にもとづいて述べる。労働階級の既婚婦人は，①一家の収入は不足だが稼がない，②一家の収入不足のために稼ぐ，③一家の収入は足りているので稼がない，④一家の収入は足りているが稼ぐの4種ある。①の婦人は，②の婦人に才幹において劣る。②の婦人は，過労で苦しい毎日である。収入不足はほとんどの労働者に共通の事実である。しかしこの種の婦人は多少の自由と独立を感じる。母親の就労は，子供が迷惑をし，妊婦に有害な場合もあるが，婦人の外勤は禁ぜられねばならぬという仮定は軽率で，かつ母親が必ずしもその子の最良の保護者たる資格を備えているとは限らない。専門家にゆだねるほうがいい場合もある。③の婦人は優良な市民である。④の婦人は優良な熟練工で賃金が高い。金を払って家事・育児，の援助を頼んでいるものが多く能力に優れ独立心に富む。このような

結果から，両立の解決策は，最低賃金の制定，子供の養育法の改善と家庭労働の軽減，母親扶助料，夫の収入の一定の額について妻の権利を認めえること，とこの調査を報告したイギリスの婦人労働組合同盟会長ブラックが主張している。菊栄はこれに同意する。菊栄は「要するに，家庭労働の全部または少なくとも大部分を共同的組織の下に移し，育児を専門家の手に委ねて婦人をして，各自の好む社会的勤労に従わしむべし，というのが私の意見である」（同上：36）という。

「6．結論」において，菊栄は職業生活を否定して家庭への復帰を奨むる論者に一言する。「生活手段としての結婚のごとき，堕落せる結婚を一掃し，婦人をしていっそう自由なる立場より配偶者を選択せしむるためにも，職業による経済的独立の必要は論を俟たないのである」（同上：38）と。

菊栄による社会政策学会例会での1918年の講演は，この学会での女性の第一声であった。この時点で，ベーベルの『女性と社会主義』を英語版で読み進めていたことは確実だが，ベーベルについてはとくに言及はなく，マルクスを引用しているわけではない。むしろ英国の文献を上げており，直接名を出しているのは前述フェビアン協会のハッチンスで，内容は既婚女性の調査をしたブラック（Black, C）によっている。

この講演は翌年1919年に『国家学会雑誌』Vol. 33，No. 2，No. 3にトータル30ページで掲載されている。非常にまとまりのある内容であり，説得的である。

このほか，私が1918年の菊栄の論稿で注目するのは，「軍国主義と婦人主義」（『新日本』1918.11月号，『山川菊栄集』AB 1：219-220，単行本には未収）である。この論考のなかで菊栄は，「ひとたび戦争の渦中に捲き込まるるやいなや，フェミニズム本来の意義と平素の主張とをたちまち裏切って戦争の後押しに余念もない彼の大方の女権論者の態度こそ，愛国化したる社会主義者のそれと等しく，大々的非議に値すべき問題であらねばならぬ」（同上 B1：219-220）と書いている。この短い論考には『山川菊栄集』B1のほうで鈴木裕子の丁寧な解説がつく（同上：290-291）。鈴木の解説で，「著者のフェミニズム思想は，反軍国主義・反植民地主義と直結していた」としている。この短い論稿で，菊栄がジャネット・ランキン[16]に言及し，かつ

第4章　ロシア革命，ドイツ革命を経て（1917-1919）——理論の基礎がため　139

「リープクネヒト一派の婦人たち」について論究がおよんでいることも菊栄
のその後の，ローザ・ルクセンブルクやカール・リープクネヒト評論を手が
ける一歩として見逃せないものである。

　さらに菊栄は，1919年『中外』2月号に「1918年と世界の婦人」を書いた
（単行本『女の立場から』：184-208に収録。ただし，執筆時は1918年12月ら
しく，収録の最後に1918.12と書いている。『山川菊栄集』AB 1には収録な
し）。冒頭は「露国の女大臣」で，ついで「各国の婦人参政権容認」「婦人は
次に何を求むべきか」「欧州戦後の婦人問題」「米国婦人議員の不評判」「日
本中流婦人界の形勢」「無産婦人の活動」となっている。冒頭，メンシェヴ
ィキからボルシェヴィキに転じたコロンタイ（1872-1952）を，ナロードニ
キのヴェーラ・ニコライエヴナ・フィグネル（1852-1942）と混同する等
「露国の女大臣」とするには問題があるが，フォーセット，パンカースト等
の名もあげて1918年の世界の女性運動に関わる著名女性を書きとどめようと
した先進性は，当時としてはほかに例をみない（後述）。

3．ドイツ革命：ローザ・ルクセンブルクとカール・リー　プクネヒト，クラーラ・ツェトキーンへの注目

　1919（大正8）年2月均は出獄した。売文社が解散となり，『新社会』は
一時休刊した。1919年4月，堺利彦，山崎今朝弥，山川均らは『社会主義研
究』を創刊[17]し，5月には均も加わって『新社会』の新発足（5月号）[18]を
みた。

16）ジャネット・ピカリング・ランキン（Jeannette Pickering Rankin, 1880-1973）は，
　アメリカ合衆国の政治家。史上初の女性アメリカ下院議員。生涯を通じて平和主義者と
　して活動し，アメリカ合衆国が第1次・第2次世界大戦に参戦することに対して，ただ
　1人両方に反対したことで知られ，ベトナム戦争での反戦活動の先頭にも立った。
17）『社会主義研究』は1921年3月号から「主筆　山川均・山川菊栄」となる。夫妻連名
　で主筆ということは，1921年での菊栄の社会主義理解の水準が均と並び立つことを意味
　していると思われる。

（1）　ローザ・ルクセンブルクとカール・リープクネヒト

　菊栄は，ドイツの革命家では，ベーベルに次いで，ローザとカールに注目していた。この二人の名が最初に現れるのは，『新社会』1919年7月号・9月号の「リープクネヒトとルクセンブルグ」[19]である。

　これを発展させて1921（大正10）年11月には，水曜会パンフレット第6篇『リープクネヒトとルクセンブルク』（社会主義研究社）が出された（全28ページ）。内容は「リープクネヒトとその青年時代の活動，ルクセンブルグの為人（ひととなり：伊藤注），大戦の勃発と非戦運動，スパルタカスの蹶起とその蹉跌，革命運動の犠牲の順」で叙述され，ローザの獄中よりの書簡（ソーニャ・リープクネヒトへ 1917.12ブレスラウ）も掲載されている。そのなかで「社会党幹部が政府をして残虐なる侵略戦争を容易に継続さすべく，或いは労働争議を抑圧し，或いは労働者の間に主戦的気分を鼓吹している間に，ローザ・ルクセンブルグ，クララ・ツェトキン，フランツ・メーリング，カール・リープクネヒトは『インターナショナル』と題する戦争反対の雑誌を発行した。此の雑誌は創刊号だけで発行を停止された。ローザとクララとは，其の激烈なる非戦運動のために，囚われて獄裡の人となった。」（同パンフレット：12-13）と全体を押さえてはいるが，ただし，このときクララ・ツェトキーンは逮捕されてはいないので，叙述も必ずしも正確ではない

18）この『新社会』は，1919年のドイツ革命関連論文が掲載され，今日のドイツの研究者によって紹介されている。例えばシュミットによる「雑誌『新社会』（Neue Gesellschaft）にみる日本の社会主義者とドイツ革命」（Schmidt 2013 in：Führer, K. C./J. Mittag/A. Schildt/K. Tenfelde（Hersg.）2013：394-398）。このなかで，菊栄は「山川均の個人的政治的道連れ」（Hitoshis privater wie politischer Weggefährtin）と書かれている（同上：397）。

19）『山川菊栄集』に収録なし。ただし，『山川菊栄集』A2：328，その他の著作一覧に解説で項目があげられている。Rosa Luxemburg は，ローザ・ルクセンブルクと発音されるが，英訳を介する場合，ルクセンブルグと書かれている場合が多い。『山川菊栄集』B別巻：後ろから4では，ルクセンブルクとされているが，原本通りにしておいたほうが良いと思う。ちなみに，前注のSchmidt 2013：397では，菊栄の論文名をドイツ語文中で Ribukunehito to Rukusenburugu とローマ字書きしている。またシュミットは，『新社会』6/3（1919.7：44-49）と6/4（1919.8：40-48）に掲載されたと号数が異なる。
　　山川均はローザについては，当初からルクセンブルクとカナ書きしている（『山川均全集』2：194, 195）。

第４章　ロシア革命，ドイツ革命を経て（1917-1919）――理論の基礎がため　　141

部分もある。

さらに改訂版が1925年に上西書店から出ている。71ページに増ページされ，冒頭に，墳墓の写真，カールとローザの写真がついている。またローザについて「国際社会党大会に於いては，クララ・ツェトキンと共に常に各国代表者の間に通訳の労を執っていた」（同書：9）と書かれている。この小著は，すべての漢字にひらがなルビがふられている。

見出しを列挙すると，「ローザの青年時代，改良主義者との戦ひ，カールと反軍国主義運動，国際社会党と戦争防止の努力，欧州戦争の勃発，『第二インタナショナルは死んだ』，戦争に反対する戦争，リープクネヒトの活動，民衆の覚醒，ドイツ帝国の破滅，革命前後，反動革命の台頭，1月反乱と其失敗，記憶すべき1月15日，ドイツのコミュニスト，1月反乱の敗因，死に直面せるローザの教訓」の順になっており，「付録」として，「1．ドイツ革命の第二波（1923年10月，ジノヴィエフの感想　1924.12），2．ローザの書簡集について（*Labour Monthry*, Vol.5, No.3），3．ローザの獄中よりの書簡（ソーニャ・リープクネヒトへ　1917.12ブレスラウ），4．ローザの印象（*Communist Review*, Vol.1, No.3）」が付けられている[20]。

なお1930年に翻訳されたカール・リープクネヒト著『軍国主義論』（平凡社）の訳者松下芳男は，リープクネヒト略伝を，「本記述は山川菊栄氏及び番野信蔵氏の記述によるところが多い」（リープクネヒト，松下訳：334）と書いているところをみると，当時は菊栄の紹介は権威あるものとされていたようである[21]。

(2)　クラーラ・ツェトキーン

クララ・ツェトキン[22]という名が，菊栄の文献に初めて現れるのも，

---

20) これらを書く資料としては，伊藤成彦の1970年12月31日の菊栄へのインタビュー（次注21参照）メモ（伊藤成彦 1982：9）によれば，菊栄は「資料としては，当時ニュー・ヨークで社会主義運動関係の文献を出版していたケア Kerr 社が発行していた雑誌『ソヴェト・ロシア』や『インタナショナル・コレスポンデンス』，イギリス労働党や共産党の機関紙 *Labor Monthly, Communist Review* など英文のものを主に用いたが，のちにはフランス共産党の機関紙『ユマニテ』も入ってきた」と話したそうである。

142

1919（大正 8 ）年で，管見の限りでは，単著『婦人の勝利』（山川菊栄 1919b：130-157）である。第 4 章　近代婦人運動，では，英独仏，スカンヂナヴィア諸邦，ロシア，バルカン諸国，米国，豪州，カナダ他まで網羅されているが，私が注目するのはドイツである。

　菊栄は，「（ドイツ：伊藤）社会党婦人団は，断じて中流婦人と提携しない」と繰り返し，その提携しないほうの婦人運動諸派を紹介して最後に「この提携を肯ずれば，英仏に見らるゝが如く，女工は慈善的施設や，娯楽機関に迷はされて，その階級的自覚を鈍らさるゝ恐があるのである。スパルタカス団の首領故ローザ・ルクセンブルグ，及びクララ・ツエトキンは，独逸社会民主党が生んだ世界的名婦人である」（同：157）と書いている。

　同じ1919年の『解放』12月号（山川菊栄 1919e：19-27）には，「最近の世界婦人運動」を書いている[23]。「最近の世界婦人運動」の内容は，1．ローザ・ルクセンブルグとクラゝ・ツェトキン，2．全露無産婦人大会，3．国際婦人大会の決議，4．第一回国際労働婦人大会，5．各国婦人参政権運動の成功，であるが，1．において直接クラーラを紹介する。このとき菊栄は

---

21) ローザ・ルクセンブルク研究の日本における第一人者伊藤成彦は，1970年12月31日，80歳の菊栄を訪れて，インタビューした興味深いメモを，『山川菊栄集』A8のしおり（1982.1：7-9）に書き残し，菊栄のローザに対する高い見識を絶賛している。伊藤成彦のメモの一部を記す。「ドイツ革命への関心は，ロシア革命がどのように世界革命に発展していくか，という観点から皆の中に強くあり，しかも第一次大戦前からドイツ社会民主党の動向は伝わってきていたので親近感があった。ドイツ革命の勃発は大きな喜びで迎えられた。それだけにリープクネヒトとルクセンブルクの虐殺の報せは大きな衝撃だった。こうしたことから『リープクネヒトとルクセンブルグ』を書くことになった」（同上：9）と，その動機を菊栄は述べている。

22) Clara Zetkin は，今日のドイツ史研究者および私もクラーラ・ツェトキーンとカナ書きするが，菊栄の時代，および比較的最近まで，クララ・ツェトキンとかチェトキンと書かれることが多かった。菊栄の『婦人の勝利』は1919年 6 月 5 日刊行であるが，山川均は『新社会』1919年 6 月号に「ドイツ社会党の三派鼎立」（文末に「ルドウィヒ・ロアに拠る」とあり）を書き，そのなかでクララ・ツェトキンの名を 2 度あげている（『山川均全集』2：194, 195）。ということは，菊栄と均は同時期にクララ・ツェトキンとして，クラーラ・ツェトキーンを認識したと思われる。

23) 『山川菊栄集』AB 2 に収録なし。ただし，『山川菊栄集』A2：333，その他の著作一覧に解説で項目があげられている。

第4章 ロシア革命，ドイツ革命を経て（1917-1919）——理論の基礎がため 143

29歳で，クラーラは62歳であった。

そこで菊栄はいう。「ローザと相並んで独逸社会民主党の双璧たり，世界の無産婦人の為めに気を吐いた者に，クラヽ・ツエトキンがある。彼女は其熱烈なる気魄に於て，其豊富なる才学に於て，ローサと甲たり難く，乙たり難き地位に在り，党内に於ては急進的最左翼の代表者中の錚々たる者であつた。彼女は廿余年来社会党婦人機関紙『自由』の主筆を務めて居つたが，開戦後，其不撓不屈の非戦論の為めに，主戦派婦人に逐はれて『自由』を去つた。次で禁獄の身となつたが，革命当時は既に出獄して，スパルタカス団の檄文には，常にルクセンブルグ，リープクネヒト，メールング，ツエトキンの四人の署名が見られた。然し彼女は獄中生活の為めに甚しく健康を害し，一時は再起覚束なしと伝へられた位であつたから，スパルタカスの運動には直接参加しなかつたものらしい。

然し幸に其後健康を恢復した模様で，四月には，独立社会党の大会に参列し，大会の特別決議に依て，カウツキーのベルンに於ける社会党大会の報告——無産階級の独裁政治に対する批難を含む——演説に答ふべく演壇に立つた。其の演説の内容は独立社会党の態度に対する忌憚なき批評であつた」（山川菊栄 1919e：20）と。

菊栄は，クラーラの演説を部分的に引用し，要約して紹介する。

　「クラヽは……，独立社会党がシヤイデマンとの聯立内閣に連つたことを激しく非難し，労兵会の勢力を減殺したことを咎めた。彼女は国民議会が無産者解放に何等の力をも致さゞるべきことを確信すると断言した。

　無産階級の独裁政治に就ては，彼女は之を以て資本主義の征服を目的とするが故に，一時的のものたりとし，独立社会党は之に反対することに依て，資本家階級の独裁政治に加担した者であると主張した。更に彼女は露西亜共和国と即時に旧交を温めんことを要求し，労農政府が久しくその地位を保つて居る一事は其労力が銃剣に依て維持されて居らず，明らかに民衆の与望に基いて居る何よりの証拠であると述べた。彼女は猶痛烈なる語気を以て旧き国際社会主義は愧死し終れりとして，その形骸に過ぎざるベルンの社会党大会を攻撃し，真の主義者は之に参列する

144

の必要なしと叫んだ。(中略)

　斯て徹頭徹尾独立社会党の不徹底を詰責したクラヽは，同党員の大喝采裡に意気揚々として引揚げたのであつた。」(同上：21)

　菊栄はこのクラーラに関する情報を何によって得たかを明らかにしていないが，文中にあるクラーラが主筆をした『自由』とは，『平等』(*Die Gleichheit*) の誤りであり，禁獄云々のくだりも正確ではない。菊栄がここで紹介しているクラーラの演説について文中，「4 月……独立社会党の大会」とあるが，正確には，1919年 4 月の，ドイツ独立社会民主党 (USPD) 臨時大会 (ベルリン) での演説である (Zetkin *Ausgewählte* Ⅱ：93-115)。この演説は女性問題を扱ったものではないが，クラーラの政治生活のなかでも，演説中の一節，Ich will dort Kämpfen, wo das Leben ist. (私は生活のあるところ，そこで戦う) という言葉とともに，もっとも著名な演説のひとつとして知られているものである。菊栄が紹介していたように，クラーラはこの演説のなかで，ロシア革命とプロレタリア革命を歴史的に位置づけて評価しており，ドイツの労働者党のとるべき態度について自らの見解を述べているのである。

　菊栄は，多分自らが同感しかつ感動したであろうクラーラの言葉を引用したあと，「過去数十年の苦闘を思ひ，革命を想ひ，将又其高価なる犠牲に想ひ至つた時，彼女が衷心の感慨果して如何。私はせめて彼女の生前に其畢生の努力の徒労ならざりしこと，其盟友の死が犬死ならざりしことを証明する事実の現ぜんことを願ふて已まざる者である」(同上：22-23) と結んでいる。ここでは菊栄にとってのクラーラは，婦人解放理論家としてよりは革命家的側面に注目していた。

　なお，今私は，1919年を叙述しているのであるが，クラーラとの関連で，この箇所でふれておいたほうがよいと思われるので，菊栄が再びクラーラについて書いた，約 2 年後の1921年 1 月の論文を先どりして取り上げておく。なぜなら，クラーラ・ツェトキーンについて，1919年創立のコミンテルン以前までのことを，1921年に菊栄が紹介していることが重要だからである。

　ここでは，クラーラの簡単な生いたちと活動を述べている。情報源そのものの記述が正確でないらしく，事実と異なるところも多いが，そのなかから一節を引用して紹介しよう。それは，『改造』 1 月号の「列国社会運動及革

第4章　ロシア革命，ドイツ革命を経て（1917-1919）──理論の基礎がため　　145

命家評伝」の一篇「革命渦中の婦人」（山川菊栄 1921a：60-62，『山川菊栄集』に収録なし）と題する論考である。そのなかで菊栄は，イギリス労働党婦人部の機関誌『レエボア・ウイメン』による情報をもとにしたことを明らかにして，コロンタイ，スピリドノーワ，エマ・ゴールドマン，ルクセンブルク，そしてツエトキンの紹介をしている。以下にみておこう。

　　彼女（ツェトキーンのこと：伊藤）は20年間『平等（グライヒハイト）』と呼ぶ社会党
　　婦人の機関誌の主筆としておつたが，1917年，その非戦論のために主義（ママ）
　　派（主流派ではないか：伊藤）執行委員によってその地位を追われた。
　　後独立社会党の仕事として『フラウエン・パイラーゲ（ママ）』と呼ぶ婦人雑誌
　　を出したが，彼女が指導者の一人であったスパルタカス団が独立社会党
　　との関係を断つに至つてこの地位をも犠牲とした。彼女の論文はきわめ
　　て多いが，独立の著書としては，労働婦人と婦人問題（1889），ドイツ
　　無産婦人連動の発端（1906），婦人選挙権問題（1910），カール・マルク（ママ）
　　スと其事業（1913）等[24]である。最近には無産者の独裁政治に対する
　　カウツキーの攻撃を論難すべく『独裁政治を通じてデモクラシーへ』と
　　題する小冊子を出版した。（中略）ドイツ社会党の婦人運動は，世界の
　　無産婦人運動の中最も組織立つたもので，常に階級標識として行われ，
　　その結果ドイツにおいては中流女権運動の勢力が微弱であったが，その
　　社会党婦人部の活動は，クララとローザの指導にもとづくところが多か
　　つたのである（山川菊栄 1921a：61-62）。

ここでは，クラーラが主筆をした機関紙が，『平等』であることが正しくおさえられている。そのあとに出される『フラウエン・パイラーゲ』というのは正確には『ライプツィヒ人民新聞　婦人附録』（Frauen Beilage der Leipziger Volkszeitung）のことである。クラーラの著書が5つあげられているが，情報源はイギリスの雑誌からで，これらのものを菊栄が直接読んではいないと思う。出版年，著書の題名に多少のずれがあるが，クラーラの著

───────────────

24）順に，4冊まで原書をあげると，① *Arbeiterinnen- und Frauenfrage der Gegen-wart*（1889），② *Die Anfänge der proletarischen Frauenbewegung in Deutschland*（1906），③ *Zur Frage des Frauenwahlrechts*（1907），④ *Karl Marx und sein Leb-enswerk*（1913）である。

作のなかでいずれも重要なものをあげていることはたしかである。この5つは，すべて筆者の旧著（伊藤 1984：20-24）でふれている。ただし，筆者は最後の文献を確認していない。

菊栄は，1923年3月にも日本で初めての国際婦人デーを前にして，クラーラ・ツェトキーンの論考を翻訳するがこれについては後述する。

4．1919年の3冊の単著出版

菊栄の1919（大正8）年の活躍ぶりは驚嘆に値する。この年3冊の単著を出した。それについてみていきたい。3冊とは，①『婦人の勝利』（日本評論社，1919.6.5），②『現代生活と婦人』（叢文閣，1919.10.21，第1論集1916-19に発表された17篇を収めたもの），③『女の立場から』（三田書房，1919.10.23，第2論集1918-19に発表された43篇を収めたもの）である。（順に，以下1919b，1919c，1919d とする）。

(1) 最初の著書『婦人の勝利』について

1919年6月5日，菊栄は，最初の著書，『婦人の勝利』（日本評論社，276ページ，以下1919b）を刊行した。自序のなかで，本年の1月に出版社から依頼されたと書いているから，わずか半年で出版にいたったわけである。自序において，この書は「婦人問題の手引草にすぎない」（山川菊栄 1919b：1）といい，参考にした書は，堺利彦『男女関係の進化』，ベーベルの『過去，現在，及将来の婦人』，ゴーリカン女史の『原始社会における婦人の地位』，シルマッヘルの『近代女権運動』等を多く参考にした」（同上：2）と記している。

犬丸義一は，「『婦人の勝利』は，日本で最初のまとまった，書きおろしの科学的社会主義の立場に立った婦人解放論の概論の単行本」（犬丸 1978：17）と評価し，折井は「日本女性によってはじめて書かれた社会主義婦人論。……日本の女性ははじめて自らの書いた社会主義の立場に立った婦人解放論の書物を持つことが出来た……」（折井 1978：30）と書いている。科学的社会主義と単なる社会主義は異なるが，ここでは問わないでおく。

第4章　ロシア革命，ドイツ革命を経て（1917-1919）——理論の基礎がため　147

　『婦人の勝利』は，「第1章　緒論」で，アダムとイヴの聖書の物語から始まり，男性の優位が説かれているが，それ以前に女性が中心であったこと，「女はいかにしてその自由を失つたか，男はいかにして女子征服の事業を完成したか」（山川菊栄　1919b：9），「実に，女の過去は征服の歴史であつた。この征服の歴史を転じて解放の歴史たらしむべく，吾々は先づ，過去に於ける征服の理由と経路とを尋ねて見なければならぬ」（同上：10）と，「1．神話と男尊主義」，「2．女子の征服」の2つの節で問題提起する。

　そこで，「第2章　原始社会の男女関係」が配置される。ここでは，原始女性の地位を，母系制度を発見したバハオーフェン，マクレナン，モルガンの説にもとづき，イロクア族，ウィアンドト族，南洋土人諸族，印度カーシ族，マレー諸族，南洋，ベンガル，埃及，其他の母系制度を，当時知られている研究や旅行記からの知識をもとにこれでもかこれでもかというほどあげている。

　さらに文明種族における母系制度の遺習と，日本上古の男女関係にまで説明がおよぶ。

　日本古代については，堺利彦の説明を借用しているが，日本における母系制の遺習については，古語，恋歌をあげて説明し，文学も援用して，武家制度の時代まで降りてくる。

　この章のまとめとして，「母系時代の社会は，恰かも農業や家具が婦人に依て発明せられ，多少発達の途についた時代に相応して居る。そして婦人が其等生活の必需品の生産者たり，同時に生産物の所有者であつた事実が彼等の勢力の根源であり，且つ文明婦人の遠く及ばぬその心身の優越の原因であつたのである」（同上：84）と結んでいる。

　「第3章　文明社会の男女関係」では，最初に，母系制度より父系制度への転換が，生産方法の進化がもたらした一大社会革命であることを説明し，余剰の富が土肥と労力の需要となり，戦争と奴隷の出現を明らかにする。「血族共産の母系制度は，奴隷制度，父家長制度，私有財産制度に依て転覆せられ，総ての婦人は漸次に市民権を剥奪せられて，被征服者たり奴隷たるに至つた」（同上：86）のであって，「奴隷と婦人とは，その征服の起原を共にし，経路を同じくして居るものである。この故に，古来奴隷制の行はる〻

所に女子の自由あることなく，女権の優勢なる地方に奴隷制度は栄え得なかつたのである。賃銀労働の形に於ける今日の奴隷制度も亦た，その根本の性質に於て，婦人の解放と両立し難いものである。」（同上：86-87）。ここで，女子に対する貞操の要求が厳重となり，女子の性欲は極度の制限を加えられ，罪悪視され，姦通は罪とされた。菊栄はこうも書いている。

「聖母マリアが情夫の子を神の子と詐り称したのも，斯る社会の制度に対して備へた苦肉策に外ならない。

マリアを以て特に処女神としたなども，男性中心主義の結果であつた」（同上：89）。「マリアの人間性を否定してこれを強ひて久遠の処女とし，然るが故に他の凡百の婦人と引離して崇拝するの価値を認めた所に，斯かる不自然なる例外を設けた所に，基督教発生当時の猶太に於ける，男性中心，女性排斥主義の勢力が窺はれる」（同上：90）。このような生産方法の変化は，女子を個々の男子の個人的使用人とし，その私有財産の一部となる。

女権転覆の結果として，女子の商品化＝売買結婚の風習が現れる。菊栄は「女子の商品化の最も露骨なるものは売淫制度である」（同上：96）といいきり，ギリシャ神話やローマの史実を例にあげ，キリスト教の婦人観の批判に移る。モーゼの十戒，パウロ，ペテロの婦人観が例にあげられる。さらに，中世，ギルド，そして資本主義の勃興にいたる。

この流れは，多分1919年にはすでに英文で読了し，翻訳中であったであろう（したがって内容を熟知した）ベーベルの『女性と社会主義』の流れと一致する。資本主義が，女性にもたらす二重の影響，資本が女性労働をどう利用するものであるかの叙述は完全に本質を突いて見事である。ここではマルクスの『資本論』第1部の内容を彷彿させる。

第3章の終わりに「資本制度と婦人」の関係をまとめている。論旨が多少乱れている感があり，論理的叙述ではないというきらいはあるが，個別の文章は本質を突いている。

資本主義のもとでの婦人の解放について，資本は「女子をして家庭に束縛せられず，自由にその労力を提供し得る地位に置くの必要がある。されば，資本主義社会は，女子労働の自由なる搾取に便する必要上，間接に婦人解放論を促進したものとも云へるのである」（同上：125-126）という指摘，階級

が基礎にあり，「女性だから利害は一致するという」単純な考えは取らず，
「各国を通じて，婦人代議士が，婦人は婦人として一団を成さずに，各各その執る所の政見に依て，所属政党を異にするのは，極めて興味ある事実である。政見は畢竟経済的利害の反映である。されば婦人同士の政見の相違は，やがてその所属階級の利害の相異を示すものであり，且つ性に依る利害の一致よりも，階級に依る利害の一致の方がいかに重大な，根本的なものであるかを示す好個の実例である」（同上：128-129）といいきる。また，この事実と女性の運動を，「産業革命は婦人の生活を一変した。それは婦人を社会の経済生活の渦中に投じて，其の青春，その健康，その幸福を無残に踏み躙りつつも，一方に於ては独立の収入を与へてその個人的自覚を扶け，その地位向上の道を開いた。そして第十九世紀は，実に過去数千年来の婦人の生活の破壊と，新なる生活の様式の建設とが相並んで行はれた時代である。各国に於けるその破壊と建設の過程は，婦人運動の進行を辿ることに依て明かにされる」（同上：129-130）とつなぐのである。

「第4章　近代婦人運動」は，イギリスに約20ページというもっとも多くのページを割き，メアリ・ウルストンクラーフトを筆頭に，19世紀から20世紀初頭までの，教育の機会均等と参政権を求める中流婦人の「女権運動」を中心に叙述し，労働婦人の運動は，自らの理解の自覚にもとづく団結以外にないことを説く。イギリスに続いて，ドイツ，フランス，オーストリア，スカンジナヴィア諸邦，オランダ，スイス，ポルトガル，ベルギー，イタリア，スペイン，ロシア，バルカン諸邦，北米合衆国，オーストラリア，カナダ，日本におよぶ。

ドイツについては，社会民主主義が優勢で労働婦人の運動が盛んで，中流婦人運動は英米ほどではないということ，中流婦人運動は1848年の革命前に成立し，女子の職業教育運動で発展したと説く。しかし，「一九一八年十一月，革命政府に依て男女平等の普通選挙が実施せられ，最初の国民議会に婦人代議士三十六名選出せられたことは特筆に値する」（同上：153）。ドイツの叙述の最後に，「スパルタカス団の首領故ローザ・ルクセンブルグ，及びクララ・ツエトキンは，独逸社会民主党が生んだ世界的名婦人である」（同上：157）との叙述があり，前述のように山川菊栄がローザ・ルクセンブル

クや，クラーラ・ツェトキーンの名を書いた初めての文献と思われる。

フランス以下は，ページ数も少ないが，まんべんなく世界の女性運動に目配りしている意欲には感嘆させられる。最後の日本には，8ページを当て，次のように特徴をとらえる。

「日本婦人が中古までの比較的優越な地位を貶（おと）されたのは，源平以来の戦争と武人の跋扈（ばっこ）との結果であつた。世は明治大正と呼び変へられても，戦争が頻繁に行はれ，社会が軍国主義の支配に委ねられて居る限り，婦人の勢力が旧幕以来，幾何の進歩をも見てゐないのは是非も無い」（同上：193-194）として，まず第1に教育制度・内容における男女差別を取り上げる。第2に，働く女性の問題を取り上げ，「賢母良妻主義の繁昌にも関はらず，職業方面に於ける女子の数は増加する一方である。これ偏へに産業革命の普及に依る生活の圧迫，職業婦人の需要，結婚率の減少の結果である」（同上：196）が，その数の多さに比べ，労働条件の劣悪さ，労働時間の長さ，衛生健康問題（とくに肺結核の放置）を取り上げる。第3に，法律上の女性の地位の低さ，政治的無権利状態をあげて，欧米女性からの遅れを指摘する。

菊栄の日本女性の叙述の締めくくりは，次のとおりである。

　　　　日本の女にとつては，未来が一切である。過去も現在も語るに足りない，寧ろ語るに忍びない。私共を救ふものは唯だ未来である。然り私共を救ふものは，唯だ未来に対する希望，未来に対する信念，そして未来の為めに闘ふ勇気あるのみである（同上：200）。

第5章は「結論」として，これまでの叙述をまとめながら，第1に，第4階級の婦人運動の必要を説く。菊栄は，しばしば第4階級という用語を使うが，これは，第4身分，つまり，フランス革命前のアンシャン・レジームで第1身分の僧侶，第2身分の貴族，第3身分の上中層ブルジョワジー，サン・キュロット，職人・農民などの平民も含む第3階級に対し，無産階級または労働者階級，プロレタリア階級を区別して第4階級と呼んだのであろう。菊栄は「万人に等しく生活と教育との保障を与へ，万人に等しく，各々の性と才能とに適する地位を与ふべき社会の実現は，たゞ第四階級の奮起に俟つの外ないのである。

仏国大革命は，第三階級の男子の解放を成就した。この時取残された第三

階級の婦人は，爾後の一世紀間に，殆ど同じ程度の自由を獲得した。而して第四階級の男女の解放は，等しく未来に属し，等しく相互の提携を必要として居るのである」（同上：205-206）と書いている。

最後に「大戦と婦人の将来」として，「戦争は，元より婦人の自由と相容れない性質をもつて居る」（同上：206）が，経済力の発揮，団体生活の訓練という経験をもたらし，家庭の存立，「結婚制度が，必ずしも永久不滅の制度たるに値せざること」（同上：210）を知らせたことにつなげて，次のように結論する。

　　一切が売買関係の上に立つ今日の社会に在ては，女子はその労力を売るか，その性を売るか，常にこの二途の間に取捨を迫られる。労力は極度に低廉で，性は比較的高価である。然らば労少くして功多き性の販売に従事する者の多きも，亦た惜しむには足るまい。婦人が何物をも売らずして生活し得る社会，自己の生活を自ら支配し得る社会の実現こそは，我らが目ざす究極の解放である。それを措いて婦人の勝利もなく，人類の勝利もあるべきではない。然り，旧組織に対する新組織の勝利！婦人の戦は，この目的に向つて闘はれねばならない。婦人の勝利は，然り斯くしてのみ得られるのである（同上：210）。

なおこの後に，附録として，すでに「2．1918年の菊栄の仕事──社会政策学会デビュー」でみた，社会政策学会例会で行った「婦人職業問題について」講演を「婦人と職業問題」として付している。

後日，菊栄は，『婦人の勝利』については，『歴史評論』No.335（1978.3）の「山川菊栄氏に聞く──日本に於けるマルクス主義婦人論の形成過程」で，聞き手（菅谷直子，外崎光広＋司会 犬丸義一）との対話のなかでふれているのでみておきたい。聞き手が，「社会政策学会での講演『婦人と職業問題』が単行本に付録として収録されています『婦人の勝利』は，日本で最初のまとまった書きおろしの科学的社会主義の立場にたった婦人解放論の概論の単行本だと思いますが……」，「『国家学会雑誌』にのった講演を拝見しますと，相当完璧な議論だと思いますが，あれを読んだ限りでは，すでにあの段階で，山川先生は，科学的社会主義の立場・観点からの婦人問題についての理論をきちんとつかまれていると思いますが……」とたたみかけているのに対し，

菊栄は,「未熟」,「不満足」という答えを繰り返している。

　さらに聞き手が「科学的社会主義の婦人論」というタームで念を押し「あ
あいう勉強をどこでなさったか」との問いに対し「大正七,八年（1918,19
年）となればね,あの程度の水準には達しますよ。私は当時の社会主義の国
際文献から学んでいましたから,とくにニューヨークのカーという出版社か
ら社会主義関係の新聞・雑誌を入手していましたし,イギリスの労働党・フ
ェビアン協会あたりの資料も入手していてそれを参考にしたのです」と菊栄
はこともなげに答えて,聞き手のしつこさをいなしている感がある。

(2)　第1論集『現代生活と婦人』と第2論集『女の立場から』

　この2冊は1919年10月にほぼ同時に刊行された菊栄の論集であり,第1論
集がやや理論的,第2論集が身近なテーマを収録したと菊栄みずからがいっ
ている。鈴木（『山川菊栄集』B1：268）は,堺利彦が,この菊栄の第1論
集と第2論集に「満腔の喜びを込めて紹介している」こと,鈴木自身は「著
者はより鋭利な言葉,表現力をもって,次から次へと反対論者を批判し,圧
倒する」,「フェミニズム意識の迸り」,「著者のフェミニストとしての面目躍
如たるもの」と評している。もっとも,この時代に菊栄は,自分をフェミニ
ストとは呼んでおらず,今日からみてという意味で鈴木が用いていると受け
とらないと混乱する。

　第1論集『現代生活と婦人』（叢文閣,1919.10.21）は,1916-19に発表さ
れた17篇を収めているが,そのうち,5篇が『山川菊栄集』AB 1に収録さ
れている。第2論集『女の立場から』（三田書房,1919.10.23）は,1918-19
に発表された43篇を収めたものである。そのうち,14篇が同じく『山川菊栄
集』AB 1に収録されている。すなわち,その名も『山川菊栄集1　女の立
場から』は,この合計19篇に,11篇をほかから加えて構成されているという
わけである。両書に収録された論文中,前述『婦人の勝利』と同様,私の関
心にしたがっていくつか取り上げてみたい。

　第1論集のなかでは,『山川菊栄集』AB 1に収録されていない,ア.「メ
リー・ウォルストンクラフトと其時代」（1919c：97-131）,イ.「社会主義の
婦人観」（同上：231-250）があり,第2論集のなかではAB 1に収録されて

第4章　ロシア革命，ドイツ革命を経て（1917-1919）——理論の基礎がため　153

いない，（すでに言及した，いくつかの事実誤認があるとはいえ）**ウ**．「1918
年と世界の婦人」（1919d：184-208），**エ**．「独逸の婦人代議士」（同上：252-
254）[25]，**オ**．「独逸婦人代議士の人物」（同上：266-270）に注目したい。

ア．「メリー・ウォルストンクラフトと其時代」（山川菊栄　1919c：96-131）

　簡単にふれると，第1論集中の「メリー・ウォルストンクラフトと其時
代」は，既述「婦人運動の沿革」（1916）での初めてのメリー紹介に加筆・
部分修正して収録したものであり，3年前の内容より知識が豊かになってお
り，ページ数も増えている。例えば，オランプ・ド・グージュの名も加わっ
ているが，何よりも，メアリ・ウォルストンクラーフトそのものに光をあて
たものである[26]。

　最後に，前稿ではふれられていないクロポトキンの説を援用して，この論
考をしめくくる。それは，菊栄の3年間の研鑽の成果であり，1917年のロシ
ア革命を経て，1918-1919年ドイツ革命直後のなまなましい，菊栄の婦人運
動観を示すものであろう。それを引用しておく。

　　「仏国大革命は，一面に於て第十八世紀の進化の総括であり，亦た一
　　面に於ては，第十九世紀の間に遂行せらるべき進化のプログラムを表示
　　したものである。革命に次ぐ進化の時代には，社会は革命の偉業をその
　　制度の中に体現しようと努める。革命当時，尚ほ実行の期に達しなかつ
　　た一切の改善計画，その動乱裡に湧出した一切の偉大なる思想等は，一
　　の革命より，次の革命に至るまでの百年乃至百三十年の期間の進化の内
　　容を形成する。革命は常にそれに先だつ何十年間かの進化の総勘定であ
　　り，同時に次の時代に対する問題の提供者である」とはクロポトキンの

25）「独逸婦人代議士」は，なぜか，本体の目次から落ちている。内容的に「独逸婦人代
　　議士の人物」に続くものである。
26）1980年にメアリ・ウルストンクラーフトの『女性の権利の擁護』を邦訳した白井堯子
　　は，訳者解説のなかで，メアリについての言及は，河田嗣郎（1910），上杉慎吉（1911），
　　長谷川天渓，島村抱月，内田魯庵（1913）があるが，菊栄の「これは，ウルストンク
　　ラーフトについて章がもうけられた最初，そして女性によって書かれた最初のものであ
　　る」（メアリ・ウルストンクラーフト／白井堯子訳　1980：402）としている。

所説[27]である。

「して見れば露独革命は十九世紀文化の総勘定であり，廿世紀は其等の革命の遺産を継承し，其偉業を大成する責任を帯びて居るものだと見ることが出来よう。然らば十九世紀の婦人が仏国革命から女権思想てふ尊い遺産を承け継いだように，我々廿世紀の婦人は露独革命から何を承け継ぐべきであらうか。そして我々が成就すべき責任をもつ其偉業とは果して何々であらうか」。(同上：1919.3 130-131)。

イ．「社会主義の婦人観」(山川菊栄 1919c：231-250)

この論考は，末尾に (Philip Rappoport に拠る)—1919.4—とあるので，この頃から，アメリカ人フィリップ・ラッパポートの *Looking Forward-a Treatise on the Stat* を読んでいたことがわかる[28]。

まず第1に，聖書における，女性観をあげる。文明時代の開始とともに，婦人の地位は低下し，独立の立場を失った。羅馬，英国の習慣法皆しかりである。

第2に，バホーフェンの説を取り上げ，北米イロクア族の母系制を中心に，

---

27) この文の出典は明らかではないが，菊栄は，1912年，クロポトキン『パンの略取』を読んでいる。ピョートル・アレクセイヴィチ・クロポトキン (Pjotr Aljeksjejevich Kropotkin, 1842-1921) は，ロシアの革命家，政治思想家であり，地理学者，社会学者，生物学者である。著書に『パンの略取 (英語版)』(1892年)，『田園・工場・仕事場』(1898年)，『相互扶助論』(1902年) などがある。プルードン，バクーニンと並んで，近代アナキズムの発展に尽くした人物であり，学者としての長年の考証的学術研究にもとづき，当時一世を風靡した社会進化論やマルクス主義を批判し，相互扶助を中心概念に据えた無政府共産主義を唱えた。山川均もクロポトキンには関心をもっていた。『山川均全集』1に，「クロポトキンの思想の解説——抄録　縦の闘争と横の闘争—」(同上：214-215)，「質問『クロポトキンの著書』への回答」(同上：285)，「社会的征服の経路—クロポトキン思想 (その2)」(同上：287-292)，「近代国家の現れる迄—クロポトキン思想 (その3)」(同上：336)，「人類歴史の悲劇の一齣—クロポトキン思想 (その4)」(同上：370-376)，「現代文化の運命—クロポトキン思想 (その5)」(同上：378-384) と，1917-1918にクロポトキンについて書いたものが収録されている。菊栄がなぜ，1919年に露独革命とはあまり関係のないと思われるクロポトキンを強調するのかはわからないが，均の関心と関係があるのであろうか。

28) 翻訳は，1924年『社会進化と婦人の地位』吉田書店から出ている。

第4章　ロシア革命，ドイツ革命を経て（1917-1919）——理論の基礎がため　　155

いくつかの例をあげ，女子が農業を中心として生活維持上の生産に携わる場合はその地位が高いが，農業の拡大と家畜の飼養・漁労によって男子が生活手段の生産を分担すると女子は家事のみに従事して，勢力は衰え始めた。これは，純粋の経済的変遷の問題であって何らの感情的問題も含まれていない[29]。

　第3は，財産，生産力の増大とともに発生した奴隷制度についてふれ，奴隷制度も経済的必要のなせるわざで，古代ギリシャは婦人に敬意を抱かないこと，次に起きた農奴制度は奴隷制度の変形であり，婦人は農奴の労役によって経済的独立を得ることもできない。またギルドの制度は自由労働の制度ではない。婦人は商業に従事することも許されないし，徒弟になれず，渡り職人にもなれないので，親方にもなれない。

　第4は，封建時代の，ロマンチシズムを取り上げ「ロマンチシズムは常に婦人の劣等なる地位の伴侶である」（同上：239）と菊栄は切って捨てた。婦人に何らの社会的並びに政治的権利がない時代の道徳状態は憂うべきものであり，経済的独立こそが女子を解放する要素であるが，それを一般的条件として可能とする制度とはほど遠い封建制度とギルド制度を浮きぼりにする。

　第5は，米大陸および印度航路の発見以後の自由貿易および自由競争の時代がきて，自由な労働者と競争を基本に据えた，資本制度が確立するや，婦人の経済力を利用する必要が生じた。菊栄は，「（前略）茲に婦人解放の運動が開始されたのは，実に自然な，当然な成行では無かつたろうか，即ち新しい経済制度がこれを招致したのである」（同上：244）と断じる。

　第6に，婦人が賃金労働者の群れに流入すると，道徳上の影響とともに健康上とくに生殖機能に打撃を与える。賃金の低い女子労働によって男子労働は影響を受ける。労働組合が婦人の雇用に反対する。「婦人労働搾取の事実が始まつた瞬間に，近代婦人運動は出現すべき運命をもつて居たのである。

29）ここで，「余は信ずる」（同上：236）という表現があるが，女性の文章としては珍しい。ただし，平塚らいてうも自分のことを「予」と書いていたという。菊栄は，「雑誌に出た文章に自分のことを『予』と書いたりしたのも女ではひとりでしたろう」（『山川菊栄集』A9：147）とらいてうのことを書いている。ここはそれを意識したものかもしれない。

此運動は現代経済組織の結果である。そして如何なる偏見も，如何なる軽蔑もその進路を妨ぐるに足る力はもたないのである。これより後，此運動は社会制度の進化の上に極めて重要な要素たるに至るであらう」（同上：247）。

結びの部分は次のようである。

「（前略）経済制度も他の総ての人間の制度と同じく変化するものであり，経済制度の進化に伴つて婦人の地位も亦た変化を遂げ来つたこと，且つそれは常に婦人が時の経済に関かるや否やと密接な関係を有することを示した。婦人の境遇は，彼等が人生の必要品の生産の関与したか否か，国民生活の経済的要素たりしや否やに依て改善せられ，その勢力はそれに伴つて消長したのであつた。故に婦人問題は究極，経済問題であり，正義の感情の如きはそれ自身経済事情の産物であつて，問題の解決には第二義的的の意義しか持たぬものであると結論しなければならぬ。（以下略）」（同上：248）。

これが，菊栄が読み取った，ラッパポートによる「社会主義の婦人観」である。しかしなぜ「ベーベルに依る」のではないのだろうか。菊栄は，すでに，1919年8月出版の，ベーベル，村上正雄訳『社会主義と婦人』（三田書房）の「序」を書いているから，ベーベルの『婦人と社会主義』を英文から重訳中であったであろう（出版は1923年）。これに対し，ラッパポートの『社会進化と婦人の地位』の菊栄による翻訳が出版されたのは1924年3月であった。推測するに，ラッパポートの原語が英語であり，ベーベルの本より分量が半分以下で使いやすかったからだろうか。その考察はここではしない（後述）。

ウ.「一九一八年と世界の婦人」（山川菊栄 1919d：184-208）

その題の通り，著書出版1919年の前年，第1次世界大戦が終了した1918年の世界の婦人界をかえりみて，主な事件を概観したものである。小見出しに番号を付して概観することにする。

「1. 露国の女大臣」では，コロンタイを取り上げているが，前述のようにナロードニキのヴェーラ・ニコライエヴナ・フィグネルと混同しており，正確な情報をおさえていない。のちに菊栄は，コロンタイの翻訳などを手が

第4章 ロシア革命，ドイツ革命を経て（1917-1919）——理論の基礎がため 157

けるが，どこでこの誤りに菊栄が気づくかについては注目して叙述を進めているが，該当箇所を見いだせないでいる。

「2．各国の婦人参政権容認」では，米，独，英の諸国は婦人参政権を得たが，問題は，代議制度が女の意思を，女に限らず人民の意思を，どこまで正確に代表し得るかであり，この問題が重要だと主張している。

「3．婦人は次に何を求むべきか」では，婦人運動の階級的性格による利害の相違を述べながらも，結論として「婦人に対する男子の優越権打破を意味する点に於て，女権運動も亦民主々主義の一の現はれであるといふことが出来ます。唯それが封建思想に対する自由民権論の如き，第三階級本位に止まる所に，其不徹底，其根拠の薄弱さが潜んで居るのであります。」（同上：193）と結ぶ。

「4．欧州戦後の婦人問題」では，英国の例をあげて，第1に，男女労働者の対立問題，第2に，労働者階級の母親の問題を重視する。第1については，「同一の仕事に対する同額の報酬」の励行を，公定賃金法の制定を求めたり，男女労働組合の一致提携を奨励する意見があること。第2については，戦後出生家族の扶助料に替わる母性保護乃至育児扶助の制定や，児童保護所の設備の普及の動向を紹介する。

「5．米国婦人議員の不評判」では，モンタナ州選出の米国初の婦人議員ランキンを例にあげ，彼女が，対独宣戦の際の優柔な態度が，婦人は理性によらず感情によるもので婦人は政治家に不向きという評判に対する菊栄の反論である。菊栄は，ランキンの態度はブルジョワジーのよき道徳に従ったのであり，戦争に反対したことを評価する。感情が悪で理性が善とはいえない。「人類の利益と一致する人間の自発的感情と，支配階級の利害を擁護すべく培養された理性」（同上：199）と対比しどちらを尊ぶべきかと提起してランキンの態度を評価する。

「6．日本中流婦人界の形勢」では，生活難，離婚数，幼児死亡率，女子犯罪者の上昇が見られたが，中流婦人は，目先の対策しかとらず，良妻賢母教育から覚醒することはない。『婦人問題』という雑誌が男性の手で発行されたが，女権論を鼓吹して，パンカーストやフォーセットには同意しても，露国革命やドイツ革命の意味には関心をもたず「性の区別を見て階級の区別

を見ず，社会の階級的分裂こそ男女並びに一切人類の不平等の原因であることを認めて居ないようです」（同上：202）。「評論界では，与謝野，平塚二氏の論争が世間の注意を惹いたやうです。双方に一理屈あるのは確かですが，母性保護と云ひ，経済的独立論と云ひ，孰れにせよ二氏の主張されるところは，資本主義より社会主義への過渡期の応急策，一時の瀰縫策に過ぎないのでありますから是を以て終極の理想としたり，婦人問題解決の鍵などゝ思つては大間違です」（同上：204）といっている。これを読んで与謝野，平塚両氏は「またか」と思って辟易したのではないだろうか。

「7．無産婦人の活動」では，まず第1に，富山の女一揆，ストライキでの女性の活躍，新しい職業婦人の出現についてふれた後，「大戦は終了しました。世界は今や新たに造り直されようとするかの観を呈して居ります。此間に在つて日本に於ては，日本を世界の進歩に遅れさせまいとする者と，世界の進歩の尻馬に乗つたとあつては，神州の面目が丸潰れにもなり先祖に対しても合す顔が無いと考へる者と，此二派の争ひが様々の形で各方面に闘はれて居ります。女の問題なども其の一つですが，目下のところ，言論の自由と多数とを擁して居るだけ，後者に強味のあることは否まれません。

何につけても欲しいものは言論の自由です。あゝ言論に自由あれ，言論に自由あれ。──一九一八・一二」（同上：208）と結んでいる。

エ．「独逸の婦人代議士」（山川菊栄 1919d：252-254）および，
オ．「独逸婦人代議士の人物」（同上：266-270）
ここでは「第一次世界大戦の敗戦国たる革命独逸の国民議会に，36名の婦人代議士が選出せられた」ことを注目し，内訳は，もっとも保守的な「ドイツ国民党」に6名（ケーテ・シルマッヘルを含む），旧中央党4名（アグネス・ノイハウゼ，シュミッツ，ウエーバー，ツエトラー），民主党5人（ブレンナーを含む），社会党多数派18名（労働組合役員，社会党支部幹事，社会党少数派2名（アグネス・ローレ，ルイゼ・チエツ：労働階級の出身者で急進主義）であるとしている。（1919.5）。（片仮名書きはママ）

ここで，菊栄がいう革命独逸の国民議会とは，1919年1月19日のヴァイマール共和国選挙を指し，社会党とは，社会民主党（SPD），社会党少数派と

第 4 章　ロシア革命，ドイツ革命を経て（1917-1919）──理論の基礎がため　　159

は「独立社会民主党」（USPD）のことと思われる[30]。

　「独逸婦人代議士の人物」（1919.8，1919 菊栄単②）には，「独逸国民議会
に於ける婦人代議士の党派別は前に記した通りであるが，今其等の婦人に就
て一層詳しく知り得た所を追記する」とある。ここでは，社会党少数派を，
正確に「独立社会党」と書いており，アンナ・ヒューブラーを加えて 3 名の
議員の名をあげており，「革命独逸の最初の総選挙に，斯の如く多数の婦人
議員を得たのは，一に平素婦人の間に団体組織が発達して居た結果であると
信ぜられて居る」（同上：270）と結んでいる。

　私は，クラーラ・ツェトキーン研究において，結成されたばかりのドイツ
共産党が，1919年 1 月19日のヴァイマールでの国民議会選挙を拒否した（1
月15日に殺害されたローザ・ルクセンブルクは拒否に反対していたのだが）
結果の，各党の女性議員の数を示すデータを入手できなかったので，菊栄が
何を原典としたかに大いに関心があるが，当時の文献は，出典を示さないの
がつねであるのでいまだに調べがついていない。

　以上，1919年の 3 冊の単著から，私の関心にそって何点かを取り上げて紹
介した。

　1916年の結婚後 3 年間，病気，出産，育児の1919年までの，したがって菊
栄20歳代の終わりまでの到達度は，見事というしかない。それを可能にした
条件は何か。第 1 に，英語という武器，第 2 に，最高の教育，第 3 に，当時
の日本のトップレベルのマルクス主義社会主義者山川均という夫，第 4 に，
当時の中流階級の慣例としてつねに家事使用人を置き，家事育児に忙殺され
なかったことがあげられる。しかし，病弱・療養中でかつ常時監視されてい
る思想の持ち主ということは，不利な点であっただろう。それにも関わらず，
評論家として類いまれな切れ味を天下に示して一定の評価を確立した颯爽た
る門出は見事としかいうほかはない。

30）既述1919年 6 月発行の『婦人の勝利』では「一九一八年十一月，革命政府に依て男女
　平等の普通選挙が実施せられ，最初の国民議会に婦人代議士三十六名選出せられたこと
　は特筆に値する。」（1919b：153）と正確とはいえない書き方であり，4 カ月後発行の
　『女の立場から』（1919d）では年月は省かれている。ドイツ革命とヴァイマール共和国
　の関係が菊栄には明白でなかったのではないだろうか。

5．ILO 第1回総会への代表・顧問問題に関する発言

　菊栄が既述3冊の単行本を出して評論家たる地位を確立した1919（大正8）年に，日本がILO[31]に加入し，1919年10月29日の第1回ILO会議に，初めて政府代表，使用者代表，労働者代表を送ることとなった。各代表には，顧問5名随員若干名がつけられることとなっていた。そのときの，代表，顧問，随員問題をめぐって混乱が起きたが，それに対して「女性労働問題」の視点から菊栄がどういう態度をとったかをみておきたい。なお，ILOの会議では女性の深夜業，産前産後休暇などが議題となっており，日本の資本家側にとっても女性労働者側にとっても重大な会議であった。

　さて，政府代表は慶應義塾塾長鎌田栄吉，使用者（資本側）代表は鐘ケ淵紡績社長武藤山治が指名されていた。では，労働者代表をどう決めたか。日本政府が，1名の労働者代表選考を当時の労働組合に相当する友愛会，信友会などの意向を反映しない選考協議会に委ねたことに対し，労働者側は反対運動を起こした。政府は一方的に労働者代表の第一候補に『東京財政経済時報』社長本多精一（→辞退），第二候補に東京帝大教授高野岩三郎[32]（→当

---

31) 国際労働機関（International Lour Organization：ILO）は，1917年のロシア革命の国際的影響のもとに，1919年ベルサイユ条約によって国際連盟と提携する自治機関として設立された。政府代表1，労使代表各1からなる総会が条約や勧告を制定し，その実施を加盟国に働きかけるものである（本部はジュネーヴ）。1919年10月29日創立大会と第1回総会がワシントンで開催された。1919年から第1次世界大戦後の，当時の社会活動家による国際的な労働者保護を訴える運動，貿易競争の公平性の維持，各国の労働組合の運動，何よりもロシア革命の影響で労働問題が大きな政治問題となっていたため，国際的に協調して労働者の権利を保護するべきと考えられて日本も加盟していた。
　　大内ら監修，大島清（1968：149-151）によると，ILOの設立は英米仏等先進国における労働運動の一つの成果であり，戦勝諸国は人道主義の発言として宣揚したが，ロシア革命の脅威に促されての設立でもあり，各国の労働運動をボルシェビズムの影響から遮断することも動機であった。低賃金労働を武器として世界市場に進出しつつあった日本の綿業に対する牽制の意味もあったのである。しかし，当時日本政府は労働組合の存在を認めず，治安警察法第17条を廃止せず，これで労働運動を規制する武器としていた。1919年の日本における混乱は，そうしたなかでのとくに日本の労働者代表の選出上の問題に集中された。

第4章　ロシア革命，ドイツ革命を経て（1917-1919）——理論の基礎がため　　161

初辞退そして受諾，その後受諾撤回，結果的に高野は東京帝大を辞職）であったが，結局，友愛会，信友会の反対を押し切って，10月4日，第三候補の鳥羽造船所技師長桝本卯平[33]を労働者代表と決めた。（高野岩三郎をめぐる顚末は，大内兵衛ら監修，大島清　1968：145-165を参照のこと）。

　さらに，この代表選出にはもう一つの問題をはらんだ。

　友愛会本部には，1916年1月から「友愛会婦人部」が結成されて，婦人部機関紙『友愛婦人』が創刊されていたことは第3章で述べた。1919年8月30日の友愛会7周年大会で，大日本労働総同盟友愛会と改称し，機関誌『労働婦人』の発行が決まり，大会で野村つちの（本所支部）と山内みな（吾嬬支部）が婦人部1656人を代表して理事（中央委員）に選出されていた。このとき，市川房枝が友愛会婦人部常任委員として採用され，婦人部の実質上の責任者となっていた。

　ILO代表選出の政府の一方的やり方に不満を訴える意味と，政府代表鎌田栄吉の顧問を受諾した日本女子大学校教授の田中《高梨》孝子（1886-1966：哲学者田中玉堂の妻，渋沢栄一の姪）に女性労働者の実情を知ってもらうという意図をもって「婦人労働者大会」が開かれることとなった。山内はこのことを，田中孝子に「餞別の意味も含めて」（『報知新聞』大正8〈1919〉年10月6日：山内　1975：53）という表現をしている。

　来賓席には，平塚らいてう，伊藤野枝，金子（山高）しげり（主婦之友記者），大竹（吉田）せい（国民新聞記者），塚本仲子らがいたという（帯刀　1957：44，および山内　1975：56）。このときの雰囲気は『山内みな自伝』（1975：52-56）から伝わってくる。

　政府代表女性顧問田中孝子が「婦人労働者大会」で演説したが，女工たちの実情とかけ離れたもので反感を買った。市川は，田中の随員に婦人労働者をと考え，山内みなを推薦した。田中は政府代表鎌田に相談し，山内を自分の随員として同行することを同意する（山内　1975：57，鈴木　1998：141，

32）高野岩三郎は，これに先だち，鎌田栄吉政府代表より，高野岩三郎を政府側委員の顧問としたいと要請を受け，それを受諾して大学から就任の許可も得ていた。高野は随員として森戸辰男の同行を希望していた（同上：147-148）。

33）山内みなは，桝本を「中小企業の工場長」と書いている（山内　1975：52）。

市川 1974：46）。しかし，そもそも労働組合ぬきの政府主導の人選に異議を
唱えていた友愛会の反対でそれは実現しなかったばかりか，山内みなは，職
場東京モスリンを解雇された（山内 1975：57-64）。そのために動いた市川
房枝はこの問題で責任をとって友愛会を辞任することとなった。

　さて，この問題に菊栄はどのような態度をとったか。これに関して菊栄の
発言は1919年中に数点[34]あるが，1920年になって『解放』3月号に掲載さ
れた「婦人と労働運動」と題した小論のみ，総括的，基本的見解が示されて
いると鈴木が判断して『山川菊栄集』AB 2（157-170）に収録されている
ので，その内容を概観したい。

　1．婦人労働者は労働組合運動が困難なだけ，労働条件の改革を団結によ
ってではなく，（労働者の組織的団結のことを菊栄は以下「組合主義」とい
う言葉で表現している）目前の境遇改善を求むるに急な風潮があるのは問題
である。

　2．市川氏は田中孝子氏の随員の件を「女中の周旋」のように解していた
のではないか。また田中氏が「女工の付添人」[35]を要求すること自体も問題
がある。菊栄は「労働団体の力によらずして，労働者救済の道があると信じ
るものは，労働運動に従う必要はない」といって市川を糾弾する。

　3．しかし，市川の友愛会辞任の理由は，単に本部の意向を問わず田中孝
子の付添人として独断で同会の理事の山内みなを推薦したことの責任問題に
あるのではなく，友愛会内部の男性専制に対する不満であっただろう。それ
なら，なぜそのとき男性に婦人の要求を披瀝して，理解させようと努力しな

34）この問題については，1919年代に，菊栄は「婦人と社会」（『解放』1919年7月号），
　「日本の政府と婦人顧問」（『読売新聞』1919.9.16付），「女工大会と婦人顧問」（『我等』
　1919年11月号）という小文を書いた（『山川菊栄集』A2：319，B2：331.）。またのちに
　「おんな二代の記」（『山川菊栄集』A9：254-257）にも，晩年の『日本婦人運動小史』
　（1979：131-134）でも当時のことをふれている。『おんな二代の記』のなかで菊栄は，
　「この年の八月の友愛会の七周年大会を傍聴した」と書いている（『山川菊栄集』A9：
　254）。岩波文庫版『おんな二代の記』291ページについても同じ。ただし，東洋文庫版
　『おんな二代の記』1972 平凡社，では，「この年7月」（220ページ）となっている。
35）市川は「このときのことを，山川菊栄氏はその著書の中で，女中としてつれて行くこ
　とを私があっせんしたとしているが，それは間違いで，このことは山内みな氏自身がよ
　く承知している」（市川 1974：46-47）と書いている。

第4章 ロシア革命，ドイツ革命を経て（1917-1919）——理論の基礎がため 163

かったな。自己の辞任を田中問題に解消しているのも問題だと市川に疑問を
投げかける。

4．選出方法の問題は「組合主義」の精神を認めるかどうかの根本問題で
あり，男女労働者の利害は一致していたはずだ。「組合主義の本道を行かず
に，温情主義や労資協調の間道を行くことは，やがて労働者の自発的行為の
否認という，脆い窯井（かんせい　しゅっかい）に出会するものである。菊栄は，「本道」と「間道」
とを区別し「間道」を厳しく批判する。

続いて菊栄は，英米の労働組合における女性労働者の闘いの例をあげ，結
論として「労働運動が両性の協力を必要とする以上，男子側の女子に対する
最も進歩的な，寛大な態度とともに，女子の側における独立自主の精神男子
に劣らざる実力の涵養が最も必要である」（『山川菊栄集』AB 2：170）と
結論づけるのである。

一応筋の通った発言ではあるが，この文では，田中孝子が，三者構成のど
の代表の随員になったかは書かれていない。田中は政府代表の鎌田栄吉の随
員になったのであるが，そのことをきちんと書いておらず（当時は自明のこ
とであったのかもしれないが），30年以上を経た戦後の菊栄の思い出『おん
な二代の記』のなかでは，田中孝子が使用者（資本側）代表武藤山治の顧問
——随員関係としてと書いていることには驚かされる。

例えば『おんな二代の記』では「山内みな氏を，資本家代表武藤山治氏の
顧問田中孝子氏の附添いの資格で同行させようとしました」（『山川菊栄集』
A9：257，東洋文庫版：222）と書いている。菊栄の『おんな二代の記』初
版からさらに20年以上経過した最晩年の『日本婦人労働小史』（1979：133-
134）にも「使用者代表としては鐘紡社長武藤山治，その婦人顧問として田
中孝子が随行，（中略）紡績労働者山内みなを田中孝子の女中の資格で渡米
させようとした理事市川房枝」とある。

岩波文庫（2014）の『おんな二代の記』では，さすがに鈴木裕子が解説で
訂正を入れているが（同書：296），1956年の東洋文庫版（平凡社）は，もと
より何の訂正もなく，1979年の『日本婦人労働小史』は，思い違いのまま，
読み継がれている。菊栄生存中であるが，菊栄自身が訂正しなかったことは，
菊栄はILOにあまり関心をいだいていなかったのではないかと推測される。

田中孝子を，資本家（使用者）代表武藤山治の女性顧問（単に顧問ではなく女性顧問と呼んでいる理由も何かあるのかもしれないが），山内みなはその資本家代表の顧問の随員（菊栄は「付添い」，「女中」の資格という言葉を使っているがなぜだろう）でなく，政府代表のそれということなら，論評のしかたも少しは変わったのだろうか。しかし，誰の随員であっても，労働者に関係のない選出方法で決められた代表はすべて「組合主義」とは無縁であるから，誰の随員かは大した問題ではなく，そもそもILO自体も選出自体もすべて問題なのだと菊栄が考えたということかもしれない。

　ところで，当時，山川均はどう考えていたのか。均は1919年9月23日の段階（『中央公論』10月号「日本労働委員の賛美」）で「要するに国際労働会議は，最も善意に解釈しても国際労資協調会議である」（『山川均全集』2：305）といい，労働者代表の候補，本多，高野が2日間ずつ考えて断ったことに対し，「考える余地のないことを2日間も考え抜くところに，学者の非常識がある」（同上：306）と断じている。均の，ILOへの日本の代表問題の論評は，ほかにもある（同上：348-359）が，菊栄は，根本において，均の考え方の影響を受けたか，もともと同じ見解であったかであろう。

　実は，私の恩師，社会政策学者の新川士郎は，国際社会政策を専門とし，「国際社会政策の根本問題――国際社会政策における普遍性原則と三者構成原則との展開過程に関する一研究」が，学位論文（経済学博士 1962年，北海道大学）の題であった。

　青インクで手書きの現物（200字詰め縦書き原稿用紙658ページ）は，2018年現在国立国会図書館関西館に所蔵されている（申込ID：1196926）。新川は，ILOの起源や歴史そのものを直接の研究対象としてはいないが，本章に関係ある1919年について関連する箇所をみると，ILOへの評価について，「絶対肯定論と絶対反対論の両極端に二分される」として，それは，「国際労働運動内部の対立（第二インター系組合と第三インター系組合との思想的対立）をそのまま反映している」（新川 1962：9）と指摘し，「一九一九年ILO設立後暫くの間はソ連邦はILOに対し孤立主義をとった」（同上：456），「第二インターナショナルは挙げてILOを支持し，ILOの活動に協力した」（同上：457），「いなILOは第二インターナショナルの産み落とした子であ

り，ILO 設立直後の或る時期には，第二インターナショナルそのものであった」（同上：457）と書いている。

　山川均，菊栄の ILO の評価は，こうした国際的背景と関連したものではなかったかと推測される。

　いずれにせよ，菊栄にとって輝かしい1919年は，ILO 代表問題で大揺れに揺れて1920年代に滑り込む。

第 **5** 章

1920年代前半の山川菊栄

初期コミンテルン・赤瀾会・国際婦人デー

はじめに

　前章でみたとおり，山川菊栄は，これまで書いたものを1919（大正8）年に3冊の単著にまとめ，以後の長い理論活動へと飛躍する地がためをした[1]。1919年3月にはコミンテルン（第3インターナショナル）が創設されているが，その女性政策を，1920年代冒頭に，日本では菊栄がひとり率先して把握し，日本に紹介し，その政策の一部を日本での実践に反映させたといっても過言ではない。そのことが，1920年代を通じての菊栄の日本の無産（プロレタリア）女性運動に関するイニシアチヴを，他を抜きんでたものとさせたと思われる。

　本章では，この期に進行するコミンテルンの女性政策と，それを一部反映しながら進行する日本の社会主義女性運動を，1922年に結成される日本共産党（コミンテルン支部）との関連を意識しながら菊栄の位置を検討したい。

　1919年5月，均が，菊栄と振作を両親に会わせるため，18日に倉敷に手伝いの婦人（おレンさん）（『山川菊栄集』A2：357にこの名が出てくる）を伴って帰郷し，翌月帰京した。均は，1916年の結婚後初めての帰郷であり，菊栄は均の両親とこのときが初対面であった。半月ほど滞在して6月3日，倉敷を出発し帰京したという。

　さらに同じ1919年12月20日，均の母尚が重病にかかり，均，菊栄，振作は，お手伝いの婦人（アキさん）同伴（同上）で，看病のため再び倉敷に行った。平常のときばかりでなくこうした旅行時にも，当時の知識人中流階級の慣例としてであろうが，つねに「お手伝いの婦人」が旅行に同伴する。

　しかし，1920年1月4日から4月3日までは，菊栄は，宇野船越袖ヶ浦の林源十郎別宅に滞在し，均のほうが宇野と倉敷を往復している[2]。1920年は

1）1922年には，1919年に次ぐ菊栄の第3論集『女性の反逆』（1922a）が発行されていて，それには前2著で漏れたものも収録されているので，1910年代と20年代が時期的に若干重複することもある。

2）この部分は，年譜（『山川菊栄集』A2：357-358）によるが，『山川菊栄集』B別巻：85の年譜の1919年部分には書かれていない。省略によるものと判断し，前者を用いた。

第5章　1920年代前半の山川菊栄——初期コミンテルン・赤瀾会・国際婦人デー　　169

じめの３カ月，菊栄は林別宅で何をしていたのであろうか。休息も必要であったろうし，20年代初期に次々と発表した翻訳や論考執筆を同時並行で手がける時間の確保も必要だったろうし，時期的にみて，ベーベルの翻訳原稿作成も大詰めにさしかかるときでもあった頃と思われる。

　なお，1919年末には，平塚らいてうらの「新婦人協会」創立が発表され，翌1920年３月28日に発足している（1922年12月解散）が，この会は，平塚らいてう，市川房枝，奥むめおらが中心メンバーで，政治的自由をかちとることを目的として作った初めての日本の女性団体であった。1920年10月から機関誌『女性同盟』[3]を市川房枝が編纂し発行した。

　菊栄は，社会主義者としての確たるアイデンティティから，これを「ブルジョワ婦人運動」と性格づけて，この会に対する菊栄の目線は，敵視するかのごとく厳しい[4]。しかし，「新婦人協会」は，その主たる運動に，女性の政治的活動を禁止する1900年制定の「治安警察法」第５条改正を掲げて国会請願運動をした。これは，日本の女性運動史上でも歴史的に評価される運動であった。その結果1922年に「治安警察法」第５条２項（政治演説会への女性の参加を認める）が可決され，５月10日施行された。ここから日本の本格的女性参政権運動が開始されたといってもよい。しかし新婦人協会は1922年12月に解散された[5]。

　さて，1920年４月19日，均の母の尚（73歳）が死去し，葬儀・埋葬ののち，同月下旬，菊栄は，倉敷紡績の女性労働者の深夜業，金光地方の麦稈真田製造の家族労働について調査・見学して，５月４日，均を残して振作と大森に

3）市川は８号の1921年５月までで，あとは矢島初子が担当して1922年10月まで発行。

4）「新婦人協会と赤瀾会」（初出『太陽』Vol. 27, NO. 7, 1921,『山川菊栄集』AB３：11-18）中の叙述は，社会主義思想の優位性によせる確信過剰とも思われる表現がみられ，他流派の運動へのいささかの配慮を欠く高圧的叙述が多く，あえて引用しない。これに反論する奥むめおの「私どもの主張と立場—山川菊栄氏の『新婦人協会と赤瀾会』を読みて」（『太陽』Vol. 27, No. 8, 1921,『日本婦人問題資料集成』第２巻　政治：204-207）は，幅広い婦人大衆を意識して説得性がある。しかし，菊栄も1925年頃には評価を変えることになるのだが，現実と菊栄の成長を反映しているというべきか。

5）「新婦人協会」の研究には，折井美耶子・女性の歴史研究会編著（2006，2009）のものがあるし，おおかたの日本女性史研究では定説的評価を得ているので，本書では，これ以上はふれないことにする。

帰宅した[6]。やがて均も，5月中に大森の自宅に帰宅する（何日か不明『山川均全集』20，年譜：499）。このように，山川夫妻は1919年12月から1920年5月まで東京にいなかった。菊栄はさらに，1920年6月，京都西陣の女性労働・失業者の調査に行く。6月24日に京都の府立教育会館で女性運動について講演している。鈴木裕子（『山川菊栄集』B別巻：85）によれば，「女性の地位と経済組織の変遷から説き起こし，19世紀末期，女性の経済運動，社会運動の促進の傾向が20世紀に入り，ことに第1次世界大戦を通していよいよ激化したこと」を説くものだったという[7]。

　1920年5月に日本の第1回メーデー（東京，上野）がもたれ，堺為子が参加している。同月，高津正道，中名生幸力らが，社会民主主義団体「暁民会」を結成した。7月，富士瓦斯紡績女性労働者（押上工場）1800名のストが起きたが，会社は譲歩ののち弾圧し，総同盟婦人部は大きな打撃を受け，かの「友愛会婦人部」は消滅した。1920年7月2日山川夫妻帰京歓迎会があり，森戸辰男，大山郁夫，堺利彦，大杉栄，馬場孤蝶，与謝野晶子，伊藤野枝ら120人が参加した。この事実だけでも，1920年冒頭の社会主義者仲間の間での山川夫妻の位置がいかに重要であり敬意を払われていたかがわかる。しかし，9月，均は，茅ヶ崎海岸に転地療養となり，12月，菊栄，振作もともに茅ヶ崎へ移った。

　また，同年12月9日，ロシア革命後の日本の社会主義のもり上がりを反映して「日本社会主義同盟」創立大会があり，堺利彦，山川均，荒畑寒村，大杉栄らが幹部であった。

　1920年代は，日本で「社会主義者」の組織化に伴って，婦人運動も社会主義的傾向を帯びていった。それらは，日本独自の発展に加え，国際的動向への呼応という側面もあり，婦人運動には山川菊栄の優れた才覚が大きな役割

6）このときは，手伝いのアキさん，ヒデさんを伴っている（『山川菊栄集』A2：358）。またこのときの調査は，1922年に『社会主義研究』に書かれた英文論文「現代日本の女性」の第2回目のなかで，「こうした事実は1920年5月，私自身によって集められた」（Yamakawa, K. 1922b：11）という箇所に反映されている。

7）『日本労働新聞』第38号に詳しい報告があるとのこと（『山川菊栄集』B別巻：85）であるが，私は調べがおよんでいない。この経験も後述する菊栄の英文論文 Yamakawa, K. 1922 に入れられたであろう。

第 5 章　1920年代前半の山川菊栄——初期コミンテルン・赤瀾会・国際婦人デー　　171

を果たした。

　この期の菊栄を叙述するには，少なくとも，〈コミンテルンの女性政策の菊栄による紹介・受容〉，それに触発された日本の社会主義的女性運動，同時進行の〈日本共産党コミンテルン支部の非合法結成と弾圧〉の三者を並行させ関連づけなければならないと私は考える。

　その問題に移る前に，1921年の，山内みな[8]と田島ひで[9]との，山川夫妻（山内みなは均と，田島ひでは菊栄と）の個人的関係について二人の思い出から加筆しておきたい。1921年10月１～３日「大日本労働総同盟友愛会」が，創立10周年記念大会（「日本労働総同盟」と改称したときの大会）を，均，菊栄が傍聴していた。久しぶりに出席したという山内みなと均夫妻，改造社社長山本実彦と「新橋あたりの高級料亭で夕食をともにした」（山内 1975：103）。そのとき均は，みなに「育ててみたい」と教育を申し出，みなは大森の新井宿の山川家に引っ越して，各新聞の政治，経済，社会，労働問題の切り抜きの仕事，スクラップつくりを手伝った。そのあと「ロシア革命小史」の講義を受けた。みなによると，「山川さんの家には女中さんがいて，私には何もさせませんでした」（同上）といっているが，原稿を届けたり稿料を受け取ったりする仕事もしていたという。半年ほどたって，みなは平凡社の下中弥三郎社長の推薦で『労働週報』という週刊誌の発行の仕事をしたとのことである（同上：102-106）。みなは，下中氏は均を「書斎派」と呼んでおり，みなに対し「働きながら運動を」という考えで，均もそれに賛成してくれたと書いている（同上：105）。均は，みなをどのように育てたかったのだろうか。

　田島ひでの場合は，山川菊栄との関係である。同居していた山内みなの紹介で，ひでは1921年の暮れか22年の正月早々に菊栄に会いに行っている。ひでによれば，菊栄はひでを歓迎して，社会主義入門のための日本語と英文のパンフレットを数冊渡してくれたという。ひでは『前衛』や『社会主義研究』などの月刊誌を紹介されて読者になった。ひでは，日本女子大を出てお

8）山内みな（1900-1990）については，自伝（山内 1975）がある。
9）田島ひで（1901-1976）も自伝（田島 1968）がある。1949年衆議院議員選挙に愛知県第１区で日本共産党から立候補して最高点で当選。1952年まで議員を務めた。

り，向学心旺盛で，東京女子大のアフタヌン・クラスに通ったところ，菊栄から「ブルジョア的である」と「強く反対」され，「社会主義運動に外国語など必要ない」と厳しく説得されたという（田島 1968：70-72）。それが事実かどうか疑問だが，どういう意味で菊栄が，ひでにそういったのか，理由はわかりかねる。

ただ，当時のタイプは異なるが，非常に労働運動について意識の高かった女性労働者２人に近づいて，「教育したい」という考えが，山川夫妻にあったらしいということが推測される。

1. 初期コミンテルンの女性政策と山川菊栄

(1) 初期コミンテルンの女性政策摂取前の菊栄と翻訳

ロシア革命を経，コミンテルンの文献に接する直前の，菊栄の〈社会主義と女性に関する認識〉とはどのようなものであったか。『婦人公論』1921（大正10）年６月号に掲載された「社会主義と婦人」（1922年出版の菊栄の第３論集にあたる『女性の反逆』（山川菊栄 1922a）に収録，『山川菊栄集』には収録なし）を取り上げてみたい。

「社会主義と婦人」は，10の節に区分されている。要約のみ記す。

1．婦人問題とは，これまで男子に養われ，男子を中心として生きる女の生活の行き詰まりと，新しい生活様式の間に横たわる矛盾や困難を，いかに解決すべきかの問題である。生活維持の手段，ないし生産の方法が人間の歴史を左右する動力であり，社会制度を作り上げる基礎的な力である。「人間社会の基礎となっているものは，その経済的構造であって，他の一切の社会制度は，その上に建って，その経済的組織の実質を政治や法律の上に反映したものに過ぎない」（山川菊栄 1922a：36）。これが「唯物的歴史観」である。

菊栄は，将来，「婦人に自由を与へるに最も適した経済組織」を，「唯物的—即ち唯一の科学的—な歴史観の立場」[10]から考察しようとする（同上：37）。

2．3．4．5．では，過去の歴史的推移をモルガンの説によって，蒙昧時代（上，中，下），野蛮時代（上，中，下），そして今日におよぶ文明時代

第5章　1920年代前半の山川菊栄——初期コミンテルン・赤瀾会・国際婦人デー　　173

へと順次説明する[11]。

　6．では，産業革命から資本主義の時代になって，資本による女子労働力の搾取と男子労働力との競争という新しい事態が生じたこと。7．では，資本主義は男女に形式的自由をもたらしたが，根本的解決をもたらすことはできないこと。8．9．10．では，「然らば私共社会主義者は，婦人問題をどう解決しようとするか」と提起し，社会主義への誤解（山田わか，平塚明子らの例）をあげ，社会主義とは何かを説明する[12]。曰く，「社会主義は，一切の富源を公有して，社会公衆の利益のために生産と分配とを行ひますから，有る処には物が有り余りながら，無い処には必要なだけも無いといふやうなことは一切なく，多くの人が平均して働くので，失業もなければ過度の労働も不必要になります。また皆が共同で作つたものを共同に使用する結果，金持もなければ貧乏人もなく，貧乏の結果としてのあらゆる害悪—人間同志の不利や，無教育や，疾病や，売淫等を無くすることが出来ます」（同上：64）。また「資本主義は，電気や瓦斯や蒸汽の応用によつて，家庭労働の幾部分を既に社会化しました。また学校制度や幼稚園制度によつて，育児の任も社会化しました。資本主義の社会を引きつぐべき社会主義の社会は，この社会化の過程を一層徹底させようとして居ります。以下略」（同上：68）。

　こうした叙述には，社会主義と女性解放の関係についての菊栄の確信のほどがうかがわれる。この時点では，理論的にだけでなく，ロシア革命という現実が加わったことが後押ししていたであろう。この段階では，菊栄は，「私共社会主義者」，「唯一の科学的な唯物史観の立場」と，自らがよって立つ思想と理論のアイデンティティを明白に強調している。

　ロシア革命に「感銘を受けた」社会主義者山川菊栄が，革命ロシアそのもの，そしてレーニン，やがてコミンテルンの文献に関心が移らないはずがない。菊栄がレーニンに最初にふれた論考は，『社会主義研究』1920年12月号の「ゴルキーの観たるレーニン」という翻訳であろう（原著者不明，山川菊

10）唯物的歴史観を唯一の科学的な歴史観と呼んでいることに注目したい。

11）前章『婦人の勝利』（山川菊栄 1919b）緒論では，ハホーフェン，マクレナン，モルガンの説を用いて入り組んでいるが，ここでは，モルガンによって説明されている。

12）この部分は，ベーベルに依拠するところが多いと思われる。

栄訳 1920：412-413)。菊栄はゴーリキーが紹介するこのレーニンなる人物にきっと興味を抱いたことだろうが，その頃，クラーラ・ツェトキーンは，ベルリンからモスクワに行き，ちょうどレーニンに会って，最初の包括的コミンテルンの女性政策を相談して仕上げたところであった（伊藤セツ 2018：639-640，693-703)。

　実は，レーニンの婦人解放論も，1921年の初めから，日本では部分的に菊栄以外の論者の手で紹介され始めている[13]。また，1921年2月に菊栄は，『社会主義研究』に「ジノヴィエフの婦人と革命論」を紹介している。そこには，「1919年には，莫斯科(バクスコ)に全露婦人大会が開かれ，続いてペトログラードに全露労農婦人大会の開催を見た。この大会に於けるジノヴィエフの演説は，露国の社会主義者が，社会改造の運動に対する婦人の力を，如何に評価して居るかを示したものであるから，ここにはその一部を訳載する。『ラヴォア・デ・ファンム』より（菊)」とあり，「吾々は今や，恐らく千年に一度も来ぬ時期に立つている。（略）全人類は今や将に生活を一変し，新生活と新制度とを創造しようとしている。（中略）若し婦人が依然として鎖に繋がれて居る間は，吾々は決して新生活に入ることは出来ない」（山川菊栄訳 1921b：22-26）というジノヴィエフの言葉を伝えている。コミンテルンの男性指導者たちは女性問題の重要性を把握していたと思われる。

　『社会主義研究』の同じ号で，これに続いて菊栄は，「労農露国の代表的三婦人」（1921c）という小論を書いており，末尾に（山川菊栄）と署名がある。取り上げているのは，アレキサンドラ・コロンタイ（Коллонтай, Алекса́ндра Миха́йловна 1872-1952），マリア・スピリドノーア（Спиридонова, Мария 1884-1941），アンジェリカ・バラバノーワ（Балабанова, Анжелика 1878-1965）である。このように，菊栄は革命ロシアの女性革命家たちにも関心を示して紹介していたのである。

　やがて1920年代を通して，菊栄によるコミンテルンの女性政策の紹介が随

---

13) 例えば「レーニンの婦人解放論」（雅雄）が『社会主義研究』Vol.3, No.2：22-23に掲載されている。なおレーニンについては，山川均のほうが「レーニンとトロツキー」を『新社会』1918年7月号に書いている（『山川均全集』1：522)。短いがレーニンとトロツキーの特徴をとらえている。

所にみられるようになる。とくに20年代後半の，日本の婦人部論争や婦人の特殊要求，婦人同盟の賛否をめぐる菊栄の論調には，コミンテルンの最新情報に裏打ちされたならではの自信・強みというものが感じられる。菊栄は，1920年代前半は，ロシア革命とコミンテルンの女性政策には，大いなる信頼を寄せていたことが推測される。戦後の回想に表れる菊栄のコミンテルン評とのギャップは大きいが，その点は本章ではまだ問題にしない。

(2)　1919−20年のコミンテルンの女性政策[14]と山川菊栄による紹介と受容

　コミンテルンの創立大会は1919（大正8）年3月2-6日に開かれ，3月6日に，クループスカヤ，コロンタイ発案による「社会主義のための闘争へ婦人労働者を引き入れる必要性に関する決議」を採択した（村田陽一編訳 1978：50，村田注 558）。

　1920年3月4日には，コミンテルン執行委員会議長ゲ・ジノヴィエフ名で「万国の婦人労働者へ　婦人労働者デーにさいして」（村田編訳 1978：115-52，村田注 562）というコミンテルン最初の国際婦人デーの実施を呼びかけた[15]。しかし，7月19-8月7日に開かれたコミンテルン第2回大会では女性問題を討議せず，この期間中に開催された第2回国際共産主義女性会議（16カ国21名参加，イネッサ・アルマンド主催）が開かれて「全世界の勤労婦人へ」（村田編訳 1978：288-291）という呼びかけを出している。

　同年11月に，クラーラ・ツェトキーン起草の「共産主義女性運動のための方針」（出所は *Die Kommunistische Internationale*, 1920-1921, 以下 *KI*, Nr. 15：530-555，邦訳：松原訳著 1969：73-101，解説 230-236，村田編訳 1978：269-283，注 578）が執行委員会で採択され，11月20日にクラーラ

---

14)　日本でのコミンテルンの女性政策の翻訳と紹介・研究は，戦後に限れば松原編訳著（1969：73-251），村田編訳（1978-1981 随所），伊藤セツ（2018：13章〜15章＝629-826）で行われている。この最後の私の叙述は，本章では菊栄研究にとって必要なもののみにとどめ，それ以外については省略する。また菊栄との関係についても，伊藤（1982）によって初歩的思索は行われているので，本書ではそれに肉づけすることにとどめたい。

15)　翌1920年3月4日にはレーニンも「国際労働婦人デーによせて」という一文を発している（『レーニン全集』大月書店版，30巻：422-423）。

がコミンテルン女性書記局長となった。

この1920年までの時期のコミンテルンの動きを、菊栄は1921年になってからと思われるが、完全ではないにしても、ほぼ把握していた。このことは、1921年6月『野依雑誌』[16]に発表の「第三インタアナショナルと婦人」（『山川菊栄集』AB 2：303-307）でわかる。

山川均は、もちろんコミンテルンを創立直後から注目していたが、日本に紹介し始めたのは1921年からで、均のコミンテルン関係執筆と菊栄のそれとは相前後している[17]。この「第三インタアナショナルと婦人」が、コミンテルンの婦人政策についての菊栄の初めての執筆であろう。なぜこの雑誌に載せたのか理解できない点もあるが、この論考は、当初、菊栄がコミンテルンをどう評価していたかを知る重要な文献であるので、みていくことにする。菊栄は次のように書いている。

　　一九一九年二月、モスコーに創設せられた第三インタアナショナルは、全世界の婦人に対する共産主義宣伝のために婦人部を特設した。その総幹事はクララ・ツェトキン、副幹事はアレキサンドラ・コロンタイである。昨年[18]十一月二十四日、この婦人部は、その第一回例会をモスコーに開き、西欧諸国に、労農露国の組織、共産党の構造、婦人に対する宣伝方法等の事実を広く紹介すること、婦人に対する宣伝のため、特殊の国際的機関誌を発行すること等の問題を議した。また第三インタアナショナルを通じて、各国の共産党機関誌に婦人欄を設けることを提議することに決した。さらにまた労農露国の事情を明らかにし、共産主義実現

---

16) 『野依雑誌』は、野依秀一（旧名）の主宰する雑誌で、1921年5月創刊で1922年2月まで続いた。本名野依秀市（1885-1968）は、明治・大正・昭和の時代にわたる日本のジャーナリスト、思想家、歴史家、評論家。また、政治家としても活躍した。野依は『女の世界』という雑誌も1915年5月に発行し、1921年8月をもって廃刊している。1921年1月号からこの雑誌の「婦人界時評」を菊栄と堺が交互に行っており、社会主義色は強まっていた（佐藤卓己 2012：178）。

17) 山川均が、初めて「第三インタナショナル」（ママ）について書いたのは、『改造』1921年5月号である（『山川均全集』3：236-239）。非常に詳しい紹介をして、「第三インタナショナルは、未来の人類の歴史の上に、いかなるページを書き加えるであろうか。『妖怪はヨーロッパを悩ましている』。いな、全世界を悩ましている——第三インタナショナルの妖怪！」（同上：239）と結んでいる。

第5章　1920年代前半の山川菊栄——初期コミンテルン・赤瀾会・国際婦人デー　177

に必要なる実際方法を知らせるために，露国のすべての制度や布告を書籍またはパンフレットとして発表することを決議し，なお各国の労働組合に対し，きたるべき万国労働組合大会に際して，無産階級の婦人に対する宣伝を議事に加うべきことを提議した。また第三インタアナショナル婦人部の中に，常設通報部を設けることも決定せられた（『山川菊栄集』AB 2：304-305）。

これに続く，菊栄の叙述は，文面からして，コミンテルンに出席した英国代表の報告を邦訳したもののように思われる。なぜなら，「英国共産党は代表者一名を指名し，他の国々は通信員を送ることを請求された」（同上：306）という英国向きと思われる文をはさんで次のように書いているからである。

　　第三インタアナショナルの執行委員会は国際婦人委員会と協力し，各国の共産党に対して，婦人の間における宣伝を目的とする委員会と，各地方委員会に婦人委員会を組織すべきことを勧告した。これらの委員会は単に婦人のみを委員とするに及ばず，かえって男性の同志がその仕事に参加することは最も望ましい。またこの委員会は決して共産党と分離せず，党の一部門として設置されなければならぬ。婦人に対する宣伝は，単に口による宣伝，集会，共産党員および党員外の婦人大会の開催等に甘んぜず，共産党の新聞雑誌をも，婦人運動の発展を期するために利用しなければならぬ。

　　われわれは共産党の委員会に対し，党の日刊新聞には特に労働婦人にとって興味ある欄を設けられんことを切に勧告する。われわれの最近に発した回状の中にはこの宣伝事業についての詳細なるプログラムが発表されている。それは万国共産党機関紙[19]第十五号の紙上に，クララ・ツェトキンの論文として発表されているのである（同上：306-307）。

菊栄は，コミンテルンの女性政策情報を，1年の遅れとはいえ，ここまで把握していたし，クラーラ・ツェトキーン起草の方針を，上記のように紹介

────────────────

18) 昨年とは1920年のことである。1920年の11月は，女性会議ではなくコミンテルン執行委員会が開かれ，クラーラが起草した「国際共産主義女性運動のための方針」がそこで決定されているから，ここに紹介されている方針は執行委員会決定のものと思われる。

もしていたのである。菊栄は，この論考の最後を，「日本の婦人運動は未だ揺籃時代にある。けれども将来においてどの道国際的となる運命をもつものとすれば，その運動の指針となるものはモスコーの婦人宣伝委員会か，ブルジョアの万国婦人参政権協会か，いずれかでなければならない。そしてこの問題は，ブルジョアの婦人と，プロレタリアの婦人と，いずれがより早く覚むるや否やによって決せられるのである」（同上：307）と結んでいる。これが，1921年6月段階の菊栄のコミンテルン女性政策認識である。

(3) 1921－22年のコミンテルンの女性政策と山川菊栄

　コミンテルンは，1921（大正10）年4月15日に国際女性書記局機関誌（菊栄がいう「特殊の国際的機関誌」，*Die Kommunistische Fraueninternationale*（『共産主義女性インターナショナル』，以下 *K-FI* と略記）を創刊し，6月9-15日に「第2回国際共産主義婦人会議」（28カ国から82名参加，朝鮮・中国・ペルシア・アルメニア等東洋婦人も参加）を開催した。この会議こそ，「国際女性デーをロシアの革命を記念して3月8日に統一」することをブルガリアの女性代表によって提案され決定した会議なのである。この会議では，「万国の勤労婦人への呼びかけ」（*K-FI*, 1921 Ht.5/6：44-45，村田編訳 1978：390-392）を出した。続いて1921年6月22日-7月11日まで開催された「コミンテルン第3回大会」では，女性運動が正式に議事日程にのり，クララ・ツェトキーンが主報告「女性運動に関する報告」（邦訳：松原1969：102-120，解説：237-241）を行い，「女性のあいだでの共産主義活動の形態と方法に関する決議」（村田編訳 1978：488-502）等，2つの決議を採択した。

　これらの動向については，菊栄は，1921年の末，『改造』12月号の「過去1年の婦人界を省みて」と題する論考のなかで「国際婦人問題」を取り上げ，「国際的に注意を惹いた事項として」「モスコーの第三インタアナショナル婦人大会」と書いている（同誌：181）。菊栄は「モスコーの婦人大会は，クララ・ツェトキン及びコロンタイを首脳とし，婦人の間における……（検閲に

---

19) 万国共産党機関紙とは，前述 *KI* のこと。号数も15号ということで一致する。

第5章　1920年代前半の山川菊栄——初期コミンテルン・赤瀾会・国際婦人デー　179

よる削除）……討論及び決定を行った」（『改造』12月号：182）と報告している。この場合，1年遅れではなく，半年遅れの報道となっている。

　翌1922年，コミンテルンは1月に極東諸国勤労婦人会議[20]を開催し，「極東の勤労婦人に対する呼びかけ」（村田訳 1979：148-150），「極東諸国の勤労婦人のあいだでの活動の基本原則，任務，方法および形態についての決議」（同上：149-150）等で婦人に働きかけを行った。

　1922年3月6日のコミンテルン執行委員会幹部会議の決定によって，国際共産主義書記局をモスクワからベルリンへ移転し，クラーラ・ツェトキーンを責任者とし，西ヨーロッパ諸国を担当した。他方，モスクワの東方部は，ゾフィー・スミドーヴィチまたはヴァルセニカ・カスパローヴァが責任者となって，ソ連と近・極東諸国を担当した。事実上，東西2つの国際婦人書記局が存在したのである[21]。

　また，1922年11月にはコミンテルン第4回大会が開かれて，この7月に結成された日本共産党が支部として承認されている（後述）し，クラーラ・ツェトキーンは，「国際女性書記局の活動」，「女性の間での共産主義活動」（松原訳著 1969：121-146，解説：242-247）等の報告を行い，決議もされている（村田編訳 1989：321-322）が，菊栄がそれらについて紹介しているのと思われる論考は2本ある。

　1本は，1922年1月に，山川均・菊栄夫妻を中心に創刊された社会主義評論雑誌『前衛』4月号の「婦人と無産革命階級」である。そこではロシアの例をあげて，無産婦人の啓発のためにロシア共産党に1918年から婦人宣伝部ができていること，第3インターナショナルも「婦人の宣伝をきわめて重大視し，各国共産党に対して，婦人部と婦人機関紙の特設とを規定している。そして三月八日（西欧諸国では四月八日）をもって国際婦人デーにあて，全世界の無産婦人が一致して階級的意識を呼び覚ます機会とした」（『山川菊栄

---

20) 村田編訳（1979：注66）は片山潜が参加したとするが，川端（1982：32）は高瀬清ではないかという。
21) この状態は1924年まで続いたが，コミンテルン第5回世界大会と第3回国際共産主義女性会議のあとで，両婦人書記局は，執行委員会幹部会の婦人部に統合され，ツェトキーンが責任者となった。

集』AB 3：102-103）と書いている。1922年におけるこの論文は重要な意味をもつ[22]。

　2本目は，年を越すが，1923年7月に発表された菊栄の「第三インタナショナルと某婦人部」（『女性改造』1923.7：148-151，『山川菊栄集』には収録なし）である。この論考はコミンテルンの当時の女性政策をもっとも正確に紹介していると私は思う。

　重要な箇所を抜粋する。

　　　第三インタナショナルは全世界の無産階級運動の中枢として，あらゆる問題に対して，最も正確な知識と，最も透徹した先見と，最も機宜に適した処置とを以ってのぞもうとしている。そこで国際的な社会問題の一つである婦人問題に対しても，最も実際的な方策を樹てている。（中略）　ブルジョア婦人運動は別として，社会主義諸派の中では，まづ第1に男女無産者を貧困の鉄鎖より解放せねばならぬという基礎条件に関して完全に意見の一致を見ている。けれども第三インタナショナルと他の諸派との違う所は，前者は単にこの基礎条件を認めるだけに甘んぜず，何千年来，男子と異なる生活，教育及び心理状態を保持して来た現実の婦人の実際の心もち，最も痛切な要求に適合した教育や運動の方法を講じて行こうとするに引きかえ，後者の方は男女無産者は経済状態の改善によって等しく解放されるという基礎条件を後生大事に守っているだけで，それ以上に実際的，積極的な方法を講じていない点である（山川菊栄　1923b：149）。

　私にとってきわめて重要に思われるのは，菊栄が，「社会主義諸派」から「第三インターナショナル」を区別し，「第三インターナショナル」は，現実的・具体的な婦人政策を示して運動を展開していると菊栄が評価していることである。菊栄はまた，国際婦人書記局の活動についても次のように書いている。

　　　婦人書記局の活動については，第三インタナショナル執行委員会に直

22）「この論文は，正式の党結成を数カ月後にひかえた日本の共産主義者による，国際婦人デーを記念して書かれた最初の論文であり，最初のプロパガンダであったとみてよいのではなかろうか」（川口，小山，伊藤　1980：207）との推測もある。

属し，各国共産党婦人部とつながり，通信の任に当たり，世界的に無産婦人運動の根本方針を定め，その指導部統軸の任ずる中央組織である。上記の大会は，各国共産党の内部に特に婦人に対する宣伝委員会をおくこと，その委員会は党の執行委員会に直属して，常にその指令の下に活動すること，婦人委員会には，一名の通信員をおくこと，委員会はその国内の労働婦人，職業婦人，主婦等の生活や思想に関する調査報告に従事し，その国々の実況に適した運動方針を樹立して，執行委員会と常に合議協力してこれを実行すること，またこれを第三インタナショナル婦人書記局に通信報告し，国際的にその運動を強固にすること等を決定した。第三インタナショナル婦人書記局はこれらの各国の報告を基礎として根本方針を討議し，各国に適切なる忠告や助力を与え，国際的問題に対して一致行動を執る準備をしている（同上）。

　また，菊栄は，女性書記局をモスクワとベルリンに分けたことについても「婦人書記局は西洋と東洋とで婦人の地位や生活ははなはだしい距離のあることを認めた」（同上：151）と評価している。この1922年，菊栄は，コミンテルンの１月の極東諸国勤労婦人会議の開催の情報に触発され，コミンテルン文献からの刺激もあって，いちだんと知識が広がった年であっただろう。そういうとき，片山潜の勧めもあって，菊栄は，英文論文，"Women in Modern Japan"（1922年１月から『社会主義研究』に1-4，/6，/7，/9月号まで連載の「現代日本の女性」）を書いたのではないだろうか。これまで，この英文論文の邦訳や内容紹介もされていないので，ここでこの論文について内容を簡潔に紹介しておきたい。

⑷　1922年の菊栄の英文論文，Yamakawa, K "Women in Modern Japan" について

　菊栄によると，この英文論文を書いた動機は，片山潜からの依頼で「私はまだその頃は津田時代から間がなかったの[23]で，すぐに英文で書けました」（菅谷ら 1978.3：19）といっているが，YWCA のミス・マクドナルドの点検を経て発表したものとのことである。この論文は，全体で『社会主義研究』合計で22ページほどの論文である。構成（７章）と発表号，分量，内容の要約を以下に記す。

Ⅰ．過去の女性の概観（The brief Review of her Past）（1922.1, Vol. Ⅳ, No. 6：1-5）約4ページ。：冒頭数パラグラフで，この半世紀の日本資本主義発展の特徴と女性の自由や独立の遅れを述べているが，まず過去にさかのぼり母系制時代から叙述する。B.C.6世紀，神武天皇に始まり，歴史時代に入って女性の力が衰えていくが，まだ政治的社会的に女性の活動領域があったこと，3世紀には女帝もいたこと，8世紀の日本最初の法典である大宝律令のなかで一夫一婦制が規定され，9-12世紀の藤原時代に女性の従属が強まり夫の保護のもとに入り，封建制の没落の1859年までそれが続く（菊栄は，神奈川，長崎，箱館（実際の開港は1854年－伊藤），開港の1859年を封建制没落の年とする）。また，徳川時代の「女性のモラルコード」として『女大学』をあげ，儒教と仏教の影響による女性のあるべき姿が形づくられていくといっている。1859年，封建時代の没落以降，日本には，資本主義が急速に発展する。

Ⅱ．女性の労働生活の一般的概観（The general outlook of her labor life）（1922.2, Vol. Ⅴ, No. 1：7-11）約4ページ。：「1867年の革命（Revolution）以降」として朝廷の王政復古宣言の1867年をRevolution時として，そこから，農業国だった日本の急速な資本主義化を述べ，森戸辰男の推計を用いて当時の女性労働者の職業別従業者数をあげている。各論として，(a)小農女性，(b)鉱婦，(c)家内工業の問題を取り上げる。いずれも，労働条件や，賃金等統計を使い，実証的で地域別もあげていてリアルである。石原修や森戸辰男の研究に依拠しているが，家内工業の叙述では，既述のように，岡山に関して「こうした事実は1920年5月，私自身によって集められた」（Yamakawa K. 1922b：11）と書かれているから，倉敷からの帰路，意識的に現地調査をしたものをここに入れていると思われる。

Ⅲ．女工（Factory-Girls）（1922.3, Vol. Ⅴ, No. 2：13-16），続（1922.4, Vol. Ⅴ, No. 4：17-20）計約7ページ。：菊栄は，まず世界大戦が日本の工業に影響を与え，紡績工業では，従来の古い生産方法を不要のものとしたこと。

23）実は津田塾卒業は1912年，英文論文の執筆は1922年であるから10年ほどたっていると思われるが「間がなかった」といっている。

女性労働者の大多数は貧農から供給されたこと。その生活水準はきわめて低く，求人は足元をみて勧誘する「人買い」と呼ばれていた人によって行われたこと。労働条件が社会問題となると政府は「婦人労働者保護法」案を出すが，議会提出を延ばし，深夜業の廃止に資本家階級の強い抵抗があって法案議会通過後も，1916年まで実施猶予を認めたこと等，深夜業の廃止を含め，年少・女性労働者の保護を細かく描いた。また1918年の政府統計を使って，1916，17，18年の工場法の規制のもとに置かれる男女別労働者数と比率，5000人以上の女性が雇用されている主要産業，1918年の年齢別性別分類等を詳細に分析する。数字を省くが，製糸，綿紡績機，寄宿舎，衛生，賃金，労働組合，と項目を立てて，寄宿舎生活では石原修による健康状態の報告，賃金では男女別統計を使い1920年代初頭までの女工の労働条件と生活実態をつぶさに報告する。

　Ⅳ．自由業（Liberal Profession）（1922.5, Vol. V, No. 5：21-22）約1ページ半。：過去半世紀，日本の社会状況は急速に変化したにもかかわらず，女性には社会が求める知的職業的訓練どころか前世紀と同じ良妻という美徳を奨励することに甘んじてきた。その矛盾は，専門的女性の地位にとくに不利に働いた。初等教育さえも男女は分離され，中等教育の年限も異なり，高等教育は国立の2つの高等師範学校だけで，他はほとんど外国の宣教師に委ねられ，大学は，聴講以外女性に閉じられて，職業教育は欠如し，女性を専門職から排除した。最近は生活費が高騰して晩婚化を引き起こし，今日ではどの分野の職業でも少なくない比率で女性が働いている。女性は，教員（小学校，高等女学校，幼稚園，各種職業学校）が多いが，女性高等教育機関の教員は少なく，かつ小学校教員の労働条件は劣悪である。女学校でも，給料は男性教員の半分か3分の2である。女性医師，歯科医師，助産婦，看護婦，売春婦等の数字が示され，その過酷な労働条件をあげる。しかし最近女性は目覚め始め，友愛会のもとで労働組合への組織化が進み始めていることを述べる。

　Ⅴ．教育（Education）（1922.6, Vol. V, No. 6：17-19）約2ページ半。：封建時代には特別の場合を除いて多数の女性は読み書きはできなかった。1868年の明治維新（Restoration）後，両性に4年間の義務教育制が採用され，

男女共学で同じ授業を受けた。しかし，明治時代が進むにつれて性別分化が進む。国の経済的発展はとくに中国との国際関係において緊張を引き起こし，愛国心と好戦的プロパガンダが始まり，中国に勝利したのち，この傾向はより強まった。教育は排外的思想を称揚し，女性は家政的に育成されることが意図された。ブルジョアジーは，女性を便利に使うためには教育の必要の認識を余儀なくされたが，教育が女性が目覚める原因となることを恐れ，女性教育は，女性を有能な奴隷にするために最大の注意をもって進められ，教育における性区別を明確にした。少なくとも小学校３年生から男女の教育の区別が始められ，女子には，教科書も家事の訓練を中心とするものとなった。高等女学校においては，裁縫，料理，洗濯の実習と家庭経済等に多くの時間をとった。中上流階級の男性は大学教育を，女性は中等教育を，貧困層の男子は中等教育か８年間の初等教育，女性は６年の義務教育を受けた。初等教育の途中で退学する女子は児童労働の主力となった。

菊栄は，1918-19年の文部省の統計をあげてこれを説明する。また当時，女性医師の学校が１つあったが，大学やカレッジは女性に閉ざされていた。高等教育に対する女性の要求は強まり，北海道帝国大学が３人の女性を入学させ，東京帝国大学が文学，早稲田大学が文学と社会科学の聴講を女性に許す等のうごきがあった。

　Ⅵ．法的地位（The Legal Status）（1922.6, Vol. V, No. 6：19-20）約１ページ強．：結婚は，女性15歳から男性17歳からだが，女性は25歳，男性は30歳まで両親の同意がいる。既婚女性の法的地位は，未成年，準禁治産者と同じである。特別の場合を除き，夫が妻の財産を管理し，その財産から生じる利潤も夫に属する。妻の名で得た収入は彼女のものだが，どちらか明確でないときは，夫の物とみなされる。妻は夫の同意なしに法的行為をすることはできない。

　離婚は両者の同意でできるが，一方が25歳以下の場合は両親の同意が必要である。夫は妻の姦通で離婚できるが，夫が刑罰を受けた姦通以外は妻は離婚できない。親権は特別の場合を除き父に属する。両親が離婚した子どもは例外を除き父のもとに残る。離婚は女性にとって恥とみなされたので，ほとんどの女性は不幸な結婚に留まった。それでも日本では，離婚率はすべての

第5章　1920年代前半の山川菊栄——初期コミンテルン・赤瀾会・国際婦人デー　185

文明国のなかで最高である。婚姻外の子どもは非嫡出子の烙印を押され，個人的権利は抑制される。父が認知すれば父の親権のもとに入るが，認知が得られないときは親権と義務は母に属する。女性は，市民的政治的権利をもたない。1922年5月まで，女性は「治安警察法」（Peace Police Low）によって政治的集会を開くことも参加することも禁止されていた。しかし，1921年から22年の間に，政治集会に参加が許されるよう修正されたが，政治組織に参加する権利はまだもたなかった。

　Ⅶ．婦人運動（The Women's Movement）（1922.6, Vol. Ⅵ, No. 2：1-4）約3ページ：フェミニスト思想の萌芽は，19世紀80年代の政治的激動の間に現れた。1900年頃（実際は1898：伊藤注），福沢諭吉が家庭内における女性の伝統的地位に抗議の声をあげ，「新女大学」で「新しい女性のモラルコード[24]」を書き，従来の道徳観を否定した。福沢の考えは，封建主義道徳へのブルジョワ的理念の勝利を意味した。日露戦争後の数年間に社会主義運動が起こり，女性の政治的集会・政治組織への参加を禁じる治安警察法第5条の廃棄を要求した。その後文学運動の女性たち，平塚らいてうらが個人の自由，とくに自由な恋愛に注目した「青鞜」（Blue-stocking）をつくった。「青鞜」の理念は現実の生活から離れ，中流階級のフェミニズムと哲学的アナーキズムの融合であった。彼女らは女性の解放には経済的政治的実態が伴うべきことを自覚していなかった。この活動は約2年間持続して終わった。

　1920年，運動は，やや進展した形でよみがえった。平塚は，いまや穏健な改良主義者に戻り，母性への国家の保護が彼女の唯一のモットーとなり，これを成し遂げるために彼女はひたすら支配階級の善意に訴えた。彼女は1920年の早春，「新婦人協会」（The New Women's Society）を組織した。綱領は，1．女性の能力の自由な発展を目的とした両性の機会の均等，2．両性の協力，3．家族の社会的意味の闡明化（菊栄の英語はEnucleation），4．女性，母，子どもの権利擁護等であった。「新婦人協会」は少数のリーダーで運営されていたが，平塚ほかのリーダーが撤退したこと，当時平塚の側にいた与謝野晶子と山田わかの名をあげて，菊栄はその思想傾向を批判する。

24）徳川時代の古い道徳を基準とした考え方に対して，新しい道徳基準の考え方。

菊栄は，「新婦人協会」に批判的であったことがわかる。次にプロレタリアートの女性運動に移る。

労働組合運動の歴史は浅く組合員も少ない。女性労働者は若く無能力で勤続年数も短い。女性に対する特別のプロパガンダが必要である。工場労働と家事の負担を負っており，社会主義運動にも熟達していない。1921年春少数の少女が「赤瀾会」（Red-Wave Society）を組織した。1週間後，メーデーのデモンストレーションに参加したかどで，数名が逮捕され，入獄した。6月には赤瀾会は東京で女性問題についての講習会を実施して成功した。7月には1週間の女性のための特別講習を公開した。9月から社会主義は弾圧され，赤瀾会のメンバー3人が投獄された。メンバーは少なく独立の活動もできなかった。女性組織の欠如は，日本の社会主義運動と労働組合運動にとっての弱点の一つである。日本には仏教や，キリスト教の影響下の女性組織はある。また，「愛国婦人会」（Women's Patoriotic Association）や，「処女会」（Maiden's Association）がある。菊栄はそのプログラムを紹介している。また繊維工場の女子労働者が処女会に組織され，労働組合に反対するバリケードになっていると書いている。

結論として，日本のミドルクラスの女性は，一般に受け身で，家庭を愛し，自己中心的である。彼女たちの啓発された部門は，文学，芸術的表現をもって不満のはけ口とすることであり，あるいは宗教的，哲学的仕事である。プロレタリア女性は，過労で重荷を背負っている。しかし，反旗を翻す精神はすでに高揚している。組織（Organization）がないのが問題なのだ。この点については，将来私たちが，全力をあげて自ら努力しなければならない。

大意をあえて箇条書き的に示すと以上のようであるが，犬丸はこの英文論文を，「近代日本の女性史をはじめてマルクス主義の立場・観点・方法で書いたもの」（菅谷他 1978：19）と評している。また，菊栄との対談でわかることは，日本文では，この英文に近いものは書いていない，和文からの英訳ではない，ということである。これが片山潜を通じてコミンテルンに読まれたかどうか確認されていない。最後に書いている「組織」とは何か，この英文論文連載が6月号で終了したのち，1922年7月に日本共産党が非合法裡に結成されているのであるが，暗にそれをほのめかしていると解釈するのは，

飛躍であろうか。

⑸　1923－24年のコミンテルンの女性政策と山川菊栄

　1923（大正12）年は，6月12日-23日に「コミンテルン第3回拡大執行委員会総会」が開かれ，6月20日，クラーラ・ツェトキーンは病中でアームチェアにかけたまま登壇し，ファシズムに関する報告を行い，荒畑寒村がこの報告を聴いている（荒畑 1961：421）。機関誌『共産主義女性インターナショナル』は第3巻目に入り，順調に発行を続けていて，1923年4月号には日本の国際婦人デーの報告もなされているが後述する。

　1924年1月21日，レーニンが没したが，この年の6月17-7月8日までコミンテルン第5回大会が開かれた。クラーラは「知識人問題について」報告し，近藤栄蔵がこの演説を聴いている（近藤 1928：60）。第5回大会後，7月11-19日まで「第3回国際共産主義女性会議」が開催され，クラーラが「世界情勢と女性共産主義者の任務」について報告し，各国の条件に見合った多様な運動論を展開する必要を主張した。その詳細は拙著（2018：772-777）に書いたが「婦人代表者制度」をめぐる重要な内容[25]であった。

　7月19日，拡大執行委員会総会の委任により，執行委員会幹部会で，「勤労婦人のあいだでの共産党の活動についてのテーゼ」（村田編訳 1980：188-192）と，2つの決議「西欧の資本主義諸国の勤労婦人のあいだでの共産主義的活動と国際婦人書記局の活動」（同上：192-194），「東洋の婦人のあいだでの活動」（同：195）が採択された。

　このコミンテルン第5回世界大会と第3回国際共産主義女性会議のあとで，1922年にモスクワとベルリンに分かれた2つの婦人書記局は，既述のように執行委員会幹部会の婦人部に統合され，再びクラーラ・ツェトキーンが責任

───────────

25）この会議で，ソ連の代表者から「女性代表者制度」が提起された。これに対しクラーラは，プロレタリアディクタツーラのもとでは可能な形態でも，階級闘争のただなかにある資本主義国の運動の形態にはふさわしくないと反論した。菊栄は，このコミンテルンの議論を知っていた。『文藝戦線』1928年5月号（138-143）に1926年6月の，クラーラが欠席したコミンテルン第4回婦人会議でのアーチウゼの翻訳「婦人代表者会議について　コミンテルン国際婦人書記局」山川菊栄訳として掲載されている（後述）。これが，菊栄が，コミンテルンの女性政策を翻訳した最後である。

者となった。

　さて，1923-24年のコミンテルンの女性政策を菊栄はどのように把握していただろうか。実は 1 年遅れの1925年 7 月発行の菊栄の著書『婦人問題と婦人運動』（文化学会出版部）「第 7 章　二つの指導的精神」のなかで，上記，コミンテルン執行委員会幹部会で採択した「勤労婦人のあいだでの共産党の活動についてのテーゼ」の前文の第 2，第 3 パラグラフ，および，「第 3 回国際共産主義女性会議の決議」（「世界情勢と婦人共産主義者の任務」というクラーラ・ツェトキーン報告に対応する決議）の一部を，菊栄は引用している。1925年の菊栄のこの著書は， 7 章で取り扱う。また菊栄は，1924年のコミンテルンの女性政策を1926年や，1928年になっても言及して，日本の婦人運動に適用しようとしている。

　以上で明らかなように，菊栄の1920年代前半は，コミンテルンからの情報入手に積極的であった。既述のようにコミンテルンの女性政策は，1921年から1924年まではクラーラ・ツェトキーンが主導した[26]。菊栄がクラーラに言及するのは，コミンテルン以前の第 2 インターナショナルの崩壊・ドイツ革命の頃から，レーニンの没年まで，すなわち1918年から1924年という短いが重要な時期である[27]。菊栄は，「露独革命と婦人の解放　クララ・ツェトキン」を『種蒔く人』1923年 3 月号（172-175）に（山川菊栄訳）として出している。

　「此論文は，ローザ・ルクセンブルグと並んで独逸社会民主党及び国際社会主義運動の双璧と称せされ，独逸共産党の中央執行委員にして同時に第 3 インターナショナル婦人部幹事長として活動しているクララ・ツェトキン女史の執筆に係るもの」（山川菊栄 1923a：172）との解説があるが，実はクラーラにはこういう題名の論文はない。別名のクラーラの論文とこの訳文を一つひとつ対照してみたところ，1921年にクラーラが書いた論文「 2 つの11月革命と婦人」（Die beiden Novemberrevolutionen und die Frauen）の一部が，

---

26) コミンテルンの女性政策は，クラーラ・ツェトキーン研究と国際女性デー研究の必要から，拙著・拙稿でその歴史を追い，クラーラの演説や論考の翻訳もいくつか行ってきた（松原 1969：73-166，230-248，伊藤 1980：伊藤 1982，伊藤 1984：343-412，伊藤 2018：629-826）。ここで，これを菊栄と関連させたい。

対応することが明らかになる。菊栄は出典を記していないが，この「２つの11月革命と婦人」の初出は，『共産主義婦人インターナショナル』（*K-FI*）1921年８／９合併号であるので，やはり日本での情報のキャッチは２年ほど遅れている。２つの11月革命とは1917年11月のロシア革命と1919年11月のドイツ革命を指す。

２．国際動向への呼応：赤瀾会・八日会・水曜会・七日会・国際婦人デー（1921－1924）

　国際的社会主義組織の動きと並行して，日本の女性運動にも社会主義的な性格の強い流れが山川菊栄を中心に生み出されていく。時期的に一部さかのぼるが，1921（大正10）年から菊栄との関連で叙述する。

（1）　赤瀾会

　すでに，菊栄の英文論文で紹介されていたことであるが，1921（大正10）年４月21日，第２回メーデーを前にして，まず初めての日本の社会主義婦人団体といわれる赤瀾会[28]が結成され，「私達は私達の兄弟姉妹を窮乏と無智と隷属とに沈淪せしめたるいっさいの圧制に対して断乎として宣戦を布告するものであります」（『山川菊栄集』AB３：10）と宣言した。菊栄は，「社会主義婦人運動と赤瀾会」という論文を『改造』1921年６月号に掲載した

27）クラーラの，コミンテルンでの女性政策にかかわる紹介の山場は，1924年頃とみてよい。そのうち，当時の日本に紹介されているものは，筆者の知るかぎりでは，1924年のコミンテルン第５回大会第11会議での執行委員会の活動および世界情勢に関する討論のなかで，クラーラがドイツ問題にふれて発言したものが白揚社の『コミンテルン　プロトコール全集』（1932，第三冊：165-213）のなかに載っているし，発表時期は前後するが，同第５回大会第20会議での「知識人問題」についての演説が，「有識者問題」と題して改造社の『社会科学』1928年11月号に掲載され，その他のものとして，日本で翻訳があるのは，1926年５月28日，コミンテルン女性大会に対するクラーラのメッセージの一部，「労働婦人の統一戦線へ」，1927年12月２日，ソ連邦共産党大会第15回大会に対するクラーラのコミンテルン中央委員会代表としての祝辞などである。この２つは『文藝戦線』第５巻第３号（1928年）にある。このように，それ以降，クラーラ・ツェトキーンは，菊栄以外の人々によって断片的に紹介され続けていくが，次章で扱う。

（『山川菊栄集』AB 3：2-10）。伏字の多さから当時の検閲の厳しさを推し
量ることができる。菊栄の要点を追ってみる。

　この論文によれば，明治時代婦人解放運動の先鞭をつけたのは，堺利彦ら
であり，堺が，カーペンター，ベーベルの婦人論を紹介し，『革命婦人』と
いうパンフレットも作っていたこと。しかし，社会主義勢力は，大戦中の社
会的不安の増大，露独革命が起きて，加速度的に無産階級の間に増えていっ
たこと。「そしてわが党[29]は，はじめてその真の苗床である労働階級に，牢
固として抜くべからざる根柢を張るに至った」（『山川菊栄集』AB 3：3）
ことをまず述べている。最初，「赤瀾会」は，「社会主義の団体である巣鴨の
北郊自主会で時々同志の家族たる婦人の座談的集会があり，それを何とか色
彩の鮮明な，しっかりしたものにしたいという相談が，橋浦はる子，堺真柄，
九津見房子の諸氏の間に協議せられ三月半ばに至ってその議が熟して〔二九
字伏字〕それは実行されている。」（同上：4）。赤瀾会という名称は，4月
20日頃，上記の人々および曉民会の秋月静江氏の間で決定を見，24日の例会
で決まり，会は，この4人を世話人とし，会員約40名で成立したという。菊
栄は，「二十四日の例会前後は，一つはメーデーの準備もあり，かたがた諸
氏は毎夜十二時，一時まで外出がちであったと聞きました」（同上：4）と
書いているので，顧問格菊栄は，この日参加していない。

　そのメーデーについてであるが，のちに菊栄は「警察は最初からこの〔二
字伏字〕婦人団を恐れかつ憎んでおりました。メーデー──日本において婦
人の参加した最初のレコードを作った──の前日には，赤瀾会内の活動分子
に対しては，ことごとく検束の命が下ったにもかかわらず，彼らは巧みに厳
重な警戒網を突破して当日まで身を潜め，赤色の紙に印刷した『婦人に檄
す』なるビラは，市の内外にあまねく撒布せられました。五月一日メーデー
の大示威行列が日比谷辺にさしかかるや，会旗を擁した真柄氏を中心に，各

28）The Red Wave Society：「赤瀾」とは赤い波（さざなみ）を意味する。設立世話人は，
　　九津見房子（1890.10.18-1980.7.15）・秋月静枝，橋浦はる子，堺真柄の4人で，顧問
　　格として山川菊栄（30歳）と伊藤野枝が加わった。九津見と菊栄は，同年齢である。
29）ここでいう「わが党」とは前年1920年12月9日に結成された日本社会主義同盟，のこ
　　とであろうか。

第5章　1920年代前半の山川菊栄——初期コミンテルン・赤瀾会・国際婦人デー　191

自に小旗を打ちふった会員十数名が，突如行列の中央に参加した時には，同志の意気がとみに加わったと<u>聞きました</u>」（同上：5）と書いている。

　菊栄はこのくだりを『おんな二代の記』では「大正十（一九二一）年の春，堺真柄，九津見房子，橋浦はる子，伊藤野枝などの諸氏の間に研究的な婦人団体組織の話が進み，堺利彦さんが赤瀾会と命名[30]し，大杉さんが『赤っただれの会』[31]と呼んで冷やかしたりしましたが，メーデー参加の件はアナーキストの青年のすすめによった<u>ものとか</u>。私は当日まいた赤い宣伝ビラの文章を<u>書いただけ</u>でした。ちょうど三月からジフテリアで心配した子供が四月末ようやくよくなり，私は山口氏のいる鵠沼の農家に子供をつれて静養中，メーデーを迎えました」（『山川菊栄集』A9：264）と書いている（下線は伊藤による）。

　ここでも「赤瀾会」について一歩引いた書き方になっている（上記下線部分注意）。菊栄が書いた「赤い宣伝ビラ」とは「婦人に檄す」という名がつけられており，「書いただけ」とはいかにも消極的な立場にいたように印象づけられるが，次のような堂々としたものである。

　　婦人に檄す

　　　メー・デーは私たち労働者の日，虐（しいた）げられたる無産者の日であります。婦人と労働者とは幾十世紀の間，同じ圧制と無知との歴史を辿（たど）ってきました。しかし黎明は近づきました。ロシアにおいてまず鳴らされた暁（ぎょう）

───────────────

30）ただし『山川菊栄集』編者注には「命名者は九津見房子である」（同上：265）と書いている。菊栄が，命名者を忘れるわけはないと思われるがなぜ，事実を書かなかったのかは，編集者の思惑もあることであり，私は推測を避けたい。ただし，九津見は菊栄と同じ1890年に，岡山県に生まれ，没年1980年で菊栄と同じである。岡山で薬店を開いていたときの均の影響も受けている。非合法の日本共産党大検挙（1928年，3・15事件）で，女性初の治安維持法適用を受け，拷問の末，有罪判決で札幌刑務所に服役。のちゾルゲ事件に連座，逮捕，投獄。未決勾留も含め獄中生活は通算して10年を超えるほどの過酷な弾圧を受けた。敗戦後，連合国軍最高司令官思想犯釈放令で，餓死寸前に出獄。日本共産党からの復党の誘いを拒否。そののち，かつての同志たちを弾圧する側にまわった夫・三田村四郎に献身したという複雑な経歴をもつという事実だけは記しておきたい。

31）瀾を瀾と書く者もいたからであろう。

鐘は，刻一刻，資本主義の闇黒を地球の上から駆逐して行く勝利の響き
を伝えております。姉妹よ，お聴きなさい。あの響きの中にこもる婦人
の力を。さあ私たちも，私たちの力のあらんかぎりをつくして，兄弟と
ともに日本における無産者解放の合図の鐘をつこうではありませんか。

　覚めたる婦人よ，メー・デーに参加せよ。

　赤欄会は，資本主義社会の倒壊と，社会主義社会建設の事業に参加せ
んとする婦人の団体であります。入っては家庭奴隷，出でては賃銀奴隷
の以外の生活を私たちに許さぬ資本主義の社会，私たちの多くの姉妹を
売笑婦の生活に逐う資本主義の社会，その侵略的野心のために，私たち
から最愛の父を，子を，愛人を，兄弟を奪って大砲の的とし，他国の無
産者と虐殺させあう社会，その貪婪な営利主義のために，私たちの青春
を，健康を，才能を，いっさいの幸福を，そして生命をさえも蹂躙し，
犠牲にし去って省みない資本主義の社会──赤瀾会は，この惨虐無恥な
社会に対して，断乎として宣戦を布告するものであります。

　解放を求むる婦人よ，赤瀾会に加入せよ。

　社会主義は，人類を資本主義の圧制と悲惨とから救う唯一の力であり
ます。正義と人道とを愛する姉妹よ，社会主義運動に参加せよ（『山川
菊栄集』AB 2：265-266）。

菊栄を研究対象とするとき，江刺（井手，江刺 1977：211）の菊栄評，つ
まり「この頃の社会主義婦人運動家は，理論よりもまず実践があり，実践行
動の中で鍛えられて理論をつかんでいく，体あたり的ないき方が多い。その
中にあって菊栄は，実際運動は好まず，読書と研究を通じて社会主義理論を
身につけ，それを婦人運動にあてはめて，指導権を握るという稀ないき方を
示した。それは，大正が生んだすばらしい個性の一つである」という一文が，
しばしば私の脳裏をかすめる。

菊栄は「ふたたび婦人に檄す」も書いている。それは次のようなものであ
った。

　メーデーは，私たち苦しめられたる貧乏人の日であります。覚めたる
婦人よ，メーデーに参加せよ。そうして自分たちの力のあるかぎりをつ
くして，私たちの自由な世界をつくらうではありませんか。

赤瀾会は，私たちからすべての幸福を，うばつた資本家に対して，あくまでたたかふためにたつた，社会主義婦人の団体であります。こんな社会から，一時も早くのがれようとする覚めたる婦人よ，赤瀾会に加入して共に運動をしようではありませんか。五月一日　麹町区元園町一ノ四四　赤瀾会（1921.5.1）（鈴木 1996：Vol. 1, 思想・政治 1：476）。

菊栄30歳の1921年のこの２つの檄文と，66歳になった1956年の『おんな二代の記』での回想との落差は大きい。それは，単に年月を経たからというものではないのだろう。菊栄は書いている。

　すばらしいさつき晴れで東京のメーデーを祝福したあの日，ほんの少しばかりの婦人たちが何倍もの警官にとりまかれ，打つ，蹴る，ひきずりまわすという暴行をうけ，中には二年間入院をよぎなくされたほどの被害者を出そうとは夢にも思わなかったことでした。警官は単にメーデーそのものが憎かったばかりでなく，「女のくせに」という性別的な偏見のため，男子に対する以上の暴行にかりたてられたようです。

　六月，赤瀾会は神田の青年会館で講演会を開き，男子は秋田雨雀，江口渙，婦人は堺真柄，伊藤野枝，私などが出ましたが，ことごとく中止のうえ解散となりました。同年八月，同会主催で約一週間社会主義の夏期後援会が開かれ，講師には堺利彦さんも私も出ましたが，これはとくに婦人を対象としたものではなかったので，男子の聴講生の方が多く，個人の住居で開かれて規模も小さかったせいか，最後までぶじに続きました。が弾圧は日毎にはげしく，赤瀾会の名でおおびらな活動をすることはできず，また会員はそれぞれ男女共同の他の思想団体にも属していたので，その中での仕事に時と精力とをいっぱいにとられてもいて，赤瀾会自体としてはあまりのびませんでした（『山川菊栄集』A9：264-265）。

赤瀾会は日本の女性解放史上では，きわめて重要な会と思われるが，菊栄のこの軽いタッチの思い出からすれば，自分にとって，それほどのことはなかったという印象を与えようとしているように感じられる[32]。

当事者の一人堺真柄はどう書いているだろうか。真柄は，1957年から1981年までに書いた４本の思い出を，自らの『わたしの回想』（下）（1981）に，

「第4章　赤瀾会のこと」，として載せている。そこから，いくつか引いてみたい。大正10（1921）年，真柄は数え年18歳，女学校を出た年であった。

　　日本社会主義同盟に加入できれば，この会は生れなかったかもしれませんが，治安警察法第五条で婦人の政治結社加入を禁止していました。発起人というべき世話人は，秋月静枝，九津見房子，堺真柄，橋浦はる子，となっていました。（中略）第二回メーデーにはじめて翻った会旗は，黒地に赤でＲＷと縫いつけてありましたように，赤いさざなみ。女らしい，むしろ文学的な思いつきから命名されたもので，提案者は久津見房子[33]さんでありました。

　　前記四名のほか岩佐しげ，北川千代，高津多代，高野千代，竹内ひで，中村しげ，中村みき，中名生いね，仲宗根貞代，橋浦りく，吉川和子，渡辺こう——こんな方たちが，よく活動しました。山川菊栄，伊藤野枝の両氏は顧問格で，講演会や講習会に講師として来て頂きました。会員数は四十名内外だったでしょう（近藤 1981 下：8，初出は『婦人のこえ』No. 42, 1957.3）。

真柄は，第2回メーデーの旗手は橋浦はる子だったといっている（同上：11）。

以下真柄の言葉を続けたい。

　　赤瀾会は何をしたかといいますと，三月から四月にかけて創立し，五月に日本の第二回メーデーに参加しました。山川菊栄氏が書いたビラを配りましたが，内容が悪いということから出版法違反の名のもとに秋月

---

32) 菊栄は，すでに1925年の『婦人問題と婦人運動』（全体は7章で詳述）においても，きわめて控えめに振り返る。先取りして引用するが，「大正八，九年頃（赤瀾会の結成は1921年4月24日，解散は1922年春，その後ただちに『八日会』ができているのに故意に2年ほど早くにできたように書いている）一時に台頭した社会運動の潮流の中に交って，日本社会主義同盟に属する婦人社会主義者の団体赤瀾会が生まれた。これは実際運動の団体としてでなく，社会問題の研究を目的とした，極めて穏やかな結合体で，会員約40名，仲宗根貞代，堺真柄等の諸氏を世話人としてゐたが，官憲の猛烈なる迫害によって発展の機会を得ずに終わった」（同書：178）。

33) 真柄70歳のとき，赤瀾会の命名者久津見房子について，1973年4月号の『婦人公論』で，「九津見房子を想う」を書いている。

第5章　1920年代前半の山川菊栄——初期コミンテルン・赤瀾会・国際婦人デー　195

静枝，中名生いね子二人がひっぱられ，長い間拘留されました。（中略）
　それから私達は，メーデー参加のため黒の布地に赤で赤瀾会と縫いつ
けた大旗と，RWの小旗を作り参加の準備をしました。前夜から，ねら
われていない知人や友人宅に泊り込み，新橋と浜松町間にあるこれも知
人の床屋さんの二階に，三三五五集ることにしました。予備検束という
のをさけるためです。そして芝浦から出発して上野に向う行列が，新橋
わきへ来た時，私どもの同勢十数名が旗をかかげて飛び込みました。拍
手と歓声で迎えられました。途中少々のもみ合いはありましたが，上野
の山下まで歩いて来た時，また，大きな混乱となってもまれたり，ぶた
れたり，赤瀾会の旗ももぎとられて，気がついた時は旗竿だけになって
いました。（同上：30-31）。

　その後，1921年6月8月，逮捕者の罰金，60円を払うために，神田の青年
会館で講演会を開き，小川未明，秋田雨雀，山川菊栄，伊藤野枝が参加し，
堺真柄も「旗持ちの役」という題で演壇に立った。ただちに弁士中止になっ
たが，それでも60円の費用ができて納めることができたと，堺真柄は書いて
いる。（同上：31）。

　赤瀾会の活動としてこのように講演会や講習会を開いているが，山川菊栄
はそこにも現れている。1921年6月，赤瀾会の講習会が，5日間にわたって
開催され，講師陣は豪華メンバーであった。岩佐作太郎，堺利彦，伊藤野枝，
守田有秋（クラーラ・ツェトキーンにも会い，文通した人物：伊藤），大杉
栄らが登場し，第5夜は，山川菊栄が担当した。内容は，近藤真柄（同上：
32）によれば「第一インタナショナルから第三インタナショナルの運動の発
達と歴史，明治・大正の婦人運動の概要，婦人に課せられた社会的地位と歴
史的任務を果すのが婦人の天職」（同上：32）というようなものであった[34]。

　赤瀾会は，自然解消し[35]，1922年の初め山川菊栄のまわりに集まった「水
曜会」[36]の女子学生などによって国際婦人デーを記念して「八日会」が結成
された。「八日会」は，「赤瀾会」の後身であり，その名が示すように，3月

───────────────────────
34）均はすでに1921年『改造』5月号に第1，第2インタナショナルの略史も含めた「第
　三インタナショナル」という論文を載せている（『山川均全集』3：236-239）。菊栄は
　ここから知識を得たかもしれない。

8日の国際婦人デーにちなんでいた。鈴木（1996：20）は「八日会は1923年，日本で最初の国際婦人デーを準備し，また前年に繰り広げられたロシア飢饉救済の女性運動では女性有力者を動かし，縁の下の力持ちとして実際の運動をになった。文字通りインターナショナルな活動をめざしたのである。赤瀾会―八日会の活動期間は短かったが，その後の左翼運動や女性労働運動の礎を築いた。その意味で赤瀾会―八日会は，社会主義女性運動の源流とされる。」としている。

「八日会」[37]の中心人物も山川菊栄であった。菊栄こそ日本の国際婦人デー誕生のキーパースンである。日本の国際婦人デーの歴史を菊栄ぬきで語ることはできない。

(2) 国際婦人デーと山川菊栄の国際婦人デー認識

菊栄が1913（大正2）年頃から英訳のベーベルの『婦人と社会主義』を読

---

35) 1921年5月，社会主義同盟が第2回大会を開こうとして，政府によって禁止され，ついで結社そのものも禁止されたとき，再興はならず，赤瀾会の活動も低下した。

36) 水曜会は，社会主義同盟の解散後できたいろいろなグループのひとつ。山川の新宅のあった大森には，山川夫妻と，西雅雄，田所輝明，稲村隆一，横田千元，徳田球一，山口小静，貝原たい子らが加わった。この会で菊栄は，レーニンの『国家と革命』の英訳を読んで報告したという。ほかに，堺利彦のML会，高津正雄らの曉民会がある（『山川菊栄集』A9：268）。水曜会については，田島ひで（1968：72-73）が，「私も菊栄の紹介で参加した。このころちょうどヨーロッパから帰った野坂参三・龍夫妻も，しばらく大森に住んでいたので，水曜会に出席している。……水曜会は，毎週研究会をもっていたので，私は欠かさず出席して講義をきいた。講師は山川均が主で，市川正一のときもあった。臨時に高橋亀吉や，そのほか若い高橋貞樹などの話をきいた。山川均の講義内容は，私の記憶ではレーニンの著作についてだったように思う。といっても，レーニンの著書は日本語では一冊も出版されていなかった。大森行きの国電のなかで市川正一と乗り合わせると，彼は，いつもあの独得の鉄ぶちの眼鏡をとおして，細かい外国語の本にくいいるように読みふけっていた。」と書いている。

37) この会は「ロシア飢饉救済（援と書いている文献も多い：伊藤注）婦人有志会」を起こし（この会には，若き宮本百合子もかかわっており，菊栄と百合子は顔を合わせているが，後述する），翌1923年に開催された日本での第1回国際婦人デーには中心的活動を行ったが，その後関東大震災被災者救援活動を行ったのち解散した。江刺（井手，江刺 1977：218-219）は，「この運動は，社会主義婦人運動家と一般の進歩的婦人が手を結んだゆえに成功したものといえるが，その連携は震災後の東京連合婦人会の下地づくりにもなったといえる意味のあるものだった」と位置づけている。

第 5 章　1920年代前半の山川菊栄──初期コミンテルン・赤瀾会・国際婦人デー　197

んでいたこと，それから10年後，クラーラ・ツェトキーンの「露独革命と婦
人の解放　クララ・ツェトキン」を『種蒔く人』に載せた1923年３月に，ベ
ーベルの『婦人と社会主義』50版のメタ・シュテルンによる英訳本からの重
訳『婦人論，婦人の過去・現在・未来』を出版したことはすでに述べた。こ
れが日本で初のベーベルの『婦人と社会主義』の完訳といわれるものである。
詳細は次章で取り上げるが，1923年３月に，「アウグスト・ベーベル」と
「クラーラ・ツェトキーン」と「国際婦人デー」が，同時に日本の女性の前
にそれ自体として姿を現したのだ。しかもその媒介者はいずれも山川菊栄で
あった。このことを私は見逃すことはできない。

　1923年３月，菊栄は，国際婦人デーの紹介を精力的に行っている。①「国
際婦人デー」（『東京朝日新聞』1923年３月７日から11日まで５回連載：『山
川菊栄集』AB３：148-157），②「国際婦人デー」（『社会主義研究』1923年
３月号），③「国際婦人デー　三月八日の為めに」（上・下『読売新聞』1923
年３月７，８日），「昨年の国際婦人デー」（『前衛』1923年３月号）などであ
る。そのほか鈴木裕子（『山川菊栄集』A3：318）によれば，掲載誌不詳の
「（角筈）国際婦人デー」（1923年３月）があるとのことである。

　では，上記①を取り上げてみる。当初の菊栄の国際婦人デー認識が，戦後，
労働省婦人少年局長時代（とその後）の菊栄の国際婦人デーをめぐる言動に
どう影響をおよぼしているかは，私の本書における重要な関心事である。

　菊栄は，まず，「国際婦人デー」は，第１次ロシア革命の1917年３月８日
の婦人の蜂起に起因すると認識していたことがわかる。このロシアのブルジ
ョア革命から，プロレタリア革命を経て男女平等が進み，第３インターナシ
ョナル（1919年３月創立）が，「最も透徹した先見と，最も機宜に適した処
置とをもって無産階級運動の前衛を務めようと」（同上：149）し，かつ「婦
人問題についても，最も実際的な方法を考えずにはおかなかった」（同上：
149-150）と評価する[38]。このとき，菊栄は，1921年のコミンテルンの婦人
会議が，国際婦人デーを３月８日と決めたことを把握していたことはすでに
述べた。日本での初めての国際婦人デーは，1923年３月８日に催されたが，
この1921年の，国際婦人デーを３月８日に決めた「モスコーの第三インタナ
ショナル婦人大会」をはじめ，1922年のコミンテルンの女性運動指導を日本

女性でただ一人理解し評価していたと思われる菊栄が，日本の婦人デーの先頭に立ったのは当然の成り行きであっただろう。日本の国際婦人デーと関連して，第2次世界大戦以降，再び菊栄が別な役割を果たすことになるが，本章では1923年の菊栄に集中したい。

すでに，1922年はじめ，山川菊栄のまわりに集まった「水曜会」の女子学生などによって国際女性デーを記念して「八日会」が結成されていたこともすでに述べた。日本の第1回国際婦人デーは，1923年3月8日，機関誌『種蒔く人』1923年2月号を「無産婦人号—国際婦人デー記念」として出していた「種蒔き社」主催で，神田青年会館において「国際婦人デー講演会」として開催された。聴衆は，主催者発表では3000人，『読売新聞』1923年2月9日付けでは500人，女性はその3分の1とされている。講演者は，「八日会」のメンバーより，矢部初子（司会兼「国際婦人デーの意義について」），（以下，括弧内，本名，演題），金子ひろ子（佐々木はる「婦人職業生活の可否」），三宅秀子（田島ひで「無産婦人の叫び」），港ちえ（丹野セツ「労働婦人の立場」），武田とし（川上あい「婦人労働の現勢」），山川菊栄（「国際婦人デーの意義」），西たい（「国際婦人運動」），仲宗根貞代（「婦人解放運動の進化」）8人が予定されていた。午後7時開会，40分で解散。黒龍会赤化防止団（国粋会員の説もあり）の妨害で混乱となり，神田錦町警察署長が解散させた。この辺の1次資料は鈴木裕子編の復刻編集版に収録されており参照が容易になった[39]。

当時のさまざまな報道や論考から察すると日本での国際婦人デーは，最初から時代的制約と日本的特徴をもったものであったといえる。まず第1に，第1次世界大戦前の国際婦人デーを知らなかったということがあげられる。

38）私が気になるのは，国際婦人デーの国際的起源を，この時点で菊栄が1910年の第2インターナショナルでの第2回国際女性会議での国際女性デーに関するクラーラ・ツェトキーンの決議にまで遡っていないことである。このことが，のちの菊栄の国際女性デーの起源理解に禍根を残すことと無関係ではないと推測される。私は，いつ菊栄が，国際婦人デーの起源が，1910年にさらにその前のアメリカ社会党まで遡るということに気づくかに注意して，菊栄を読み進めてきたが，明白ではない。

39）鈴木裕子編『日本女性運動資料集成』第1巻　思想・政治Ⅰ　不二出版，1996：505-511。しかし各報道紙によって微妙に異なり，史実を確認するのは困難である。

第5章　1920年代前半の山川菊栄——初期コミンテルン・赤瀾会・国際婦人デー　　199

日本の女性運動は第2インターナショナルシュツットガルト大会（1907年）については，福田英子の『世界婦人』での報道を通じて接点をもってはいたが，肝心の「国際婦人デー」を決議する1910年のコペンハーゲン大会を伝える記事はみつからない。1907年の大会には加藤時次郎[40]が参加していたのは事実であると思われるが，それは本大会であって，婦人大会の情報を日本に伝えたわけではないだろう。

　第2に，日本の女性運動は，コンガー・カネコ（夫は日本人金子喜一[41]）らのアメリカ社会党の女性運動とも接点をもってはいなかった。そのため，第2インターナショナルとの接点も組織的ではない[42]。ヨーロッパとアメリカをつなぐ壮大なこの日の背景をまったくとはいえないが不十分にしか知らなかった[43]。その結果，日本には国際婦人デーは，第2インターナショナルを飛び越えて「第3インターナショナル」とともに入ってきた感があったのである[44]。

　1923年2月6日付のドイツ語版 *Inprecor* は，E・ラリーという署名で「東洋の3月8日」という一文を載せている。それを翻訳引用しておく。

　　　われわれは，今年（1923年のこと：伊藤）の国際女性デーは，近東の

40）加藤時次郎（1858-1930）は，明治から昭和にかけての医師・社会運動家。1888年からドイツに留学して社会主義思想に接した。帰国後，堺・幸徳の社会主義研究会に参加した。幸徳が堺利彦とともに『平民新聞』や日本社会党を結成したときにはその有力な資金提供者になるとともに，1906年ヨーロッパの医療事情視察を名目に日本を離れ，途中1907年シュツットガルトで開催中であった第2インターナショナルに日本代表として参加し，1908年の帰国後も幸徳らとの関係は続いた。

41）金子喜一については大橋（2011）参照。

42）西川（1985）が，「点と線に関する覚書」という副題を付けた『初期社会主義運動と万国社会党』がまさに点と線を詳細につないで紹介している。

43）しかし，コンガー・金子夫妻が国際女性デー決議を採択したコペンハーゲン女性会議にメイ・ウッド・サイモンズらが出席したことを報じた『進歩的女性』は，断片的に日本に入ってきていた事実はある。

44）上記注39に掲載されているどの文献も，国際婦人デーについては1917年のロシアの情報から始まる。国際婦人デーの起源を「1910年，コペンハーゲンにおける国際社会主義者婦人大会でクララ・ツェトキンの提唱によって，……」と日本で初めて書いているのは，管見の限りでは『働く婦人』第1巻第3号（1932.3.1：10）の無署名論文「三月八日国際×産婦人デーに際して」である。

ソビエト共和国で催されるだけでないことを希望している。トルコや極東の朝鮮，中国，日本の共産主義的女性組織は，これまでの弱点にもかかわらず，「帝国主義的資本主義に反対するたたかい」と「労働者の，帝国主義の敵との統一戦線」のスローガンのもとに，祖国の自由のために英雄的にたたかっている朝鮮の女性革命家と同じく，紡績工場や繊維工場でひどく搾取されている不幸な中国の女性労働者もまた集会に成功するだろうと信じている。日本においてはついに，大土地所有者の田地であくせく働かなければならなかった女性労働者や日雇女性が，若い知識人女性共産主義者のグループの助けをかりて，３月８日に，彼女たちがすでに長年歩んできた革命的階級闘争の道のりに一つの新しい境界石をうちたてるだろう（*Inprecor*, Nr. 27, 26. Feb. 1923）。

　このE・ラリーの一文によつて，1923年の日本の女性デーが事前にコミンテルンに報告され，他の極東諸国と並んで，女性デーの開催が期待をもって見守られていたことがわかる。さらに，『共産主義女性インターナショナル』（*K. F-I*）1923年４月号は，各国の女性デーの開催状況を報じているが，そのなかに同じくE・ラリーの「東洋における国際共産主義女性デー」と題する一文がある。文中の，日本に関する部分を抜き出してみると次のとおりである。

　　労働運動がますます発展している日本では，今年，国際女性デーを公然と開催する努力がなされた。しかしながら警察は，集会を解散させた。なぜなら，日本政府は，ひどく搾取されている女性労働者の目覚めは，金持や，彼らの帝国主義的国家に危険をもたらすことをよく知っていたからである。日本の女性労働者は，ストライキに積極的に参加し，いつも多数が労働組合に加入した。資本家が所有している工場のそばの部屋につめこまれて住んでいるのが常である東京の織物工場や紡績工場の女性労働者は，３月８日に「住家」をはなれて集会に参加することができなかった。すなわち，工場当局は門を閉鎖し，工場の周囲に警官を配置した。

　　３月８日の東京における婦人の集会は日本の社会主義的婦人団体の指導者，同志金子が，日本の女性労働者の労働条件とソビエト・ロシアの

婦人の状態について論じはじめるやただちに，警官によって解散させられた。

　警察は大衆逮捕にとりかかった。日本の他の場所でも同じような状態であった。2，3の都市において，女性労働者は，3月9日に集会を延期して警官の監視を欺くことに成功した。日本の働く女性は，搾取されている階級の力によって，元気を失わされることはなかった。国際女性デーによせる日本女性の社会主義団体の宣言が，そのことを証明している。ここにこの宣言の断片がある。

　姉妹たち！　なまけ者が肥えているのに働くものが飢えなければならない理由は何か？　どうしてわたしたちは，わたしたちの生活を維持するためには働いていても憎まれたり，家畜のよう扱われたりするのか？

　姉妹たちよ，そのことを考え，この問いに答えを見出そう。わたしたちは，労働の領域で，過去の農業革命の中で女性がどんな役割をはたしてきたかを忘れてはならない。彼女たちは，彼女たちの労働諸条件の改良のためにたたかってきた．そしてわたしたちは，このたたかいを継承しなければならない。人々は，女性の義務は他の場にあるとわたしたちにいう。わたしたちが飢えているというのに，そのことがわたしたちに何の関係があるというのか？　慈善行為や気晴らしは，金持ちの家族の娘たちにとっては意味のあることである。わたしたちにかんしては，女性たちが目下，そのもとで働かされている諸条件を破壊することが，わたしたちの義務である。

　階級闘争が，日本の女性労働者をもとらえはじめ，たたかう世界プロレタリアートの隊列に編入しはじめた（*K. F-I*, Apr. 1923：30-31）。

では，その後はどう展開したか。

菊栄側の事情をみると，1923年3月，均とともに主筆を務めた『前衛』と『社会主義研究』は終刊となった。しかし，「八日会」は，前述「ロシア飢饉救援婦人会」（与謝野晶子，川崎なつ，深尾須磨子，石本＝加藤静枝，新妻イトら）で，幅広い女性たちと活躍している。ここで，中條百合子との接点があるのでふれておきたい。

この時点での二人の接点は，「ロシア救援婦人有志会」（「ロシア飢饉救済

婦人有志会」ともいう）と「東京連合婦人会」である。中條百合子の年譜
（『宮本百合子全集』新日本出版社，別冊1981：35）によれば，1922年前半，
夫荒木茂と別居を希望して，それが叶わぬままでいた百合子は，「７月はじ
め国内戦争と外国からの干渉戦争のあと大飢饉に見舞われたソビエト・ロシ
ア救援のため，『ロシア救援婦人有志会』の発起人となり，与謝野晶子，山
川菊栄らとともにその仕事に協力する」。ドメス出版『日本婦人問題資料集
成』第10巻の「近代日本婦人問題年表」（1980：100）には，「7.9　ロシア飢
饉救援婦人有志会結成。水曜会の女性らが中心となり与謝野晶子・中条百合
子・大竹しづ・川崎なつ・石本静枝ら参加。８月末救援金3800円を送る」と
ある（ただしなぜかここに山川菊栄の名はない）。しかし，ここで最初の接
触があったことは，『宮本百合子全集』23（新日本出版社，1979：552）に収
録された1922年７月９日の日記でわかる。ここでの百合子の菊栄観察は次の
ようであった。

　　　午後からききん救済会の相談があって大同へ行く。（中略）山川さん
　　が，疲れ切ったようにして居，自分は心配になった。会ってみると，書
　　かれたものにあるような傾きすぎたところが少く，落ち切り，実に心持
　　のよい人だ。女らしい見栄，すまし，がちっともなく，どんな智識階級
　　に入ってもおとりが見えないとともにどんな女事務員のような中に入っ
　　ても，他処ものらしく見えない。只，服装などではない。人間味だ。そ
　　の人の。かなり体は弱り，もうそう長くも生きられない由。おしいこと
　　と思う。若し彼女に何事かあれば，その後をうけ，あれ丈しっかりした
　　足場で，とにかく，一部の重鎮となる女の人は居ないだろう（下線伊
　　藤）。

　ここには百合子の菊栄への感じたままの賛辞が見られる。また百合子の菊
栄描写は，晩年の菊栄に会った多くの人の印象と合致する（後述）。百合子
23歳，日本共産党が非合法裏に創立（７月15日）される直前の1922年の７月
のことであった。周辺が緊張に満ちていたであろう。菊栄がたとえ主体的に
関わらなかったとしても疲れていたのもうなずける。私が下線を引いた部分
に注目したい。それから８年後，この２人に何が起きているかはこの時点で
は菊栄も百合子も未知である。

第5章　1920年代前半の山川菊栄——初期コミンテルン・赤瀾会・国際婦人デー　　203

　4月には，『前衛』『社会主義研究』『無産階級』を併合して『赤旗』が日本共産党機関紙として発刊されることとなった。

　翌1923年3月13日，菊栄は，ベーベルの『女性と社会主義』を，ベーベル『婦人論』として，英文から重訳初完訳し，アルスから出版した。菊栄によるベーベルの婦人論の翻訳には長い準備の期間があったとはいえ，その出版が，日本最初の国際婦人デーの年と重なったことを私は重視する。ここまでは，まだ，まもなく襲いかかる共産党への弾圧の前であった。

　1923年6月5日には，前述の最初の共産党弾圧が，9月1日には，関東大震災が起き，9月16日大杉栄と伊藤野枝らが虐殺された。1923年6月と9月の出来事は，重大事であった。1923年を語るのに，6月以前と，9月以降は，まったく別の，情勢とみなければならない。この3カ月の間に起きた，非合法共産党への弾圧と，関東大震災にかこつけた社会主義者の虐殺事件が，運動に携わる者におよぼした影響は，はかり知れないものがある。もはや，国際婦人デーどころでなかった。

　震災時，菊栄はどうしていたか。菊栄は「9月1日の朝は大嵐。11時ごろおさまったので子供と二人で，医師へゆく途中，三田札の辻で大震災にあい，線路はアメのようにうねって電車は不通。馬力にのせてもらって家に帰りついたのが三時。（中略）私たちの家はつぶれ，手つだいの若い娘が生きうめになったのも無事に救い出され，山川もあやうく難をのがれていました」（山川菊栄　1963「私の運動史」，外崎，岡部編　1979：58より記載）と書いている。在郷軍人の再三の流言に，菊栄夫妻は危険を察知して「近所にやっと借りた一室に掘り出した荷物をほうりこんだまま，数日後，汽車の開通を待って東京の私の実家に親子三人身をよせました」（同上：59）という。森田家に寄寓したわけである（途中，均，菊栄・振作別々に）。昼は憲兵，夜は特高が監視した。「救い出した手伝いの若い娘」はどうしたかは書いていない。

　先に「コシア飢饉救援婦人有志会」で菊栄と出会っていた百合子はどうしたか。まだ離婚にいたらぬ荒木茂の福井県の実家に滞在していた百合子は，9月1日，関東大震災の報を受け，帰京する。百合子の9月27日の日記には，「三宅やす子，金子茂，坂本真琴，平塚明子，赤江米子，西川文子，その他

で，災害救済婦人団の仕事を始る。例によって自分は，一切講演などには出
ないこと，表面でさわぐのはおことわりと云う前提で小さい内の仕事だけ助
力することにする」（『宮本百合子全集』新日本出版社，23巻 1981：697-
698）とあり，そのあとしばしばこの会の活動に参加する様子が書かれてい
る。百合子全集年譜には「同月末，三宅やす子主宰の『ウーマンカレント』
を中心とする『災害救済婦人団』の仕事に参加した」（『宮本百合子全集』新
日本出版社，別冊1981：37）とあり，「この年覚え書『大正12年９月１日よ
りの東京・横浜間大震火災についての記録』（中略）を執筆。（中略）とある
が未確認」（同上：38）と記されている。

　「災害救済婦人団」とは，1923年「９月20日『全国の同性に』と題して女
性たちに救援の呼びかけを行い，24日，金子しげり，坂本真琴，平塚らいて
う，赤江米子，三宅やす子，中條百合子，伊藤朝子，西川文子，渡辺貴代子
の９人で結成した。女性の救護活動団体としてはもっとも早かった」（折井
他編著 2017：26）といわれる。この団体は講演会をして募金を行ったが，
1928年９月28日，震災後のこうした団体で，前にもふれた「東京連合婦人
会」[45]が生まれて，これには，菊栄も加入したのであった（1942年12月８日
解散）。百合子は「災害救済婦人団」研究部に所属し（折井他編著 2017：
150），「東京連合婦人会」研究部には山川菊栄が短期間所属していたが，２
人はここでは接触はなかったものと思われる。その後，百合子は1924年に野
上弥生子宅で湯浅芳子を知り，湯浅と同居し，25年には荒木と離婚し，26年

45）東京連合婦人会は，関東大震災後の1923年９月28日，罹災者救済運動のため，東京の
　婦人団体（市民的婦人運動や社会主義的婦人運動も参加）が団結して発会した（折井他
　編著 2017：50参照）。同書年表によれば，10月26日研究部第１回部会が開かれて山川菊
　栄も出席している。しかし，同書216ページでは，憲兵の監視と菊栄の静養のため，菊
　栄は11月９日夜東京を立ち，10日朝京都に着いたとある（『山川菊栄集』Ａ：312）ので
　活動は１カ月足らずと書いている。鈴木の年譜では，12月，兵庫県明石郡垂水村の借家
　に移転，１週間後，西垂水海岸に転居とある（『山川菊栄集』Ｂ 別巻：88）。この種の
　ことはつねにいくつかの誤差がつきものであり，事実を突き止めるのに骨が折れるので，
　誤差の指摘にとどめおく。ただし，東京連合婦人会に関係した人々のなかに，ビーアド
　夫妻がいたという（折井他編著 2017：220-222）ことは重要である。とくに妻のメリ
　ー・Ｒ・ビーアドについては，戦後のGHQとの関係で私は着目していた人物である。
　ビーアドについては第９章で再びふれる。

第5章　1920年代前半の山川菊栄——初期コミンテルン・赤瀾会・国際婦人デー　　205

ロシア語の勉強に取りかかって27年11月30日，ソ連に向けて東京を出発する。
釜山，奉天，ハルビン経由，シベリア鉄道経由でモスクワに向かった。百合
子と菊栄は，1922年のソ連救援で直接的に，23年の震災救済に間接的ではあ
るが救援婦人運動で接点をもったことになる。

　江刺は「東京連合婦人会は日本の婦人団体の初めての大同団結だった」
「女子青年会，矯風会，自由学園有志など宗教団体，社会事業団体，同窓会
など幅広い層の婦人たちの連合で，八日会の流れを引く無産婦人運動陣営か
らも，山川菊栄，田島ひでらが参加した」のは「画期的なことだった」（井
手，江刺 1977：259）と書いている[46]。菊栄が所属した政治部が11月3日発
足させた「全国公娼廃止期成同盟会」に菊栄も参加し，1923年11月2日に
「国民に訴ふ」という宣言文原案を起草した（折井他編著 2017：252）。内容
は，震災を機に公娼の全廃を訴えたもので，綱領として，1．消失せる遊廓
の再興を許さぬこと。2．全国を通じ，今後貸座敷及び娼妓の開業を新たに
許可せぬこと。3．今後半ケ年の猶予期間を附し，現在の貸座敷業者及び娼
妓の営業を禁止すること。と3項目があげられている。

　均もまた，罹災者救援思想団体結成に参加したが，一家は，同年12月9日
に東京を出発し，均の療養のため兵庫県明石郡垂水村（現 神戸市垂水区）
の借家に移転し，さらに1週間後，西垂水海岸に落ち着いたので，2人とも
活動は続けられなかった。

　「東京連合婦人会」政治部は，婦人参政権獲得運動者の大同団結にも力を
尽くし，翌1924年12月「婦人参政権獲得期成同盟会」[47]創立準備委員会を組
織した。「趣意書」に記載された50名の創立委員のなかに山川菊栄も名を連

---

46) 江刺（井手，江刺 1977：259-260）は，「無産婦人運動界がまさに一八〇度の転換を
　　とげたわけだが，これは震災前の一九二二（大正一一）年に出た山川均の方向転換論の
　　考えが左翼運動の主流になっていたのと歩調をあわせたものとみてよかろう。山川菊栄
　　のこの考えを受けて無産婦人運動家たちも『敵陣にのりこむような』（田島ひで『ひと
　　すじの道』（伊藤加筆：この言葉は同書105ページにある）気持で，一般婦人運動家たち
　　と行を共にするのだが，やはりなじみにくかったとみえ，しばらくするうち自然に会か
　　ら脱けていった」と書いている。
47) 目的は婦人参政権獲得の一事に限り政党には中立。1925年4月「普選獲得同盟」と改
　　称。

ねたが，名目的なもので活動はなかったと思われる。なお「八日会」は解散された。

1924年は，普通選挙法案議会通過をめぐって，無産政党組織への動きもはじまり6月28日「政治研究会[48]」がつくられた。西垂水海岸に住んでいた菊栄夫妻はその神戸支部に所属した。均は，1月，神戸西垂水で最初の共産党弾圧事件の臨床予備尋問を2回受け，予審終結し起訴されたが，8月の公判で無罪となり，翌年控訴審でも無罪となった。このことは後述する。

こうした混雑のなかでも菊栄の執筆活動は衰えをみせない。1924年3月，フィリップ・ラッパポートの翻訳を『社会進化と婦人の地位』として厚生閣から出し，エドワード・カーペンターの，菊栄訳『恋愛論』も科学思想普及会から改訂普及版が出されている。前年のベーベルの『婦人論』の重訳と異なり，直接英語からの翻訳である。しかし，振作が百日咳となり，3月下旬，山川一家は神戸から東京森田家に帰った。

いかなる状況にあっても，評論・執筆活動から離れないという菊栄の能力・努力は驚異的である。

3．日本共産党と山川均との関係でみる菊栄の位置とその後

(1) コミンテルンと日本の社会主義者の接触

1919（大正8）年に戻る。1919年3月2-6日，モスクワでコミンテルン（第三インターナショナル）が創立された。創立大会で，オランダ人リュト

---

48) 政治研究会とは，普選実施を前に合法無産政党創立の体制を作るため，1923年の暮れに青野季吉，市川房枝，賀川豊彦，鈴木茂三郎，片山哲らが，当初「日本政治研究会」として創立した団体で，「無産階級の立場から政治，外交，財政，経済，教育，産業，労働，社会の諸問題を調査研究し，大衆の政治的組織を促進し，日本社会の改造を期する」ことを目的とした。翌1924年6月に「政治研究会」と改称して創立。知識人中心の組織となり，創立1年半後に，思想の相違から左右両派に分裂し，無産政党綱領を作る時点で矛盾が顕在化した。日農・総同盟が独自に無産政党結成に向かい活動停止となった。この団体は労働総同盟とともに1926年に誕生した社会民衆党の母体となった。

49) この人物と日本の社会主義者，コミンテルンとの関係は，山内（1996）参照。

ヘルス（Rutgers, Sebald Justinus 1879-1961)[49]が，東京で託されていた，1917年のメーデーで採択された日本社会主義者の決議（本書128ページ参照）を，読み上げた（村田他監修，編訳〈1986：5-6〉）。

　コミンテルン創立以降，日本との接点は，だいたい次のようなものである。日本人で最初にモスクワでコミンテルンに接触したのは，1920年初め，アメリカでIWW（世界産業労働者組合）に加わり，活動したという吉原太郎（生没年不明）という人物であった。

　1919年12月11日コミンテルン執行委員会ビューローの決定により設置された，コミンテルン東方部に，1920年5月にウラジオストックに東方ビューローが置かれ，吉原が，東方諸民族局のなかの日本課の責任者に就任することとなった。彼は，同年9月バクーで開催された「東方諸民族大会」に出席して議長団の一人に選ばれ，日本工作の責任者となったという。他方，1914年9月，第4回目の渡米をしていた片山潜が1919年アメリカ共産党の組織に参加し（合衆国共産党は1919年9月創立），その党内に「日本共産主義者団」を創った。そのグループがコミンテルンと接触して日本共産党の結成を促そうとめざし，同年にこのグループの一員，在米の近藤栄蔵が日本に派遣された。近藤は，当時渡米して農業を学んでいたが「日本共産主義者団」に入って，日本に共産党結党のため活動した。

　日本国内はどうかというと，ロシア革命の影響，米騒動などの社会運動の高揚，大正デモクラシー等が相乗し，社会主義的活動が活発になっていた。1920年12月には，既述の「日本社会主義同盟」が結成され，近藤もこれらの人々と接触したが，すでにふれたように「同盟」は半年で解散させられる。このように，コミンテルンの日本への接触は1920年から始まっているが，スムーズにはいかず，かろうじて大杉，堺，山川の名がコミンテルンに報告されている程度であった。コミンテルンと日本の社会主義者の組織的接触は1921年4月とみてよいだろう。肝心の均の自伝にはこのときのことが，非常にあいまいに書かれていて，資料に裏打ちされた村田編訳（1986），犬丸（1993）や，和田他監修，編訳（2014）の叙述と照らすと，事実を意図的にぼかしている（山川均 1961：389-393）と思われるので均の引用は避ける。

　他方，その頃上海で開催された，朝鮮共産党創立大会に出席した李増林が，

日本に戻って，堺，山川，近藤栄蔵と会い，代表の上海訪問を要請した。そ
のとき上海へ行ったのは近藤であった。犬丸（1993：84-86）によれば，そ
れに先立ち，1921年4月，堺利彦，山川均，荒畑寒村，近藤栄蔵，高津正道，
橋浦時雄，近藤憲二が集まって，「コミンテルン日本支部日本共産党準備委
員会」を東京で結成した（和田他 2014：3も叙述）。このとき，イギリス共
産党の文書を手本にして山川均が起草した日本共産党規約と宣言が採択され，
暫定中央委員会を設立した（犬丸 1993：151）。RGASPIのコミンテルン文
書に保存されているこの規約英文には1921年4月24日の日付があるという
（和田他 2014：3）[50]。

　近藤によって，この2つの文書は，上海で極東書記局の代表者をしていた
ヴォーンスキーの手にわたる。1921年6月22日から7月12日まで開かれた
「コミンテルン第3回世界大会」には，日本からの正式代表ではないが，2
人の日本人，アメリカの「日本共産主義者団」からきた田口運蔵と吉原太郎
が参加した。

　吉原は，7月12日に発言して，日本共産党が結成され，党諸決議，宣言と
規約を受け取ったと報告したらしいが，結成ではなく上記文書のみを指すも
のである。党ではなく日本共産党準備委員会のことであった。1921年11月に
イルクーツクで「極東民族大会」が開かれる予定になっていたが，実際は
1922年1月21日から2月2日まで新しい名称で開かれたものである。

　当時の各国の共産党はコミンテルン支部であったが，日本共産党と初期コ
ミンテルンの関わりについてはいくつかの研究がある（川端 1982，村田編
訳 1986，山内 1996，2009，和田・アジベーコフ監修 2014）し，実際コミ
ンテルンと関わった本人あるいは本人に関係する文献もある（片山 1954，
荻野 1983，荒畑 1961，高瀬 1978）。

　コミンテルンと日本共産党の関係を論じること自体は，本書でのねらいで
はないが，日本共産党と山川均・山川菊栄との関係を，少なくとも，今日ま
での研究で個別的に明らかにされている水準は把握しておかなければならな

50）村田陽一編訳（1986：484-489）には，「日本共産党宣言」「日本共産党規約」として
　掲載されており，1921年4月頃と書いている）。

いので，その限りでふれておきたい。

　均は，例えば片山潜や，荒畑寒村らと違って，コミンテルン関係者と直接接触したり，モスクワへ行ったりはしなかった。しかし，すでに再三ふれたように，コミンテルン創立大会で，1917年に山川均ら日本の社会主義者から託された挨拶が，日本に立ち寄ったオランダ人リュトヘルスによって読み上げられているのであり，上記，コミンテルン日本支部日本共産党準備委員会の東京での結成も，山川が起草した日本共産党規約と宣言もコミンテルンに報告されているのである。しかし，このことはこれまでの日本共産党の公式史[51]にはふれられていない。ということは，2018年現在の日本の共産党史（最新は，日本共産党中央委員会 2003）は，公式史というより，公式略史というほうが妥当で詳細を記録してはいないように思われる[52]。

（2）　初期（第1次）日本共産党と山川均・菊栄

　日本共産党は，1922（大正11）年7月15日，東京・渋谷の伊達町跡での会合を通じて創立された。山川均が日本共産党の創立に関わり，この会合に出席していたこと，また，どんな役に就いたかは，史実として明らかにされている[53]ことは今日では異論はない。

　1923年2月，第2回党大会（千葉・市川）を開き，続いて同年3月，東京石神井で�いた臨時大会で「綱領草案」を検討した。この草案は，コミンテルンの委員会に片山潜も参加して起草されたものである。

　その直後，1923年3月8日，日本で初めての「国際婦人デー」が開催されている。このとき菊栄は，日本女性でただ一人といえるほどの水準で，当時のコミンテルンの女性政策の核心部分を把握していた。国際的連帯を背景に感じなければ，「婦人デー」とあれほど熱心に取り組むことはできなかったであろう[54]。菊栄は先頭に立って取り組んだ。

　しかし，まだ「綱領草案」がペンディングになっている1923年6月5日，「治安警察法」による最初の大規模な弾圧を受け，指導部ら（堺，高瀬，川内，山川，徳田，橋浦らを含む）約80人が検挙され29名が起訴された。このとき，事前に察知した佐野学，高津正道，近藤栄蔵，山本懸蔵の4人は日本を脱出してウラジオストックに向かった[55]。

210

山川均はどうしたか。均自伝では「その時私は父の病気見舞いに郷里に帰ったばかりのところでしたが，号外が何枚も出る大騒ぎでした」（『山川均自伝』：397）と書いている[56]。しかし，彼は偶然帰郷したわけではない。検挙は予測されていてあえてそうしたのである。犬丸は，「山川均は，市川，石

51）日本共産党は，2018年1月現在，党中央委員会から，45年，50年，60年，65年史，70年史，80年史が出されている。ソ連東欧の崩壊ののち，新しく出された現在の日本共産党の公式党史ともいうべきものは，『日本共産党の80年 1922～2002』であり，2018年の創立96年現在，それ以降のものはない。80年史（日本共産党中央委員会 2003：18-20）には，「一九二二年七月十五日，日本共産党は，東京・渋谷の伊達跡（現在の渋谷区恵比寿三丁目）での会合をつうじて創立されました。荒畑寒村，堺利彦，山川均らが最初の執行部をつくりました。党は，党規約をさだめ，コミンテルンへの加盟をきめて，代表をコミンテルンに派遣しました。創立期の党員は，百人あまりでした。（中略）一九二二年十一月，日本共産党は，コミンテルン第四回大会で，正式に日本支部としてみとめられました。共産主義インタナショナル（コミンテルン）は，一九一九年三月，レーニンの指導のもとにつくられた国際組織で，一九四三年の解散まで，各国の共産党は，その支部として活動しました。コミンテルンは，各国の共産党の創立と活動を援助し，資本主義諸国だけでなく，植民地・従属諸国での民族解放運動を重視しました。しかし，その活動には，『世界革命近し』という性急な情勢論，レーニンによる『議会の多数をえての革命』の道の原理的な否定，『単一の世界共産党』という組織形態にともなう各国の党と運動にたいする画一主義的な傾向をはじめ，政治上，理論上の大きな誤りや弱点も少なくありませんでした。晩年のレーニンは，労働者階級の『多数者の獲得』をめざす目標をかかげるなど，あたらしい路線の積極的な探究をはじめていましたが，二四年のレーニン死後，その探究もとざされてしまいました。生まれたばかりの日本共産党は，今日のような自主的な立場を自覚的にもつにはいたっていませんでした。その活動は，世界の革命運動の国際的到達点にもささえられながら，天皇絶対の専制政治をうちやぶり，民主主義の実現に全力でとりくむものでした。その点で，戦前の日本共産党の活動には，日本における民主主義革命の実現を重視したコミンテルンの前むきの援助とともに，コミンテルンの方針にともなう誤りや弱点もさまざまな形であらわれることになりました。（以下略）」と，書かれている。ここでも，「生まれたばかりの日本共産党は，……自主的な立場を自覚的にもつにはいたってい」なかったこと，「コミンテルンの方針にともなう誤りや弱点」を指摘している。後者については，ドイツ共産党とコミンテルンの関係でクラーラ・ツェトキーンがほとんど絶望的になった時期があったことを思い起こせば，類推するに難くない（この点は伊藤 2018：第12章参照のこと）。

52）このほかに，市川正一の1931年7月の「日本共産党事件」の公判廷での代表陳述をもとにした10年史に相当する非公式史もある。

53）総務幹事に山川，荒畑，高津，国際幹事に堺，会計幹事に橋浦，規律委員に芳川を選んだとしている（和田ら 2014：4）が，文献によって多少の食い違いもある。

第5章　1920年代前半の山川菊栄——初期コミンテルン・赤瀾会・国際婦人デー　　211

神井両大会に出席しておらず，みんなが病気をきづかってかばったため最後
まで検挙をまぬがれた」（犬丸 1993：334）と書いている。均をみんなが
「かばった」ということは他の文献からも察せられる。黒川は，前にもふれ
たが堺利彦を叙述する章の終わりで次のように書いている。

　　仮に山川が投獄され命を落としていたら，合法無産政党の結党は大幅
　　に遅延していたであろうし，そもそも労農派も生まれていなかっただろ
　　う。その限りで，堺をはじめとする被検挙者が獄中で全力を傾注して山
　　川を守り抜いたことに，山川は終生感謝の念を抱いていたにちがいない。
　　戦後，社会党左派・社会主義協会の長老となった山川は，自らと第一
　　次共産党との関わりを全面否定するに至る（山川　一九五七）。しかし，
　　拙著（黒川 2014：伊藤注）でも繰り返し述べたように，第一次日本共
　　産党とは〈山川の党〉にほかならなかった。創立から解党に至るまでの
　　すべての局面で，党活動のイニシアチブを握っていたのは山川ただひと
　　りだったのだ。その山川は，戦後共産党が合法化されたからと言って，
　　自らが第一次日本共産党の中核にあった事実を認めようとはしなかった

54）犬丸義一（1993：400-401）は，「党の構成員とその略伝」に，「女性党員では山川菊
　栄である。本人は晩年には党員であったことを否認していたが，党員でなかったとは，
　国際婦人デーの指導をみても考えられない。」と書いている。しかし，晩年の文献では
　党員であったことを菊栄は否定していない。菊栄は，「……私は，党ができて私もその
　一員になっていると聞きましたが……」と，1963年時点で「私の運動史—歩き始めの
　頃」（山川菊栄 1963，外崎，岡部編 1979：35）のなかで書いていることは間接的に認
　めていると解釈していいであろう。

55）佐野，高津，近藤，山本の4人は，上海からウラジオストックをめざしたが，途中，
　コミンテルンに「日本共産党員大量検挙に関する報告」を送っている（和田他 2014：
　85-87）。

56）鈴木裕子は，『婦人公論』1923年8月号に菊栄が書いた「有島武郎氏情死事件批判
　単なる自殺乃至情死事件として」のなかで「第一次共産党事件」のときのことを，「寝
　こみに踏み込まれて親や夫や息子をさらわれた吾々仲間の婦人は，後始末のために目の
　回るような忙しさを極めてゐた。検挙の範囲が分からぬので万一男連が全部さらはれた
　としても，少なくとも運動の機関誌だけは女手で維持して力一杯留守を守らうといふ申
　し合わせをして女連は苦労や心配も忘れるばかりに勇み立ち，緊張し切って居たのであ
　った」という文章を引用し，この文章から「著者夫妻が第一次共産党に所属していたこ
　とが分かろう」としている（『山川菊栄集』B3：309-310）。

（黒川 2016：245-246）。

　そして黒川は，それを，自分をかばった堺らの厚情に報いるためと説明し，山川が死にいたるまで第1次日本共産党と無関係であると主張し続けなければならなかったと解釈する。

　さらに，次の2点を黒川は示唆する。第1は，第1次日本共産党は，現存する日本共産党の源流ではあるが，それ以上に，日本の「非共産党マルクス主義」（小山・岸本 1962）の源流であること。第2は，日本の「社会民主主義」は堺の時代には日本の思想上，運動上，政治上の，重要なオルタナティヴであり，1920年代後半から戦後にかけて一応は機能したこと，しかし，戦後は，このオルタナティヴが政権を担い得た西欧諸国の場合と，ついに政権を担うことのできなかった日本の場合との懸隔は大きく，日本においては冷戦構造の解体後このオルタナティヴは雲散霧消してしまうにいたった，と[57]。

　しかし，日本の社会民主主義は，ヨーロッパのそれとは歴史的背景を異にしており，この黒川説を，私は全面的に受け入れるものではないが，均が「非共産党マルクス主義」[58]という一種の「日本的社会民主主義」に移行したという側面はあっただろう。しかし，均のことはおくとして，菊栄はどうだったのかが私が明らかにすべき問題である。この問題について菊栄の主体性はどうだったのか。このことは，今日にいたるまで菊栄に関する誰の研究テーマとしても取り上げられなかった。それはなぜだろう。

　さらに6月の弾圧の3カ月後，1923年9月1日の関東大震災に乗じて社会主義者が虐殺された。この2つの事件を経験したあとで，1924年2月末から3月初めに開かれた日本共産党の指導的活動家の集まりは，日本共産党は少人数の委員会（ビューロー）を残し，解体を申し合わせたのである[59]。

　1923年3月8日の日本で初めての国際婦人デー挙行はまがりなりにも，コ

57）黒川は，その原因を見極めることを堺利彦に求めている（黒川 2016：247）

58）この表現については，疑義・批判もある（関 1992：13-55）のは承知しているが，非共産党マルクス主義というものは現に存在している事実と理解して，私はあえてこの表現を借りている。

59）このとき，堺利彦，山川均，赤松克麿らは，日本共産党の解体を主張した。さらに1924年は，均の予審尋問や振作の喘息罹患等で穏やかではなかったというが，菊栄の執筆活動は衰えていない。

ミンテルンにも報告され評価されたのは，当時としてはせめてもの幸いである。その3カ月後の，6月5日の大検挙，さらに3カ月後の，9月1日の関東大震災に乗じた社会主義者の虐殺，このプロセスについて，犬丸（1993：334）は「『検挙』の影響が党にあらわれてくるのは，『天皇制廃止綱領問題』による『大逆罪』の危険性に対する恐怖であり，同年九月の『震災』テロと重なってそれを倍加させ，やがて『解党問題』へと発展していく。その意味で，『解党問題』を導きだした点に『一斉検挙』の最大の影響があったということができる。」と書いている。山川均の言動をみていても犬丸のこの解説があてはまる思いがする。

　ただし，1924年は，均の予審尋問や振作の喘息罹患等で山川家は穏やかではなかったというが，前述のように菊栄の執筆活動が衰えるということはなかったことは，たびたび繰り返すが特筆に値する。

　日本共産党の創立の事情は，多くの人々によって書かれ，あるいは言及されてはいる[60]が，当事者の思い出も，思い違いや，意図的加除もあろうと推測されるので，そのまま受け入れるわけにはいかない。均の自伝の第3部に相当する箇所が1956年に公表されたあとで，いろいろ事実に反すると指摘されることが多いのが，何よりその一例となる。菊栄研究の立場からは，菊栄が当時のことを30年以上経て何と言っていたかをみることにしたい。

　菊栄は，理論として論じたり紹介するときは別として，行動と結びつけて取り扱うとき，戦前のごく一時期を除いて，コミンテルンにも，コミンテルン支部である非合法組織日本共産党についても，戦後それが合法組織になったあとも，いささかのアイデンティティを示すような言葉を残すことはなかった。これは，均と同じである。しかも，日本共産党については均を媒介とした説明が多く，漠然とぼかしているのであるが，菊栄は均と矛盾することは決していってはいない（以下の4パラグラの下線は伊藤による）。

　例えば，日本共産党創立の頃について，1956年の『おんな二代の記』で初めてふれている箇所では，一部くり返すが，「その夏（1922年：伊藤）日本

60）荒畑（1961），高瀬（1978），犬丸（1993），それにコミンテルンとの関係では，川端（1982），村田編訳（1986），山内（1996，2009，2016），加藤（2008），和田，G. M. アジベーコフ監修，富田・和田編訳（2014），黒川（2014，2016）がある。

共産党組織の方針がすでに内定したことを山川が同志の青年からはじめて報
告されたのは鎌倉のその家（休息と仕事のために均と交代で行っていた借
家：伊藤）にいたときだそうです。私が党のできていること，私もその中に
はいっていることをきかされたのはそのあとですが，それきりなんの指令も
報告もうけたことがなく，事実上党員とはいっても有名無実でした[61]。何も
かも秘密，秘密の一点ばりで，規約もあるのかないのか，誰が責任をもって
いるのか何もわからず（後略。下線は伊藤，伝聞体，受け身の書き方に注
意）」（『山川菊栄集』A9：274）とある。

　またその２年後，均が亡くなったあと1958年『婦人公論』５月号に発表し
た「40年の同志　山川均の死」では，「その夏（1922年：伊藤），七月の初め
ごろかと思うが，その家へ西雅雄，田所輝明，上田茂樹の三氏が来て共産党
組織の話をしたこと，山川は時機尚早を唱えたが，先輩たちはあとまわしと
し，若殿ばらの間ですでに計画が進行中と初めて知ったということは，第一
次共産党成立当時の話が出るごとに，山川から二，三度同じことを聞かされ
た。」（『山川菊栄集』A8：254）というふうである。

　前述，日本共産党の公式史というべきか公式略史というべきかによれば，
最初の執行部は荒畑寒村，堺利彦，山川均だと書いていたが，均は，自伝に
収録されたその箇所は，座談会の話し言葉であるとはいえ，非常にあいまい
な言い方をしている（『山川均自伝』1961：394-399）[62]。最新の石河康
国の均評伝でも，同様である（石河 2014：105-111）。

　まず，高瀬は，次のように書いている。

　　山川先生は昭和三十一年十月の『社会主義』五周年記念号の誌上で，
　「日本の社会主義」という座談会の記事のなかで，「西，田所，上田の三
　青年から党結成の報告を聞いてはじめて知った」と語っておられるのは

---

61) ここでは，菊栄は自分が一員であることをあとで聞かされたといっているが，曖昧な
　書き方である。しかし，犬丸（1993：401）は，「本人は晩年には党員であったことを否
　認していた」と書いているので，晩年とはいつかと私は出所を探していたが，直接的な
　ものはみつからなかった。だが，川口，小山，伊藤（1980）の第二篇，川口，小山執筆
　箇所（同上：206）に「山川菊栄氏は，犬丸義一氏の『前衛』『赤旗』『階級戦』解説執
　筆のさいの聞取りでは，共産党との関係を否定されたという」という叙述があった。

第5章　1920年代前半の山川菊栄——初期コミンテルン・赤瀾会・国際婦人デー　215

<u>あまりに事実に相違している。思い違いにしてはこれまたひどすぎるといわねばならない。以下略。</u>（高瀬　1978：176）

　均を「先生」と尊敬しているいわば身内においてさえもこう書かねばならなかったとはどういうことであろうか。いちいち引用しないが，荒畑寒村の自伝も類似した書き方である（荒畑　1961：290-292）。

　均の自伝に，この部分が，座談会からの均の発言からとして含まれたのは，均の没後のことであるが，均は，生前やはりこの部分を気にしていたように思われる。なぜなら，菊栄が，「昭和三十三年一月，最後の病床についたのち，『あのあとが書けなかったのは残念だった』といくどかくり返したので，私は『今からどこへでもいって，何でもきいてきましょう』といいました。そして三月二十三日，同じ東京にいる昔の同志Ｔ氏にあいにいく約束をしていたところ，はからずもその日が命日になってしまったのです」（山川菊栄，向坂逸郎共編　1961：485）と書いており，Ｔこと高瀬は「当日病身の山川先生が出席されてたことはたしかな事実であった。山川先生が臨終の床にあって，この点を高瀬に確かめるべく連絡されたが，間もなく亡くなられたので，この真相は伝えられなかった。」（高瀬　1978：173）とある。高瀬が，最後まで先生と称して敬意を払っている均に対し，このように言っていることは不思議なことである。

　にもかかわらず，均は，自伝のなかで，党員として活動したことは書いている（山川菊栄，向坂逸郎共編（1961）『山川均自伝』：392）。石河（2014：

62）組織の公式史は，その時々都合の良いように書かれ，しばしば書き換えられると一般にいわれている。例えば，均は，「一歴史をつくり変えることは共産党の風習ですが，……」（『山川均自伝』1961：395）という書き方をしている。私は，組織の公式史が歴史の変化に伴って，新たな視点から書き換えられることを不当とは思っていない。組織の公式史でなくとも，歴史は，現時点を基軸にして書き換えられるのは当然であり，新資料が発見されれば書き換えるのはあたりまえであろう。そのことと，客観的事実を書き換えるということとは別物である。黒川伊織は，「第一次共産党史を党史の枠内から解放し，第一次共産党の思想・運動を同時代の思想・運動との関係のなかで捉えることを方法的視座とする。このような視座に立つことではじめて，第一次共産党史の研究は一般性のある歴史研究となり得るはずである。」（黒川　2014：18）といっているが，何も共産党史に限らず，菊栄研究についても，こうした視座に立たなければ，研究としては不十分であると私は思う。

112）は，「山川は党員拡大もしたようで，山川に忠実な門下生・足立克明は『私が入党したのは山川さんの直接の勧めであった。時期は震災直前であった』」と証言している（『山川均全集』5，月報6：3）。

　さて，1919年から1923年頃の菊栄の文筆活動のほうは，いつもと変わらずめざましいものがある[63]。まず，1919年，『新社会』が廃刊されて，堺利彦，山崎今朝弥，山川均らは『社会主義研究』を創刊したが，1921年3月号から「主筆山川均・山川菊栄」となる。当時の日本で，このような理論的レベルの雑誌の主筆を夫妻で務めるということ自体が稀有なことであり，山川夫妻が，いかに理論的・思想的に結び合っていたかが推測される。しかし，厳密には，まったく同レベルであったか，牽引力はどちらにあったかが問われるであろう。自立した個々人の間には，意見の相違があるほうが普通である。マルクス主義への基礎的理解とその応用・発展の力量は，時間の積み重ねの分量からみても，均のほうが上であっただろう。

　1921年には，均との共著『労農露西亜の研究』（アルス），レーニン（均との共訳）『労農革命の建設的方面』（三徳社），『牙を抜かれた狼』（水曜会パンフ第2，1921.10.5），『リープクネヒトとルクセンブルグ』（水曜会パンフ第6，1921.11.10）なども，相次いで出している。

　重要なことは，続いて，1921年12月末，均と菊栄共同で『前衛』を創刊し，自宅の隣家に「前衛社」をつくったことである。『前衛』は，山川の個人経営雑誌『前衛』とされているが，正確には山川夫妻のというべきであろうし，このような夫妻の平等な協力の例は，日本の社会主義者カップルのなかにこの時点では例はないのではないだろうか。このことは，菊栄を語るとき，疑いと事実と両面から迫る必要があると私は考える。ローザとレオ・ヨギヘスはどうであったか？レーニンとクループスカヤは？

63）その数年前まで命に関わる病気で静養していた人とはとても思われないし，加えてこの間重病の均の母の看病に数カ月従事していたことが事実とすれば，驚異的能力の持ち主である。何人かの，家事・育児を助ける人の存在があったことは，当時のこの階層の人々の日常としてはいわずもがなであったとしてもである。

64）山川菊栄記念会・労働者運動資料室編（2016：110）には「7月15日，日本共産党結党（堺は総務理事，均は大森細胞所属）……」とある。

第 5 章　1920年代前半の山川菊栄——初期コミンテルン・赤瀾会・国際婦人デー　217

　先に引用した，『おんな二代の記』をみると，菊栄は，「何もかも秘密，秘密の一点ばりで，規約もあるのかないのか，誰が責任をもっているのか何もわからず[64]（略），そのころ私の紹介した共産党関係の婦人活動の資料なども，ただ一つでも党を経て入手したものはなく，労働党その他の資料と同じく，公然外国の出版社に注文して個人的にとりよせたものばかりでした。党というものは，あるような，ないような，影法師のように正体のつかみにくいものでしたが，そういう感じは私に限ったことではなかったようです。要するにロシア革命に感激のあまり，青年たちがあせって形だけは作ったものの実力不足で，甚だぎこちないものだったようです（『山川菊栄集』A9：274-275）といっている。

　この文章を読んで，私は，あいまいであるばかりか，主体性がない，菊栄らしからないと感じる。前述，英文論文の最後の文章はいったい何のために書いたのか。

　あるいは，均の回想と並んで，この菊栄の叙述にも，当時の均との関係や，没後にも後世にも幾重にも配慮した，言葉を選んだ書き方は，やむを得なかったというべきなのであろうか。しかし，引用最後の一文のなかの「実力不足」という文言は，他人事として悠然といってのけられる菊栄であったのだろうか。あるいは自分に対していったのであろうか。他を批判しつつも自ら先頭に立ったローザやクラーラとつい比較してしまう。

　もっとも，『おんな二代の記』を出した1956年の前年1955年，日本共産党は6全協[35]で，極左冒険主義について自己批判しており，日本共産党の方針の誤りが明白なときではあった。菊栄が，自らが均とともに少なからずかかわった日本共産党について，いっさいのアイデンティティを捨て，過去を含めて日本共産党から無縁であることを強調しようとしたのかもしれない。

　1919年，ドイツ社会民主党から独立社会民主党へ，そして，ローザとリープクネヒトの虐殺後，合法政党であったとはいえドイツ共産党へ移ったクラ

65）日本共産党 第6回全国協議会とは，1955年7月27〜29日に行われた，日本共産党がそれまでの中国革命に影響を受けた武装闘争方針の放棄を決議した会議である。私は1958年に大学に入学したが，この方針にもとづいて活動をしていた学生党員の多くが，その打撃のなかで立ち直ろうと苦悩しているのを見聞した。

ーラ・ツェトキーンの，公然かつ毅然とした態度と菊栄のそれとの相違はどこからくるのか。繰り返すが，ドイツ共産党は当初合法政党であり，日本共産党は1945年まで非合法政党であった。しかしドイツ共産党も，クラーラの納得がいかないコミンテルンの介入を受けたり，「３月行動」[66]その他少なからぬ誤った方針で，権力からの弾圧や苦難の時期を経験し，しまいには非合法化されているのだが，そのなかでもクラーラはそれを自ら挽回するべく奮闘した。ドイツ社会民主党左派—独立社会民主党—ドイツ共産党へと思想的アイデンティティを崩すことなく貫いた。この1956年の叙述に加えて，さらに1963年，前にもふれた「私の運動史——歩き始めの頃」の関連部分の菊栄の叙述は次のようである。菊栄はいう。

　　これは，いまから思うと日本共産党の成立したといわれる当時のことになるわけですが，もちろん私も八日会の人びとも，そういうことはきいておらず，まったく無関係にやったものでした。その後私は，党ができて私もその一員になっていると聞きましたが，ただの一度でも党から指令や資料のきたこともなく，なにごとも知らないままに党は消えていたのでした。党のことについては，山川は，「平生から，いつ何がきても困らないようにしてあるはずだから，今さらどういうこともないが，とられて困るもの，ひとに迷惑のかかるようなものは，気をつけてしまっておくように」と注意し，「必要なことは，僕の方から話す。同じことでも，知っていて知らないというのと，知らずにそういうのとでは，調べる方は商売だから，見ぬきやすい。最後にはごまかしきれないのが今までの経験でよくわかってるから，必要のないことは話さないから悪く思わないで下さい」といいました[67]。（中略）西雅雄氏が私たちの「細胞」のキャップだそうで，上部にはなにごとも西氏を通じて問い，または発言すべきだというのでした。

　　会議は，開かれているのか，いないのか，いっこう話がなく，おりから組合総連合の問題でやっさもっさ。山川の意見を求める人が多く，その応対に明け暮れしながら，ときおり「西君，いったい党の組合に関す

66）拙著（2018：589-594）参照。

る方針はどうなっているのかね。僕はなにもわからんから，かってに個人的意見を書いたり話したりしているが」というと，温厚な西氏は，当惑したようなうす笑いを浮べながら，「それでいいんじゃないですか」といっているという風でした（外崎，岡部編 1979：35-36）。

このように，均も，菊栄も，最後まで，日本共産党との関係について，距離を置いたぼかした態度を貫いている。書いた時点の事情があったとはいえ，均と一体化して均を擁護する姿勢を崩さない菊栄のこのような態度を私はいぶかしく思う。RGASPI[68]で公開された資料にもとづく和田春樹らの新しい文献（和田他 2014：1-44）解読によって，今では当時のことが多く明らかにされている[69]。しかし，日本共産党との関係を別としても，コミンテルンの女性政策に関しては，均と菊栄のコミンテルンへの距離は，異なるものがあったのではないだろうか。なぜなら菊栄はむしろ日本の女性運動への発言においてコミンテルンの女性政策から学ぶ点が多く，それを武器として1920年代後半の活動にまで応用していたと思われるからである。次々章（第7章）ではその点を念頭において論を進めたい。

---

67) このくだりは，菊栄が書いたもののなかで，私がもっとも奇異に思われる箇所である。まず，自分が一員になっているということを夫の均から聞かされるとはどういうことか。当時，非合法組織に自らの覚悟ではなく，誰かの意思で入れられるという事情があったとでもいうのか。また，菊栄ほどの人物が「必要のないことは話さない」という均の思いやりを言葉通り受け入れることがあり得るものだろうか。それが通用するほど，当時の事態に切迫していたとしても，一言でいえば，「菊栄らしくない」と思われる。もし，それは私の思い込みで「これが，菊栄と均の関係の一側面だ」ということもあり得る。菊栄を，革命家だったローザやクラーラと対比することは許されないだろう。ということは，「権力の弾圧」との関わりにおいて，均と菊栄はあくまで，評論家あるいは理論家であり，革命家ではなかったということである。
68) RGASPI（ルガスピ）：「国立ロシア社会政治史文書館」については伊藤セツ（2005）参照のこと。
69) 筆者も2005年 RGASPI でクラーラ・ツェトキーンの資料の一部を検索したが，その際，書庫で「日本共産党関係」の箱が積まれた一角を通った。この膨大な資料を駆使すれば，さまざまな事実が発見され，当事者の記憶の曖昧さを資料で補強したり，修正したりもできるだろう。もちろん，資料の選び方，使い方は，使う目的によっても切り口によっても異なるニュアンスをもたらすわけではあるが……。

第 **6** 章

ベーベル『婦人論』の本邦初完訳を
めぐる諸問題

はじめに

　山川菊栄の翻訳上の業績といえば，何を最初に思い浮かべるであろうか。序章の冒頭で述べたように，私には，ドイツのアウグスト・ベーベル（Bebel, August 1840-1913）の『女性と社会主義』（*Die Frau und der Sozialismus*, 1910）の日本で最初の邦訳完訳者（ただし英語訳からの重訳）という印象が強い。その後菊栄を追って，ベーベルの邦訳は実は菊栄の全翻訳業績のほんの一部に過ぎないことを知ったうえでもなお，私にはこの翻訳の意味は大きいと思わずにはいられない。

　本章では，菊栄の多くの他の翻訳をさしおいて（カーペンターについては，第2章で若干ふれたが），このベーベルの翻訳を一点だけ[1]取り上げたいと思う。翻訳の出版（出版社はアルス）は1923（大正12）年であったが，第2章でもみたように，1912年頃から英訳で読み込んでいたという10年にわたる年月にも注目したいし，その後この訳書は，1929年に「改造文庫」に入って戦前に多くの読者を得たということも，菊栄の他の翻訳や著作と比べても，とくに注目に値すると思う。さらに，原書そのものの成り立ち，書かれた時期や改訂が行われる歴史的背景を追う必要があることはもちろんであるが，英語からの重訳邦訳であれば，原書は，他のどのような種類の言語への翻訳をもち，そのなかで菊栄が重訳した英語訳は，どのように評価され，位置づけられるものであったかにも目を行き届かせる必要があり，そのうえで，初めて重訳翻訳を手にする主体の受容姿勢が整えられるというものだからである。

　菊栄の活躍は，母性保護論争や，公娼問題，婦人運動の組織問題での発言，戦後の初の労働省婦人少年局長としての占領下での役人生活，戦後の長い社

1）すでに第2章でふれたが，水田珠枝（山川菊栄記念会 2011：81-98）は，菊栄の翻訳のなかから，エドワード・カーペンター，アウグスト・ベーベル，アレクサンダー・コロンタイの3人についてのものを取り上げている。水田は，菊栄の翻訳が英語以外の原語のものは英訳からの重訳であるということは自明のこととしているのか，そのことにふれていない。

共対立時代の旧日本社会党の婦人運動の理論的支柱ということもあげられるが，これらのことは，多くの先行研究がかなり取り上げてきている。私は，研究が手薄と思われる，重訳邦訳者としての菊栄に注目したいが，菊栄の英語訳からの重訳自体もすでに第2章で概観したとおり，テーマも執筆者も多岐にわたっていて，一つひとつの意義や位置づけを吟味することは，私一人の手に負えるところではない。そこで，私がクラーラ・ツェトキーン研究との関わりで手がけてきたアウグスト・ベーベルの『女性と社会主義』研究，『ベーベルの女性論再考』（昭和女子大学女性文化研究所編　御茶の水書房，2004）の際に得たものにもとづいてここに披瀝することが，菊栄研究に「屋上屋を架す」ことを避けて，本書で私がなしうることの一つと考えて，本章にこのテーマを設定する[2]。

　なお，菊栄がベーベルの邦訳を出版する以前に発表した各種邦訳は，第2章，表2-1，それ以降戦前に行った翻訳は，同じく表2-2に示しておいた。そのなかのただ一点の考察であるので，菊栄の翻訳論としては氷山の一角をかすめたに過ぎない。

1．アウグスト・ベーベルと『女性と社会主義』

(1)　アウグスト・ベーベル
　まず，菊栄が英語から重訳した著書の著者であるドイツのアウグスト・ベ

---

2) 類似の試みは，外崎光広（1989：99-106）にもみられるが，私は，ベーベルに関する統一ドイツやU.S.A.の研究も加味して増補しているので，外崎より詳しいものとなっているであろう。出典等は本文に詳細に記述してある。

3) ベーベルの自伝としては『わが生涯から』（*Aus Meinem Leben*, Ⅰ 1910, Ⅱ 1911, Ⅲ 1914, Verlag J. H. W. Dietz Nachf., Stuttgart）全3巻がある。また，全10巻15冊のベーベル選集が，旧東ドイツで企画され，出版を開始したが，東西ドイツの統一後，完結をみた（A. Bebel, *Ausgewählte Reden und Schriften*, K. G. Saur Verlag, München, New Providence, London, Paris, 1997）。それを用いた日本での研究として，昭和女子大学女性文化研究所編『ベーベルの女性論再考』（御茶の水書房，2004）がある。本章は，昭和女子大学女性文化研究所での筆者を中心とした研究グループによる成果に依拠している。

ーベルとはどういう人かを，ごく簡単に紹介しておきたい[3]。一言でいえば
「ドイツ社会民主党」（名称変更の経過は後述）創設者の一人で，社会主義者
鎮圧法時代を耐え抜いた「ドイツ社会民主党」のリーダーであり，婦人問題
にとりわけ造詣が深く，主著は『女性と社会主義』であるということになる。
もう少し詳しくみよう。

　彼は，1840年ドイツのケルン近郊に生まれ，13歳で孤児となり，旋盤工と
して修業し，1858年に職人試験を終了して，南ドイツとオーストリアを遍歴
し，1860年ライプツィヒに定住した。1861年には「ライプツィヒ職業教育協
会」に入会し，そこで小間物屋で働いていたユーリエ・オットー（1843-
1910）と知り合い，1866年，ライプツィヒのトーマス教会で結婚し，一女フ
リーダ（1869-1948）をもうけた。

　1863年にラサールらの「全ドイツ労働者協会」も創立されているが，ベー
ベルはその第3回大会（1865年）時に入会し，同年第1インターナショナル
の会員となり，1867年，北ドイツ連邦議会議員に当選した。1869年，アイゼ
ナハでの「社会民主労働者党」（「ドイツ社会民主党」の最初の名称）の創立
に加わった。以後，幾度も要塞禁錮刑等を受け，獄中で『資本論』第1巻を
独学で学習し，1871年ドイツ帝国議会議員となる。1875年，「ドイツ社会主
義労働者党」（前述「社会民主労働者党」の名称変更）ゴータ大会に出席し，
女性選挙権に関する賛成演説をして異なる意見のなかで論陣を張った。1878
年帝国議会で，ビスマルク（1815-1898：プロイセン王国首相，ドイツ帝国
首相）の「社会主義者鎮圧法」に反対したが，この法のもとで「ドイツ社会
主義労働者党」の継続活動は困難をきわめ，1890年（これは山川菊栄が生ま
れた年である），党名を「ドイツ社会民主党」に改めて党首を務めた。

　彼は，何度めかの入獄中に『女性と社会主義』を執筆し，初版を「社会主
義者鎮圧法」実施下の1879年2月に出版した。書名も弾圧を避けて，『過去，
現在，未来の女性』などと変えながら4度の改訂を行い，初版から30年後，
1909年の改訂（1910年出版）で，「過去の女性」，「現代の女性」，「国家と社
会」，「社会の社会化」の4部からなる女性解放論として完成した。階級的従
属と女性の男性への従属（性的従属）という二重の抑圧下にある女性の問題
を取り上げ，プロレタリアの，資本からの解放が，女性を男性への性的従属

第6章　ベーベル『婦人論』の本邦初完訳をめぐる諸問題　　225

からも解放すると主張した。

　1888年には『シャルル・フーリエ』を出版[4]する。ベーベルの娘のフリーダは，チューリヒ大学に入り，この地で医師のフェルディナント・シモン（1862-1912）と結婚し，1894年に息子ヴェルナー（1894-1916）を出産した。

　1889年，アウグスト・ベーベルはパリでの第2インターナショナル創立大会に出席した。1890年，ビスマルクが失脚し，「社会主義者鎮圧法」が撤廃される。1893年第2インターナショナルはチューリヒで大会を開き，ベーベル夫妻，エンゲルス，クラーラ・ツェトキーン，ベーベルの娘シモン夫妻，ベルンシュタインらが戸外で団らんする写真が残されている。1898年以降，党内の修正主義と論争し，党は，左派，右派に分かれていくが，ベーベルは，中央派の立場にたった。日本でベーベルの名が知られるのは，ベーベルが『女性と社会主義』第34版を出した1903年頃からである。『週刊平民新聞』1903年11月15日号はベーベルの顔のスケッチを載せている。1904年，ベーベルはアムステルダムで開催された第2インターナショナルの大会に参加した。日本人でこの大会に参加した片山潜は，『週刊平民新聞』1904年10月9日付に，「（9月19日）次にベーベル氏登壇して五〇分にわたる大演説を為し，（以下略）」とベーベルの演説の様子を報じている。

　ユーリニとベーベルは，しばしば娘夫妻と孫のいるチューリヒに滞在した。娘フリーダはうつ病を繰り返しており，1906年にはとくに調子が悪かった。1907年8月，ベーベルは，第2インターナショナル・シュツットガルト大会に参加したが10月ごろから心臓病が悪化した。妻ユーリエも乳がんにかかって，2人で転地療養を重ねていた。ユーリエは，女性にも政治組織への加入が認められた1908年に「ドイツ社会民主党」党員となった。

　1910年2月はベーベルの生誕70年であった。1910年はじめ，ベーベルは2つの記念出版をした。1つは伝記『私の生涯から』（*Aus meinem Leben*）の第1部をシュツットガルトのディーツ社から出したこと，他の1つは，1909年末，ロシアの社会民主主義者ディヴィット・リャザーノフ（1870-

---

4）伊藤が所有しているのは，August Bebel, *Charles Fourier, Sein Leben und seine Theorien*, 1978, Verlag Philipp Reclam jun, Reipzig. である。ベーベル選集には抜粋が収録されている。

1938）の協力で書き上げていた『女性と社会主義』の改訂第50版を出したことである。彼の生誕70年には日本の片山潜も「謹んでベーベル翁七〇の壽を賀す（以下略）」ではじまる祝辞を寄せている（Reprint d. Unikats aus Zentralen Parteiarchiv d. SED 1989：141）。しかし，この年1910年の6月の終わり，ユーリエが末期肝臓がんにかかっていることを知らされた。8月終わり，第2インターナショナル，コペンハーゲン大会と，国際女性デーを決議した同女性大会が開催されたが，ベーベルはドクターストップがかかって参加することはできず，8月28日付で，チューリヒからコペンハーゲンの女性会議にメッセージを送った。1910年11月22日，70歳のアウグストを残してユーリエはチューリヒに死んだ。

　1911年3月19日，ドイツでは最初の「国際婦人デー」の取り組みが行われた。コペンハーゲンでの決議以来，いやその前の，アメリカ社会党の女性たちによる米国での「全国女性デー」の設定以来，「女性デー」に期待を寄せていたベーベルは，クラーラ・ツェトキーンが主宰するこの日の『平等』誌には「なぜ女性たちは選挙権を要求するか」という論文を書いた。かつ，この日に，市民的女性運動の側もベルリンの国際婦人デーの催しに参加したことに注目していた[5]。1911年6月以来，ベーベルは，チューリヒのシモン家にいたが，10月ベルリンに戻り，12月にチューリヒに帰ったとき，フリーダの夫，フェルディナント・シモンが敗血症に倒れていた。彼は細菌学の研究をしていて，しょう紅熱連鎖状球菌に感染したマウスに噛みつかれたのである。彼は1912年1月4日に世を去った。フリーダの自殺未遂や，アビトゥア（大学入学資格試験）を控えた孫ヴェルナーへの配慮，自らの健康の悪化のなかで，1912年11月24-25日，バーゼルで開催された第2インターナショナルの臨時大会に参加した。バーゼルのドームでのこの大会は，その平和への

　5）1890年生まれの菊栄は，このような動きが欧米で，第2インターナショナルを中心に展開されていたことを知るにはまだ若すぎた。「国際女性デー」の起源は，アメリカ社会党の女性参政権要求運動に端を発したのだから（詳細は伊藤『国際女性デーは大河のように』御茶の水書房 2003），後年，日本で「婦人の日」が論議されるとき，日本の女性の参政権行使とも無関係とはいいきれないことに，思いをめぐらす時代感覚をもたなかったといっても無理はないのかもしれない。

決議とともに，歴史や文学（アラゴンの『バーゼルの鐘』）にも記録される大会となった。そのようななかで，ベーベルは，『私の生涯から』の第2巻，第3巻を書き続けていた。

　8月12日付のルイーゼ・カウツキィへの手紙が絶筆となって翌1913年8月13日，ベーベルは，チューリヒ郊外で死んだ。チューリヒにある墓に妻ユーリエとともに葬られている。私がこのチューリヒ，シールフェルト中央墓地を訪れたのは1999年9月のことであった。家族墓地C81079という番号がつけられていた。

　ベーベルの死は，第1次世界大戦のはじまる約1年前であった。ベーベルの没後フリードリヒ・エーベルト（1871-1925）が「ドイツ社会民主党」党首となった。そして，同党は大戦を支持するにいたったのである。

(2)　ベーベルの原書『女性と社会主義』の出版の変遷

　日本で『ベーベルの婦人論』と呼ばれていた，アウグスト・ベーベルの『女性と社会主義』は，それ自体，ドイツでは，ビスマルクの社会主義者鎮圧法時代（1878-1890）の初期，1879年に初版が出たもので，発行も書名自体も弾圧を避けて紆余曲折を経たうえ，内容もベーベル自身によって改善が重ねられる歴史が続いた。1910年に第50版を出すにいたったが，この版もベーベルは十分とは思っていなかったふしがあるが，その3年後にベーベルは没したので，この第50版が今日に伝えられている。1879年に初版を出し，1909年まで30年にわたって何度も改訂し，さらに手を加えようという姿勢を失わなかったベーベルに私は畏敬の念をもたずにはいられない。

　日本での翻訳を追う場合，原書の変遷と，ドイツ以外の言語への翻訳の状況のなかでの位置も不可避であると私は思うので，そこから始めたい。

　菊栄が翻訳したベーベルの『婦人論』は，ベーベルの生存中および，菊栄が読み翻訳し続けている間，さらに第2次世界大戦以後までのスパンでみると表6-1のような変遷を経ている。これらの知見は，既述の，DDR（旧東ドイツ）で1970年に着手され，統一ドイツで1997年に27年をかけて完結をみたアウグスト・ベーベルの『演説著作選集』全10巻全14冊[6]中，第1巻，第2巻の2，第4巻，第5巻，第9巻に付されたベーベルの合計3375点におよぶ

表6-1　ベーベルの『女性と社会主義』の発行・改訂状況年表（第55版まで）
（数字は版，次いで出版年，原語表題，出版社，出版地，ページ数，
偽装タイトル等の順）

1．1879　*Die Frau und der Sozialismus*, Verlag der Volksbuchhandlung, Hot-
tingen-Zürich［Leipzig］, 180 S.（偽装タイトル）［Tarntitel］*Engel:
Slatistik*, Funftes Heft.（『女性と社会主義』180ページ．偽装タイト
ル『エンゲル　統計学』5巻）.

2．1883　*Die Frau in der Vergangenheit, Gegenwart und Zukunft.*［2. uberar-
beitete und erweiterte Auflage］Hoitingen-Zürich. Schweizerishe
Vo1ksbuchhandlung.VI. 220 S.［Titelblattvariante:］Zürich:Verlags-
Magazin(J.Sehbelitz).［Tarntitel］*Bericht der Fablik-lnspektoren.*］
（『過去・現在・将来の女性』第2増補改訂版，220 S.偽装タイトル
『工場監督官報告』）.

9．1891　*Die Frau und der Sozialismus. Die Frau in der Vergangenheit, Ge-
genwart und Zukunft.* Neunte gantzlich umgearbeitetete Auflage.
Stuttgart: J. H. W. Dietz 1891. 382 S.（『女性と社会主義—過去・現
在・将来の女性』全面改訂第9版，382ページ）.

11．1892　*Die Frau und der Sozialismus. Die Frau in der Vergangenheit, Ge-
genwart und Zukunft.* Elfte neubearbeite Auflage. Internationale
Bibliothek.［Bd.］9. Stuttgart: J. H. W. Dietz) 1892.XX, 386 S.（『女性
と社会主義—過去・現在・将来の女性』改訂第11版，国際文庫第9
巻, 386ページ）.

25．1895　*Die Frau und der Sozialismus. Die Frau in der Vergangenheit, Ge-
genwart und Zukunft.* Vollständig durchgesehen, verbessert und
mit neuen Materialien versehen, Jubiliäums-Ausgabe 25. Auflage.
Heft Ausgabe. Heft 1. Stuttgart: J. H. W. Dietz, 1895. XXIV, 472 S.
（『女性と社会主義—過去・現在・将来の女性』全校閲・改訂・新資
料付与の第25記念版，分冊本，1895. 472ページ）および Internatio-
nale Bibliothek.［Bd.］9. Stuttgart: J. H. W. Dietz, 1895. XXIV, 472
S.（国際文庫第9巻, 1895. 472ページ）.

50．1910　*Die Frau und der Sozialismus.* Verbessert vermahrt und neubear-
beitet. Jubiläums-Ausgabe. Stuttgart: J. H. W. Dietz Nachf. XXXII,
519 S.（『女性と社会主義』改訂・増補・新装記念版，519ページ）マ
リアンネ・ヴェーバーの批判に応える「補遺」付.

53．1913　ベーベル没.

6）Bebel, August, *Ausgewählte Reden und Schriften*, Dietz Verlag, Berlin,1970-1983,
K. G. Saur Verlag, München, 1995-1997.『選集』の解説は，昭和女子大学女性文化研究
所編（2004）を参照のこと．以下，2の叙述，および表6-2についても同じである．

1929　*Die Frau und der Sozialism.* aktuell seit 1879.（エドワード・ベルン
　　　　シュタインの『女性と社会主義』初版50周年記念序文付『女性と社
　　　　会主義』456ページ.「補遺」付）なおその復刻版が, 1994年 Verlag J.
　　　　H. W. Dietz Nachf. GmbH, Bonn から出されている.)
1933　『女性と社会主義』ヒットラーによる焚書の難に遭う.
55. 1946　『女性と社会主義』Verlag J. H. W. Dietz Nachf. GmbH, Berlin 639 S.
　　　　Dr. Frida Rubiner の序文付.「補遺」なし.

文献リストおよび注記から拾いあげて得たものである.

　つまり, タイトル自体も変化し, 1879年の初版から, すでに1883年の第2
版で手を加え, 1891年の第9版で最初の全面改訂, 1895年の第25記念版でさ
らに改訂し, 1903年発行の第34版で若干の修正, 1910年の第50版で最後の大
幅な増補改訂をしているのである.

　ベーベルにとって最後の課題は, 1907年マリアンネ・ヴェーバーが,『法
発展における妻と母』(Weber, M. 1907) のなかでベーベルを批判したこと
についての回答が不十分なことであった。この問題で, 先述1909年のリザ
ーノフとのやりとりがあり, 第50版の終わりに, 2ページの「補遺」を付し
た。ベーベルがまだその後も生き続けたなら, さらにこの種の批判にその都
度たちむかおうとしている姿勢が十分うかがわれる.

(3)　原書の各国語への翻訳の変遷のなかでの英米語翻訳の位置

　さて, 山川菊栄は, 1923 (大正12) 年, 日本で初めて, アウグスト・ベー
ベルの『女性と社会主義』を完訳した人である。繰り返すが, それは英訳か
らの邦訳, つまり重訳であった。本章最後にみるインタビューでは, 英語版
からということのみで, また旧版, 新版というのみで, ここでは誰の英訳か
にはふれられていなかった.

　しかし, 当時, ドイツ語の原書から邦訳しようとしていた日本人男性が何
人かいた。例えば村上正雄, 牧山正彦 (＝草間平作) はその例である
(表6-3参照)。英語訳からの重訳の場合, いつ, 誰が英訳したものを邦訳し
たのかが問題にされなければならない.

　菊栄は, 1923年のアルス版『ベーベル婦人論』の「訳者はしがき」冒頭に

1922年2月付で,「本書はアウグスト・ベーベルの原著"Die Frau und der Sozialismus"『婦人と社会主義』(第五十版)を英訳(紐育版,メタ・ステルン女史訳)から重訳したものである」(同書:1)と断り,さらにこの書がどのような経過を経て第50版にいたったかを,上記表6-1に示したような経緯を,多少の年は違っているがほぼ正確に叙述して,「米国社会党の指導者ダニエル・デレオン」の英訳があることを指摘し(表6-2参照),「露,仏,伊,瑞典,丁抹,波蘭,希臘,ブルガリア,ルーマニア,匈牙利,チェック其他全世界の大抵の国語に翻訳された」ことも説明している(同上:2)。

またベーベル没後「ロシアは無産階級革命の力に依て新たに生まれ更り,ドイツはカイゼルを逐うて共和国を樹てた。戦後欧米先進国に於ては,婦人参政権の問題は殆ど解決され,社会主義の国ロシアでは,男女の義務と権利とは平等となり,母親及び子供の保護に関する施設の普及によつて,婦人解放の問題が着々として解決の端に着いた。読者は,本書の中に説かれた多くの新社会の予想,殊に婦人に関するそれが,ロシアでは既に事実となり始めてゐることに多大の興味を感ぜらるゝに相異ない」(同上:3)と書いている。「新社会」とは,この書の第4篇を指しており,「社会の社会化」というベーベルの未来社会論である。

完訳を出した1923年から6年たって,1929年2月15日,改造文庫版に収録されるにいたった。この版では,「訳者はしがき」は,1928年4月付で,冒頭に,「英訳(ニウヨルク版,メタ・ステルン女史訳)から重訳したものである」と記し,波多野鼎訳の『ベーベル自叙伝』[7]によって,ベーベルの説明を加え,さらに,ベーベルの『女性と社会主義』改訂の歴史にふれている。ここには,「最初の英訳は一八九五年にロンドンで出版され,つづいてニウヨルクでも別の訳が出た。一九〇三年には米国社会党の指導者ダニエル・デ・レオンの第三十三版の英訳が出た。」(山川菊栄 改造社,1929:8)と書いている。

筆者は,かつて,ベーベルの『女性と社会主義』を研究する目的で,同書の翻訳言語ととくに英米語への翻訳の歴史を追ったことがある(昭和女子大学女性文化研究所編 2003:68,72)。

翻訳言語で,翻訳がもっとも早かった言語はデンマーク語(コペンハーゲ

ンで1884年）が，続いて英語（ロンドン：1885，1893年，ニューヨーク：1886，1904，1910年）で，ほぼ同時にスウェーデン語（ストックホルム：1885，1903，1912，1913年）であった。以下順にあげると（出版地は主なもののみ，部分訳，抜粋，単なる紹介は除く）フランス語（パリ：1891，1911年），ルーマニア語（ブカレスト：1892，1893，1910，1911年），オランダ語（アムステルダム：1891，1896，1909年），イタリア語（ミラノ：1892，1905年，パレルモ：1905年，ナポリ：1905年），ギリシャ語（アテネ：1892年），ブルガリア語（ブカレスト：1893年），ロシア語（ロンドン：1895年，ペテルスブルク：1900，1905，1909年，キーエフ：1905年，ジュネーヴ：1904年，モスクワ：1905年，オデッサ：1905年），チェコ語（プラハ：1896，1909年）ハンガリー語（ブダペスト：1895年），ポーランド語（ロンドン：1897年，ワルシャフ：1906年，クラコウ：1907年）フインランド語（出版地不明：1904，1907年），スペイン語（バルセロナ：1906年），アルメニア語（エレヴァン：1906年），グルジア語（チフリス：1912年），ラトビア語（リーガ：1912年），ノルウエー語（オスロー：1912年），セルビア‐クロアチア語（ザグレヴ：1913年）といった具合である[8]。

このような国際的広がりのなかに菊栄を位置づけてみる必要がある。

7）波多野鼎訳の『ベーベル自叙伝』は，既述のように，1921年9月，大鐙閣から出された。訳者は，冒頭「訳者のために」で「氏の自叙伝は三巻から成って居る。その中の前2巻は1913年氏が没する少し前に英語に翻訳された。この英語本は，前2巻の全部訳ではなくて其重要なる部分の抜粋訳である。この『ベーベル自叙伝』は主としてこの英訳本を基本とし，更に重要と思われる部分に就ては独逸の原書から訳出した所が少くない」と記している。いずれにせよベーベルの3巻本の，前2巻までの重訳であることを断っている（この書は，2巻まで通して18章構成になっている）。菊栄は，この書を読んで，1929年の改造文庫の「訳者はしがき」にベーベルについての説明を行った。第2巻までで，ベーベルは1870年代の終わりまでを叙述しており，『女性と社会主義』に関係ある叙述を2カ所（波多野訳 1921：242，300）で行っている。菊栄の「訳者はしがき」は，波多野の翻訳部分を超えて，その後の情勢にふれて1928年にまでおよんでいる。

8）これらはすべて，前述，ドイツ語版ベーベルの『演説著作選集』に付されたベーベルの3375点におよぶ文献リストによったものである。日本については1904年に部分訳〔2504〕，1911年に〔3212〕に全訳がある書き方になっており，根拠は両版とも Hanako Watanabe 1984：99-100．としている。私の調査がおよばず，とりあえず本文から削除してあるが注記しておく。Hanako Watanabe とは，渡辺華子のことであろう。

2. 菊栄が読んだ英訳本——ダニエル・デ・レオン版と翻訳の原本：メタ・シュテルン版

　表6-2は，ベーベル『女性と社会主義』の英米語翻訳がどのように行われたかをみたものである。そのなかで，菊栄が目にしたものの位置を確認しよう。

　この表でみる通り，英語版は，ベーベルの生存中に，ロンドンで1885年の

　　表6－2　アウグスト・ベーベル『女性と社会主義』の英米語[9]翻訳
　　　　　　（翻訳年，訳者名，翻訳書名，出版社，出版地，出版年，ページ
　　　　　　数，『ベーベル選集』文献番号等）

1885　H. B. Adams Walther: Translated from the German, *Women in the past, present, and future.* International Library of Social Science. Bd l, The Modern Press, London, 1885. 264 p. [758]（ゲリッツェン女性史コレクション［B189]）

1886　H. B. Adams Walther: *Women in the past, present, and future*, Labour Library, Bd. 2. New York, 1886, 268p. [834]（ゲリッツェン女性史コレクション［A188]）

1893　H. B. Adalms Walther: Translated from the German, *Women in the past, present and future.* London; Willian Leeves 1893, 264p. [758] の再版 [1511]（メリーランド大学 McKelden 図書館 U. S. A. 所蔵：HX546, B35）

1897　訳者不明: *Women in the past, present and future.* San Francisco, G. B. Berham, 1897, 171p.

1904　Daniel de Leon: *Women under socialism.* Tr. From the original German of the 33-d ed. New York, 1904, 371 p. [2503]（ゲリッツェン女性史コレクション［A191]）

1910　Meta L. Stern (Hebe): Authorized Translation: *Woman and Socialism.* Jubilee 50th Edition. New York, 1910, 512p. [3081]（ゲリッツェン女性史コレクション［A187]）

注：表中［　］内の数字は，独語版『選集』中の文献番号。（　）内は筆者が現物を確認した原書所在。

9）英語訳を英米語と区別する場合がある。「ゲリッツェン女性史コレクション」などは，英国で出されたものを英訳（B），米国で出されたものを米国訳（A）と区別している。

第6章　ベーベル『婦人論』の本邦初完訳をめぐる諸問題　　233

ヴァルターによるもの（Walther 1885），ニューヨークで同じくヴァルターによるものが，1886年（Walther 1886），ロンドンで1893年（同），1897年に訳者不明のものがサンフランシスコで出されている（私はこの書を確認していない）。また，ニューヨークで1904年（Leon 1904），同じくニューヨークで1910年（Stern 1910）のものがある。

　日本で『女性と社会主義』の翻訳を英語から1919年に試みた村上正雄は，英訳は5種あり，シカゴでも出されていると記しているが私はそれを発見できていない。英訳に関しては，ロープスとロスが，その著『男性のフェミニズム──アウグスト・ベーベルとドイツ社会主義運動』の冒頭に「翻訳に関する評注」（Lopes & Roth 2000：19-27）と題する興味深い叙述をしている。それによると英訳が，すべて良い訳とはいえず，その時代にしても旧式で堅苦しく，翻訳として不適切なものであることを指摘している。

　19世紀の英訳は省略[10]して菊栄が20世紀に最初に手にした，ダニエル・デ・レオンのもの（1904）は，『社会主義のもとでの女性』と和訳される英訳（*Women under socialism*）であり，英訳の題としても不適切であるとロープスらは書いている。1904年といえば，ドイツでは，1903年改訂版の第36版が出ている年である。そのときの題は，『女性と社会主義』に戻っているが，英訳版の題は独自のものであり，しかも内容をみると改訂前の第33版のものである。菊栄が初めてふれたベーベルの本がこれと思われる。

　1910年のメタ・リリエンタール・シュテルン（ヘーベ）：Meta Lilientahal Stern "Hebe" の英訳は，題も『女性と社会主義』であり，この原本は，ベーベル最後の改訂版第50版からのものである。ドイツ語での刊行と同時に英訳したものと思われる。メタ・シュテルンの両親はドイツからの移民であり，のちにデ・レオンがそこで指導的役割を果たすことになる「社会主義労働党」（Socialist Labour Party）の創始者であったとのことで，母親は女性活動家で父は医師で母を援助しており，成功した中流階級で裕福な生活をしていたという。メタ・シュテルン自身は，「アメリカ社会党」（Socialist Party of America）の活動家であり，第1次世界大戦中は反戦運動に参加した。

───────────────

10）詳細に，昭和女子大学女性文化研究所編（2003：72-73）参照のこと。

また，ロープスとロスは，ヴァルターを含め3つの英訳が，すべて，ベーベルの原文の，ジェンダー・ニュートラルな用語（例えば man, Menschen, Menschheit）使用を理解せず，独語の表現とは異なる「男性特有の英語」をあてていると批判していることを紹介しておく。とはいえ，山川菊栄は，このメタ・シュテルンの英訳を邦訳したのである。なお，この英訳に決定的に欠けるものは，これまでのベーベルの改訂時の「序文」と最終改訂時の「補遺」が省略されていることである。

3．ベーベル『婦人論』の日本語訳の流れにおける菊栄の翻訳

ベーベルの『女性と社会主義』の日本語への紹介と翻訳を表6-3に示した。ベーベル生存中の，日本と『女性と社会主義』との関わりについてまずこ

表6－3　日本における『女性と社会主義』の紹介・翻訳の状況

1903.11.29	『平民新聞』に，社会問題研究材料として，"Bebel. Women in the Past, Present & Future" という書名が載る。
1904.3.6?	『平民新聞』の「平民文庫出版広告」に堺利彦 幸徳秋水訳『婦人問題の解決』という広告が載せられ，従来日本初の抄訳と考えられ，その書名が流布。犬丸義一（1980）の調査で未刊であることが明らかになる。
1904.	本章注8に記したように，ベーベル『選集』〔2504〕に，『女性と社会主義』（1904）部分訳とあった。編者 Anneliese Beske は，Hanako Watanabe（1984：99）の独語論文から情報を得たと，伊藤への私信で説明したが確認できない。
1905.5.7/6.4	社会主義講演会 堺利彦「ベーベルの婦人論」を2回にわたって講ず（『直言』1905.5.14/6.4）。
1905.6.25	『直言』に，Woman was a slave before the slave existed（Bebel）と出ている。
1911?	ベーベル『選集』〔3212〕に『女性と社会主義』とある。根拠は，Hanako Watanabe（1984：100）というが，確認できない。
1919.8.23	村上正雄訳『社会主義と婦人（過去）』三田書房，東京 152ページ。ベーベル原著各版の序文なし。「過去の女性」の部分のみ，英訳本からの重訳，山川菊栄序文（1919.7.24）付。訳者序

(1919.5.1) に，訳書について（1919.7）で英米語訳は5種あり，シカゴの Charles H. Kelr & Company から出た *Womcn undcr Socialism* を注文したが入らないので，丸善から，*Women in the past, prcsent and future,* Bellamy Library（London）を入手して訳した（「訳書に就いて」より）こと，あとがきで「現在の巻」の続巻訳出を予告している。Bellamy Library や Charles H. Kerr & Company はドイツのベーベル『選集』（文献リスト中の Bebel（1970-1997）のこと）では押さえられていない。（ただし昭和女子大学図書館に1920.5.20の再版所蔵）

1922.10.5　牧山正彦訳『婦人と社会主義 第一編』弘文堂，京都，192ページ。ベーベル原著の第34版，第50版の序文を冒頭におき，さらに第25版への序文を末尾に付すと予告する。訳者序（1922.9）によれば，独語最終改訳版（Verlag von F. H. W. Dietz, Stuttgart, 1920）からの日本語訳，さらに33版からの Daniel de Leon の米語訳を参照したとのこと，のちに岩波文庫に入る。（昭和女子大学図書館 1922.10.20再版所蔵）

1923.2.1　牧山正彦訳『婦人と社会主義2 第2編（上）』弘文堂，京都，440ページ。（昭和女子大学図書館 1923. 2版コピー版所蔵）

1923.3.13　山川菊栄訳『婦人論―婦人の過去現在未来』アルス，東京，752ページ。ベーベル原著の各版の序文なし，訳者序（1922.8）に Meta L. Stern（Hebe）の米語訳（1910）からの重訳とある。伏字あり。（昭和女子大学図書館には2冊所蔵）

1923.5.10　牧山正彦訳『婦人と社会主義3 第2編（下）』弘文堂，京都，647ページ。（昭和女子大学図書館 1923. 第5版，コピー版所蔵）

1923.11.1　牧山正彦訳『婦人と社会主義4 第3編』弘文堂，京都，853ページ。（昭和女子大学図書館 コピー版所蔵）

1924.5.1　牧山正彦訳『婦人と社会主義5 第四編（続）』弘文堂，京都，1056ページ。伏せ字あり。（「おことはり」で，第25版への序文は記さずとある。1924.2）（昭和女子大学図書館，1924. 第5版 コピー版所蔵）

1925.10.25　山川菊栄訳『婦人の過去現在未来』世界婦人文献 第7巻，世界文献刊行会，東京，705ページ，訳者序なし。非売品。扉にデューラーの「聖母子」の絵あり。伏字あり。すべての漢字にひらがなルビをふってある。これは犬丸らが海賊版と呼んでいるものである。（昭和女子大学図書館所蔵）

1928.1.25　加藤一夫訳『婦人論』世界大思想全集 33 春秋社，東京 540ページ。ベーベル原著の各版の序文なし。訳者によるベーベル小伝，解説あり。ドイツ語第50版からの牧山訳を，英訳と対照して手を加える。伏字あり。牧山の「代訳」の意あり（後出の草間 1928：6）。非売品。扉にベーベルの肖像画あり。

1928.8.7	山川菊栄訳『婦人論』社会思想全集 第11巻に収録。平凡社，東京，645ページ。ベーベル原著の各版の序文なし。伏字あり。扉にベーベルの肖像画あり。
1928.12.25	草間平作訳（＝牧山正彦，改訳）『婦人論』上，岩波書店（文庫），東京，348ページ。ベーベル原著の各版の序文なし。訳者序あり（1928.10）。扉にベーベルの写真あり。（昭和女子大学図書館 1937.7.20の第8刷所蔵）。
1929.2.3	山川菊栄訳『婦人論』改造社（文庫）に入る。東京，591ページ。訳者はしがきあり（1928.4）。伏せ字あり。1937.6.25第55版（犬丸 1980）。（昭和女子大学図書館所蔵）。
1929.3.25	草間平作訳（＝牧山正彦，改訳）『婦人論』下 岩波文庫，東京，572ページ。伏字あり。（昭和女子大学図書館 1937.11.5の第5刷所蔵）。
1952.8	草間平作訳『改訂版 婦人論』上 岩波書店（文庫），東京，421ページ。訳者序（1946.7）あり。改版の準備1938年に一応完了とあり。（昭和女子大学図書館 1959.9の第15刷所蔵）。
1955.7.5	草間平作訳『改訳 婦人論』下 岩波書店（文庫），東京，267ページ。第9刷改版，伏せ字復元。訳者あとがきあり。（昭和女子大学図書館 1975.7の第29刷と1958.3の第11刷2冊所蔵）。
1955.9.10	森下修一訳『婦人論』上 角川書店（文庫），410ページ。ベーベル原者の各版の序文なし。（昭和女子大学図書館所蔵）。
1955.10.5	森下修一訳『婦人論』下 角川書店（文庫），274ページ。訳者解説（1953.5）（昭和女子大学図書館所蔵）。
1958.5.3	伊東勉・土屋保男訳『ベーベル婦人論』上 大月書店，東京，255ページ。訳者解説，ベーベル原著各版の序文あり，第55版序文あり。（昭和女子大学図書館，1982.6の第25刷所蔵）。
1958.6.30	伊東勉・土屋保男訳『ベーベル婦人論』下 大月書店，東京，519ページ。事項索引，人名索引あり。（昭和女子大学図書館 1982.6の第19刷所蔵）。
1971.1.16	草間平作訳 改訳『婦人論』上 岩波書店（文庫），東京，408ページ。第26刷改訳，ベーベル写真あり。訳者序（1970.8）あり。（昭和女子大学図書館 1976.1の第31刷所蔵）。
1977.2.10	山川菊栄『婦人論』改造文庫復刻版。訳者はしがきは戦前（1928.4）のまま。591ページ，改造図書出版株式会社，東京。
1981.5	草間平作訳 改訳『婦人論』下 岩波書店（文庫），東京。

こでみておきたい。1903（明治36）年11月29日，『週刊平民新聞』（第3号）の4面5段左下に，「社会問題研究材料」とあって，5冊の英語本があげら

れているが，そのなかにベーベルの『婦人の過去・現在・未来』英訳本が入っている。ただし，一行，"Bebel. Women in the Past, Present & Future"とあるのみである。これは，英語の題からいって，1880年代のH.B. アダムス・ヴァルター訳と思われ，これを入手して何人かの日本人は読んだのであろうか。

その成果と思われる記事が現れるのは，週刊『直言』1905年5月14日付（第2巻第15号）第7面3段である。堺利彦が2回にわたってベーベルのこの本の内容を紹介している。しかし，記事は「婦人講演会（平民社）」と題して，「去る7日（1905年5月7日のこと：伊藤注）午後2時より例の通り平民社楼上に開く，来会者婦人20名男子も殆ど同数，堺利彦氏の『ベーベルの婦人論』（第1回）に次，──」とあるのみであり，堺利彦が何を話したかはわからない。この第2回を報じる『直言』（1905年6月11日）は，「4日（1905年6月4日のこと　伊藤注）午後2時より例の如く平民社楼上に開会，初めて本会に警部巡査の臨監を辱したり，（略），来会者は婦人14-5名，男子20名ばかり，堺利彦氏先ず起ってベーベル氏の婦人論第2回を講じ（此の講演は其中何等かの方法を以て読者諸君の清覧に供するの時あるべし），──」とある。しかし，講演をまとめたものはその後もみられない。1905年6月25日の『直言』5面4段の左端に，「"Woman was a slave before the slave existed（Bebel）"，婦人は奴隷存在以前に於て既に奴隷なりき（ベーベル婦人論より）」との4行がある。

本格的邦訳が出るのは，山川菊栄のものをはじめとして，ベーベル没後の1920年代であるが，すでに生前の1905年の時点で，日本の社会主義的運動に携わる人たちに高い関心がもたれていたことがわかる。

いずれにせよ，ベーベルの『女性と社会主義』の紹介や日本語訳を手がけた人々は，①堺利彦・幸徳秋水，②村上正雄，③牧山正彦（＝戦後草間平作名），④山川菊栄，⑤加藤一夫，⑥森下修一，⑦伊東勉・土屋保男であったということがわかる。①は広告だけ，②は「過去の女性」のみの英語訳からの重訳，③は初めての独語からの完訳，④は英訳からの重訳であるが，完訳としてはもっとも早い出版，⑤は牧山訳を英訳と対照し，牧山訳の改訳・代訳の性格をもつ。⑥は第2次世界大戦の後に，戦前のものは絶版状態と判断

し，大正末期・昭和初期の訳文の新しい用語での訂正を意図，⑦は従来訳の省略・脱漏・誤訳を訂正し，ベーベル原著の序文の完訳という特徴がある。

別の見方をすれば，①英語からの山川訳（これは戦前訳のみで戦後改訳はないが，1977年に改造文庫版の復刻版はある。しかし訳者はしがき，伏字も1928年のままである），②独語からの訳を中心にした牧山・加藤・草間訳（これは，戦前から戦後へと改訳しながら引き継がれる），③独語からの森下訳（戦後），④独語からの伊東・土屋訳（戦後）と大きく4つの流れが『女性と社会主義』の日本の読者を獲得したといえる。なかでも，ベーベルの第50版の現代語完訳（ベーベルが第50版に付した3つのVorrede＝序文を訳しているという意味で）で，かつ訳者解説・事項索引と人名索引の充実したものは，伊東・土屋訳ということになる。しかし，岩波文庫版牧山訳は，上巻が1971年（1985年4月第36刷まで出ている）に，下巻が1981年（第32刷）に最後の改訂を加えているとのことであるので，伊東・土屋訳を最新訳とすることはできない。

ちなみに，大月書店版は，1988年6月25日に上巻の第26刷を，1989年2月に下巻の第20刷を出して以来刷りを重ねていない。大月書店版の最後の刷りが，『女性と社会主義』初版発行から数えて110年，そして，ベルリンの壁崩壊の1989年であったことは象徴的である。戦前から戦後にかけて，これら各訳，各刷りが何部であったか明確ではないが，少なくとも日本で延べ10万人の読者がいたであろうと推測される。

再確認するが，最初の日本語完訳は，確かに重訳による1923年の山川菊栄であるが，それと相前後して，1922年から1924年にかけて牧山正彦（草間平作）がドイツ語の原語から完訳したことも忘れてはならないことであろう。

その前の村上正雄訳（1919年）は『社会主義と女性』と題して「過去の女性」（152ページ）だけであるが，堂々と「山川菊栄女史序」がついているのである。菊栄28歳のときである。いくら「過去の女性」につける序文であっても，全文を読んでいない限りできる仕事ではない。菊栄は1919年には，すでにベーベルを論評できるレベルの女性であった。ページは付されていないが菊栄の「序文」は次のようなものであった。

第6章　ベーベル『婦人論』の本邦初完訳をめぐる諸問題　　239

「婦人論に序す」山川菊栄　大正8（1919）年7月24日

　　人類史に於ける，最初の労働者は婦人であり，最初の被略奪者も，亦
た実に婦人でありました。人類の最初の分業は，生理上の分業であり，
その最も顕著なるものは，性の分業でありました。男女に分業が，両性
間における生理上の分業を意味してゐた間は，それは，人間社会の幸福
と進歩を保障するものでありました。両性間に於ける生理上の創意に基
づく分業が，決して女性の屈従と支配を意味するものでないことは，此
の時代に於て女性中心の社会生活の行はれて居たことによつても窺ひ知
ることが出来るのであります。

　　然るに，此の生理上の分業の上に，社会的経済的の分業が接穂されて
来ると，人間の社会生活は一変しました。而して経済上の分業は，先づ
男子と女子との間に，最も顕著に発達しました。斯くして婦人は，人類
史に於ける最初の被征服者となり，最初の奴隷となつたのであります。

　　（2ページ略　伊藤）

　　ベーベルの婦人論は，此点に於いて多くの　　——或は有らゆる——
婦人論を絶したものがあります。そして此のベーベルの世界的名著が村
上氏に依て日本の男女に紹介せられると云ふことは，私の最も愉快に感
ずる所であります。私はこのよく時機を得た紹介が，日本の婦人の覚醒
の上に齎らすべき大なる功績を信じて疑はないものであります。

　続いて訳者村上は，「訳者序」として，1919年5月1日付で次のように書
いている。

　訳書について，1919年で英米語訳は5種あり，シカゴの Charles H. Kelr
& Company から出た Women under Socialism を注文したが入らないの[11]で，
丸善から，Women in the past, present and future, Bellamy Library（Lon-
don）を入手して訳した（「訳書に就いて」より）。

　あとがきでは，「現在の巻」の続巻訳出を予告している。

────────────────────────────
11）Bellamy Library や Charles H. Kelr & Company はベーベル『選集』でも把握され
　　ていない。しかし昭和女子大学図書館に，1920.5.20再版の所蔵あり。

表6-4　山川菊栄訳各版における題・章名の変遷　　（下線部分を変更）

1923年アルス版	1925，1928，1929年版
題『婦人論—婦人の過去現在未来』 訳者はしがき（日付は1922年8月：伊藤） 緒言	1925：『婦人の過去現在未来』 1928：『婦人論』，1929：『婦人論』 1925：訳者はしがきなし 1925：序文，1928：緒言，1929：序文
第一篇　婦人の過去 第一章　原始時代に於ける婦人の地位 第二章　母権制度と父権制度との闘争 第三章　基督教 第四章　中世紀の婦人 第五章　宗教改革 第六章　第十八世紀	
第二篇　婦人の現在 第七章　性的存在としての婦人 第八章　現代の結婚 第九章　家庭の分裂 第一〇章　生活手段としての結婚 第一一章　婚姻の機会 第一二章　売淫—ブルジョア社会に必要なる社会制度 第一三章　産業界の婦人 第一四章　教育のための婦人の闘争 第一五章　法律上に於ける婦人の地位	1929：現在の婦人 1929：家族 1929：おける
第三篇　国家と社会 第一六章　階級国家と近代無産階級 第一七章　資本主義的産業に於ける集中の過程 第一八章　不景気と競争 第一九章　農業の革命	 1928：作用，1929：過程 1925：恐慌，1928：不景気
第四篇　社会の社会化 第二〇章　社会革命 第二一章　社会主義社会の根本的法則 第二二章　社会主義と農業 第二三章　□□の廃滅 第二四章　宗教の将来 第二五章　社会主義的教育制度 第二六章　社会主義の社会に於ける文学と芸術	 1925○○の○○，1928：× ×の廃絶，1929○○の○○

第二七章　個性の自由なる発達 第二八章　将来の婦人 第二九章　国際関係 第三〇章　人口問題と社会主義	1929：自由発達
結論	

（□○×は伏字）

　菊栄の訳は戦前に集中して読まれているようであるが，4種の版（1923，1925，1928，1929）が出されている。その題・目次の用語が微妙に変遷している（表6-4）。

　菊栄訳にベーベル原著の各版の序文，最後の版の「補遺」がないのは，メタ・シュテルンの英語版にこれらがすべて省略されていたからであろう。菊栄の4種類を比較しても，検閲による伏字，削除箇所は微妙に異なっている。1923年版は，とくに削除箇所がそのまま，スペース的にも空欄となっているが，それ以降の3種は，多少の伏字を起こし，削除による空欄も伏字でつなぐという形式になっている。

4．山川菊栄訳と牧山正彦訳 つまり重訳と原著訳との若干の対比

　ほぼ同じ時期に出された菊栄訳（アルス）と，牧山訳（弘文堂）を比較しよう（表6-5）。

　菊栄訳と牧山訳の異なるところは，まず，書名そのものであり（菊栄は『婦人論 婦人の過去現在未来』，牧山は『婦人と社会主義』），次に，牧山訳ではベーベル原序「34版のために」と，「50版のために」がついていることである[12]。ベーベルは，1910年の第50版には，このほか「第25版のために」を付けているが，牧山はそれを，末尾に付すと第一編の冒頭に予告しながら，

12）ついでながら，この原序は，1928年の加藤一夫訳で削除され，のちの草間平作訳でも再び現れることはなかった。さらに，加藤訳以降書名も山川訳と統一され『婦人論』となった。ベーベルの原序は，第50版にベーベルが付したと同じ上記3本の序は伊東・土屋訳によって1958年に初めて完訳されたのである。

表6－5　山川菊栄訳各版における題・章名の変遷

（菊栄と同じものは牧山欄空欄）

1923年　山川菊栄英語からの重訳 　　　（　）内は1929年改造文庫版	1922-1924　牧山正彦独語原書からの訳 菊栄の1923年と異なる箇所のみ示す
題　『婦人論―婦人の過去現在未来』 （『婦人論』） 訳者はしがき 緒言（序文）	『婦人と社会主義』 原序 34版のために，50版のために
第一篇　婦人の過去（過去の婦人） 第一章　原始時代に於ける婦人の地位 　　　　（原始社会に…） 第二章　母権制度と父権制度との闘争 第三章　基督教（キリスト教） 第四章　中世紀の婦人 第五章　宗教改革 第六章　第十八世紀	過去の婦人 母権と父権の争 中世の婦人 18世紀
第二篇　婦人の現在（現在の婦人） 第七章　性的存在としての婦人 第八章　現代の結婚 第九章　家庭の分裂（家族の分裂） 第一〇章　生活手段としての結婚 第一一章　婚姻の機会 第一二章　売淫―ブルジョア社会に必 　　　　要なる社会制度 第一三章　産業界の婦人 第一四章　教育のための婦人の闘争 第一五章　法律上に於ける婦人の地位 　　　　（おける）	「性」としての婦人 現代の婚姻 家族の紊乱 給養院としての結婚 市民的世界の必要な社会制度としての 売淫 婦人の職業上の地位 教養のための婦人の戦 婦人の法律上の地位
第三篇　国家と社会 第一六章　階級国家と近代無産階級 第一七章　資本主義的産業に於ける集 　　　　中の過程 第一八章　不景気と競争 第一九章　農業の革命	
第四篇　社会の社会化 第二〇章　社会革命 第二一章　社会主義社会の根本的法則 第二二章　社会主義と農業 第二三章　□□の廃滅（〇〇の〇〇）	

第6章　ベーベル『婦人論』の本邦初完訳をめぐる諸問題　　243

第二四章　宗教の将来	
第二五章　社会主義的教育制度	
第二六章　社会主義の社会に於ける文学と芸術	社会主義の社会に於ける芸術と文学
第二七章　個性の自由なる発達（個性の自由発達）	
第二八章　将来の婦人	
第二九章　国際関係	
第三〇章　人口問題と社会主義	
結論	
	おことはり

第五編の「おことはり」で「約束にも拘わらず省略」と書いている。

　『女性と社会主義』が，なぜ，時期的にも競りあって多くの翻訳者の手で日本語訳されたのであろうか。菊栄とほぼ同時並行して出された牧山訳は，書名，原序の収録を含めて，むしろベーベルのドイツ語原書からの直接訳である。にもかかわらず，牧山訳は，なぜ山川菊栄訳と同じ名声を博さなかったのであろうか。牧山訳は，出版社が京都であり，5分冊になっていたということ，最後の分冊が完結したのが1924年であったことなどが，山川訳よりも普及を困難にしたのかもしれない。

　また，山川の英語からの重訳が時期的に最初の完訳であったとしても，英訳のところでみたように，原語が忠実に英訳されているとは限らないのだが，このことは当時の日本人読者の関心事ではなかったのであろう。しかし，ドイツ語を解する人々にとっては，重訳では満足できなかったであろう。だが，もともとベーベルが『女性と社会主義』を学術書として書いたわけではないし，この書が対象とする読者層は，運動家であったであろうから，はるか東洋の日本では，重訳かとか，原書からとか，問題でなかったのかもしれない。

　いずれにせよ，男性である「ドイツ社会民主党」の党首，老ベーベルが，練りに練って1910年に完成させた女性論の名著を，アメリカ社会党員の女性，メタ・シュテンルンが，間髪を入れずに英訳し，日本人女性の山川菊栄が1922年，非合法の日本共産党が結成された年に重訳の校正を終え，翌1923年にそれを出版したという一連の流れは興味深いものがある。ベーベルの第50版が出た1910年は，コペンハーゲンの第2インターナショナル第2回女性会

議で「国際婦人デー」の挙行を決めた年であり，日本で翻訳書が出た1923年
は，日本で初めての国際婦人デーを，菊栄が中心になって挙行した年である。
またこの年は，ベーベル没後10年，帝政ロシアで初めて「国際婦人デー」が
もたれて10年という年でもあり，日本共産党が非合法に創立された翌年のこ
とであった。

　ここで，菊栄のメタ・シュテルンの英語版からの重訳の位置，検閲の問題
も含めて，ごく一部だけ，原語ドイツ語・英訳語・日本訳語の例をあげてお
きたい。表6-6は，『女性と社会主義』の題の原語・英訳語・邦訳語の一部を
例としてあげたものである。

　言語学的論評は私にはできないが，重訳だとしても，章の題をみても菊栄
の邦訳のほうが馴染みやすい気がする。しかし，牧山正彦のほうも，1928年
（上），1929年（下）には岩波文庫に上下２冊本で入り，戦前にも手を加え，
戦後草間平作名でいち早く改訳し，戦後1946年，さらに1952年（上），1955

表6－6　『女性と社会主義』の題の原語・英訳語・邦訳語
（□＝伏字）の対比の一例

著者・訳者	独語：A. Bebel 著	英語：M. Stern 訳	日本語：牧山正彦訳	日本語：山川菊栄訳
言語	独語	独語→英語	独語→日本語	独語→英語→日本語
出版年	1910	1910	1922-1924	1923
書名	Die Frau und der Sozialismus	Woman and Socialism	『婦人と社会主義』	『婦人論―婦人の過去現在未来』
第７章の題	Die Frau als Geschlechtswesen	Women as a Sex being	性としての婦人	性的存在としての婦人
第９章の題	Zerruttung der Familie	Disruption of the family	家族の紊乱	家庭の分裂
第10章の題	Die Ehe als Versorgungsanstalt	Marriage as a means of support	給養院としての結婚	生活手段としての結婚
第23章の題	Aufhebung des Staats	Abolition of the state	□□の廃滅	□□の廃滅 □□の□□（'25）

第6章　ベーベル『婦人論』の本邦初完訳をめぐる諸問題　245

年（下）と改版を出している。私が学生時代の学習会に使用したのはこの
1952年版の第14刷1958年発行のものである。ただしこの版にはベーベルの4
つの版の序文はついておらず，北海道大学付属図書館で原書を借りて，学習
会仲間で分担して翻訳し報告し合った思い出がある。しかし，そのころ，
1958年には伊東勉・土屋保男が，解説および，私たちが習いたてのドイツ語
で苦労していたすべての序文と事項索引・人名索引までつけた新訳を大月書
店から出したのである。私たちは，大月書店版に鞍替えした。

　大月書店版はベーベルの4つの版の序文のほか，1933年にヒトラーの焚書
でドイツから姿を消したこのベーベルの本を，戦後1946年，ベルリンのディ
ーツ社（Verlag J. H. W. Dietz Nachf. GmbH, Berlin）から第55版を639ペー
ジで出版したときのフリーダ・ルービナーの序言を冒頭においている。この
ように，ベーベルの『女性と社会主義』の翻訳・出版の歴史は長い。その先
鞭をつけた山川菊栄の位置は歴史を経ても評価され続けてしかるべきと思う。

5．ベーベルの『女性と社会主義』についての『歴史評論』の山川菊栄へのインタビューより

　ベーベルの『女性と社会主義』の菊栄による翻訳の経過は，序章でふれた
『歴史評論』1978年3月号に「山川菊栄氏に聞く――日本におけるマルクス
主義婦人論の形成過程」（同書：2-38）として掲載されたインタビュー（初
出と略す）のなかで，菊栄自身の思い出から明らかにされる。

　聞き手は，菅谷直子，外崎光広，司会者は犬丸義一ということであるが，
犬丸が「司会者である私も質問者の一人になることを一応お許しください」
（同上：3）とあるので，犬丸も聞き手と考えてよい。

　まず冒頭，司会者（犬丸義一）が，「今日は，日本のマルクス主義＝科学
的社会主義の婦人解放論の文字通りパイオニア＝開拓者であり，生き証人で
もある山川菊栄先生の理論形成の道筋について，お聞きしようという企画で
す。」ではじめられる。

　この初出文献は，のちに，2度，単行本に収録されていることは，すでに
序章でも書いたので一部繰り返しになるが，ひとつは，1979年4月30日付発

行の，すでに88歳になった山川菊栄著の『日本婦人運動小史』（大和書房，1979年）である（大和版と略す）。そこには「日本で育った社会主義婦人論」（195-232）として収録され，その冒頭は「今日は，日本の科学的社会主義の婦人解放論の文字通りパイオニア＝開拓者であり，生き証人でもある山川菊栄先生の理論形成の道筋について，お聞きしようという企画です。」と聞き手の『歴史評論』1978年3月号に掲載された「マルクス主義」という用語が削除されている。

　他のひとつは，同じ1979年10月10日付発行の「歴史評論」編集部編『近代日本女性史への証言　山川菊栄／市川房枝／丸岡秀子／帯刀貞世』（ドメス出版：ドメス版と略す）に収録されたものである。そのなかの「山川菊栄　日本における社会主義婦人論の形成過程」（7-48）で，初めて，1977年12月2日と1979年3月4日という2つの日付が入る。私の推測では1977年12月2日がインタビュー日，1979年3月4日は，ドメス版に収録のため，加筆・修正した日付と思われる。ここでも「今日は，日本の科学的社会主義の婦人解放論の文字通りパイオニア＝開拓者であり，生き証人でもある山川菊栄先生の理論形成の道筋について，お聞きしようという企画です。」と，やはり初出にはあった「マルクス主義」というタームは消されている。なぜ，インタビュー後，『歴史評論』1978年3月号掲載の1年以上を経て出版された後者2書への収録で，菊栄は「マルクス主義」を削除したのか。

　初出では，「ベーベルと山川さん」となっている見出しが，大和版では，「ベーベルと私」となっている。つまり菊栄が主体の書き方である。ということは，菊栄は，「私」を主体にするとき「マルクス主義」というタームには違和感があったのではないだろうか。ともあれ，このインタビューで注目されるのは，本章との関係では，ベーベルの『女性と社会主義』翻訳の経緯について明らかにされていることである。

　この「ベーベルと山川さん」＝「ベーベルと私」によって明らかにされることは，まとめると次の通りである。

　　1．ベーベルや，エンゲルスの婦人論の古典を読んだのは，津田を出た1912年のあとである。（私の推測では実際は，1913年のベーベルの没後ではないだろうかとも思うがそれより早く手がけていたのかもしれ

第6章　ベーベル『婦人論』の本邦初完訳をめぐる諸問題　　247

ない)[13]。

2．菊栄は，原書ではなく英訳で読んだと言っている。菊栄によれば，最初読んだのはベーベルの旧版[14]であったが，のちに翻訳したのは新版＝第50版[15]のほうであるとのことである。

3．菊栄は神田の古本屋でベーベルをみつけたと言っている。その言語は不明。また何版かも不明。

4．菊栄は，エンゲルスは「だいぶ後で」（本人の言葉）読んだと言っている。

5．1919年に村上正雄の抄訳書が出たとき菊栄は，三田書房から依頼されて序文を書いたと言っている。そのとき菊栄は，翻訳を手がけており，序文を依頼されるくらいだからすでに全部を読んでいて，そのことは周囲にも知られていたのであろう。

6．1921年には，波多野鼎訳『ベーベル自叙伝』（大鐙閣）が出ていた。これは，ベーベル自伝第1巻と第2巻の1913年英訳を基礎とした抜粋と，原語ドイツ語からの訳出との混合でできあがっている。菊栄はそのことにふれていないが，これを参考にしていたであろう。

7．菊栄は，1922年の8月にベーベルの『女性と社会主義』の校正を終わっていたが，検閲のために刊行が遅れて1923年3月にアルス社から

---

13) 1913年の，ベーベルの逝去にあたって，堺利彦が，『近代思想』の1913年10月号の「雑録」（「堺利彦　胡麻塩頭」）に，「彼（ベーベル）の著書中，最も有名なものは『婦人論』である。此の書の内容は大体において，我々仲間には既に善く知られて居る。然し1909年に出た第50版には大分新しく補強がしてある。福田徳三君は先日の時事新報に，特に此書の事を紹介している。世間ではマルクスの資本論の事を『労働者の聖書』といふけれども，資本論は余りに難解で労働者の読物にならぬ。それよりは此『婦人論』の方が真に『労働者の聖書』とするに足ると書いている」「此書は，『婦人論』ではあるが，社会進化の体制を平易に説明して，特に将来の新社会の趣きを予想して書いた所に読者を牽く力がある」「独逸の原書も英訳も丸善に来て居る筈」と書いているとインタビューの席上紹介されている。

14) 神奈川県立図書館の山川菊栄文庫目録洋書に *Woman under socialism*. New York Labour News, 1917. として入っているのが，それと推測される。

15) 同じく山川菊栄文庫目録洋書に *Woman and Socialism*. Socialist Literature. 1910. があるがそれであろう。

最初の全訳本が刊行されたと言っている。7カ月の検閲にかかっていたことになる。

8. ドイツ語原文からの牧山正彦[16]訳（5分冊）の，第1分冊が1922年[17]10月，弘文堂から刊行されはじめたが，最後の第5分冊が1924年5月に完了した。したがって，菊栄のほうが重訳であったとしても完訳は先である。

9. 1925年10月25日，菊栄訳，『婦人の過去現在未来』として，世界婦人文献第7巻という「海賊版」が出た（口絵に聖母子の色刷り。総ルビつき）が，インタビューでは，菊栄はそれを知らなかったといっている。

10. アルス版菊栄訳を，1928年7月20日，上下2巻にして普及版とする。序文付。この序文にも，1922年8月に1923年版の校正を終わっていた旨が書かれている。

11. 1928年8月7日に平凡社の『社会思想全集』に入った（赤い表紙）。

12. 1929年2月3日改造文庫初版[18]が出て，戦前刷を重ねる（1937年6月第55刷）。

13. 1937年12月「人民戦線事件」前後執筆禁止となる。刊行もされない。

　このインタビューは，貴重なものであるが，記録初出では，インタビューアーの問題意識が強く前面に出ている。このとき，菊栄は87歳であった。自分の気持ちにフィットしない言葉も肯定してしまったのかもしれない。大和版とドメス版への収録に際して，文字を確認して，菊栄は自由に手を入れて自分の気持ちを表していると思われる。

　附：連続学習会（2010年）での水田珠枝氏のベーベルと菊栄に関する見解について

　山川菊栄の生誕120年に際し，「山川菊栄記念会」は，シンポジウムや連続

---

16) 牧山正彦は1928年の改訳以降，草間平作と名のる。草間平作と同一人物。

17) このインタビューには1923年と書かれているが，現物で確認すると実際は1922年であるので記憶違いであろう。

18) これには1928年4月付の菊栄の「訳者はしがき」がついている。

学習会を開催したが，そのなかで2010年6月20日，名古屋都市センターで開催された「欧米フェミニズムと山川菊栄」と名づけられた第2回学習会がある。そのなかで，水田珠枝は「山川菊栄における社会主義フェミニズムの受容」（山川菊栄記念会　2011：81-98）と題して報告した。記録のなかから一点だけ取り上げておきたい。質疑のなかで「菊栄はベーベルの影響をうけたというが，ベーベルとどこが違っているか」という問いが出された。水田は，次のように答えている。

　　　最大の違いは，彼が未来社会を描いた[19]ということです。ベーベルの場合には，フランスやイギリスの空想的社会主義者たちが語るプランを取り入れたわけで，女性を社会主義に結集するには，どのような未来社会があるのか，生活はどう改善されるか，将来への希望を示すことが効果的だったのでしょう。（中略）しかし，マルクスは未来社会を語っていない，エンゲルスも同様です。空想的社会主義と科学的社会主義の区別をするエンゲルスとしては，当然の態度でしょう。山川がベーベルのように未来社会を語らないのは，一つにはエンゲルスのこのような姿勢を継承したと思われます。もう一つには，大正期は未来社会を語りうるような状況ではなかったということです。たとえば集団保育を推奨しても，解放された女性の生活を語っても，日本の状況で広い支持が得られたわけではありません。これらの理由が考えられるとおもいます（同上：97-98）。

菊栄に未来社会論がなかったという指摘についてであるが，菊栄は一貫して，社会主義社会こそが女性を解放するという考えで，資本主義経済体制内での改良だけでは不十分と主張し続けていた。しかし，その社会主義社会での解放された女性像等については積極的に叙述することがなかったのは確かである。にもかかわらず，前述のように，1923年のベーベルの翻訳アルス版の冒頭の「訳者はしがき」で，「読者は，本書の中に説かれた多くの新社会の予想，殊に婦人に関するそれが，ロシアでは既に事実となり始めてゐるこ

19）ベーベル自身は「序説」では「未来図の描写」と呼んでいる。この語が入ったのは，1895年の第25版からである。「この点について本書でのべていることは著者の個人的見解としか見なすことのできないものである」という文章が付け加わる。

とに多大の興味を感ぜらるゝに相異ない」(同書：3)という表現で，ベーベルの未来社会論（未来図の描写）に共感を寄せて，ロシア社会主義の建設と結びつけていることがわかる。

しかし，水田の，「マルクスは未来社会を語っていない，エンゲルスも同様です」という発言，また空想的社会主義と科学的社会主義の区別が未来社会論の有無でなされるという見解は妥当であろうか。ここは，これを議論する場ではないが，ベーベルが，『女性と社会主義』の第4篇で「社会の社会化」，未来社会を描けたのは，単に「フランスやイギリスの空想的社会主義者たちが語るプランを取り入れた」だけではない。根底では，マルクスとエンゲルスの著作にみるいわゆる「未来社会論」もベーベルなりに読み取っていたのではないだろうか。『女性と社会主義』の初版が出た1879年には，『資本論』第1部（1867）が出てすでに12年（ベーベルの生存中に，『資本論』第2部〈1885〉，第3部〈1894〉も出ている）たっている。この間，1880年に，エンゲルスの『空想から科学への社会主義の発展』が出され，1884年には同じくエンゲルスの『家族・私有財産・国家の起源』も出された。

私自身は『資本論』第1部で，女性問題と関連して未来社会論に関わる箇所として，第13章，機械と大工業，第3節，機械経営が労働者に及ぼす直接的影響(a)資本による補助労働力の取得　婦人・児童労働以下の叙述の箇所に注目してきた（以下，引用・要約は，大月書店版『マルクス・エンゲルス全集』23a 1965）。

マルクスは，「機械が筋力をなくともよいものとするかぎりでは，機械は，筋力のない労働者，または身体の発展は未熟だが手足の柔軟性が比較的大きい労働者を充用するための手段となる。それだからこそ女性・児童労働は機械の資本主義的充用の最初の言葉だったのだ！」（訳は同上書のCD Rom版による）として，労働者家族の全員が資本の直接的支配のもとに編入されて，労働者家族の自由時間が資本のための強制労働によって奪いとられていく歴史的過程を明らかにしたうえで，次のように書いた。この過程が，「どんなに恐ろしく，忌まわしく見えようとも」それにもかかわらず「大工業はそれが世帯の領域のかなたの社会的に組織された生産過程において女性や少年少女や児童にわりあてる決定的な役割によって家族と両性関係のいっそう高度

な形態のためのあらたな経済的基礎をつくりだす」と。さらに，「男女および種々さまざまの年齢の個々人からなる結合労働人員の構成は，労働者が生産過程のために存在していて，生産過程が労働者のために存在するのではないところの，自然発生的で野蛮な資本主義的な形態においては荒廃と奴隷状態の病原であるとはいえ，適当な事情のもとでは，反対に人類の発展の源泉に逆転せざるをえない」と（同書637-638参照　下線：伊藤）。これは未来社会論に相当する。

　その他，『資本論』第1部だけでも，「共同的生産手段」「社会的労働力」「自由に社会化された人間の産物」「社会的生産過程」「社会的管理および規則」「各個人の完全で自由な発展を基本原理とする，より高度な社会形態」等々（不破　2004：169-170参照），ベーベルの「社会の社会化」と称する未来社会論にヒントを与えるに十分である箇所が存在する。

　菊栄が未来社会を語っていないのは，水田がいうように「大正期は未来社会を語りうるような状況ではなかった」（山川菊栄記念会　2011：97-98）というのがあるかもしれない。しかし，菊栄は，日本だけではなく世界をみていた人である。既述，菊栄の「はしがき」にあるロシア革命への思いは，暗い時代の日本の状況を超えて，歴史の発展への期待に満ちていることを感じさせる。

　また，空想的社会主義と科学的社会主義の区別が未来社会論の有無でなされるという見解は適切でないと私は思う。ベーベルは確かにシャルル・フーリエに関する著作はあるが，ベーベルが『女性と社会主義』のなかで，フーリエを引用・援用している箇所は5カ所あって，「社会の社会化」のなかでは，一カ所，子どもの教育に関するところだけである（ベーベル，伊東・土屋訳　1958：460）。マルクスへの言及・引用は17カ所あり，そのうち，「社会の社会化」で10カ所，（エンゲルスへの言及は，13カ所あり，同3カ所）である。

　マルクスやエンゲルスは確かに，ユートピアを語ることはなかったが，そのことは，未来社会論がなかったということとは異なる次元の問題である。未来社会を空想的にではなくマルクス主義でいうところの「科学的」に語ろうとしていたと思われる。

本章の終わりに

山川菊栄がベーベルの『婦人論』を翻訳・出版した1923年と，それ以降戦前の翻訳はすでに第2章：表2-2中に記してあるが，菊栄の旺盛な翻訳ぶりに驚かされる。女性解放論の単行本としては，1924年にフィリップ・ラッパポートの『社会進化と婦人の地位』の翻訳を出し，水田珠枝が，菊栄の翻訳の第3に着目したコロンタイの『婦人と家族制度』は1927年に出されている[20]。

本章でみたように，ベーベルも山川菊栄もそれぞれの時代で，大きな役割を果たした。男性のベーベルが主著『女性と社会主義』にかけた執念は，何度もの改訂の努力から読みとることができるし，その世界各国語への翻訳や，日本のように山川菊栄をはじめとして，他6人もの男性が戦前・戦後に邦訳に挑んだのである。

1950年代終わりの頃，私の周りの女子学生はベーベルをよく読み，最初の邦訳完訳者が，女性の山川菊栄であることを知って，リスペクトした。やがてクラーラ・ツェトキーンを研究のテーマとした私は，菊栄が，クラーラの論考の最初の邦訳者であることに目を見張り，クラーラが提案し，ベーベルも支援した国際婦人デーを，日本に初めて取り入れたのが山川菊栄であること知るにいたって，その歴史的つながりに興味をもったことが本書を書く動機ともなっている。ベーベルについては，私が勤務していた「女性文化研究所」と「女性文庫」をもつ昭和女子大学が，1990年に，当時世界最大規模といわれた「ゲリッツエン女性史コレクション」（マイクロ資料）を文科省の助成金を得て購入したとき，そのなかに，『女性と社会主義』の各版が含まれていることに着目して，共同研究グループの研究が始まった。途中，1997年に，1970年に当時の東ドイツのベルリンのディーツ社で，第1巻を出し，

20）コロンタイの『婦人と家族制度』は，大竹博吉訳の『婦人労働革命　経済の進化における婦人の労働』（1930）とともに，2001年の『世界女性学基礎文献集成』〔昭和初期編〕（ゆまに書店）に水田珠枝の解説で収録されている。ロシア語の原書名『家族と共産主義』の英語からの重訳であるが，英訳本の名は，菊栄も解説者も記していない。コロンタイの山川菊栄による紹介翻訳，コロンタイの自由恋愛論をめぐる菊栄の関わりは，杉山（2001：183-194）が詳しいが，本章ではふれない。

統一ドイツのミュンヘンのザウル社で計27年をかけて完結をみた『ベーベル演説著作選集』全10巻14冊を手にした。これらをもとにした成果は，2004年，昭和女子大学女性文化研究叢書第4集『ベーベルの女性論再考』（御茶の水書房）として出版した。本章はそのときの私が担当した部分を一部利用し，山川菊栄研究と結びつけたものである。

　しかし，苦労のわりにはこの研究叢書はあまり評価されることはなかった[21]。

　20世紀後半から起こった，女性学，フェミニズム・ジェンダー論はすでに，ベーベルを相手にすることはなく，クラーラ・ツェトキーンは現代からみてほとんど無意味，山川菊栄は「社会主義フェミニストの先駆者」と性格づけられて受容されている感がある。

　しかし，ベーベルは，本章でも述べているとおり，1875年にドイツの労働運動指導者のなかで唯一女性選挙権を主張した人であり（それが今日の「政治分野における男女共同参画法」につながり），クラーラは，1910年に国際

21）2005年に，この共同研究書に対する書評が1点，私も所属している女性労働問題研究会の機関誌『女性労働研究』No.48に掲載された（見﨑 2005：136-139）。書評の労を取ってくださったことに感謝するが，ベーベルそのものへの評価は低いものであった。全4ページの書評のうち，冒頭1ページ近くを，評者が1980年代前半，大学3年生のゼミで『ベーベル婦人論』（伊東勉・土屋保男訳）を取り上げた経験を述べて，「苦い経験」「失敗だった」とされて，『婦人論』の幾カ所かを引用され「いずれにせよ，私も学生もあちこちで躓き，そして私は二度とこの本をゼミにもち込まなかった」（同上：136）と書かれていた。私は，1975年，当時の勤務先，東京都立立川短期大学で，国際婦人年を機に開講した短大2年生向け「婦人論」の講義を，立川短大在職中15年間続けたが，そこでは，ベーベルばかりではなく，メアリ・ウルストンクラーフトの『女性の権利の擁護』を含む古典から入る講義を用意した。古典のリストのなかから，自分が終わりまで読んだものでレポートを提出するという課題を毎年出したが，当時の短大2年生の，ベーベルやウルストンクラーフトの読みはなかなかのものであったと記憶している。1980年代の初め，ちょうど見﨑恵子氏がベーベルを取り上げることを断念した頃の，私の学生のベーベルとウルストンクラーフトに関するレポートをそれぞれ1点ずつ本人の了解を得て，拙著〔伊藤セツ 1985：220-227〕に掲載している。また倉田稔氏は，『婦人と社会主義』出版110年に「およそ婦人問題に取り組む現代人は，婦人論を読まずには，一歩も解明を進めることができないほど，不可欠の文献である」（倉田 1989：97）と書いているが，1989年頃，学生とベーベルを語り合った経験を大事に思っている。そのとき，山川菊栄の名を出したことは当然である。

女性デーの決議起案者であり（それが1977年に定められた今日の国連の日につながって，さらに今日，＃ Me Too，＃ We Too，＃ With You の Wemen's March とも関わって世界に広がり），菊栄は，きたる2023年には紆余曲折を経ながら100年を迎える日本の国際女性デーの最初の開催者であると振りかえって評価されるであろうことは厳然たる事実なのである。

第 **7** 章

1920年代後半の山川菊栄
労働婦人組織と諸問題

はじめに

1925（大正14）年1月，日本はソビエト連邦と国交を樹立（日ソ基本条約）し，国内では5月5日に「普通選挙法」が公布された。普通選挙法は，それまでの納税額による制限選挙から，納税要件が撤廃され，日本国籍をもち，かつ内地に居住する満25歳以上のすべての成年男子に選挙権が与えられることを規定したものであったが，成年女子は除外されていた。また，日本政府は，共産主義運動のたかまりと普通選挙実施による政治運動の活発化を懸念し，これを抑制する意図で，1925年4月22日に「治安維持法」を公布し，同年5月12日に施行した[1]。

山川一家は前章で述べたとおり，関東大震災後の1923年12月から垂水海岸に転居していた。1924年6月28日，合法無産政党構想をもつ「政治研究会」

1）法案は「過激社会運動取締法案」の実質的な修正案であったが，「過激社会運動取締法案」が廃案となったのに「治安維持法」は可決された。1925年法の規定では「国体ヲ変革シ又ハ私有財産制度ヲ否認スルコトヲ目的トシテ結社ヲ組織シ又ハ情ヲ知リテ之ニ加入シタル者ハ十年以下ノ懲役又ハ禁錮ニ処ス」を主な内容として，「過激社会運動取締法案」にあった「宣伝」への罰則は削除された。1928年，緊急勅令「治安維持法中改正ノ件」（同年6月29日勅令第129号）により，1925年法の構成要件を「国体変革」と「私有財産制度ノ否認」に分離し，前者に対して「国体ヲ変革スルコトヲ目的トシテ結社ヲ組織シタル者又ハ結社ノ役員其ノ他指導者タル任務ニ従事シタル者ハ死刑又ハ無期若ハ五年以上ノ懲役若ハ禁錮」として最高刑を死刑とした。また太平洋戦争を目前にした1941（昭和16）年3月10日にはこれまでの全面改正が行われた。1941年法は同年5月15日に施行されたが，全般的な重罰化禁錮刑はなくなり，有期懲役刑に一本化して，刑期下限が全般的に引き上げられた。「国体ノ変革」結社を支援する結社，「組織ヲ準備スルコトヲ目的」とする結社（準備結社）などを禁ずる規定を創設した。官憲により「準備行為」を行ったと判断されれば検挙されるため，事実上誰でも犯罪者にできるようになった。また，「宣伝」への罰則も復活した。

1945年8月の敗戦後も同法の運用は継続され，むしろ迫りくる「共産革命」の危機に対処するため，適用方針を取り続けた。同年9月26日に同法違反で服役していた哲学者の三木清が獄死している。1945年10月4日，GHQによる人権指令「政治的，公民的及び宗教的自由に対する制限の除去に関する司令部覚書」により廃止を要求された。東久邇内閣はこれを拒絶し総辞職，後継の幣原内閣によって10月15日「『ポツダム宣言』ノ受諾ニ伴ヒ発スル命令ニ基ク治安維持法廃止等（勅令第575号）」により，廃止され同時に特別高等警察も廃止された。

第 7 章　1920年代後半の山川菊栄——労働婦人組織と諸問題　　257

が結成された。1925年 3 月 7 日，婦人問題講演会が開催され，それを機に「政治研究会」に婦人部が創設された。それには，野坂竜，丹野セツ，田島ひで，堺真柄，新妻イト，市川房枝も参加した。奥むめおは婦人部を代表して中央委員の一人に選ばれた。婦人部としてはまとまった活動はしていない。

　他方，労働組合をみると，1925年 5 月には「日本労働組合評議会」（日本共産党系労働組合：32組合12,500名，以下「評議会」と略記する場合もある）が，「総同盟」と分裂して結成された。「総同盟」から女性活動家丹野セツ，野坂竜，山内みな，九津見房子が「評議会」に参加した。細井和喜蔵の『女工哀史』が出版されたのはこの年である。

　1925年 8 月，「日本農民組合」，「日本労働総同盟」，「日本労働組合評議会」，「政治研究会」，「全国水平社」など16団体で，「無産政党組織準備委員会[2]」がつくられた。同年12月 1 日，本郷の明治会館で最初の無産政党「農民労働党」（書記長：浅沼稲次郎）を結成したが，内務省は，背後に共産主義勢力の計画的動きありと断定して，「治安警察法」第 8 条第 2 項によって即日結社禁止解散を命じた。

　翌1926年 3 月 5 日，「労働農民党」（労農党：左派系）が創立された。しかし，無産政党の統一は結果的に達成されず，1926年末までに，10月「総同盟」等の右派系は脱退，「総同盟」内部でも主流派（右派）が12月 5 日に「社会民衆党」，反主流派は12月 9 日に「日本労農党」（日労党：社会民主主義系）を結成し，結局 3 つの合法政党が分立した[3]。このほかに，非合法の日本共産党が1923年 6 月 5 日の一斉検挙壊滅後の再建のための活動を行っていた[4]。1924年，文部省在外研究員として英独仏に留学してマルクス主義を学んだ福本和夫（1894-1983）が帰国し，1925年第 1 次共産党弾圧時の検挙を逃れてソ連に亡命していた佐野学（1892-1953）の帰国により結成された「共産党再建ビューロー」に参加した。福本は山川均の論文「無産階級運動の方向転換」（『前衛』1922年 7 ，8 月合併号，『山川均全集』4 ：336-345）を，『マルクス主義』1926年 2 ・5 月号で発表した「山川氏の方向転換論の転換より始めざるべからず」で批判し，「経済運動と政治運動との相違を明確にし

─────────────
2 ）この準備会に婦人政策が欠けていたことを山川菊栄は指摘した。後述する。

ない『折衷主義』であり，『組合主義』である」とし，運動を政治闘争に発展させるためには，理論闘争によって，労働者の外部からマルクス主義意識を注入する先鋭な前衛党による理論闘争と政治闘争の必要を説いた。

　1926年12月，五色温泉で日本共産党第3回大会が極秘に開催され，党が再建（第2次共産党）されたが，山川均はこれに加わらなかった。福本は入党し，常任委員・党政治部長に就任，理論的指導者となった。こうした1926年の動きは，労働組合にも女性運動組織にも影響を与えずにはおかなかった。「婦人同盟」問題もここから起こった[5]。

　この時期，山川菊栄はどのような見解をもっていたであろうか。1925年から1927年までの主な文筆活動は，『山川菊栄集』AB 4に収録されている。

　本章では，まず最初に，1925年7月に出版された，菊栄のこれまでの女性解放論の集成の意味をもつ単著『婦人問題と婦人運動』を取り上げる（単行

3）こうした動きに地方ではどう対応していただろうか。合法政党ができたといっても，具体的にどのような活動をしたのかなかなか理解できないので，宮沢賢治を例にあげておく。当時岩手盛岡の農民とともにあった宮沢賢治は農民の疲弊を目の当たりにして「労農党」に期待していた。1926年10月31日，この地にも労農党稗和支部事務所が開設され，11月30日には，労農党盛岡支部が創立され，12月1日には同党稗和（稗貫郡・和賀郡）支部が花巻町の映画館花巻座を会場に30余名で結成された。賢治は内々にシンパとして協力を惜しまず，その設立に際しては本家（宮沢右八）の長屋を事務所に借りる世話をし，机や椅子を提供し，さらにその後も羅須地人協会の童話会に参加していた青年八重樫賢師を通じて毎月運営費のようにして経済的な支援や激励を送り，1928年2月の普通選挙の前には謄写版一式と借金をして20円をカンパするなどしていたという。また，羅須地人協会で肥料設計を頼む貧しい農民等は，肥料設計相談所が党事務所の近くにあったこともあり，両方に出入りしていた。前途に期待していた労農党が，1928年4月，治安維持法により強制解散させられたとき，詩ノート［黒つちからたつ］に「きみたちがみんな労農党になってから／それからほんとのおれの仕事がはじまるのだ」と賢治は書いた（原子朗『新宮澤賢治語彙辞典』東京書籍，1999：771,885参照）。このことを，私は宮沢賢治の「語り」の第一人者林洋子から聞いたのである。宮沢賢治と労農党の研究は，名須川溢男（1999），栗原敦（2016a, b）ら賢治文学研究者の間でも行われていることも知った。地域での活動の1つの例としてあげておきたい。

4）共産党は再建に向け共産主義グループを結成し，1925年9月20日に『無産者新聞』（無産者新聞社発行の合法紙）月2回発行（のち週刊，2年後に5日刊）することとなった。

5）帯刀貞代（1957：96-103）参照。ただし，新書判の限界からか出典等の不明な引用もある。

第7章　1920年代後半の山川菊栄——労働婦人組織と諸問題　259

本であるので『山川菊栄集』には収録されていない）ことからはじめ，1926年，27年の主要な菊栄の論稿を追う。

1. 菊栄の単著『婦人問題と婦人運動』（1925年）

　大正時代の終わり近く，1925（大正14）年7月，菊栄は，『婦人問題と婦人運動』（文化学会出版部）を，「社会問題叢書第8篇」として出版した[6]。この書は，6年前に書かれた『婦人の勝利』（1919年b）を継承発展させ，注目すべきはコミンテルンの方針に照らしての運動の展開が加えられて，マルクス主義婦人論の体系を確立したものともいわれている[7]。内容を検討したい。

　第1章　緒論，第2章　男性中心説と女性中心説，第3章　原始女性の地位，第4章　文明社会の男女関係，第5章　婦人解放論と其批評，第6章　婦人の地位の改善，第7章　二つの指導的精神，からなる。菊栄は，はしがきで，歴史的部分に当たる，第2章，第3章および第4章，の3つの章は「旧著『婦人の勝利』から引用した箇所が少なくない」とある（既述：本書第5章4の(1)）ので，ここではその部分を省略することをまずお断りしておきたい。

　まず，第1章　緒論をみると，10年前に比べ，婦人問題をみる形勢は日本でも一変し，婦人問題を「民衆自身の生活と直接に関係のある緊急な問題として，現実の社会で吾々が当面してゐる最も重要な問題の一つとして感ぜられるようになつた」（山川菊栄 1925a：3）といい，婦人問題は「女工や女車掌や女教員やタイピスト」，つまり無産階級の一般職業婦人の問題としても認識されるようになったことをあげる。

　「婦人問題には，階級を問はず，全ての婦人に通ずる婦人特殊の利害に関

6）1925年，治安維持法の施行は，5月12日であるから，その直後の出版であった。
7）この書は，犬丸（1978：20）によって，戦前のマルクス主義婦人論の概論の最高水準をなす本であり日本でのマルクス主義婦人論の体系を確立した書物といわれ，女性史家折井美耶子も同意見であった（折井 1978：37）。

する方面と，特に無産階級の婦人にのみ特殊の利害関係をもつ方面との二つがある。」（同上：4）が，「……注意しなければならぬのは，今日の社会は単に男性と女性とより成る，単一な社会ではなくて，有産者と無産者との二大経済階級に分裂し，各々の男女は，男性として，又は女性としての特殊の利害をもつ外に，其属する経済階級により，特殊な階級的利害をもつ点」（同上）についてであり，さらに日本の場合は，「其資本主義的発展の段階が極めて急激であり飛躍的であつたので，欧米に於けるが如く，ブルジヨア・デモクラシーの繁栄を見ることが出来ず，随つて其半身であるところのブルジヨア的女権論も発達の機会を得ずして今日に到つた観がある。日本の婦人は上下を通じて封建的家族制度の桎梏を脱して終へぬまゝで資本主義末期の反動時代に入つたので，全体として未だ欧米婦人の如き個人主義的思想を抱くに到つてゐない。」（同上：5）という。これに反し，「欧米の場合には，婦人問題といふ時，それは主としてブルジヨア階級の婦人の利害に関連した問題を意味し，ブルジヨア婦人によつて代表せられるのが常であつたに引換へ，日本に於ては，純粋にブルジヨア婦人の利害を代表する運動も人物も殆んど求めることが出来ずに，無産階級の婦人に関する問題のみが主として注意を惹き，それが婦人問題を代表する有様を呈して居るのである」（同上：7）。「日本のブルジヨア婦人は，欧米に於ける其姉妹の如く，男女同権の要求を提げて闘ふには余りに無気力不活発であつた。彼女等は其歴史的使命である教育，職業，政治上の平等のための闘ひを戦ふことを欲しなかつた。そこで全ての問題は，未解決のまゝ，最近に至つて急激に社会的勢力として発達した無産階級の婦人の手に残された」（同上：9）とみる。

　というわけで，無産階級婦人の任務は重いが，その婦人が，未組織で，訓練もなく無産階級運動から置き去りにされようとしている。「そこで婦人問題の実際の意義を明らかにすることは，無産階級運動の進展の上に極めて重要なこと」（同上：10-12）であるので，まず人類の原始的社会生活にさかのぼって婦人の地位の歴史的変遷から入るとしている。

　第2章　男性中心説と女性中心説，第3章　原始女性の地位，第4章　文明社会の男女関係，の3つの章は，上述のような理由で，ここでは省略し次に，第5章をみることにする。

第5章　婦人解放論と其批評は，（1）婦人問題の経済的基礎（2）婦人解放に対する反対論（3）母性保護論（4）社会主義の婦人観，という4つの項目をたてている。

（1）では，「生産方法の進歩」「経済的条件の変化」すなわち「資本主義的生産方法」は，「男女を問わず人身的自由」を必要とし，搾取のためには，封建的束縛が邪魔になるとし，「資本主義はその有する一切の過誤や欠陥にも拘はらず，結局する所，封建制度より優れた組織である」というレーニンの言葉を引用し，婦人問題の経済的基礎を押さえることの重要性を指摘する。

そのうえで，（2）では，日本における三種の婦人解放反対論，すなわち，①封建的な家族制度をもって婦人の現在と将来を律せんとするもの，②男女の先天的差異を論拠として平等の権利を否定するもの，③男女の先天的特徴と，社会的条件に依って生じた後天的傾向を混同して男女の優劣を主張するものがあるとし，「婦人問題は資本主義経済の発展に伴うて起つた婦人の地位の変化に関する一切の問題を意味する」（同上：113）ものであるとしてこれらの反論をしりぞける。

（3）では，婦人解放論への批判としてエレン・ケイのいわば母性上位主義，その生産的労働と社会的活動との両立不可能性の主張を批判する。菊栄は，これに対し，「いかなる時代にも婦人の生産的労働乃至社会的活動が，今日のような形態を採り，今日のように母性と両立せぬものと断定することは出来ない」（同上：120）し，「大多数の人間にとつては，其等の是非善悪といふような抽象的な議論は問題でなく，いかにして其等を現実の社会で可能にすることが出来るかといふ点だけが問題なのである」（同上）とする。

（4）では，社会主義にも諸学派党派があるが，ベーベルの『婦人と社会主義』を，社会主義の婦人観の代表とみてよいとしているので，菊栄のよって立つ理論がここにあることがわかる。

まとめてみると，①両性関係についても，経済的条件が，その上に築かれるいっさいの制度習慣，思想，道徳を創造し破壊するもっとも根本的な力である。②私有財産の時代に，婦人のためにつねに不利な方向へ向かって働いた経済的発達は，資本主義時代に入ると同時に，一方では搾取・母性破壊と婦人に不利に働いたが，他方，婦人を生産的要素として男性の支配から切り

離した。③社会主義は，資本主義的変化のいっさいを婦人にとっての祝福とは考えず，資本主義が自らの発展の過程において新しい組織を代表する新しい階級を発展させ，社会の全員が平等の権利と義務とを負担することのできる基礎的条件として生産分配の機関が社会の公有となり，全員の福利となる社会にいたると考える。④その社会を，「資本主義の正当なる後継者として成長しつつ，ある社会主義の時代に求めなければならぬ」（同上：126）。ということになる。

　第6章　婦人の地位の改善，では，（1）イギリスに15ページ，（2）ドイツに3ページ，（3）フランス，イタリー其他ヨーロッパ諸国3ページ，（4）アメリカに5ページ，（5）ロシアに8ページ，（6）支那に8ページ，（7）日本に13ページを割いている。1919年の『婦人の勝利』に比べて，取り上げる国は絞られている。前著と同様資料の出所が書かれていないので正確性については疑問点もあるが，1925年の時点で，私の関心にしたがって，ドイツと日本についてどの程度スポットを菊栄が押さえていたか，ピックアップしてみたい。

　（2）のドイツについては，1919年同様，国民議会選挙と，ヴァイマール憲法による国会選挙との混同がみられる。まず，「1919年8日のドイツ憲法第22条は……」（同上：143）とあるのは，1919年8月14日に発効した（採択は7月31日）ヴァイマール憲法のことであり，菊栄は，その「第二十二条は，『代議士は比例選挙の原則に基づき，二十歳以上の男女の普通無記名投票の下に選挙せらるべきものとす』と規定し，茲にドイツ婦人は一挙にして男子と平等の政治的権利を得たのであつた。同年の選挙では，此規定の下に三十六名の婦人代議士が選出された。」（同上：143-144）と書いている。しかし，36名の婦人代議士が選出されたのは，ヴィマール憲法下ではなく，それ以前の1919年1月19日の憲法を制定する国民議会選挙においてであった。ヴァィマール憲法下での最初の国会選挙は，クラーラ・ツェトキーンも選出された1920年6月6日であった（伊藤セツ　2018：569-580）。

　（7）の日本については，貝原益軒の『女大学』，明治初期の儒仏二教の影響と，封建的武家制度の結果による女性の蔑視にはじまり，明治以降の新思想の導入，自由民権論を紹介し，やがてこれらが愛国主義，国粋主義にまき

こまれていく過程が描かれる。日清・日露の両戦争以前から「少数の社会主義者の間に於てはマルクス主義の立場から見た婦人問題の研究や解説が紹介せられてゐた。明治三十八，九年（1905-1906年：伊藤注）頃には，さういふ思想の沆れを汲んだ西川文子，今井歌子，遠藤清子諸氏らによつて婦人参政権の請願が提出されたが，勿論問題とはならなかつた」（山川菊栄 1925a：174）と３人の名をあげ，やがて1911年『青鞜』が発刊され，文学運動の域を脱して社会問題としての婦人問題を考えるにいたったという。菊栄は，1925年の段階で，この運動は「婦人の個人的自由のために，一切の古き道徳や習慣と戦ふことを辞さなかつた，その熱情，その勇気は，当時猶ほ封建的伝統の羈絆（きはん）を脱し切れずにゐた，若き日本婦人にとつては異常な刺激を与へたのであつた。」（同上）と評価し，いささかの批判も行っていない。やがて世界大戦は日本資本主義に飛躍的大発展の機会を与え，1920年に現実の運動母体として生まれた「新婦人協会」の２年間の活動をあげ，1925年の現状を分析する。菊栄は，次のように書いている。

　　大正十四（1925：伊藤）年三月十日は議会の婦人デーといはれたほどに，婦人解放に関する諸建議案が一括して上程され，帝国議会始まつて以来，始めて婦人問題が切迫した眼前の問題となつて来てゐることを，流石に反動的なブルジヨア議会の代議士達にさへ印象せしめた日であつた。

　　此日上程されたのは治安警察法第五条改正法律案，即ち婦人の政治結社加入を認むるの件であつた。此案は衆議院だけは通過したが，貴族院で握り潰しとなつた。

　　第二は，女子高等教育振興に関する決議案，第三は婦人参政権，第四は，婦人に自治体に於ける公民権付与の建議案で，是等はいづれも衆議院を通過はしたものゝ，本来単なる建議案たる性質上政府当局の注意を促すに留まつて拘束力を持たぬのであるから，是等の運動の前途は，にはかに楽観を許さぬ者がある（同上：176-177）。

　　婦人解放を目的とする団結は，離合集散常なきを以て世人の嘲笑を招いたことも屢〻であり，その進歩発達の可能性をすら疑はしめた程であつたが，成ほど或る一定の団結のみの歴史を見れば，其主張は不徹底で，

其団結力は弱く，其戦術は拙劣で，其寿命は短かいことが多かつた。に
も拘はらず，吾々が日本の婦人解放運動全体の流れについて考へて見る
時，そこに常に一定の思想的脈絡があり，自然的な発展の経路が見られ
るのであつて，吾々が其観察の対象を特定の人物や，特定の団体のみの，
短時間の間の事業に制定せずに，長い期間に亙つて，婦人解放の大きな
潮流全体の赴く所を見れば，決して悲観すべき材料のみではないのであ
る（同上：178）。

　続いて，本書前章までにふれた，赤瀾会，政治研究会婦人部，友愛会婦人
部，1919年のILOに向けての婦人労働者大会での9名の女工の演説，1923
年，24年の婦人労働組合員の運動，農民運動のなかでの女性の発言等をあげ
て，日本の女性運動の前進を描いている。

　このように，1925年時点では，菊栄は，それまで紆余曲折を経た日本の女
性運動の前進に希望を抱いている。

　第7章　二つの指導的精神，では，婦人問題を解決する2つの国際的社会
運動の潮流に注目する。1つは徹底的女権論者の集団たる女性等の運動，1
つは第3インターナショナル婦人部の活動である。前者は，男子と異なる利
害を代表するために，婦人はいっさいの階級的差別を超越して集団を創らね
ばならないという考え，今ひとつは，大戦後の世界に起こった世界各国共産
党よりなる第3インターナショナル婦人部である。婦人部は本部とともに，
各国共産党に設けられ，無産階級の婦人の間の教育，組織，連絡の任にあた
っていると説明する（同上：186）。菊栄は「社会民主主義者，其他の改良主
義者，フアシスチ，及びあらゆる種類のブルジヨア政党は，彼等自身の目的
のために婦人を利用しようとして，極力努めて居る。是等の事実を前にして，
無産階級の婦人を其等の反動革命的勢力から救ひ，吾々の陣営に投じさせる
のは，緊急な必要である。」（同上：187）といい，近東および極東の婦人に
ふれているコミンテルンの文言およびレーニンの言葉を引用して結びとする。

　菊栄がこの書を執筆中と思われる時期に，山川均は，第2次共産党に加わ
る意思のないことを明言しているが，菊栄はそのことをとくに気にしている
ふうには感じられない。菊栄の1920年代を通じての婦人運動についての発言
は，とくに菊栄自身言及してはいないが，1920年のクラーラ・ツェトキーン

第7章　1920年代後半の山川菊栄──労働婦人組織と諸問題　　265

作成のコミンテルンの女性政策方針を前提にしているとみてよい（伊藤セ
ツ　2018：696-703）し，当時，菊栄が，コミンテルンの資料を自らの手で得
て，指針として受容していることは，コミンテルンと日本共産党のつながり
からではなく，より個人的・直接的なものであったことも推測される。

　ここで紹介した1925年の『婦人問題と婦人運動』の最終章の叙述も，「第
三インタナショナル婦人部」に信頼をおいて終わっていることが読み取れる。
　しかし，1925年7月『婦人問題と婦人運動』を上梓した後，菊栄を待って
いたのは，いわゆる国内の「婦人の特殊要求」，「婦人部テーゼ」（「婦人部論
争」），「婦人同盟」（「婦人組織」をめぐる一連の問題）であった。それらの
問題は，当時，壊滅状態にあって再建を準備している非合法日本共産党のリ
ーダーたちの，婦人問題への未熟な理解と思惑とに関係して引き起こされた
側面があるので，菊栄が，1923年6月の弾圧以降，ただでさえ距離を置くよ
うになった日本共産党に，ますます不信感を募らせる結果となった。

　菊栄は，この段階では，もはや，コミンテルンと，実質その支部である日
本共産党とは結びつけて考えたくない（あるいは無関係なものとする）心境
であったのではないだろうか。

２．「婦人の特殊要求」と「婦人部テーゼ」（1925-1926年）

　「普通選挙法」が議会を通過した1925（大正14）年の8月，来るべき選挙
に備えて「政治研究会」など各無産団体が，合法的「無産政党組織準備委員
会」を結成し，「無産政党の綱領問題」が日程に上った。均・菊栄一家は，
既述のとおり，1923年の大震災の後の12月に神戸に移転していたので，当時，
均と菊栄は「政治研究会」神戸支部に加入していた。

　ところが，各団体が提出した行動綱領には，女性の問題に関して「日本労
働総同盟」から出た，「婦人の社会的地位の向上」という漠然とした要求が
あるのみで，他の団体からは何もあがっていなかった。菊栄は，このことを
知り，『報知新聞』1925年10月5日から16日まで12回にわたり「無産政党と
婦人の要求」を連載し，自分が属していた「政治研究会」神戸支部婦人部を
通じ，本部に対して綱領草案の修正を提起した。その内容が「『婦人の特殊

要求』について」（『山川菊栄集』AB 4：77-101）である[8]。

　それに続いて「日本労働組合評議会」の婦人部に関わる「婦人部テーゼ」（『山川菊栄集』AB 4：102-112）をめぐる問題が起こった。この問題で，菊栄はコミンテルンの情報も取り込みながら，抜群の理論的リーダーシップを発揮する。この種の問題に関しては，コミンテルンのリーダーたちとは異なり，日本の各労働組合も非合法日本共産党も，男女とも経験も蓄積も未熟であった。かつての第2インターナショナルやコミンテルンのリーダーたちが，すべて女性労働問題を理解していたという意味ではないが，ただ前者にはベーベルがおり，クラーラ・ツェトキーンがおり，後者にはレーニンのほか，自立した優れた女性理論家（クループスカヤ，コロンタイ，イネッサ・アルマンド）たちがいた。

　例えば，クラーラ・ツェトキーンは，つねに社会主義陣営内の男性たちの女性問題への不見識を批判しながらも，先頭に立ってその状態を変えようと内部で闘っていた。思うに，それは，クラーラが，単なる評論家あるいは理論家ではなく，革命家であり，政治家であったからできたことであろう。菊栄が，その理論水準からすると，自ら無産政党の行動綱領を作成する立場にいるべき人物であったと思うが，評論家である菊栄はそういう立場にはいなかった。「政治研究会」神戸支部の一員だったのである。

　「婦人部テーゼ」の場合は，菊栄は，その理論水準を買われ，幹部から依頼されて書いたものであったが，当初，杜撰（ずさん）な取り扱いを受けた。男性幹部の未熟さは弁解のしようもないが，菊栄の闘い方が，クラーラ・ツェトキーンのように運動の渦中に自らを置くという状態とは異なるという問題もあっただろう。

　それに，「山川主義」に対立する「福本主義」の対立問題も重なっていた。そのようないきさつも関連して，1926年末以降，菊栄は，山川均とともに，陽の目を見るにはまだ20年近くかかる非合法日本共産党と決別して「労農

8）鈴木裕子の『山川菊栄集』A4の解題2（312ページ）によれば，のちに，小見出しを一部改め，若干の加筆修正を行って，山川均との共著『無産者運動と婦人の問題』（白揚社，1928.10）に収録されたものとのことである。『山川菊栄集』AB 4に収録されたのは，同書によるものという。

第 7 章　1920年代後半の山川菊栄——労働婦人組織と諸問題　267

派」路線を進むことになった（後述）。均はおくとしても，日本共産党は，この時点で，コミンテルンの女性政策情報を自力で集め吸収し紹介した，当時日本で唯一といってよい女性問題の理論家，山川菊栄を失うことになる。赤瀾会，八日会，国際婦人デーから日本共産党への流れで進んできた菊栄は，ここで進む道が分かれた。

　そのプロセスを，婦人問題，婦人運動に関する菊栄の発言に即してみていきたい。

(1)　「婦人の特殊要求」について（1925.10）：政党綱領のレベルでの婦人問題

　『報知新聞』に1925年10月5-16日まで12回連載し，政治研究会神戸支部を通じて本部にあげたものをみよう。

　そこでは，１．婦人の特殊的要求，で，「反封建的な，政治的，社会的デモクラシーの要求」が含まれており，菊栄は「今や成立せんとしつつある無産政党は，その本来の性質がいっさいの反封建主義的および反資本主義的勢力を結成した大衆的政党たるに在り，無産階級の闘争の自由を拡大するために政治的，社会的デモクラシーの確立を最も重要な使命としている以上，それが純粋に無産階級的な性質を帯びているにせよ，いないにせよ，被圧迫者としての全婦人に通ずるデモクラシーの要求を代表することは，その当然の任務でなければならない」（『山川菊栄集』AB 4：77-78）といっている。

　２．要求事項とその意味，では，まず「各団体の行動綱領を通じて，直接特に婦人問題に関係ある条項は次の三つに尽きている。」３つとは，「一，満十八歳以上の男女の無制限選挙権，二，少年および婦人の残業，夜業および危険作業の禁止，三，分娩前後十六週間の休養およびその期間の賃銀全額支払」である，とし，それに，「政治研究会」婦人部提出の修正案として，「一，戸主制度の撤廃，二，婚否を問わず女子を無能力者とするいっさいの法律を撤廃すること，婚姻および離婚における男女の権利義務を同等ならしむること，三，すべての教育機関および職業に対する女子ならびに植民地民族の権利を内地男子と同等ならしむること，四，民族および性別を問わざる標準生活賃銀の実施（圏点，原案にはなし『山川菊栄集』編者による注である。伊

藤），五，業務を問わず，男女および植民地民族に共通の賃銀および俸給の原則を確立すること，六，乳児を有する労働婦人（職業婦人をも含む）のためには休憩室を提供し，三時間毎に三十分以上の授乳時間を与うること，七，結婚，妊娠，分娩のために婦人を解雇することを禁ずること，八，公娼制度の全廃」を加えるとする。さらに「これらの要求は，それ自身としても正しいことはいうまでもない。けれどもそれは単にそれ自身として正しいのみでなく，実に全無産階級の協同戦線の充実拡大のために，いっさいの反封建的，反資本主義的勢力を結成して大衆的闘争へ導くために，必要にして欠くべからざる諸問題をも包含してる意味において，支持されねばならないのである。」（同上：79-80）と強調している。

　次に，政治研究会婦人部提出の追加条項について，３から８までの項目をたてる[9]。３．封建的家族制度と戦う必要，４．婦人の隷属と無産階級，５．職業と教育の自由，６．プロレタリアの原則とブルジョアの原則，７．同一労働と同一賃金，８．公娼廃止の問題，であり，９．結論へと導く。

　ここに掲げる項目と，その意義について，菊栄は，「無産政党が，プロレタリアから，ブルジョア社会に向って要求を提出する」わけだから，単にプロレタリアの原則に満足するだけでなく，「プロレタリアの原則」の意味をブルジョアに伝えることが必要であると繰り返し説いている。

　この菊栄が提出した「婦人の特殊的要求」は，どのように取り扱われたで

9）「政治研究会婦人部提出の追加条項について３から８までの項目」の意味が解り難い。この箇所を，上記文章から28年経た1956年の『女二代の記』では，「右派的である総同盟の提案したものの中に，『婦人の社会的地位の向上』という漠然とした項目があるきりで，左派的といわれ，かつ綱領はできるだけ具体的に，細目にわたる項目をと主張した労働組合評議会や政治研究会の草案の中にはそれに似たものがないので，大いに失望した私は，無産政党の綱領の中に婦人の項目をいれることを，自分の属した政治研究会神戸支部婦人部に提議し，そこでこの案を採択して政研本部の婦人部に対して綱領草案の修正を提議しました。その修正とは次の六項目を加えることでした。一　戸主制度の廃止，一切の男女不平等法律の廃止，二　教育と職業の機会均等，三　公娼制度の廃止，四　標準生活賃金（最低賃金）制定の要求については性及び民族（朝鮮人，台湾人）をとわず，一律の最低額を要求すること，五　同一労働に対する男女同一賃金率，六　母性保護（産前産後の保護，妊婦の解雇禁止その他）」（『山川菊栄集』A9：319-320）となっている。

あろうか。論者によってニュアンスが違い，言説の出所の記載もほとんどないので，正確に事実を叙述しているか確証できないが（例えば『山川菊栄集』A4：298-300の田中寿美子の解説，鈴木 2006：81-82，帯刀 1957：96，同：365の鶴見俊輔の解説）が，菊栄本人がどう書いているか2カ所から引用しておきたい。

　まず，次章で取り上げることとなる論文であるが，改造社の『社会科学』1928年2月号「日本社会主義運動史」特集に菊栄は「婦人運動小史」（『山川菊栄集』AB 5：36-74）を書いており，そのなかで，この問題の顛末を書いているので，事実経過を3年後に振り返って反映するものとして載せたい。

　　神戸婦人部はこの提案を東京大阪の婦人部ならびに東京地方の有力な左翼指導者[10]に送ったところ，指導者側からは「これらの項目はすべて非無産階級的，小ブルジョア的要求なるにより，遺憾ながら全部否決す，ただし公娼廃止は賛否半ばにて未決」との回答に接し，ついで婦人部からも同じ回答をうけねばならなかった。大阪側は賛否半ばしたが，意外なことには，東京でも，大阪でも，最も小ブル的色彩の濃い公娼廃止に対しては賛成者が多く，無産者にとって最も重要な男女同一賃銀率の要求が「非マルクス主義的，反階級的」として，一蹴されたことであった。そこでこれらの項目を綱領中に挿入するや否やはもはや問題でなく，これらの要求そのものが，反階級的なりや否や，これらの条項がいっさいの被圧迫民衆の解放運動の過程において，反動的な役割を演ずるや否やの問題が，神戸婦人部と東京，および大阪の指導者との間に激烈な論争をまきおこした。神戸側は約二週間の間，これら全婦人の利益を代表する要求が，無産階級自身の要求でなければならず，無産階級がこれらのために闘うことは，やがて全婦人を反封建的，反ブルジョア的政治闘争の過程における支持者たり，僚友たらしめるものであること，か

---

10) ここで「東京地方の有力な左翼指導者」と呼ばれるものが急に出現する。1925年当時のことを1928年に書いているが，1925年には使用されなかった用語である。時期的にいって，福本主義に影響された共産党再建を準備していた幹部のことであろう。非合法の破壊された組織名を具体的にあげることが不可能で，このような表現をとったものと推測される。

つそれがいかに全無産婦人の進出を容易にするかを諒解させるために悪戦苦闘した。やがて男子指導者——極左的幹部[11]——が方針を一変してこれらの条項を全部承認したにつれて，東京，大阪の，婦人部もまたこの提案の支持者となった。

　　しかしこの案が通過したとしないとを問わず，この論戦を機として，左翼の陣営内[12]ではじめて婦人の問題が多少真面目な注意をひき始めたことは，孤立無援の地位に立ち，ことに有力な婦人指導者の中にほとんど味方を発見しえなかった提案者側[13]にとって，せめてもの慰めでなければならなかった（『山川菊栄集』AB 5：67-68）。

次に，1956年の『女二代の記』のなかで書いている関連文章をあげよう。

　　婦人部に対するこの提案は，政治研究会や組合評議会の最高幹部の中の旧共産党員[14]，佐野学，徳田球一，杉浦啓一等の諸氏の間で問題となり，公娼廃止の件だけは賛否半ばして未決定だが，他はすべて反マルクス主義だから否決したという返事があり，野坂竜氏以下婦人部員もこれにならって同じく全面的に否決したという報告がありました。その後まもなく渡辺政之輔氏が東京から来てこの事件について話し合うと，同氏も右の諸項を反マルクス主義で問題にならないものと信じていたらしいのが，山川からそのでたらめなことを指摘されて非常に驚いた様子で帰り，まもなくこんどは右諸氏の意見が百八十度転回して全面的の承認と変り，それとともに婦人部も全面的承認と変ったと知らせて来ました。

　　この婦人の特殊要求は，ILO も，第二，第三インターも，みな認めている世界共通のものといってよく，この程度の常識的なことすら認めようとしない男子の指導部と，それに機械的に服従する婦人連のふがいなさに，私は絶望を感ぜずにはいられませんでした（『山川菊栄集』A9：320）。

要するに，当時の日本には，クラーラ・ツェトキーンはいうにおよばず，

11）ここでは，先の「左翼指導者」は「極左的幹部」となっている。

12）この左翼の陣営内というのは，上記注）10，11より幅広い陣営を想像させる。

13）山川菊栄と均を指していると思われる。

14）1956年には戦後であるので，はっきり合法政党である共産党という名を出している。

第 7 章　1920年代後半の山川菊栄——労働婦人組織と諸問題　　271

１人のベーベル，レーニンの理解者どころか，ILO の理解者さえも，山川夫妻以外にいなかったに等しいということになる。しかし菊栄は，繰り返すが，クラーラと違って政治家，革命家ではなかったし，運動の活動家でもなかった。

　無産者運動における活動家の女性すらも，ということは，この時代は女性から人権のすべてが奪われている時代の歴史的反映，教育の水準が多分にあろうが，そればかりとはいえない側面も時代的背景にはある。当時の菊栄が，どんなにふがいなく思ったか，絶望感にとらわれたかは，想像に余りある[15]が，ふがいなかった女性たちもやがてそれを乗り越えていく[16]。

　また，後者の文章で，菊栄の領域のこの問題を山川均が，この「特殊要求」を，十分理解し，先頭に立って説得したこともわかる。均も，この間無産政党＝「農民労働党」の結成に協力し，「無産階級政党の組織形態」（1924『山川均全集』６：6-49），「『婦人の要求条項』について」（1925 同上：232-250）等多数の論文を発表した。

　それでもなおかつ，1925年12月１日，結党された「農民労働党」が即日禁

15）次元が異なるといえばそれまでだが，第５章で引用した菊栄に言った均の言葉，「『必要なことは，僕の方から話す。同じことでも，知っていて知らないというのと，知らずにそういうのとでは，調べる方は商売だから，見ぬきやすい。最後にはごまかしきれないのが今までの経験でよくわかってるから，必要のないことは話さないから悪く思わないで下さい』といいました。（以下略）」（外崎，岡部編 1979：35）を思い出す。クラーラやローザが，パートナーたち（オシップやフリードリヒ・ツンデル，レオ・ヨギヘス）とこのような会話が成り立つことは想像もつかないが，そんな単純な問題でもないだろう。菊栄の思い出に，日本の後進性を感じさせないわけではないが，非合法共産党という時代的背景を考慮に入れなくてはならない。すぐあとに出てくる菊栄の女性たちへの「ふがいない」思いは，自分も含めて単純には言い切れない事情があったかもしれないと考えられなくもないのだから。

16）しばしば述べているように，日本でこの時期に，国際的動向を視野に入れて，プロレタリア（無産）婦人問題を理論的に語れる水準の女性は菊栄１人だけだったのであり，菊栄は先輩格の均との議論は，理論上対等だったであろうが，他の女性との関係は，田中寿美子の文脈にもあるとおり，「菊栄の理論的指導」（『山川菊栄集』A4：308）する立場で，「菊栄から理論的手ほどきを受けた」（同上：309）という師弟（妹）関係だったことも事実である。西欧の女性運動ではそのような関係に女性個々人が置かれることはない。日本の女子教育のレベルの低さと，自主性を育てる文化の欠如が，「手ほどき」によって追随者を生み出す危険性もある。

止されたことはすでに述べたとおりである。

(2) 「婦人部テーゼ」と労働組合婦人部設置可否論争（1925-1926）：
「日本労働組合評議会」婦人部の組織問題

先の「婦人の特殊要求」は，無産政党の綱領問題に関わる問題であったが，次に取り上げる「婦人部テーゼ」（1925，『山川菊栄集』AB 4：102-112）は，「日本労働組合評議会」という労働組合の婦人部に関わる問題である。

1925年5月，日本労働組合評議会（以下，「評議会」）が，日本労働総同盟（以下，「総同盟」）から分裂して成立したこともすでに述べた。「評議会」は「総同盟」より非合法の共産党寄りの労働組合である。かつての「総同盟」の女性活動家の大半[17]は「評議会」に移っていた。山川均も5月9日には「日本労働組合評議会宣言草案」を起草し，5月20日「評議会綱領草案」を，7月9日「評議会規約草案」を，10月，評議会創立大会宣言を起草している。山川均は，1925年時点では，非合法共産党系の人的つながりから，共産党系の「評議会」の理論的支柱であり続け，理論的に指導的立場に立っていた。菊栄についても同様である。

「評議会」は，1925年10月10日から3日間，評議会組織部（部長・三田村四郎）は，全国的産業別協議会をもち，そのあと，関東，京都，大阪，神戸，中国，泉州の各婦人部委員を招集し，「全国婦人部協議会」を開催した[18]。菊栄は，組織部長の依頼により，「婦人部テーゼ」の草案を執筆した。田中寿美子は，「十分な検討もされずに採択された。その中身については評議会指導部の男性たちも無理解のままであった」（『山川菊栄集』A4：解題1：304）と書いている。しかしというべきか，またというべきか，両方の意味が含まれるが，1931年に初版を出して版を重ねた『日本労働組合評議会史』の著者谷口善太郎は，第4章　創立第一年の闘争，の「七．婦人部の問題」で，「今日までわが国労働組合運動においてこの婦人労働者の問題はほとん

17）丹野セツ，山内みな，九津見房子，小宮山富恵ら。

18）菊栄が結婚した1916年に「友愛会」は本部に「友愛会婦人部」結成。婦人部機関紙『友愛婦人』を創刊したのであった。1925年に成立した「評議会」はただちに「全国婦人部協議会」を開催したのだ。

ど顧られなかったといってよい。たまたま労働組合の大会等で婦人労働者の問題が論じられたことはないでもないが，かかる場合は，その案の内容いかんを問わず，ただそれが婦人の問題であるというだけで，興味と冷笑と性的興奮との中に無責任に処理されてしまった。誠に婦人労働者は，未来を支配すべき階級の新しき理想と道徳とを代表するはずの組織労働者からさえも，玩具視されていたのである。

評議会のこの婦人部協議会は，かかる婦人労働者の問題を，階級的な立場から，しかも具体的に問題としたわが国最初の歴史的な会議であったといってよい」（谷口 1953：上 148）と評価している。

さらに，2日間の討議のあと決定したこととして，一．組合及び地方に婦人部を設置すること。二．婦人部の性質を決定したこと。三．婦人労働者当面の特殊的要求——婦人労働者に働きかける行動綱領——を決定したこと。四．婦人部の活動方針を決定したこと。五．機関紙婦人版の発行を決定したこと。と書き，「かくてここに，労働組合運動における婦人労働者の問題が，初めて，具体的に，しかも組合運動における重要問題として，方針だてらるることとなったのである」（同上：149-150）と書いている。

しかし，谷口はこの「婦人部テーゼ」が山川菊栄によって起草されたことを明記してはいない。また，帯刀貞代は「このテーゼの起草には，求められて，山川菊栄も協力した」（帯刀 1957：71）という書き方をしているが，協力以上のものであっただろう。このような書き方を，戦後の菊栄の扱いに関して田中寿美子は批判していると思われる。草案は婦人部協議会で無修正で採択され，のちに評議会中央委員会の承認を得た。

菊栄の「婦人部テーゼ」の内容は，1．婦人労働者に対するわれらの方針（女工の数量とその重要性，封建的男女関係を打破せよ，婦人の隷属は団結の敵，婦人労働者を組織する必要），2．運動の方法，3．婦人部の目的とその性質の3部構成であった。以下内容をみる

1．婦人労働者に対するわれらの方針中の，菊栄の文章は，日本の女性労働者問題の核心を突いている。

わが国の労働運動は婦人労働者の問題をほとんど顧みなかったといってよい。あたかも戦前（第1次世界大戦を指す：伊藤）における欧米の

労働運動が，近来まで純然たる熟練工中心の運動であったように，また民族運動がもっぱら，すでに文明化せる白人種の間のみの平等を意味していたように，日本の労働運動は，労働階級の中のより進歩した部分である男子のみを中心として発達し，女子は大衆的に労働運動の圏外に置き去られてしまった。その結果として大多数の女子労働者は封建的な社会隷属の中に留まり，思想的には完全に資本家傭主の支配に委ねられていたのである（『山川菊栄集』AB 4：103）。

以下抜粋する。

　　ゆえに女子労働者をして階級意識に目覚めしむ第一歩は，まず人間としての自己の価値を知らしめることである。そして女子労働者の組織を促進する第一歩は運動の先覚者たり中堅たる男子労働者をして，女子を劣等扱いし，玩弄物視するところの封建的ブルジョア的，反無産階級的態度を捨てしめ，女子を男子と対等の人間として尊敬し，階級戦の戦線における，男子と同じ戦友として取扱うことを知らしめるにある（同上：104）。

　　女工国たるわが国において，女工を階級闘争の舞台から遠ざける第一の障害物は封建的家族制度であり，かつそれと相伴うて男女労働者自身の心の中に巣くうている封建的な思想習慣であるということができるのである（同上：106）。

　　女子労働者八十六万人のうち，組合に組織されているのはわずか八千に足らず，しかも組合に属するものとても，男子組合員とは比較にならぬ程度に教育と訓練とを欠いているのである。かくのごとき状態は，全無産階級の解放途上における最も寒心すべき運動上の欠陥であり，戦術上の手落ちであるといわなければならぬ。今日の社会においては，ブルジョアか，プロレタリアか，この二つのもののほかに中間のものはない。プロレタリアが女子労働者を味方としないならば，ブルジョアが彼女らを味方とするであろう。現にブルジョアは彼女らを味方としているのである。われわれは，われわれの階級の婦人を封建的，およびブルジョア的思想的支配の下から奪還せねばならぬ。婦人の問題を無視または軽視し，あるいは冷笑ないし反感をもってのほか，これを遇するの道を知ら

ぬかぎり，婦人労働者の間に組合組織の発達を促すことは困難であり，男女労働者間に階級的団結の実を挙げることは不可能である（同上：107）。

そのうえで２．運動の方法は具体的にどうでなければならないか，に入る。

一，（導入文一部略）労働階級としての一般的要求のみならず，女子労働者としての特殊な日常当面の利害を代表する一定の要求を掲げて行動する必要がある。

　イ．婦人労働者の六時間労働制の確立

　ロ．婦人労働者の夜業，残業，および有害なる作業の廃止

　ハ．寄宿舎制度の撤廃ならびに現存寄宿舎の労働組合による管理

　ニ．強制貯金制度の廃止

　ホ．性による賃銀差別の撤廃

　ヘ．産前産後各八週間の休養，およびその期間の賃銀全額支払

　ト．乳児を有する婦人労働者には三時間ごとに三十分以上の授乳時間を与うること（同上：108-109）。

二，（導入文一部略）階級闘争の舞台に活発に婦人を参加せしめる方法（伊藤による簡略化）

　（一）未組織婦人労働者組織の件

　イ．宣伝用のリーフレット発行のこと（三ケ月一回くらいの予定）

　ロ．婦人労働者の多いところにおいて婦人労働者宣伝講演会を開くこと

　ハ．婦人オルガナイザーの養成

　（二）　婦人労働組合員教育の件

　イ．婦人の茶話会を開くこと，月一回くらいの予定にて工場を単位とし，婦人の少ない場合は合同にて開くこと

　ロ．婦人研究会，月一回以上地方的に開くこと

　ハ．特別研究会，主にオルガナイザーを養成することと，時事問題に対する批判力を養うことを目的とする（同上：109）。

　（三）一産業，一地方，または評議会全部にわたる婦人組合員の中から，なるべく多くの代表者を選出し，一般組合の問題および婦人労働者の問題について定期的に大会を開くこと。ただしこの場合，組合外

の女子工場労働者の参加をも歓迎すべきこと

（四）他の組合の婦人会員と協同して労働婦人大会を開くこと，できる
なら各組合の婦人との連絡をとるために常設労働婦人委員会を作る
こと

（五）男女組合員の一般的な集会において，婦人労働者に関する問題を，
議事または討論の主題とし，これに関する組合員全体の理解を深め，
男女を問わず，その一致せる努力を促すこと

三，（略）労働新聞の附録として「婦人版」を月一回発行し……。執筆
編集共にすべて女子組合員に委せらるべきである。……組合の一般的
方針に背致せず，また一般的問題をも誌上において取扱うように常に
組合幹部の指導監督を必要とする。……リーフレット，パンフレット
等々も出版すること。本部の機関誌および各産業版にも婦人欄を設け，
婦人に関する記事を掲げて，この問題に関する組合員全体の注意を喚
起すること（同上：110）。

最後の三．婦人部の目的とその性質，で，菊栄は次のように締めくくる。

また婦人部の仕事は，婦人のみの私事でなく，全体としての組合の仕
事の一部分として，男女を問わず組合員が一様に責任を負わねばならぬ
性質のものである。労働問題は男女に共通の問題であり，組合は性別に
よらず，階級的利害の一致に基づいて成立した団体であるから，すべて
男女組合員は，男の問題，女の問題という，仮想的区別に捉われること
なしに，男女共通の全労働階級の問題として，他の仕事同様，婦人の教
育および組織に関する活動にも参加すべきである。この点について婦人
部の目的と性質とに対する誤解を一掃し，男女労働者を性別によって分
離対立せしむる組織の代りに，常に階級的団結の標語によって結合せし
め，すべての問題について協力一致の実を挙げしめるために，組合幹部
は注意しなければならぬ。以前しばしば問題となり，時には実行されも
した婦人部独立というがごとき思想は，性別本位の単一組合を認むるこ
ととなり，産業別組合組織の根本原則と矛盾するものであるから，将来
は絶対にこれを排斥せねばならぬ（同上：111-112）。

この「婦人部テーゼ」は，日本の婦人労働者の問題を階級的立場から具体

的に問題とした最初のものであり，古典的意味をもつものであると評価されている。先述の通り，この草案は，「日本労働組合評議会」婦人部協議会で無修正で採択され，のちに評議会中央委員会の承認を得たのである。ところがである。翌1926年４月の「評議会」第２回大会前の中央常任委員会で，上記「婦人部テーゼ」をめぐり婦人部の設置可否の論争が起きたのであった。結論からいえば，1926年の「評議会」大会で否決されたが，その翌年1927年の「評議会」大会で採択されるという経過をたどった。

どういうことかをまず，最初に田中寿美子の解説（『山川菊栄集』A4：305-307）。によってみよう。

　　　一九二六年四月の評議会大会前の中央常任委員会において，前年秋の婦人部協議会で自ら提案可決した婦人部テーゼを三田村四郎自身が否定したのである。当時評議会機関紙『労働新聞』や共産党の合法機関紙『無産者新聞』には婦人部設置についての賛成，反対論がさかんにたたかわされた。設置論者には山川夫妻，渡辺政之輔，中村義明，重井繁子（農民組合婦人部）など，反対論者には山本懸蔵，杉浦啓一，田所輝明などがいた。

　　　婦人部についての大論争がまきおこされた，問題の一九二六年四月の評議会第二回大会では，「総本部婦人部設置並に婦人部活動統一に関する決議案」を丹野セツが提案したあと，三時間半にわたり大会場で白熱の議論が闘わされ，さらに委員会に付託されて夜に入って五時間にわたる討論が行われた。結果は保留となった。四月二〇日の『労働新聞』には当日のことが「婦人に関する四件を上程，問題の婦人部は保留，傍聴席は婦人で埋り，議場また賛否両論の白熱」という見出しで報じられている。婦人部設置は保留になったが，この討論は無駄ではなかった。婦人の問題がこれまでになく激しく論ぜられた過程で，婦人の特殊な隷属状態と闘うことが労働組合の中においても必要であり，それは男女労働者の階級的な団結を強めるために役立つものであることを示し，歴史的な意義があったといえる（同上：305）。

田中寿美子は，これらの議論の要点を，当時発行されていた評議会機関紙『労働新聞』や非合法共産党の合法機関紙『無産者新聞』の記事から次のよ

うにまとめている。

○労働組合婦人部設置反対論[19]

・労働組合は元来経済闘争を主とする機関である。

・婦人労働者を組織し教育するためならば組織部に婦人のオルガナイザーを置けば充分であり，教育のための集会，茶話会は教育部でできる。

・婦人の賃金の安いことは婦人なるが故ではなく，婦人の経済的負担が軽いからである。

・性的差別の撤廃，封建的因習の打破は労働組合の任務である経済闘争の職分外である。

・組合に婦人部を設置することは婦人のみの集団を作ることであり，男子との共同戦線を妨げ，婦人を男子と闘争させることになる。

○労働組合婦人部設置賛成論

・婦人労働者は男子労働者に比して組織上種々の障害をもつ。その一つは社会が婦人に対してもつ封建的観念であり，同時にそれを助長する男子労働者の態度である。資本家はこの観念を利用して婦人を極度に搾取している。

・かかる地位にある婦人に対しては，真に手を取るような親切と綿密な注意とをもって労働組合に引入れなければならない。

・婦人部を通じてこそ婦人労働者の意志は労働組合に反映され，婦人の要求はハッキリと知ることが出来，組織，教育等は初めて婦人の地位境遇にぴったりと合致するように行いうる。婦人オルガナイザーは，婦人部があって始めて養成される。反対論者は労働組合の機能は経済

---

19) 谷口善太郎は「婦人部設置反対論」について次のようにコメントしている。「反対論において問題はより広汎に，政治的社会的の全体的な観点から論じられている。この意味において反対論はより進歩的である。が，この意見は2つの点で誤謬である。それは——1．婦人労働者の婦人としての特殊的な地位を打破するための闘争に，労働組合が参加する必要がないといっていること。2．婦人労働者の封建的特殊地位が，彼女らを闘争に引き出すことを特別に妨げているという現実を見落していること，これである」（谷口 上 1953：186）。このことが意味するものは何であろうか。「より広汎に，政治的社会的全体の観点から」とは何か。1927年当時の複雑な女性の置かれた立場を反映した含意があるのだろう。

第7章　1920年代後半の山川菊栄——労働婦人組織と諸問題　　279

闘争にあり，封建的因習とのたたかいなどは組合の任務に非ずという
が，これは婦人労働者の現実を無視した抽象論，機械論である（『山
川菊栄集』A4：305-306より伊藤整理）。

　しかし，翌1927年5月の「評議会」第3回大会[20]で婦人部設置が決定さ
れた。野坂竜，田島ひでも賛成にまわった。この間の論争関連資料は多く出
されているが，鈴木編・解説（1994：352-487）に網羅されているといえる[21]。
この間の論争は，「婦人部論争」と呼ばれているが，この婦人部論争をはじ
めて研究の対象とした，平田（1966：57-69）は，婦人部論争の含む，婦人
問題の外での，福本イズムとからむ政治的影響を，当時の利用可能な多くの
資料を用いて難解な説明で示唆する。また，論争を超えたあとでの「評議会
婦人部」の具体的活動については桜井（1976，1977a，1977b）の研究があ
る。

　1926年12月4日，非合法下で解体されていた日本共産党は，同年6月の拡
大再建ビューロー会議を経て，山形県五色温泉で第3回大会を開き非合法裏
に正式に再建された[22]。すでに1925年から，堺利彦や，荒畑寒村に不参加を
表明していた山川均はこれに加わらなかった[23]。これにはいろいろないきさ
つがあったが，そこを詮索するのは，菊栄を主体とした研究の本書からみて
本筋ではない。ただ推測するに，均は，1926年6月，1923年6月の第1次共
産党事件の検察側控訴審においても，証拠不十分（共産党員ではなかった）
ということで無罪判決が出ており[24]，同年11月には鎌倉稲村ヶ崎海岸に転居

20）評議会第3回大会について「福本イズムの誤謬に害されていた」（谷口　下　1954：
　　298）といい，「すでに日本共産党が再建されており，評議会内にもそのフラクション委
　　員会が確立されていた。しかもそのフラク委員会によって評議会が完全に指導されてい
　　たのであった（以下略）」（同上：299）としている。
21）この鈴木による資料集成4-7［生活・労働 I-IV］は，『大原社会問題研究所雑誌』
　　No.455（1996）の書評欄で大野節子によって問題点が指摘されている。
22）日本共産党中央委員会（2003：29）。
23）日本共産党中央委員会によれば，均を，1928年2月に除名したとある（60年史の党史
　　年表：560）が，均は1926年の再建共産党に加わっていないことは事実なので，この年
　　表の書き方は正確ではなかろう。しかし，第1次共産党から抜けるということを示す文
　　書もなかっただろうから，正確さを求めても無理なのかもしれない。
24）本書第5章の3の(2)によっても，このことはつじつまが合うのではないだろうか。

していたという事実からも，参加するということにはなり得なかったであろう。さらに，「治安警察法」をうわまわる「治安維持法」の存在，コミンテルンの政策への疑問，同志だった幹部や新人との理論的食い違いなども当然あった。

　現に再建された日本共産党には，古参の山川均を批判した新人の福本和夫[25]が幹部として加わり，再建された非合法の第2次共産党の理論的指導者となり，学生・知識人の人気を集めていた。その理論は「福本主義（イズム）」と呼ばれ，共産党員や党周辺の活動家の間で影響力をもっていた。それは，山川均の理論，「山川主義（イズム）」に対し，「福本主義（イズム）」は，まったく相容れないものであった（山川イズムと福本イズムについては，詳細は，関 1992参照）[26]。

3．婦人労働者の組織をめぐる問題（1926年）

　1926年中（暮れに，大正が昭和に代わった）の菊栄の論考のなかには，婦人労働者の組織問題が多く取り上げられる。そのなかから，（1）「無産階級運動における婦人の問題」，（2）「婦人同盟と組合婦人部」，（3）「婦人労働者と組合婦人部」を検討したい。

---

25) 先にも述べたが福本は，1922年から文部省在外研究員として英独仏に2年半留学して，ルカーチ・ジェルジやカール・コルシュの指導のもとでマルクス主義を学んで1924年に帰国した人物である。福本和夫の帰国後の言動（福本は，帰国直後『マルクス主義』に掲載された論文で，福田徳三・河上肇・高畠素之ら先行の資本論研究者を批判し，解党状態の日本共産党の再建を図るため1925年，佐野学により結成された「共産党再建ビューロー」に参加していた。1922年の山川均の論文「無産階級運動の方向転換」を『マルクス主義』1926年2・5月号で，「山川氏の方向転換論の転換より始めざるべからず」で批判し，さらに「方向転換はいかなる諸過程をとるか」「経済学批判におけるマルクス資本論の範囲を論ず」や，大衆が結合する前には純化された少数の理論的指導者が分離せねばならないとする「分離・結合論」などは，均とまったく相容れないものであった。この福本和夫が再建共産党の幹部となったのである。しかし，1927年，コミンテルンも福本理論を批判し，日本共産党はコミンテルン「27年テーゼ」を受け入れた。このことは次章でまた振り返ることになる。

26) しかし，コミンテルンの「27年テーゼ」で「山川イズム」「福本イズム」がともに批判されたために，福本は共産党内での影響力を失った。

第7章　1920年代後半の山川菊栄──労働婦人組織と諸問題　281

(1)　「無産階級運動における婦人の問題」

（1926年1月，『山川菊栄集』AB 4：122-159）

　1926（大正15）年1月『改造』に掲載された長文の論文である[27]。この論文は，一　プロレタリアと性的差別観念，二　婦人問題の否定と自然生長論，三　無産階級における女性隷属の事実，四　階級闘争の難関としての女性の隷属，五　組織難の主要なる原因，六　差別待遇に対する労働婦人の戦い，七　無産階級の主婦と母，八　結論，からなる。要点を述べる。

　一，プロレタリアと性的差別観念：封建的遺習の多い日本で男女差別観念は特別強く，無産階級の男女間にも，階級をともにする結果としての両性の共同利害がこの差別観念に妨げられて明白に理解されない。

　二，婦人問題の否定と自然生長論：わが国の指導者は婦人問題を無産階級にとって重大な問題と考えない。無産階級運動は次のように考えられている。①無産階級の男女間には平等の原則が確立されている。②女性隷属の事実は存在するが，プロレタリアのみに関する階級問題でないからプロレタリアの立場から問題にする必要はない。③労働婦人はあまりに遅れすぎているので，男子労働者の組織に全力を集中すべきである。

　三，無産階級における女性隷属の事実：次のような弊害が生じる。①プロレタリアの間の女性隷属の事実を看過する。②資本主義社会内部で男女の平等を求めるフェミニストの要求は無産階級の取り扱うべき問題でない。資本主義が新たに被搾取者として男性と同じ利害の一致をみるにいたった無産階級の婦人労働者の問題はプロレタリア階級一般の問題である。③婦人労働者に対しては教育的努力を重視するにとどまる。

　四，階級闘争の難関としての女性の隷属：婦人労働者組織難の理由をあげると，①年齢が若い，②移動率が高い，③寄宿制度，④封建的家族制度の影響。

　五，組織難の主要なる原因：婦人労働者の団結難は各国共通（英国：バーバラ・ドレーク『労働組合における婦人』，ビアトリス・ウェッブ「男女同質問題」を参考に）：①婦人の仕事の性質，②低賃金，③労働組合による婦

27）のちに『女性解放へ』（1977）に，「無産階級のなかの婦人の問題」と題して収録。

人の排除，④雇主の圧迫，⑤労働生活の中断，⑥習慣と伝統。

　六，差別待遇に対する労働婦人の戦い：主義において男女の平等を認めても，積極的に婦人の権利を擁護せぬかぎりは，事実上ブルジョアの原則を承認するに等しい。例えば，最低賃金率の男女差，物価騰貴に対する特別手当における男女差別，婦人に対する失業手当支払い制限，失業対策の婦人無視，が英国で指摘されているが，他の資本主義国も同じ。

　この箇所で注目すべきは，菊栄は，「昨年[28]共産党インタナショナル第五回世界大会において，全世界の戦闘〔一五字伏字〕のために掲ぐべき戦いのスローガンとして認められたのは左の十ケ条である」（『山川菊栄集』ＡＢ４：147）として，次の項目をあげている（略述）：①同一労働同一賃銀，②請負制度の撤廃，③婦人労働者に対する男性と異なる賃銀算用方法の廃止，④健康に有害な業務を除き，職業上の制限撤廃，⑤職業的訓練の習得，⑥夜業および残業の廃止，⑦婦人労働者，母親，および幼児の保護。分娩前後各八週間の強制休養およびその期間の賃銀全額支払。授乳中の母親に休憩室と授乳時間を与える。⑧妊娠中および授乳中の解雇禁止。⑨既婚婦人の解雇禁止，⑩男女平等の失業手当を要求。

28）昨年とはいつか。この論文は，1926年１月『改造』に掲載されたというから，昨年とは1925年のように思われるが，コミンテルン第５回大会が開催されたのは1924年６月17日から７月８日のことであるから，この論文執筆時点での昨年であり，1924年とみなしてよい。レーニン亡きあと最初のコミンテルン大会であった。このときクラーラ・ツェトキーンは「知識人問題」について報告しており，近藤栄蔵がこの演説を聴いている。大会で婦人問題は議題に上がらず，大会後７月11日－19日に「第３回国際共産主義女性会議」が開催され，クラーラが，「世界情勢と女性共産主義者の任務」について報告している。ここでクラーラは，各国の条件に見合った多様な運動論を展開する必要を主張した。また，モスクワとベルリンの女性書記局は，コミンテルン執行委員会（EKKI）幹部会の女性部に統合され，クラーラが責任者となった。最終日の７月19日，「勤労婦人のあいだでの共産党の活動についてのテーゼ」が，EKKIの委任により執行委員会幹部会で承認され，「西洋の資本主義諸国の勤労婦人のあいだでの共産主義的活動と国際婦人書記局の活動」と「東洋の婦人のあいだでの活動」という決議が採択されているから，菊栄が紹介しているのは，そのいずれかである。すでに，1925年，前述の菊栄の『婦人問題と婦人運動』（文化学会出版部）７章　二つの指導的精神で，1924年のコミンテルンの女性政策を支持する発言をしていた。この稿はまちがいなくその延長線上にある。

第 7 章　1920年代後半の山川菊栄──労働婦人組織と諸問題　283

　菊栄は,「これらは婦人の特殊要求であると同時に, 労働階級全体の直接当面の要求として認められている。(中略) この差別待遇の直接の犠牲者が男子でなく, 女子であるということのために, この事実に対してあえて積極的に闘うことを拒む者があるならば, それは階級闘争の逃避者と認められなければならぬ」(『山川菊栄集』AB 4：147-148) としている。

　七, 無産階級の主婦と母：無産階級の婦人は, 一方で賃金労働に従事するが他方で母として主婦として家庭に縛られている。したがって生産者としての婦人の利益を擁護すると同時に, 主婦として母としてのその直接当面の利益を擁護しなければならない。菊栄は,「彼らを戦線に参加させるためには, まずその日常生活の当面の利害に即した闘争から出発しなければならぬ。それらの闘争は決して非プロレタリア的なものでも, 非闘争的なものでもないのである, (中略) 機械的なマルクス主義者は, マルクス主義の教科書に掲載されていないすべての応用問題を, マルクス主義の公理によって解こうとはせずに, 問題それ自身が間違っているという態度で頭から否定してかかろうとする」(同上：151) と述べているが, これはまさに正論である。

---

29)「婦人部は何のためにあるか。社会の種々なる段階において, 婦人の状態は特種の搾取と隷属との形体を生ずるがゆえに婦人の専門部をおく必要がある。(中略)
　　　対男子の運動にあらず。婦人部は女権主義的職分は毫も持たぬ。それはすべての労働者と協同して闘争に参加せんとするもので, 男子と女子とを分離させるいっさいの行動に反対するのである。
　　　婦人部は労働階級の婦人の大多数が階級意識を持たぬこと, 賃銀労働者はその中の一少部分に過ぎないので, 最も直接な接近の方法, すなわち工場を通じての接近の道は閉ざされていること, 婦人の経済闘争は, 労働状態よりもむしろ食糧, 被服, 住宅, 保健衛生, および子供の教育等を中心としていること, を認めるものである。
　　　主要なる仕事。ゆえに婦人部の主要なる仕事は次のごとくである。
　　一, 女子労働者の闘争に参加すること。彼らを男子と同一条件で組合に加入せしむること。同一労働に対する同一賃銀を要求すること等。
　　二, 職業紹介所, 救貧委員, 失業救済事業を通じて失業婦人を組織すること。
　　三, 協同組合, 購買組合, 保健および母親保護の機関, ならびに家庭を通じて主婦および産業に従事せざる労働階級の婦人と接触すること。
　　四, 社会的活動を通じて婦人党員の熱心を加えしむること。婦人部の仕事が同志男女の協力によって行わるること, 性による分裂をきたさざるようにすることは最大重要の点である (『山川菊栄集』AB 4：152-153)。

284

　菊栄は，イギリス（３字伏字）が婦人部の任務に関して発表した文章と項目をあげる[29]。伏字のなかは，労働党か共産党であろう。菊栄は，さらに，フランス，米国のAFL（American Federation of Labor）の婦人部活動の例をあげ，日本の労働組合運動に呼びかける。「日本の無産階級運動は在来の戦線が極度に局限されていたので婦人の問題にまで触れることがなかった。しかし婦人の問題に触れなかったのは運動の勢力が不足だったからであって，日本の無産階級に婦人がいないからでもなく，したがって婦人の問題が存在しなかったからでもない。今やわれわれの戦線は婦人の問題にまで拡大されなければならぬ。単にわれわれの微力の結果として生来触れ得なかった問題を，在来取扱った経験がないという理由のために，無産階級の問題とすることを拒む者は，結局運動の大衆化に反対する者とみなければならない」（同上：156）と。

　最後に菊栄は，レーニンの引用「……最も民主的なブルジョア共和国においてさえも，法律の前には男子より劣等の人間として取扱われている。そして彼らは家事と台所の雑務に追いまわされる真の『家庭奴隷』である」[30]でしめくくる（同上）。

　八，結論として：菊栄は，直接に婦人特殊の要求であっても，根底において男女共通の階級的要求であることを強調し，「コミンテルン第五回世界大会の決議」の一部[31]というものを紹介する。

　伏字が多いが，これは，正式には，1924年6月17日-7月8日に開催された

30）菊栄は，レーニンのこの文の出典を書いていないが，多分，レーニンの1919年6月の小冊子「偉大な創意」（『レーニン全集』大月書店版 1958，29巻：413-439）中の，とくに女性の地位についてふれている部分（同上：433-434）から主な内容を引いたものであろう。この部分を学習した私の1958-59年の学生時代，菊栄も引用している「家庭奴隷」や「こまごまとした家事経済が彼女を押しつぶし，窒息させ，おろかにし，いやしめ，依然として彼女を台所と子供部屋にしばりつけ，未開さながらの不生産的な，こまごまとした，神経をいらだたせ，人を愚鈍にし，打ちひしぐような仕事によって，彼女の労働を奪いとっている」（同上：434）というレーニンの言葉が女子学生の間にもちょっとしたブームをまきおこしていた。レーニンがこのようにいっていることは，女子学生だけでなく男子学生も知っていた。菊栄は，私たちの時代1950年代の終わりよりはるか30年以上前に知っていた。菊栄が何によってレーニンの「偉大な創意」を読んだかは明らかではない。

第7章　1920年代後半の山川菊栄——労働婦人組織と諸問題　　285

コミンテルン第5回大会後，7月11-19日まで開催された「第3回国際共産
主義女性会議」の最終日に採択されたものである。拡大執行委員会総会の委
任により，執行委員会幹部会で「勤労婦人のあいだでの共産党の活動につい
てのテーゼ」として承認されたものの前文[32]である。これは，村田陽一の
翻訳があるが（村田編訳　Ⅲ1980：185-192），菊栄が訳出したものはコミン
テルン発行の英文の *International Press Correspondence*（国際新聞通報：
通称『インプレコル』）1924, No.71（781-783）と推測される。

　菊栄の訳文を以下にあげて，伏字部分を村田陽一の上記邦訳によって補っ
ておく。

　　無産階級の協同宣戦および戦線の拡大は婦人——すなわちプロレタリ
　アの婦人，労働する農婦および小ブルジョアの婦人——が無産階級のあ
　らゆる闘争に対して，男子と同等の活動力と決意と犠牲的精神とをもっ
　て参加する時，はじめて実現せられる。反革命主義者は久しき以前から
　すでに，これらの闘争に対する婦人の協力の偉大なる重要性を認めてい
　た。社会民主党その他の改良主義者，ファシスチおよびありとあらゆる
　種類のブルジョア政党は，婦人をおのおの自己の目的のために利用せん
　として極力務めている。この事実の前に，大衆中の婦人をそれらの反革
　命的勢力との接触から救い，〔31字伏字〕。伏字部分は村田訳によれば
　「彼女たちを共産主義のための闘争に獲得することは，共産党の緊急な
　任務である。」

　　国際的形勢は近東および極東の婦人が国際的〔25字伏字〕。同じく
　「階級闘争に引き入れることが，特別な重要性をもつことになってい
　る。」 東洋においては虐げられ，掠奪せられたる民衆が，その圧制者に
　対して反逆し，民族的独立のために，かつありとあらゆる種類の隷属と

31）菊栄の最初の論文集『女性解放へ—社会主義婦人運動論—』を1977年に日本婦人会議
　が編んだとき，「あとがき」において編集委員会は，この部分の原文の所在を，探しあ
　ぐねていた（同書：311）。その後，『山川菊栄集A4』，鈴木裕子編『山川菊栄女性解放
　論集2』（1984）においても，『山川菊栄集B』（2012）の解説でもふれられていない。
　村田陽一がコミンテルン資料集のなかで，菊栄の当該箇所を，3種の出典を対比しつつ
　邦訳したのは1980年のことであった。

32）テーゼは，1．前文，2．任務，3．組織，からなっている。

搾取とに対する戦いを開始した。同時に東洋婦人は何千年来隷属の中から突如として出現し，彼らもまた男子と同等の人間である事実を承認する証拠として，同等の権利を要求している。東洋婦人の，反帝国主義闘争への参加は，在来，社会生活の条件，習慣伝統，および宗教的偏見のために拘束せられていた〔25字伏字〕→「**幾百万の新鮮なエネルギーの強力な流れを，世界革命に注ぎ入れている。**」……（中略）

「国際的形勢は全インタナショナルに対して，無産階級，貧農階級，および小ブルジョア階級の婦人に対する運動を，在来より〔24字伏字〕→『**はるかに精力的に，また計画的に遂行することを必要としている。**』〔３字伏字〕→『**共産党**』は，無産階級が企てるありとあらゆる闘争的行動に，婦人が自覚した，活動的な共働者として参加するように教育せねばならぬ。歴史的経験は，婦人は一般におくれてはいるが，一旦偉大な〔37字伏字〕→『**革命的思想の力にとらえられるならば，勇気と献身をもってたたかうことができるということは，歴史的経験の示すところである。ロシアの革命，ブルガリア，ドイツにおける闘争は，このことを確証している。**』」……（中略）

「ゆえに本大会は婦人に対する運動は，決して第二義的重要のものでなく，かえってその反対に〔14字伏字〕→『**革命的プロレタリアートの闘争と勝利を組織し確保するという党の**』最大重要な，決定的な仕事の一つであること，かつ無産階級の〔17字伏字〕主要な要素の一つであることを特に力説するものである。」

「本大会は，〔22字伏字〕→『**各国共産党にたいし，プロレタリア革命は，幾百万，幾千万の勤労婦人が闘争に参加**』するに及んではじめて〔２字伏字〕→『**勝利，**』を得ることができるのである」「といったレーニンの言葉に注意を促すのである」[33]（『山川菊栄集』AB 4：158-159）。

1924年にコミンテルンで採択されたものが，日本で1926年に紹介されるまでに２年を要している[34]。その１年後，山川均は1927年３月８日脱稿の「イ

33）伏字部分に，村田邦訳の部分から適切な文を当てることができない。菊栄の要約邦訳のせいかもしれない。また〔伏字〕の字数が合わないのは，菊栄は重訳で村田は原語からで，漢字やひらがなの使い方の相違によるものと推測される。

第7章　1920年代後半の山川菊栄——労働婦人組織と諸問題　287

ンタナショナルの歴史」（日本評論社刊『社会経済体系』第5巻所収）のなかで，1924年6-7月のコミンテルン第5回大会を紹介し，「婦人の間における党の活動」についても重要な決議をしたことを記している（『山川均全集』7：231）が，これは，菊栄がすでに書いている上述の第3回国際共産主義女性会議の決定のことを指していると思われる。コミンテルンの大会と女性会議をとくに意識して区分していなかったのであろう。

　しかし，私がみるところ，1924年を境に，コミンテルンの女性政策は変化していった。コミンテルンが，第3回国際共産主義女性会議で，プロレタリア・ディクタツーアの国でのボルシェビキ化の方法として有効な「女性代表者制度」を女性運動に持ち込んだが，クララ・ツェトキーンは，資本主義諸国とソビエト共和国における女性大衆の間での共産主義活動の諸条件の相違を問題にして「女性代表者制度」に疑問をもち始めていたと思われる（伊藤セツ 2018：772-777）。クララは，その制度は，ソビエト共和国以外の国では有効ではないと反論していた。

(2)　「婦人同盟と組合婦人部」
　　　　　　　　　　（1926年9月，『山川菊栄集』AB 4：193-206）
　最初に，ここでいう「婦人同盟」とは何かについて解説しておきたい。

　まず，菊栄の文章を要約する。
　1．『大衆』[35] 1926（大正15）年9月号に，労働運動の指導者で日本共産党の幹部でもあった山本懸蔵（1895-1939）の「一機関としての組合婦人部の不必要を論ず」という論考が掲載された。それに対する批判として，自分は，同誌7月，8月号に掲載原題「無産婦人運動について」を書いた。菊栄は均との共著『無産運動と婦人の問題』に収録されるに際し，その表題を

34）ちなみに，クララ・ツェトキーンが病気で出席しなかった1926年6月の第4回国際共産主義女性会議でのアーチウゼの報告「婦人代表者会議について」を菊栄は，1928年『文藝戦線』5月号（438-439）に翻訳掲載している。コミンテルンが変質してきた1926年のものを，1928年にも菊栄は支持していたのだろうか。

35）旧政治研究会幹部鈴木茂三郎らを中心に創刊された無産階級評論雑誌。

「婦人同盟と組合婦人部」に替えた。山本懸蔵に対しては，山川均も，『マルクス主義』1926年７，８月号の論考「労働組合婦人部の任務と構成について」[36]で反論している。

　自分は，「婦人同盟と組合婦人部」で，<u>一般的女性隷属の問題は一般無産婦人運動または無産婦人同盟の活動範囲に属するもので，組合運動の範囲外にあるという山本の見解について批判する</u>[37]（下線は伊藤）。山本懸蔵は，労働組合運動における婦人部の不必要論者であるが，必要論者も「無産婦人運動と婦人の政治的結社との関係」について山本に明確な答弁を希望している。

　２．一般にブルジョア婦人運動の場合には，性別による対立が基礎となっているので，その指導的中心が婦人団体であることは当然の帰結である。しかし，無産婦人の場合はそれはあてはまらない。無産婦人運動の場合，「婦人運動という言葉の中に含まれている性的要素はさほど重きをなしておらず，近頃では，無産婦人運動とはいわずに，『婦人の間における仕事』（Work among Women[38]）という言葉の方がより多く用いられている程のものである。もちろん『婦人の間における仕事』に主として当る者は，男子でなくて

36）山川均は，1926年『大衆』５月号で「組合運動と婦人の問題」（『山川均全集』７：9-16），『マルクス主義』７，８号で「労働組合婦人部の任務と構成について」（同上：16-32）を書いている。

37）予備知識なく読むと，この論考は理解しにくいので，その背後に進行していた無産婦人の組織「婦人同盟」の動きを説明しておかなければならない。田中寿美子の解題１（『山川菊栄集』AB ４：301-304）が，そのあたりのある側面からの理解を助けるが，「婦人同盟」の問題は，戦後から21世紀の今日までの女性運動に照らしても，非常に多面的要素を含み，歴史的にも柔軟な価値判断が必要とされると私は思うので，ここで田中寿美子以外の他の論者が残したものや，研究（帯刀 1957：96-103，田島 1968：139-170，山代，牧瀬 1969：142-158，工位 1972：1-20 ＝ 1973：83-94，山内みな 1975：143-201，鈴木編（1994：686-812）を参照した結果，私の理解で整理する。

　一言でいえば，1925年，背後に権力によって破壊され，再建をめざす非合法日本共産党があった。その党が，再建に加わらなかった山川均の理論を排除して，海外留学から戻って日本での経験も十分でない福本和夫の影響を受けて非合法に再建された。指導部は当時の無産婦人問題や運動について知識も蓄積されていないまま，福本主義に依拠した理論で指導し，ごく少数の女性党員（女性の場合は治安警察法によって二重に非合法）も，主体的な判断ができない状態のままで運動を展開したということであろう。この問題それ自体には深入りせず，本書は山川菊栄研究であるから，菊栄自身に語らせて重要な点を指摘しながら進めることにしたい。

婦人でなければならぬから、その意味ではこれを婦人運動と称しても差支えない。(『山川菊栄集』AB 4：195-196)。

「世界の文明国中、婦人の結社加入を禁じている国は——日本以外に——一つもないので、どこの国でもブルジョア諸政党にも、無産階級の諸政党にも、必ず婦人が参加している。」(中略)「政党も組合も同じ組織の下に男女を包容した上で、婦人の特殊的要求に応ずる必要上発達したものが、婦人部または婦人委員会の特殊機関である」(同上：196)。したがって、組合婦人部を認めないものは、婦人政治結社も認めないという論法になる。それなのに、山本縣蔵ら婦人部廃止論者は、いっそう性別対立の危険を冒すことになる特殊の婦人団体または婦人結社「無産婦人同盟」なるものを認めようとしている。しかし「機械的に、杓子定規に、いかなる場合にも、絶対的に婦人団体を不可とする者ではない」(同上：197)。日本特殊の国情を考えれば、「時と場合によっては独立の婦人団体を作った方がその運動を発展させるゆえんでないともいわれないので、この問題は、十分の弾力性をもってある程度まで臨機応変的に決定して」(同上) よいとさえ考えている。だが、結論的には「無産婦人運動とは、政党、組合、青年同盟等いっさいの無産団体の内部における婦人の活動全体をさしていうのであって、それらの団体以外に、特に無産婦人団体または『婦人の政治結社』という特別のものが存在し、その指導の下に、政治運動、青年運動と対立して、別個の潮流を形づくるところの特殊の婦人運動が存在すべきではない」(同上：198) と結論する。

3．山本懸蔵は、「無産婦人同盟」を作り、それに婦人組合員の指導権を握らせるような考えであるが、自分は二つの理由から反対である。第一に、1925年夏にこの問題が提起されたが唐突で、非現実的なものであった。それよりもすでに組織された婦人組合員の教育が「無産婦人同盟」をつくるより先である。第二に、性質が不明である。治安警察法の第5条が改廃されて、婦人も政治結社に加入する権利を持つのはあと4〜5年後であると考えられるから、「無産婦人同盟」は、「婦人党」のような存在になる。「男女を同一

---

38) 菊栄は、わざわざ英語 Work among Women を入れている。クラーラ・ツェトキーンは、1922年以降、Die kommunistische Arbeit unter den Frauen (婦人のなかでの共産主義活動) というドイツ語を使っていた。

組織に包容することが望ましい」（同上：204）というのが菊栄の基本的考えであった。

4．1925年秋，「無産婦人同盟」がある個人の試案として出され，菊栄が賛同を躊躇しているうちに自然消滅しているものと思った。しかし，山本懸蔵を代表として永続的性別団体「婦人の政治結社」が政治運動をするという論法が存在することを知り疑念を感じる。現在の一般無組織無産婦人の現状，現在の組織された婦人の無力不活発，左翼団体の孤立的形勢からみて「たとえ左翼によって『婦人同盟』が提唱されたところで不成立に終り，成立したところで不成功に終るほかあるまい」（同上：205）と菊栄は考える。今重要なことは，「労働婦人は組合に，職業婦人は俸給者組合に，主婦は消費組合に，女学生や家庭の娘は学連，青年同盟に，その他の人々は教育同盟にと，なるべく適当な無産者団体の内部に一人なりとも多く婦人を参加させ，それらの内部における婦人部の活動と充実とに全力をあげること」であると菊栄は主張する（同上：206）。

要するに，「評議会」のなか（崩壊した非合法共産党の再建準備の過程で）で，背後で，「婦人同盟」を結成しようという試み[39]があり，それが，婦人部反対論と結びついていたという問題が潜んでいたということになる。関東婦人同盟について工位は「（婦人部）論争を，ここでは直接前面には出ていない婦人同盟との関連で整理しておくならば，（婦人部）賛成論者は，婦人同盟には反対であり，（婦人部）反対論者はいわばそれにすべての力点をかけ，二者択一的にそれを選んだといってさしつかえない。ここに婦人部論争が，単純な，反対論の否定だけではなく，労組婦人部か婦人同盟かの論争として，新たにとらえ直される必要が生ずるのである」（工位 1973：86）と書いている。

また，工位によれば婦人の組織方法をめぐる論争にはもう一点，「無産婦人大衆を単一婦人組織として結集するか，それとも『婦人代表者会議』や『婦人協議会』のようないわば協議会方式でゆるやかにまとめあげるかをめ

39）工位は「婦人同盟は（中略）一言でいうなら（中略），福本イズムにもとづく婦人政策であった」（工位 1973：88）と断定する。

ぐる論争」があり，この２点は「はっきり分離されたものではなく，当時日本共産党の指導方針が，山川イズムから福本イズムへ転換していく過程で，だぶった形で転換されていった」（工位 1973：85）という。

　山川菊栄は，日本共産党との関係は，山川均を介して曖昧だったとはいえ，コミンテルンの女性政策を把握する点では唯一の人物といってよい。彼女が「婦人同盟」に反対したのは，コミンテルン（性別団体の原則的反対）の影響であろう。むしろ「婦人代表者会議」や「婦人協議会」のほうを選んだというが，コミンテルンでそれが議論されるのは，レーニン没後，スターリン時代の初期，1924年から25年であって，コミンテルンのボルシェヴィキ化の過程で出されたものであったと私は考える。

　工位によれば，福本は，当時の日本の状況を「資本主義の強烈なる没落過程」と規定し，それに対応して運動の面でも「組合主義的政治闘争」から「社会主義的政治闘争」への移行期ととらえ，その移行は，積極的にマルクス主義的意識を注入することによってのみ達せられるとして，「意識の完成」のための「理論闘争」を重視し，その際過去の組合主義，折衷主義を徹底的に克服するために，まずそれから「分離」しなければならないとする「結合の前の分離」を強調した。また同時に，従来の組合主義を克服する道として，労働組合運動よりも，労働者が「全無産階級的政治行動主義」を自覚しやすい労農党のような党の闘いに，積極的に参加することを主張した。「この見地こそ，政治結社権のない婦人に対して，無産政党に代るものとして婦人同盟が考慮される理由であり，婦人同盟が組合婦人部の活動を軽視する形で強力に主張された最も明解な答なのである」（工位 同上：88）。

　菊栄の懸念の背後で，また理論上の問題とは別のところで，事態は動いていた。

(3)　「婦人労働者と組合婦人部」
　　　　　　　（1926年10月，『山川菊栄集』AB 4：207-229）
　この論考は，労働組合婦人部設置問題の整理の論評である[40]。菊栄の主張を追ってみる。
　1．労働組合と婦人の問題：1925年５月の「評議会」創立大会では総本部

に独立の婦人部を置かず，婦人に関する事務は組織部長の担任するところとなり，各地方評議会および所属労働組合にだけ婦人部を置くこととなった。そこで，当面の婦人の問題を討議するため，同年10月組織部長によって全国婦人部協議会が招集された。菊栄は「1．婦人労働者に対するわれらの方針，2．運動の方法，3．婦人部の目的とその性質」の3つの部分からなる「婦人部テーゼ」の草案を執筆し，中央委員会の承認を経て，中央委員長名で印刷配布せられた（内容は前掲）。1926年3月，4月中に開催される全国大会の準備として開かれた中央常任委員会で，〈総本部に婦人部を置く必要なし〉という意見が優勢を占めた。主要な論点は，①組合は男女労働者の利害を同様に代表する。別に婦人のための特殊機関を置く必要はない。②婦人部は婦人の独立組合に発展する恐れがあり，積極的に有害である。③現存の婦人部は，婦人の教育や組織について貢献をしていないので意味がない。④労働組合は経済闘争の機関であって政治闘争の機関ではない。経済闘争の範囲内では，婦人の特殊事情はそれほど重要でない。⑤婦人闘士を養成するには婦人部を必要としない。問題は，わずか5カ月の間にこれという理由もなしに，正反対の立場に立ちうるということ，この重要な問題について幹部の間に意思統一が欠けるというこの二点は，「評議会」の運動における欠陥であると同時に全労働階級運動の共通の欠陥である。

　　2．婦人部の三つの型：①婦人の成員はただちに婦人部員であるというもの，②組合員たる男子の家族よりなるもの（特殊の補助団体），③男女平等で同一組合に包容しながらとくに婦人問題に注意を集中する機関。婦人部と名づけるより婦人委員会といったほうが適切。「婦人部テーゼ」は，友愛会総同盟時代からの「婦人部とは婦人組合員の集団である」というような漠然とした概念を打ち破った。外国にはいろいろな例がある。「日本よりははるかに婦人の地位の高い欧米諸国においてさえ，これほどに種々の方法を講じても，婦人の継続的な自発的活動を促すことは容易でないと認められていることをわれわれは銘記する必要がある。

40）この問題の菊栄による総括的評価は，1928年の「無産婦人運動の任務とその批判」
　　（『労農』1928年3-5月号）でなされる。

第7章　1920年代後半の山川菊栄——労働婦人組織と諸問題　　293

　　3．婦人部廃止論の内容：1925年10月，わが国の労働運動史上初めて積極
的に婦人に対する政策を討議し決定したのが，大阪で開かれた「評議会」全
国婦人部協議会であった。ここでは，「婦人部テーゼ」の第1項「婦人労働
者に対するわれらの方針」は，さらに4条に分かれ，第2項「運動の方向」
もさらに内容を豊かにし，第3項「婦人部の目的とその性質」についても同
様である。菊栄は「このテーゼに現われた運動の精神とそのプログラムとは，
外国の最も進歩した組合のそれに比して毫も遜色なきのみか，主要な点では
正確に一致している」（『山川菊栄集』AB 4：220）といい，それを半年の
間に一蹴して世界の労働運動に逆行するのはなぜかと迫る。さらに先述の不
要論者の5つの論点を，菊栄らしいやり方で鋭く反論する。

　　4．婦人の特殊機関の意義：菊栄は，「今日，世界の労働組合が当面して
いる問題は，いかにして婦人を組織するかということよりも，いかにして既
に組織されたる婦人を男子と同一水準に引上ぐべきかという点により多くか
かっている」（同上：225）。「労働階級は少数の天才によって解放されるもの
ではなく，労働大衆自身の自覚と団結の力によってのみ解放されるものであ
る」（同上：226）[41]。「労働組合の組織そのものは男女を等しく，包容し，両
者に平等の権利と義務とを課するものでなくてはならないが，婦人に対して
はただ平等の権利を認めるだけでは足りない。その特殊的な地位に基づく特
殊的な心理に訴え，特殊的な要求を満たすためには，同一組織の内部におい
て，ある程度まで特殊の行動をとる事を承認し，それを誘導し，促進するこ
とによって，始めて，一般的な階級戦線に，婦人が自発的に参加する道を開
くことができるのである」（同上：226-227）。「婦人の特殊機関の任務は，直
接には婦人の活動を誘発してこれを教育し訓練することにあるのではあるが，
これによって間接には男子をも教育する結果を伴うものである」（同上：

41）このあとに，菊栄は次の文章を続けている。「ロシア革命の強味は，一人のコロンタ
　イを持ったことにあるのではなくて，目に一丁字もない何百万の労働者農民の婦人大衆
　が，武器を採って反動革命と戦ったところにある。ローザ・ルクセンブルグ，クララ・
　ツェトキンを持ったことはドイツ無産階級の誇りであるには違いない。しかし何百万の
　婦人大衆がその投票によって反動勢力を支持している事実は，一人ないし数人のクララ
　やローザの存在によって償うことのできない損失である」（同上：226）。

227-228）。

　最後に菊栄は，「評議会の婦人部問題は，在来閑却されて来た婦人の問題に労働階級の注意を向ける好個の機会を提供した。私はこの問題が組合員大衆の間で徹底的に討論されることによって，わが国労働婦人の解放運動に一転機をきたされんことを希望せずにはいられないのである」（同上：228）と結ぶのである。

　1926年12月4日，日本共産党が山形県米沢市五色温泉で第3回大会（再建大会）を開いたが，ここで福本イズムを正式に採用した直後，「評議会」中央委員会は，1926年12月30日付で，「討議資料」として「婦人運動に関する意見書」を発行して「婦人同盟」の結成を指示した（法政大学大原社会問題研究所編『労働組合婦人部設置をめぐる論争と「婦人同盟」関係資料』）。

　工位の説明によると，まず，「婦人部論争の際の反対論者を経済闘争は労働組合，政治闘争は無産政党と，分離して捉えていると批判し，労農組合もまた組合主義を克服して全無産階級的政治行動主義の見地にたたねばならないとした。一方，賛成論者については，婦人労働者の社会的政治的差別に対する闘いをもすべて，労働組合に負わせ，それ以外の方針を語らぬ組合万能主義だと批判している。反対論者が経済闘争と政治闘争を分離したことは事実であるが，福本イズムの観点そのものが，実際の運動の不均等発展を無視して発展段階を直線的に三つに区切ってしまうという極めて観念的なものであり，しかも経済闘争と政治闘争の相互の関連は無視され，労働組合においても，いわゆる段階の低い経済闘争より『全無産階級的政治行動主義』意識の獲得のための理論闘争が重視されてきたことを思えば，この批判は奇妙なものであったといわなければならない。（以下略）」（工位 1973：88-89）としたうえで，「具体的には『無産婦人を指導勢力とする階級的大衆的単一の過渡組織』＝婦人同盟を結成して，『婦人運動を政治的に闘わせ』『婦人大衆の政治意識を全無産階級的政治意識にまで引き上げる』こと」（同上：89）をねらったのが福本イズムの婦人組織論だとする。

　鈴木による解説（1994：41）では，「要するに①『無産婦人を指導勢力』として『階級的大衆的単一の過渡組織』婦人同盟を組織し，労農党（事実上の指導部は共産党が握っている）の『一般闘争目標にまで発展せしめ』る，

第7章　1920年代後半の山川菊栄——労働婦人組織と諸問題　　295

②婦人同盟の綱領は，行動綱領にして政治的，経済的，社会的な性的差別の撤廃，女性労働者の母性保護などを闘争目標にかかげる，③婦人同盟の組織は労農党の組織に準じて『個人加盟たる全国的組織』とすることなどであった。これに呼応するかのような主張が秋川陽子（実は田島ひでの筆名）名で出された一文，『婦人運動』の後段の主張（「先づ結合の前に分離せよ」）であろう。一見して福本和夫（当時，福本イズムが共産党の指導理論となっていた）ばりの文章で，福本同様，難解，難読の感は否めない。田島は，二六年一二月ころから『婦人同盟』結成準備の中心になって活動し，のち関東婦人同盟の創立とともに書記長になった」のである。現に，田島（1968：140）も「関東婦人同盟の結成前から解体までの時期は，のちに福本主義といわれた理論が日本の左翼を支配した時期である。その結果，婦人運動も福本理論の影響で，大きく左右された」としている。

　1926年暮れから菊栄は運動から離れ始めていたことはすでに述べたが，1927年には均と新たな政治的方向を共にする。

　付け加えておけば，国際婦人デーは1922年の「八日会」をはじめとして，1923年の日本で最初の国際婦人デーの挙行が，菊栄によって可能となった。しかし，その後の第1次共産党事件，関東大震災に流され切断されて，1924年以降，菊栄は国際婦人デーと表だって関わることはなく，それは彼女のいわば教え子たちによってほそぼそと引き継がれた。例えば1924年には，日本労働総同盟関東同盟が『労働』号外「婦人版」を出して，国際婦人デーをアピールし，1925年は，3月7日「政治研究会」主催で，芝の協調会館で「国際婦人デー」を記念する女性の演説会がもたれた。同会の「婦人部発会式」をかねたものであった。宮川静江，佐藤ちゑ，横山千代，丹野セツ，田島ひで（田村秋子）が加わっていた（川口，小山，伊藤 1980：210-213参照）。それ以降1920年代の国際婦人デーもほそぼそと継続されている（同上：213-226）。

　菊栄は，23年後の戦後，1948年意外な形で国際婦人デーと逆の関わり方をすることになる（第9章）。さらに先取りしていえば，その13年後の1960年3月8日，国際婦人デー50周年記念には，野坂竜と並んで，壇上にいる。この間37年，たとえ菊栄が日本の国際婦人デーの歴史に足跡を残さなかったと

しても，その第一歩が菊栄であったということは，日本の婦人運動史上忘れてはならないことである。

1926年は，田島ひでが「婦人労働調査所」を設立して，機関誌『未来』を発行したとき，創刊号の「雑草記」に国際婦人デーについて一文がある。3月3日には静岡県清水市で婦人デーを記念する婦人問題講演会を奥むめおらが行い，4月に，日本農民組合岡山県連婦人部大会では，「国際婦人デーを祝するの件」が議題の一つとなっていた。

コミンテルンが日本の国際婦人デーに関心を示したのは，1923年に次いで，1926年と思われる。なぜなら，独語版『インプレコル』（1926，No. 71：449-451）誌に載せた，コスパロワの「東洋での三月八日」と題する論説は，東洋，とくに日本と中国の情勢と婦人デーの課題について述べているからである。

そのなかで，1926年の日本の婦人デーについて「もし，さしせまっている3月8日のカンパニアが，日本において成功的経過をたどるなら，それは日本の共産主義者のイデオロギー的影響を広め，いつそう幅広い活動のための組織的地盤をつくり出すことはうたがう余地がない」として，日本の婦人デーに次の3つの具体的目標を指示した。その目標とは，「①労働者階級，農民層の組織ならびに労働組合のための新しい会員を獲得すること。政治的労働組合組織の中で婦人部や委員会による教育をすること，②女性の階級意識を高め，全労働者階級との団結の精神で彼女たちを教育するための女性労働者サークルを組織すること（そのサークルにはたくさんの労働者が働いている大経営の中につくられねばならない）③特別の女性新聞発行を準備することに宣伝活動が利用されねばならない」ということであり，とくにこの目標について，「この最後の問題は，すでに長いあいだ，日本労働組合評議会の中央委員会によって検討されてきている。そして，この新聞の第1号が，2月8日に出版されることが予定されている。女性労働者の職業上，政治上の利益を援助するために，新聞が大きな役割を演じ，婦人労働者のあいだに出版物によつて指導される宣伝を強めることになろう」と説明している。

1926年暮れ，第3回大会によって福本イズム主導で再建された日本共産党には均と菊栄は，当然加わらなかった。1927年の終わり頃までには，山川均

は，日本共産党との関係を完全に切り，1927年12月6日「戦闘的マルキスト理論雑誌」と銘打って，雑誌『労農』を発行した。『労農』は，非合法日本共産党指導部に批判的な山川均，堺利彦，猪俣津南雄，荒畑寒村，足立克明ら，それに『大衆』同人の鈴木茂三郎，黒田寿男，大森義太郎らが結集して創刊されたものである。

4．山川均とともに「労農派」を選ぶ
──日本共産党とは与せず

　1927（昭和2）年1月，国際婦人デーの準備会とかねて田島ひでらは「婦人同盟」準備の新年会を開催したが，山内みな，田島ひでら19名が検束された。準備の過程で「全国三千万の女性に訴う」というアピールを出した。これは，婦人の政治的無権利や，社会的経済的な特殊待遇の不当を訴え，かなり幅広い婦人が結集した。2月5日「婦人同盟」第1回準備会を「婦人政治運動促進会」の名で主婦の友社講堂で開いて50名が集まった。議長は奥むめお，田島ひでであった。しかし，この会合で，福本主義を反映する発言が出て混乱をきたした。3月13日「婦人討論会」と称して「婦人同盟」結成準備会がもたれた。「第5回国際婦人デーを記念せよ！」として国際婦人デーの流れを継ぐものであったが，宣伝ビラで労農党支持を打ち出していたため，混乱をきたし，その後，「婦人同盟に関する意見書」が出され，日本共産党の最終的方針が示されて，とりあえず，関東地方を組織すべく，7月3日に200名を集めて「関東婦人同盟」が発足した。委員長・新妻イト，書記長・田島ひで，委員・野坂竜，丹野セツ，山内みな，仲田小春，柳つるらの役員が決まったが，「労農党」婦人部的なセクト主義の色彩が強かったことは否めない[42]。

42）関東婦人同盟成立のあと，これに対抗するかのように，10月2日には日本労農党系の全国婦人同盟（帯刀貞代，岩内とみゑら）が，11月には社会民衆党系の社会（民衆）婦人同盟（赤松明子ら）が結成されるが，これは，関東婦人同盟が事実，労農党系として成立したことの証拠でもあったといえる。

この間，5月，第3回「評議会」大会で，婦人部問題に結論が出され，婦人部を置くことを決定されているので，婦人部も，さらに「婦人同盟」も組織するということとなったわけである[43]。

　1927年7月15日，コミンテルンは，渡辺政之輔らとの協議のもとに「日本についてのテーゼ」（村田編訳 1981：224-236，1986：264-276），いわゆる「27年テーゼ」を作成し，渡辺は帰国する[44]。このテーゼは，コミンテルン執行委員会幹部会の名で出され，1．日本帝国主義と戦争，2．国内情勢，3．日本革命の推進力，4．共産党とその役割，5．共産党と労働組合・共産党と労働者大衆諸組織・統一戦線の問題からなる。このテーゼは，社会民主主義批判のしかたにおいてのちに批判される弱点をもっていた。この4．で，もともと，日本共産党の再建に加わっていない山川均がホシという名で[45]，5．で，再建の先頭に立っていた福本がクロキという名で[46]批判されている。

　12月2日，日本共産党拡大中央委員会が日光で開かれ，「27年テーゼ」（最

43）寺尾（清家）とし書記。浅野晃指導。

44）3，4月頃日本の代表として，渡辺のほか，徳田球一，佐野文雄，福本和夫が入ソ。その他先に入ソしていた鍋山貞親，中尾勝男，河合悦三（病気のため部分参加）も出席した（村田編訳 1986：530）。

45）「……独立の，思想的に堅固な，規律ある，中央集権的な大衆的共産党がなければ，革命運動の勝利はあり得ない。それゆえ，あらゆる形態の解党主義的傾向，とくにホシ同志の政策に現われた傾向との闘争は，日本の共産主義者の第一の任務である」（同上：271）。

46）「すでに指摘したように，偏に独立の組織としての共産党の発展は，日本の革命運動の発展における決定的要因である。この点に関連して，共産党指導者の従来の誤り，とくにホシ同志に代表される偏向を急速に，決定的に一掃する必要を強調しておいた。しかし，最近，もう一つの，正反対の傾向が，党内に大きな影響力を獲得した。この傾向の指導者はクロキ同志である」（同上：273）。「大衆からの党の事実上の孤立にみちびくクロキ同志の見地は，また大衆党としての共産党の事実上の破滅にみちびくものである。この『分離結合の理論』が，純然たる思想的側面だけの過度の，いわれのない強調と，経済的，政治的および組織的側面の完全な無視と，結びついているのは，偶然ではない。このことは，さらに，インテリゲンチャの許すべからざる過大評価に，労働者大衆からの孤立に，セクト主義にみちびいており，党を労働者階級の戦闘的組織としてではなく，『マルクス主義的に思考する人々』——いうまでもなく，主としてインテリゲンチャ——の集団とみる考えを生みだしている」（同上：274-275）。

第 7 章　1920年代後半の山川菊栄——労働婦人組織と諸問題　　299

初の綱領的文書）を承認した[47]。

　12月14日，「婦人同盟」は全国組織準備会（翌28年3月には全国婦人同盟結成大会）を予定していたが，結局日本共産党は「婦人同盟」の解体を指導した。「27年テーゼ」の影響とされている。しかし，当時，田島ひでをはじめ，一般の間で日本共産党の存在や内部の議論は知られていなかったから，その辺の事情の理解に苦しみ，菊栄は，当然その豹変を批判した。このような経過をみていた均と菊栄は，1927年終わりまでには，日本共産党との関係を切ったとしても不思議ではないのかもしれない。

　同じ1927年12月，山川均，堺利彦らが雑誌『労農』を発刊したことはすでに述べた。『労農』は，「戦闘的マルキスト理論雑誌」と称していた。均と堺利彦は，共産党を離れ「合法マルクス主義者」あるいは「非日本共産党系マルクス主義」といわれるスタンスを取った[48]。菊栄も『労農』に力点を移し，次章でみる1928年から，菊栄，平林たい子，堺真柄らは，『労農』附録『労農婦人版』を発行した。

　後年のことになるが，1963年の菊栄の思い出「私の運動史—歩き始めの頃」によれば，この頃のことを次のように書いている。

　　（前略）一九二七年十二月，外国の運動と関係なく，日本共産党によってゆがめられたものでもない自主独立の正統マルクス主義，純正左翼をめざして，堺利彦，山川均，鈴木茂三郎，向坂逸郎，大森義太郎，稲村隆一，順三，青野季吉，岡田宗司その他多くの同志をえて「月刊労農」が発行され，混乱した運動のなかに強く明るい進路をつけました。学者の側でも大内兵衛以下一流の学者が，一方では文部省や大学内の反動的潮流と戦いながら，他方では正しい日本資本主義の分析をすすめて，外国のうけうり，または逆輸入の誤った共産系の理論を徹底的に批判し

47）「27年テーゼ」は，雑誌『マルクス主義』の特別付録として翌28年3月号に発表された。「27年テーゼ」は，統一戦線を提起しながら，コミンテルンで強まっていた社会民主主義批判を反映して「社会民主主義に対する闘争」を強く押し出していたのでその後に影響を与えた。

48）『労農』は，戦前の非日本共産党系マルクス主義者集団のネットワーク的役割を果たした。

ました（外崎，岡野編　1979：82）。

　菊栄は，外国の運動と関係ない，日本共産党（この場合福本和夫が指導）
がゆがめたものではない，自主独立の「正統マルクス主義」を支持していた
のだ。確かに，菊栄も翻訳し取り入れてコミンテルンの女性運動方針の紹介
も，1928年5月，菊栄訳として出された「婦人代表者会議について（コミン
テルン国際婦人局　アーチウゼ）」（『文藝戦線』5）を最後に，手がけるこ
とはなかった。これは，前述のとおり1926年のコミンテルンの婦人方針であ
る。菊栄が，1928年までは，独自に，外国の運動ではあるが，コミンテルン
文献に関心を寄せていたことは明白である。

　それ以降は，コミンテルンの女性政策は，菊栄以外の人々によって翻訳さ
れ続けた。レーニン，ツェトキン，水野正次訳『婦人に与ふ』共生閣
（1927），水野正次訳『婦人運動当面の諸問題』（前篇，後篇，附録）解放社
（1929），リャザノフ，レーニン著，新城信一郎訳『マルクス主義と婦人問
題』共生閣，（1930），「インタナショナル」編纂部『国際プロレタリア婦人
運動』戦旗社，（1930），産業労働調査所編『国際婦人運動の現勢』希望閣
（1931），プロトコール全集刊行会『コミンテルン　プロトコール全集第1冊
新版（1），第2冊』白揚社，（1924年コミンテルン第4回大会プロトコール
の全訳）（1931），プロトコール全集刊行会『コミンテルン　プロトコール全
集第3冊』白揚社，（1924年コミンテルン第4回大会プロトコールの全訳）
（1932）などがそれである。

　ついでながら，この「27年テーゼ」をめぐる日本の動向とは何の関心も関
わりもなく，1927年の12月3日，28歳の中條百合子は，湯浅芳子とシベリヤ
経由でモスクワへ出発したのであった（1931年帰国）。

第7章のおわりに

　ここで，「労農派」についてふれておかなければならない。私は経済学部
（経済政策学科社会政策学ゼミ）の出身ではあるが，時代のせいもあろうか，
「労農派」と「講座派」にあまり関心をもってはこなかった。しかし，均と
菊栄が雑誌『労農』に依拠して，上述の菊栄の文章にあるように，『労農』
は，「外国の運動と関係なく，日本共産党によってゆがめられたものでもな

い自主独立の正統マルクス主義，純正左翼」，「混乱した運動のなかに強く明るい進路をつけ」，「学者の側でも大内兵衛以下一流の学者が（中略）正しい日本資本主義の分析をすすめて，外国のうけうり，または逆輸入の誤った共産系の理論を徹底的に批判」したのだと書いている以上，この問題に深入りしたくはないが，素通りすることは許されまい。

『労農派マルクス主義　理論・ひと・歴史』上・下巻（社会評論社，2008）を，8年かかって完成させた石河康国は，「筆者は特定の立場に立っている」（2008年時点で新社会党本部役員をしているという意味か）と明言しながら「できる限りいろいろな見解を公平にあつかうように心がけた」（石河 2008 上：5）として，次のように書いている。

　　労農派が特別の潮流である必要はない。「労農派マルクス主義」という呼称自体よいものではない。マルクス主義には○○派も××派もない。マルクス主義を日本に適用しようとつとめるなかで，結果的に日本共産党系とはことなった方策にたどりついただけのことである。

　　マルクス主義は科学であるから，資本主義社会を変革しようとする者たちはほぼ同じ認識で一致しうるはずである。日本のマルクス主義を二分した労農派と講座派の論争には，それを派生させる歴史的事情があった。戦前はおもに日本資本主義と封建遺制の関係への，戦後はおもに日米関係への認識の相違であった。いずれも現象と本質の間にずれが大きい問題であったので論争も必然であった。くわえてコミンテルンとコミンフォルムの存在が日本国内の論争を必要以上に激化させた。それでも労農派はつねに階級闘争全体の利益を考え，統一戦線をもっとも誠実に追求した。

　　そして今日，ソ連社会主義の総括という重い検討課題はあるものの，見解が戦略次元で対立するほどの情勢の複雑さも，国際的環境もあるとは思えない。また左翼総体が世界にも例がないほど後退させられるなかで，社会主義の再生のための共同作業が共通の責務となっている。後退を〝他派のあやまり〟に帰するような態度は時代にそぐわない。それぞれの歴史的な反省が交流されねばならないと思う（同上）。

石河がこの書を世に出した2008年から，世界はまた激動し，日本国内の政

治地図も複雑な変化をとげているとはいえ，この最後のパラグラフは，今日もあてはまるだろう。

　次章は1928年の『労農』での婦人問題の扱いから始めたい。

第 **8** 章

1928年以降15年戦争の間の
山川菊栄

はじめに

　報道規制（戦前に内務大臣が慣例的に行っていた新聞，雑誌に対する記事の掲載を禁止する命令）が解けてのちに明らかにされることであるが，1928（昭和3）年3月15日に，日本共産党関係者の検束，いわゆる「3.15事件[1]」が起きていた。その前年の1927年12月に創刊された「戦闘的マルキスト理論雑誌」ではあるが，「合法マルクス主義者」あるいは「非日本共産党系マルクス主義」と銘打っていた『労農』の同人には，このとき被害はおよばなかった。

　ところで「労農派」と婦人問題であるが，石河（2008a：152）は「『労農』同人には女性を尊重する気風のようなものがあった」として，「菊栄は，『労農』2巻3号と4号に『無産婦人運動の任務とその批判』を執筆し（『山川菊栄集』AB5：103-133に収録：伊藤），いずれも巻頭論文として扱われていた。また4号と5号には『婦人運動に関する論稿』（筆者不明）が連載された。婦人問題の扱いの大きさは当時の左翼雑誌としては異例であった」（同上）と書いている。

　さらに雑誌『労農』には1928年5月号（2巻4号）から11月号（2巻10号）まで山川菊栄が中心になって女性向け附録が編集されている。この間，女性組織をめぐる論争や分裂を菊栄は均と二人で分析し，女性運動のあるべき方向を探って発表した多くの論考をまとめて共著『無産者運動と婦人の問題』（1928年10月）を出版した。

　女性向け附録は1928年中にわずか7号で終わっているが，『労農』そのものは，その後3年半続いて1932年6月に廃刊された。

　鈴木裕子は「一九二八年という年は，おそらく著者（菊栄のこと：伊藤注）にとって，画期となった年であった」（『山川菊栄集』A5：309）とし，菊栄が「この年，最も力を入れた仕事は，『労農』附録婦人版の編集，発行」

1）3月15日の検挙は，いわゆる「3.15事件」といわれているが，何か事件を起こしたわけではないので，事件という呼び方は，本当はそぐわない。私は，「3.15検挙」あるいは「3.15弾圧」と呼びたいが，慣例に従う。

（同上：310）であったと書いている。菊栄が，『労農』誌にどの程度同調していたかは，それ自体として書いたものを発見していないが，『労農』誌に菊栄が書いたもの，およびこの婦人附録のなかで，菊栄が書いたと思われるものや，その他で，推し量ることはできる。

　均と菊栄が，『労農』同人となった時点で，結果的には1928年以降襲いかかる日本共産党への弾圧の危険とまともにはぶつからない場，つまり非共産党であることを天下に知らせ，制限はあるにしても，まだ評論・執筆活動を継続することを可能とした場に，事前に身を移していたということになる（少なくとも，官憲が弾圧の範囲を非共産党，労農派に対しても広げる1937年までは）。さらに菊栄は，1928年12月頃から，運動の第一線より退いた（同上 A 5：312）とされている。では，菊栄にとって画期となったという1928年中に，菊栄は，どのような作品を残しているであろうか。

　その前に，まず1928年の動向を簡単にみておこう。1928年2月1日，日本共産党中央機関誌『赤旗』が創刊された[2]。謄写版印刷で完全非合法新聞として刊行されたもので，『赤旗』は，地下共産党と労農運動を結合させる働きをした[3]。同じ年の2月20日，第16回総選挙が，「男子」普通選挙法による最初の選挙として実施された。「労働農民党」（左派）から11人立候補して，山本宣治，水谷長三郎が当選（10万票，約2％獲得）し，無産政党から8名が当選した[4]。

　1928年3月8日の国際婦人デーには，「関東婦人同盟」が中心になり，午後7時から神田松本亭で演説会が開催された。200名集まり20名検束されたが，この婦人デーは戦前でもっとも盛大なものだったといわれている（山内 1975：189）。3月10日の『無産者新聞』に記事が載り，神戸，大阪等の1928年の「婦人デー」は，1923年3月8日に日本で初めての国際婦人デーの

2）『赤旗』は月2回発行で，発行部数600〜800部であった。

3）『赤旗』は，コミンテルンの「27年テーゼ」と「日本共産党の組織テーゼ」の方針に沿ったもの。1929年の「4.16事件」で停刊したが，その後1932年4月『第二無産者新聞』を併合して活版となった。

4）これに先だち，普選獲得同盟は，普選達成婦人委員会を組織し，東京連合婦人会もこれに参加している。この年の3月，『文藝戦線』3月号は「無産婦人特集号」を出し，関東婦人同盟が中心になって，国際婦人デーを祝った。

中心人物だった菊栄とは，すでに関わりのないところで行われていた。このことは菊栄に情勢が徐々におよぼした影響を物語っている。

　3月14日「婦人同盟」全国組織創立大会が予定されていたが，19日に延期され（この間に「3.15事件」）があったことに注意），その後，無期延期となり，3月25日には，解散勧告，続いて解散声明が出されたのである。解散声明には，性別組織否定原則がうたわれていた（第7章参照）。

　この問題は，「27年テーゼ」以降の非合法日本共産党の変化した運動方針[5]と，1928年3月15日の共産党一斉検挙との関わりでみなければならないだろう。「労働農民党」の選挙での前進に脅威を感じた当時の田中義一内閣が，1928年3月15日，1道3府23県にわたって「治安維持法」違反容疑で日本共産党の一斉検挙を行い（1600人検挙，828名起訴），コミンテルンに批判されて幹部から身を引いて共産党内に1党員として留まっていた福本和夫も検挙された。福本は，以後1942年まで14年獄中生活を強いられた。3.15検挙から1カ月も経ない4月10日，「労働農民党」，「日本労働組合評議会」「全日本無産青年同盟」は解散させられた。検挙を免れた渡辺政之輔，市川正一らは同年4月に『赤旗』を再刊している。

　続いて翌年1929年の4月16日の共産党一斉検挙（いわゆる「4.16事件」）が起こったが，3.15と4.16の間には「中間検挙」もあり，これらを含めて女性も多数検挙されている[6]。その前後を境として，女性活動家も女性組織も，労働組合，政党組織を含めて，これまでと異なった厳しい状況のもとに置かれたといってよい。

　すでに1928年7月，「治安維持法」が改正され，「国体の変革」を企てる者に対して，死刑，無期懲役を設定し，監視のために特高警察が全国の警察に設置された。同年12月，無産大衆党，日本労農党，日本農民党など7党が合同し，「日本大衆党」（高野岩三郎は請われたが党首を辞退）を結成した。同じ月，渡辺政之輔は，台湾のキールンで警察に襲われ自殺している。

5）山糸子（市川正一）『マルクス主義』1928年4月号（「労農婦人の地位とその組織問題―婦人同盟は如何に改変されるべきか―」1928.3.2）で，婦人同盟反対の理由を述べているので，3.15と関わりなく「福本主義」からの方向転換があったこともわかる。
6）鈴木編・解説（1997：175-372）参照。

第8章　1928年以降15年戦争の間の山川菊栄　307

　それにしても菊栄ほどの人物が，まさにこの1928年に，7号で終わりとなる『労農』附録婦人版発行に全力を注いだだけということはあり得ることだろうか。それ以外にも1928年には，菊栄自身があまり深入りを避けたという高群逸枝との論争もあったし，その他この期の菊栄の作品には，以下本章で取り上げるようにすぐれたものがあり，立場上関係がなくなっても，コミンテルンの1926年の，女性の間での活動についての第4回国際女性会議（クラーラは準備に参加したが会議そのものには病欠）の女性政策の翻訳も2年遅れて1928年の5月に1点みられる（アーチウゼ 1926，菊栄訳 1928：133-143）。また，実はクラーラが批判していた「婦人代表者制度」や「婦人協議会」などのプロレタリア・ディクタツーア的新たなコミンテルンの女性運動組織方法（伊藤セツ 2018：784-791，村田編訳 Ⅳ 1981：540 注7，542）を菊栄がこの時点ではまだ肯定的に追っていた様子もうかがわれる。

　この頃，他の文化人はどうしていたか。1928年の「3.15事件」で日本で1600人が検挙されたとき，中條百合子はソ連にきて数カ月がたっていた。1928年7月，長谷川時雨は『女人藝術』を創刊し（1932年6月）たが，冒頭の口絵は「モスクワにおける中條百合子氏の近影」（秋田雨雀，湯浅芳子，ニキチナ，鳴海完造の5氏とともに）であり，その号の巻頭評論は，山川菊栄の「フェミニズムの検討」であった。その後は，この雑誌に菊栄と百合子の2人が重なり合うこともなく，運動で接点をもつこともなかった。しかし，山川菊栄と中條百合子の2人の才媛が，それぞれに1928年の『女人藝術』創刊号を飾ったということは，私には興味をそそられる。野上弥生子は『真知子』を発表した。「婦選獲得共同委員会」が結成されたのもこの年である。非合法日本共産党の組織の存在に，女性活動家が気づき始め，非合法日本共産党に入党し活動を始めるものが少なからず出たのもこの頃であった[7]。

　他方，洋行中の知識人，国崎定洞や千田是也は，1928年にドイツ共産党（KPD）に入り日本人支部をつくり，「ベルリン反帝グループ」の小林陽之助，勝本清一郎，藤森成吉，モスクワの片山潜，勝野金政，日本の河上肇・野呂栄太郎・岩田義道とつながった。服部栄太郎，杉本栄一，大熊信行，小

7）伊藤千代子（1905-1929），福永操らもこの前後に日本共産党に入っているようである。

畑茂夫は，個別の読書会グループを作っていた。ドイツ以外の研究員在留者は151人であったのに対し，約500人の日本人がベルリンに滞在していた。中條百合子は，まだ運動に関わりなく，湯浅芳子に誘われて1927年12月ソ連に旅立っていった[8]。中條百合子は，その後帰国して，菊栄とは対称的行動をとるようになるので，私はかなりの関心をもっている。本章ではあえて百合子を登場させる。

　本章では，山川菊栄の注目に値する作品，1828年の「婦人運動小史」，「ドグマから出た幽霊」，「フェミニズムの検討」を取り上げ，次に雑誌『労農』誌上の菊栄の論稿と附録婦人版をみていきたい。続いて1930年代に入り，中国への侵略戦争：15年戦争中の期間の菊栄の作品を取り上げ（ただし冒頭にお断りしたように，先行研究で言及のある菊栄の歴史や民俗学に関わるものを除く）菊栄が関わりをもたなくなった日本共産党に，新たに加わった女性たちの動向も把握して，本書の戦前の部を終えたい。

1．「婦人運動小史」，「ドグマから出た幽霊」，「フェミニズムの検討」（1928年）

　1928（昭和3）年には，菊栄には1-9月，高群逸枝との論争（『山川菊栄集』AB5：314）があり世間から注目されたが，鈴木も指摘している通り（同上：309）菊栄自身はこの論争に熱意を示したわけではない。当時，菊栄が1928年に書いた文献として注目すべきは，「無産婦人運動に就て立場を明らかにする」（『婦人運動』2月号，同上：18-28），「婦人運動小史[9]」を特集した『社会科学』4巻1号（250-274）に書いた「婦人運動小史[9]」（同上：36-74）と，『文藝戦線』1928年3月号の「無産階級の婦人運動」（同上：75-102），『労農』1928年3・5月号の「無産婦人運動の任務とその批判」（同上：103-133），『婦人公論』1928年2月号の「ドグマから出た幽

8）1928年9-10月，百合子と湯浅はバクー油田，ドン・バス炭鉱を見学し，1929年4月から11月末には，百合子はヨーロッパ旅行をし，フランスに滞在して『資本論』と仏語を勉強したという。

第 8 章　1928年以降15年戦争の間の山川菊栄　　309

霊[10]」,『女人藝術』1928年 7 月創刊号の「フェミニズムの検討[11]」など多数
あるが，それらのなかから，私が重要と考える 3 点を取り上げる。

(1)　婦人運動小史（『山川菊栄集』AB 5：36-74）

　菊栄は，1919（大正 8 ）年の『婦人の勝利』では，女性の世界史的変遷を
概略しており，その他でも，歴史的な叙述は多く含まれている。1928年のこ
の論文は，鈴木裕子によって「日本婦人運動史についての比較的よくまとま
った，早い著作」「婦人運動史については，著者はその後も度々論述してい
るが，本稿はそれらのうちの代表作」（鈴木1982『山川菊栄集』A5：315-
316）と評価されている[12]。この論文は，年 4 回発行の改造社の『社会科学』
の，1928年 2 月（第 4 巻第 1 号）に発表された。堺利彦，安部磯雄，石川三
四郎，荒畑寒村，吉野作造，山本健蔵，青野季吉，浅野晃，山川均，赤松克
麿（2 本）ら錚々たるメンバー35名が名を連ねる執筆陣のなかで，女性執筆
者は菊栄 1 人である。

　「婦人運動小史」の構成は，1．明治初年より「青鞜」時代まで，2．小
ブルジョア婦人運動，職業婦人運動，3．労働組合における婦人，4．農民
組合，消費組合における婦人，5．社会主義運動における婦人，の 5 章であ
る。要約を記す。

　1．明治初年より「青鞜」時代まで：「旧き封建的遺制を一掃して，社会
を新しい資本主義的基礎の上に再組織する重大な事業に，婦人の力を利用す

---

9 ）鈴木は，『山川菊栄集』B の解題で「この間の婦人運動の推移を，『青鞜』前後よりさ
　かのぼって，実際の見聞をもまじえ，リアルにより客観的に論述した」（『山川菊栄集』
　B5：309）ものと評している。
10）この論考は，収録された『山川菊栄集』AB 第 5 巻の題が「ドグマから出た幽霊」
　となっていることでもあり，高群との論争の流れではなく，私自身の問題意識から取り
　上げる。
11）この論考も，高群との論争の流れに位置づけられているが，本書では，私の関心に沿
　って取り上げる。
12）ただし，「歴史」というからには，年や事実を正確に書くべきであるのに，鈴木が
　『山川菊栄集』B の解説でこまごま修正しているように，記述が杜撰であることは否め
　ない。論稿の多産で，細かな注意がまわりかねている感がある。以下引用は，なるべく
　そういう箇所を避けている。

ることが，どれほど緊切な意味を持っているかということを，当時の支配階級は早くすでに理解していた」（同上：36）といい，「当時なお一般社会を完全に支配した『女大学』流の教育方針に率先して挑戦し，旧い日本の伝統を破壊して，最初の『新しい女』——封建的家族制度の殻を破った，独立の社会的要素としての女性——を作り出したものは，政府それみずからであった」（同上：37）。しかし，「ブルジョアジーは，日清戦争の前後からとみに反動化して，いっさいの自由主義的要求に弾圧を加え，排他的愛国主義のために利用し得る限りの，あらゆる旧い制度，旧い道徳の維持と復興とに努めるようになった」（同上：37-38）。

この傾向は，教育のみならず，法制のうえにも表れ，「明治三十一（1898：伊藤）年に制定せられた民法では……戸主制度を認め，結婚と同時に婦人を法律上の無能力者たらしめ，よって婦人の権利を甚だしく制限している上に，明治三十二年以後は，治安警察法第五条によって，婦人が政治的結社および集会に参加する権利をも奪ってしまった。（中略）

日清，日露の両役を経て，資本主義経済が飛躍的な発展をとげ，婦人の低廉な労働力の需要が増大し，特にいわゆる知識階級婦人の職業範囲が拡張され，その社会的，経済的自由が加わるとともに，そういう新しい地位に適応しない，旧い法律や道徳の拘束に対して，激烈な闘争を喚び起す条件が成熟し」（同上：38-39）て青鞜社が出現するにいたる。

2．小ブルジョア婦人運動，職業婦人運動：（1911年に起こった：伊藤）青鞜の運動は，全国的にセンセーションを巻き起こしたが，それは，「貞操」という神聖な禁忌の問題に手をふれたためであった。「青鞜社一派の運動が，組織的な社会運動となるまでに発達しきらず，一見反動勢力の足下にふみにじられて終ったかの外観を与えたにもかかわらず，その思想は実質的な勝利を得ていた。人身的自由の要求は，小ブルジョア青年婦人の信条となり，徐々に一般の道徳的感情にも影響し，伝統的な家族制度の拘束力は弛緩し，婦人に対するその厳酷な制裁は，いつともなしに多少緩和せられるようになった」（同上：40-41）。世界大戦後小ブルジョア婦人運動は，客観的な解放の条件を完成するために，1920年「新婦人協会」を組織して，政治的・社会的権利を要求した。菊栄は，「新婦人協会は，明治末期に青鞜一派によって

播かれた種子の収穫であり、その順調な発達の結果であった」（同上：41）と評価する。「新婦人協会」は、1922年に、治安警察法第5条改正案を通過させ、「婦人が政治的集会の主権者となり、その傍聴者となる権利が獲得され、婦人の政治運動を促進する一つの刺戟」（同上）を与えられたが、同年解散した。1923年、大震災後救援問題を中心としてあらゆる色彩、性質の婦人団体の緩やかな連絡機関として「東京連合婦人会」が成立した。この団体は内部に、教育部、政治部、労働部、社会部を設け、やがて各部門が任意の活動を行った。労働部はやがて、労使協調会のもとに置かれるようになり、政治部は、新しく婦人の政治運動を統一合同へ導く機運を作り出して、1924年末に「婦人参政権の一事についてのみ目的を同じうする婦人の大同団結として、婦人参政権獲得期成同盟会が成立した」（同上：42）。

　1925年3月10日は婦人解放に関する法案が一括して議会に上程され、婦人問題は注目されたが、治安警察法第5条の改正（婦人の政治結社加入）は、衆議院だけ通過、婦人参政権は議会を通過したが建議案に過ぎずすべて未解決であった。しかし、婦人の地位の実質的変化は、徐々に古い専制主義の遺物を掃討し、種々の権利の制限を撤廃しつつある。「無産政党はいずれもその綱領の中に男女平等の参政権、その他婦人解放に関する条項をかかげ、これに対する熱心な努力を誓っている。かように婦人運動の唯一の味方が無産政党である関係上、在来、婦人運動を支持していた中の比較的急進的な要素が、次第に無産政党に接近し、あるいは進んでその中に包容されかけている形勢も見える。おそらく無産政党の運動の発達とともに、小ブルジョア婦人運動の内部に分解作用が進行し、その一部分は無産政党の内部に吸収されると同時に、他の部分、すなわち有力な女子教育家、高級職業婦人、宗教婦人等特権的地位にある人々は、いっそう保守的、反動的な色彩を濃厚にし、非階級的な婦人運動の旗幟のもとに、露骨に階級的な、ブルジョアジーの政権擁護の使命を果たすであろうと想われる」（同上：44）。

　その他に、職業婦人の経済的地位の改善を目的とする運動もある。しかし、職業婦人としての共通利害を代表する経済的な行動を起こす力をもたなかったとして、菊栄は「将来は、職業婦人も俸給者たる男子と同じく、労働組合運動の要素として組織する方向に進むべき」（同上：45）と考えていた。

3．労働組合における婦人：日本においては，繊維工業が主要な地位を占めるので，工場労働者総数に占める女子の比率が高く，1914年で，4割5分を占めている。しかし労働組合への組織率は低く，ほとんど未組織に等しい。日本の女工の8割2分までが，農村からの季節的出稼ぎの繊維女工であり，繊維女工75万人中50万人が個人的自由を奪われた寄宿女工であって，1〜数カ年の契約期間を終えれば農村に帰る。実は，組合結成の初期は，女子は加わっていた。1912年，友愛会成立当時，正会員は労働者に限るとしていたが，やがて男子労働者に限るとなり，13歳以上の女子労働者を準会員と位置づけた。1916年には，本部に婦人部を設け，機関誌『友愛婦人』を発行し，女子会員は同年1656名を数えたが，男子部との併合を希望する者が多く『友愛婦人』は廃刊され，友愛会の機関紙『産業及労働』の一部に婦人版を付属させ，4月の大会で，女子を正会員とすることを決めた。婦人部の活動は進んだ。1919年の総会で，友愛会は「大日本労働総同盟友愛会」と名称変更し，婦人部を代表して野村つちの，山内みなは理事となり，新たに婦人部常任委員として市川房枝が就任した。同年，第1回国際労働会議（ILO）の代表者選出問題を中心として，婦人労働者大会を開いた[13]（同上：48）。

1920年7月，総同盟婦人部の中堅をなしていた富士紡押上工場の争議が起こったが，官憲の弾圧で罷業は惨敗し，総同盟総本部の婦人部は消滅した。1924年総同盟関東同盟婦人部は，『労働』号外に国際婦人デーを期して「婦人版」を発行し，関西の婦人会員にも配布した。1925年4月の総同盟大会は「総本部に婦人部設置する件」を満場一致で可決したが，総同盟は分裂して，新たに「日本労働組合評議会」が創立され，「婦人版」も消滅した。「その後評議会内部の婦人指導者の間に婦人版復活の相談があり，大正十四年九月に至り，関東，関西の連絡をとるために全国婦人部協議会なるものが，中央委員会の指導のもとに作られ，はじめて婦人問題に関する組合の態度を決定するための全国的な集会が大阪で開かれた」（同上：52）。総同盟以来，組合婦人部の性質は明白に認められていなかったが，この協議会によって「婦人部テーゼ」が可決された。この協議会によって婦人部機関紙発行の件，総本部

13）この箇所の詳細は，すでに本書第4章で述べた。

に婦人部を設置するの件が可決され，1926年 1 月，ようやく総本部の機関紙
『労働新聞』の附録として「婦人版」が発行された。ところが，その1926年
の 4 月，全国大会には，中央委員会から婦人部廃止案が出されたのである。
久しい論争の結果，評議会内部の意見は，婦人部設置に傾き，1927年度の第
3 回大会においては，中央委員会の提出にかかる原案が異議なく通過した。

　しかし婦人部設置の理由には「前年度の大会において主張せられたものと
大いに異なった要素が含まれていた」（同上：54）。前章でみた「婦人同盟」
の問題が絡んでおり，「労働組合の婦人部は，組合それ自身の目的のためで
なしに，外部の婦人政治団体への従属的な関係において，存在の必要を認め
られたのである」（同上：55）。

　この文の次に「附記」がついている。そこで，菊栄は，評議会第 3 回大会
決議案が，婦人部について，「わが評議会の婦人部の必要と任務とは，婦人
同盟との関係の下に理解される」といい，「婦人同盟を支持協力し，その全
活動に婦人組合員を動員せしめるため」といっていることを批判し，その結
果，「婦人同盟」の問題に活動的な婦人組合員を動員し，全精力を傾倒させ
ることとなったので，組合の内部における婦人の活動は休止状態に陥り，
「婦人版」も発行されず，女子労働者の要求をくみ上げることもできない状
態になっていることを指摘している（同上：55-56）。

　菊栄は，労働組合における婦人の項目を，無産政党の分裂によって組合が
分裂し，組織率が低下し，婦人組合員も減少し，1925年10月現在，婦人組合
員数9196人，女子労働者数1000人について 6 人に過ぎないといい，「理論的
には婦人問題の重要性が強調されながら，実践においては，婦人労働者の実
質的利益を保護するに足る戦闘力をもたないのが，分裂に分裂を重ねてきた
わが組合運動の現状である」（同上：58）といっている。

　4．農民組合，消費組合における婦人：1922年，日本農民組合が創立され
たとき，その「主張」のなかに「農村婦人の向上」という一項が加えられ，
1924年度の大会で婦人部が設置された。各地で起こった争議において婦人は
男子とともに闘ったが，しかし，とくに組織的活動をしたことはなかった。
そのなかで1925年，藤田農場の争議で有名な岡山県藤田村一帯の婦人を中心
とした，岡山県農民組合連合会の婦人部がもっとも活動的であった。同年，

群馬県や新潟県の連合会にも婦人部ができた。菊栄は，「かくて農民組合における婦人部の重要がようやく認められ，その活動が一般的になる第一歩を踏み出しかけた時，ここでもまた政党問題を中心とする組合の分裂が起った結果，その発展は阻止されたのである」（同上：59）と締めくくる[14]。

　5．社会主義運動における婦人：20世紀初め，1903年頃からベーベル，カーペンター等，社会主義的婦人問題の文献が，堺利彦らによって紹介され，西川文子，堺為子らがはじめて社会主義運動に参加したのもその頃であった。1908年の赤旗事件には数名の婦人が逮捕されたがいずれも執行猶予で，その後大逆事件に続く反動期を経て，1917-18年頃から婦人の運動も開始された。1921年4月，社会主義同盟に参加していた40名ほどの婦人は，「赤瀾会」を組織し，5月日本の第2回メーデーに，治安維持法第5条違反を覚悟で参加し蹴散らされた。「赤瀾会」は，婦人講習会，婦人問題講演会，研究会を開催したが，抽象的な思想の宣伝にとどまり，大衆のなかに孤立した少数精鋭分子の集団にすぎなかった。1922年，国際婦人デーを記念して「八日会」が組織された。この会は「種蒔き社」の後援のもとに1923年3月8日には日本で最初の国際婦人デー演説会を行い，赤化防止会の妨害で解散させられたことを記している。菊栄は，本文のあとの「附記」において，自らが中心となった運動について総括的反省を行っている。

　1923年，大衆へ，工場へという合言葉が全運動を支配し，婦人もその例外でなく，思想団体と労働団体との接近に役立った。「共産党事件と大震災の打撃」[15]（同上：65）がすぎて，1924年政治研究会が創立され，旧八日会会員もまた，小ブルジョア的婦人運動者のなかの左翼を代表していた人たちとともに入会し，政治研究会婦人部を構成した。ここでは，「婦人版」を機関紙として，1924-1925の両年，婦人労働者のなかで地道な活動をした。しかし，「男子——特に極左的な指導者[16]」の間に受けが悪かった。そこで『婦人部不振』，『婦人部不活動』の声が上がり，それはやがて婦人部撲滅論にまで発展

---

14) その後の「附記」のなかに，「赤色労働組合インタナショナルは早くからその所属団体に婦人部設置を命じていたが，農民インタナショナルは，一九二六年度の大会においてはじめてこれを規定した」（同上：60）とある。

15) 1923年6月5日の共産党員検挙と10月1日の関東大震災。

した」（同上：66）としている。

　ここに前章でみた「婦人の特殊要求」について（1925.10）が出されることになる。文言は多少異なるが内容は同じである。

　その結果がどうであったかは第7章で，先取りして本論考から引用しておいたが本章の流れとして再度ここに書く。

　　神戸婦人部はこの提案を東京大阪の婦人部ならびに東京地方の有力な左翼指導者に送ったところ，指導者側からは「これらの項目はすべて非無産階級的，小ブルジョア的要求なるにより，遺憾ながら全部否決す，ただし公娼廃止は賛否半ばにて未決」との回答に接し，ついで婦人部からも同じ回答をうけねばならなかった。大阪側は賛否半ばしたが，意外なことには，東京でも，大阪でも，最も小ブル的色彩の濃い公娼廃止に対しては賛成者が多く，無産者にとって最も重要な男女同一賃銀率の要求が「非マルクス主義的，反階級的」として，一蹴されたことであった。そこでこれらの項目を綱領中に挿入するや否やはもはや問題でなく，これらの要求そのものが，反階級的なりや否や，（中略）の問題が，神戸婦人部と東京，および大阪の指導者との間に激烈な論争をまきおこした。神戸側は約二週間の間，これら全婦人の利益を代表する要求が，無産階級自身の要求でなければならず，無産階級がこれらのために闘うことは，やがて全婦人を反封建的，反ブルジョア的政治闘争の過程における支持者たり，僚友たらしめるものであること，かつそれがいかに全無産婦人の進出を容易にするかを諒解させるために悪戦苦闘した。やがて男子指導者——極左的幹部——が方針を一変してこれらの条項を全部承認したにつれて，東京，大阪の，婦人部もまたこの提案の支持者となった。

　　しかしこの案が通過したとしないとを問わず，この論戦を機として，左翼の陣営内ではじめて婦人の問題が多少真面目な注意をひき始めたことは，孤立無援の地位に立ち，ことに有力な婦人指導者の中にほとんど味方を発見しえなかった提案者側にとって，せめてもの慰めでなければならなかった（同上：67-68）。

---

16)「極左的な指導者」という用語に注意。

その頃から，婦人の政治団体としての「婦人同盟」組織案が出てくる。菊栄は，「当時全く孤立的状態にあった左翼団体の婦人だけを動員して婦人団体を作ることは，最も容易であったが，それは直接左翼団体を支持する以上のものではありえない。ゆえに真に全国的，大衆的な婦人運動の発達をはかるならば，いま少し隠忍して，能うかぎりの方法で右翼および中間派の婦人をも参加させる努力が必要であり，かつ左翼婦人の動員により，ようやく芽を出しかけた組合内部の活動を犠牲にする危険に対して無関心に陥ることは，真実に階級的な運動の進行を阻むものと私には思われた。大正十四（1925：伊藤）年九月，大阪，東京，神戸の左翼婦人の間に協議会が開かれたが，婦人同盟案は保留となり，婦人協議会案も未完成のままに終った。

　越えて大正十五年四月，組合評議会の婦人部廃案から，再び婦人運動の組織方法が問題となり，つづいて婦人同盟案と婦人協議会案とが討論の中心になるに至った」（同上：69）としている。

　これらが，福本主義の影響で，理論闘争のための組織として，左翼的婦人同盟を作ることが大多数で承認された。こうして結局，左翼婦人を集めた労働農民党直属の「関東婦人同盟」，日労党の「全国婦人同盟」，社会民衆党の「労働婦人連盟」と，事実上各党の婦人部の性質をもつ「婦人同盟」（「連盟」）が並立した。無産階級の立場からの全国無産団体婦人協議会の必要性は減じていないにもかかわらず，現実はそうはなっていない，というのが菊栄の婦人運動史の概略である。

　西村汎子は，歴史科学協議会編　編集・解説西村汎子（1998）『歴史科学大系　第16巻　女性史』の解説において，菊栄のこの論考を「女性の独自要求が運動を共にする男性指導者にも理解されない段階の，初期の組合運動及び政党の女性たちの苦闘の体験がいきいきと綴られていると共に，機械的，注入的な運動の誤り，政党と大衆団体における活動の区別と，党派を超えた大同団結の必要など，運動の歴史にこの時点として，今日の運動にもかかわる極めて鋭い反省を加えている。なお二四年の段階で，女性問題の行動綱領の中に民族差別の撤廃を共同の目標に掲げたことは注目される」（同書　1998：302-303）と解説している。まったくその通りで異論はないが，私はさらにこの背景に，コミンテルンの女性政策の変化（クラーラ・ツェトキーンの当

初の方針はコミンテルンでは影を薄めていた）や，婦人政策にも混乱をもたらした福本イズムと，コミンテルンから批判された非合法日本共産党の存在があることを，当時菊栄が自らどう理解していたかという問題も加わるのではないかと考えてしまう。

ただし，菊栄の本心は，『労農』1928年3・5月号の「無産婦人運動の任務とその批判」に吐露されており，この論考はそれとあわせて読んだほうが理解が深まると思われる。後述する。

(2)　ドグマから出た幽霊──高群逸枝氏新発見の「マルクス主義社会」について（『山川菊栄集』AB 5：141-162）

私がこの論考を取り上げるのは，高群逸枝との論争の流れにおいてではない。この論考は，確かに，高群がマルクス主義を理解せず，「マルクス主義社会」とか「マルクス主義経済組織」という造語を使っていることに対し，「真実のマルクスの学説」とはそういうものではないという，菊栄が，マルクス主義学説を正面から取り上げて説明しようとする論考であるという意味においてである。高群に対する批判の言葉は，1916年頃の，伊藤野枝や平塚らいてう，与謝野晶子に対するときを彷彿させるかのように，辛辣で，毒舌的で，上から目線である。この論争は，1928（昭和3）年のことであるので，その頃から12年がたっている。

私が興味をもつのは，なによりも菊栄が「マルクス主義の学説」を自ら紹介しようとしていることである。菊栄は「マルクス主義女性解放論者」といわれながら，この時点まで「マルクス主義学説」を自ら論じたことがないままにきていたと思う。この論考は，その意味では菊栄のマルクス主義理解を知るうえで貴重である。この論考で依拠している原典は何かということに私は関心があるが，引用されているのは，オリジナルなマルクスの文献ではなく，ブハーリン監修『政治教育講話』である。これは，1927年4月30日に白揚社から出された，ブハーリン監修，ベルドロニロフ，スウェトロフ共著，山川均翻訳のB6判433ページの本である。そのなかで，エンゲルス『科学的社会主義』（正確には，『空想から科学へ』のことであろう），レーニン『国家論』（正確には『国家と革命』のことであろう）に言及している。菊栄が，

主にブハーリン（1888-1938）に依拠しているということは山川均が当時翻訳したものによって，高群逸枝に反論していたということのように思われる。

この論考は4つの部分からなる。

1．マルクスの学説に「マルクス主義社会」「マルクス主義経済組織」という，「社会」や「組織」はない。これは高群の自作のものである。以下，高群の論議をあえて引用しないで菊栄の主張のみを引用する。

2．高群は，「まじめな労働」という語を使うが，それは直接生産に関係した労働のみを指しており，社会的に必要にして有用ないっさいの労働のことをいっていない。労働には生産労働と知的労働とがあるのであり，後者も労働力を売って生活する。「頭脳労働はすべて生産に無関係な寄生者であり，利潤によって生活する有閑階級に属するものだときめてしまうことは根本的な誤り」（『山川菊栄集』AB 5：146）である。

　今日の労働者には，頭脳労働者と筋肉労働者の両者があるが「未来社会」にはそのような区別はなくなる。ここで，菊栄は，ブハーリンの未来社会の展望を2ページにわたって引用する。

3．高群は，「マルクス主義社会」では，分業の原則―頭脳労働と筋肉労働の対立―が続くと考えているようだが，マルクスの学説ではその反対である。「人おのおの能力に応じて寄与し，必要に従って分配を受ける」社会が理想で，「マルクスも，人類の社会が，物質的にも，知的にも，最高度の発達をとげた時代には，そういう状態が可能になると考え」た（同上：151-152）。「マルクスは社会進化の過程を，唯物弁証法的に説明しました。彼は社会の進化が決して偶然の力や，個人の空想によって支配されるものでなく，常に一定の法則によって支配されるものであること，その法則とは生産方法の進歩変遷，すなわち経済の力にほかならないものであることを明らかに」した（同上：152）として，エンゲルス『科学的社会主義』の一説をブハーリンによって引用する。

　菊栄はこの節を「資本主義の社会では，生産が大規模の共同の組織のもとに行われるに反して，生産機関および生産物の領有と交換の形態は，あくまで個人主義的であり，無秩序，無組織であります。この矛盾のために最も多く苦しまねばならぬ労働階級は，貧農を同盟者として，必然

に立ってかかる社会組織に反抗し，生産機関の公有，および私人の利益でなく，全民衆の利益のための生産と交換との新しい組織を建設しようとします。これが近代の社会主義運動の意義であります」（同上：154）と結んでいる。

4. どうしたら，そのような社会が来るか。無政府主義者は，資本主義を打倒すればすぐ来るように考えているが，マルクス主義者は，そうは考えない。長期にわたる過渡期があるのであって，ロシアの現在がそれである。政治的にはプロレタリア独裁の時代である。反マルクス主義者はこの時代を理想社会と独り決めして憤慨している。この時代の特徴を，菊栄は，レーニンの『国家論』をブハーリンを介して3ページ半にわたって引用している（同上：156-160）。

菊栄は「かようにマルクスもレーニンも，人間には個性や能力の差異あることを認め，物質的に，したがって精神的にも社会がより高度の発展段階に達するに従って，外部からの規律や強制力が不必要となり，それらの異なる個性に応じた異なる要求が十二分に満足せしめられるであろうことを期待していました。すなわち，人々が，何らの制限も制裁もうけずに，好む仕事を好むだけして，ほしい物をほしいだけ消費できる状態が，いわゆるコミュニズムの社会なのです」（同上：160）として，「もっともアナルコ・サンジカリズムを唱え，『政治否定』を叫ぶ口で，既成政党にすがるブルジョア女権論者にくみして，ブルジョア議会に参政権を要求することにさえも矛盾を感じないほどの高群氏としてはよく似合ったことかも知れませんが」（同上：161）と高群を批判する。

この菊栄の論考は，自らの，マルクス主義理論を正面から論じたものとして（直接マルクスの文献からの引用ではなく，他からの引用によるものが多いとはいえ）私は注目する[17]。労農派マルクス主義グループの一員として，初めて菊栄はマルクス主義を論じて高群を批判したのである。また，最後に

---

17) 私は，菊栄が後年（60年後）「やたらとマルクス主義と結びつけて考えないでほしい」「マルクスも男ですから」「細かい最近のことまではマルクスも考えていなかったのではないでしょうか」といった（「歴史評論」編集部編 1979：47-48）ことを想起し，関連づけながら，この菊栄の論考を検証している。

引用した箇所は，次の論考につながるものでもある。

(3)　フェミニズムの検討（『山川菊栄集』AB 5：167-174）

　1928（昭和 3）年 7 月，長谷川時雨主宰の『女人藝術』が創刊された。冒頭，口絵は「モスクワにおける中條百合子氏の近影」，巻頭評論が，山川菊栄の「フェミニズムの検討」であった。1930年代，重なり合うことはなく，思想的に異なる環境に身を置く山川菊栄と中條百合子の 2 人の才媛が，1928年の『女人藝術』創刊号を飾ったのである。『女人藝術』は，1928年（第 1巻）7 月から1932年（第 5 巻）6 月（第 6 号）まで，満 4 年間月刊で出されたが，菊栄は，1928年から1930年まで 7 本，中條百合子は1931年に 7 本，1932年に 3 本執筆している。

　本書の趣旨に従い，ここでは，山川菊栄のみを取り上げる。菊栄が『女人藝術』に書いた 7 本とは，①「フェミニズムの検討」（『女人藝術』（Vol. 1，No. 1，1928.7：2-7)，②「婦人の言論機関とその特殊的使命」（同 Vol. 1，No. 5，1928.11：48-54)，③「断層」（同 Vol. 1，No. 3，1928.10：28-29)，④「米国と英国のこと」（同 Vol. 2，No. 1，1929.1：68-69)，⑤「ロシアにおける労働婦人の近況」（同 Vol. 2，No. 9，1929.9：54-56）であり，その他，テレサ・ウォルフソン，山川菊栄・佐東まき子訳「婦人労働者と労働組合」（Vol. 3，No. 1，1930.1および Vol. 3，No. 2，1930.2：41-50）である。

　さて，「フェミニズムの検討」であるが，フェミニズムという語は，彼女が1922（大正11）年に日本の婦人運動を書いた英文のなかで，英語として「フェミニスト思想の萌芽」等とすでに何度も用いている。津田塾出身の彼女にはとくにめずらしくない日常的英単語であっただろう。しかし，それを定義するとなると，単なるカタカナ言葉の翻訳ではなく，深い内容を包含したものでなければならない。

　「フェミニズムの検討」は，1．いわゆる「女性文化」の意義，2．国際平和とフェミニスト，という 2 つの部分からなる。

　私は，勤務していた大学の「女性文化研究所」に籍を置いていた関係から，この短い論稿に早くから着目していた。「女性文化」と「フェミニズム」についての，他に例をみないすぐれた歴史的論考と考えたからである。私は次

のように読み取っていた。

　1．「女性文化」について：2002年の拙稿（伊藤セツ 2002：8-10）でも取り上げているので一部重複するが，昭和期の初め，菊栄は，当時のさまざまな流派の女性運動指導者のなかでも，とくに「女性文化」という用語を意識していた惟一ともいうべき人物である。菊栄は，この論考で，大正期には主に男性によって使われていた「女性文化」概念を論評した。菊栄の主張は，抜粋・要約すれば次のとおりである。

　文化は，人類社会の歴史的発展の結果であり，男性によって作られた男性文化，女性によって作られた女性文化という区別は考えられない。ある文化は，ある時代，ある社会を代表する性質をもっているものであって，一方の性を代表する，一方の性のみによって導かれた性別的な文化というものはあり得ない。しかし，今日まで，いわゆる階級社会の文化は，男子中心の文化ともいい得るが，支配的権力を握っていた者は全男子ではなくて，一部の男子にすぎない限りでは，男性中心の文化というよりも，支配階級的文化というほうが妥当である。婦人は他の被圧迫者とともに，自主的・積極的に文化の創造や享楽に参与されることを許されなかったのだ。

　　「女性文化」とは，こういう経済的地位の変化に応じて発達した婦人の自発的活動の要求を意味し，婦人が自主独立の立場に立って，婦人自身による，婦人自身のための文化の建設を意味するものと解せられる。

　　婦人が附随的，依属的でなしに，男子と対等の独立の立場に立って，自主的に文化の建設に努めようということの要求はもちろん正しい。これは，婦人が人間として，社会の一員として当然もたねばならぬ要求であり，その義務でもあれば，同時にその権利でもある（『山川菊栄集』AB 5：168-169）。

　しかし，現在，国内的に無産階級の弾圧と搾取によって力を加えている資本主義は，国際的には弱小民族を圧迫搾取して帝国主義戦争の危機をはらませている。全人類の平和な発達と創造的な文化は蹂躙破壊されている。菊栄はいう。

　　全人類による，全人類のための文化を不可能にする政治的経済的条件との徹底的な闘争をよそにして「女性文化」を提唱することは，事実に

おいて，資本主義文化―（中略）への女性の協力を意味するほかの何ものでもありえない（同上：170）。（中略）それは，浅薄皮相なフェミニズムの一表現でしかありえない（同上：171）。

ここで「女性文化」と「フェミニスト」が菊栄のうちでつながるのである。

2．国際平和とフェミニスト：菊栄のフェミニストの定義をみよう。菊栄は「女性が公生活から削除せられてきた反動として，資本主義経済の内部において，女性がいっさい公的権利を回復し，公的活動に参与することによって，人類の政治が，その道徳が，その生活がすべて根本から建て直されるだろうという幻影を抱くもの，これがフェミニスト[18]である」（同上）といっている。なお，ここでは菊栄は「婦人」という言葉を使わず「女性」を使う。菊栄はかなり早くから「女性」を用いる文筆家であった。

また次のようにもいう。

現在の社会を動かしているものは，表面，権利を代表している男子であっても，事実においては，その男子の意思を動かすところの社会的条件こそ，基礎的，根本的な力である。だから婦人―そして同時に全人類―の解放を目がけるものは，闘争の対象を男性に求めるのではなく，その意思を支配している社会的条件に対して向けねばならぬ。その社会的条件が変らないかぎりは，女子が男子の地位に立って政治を，経済を運用したところで，同じ社会的条件の支配するところにより，同じ結果を生み出すにすぎない。現に婦人参政権その他いわゆる婦人解放の諸条件が満たされた国々で，婦人の大臣，官吏，議員，教授が輩出しつつある国々で，人口の九割を占める無産者の生活がますます窮乏化し，奴隷化しつつある（同上：171-172）。

さらに，戦争と平和を論じる菊栄のするどさは他に比類がない。パンカースト以下のフェミニストが第1次世界大戦に何をしたかと問い，「全人類の

18）しかし，1922年に日本の婦人運動を書いた菊栄の英文のなかで，英語として「フェミニスト思想の萌芽」と用いる場合はニュアンスは違っていたように思う。また後年，菊栄が「社会主義フェミニスト」と呼ばれているが，菊栄の「フェミニズムの検討」でのフェミニストの定義がまっさきに私の頭をよぎった。その場合は「フェミニスト」を再定義する必要があるだろう。

文明を破壊するために，資本の走狗となったものは，かの『女性文化』論者，かのフェミニストそのものではなかったか。『戦争中止』『即時講和』『非併合，非賠償の平和』，そして『戦争に対する戦争』の叫びをあげたものはフェミニストではなくて，国際無産階級ではなかったか。戦争を終結せしめたものは，血迷ったフェミニストではなくて，自国の帝国主義政府を葬り去った露独無産階級の力ではなかったか」（同上：173，下線：伊藤）と断言するのである。それだけにとどまらず，菊栄は，次の世界戦争の危機が極東の空に切迫していることを予告して，「この時にあたって『女性文化』論者たるフェミニストは，戦争を防止するためにどういう努力を払っているか。婦人の地位向上を主張する団体のうち，無産階級と共に世界戦争の危機へ導く出兵問題に対して抗議したものが一つでもあるだろうか」（同上：173-174）と問うのである。

　1928年から1世紀近くが過ぎて，フェミニストの定義も，とくに歴史的理論的変遷を厳密に検討した結果ではなく，情勢や世論を反映して変化するように思われる[19]が，この当時の菊栄の「フェミニズムの検討」における定義と指摘は，歴史的事実の反映としての重みをもつ。ただし，今日では，菊栄そのものが「社会主義フェミニズム」の創始者とも呼ばれている。私はそれに違和感をもつが，いずれにせよ，本節で取り上げてきた1928年の菊栄の論考の冴えには，驚嘆を禁じ得ない。

---

19) 2018年1月刊行の岩波書店の『広辞苑』第7版における「フェミニズム」「フェミニスト」の説明文変更はその例と思われる。

2．雑誌『労農』と山川菊栄
―――『労農』掲載論考と，附録婦人版[20]の編集発行

(1)　「無産婦人運動の任務とその批判」（1928年）

（『山川菊栄集』AB 5：103-133）

　菊栄は，『労農』に2編しか投稿していない。その最初が，『労農』1928（昭和3）年3-5月号に掲載された「無産婦人運動の任務とその批判」である[21]。

　構成は，1．赤瀾会と八日会，2．小ブルジョア婦人運動との関係，3．「婦人同盟」の問題，4．組合婦人部の問題，5．単一婦人同盟の決裂と其後，6．左翼婦人の任務，となっている。時期的に「婦人運動小史」とほぼ同じであるが，筆致はまったく異なる。菊栄研究を進めるうえで，意味ある論考といえる。

　1．赤瀾会と八日会：このパートは，「今ここに無産婦人運動の現状を批判し，その根本方針について論ずるに当って，一応われわれ[22]の過去の運動の批判に立返る必要がある」（『山川菊栄集』AB 5：103）と書き出す。内容はだいたい以下のとおりである。

　1919年の労働運動の台頭期，労働争議には必ず婦人労働者の参加がみられた。当時の労働組合は友愛会で，菊栄自身も協力を求められた。しかし，労働組合側の要望に応える「一人の婦人の同志もなかった」のでこの有利な形勢を看過した。その後「少数の社会主義的傾向ある婦人のグループ」ができかかっていた。「私たち一家」が1919年暮れから約半年中国地方に過ごし1920年に帰京して，これらの人たちと運動方針について協議した。当時，一方で社会主義および労働運動の急激な発展があり，他方で，「新婦人協会」が「代表的な小ブルジョア婦人運動[23]」として活動をはじめた。「私達は」

---

20)　初号は「労農附録」とだけ書かれている。

21)　他の一つは，『労農』1929年2月号の「無産政党と婦人の組織」である。

22)　「われわれ」とは，自分も含め『労農』同人を指していると思われる。

23)　ここでは，菊栄はブルジョア婦人運動から小ブルジョア婦人運動をきちんと区分していることに注意しておきたい。

第 8 章　1928 年以降 15 年戦争の間の山川菊栄　325

小ブルジョア婦人運動に鋭く対立し，明白に階級的な立場に立って運動するという方針を確立し，いかなる場合にも他の婦人団体とは協同しなかった」が，「労働組合に入って，婦人労働者の大衆との間に緊密な接触」を求めており，山内みならと会った。

　1921 年春，堺真柄らと「小さな研究会の計画」が進められ，「この会」が，成立直後に「メーデーの示威行列に参加したのは，アナキストの青年たちの切なる勧誘の結果」「と聞いている[24]」。この会が「赤瀾会」で，菊栄も積極的に檄文を書いたが，自身がメーデーに参加しなかったくだりは，すでに述べたとおりである。菊栄は，「メーデーに力一杯，否力以上の奮闘をした赤瀾会は，そういうものとして取り扱われ，労働婦人とも接触の道は絶たれ，ブルジョア知識分子を組織し教育するにも，必ずしも適当でなく，結局社会主義者の家族だけの，いわば御常連の集団となって全然発展の能力を失ってしまった」（同上：105）としている。その反省から 1922 年「国際婦人デー」を記念して「八日会」が組織された。「この会は赤瀾会の運動に対する一種の自己清算を意味し，会員の教育を重んじ，表面に現れた活動は一切避けて，官憲にもブルジョア新聞にも，団体としての存在を知らないで済んだほど，地味な方針をとった」（同上）。

　翌 1923 年 3 月，「八日会は国際婦人デーの記念演説会を開いたが，その時も，赤瀾会以来の代表的な婦人闘士は裏面の働きに力を注ぎ，主として新しい要素を表面に出して，御定連以外の広い範囲の婦人大衆に訴えることに努力した」（同上）。こうして労働者への接近に努力したが，1919-20 年の頃とは状況が違って方針通りにはいかなかった。「あたかも勃発した共産党事件[25]と，大震災とは，一時全然われわれから活動の自由を奪い，連絡統一をも奪ってしまった」（同上：106）と菊栄は書いている。1923 年 11 月，結局

24）「聞いている」というのは菊栄がよく使う表現であることが，私はいつもどういう意味か気になる。「自分が当事者でない，そこにはいなかった」という意味をはっきりさせたいという意図であろう。自分は責任をとる主体ではないということを念を押しているという感がある。

25）第 1 次共産党事件の前に 1922 年 7 月，日本共産党の創立があるが，非合法下であるので，そのことに菊栄はふれていないのは当然である。

「八日会」会員の数名は震災救援事業を目的とした「小ブルジョア婦人運動者の団体東京連合婦人会」に参加した。菊栄は、「小ブルジョア婦人運動といかなる場合にも絶対的に敵対してきた関係上、いったんその過失が認められて、ある程度まで彼等と協同戦線を張る必要は認められても、特別の機会がえられない限りは、この新しい方針を実行に移すことは困難であった。前年度の飢饉救済運動はこのわれわれの硬化した孤立状態を多少緩和することに幾分役立った」（同上，下線：伊藤）。「東京連合婦人会の成立は、かかるわれわれの要求に対して、自然な、有利な機会を提供したものであった（下線：伊藤）。私はその会の成立当時、一、二度会合に出席した後ただちに関西に移転しそのまま関係が絶えたので、その後の発展については知らなかったが、最初これに関係した他の同志も深入りしないままで関係が絶えたように聞いている[26]」（同上：106）。

　2．小ブルジョア婦人運動との関係：この節以降は、菊栄の福本批判とも受け止められるが時期的にみて必ずしもそうではない。「極左派」「極左」という語が突如頻繁に出てくるが、これは、福本主義の福本本人だったり、その同調者を指すと思われる。「極左の某氏」は「東京連合婦人会」のなかの「公娼廃止期成同盟」と「婦選獲得同盟」との綱領を引用してこれに参加した人々を「大衆の中への溺死」と呼んだという。小ブルジョア団体は、社会主義的でも、反社会主義的でもなく、「ただある程度まで進歩的なものにすぎない」（同上：108）のだから、「小ブルジョア団体の利用」は価値あるものである。ここで興味深いのは、菊栄は、コミンテルンの文献から、婦人が男子より保守的であることを示す例をあげて、現在こうした婦人に「無産党およびその婦人同盟がいっそう積極的に働きかけること」の重要性を説明する。にもかかわらず「極左主義者」は、大衆からの完全な「分離」を説き続

26）ここにも「聞いている」が現れる。このあたりの事情を鈴木（2006：78）は、「一九二三年九月二八日、関東大震災の救援活動のなかで、超党派の東京連合婦人会が誕生し、山川菊栄もこれに参加しました。この東京連合婦人会の創立を機に、それまで市民的女性運動と社会主義女性運動とに分かれ、対立しあっていた二つの流れの運動家たちが歩み寄り、公娼廃止、女性参政権獲得などの問題で共同歩調をとるようになりました。（中略）それは数年前の（中略）市民的・ブルジョア的女性運動を全面的に否定したころからくらべると大きな転換といえました」と書いている。

けている。菊栄は，続いてコミンテルンの第5回大会決議（1924年）をあげて，「恰かもそれに答えんとするかの如くに」，コミンテルンは（中略）「二，共産主義婦人運動は，純然たる『婦人運動』から徐々に分離しなければならぬ。（後略）」（同上：111）といっている。1924年は福本和夫は留学から帰ってまだ山口高商教授の地位にあった。この項目にはいくつかの矛盾する叙述もみられる。

　3．「婦人同盟」の問題：震災後，菊栄らは小ブルジョア婦人運動との間にわずかな接触をもったが，1924年から1925年にかけては，婦人の活動は休止状態にあった。1925年の春から夏にかけては，婦人が「政治研究会」に参加したが，25年秋の政治研究会の全盛期，男子会員約6000人に対し婦人会員は60人ほどにすぎず，それも東京，大阪，神戸に散らばり，労働者・農民の参加はなく，会員のなかでも活動している者は1～2割にすぎない。そのようなときに無産政党の綱領は婦人に関しては杜撰で，1925年以来，婦人政党ともいうべき「婦人同盟」の提案がなされている。「マルクスの名において，レーニンの名において，かかる初歩的な権利の要求が，無産階級の立場から原則的に否定されねばならないとは……」（同上：113）と菊栄はその誤りを指摘する。注目すべきは，菊栄がコミンテルンの「婦人代表者会議」についてやや詳しく述べていることである。要するに「婦人代表者会議」は，前衛党と工場細胞組織と大衆団体と未組織労働者の関係で成り立つコミンテルンの議論を，そのような前提ぬきに，条件のない日本に適用するのは疑問であるということである。（この議論は「婦人代表者会議」に対するクラーラ・ツェトキーンの見解と類似している）。さらに，組合婦人部を廃止して，婦人同盟をつくるというのは，二重に間違いであって，こうした無方針を批判せずにはいられないというのが菊栄であろう。

　4．組合婦人部の問題：この点もすでに本書でふれた点であるが，この論考では，1925年以降の福本イズムと明確に関連づけられて叙述されているのが特徴である。その結果「結局，婦人同盟のために，組合婦人部の全滅を来たすような結果を見た」（同上：121）と結論づけられる。

　5．単一婦人同盟の決裂とその後：菊栄によれば，1926年，左翼婦人の陣営はますます凋落し，政治研究会は，極左主義者のみの大衆教育同盟となっ

て自然消滅。組合評議会は大争議の惨敗によって，事実上有名無実に帰し，「婦人同盟」は，この行き詰まった運動の打開策として主張された観がないでもなかった。その後の菊栄の福本イズム批判は，伊藤野枝，平塚らいてう，与謝野晶子，高群逸枝に投げかけられた文言よりも激しいもので，すでにふれてきた「婦人同盟」に対するどの論考よりもするどく，福本イズムとそれに追従する婦人たちを批判する。ここでまた，コミンテルンの方針が登場する。「一般的な原則としては，日本においても男女を包容する無産者団体に婦人を組織する方針を採用すべきであって，将来においても，特殊の必要なき限り，独立の婦人団体を避けなければならぬことはいうまでもない」（同上：126）といいきっている。批判の矛先は，鋭く「労農党」の指導に向けられる。

　6．左翼婦人の任務：菊栄は，無産階級の各種婦人同盟・連盟が未熟であったとしても「われわれとして戒めねばならぬことは欺瞞をもってその誤りを蔽い，罪を他人に帰し，よってその誤りを将来にまで持ち越して，運動の健全な発展を阻害することである」（同上：130）とし，福本イズム批判とそれへの無批判な追随をあくまで批判してやまない。

　では，本人が本拠地とした『労農』同人たる菊栄の実践はどうであったかをみよう。

(2)　雑誌『労農』附録婦人版

　先述の通り，『労農』附録婦人版は，1927（昭和 2）年12月 6 日「戦闘的マルキスト理論雑誌」と銘打って日本共産党指導部に批判的な山川均，堺利彦，猪俣津南雄，荒畑寒村，足立克明ら，それに『大衆』同人の鈴木茂三郎，黒田寿男，大森義太郎らが結集して創刊した雑誌『労農』の附録である。前述のとおり同じ年1928年 2 月に，日本共産党は『赤旗』を創刊している。『労農』の1928年 5 月号（2 巻 4 号）から11月号（2 巻10号）まで婦人向け附録が付けられている。『労農』そのものは，1932年 6 月に廃刊となっているので約 4 年間続くが，それに比べても婦人版の生命は短かった。

　内容・執筆者（執筆者は無署名か偽名）は，ほとんど菊栄が書いていたと堺真柄がいっている（近藤 1981：143）。外崎光広　岡部雅子編の『山川菊

栄の航跡「私の運動史」と著作目録』（ドメス出版　1979）に収録された「山
川菊栄著作目録」中の「労農附録婦人版」関連目録（同上：121-125）に収
録されているものは当然無署名・変名のものがすべてであるが，編者は「昭
和53（＝1978）年6月の菊栄談により菊栄の稿と断定」（同上：121）と注記
してすべてを収録している。

　しかし，報告記事・変名のものについては，山川振作は「大部分は別人の
筆か，せいぜいリライト」と書いている（山川振作　1979.7『婦人問題懇話
会報』No.30：38-41）。鈴木（『山川菊栄集』A5：319）は，実在ないし，
著者とは別人であるのがはっきりしているので菊栄執筆との推測から「削除
すべきものが多くあろうと思われる」との理由で，『山川菊栄集』Aの解説
では「その他の著作一覧」から省いていた。ところが，『山川菊栄集』B別
巻の「著作目録」には「無署名・変名の稿は，1978年6月の菊栄談により菊
栄の稿と断定」という外崎・岡部編の説を一部採用してか「労農附録婦人
版」の論考中，変名を除き無署名のものは菊栄筆と解釈して取り入れている
（同書後ろから16-17，ただし，最終号となった1928年11月号の附録に限り，
吉住鯉子という変名での文も収録されている）。

　私には，菊栄の執筆であるか否かを問わず，1928年の菊栄がもっとも力を
入れて編集・発行したという『労農』附録婦人版とはいかなるものであった
かが重要であるので，附録婦人版の実物にあたって，外崎・岡部編の「山川
菊栄著作目録」中の「労農附録婦人版」関連目録（同書：121-125）が同一
であることを確認し，次のような一覧表を作った。

表 8 − 1　『労農』附録婦人版（1928年）目次一覧

○5月号　『労農』附録（1）8ページ
無産婦人参政権問答（表：主なる婦人参政国の実施条件）
羨ましいロシヤ[27]
婦人参政権をめぐる日本婦人の運動（表：婦選実施の国々）
現在の婦人は？
婦人版について

○6月号『労農』附録婦人版（2）8ページ
また出兵!!!
太平洋会議か，太平楽会議か　無産婦人の抗議　＊
夜業禁止運動　＊
関東婦人同盟の解体について　＊
極左婦人の階級的良心　＊
ロシアの労働婦人（250万の婦人組合員，同一賃銀，7時間労働）　＊
工場から（山口いと）
婦人版がゝりより：（ここで福本イズムにふれている：伊藤）

○7月号『労農』附録婦人版（3）8ページ
火事どろ　＊
農婦よ団結せよ　＊
消費の合理化とは！？　＊
国際消費組合同盟と左右の対立闘争　＊
製糸女工の現状　＊
無産政党と婦人の組織／地方無産党には婦人部準備会を　＊
工場の塵
婦人版がゝりより

○8月号『労農』附録婦人版（4）8ページ
反動的婦選　＊
紡績女工の大勝利（元田初子）　＊
労働婦人の勝利　＊
死ぬか，殺すか（吉田とよ）　＊
労働婦人と家庭（平林たい子）　＊
工場から（山口いと）
婦人版がゝりより

○9月号『労農』附録婦人版（5）16ページ
無産大衆党の結成　＊
西陣婦人織工の実情（辻サスエ）
母性の破壊！　＊
小作人の娘の叫び（三田つね）
深夜業と坑内作業について（山田とみ）　＊
『沖電気』の姉妹へ（秋山鶴子）　＊
英国労働党の婦人大会
赤色婦人同盟の話（坂田まつの）
大衆へ！（伊藤はな子）　＊

看護婦から（小池ふさ）　＊
工場から（中村かね）
婦人版がゝりより

○10月号『労農』附録婦人版（6）8ページ
市会を何とみる　＊
消費組合運動の現状（石毛タキノ）　＊
支那に於ける婦人運動（吉住鯉子訳）　＊
紡績工場を見る（山口いと）　＊
ローザの逸話
工場から　施療の正体（村田まさ）
婦人版係りより

○11月号『労農』附録婦人版（7）8ページ
反動と闘へ！
『東は東，西は西』？（安藤よし子）　＊
無産婦人聯盟の目的と使命（数木あい子）　＊
十一月七日
『婦人版排撃』について　＊
婦選は？
街頭から　看護婦の話（吉住鯉子）

（＊はかなルビ付き）

　上表にみる婦人向け小冊子のなかで，本章の流れで私の注意を惹くのは，
第1に，1928年6月号『労農』附録婦人版（2号）である。そのなかに「関
東婦人同盟の解体について」というかなルビ付きの一文がある。前述論文で
指摘されたことを繰り返しているが，言葉はそれほどきつくはない。「関東
婦人同盟」の解体を見届けたうえでの，何か菊栄の勝利感のようなものを感
じさせる。「極左婦人の階級的良心」という，かなルビ付きの，皮肉めいた
コラムもあり，最後の「婦人版がゝりより」では，福本イズムを皮肉ってい
る。

27）無署名の短編であるが，「ロシヤ」と「他の国」とは「政治をする人の考え方」が全
　然ちが」い，「ロシヤの人等は，どうしたら一番沢山の人が幸福になれるかと工夫して
　いる」ことを書いて「羨ましい」という表現をしているのである。この段階では革命10
　年後のロシアを肯定的にみている。ついでながら，その前年1927年12月3日，中條百合
　子（28歳）は湯浅芳子と，その「羨ましいロシヤ」のど真ん中へ，釜山・ハルビン・シ
　ベリヤ経由でモスクワへと旅立ったのだった。したがって1930年11月帰国まで，日本に
　いない。百合子はソ連・ヨーロッパの現実を見，片山潜にも会い，帰国した翌年，宮本
　顕治と結婚して，菊栄夫妻がすでに去って久しい日本共産党に自ら入党することになる。

第2は，最後の号となる7号（1928年11月号）である。そのなかで「『婦人版排撃』について」という記事がある。「極左分裂主義者」からの攻撃としているが，かなり抽象的で一読しただけでは意味不明である。この号が最終号になるということは予告されていない。

　『労農』12月号の最終ページで，突如 婦人版—今度は休む という文言があるのみで，いかにも唐突な感じを与える。「今度は休む」とはどういう意味か。

　第1の問題について，すでに事実経過は幾度か書いてきているので，ここでは，第2の問題「極左婦人の階級的良心」および，「婦人版がゝりより」を取り上げることにする。

　「極左婦人の階級的良心」は次のようである。以下引用する。

　　　関東婦人同盟の主要な指導者某女史は『改造』3月号に婦人に結社権のない間は無産婦人大衆の政治的動員機関として『婦人同盟は絶対必要である』と書かれた。が其舌の根の乾かぬ中に，労農党の勧告で一も二もなく，絶対必要論から絶対無用論に超人的な飛躍発展をとげられた。左翼の婦人団体が婦人の封建的隷属の生きた見本を看板に出しておくとは皮肉である。

　　　関東婦人同盟の代表者，又はさう称する人々は其後も引つゞき，同じ資格で婦選共同委員会に参加してゐる。そして同盟は，解体声明書を発表したのみで，解体はしてゐないのだと主張してゐる。無産者団体が大衆の前にこんな曖昧な態度を採つてゝいゝものだらうか。ブルジヨア政治家ではなし，無産者団体の行動——特に左翼のそれは——飽まで公明正大，一点の疑問をも残してはならない。吾らの階級道徳は，実際の行動と声明書との間に，矛盾の介在することを許さない。彼等の道徳は？？（『労農』第2巻第5号附録　1928年6月：459，附録2号：5）。

　その同じ号の「婦人版がゝりより」は，次の通りである。

　　　『労農』支持の婦人有志の努力によつて生まれた最初の婦人版は，不馴れのために甚だ不出来でしたにもかゝはらず，各方面の大歓迎をうけ，係りの者は追注文に忙殺される有様，この企てがいかに無産婦人大衆要求に合つてゐたかを知り，一同勇気百倍しました。

▼福本イズムとやらの祟りで，近頃の無産階級の出版物のむづかしさ，分りたけりやドイツ語から習つてこいといふ権幕ではドイツ語どころか，日本語も満足に習はぬお互ひのような無産婦人には取りつく島がありません。この婦人版は御同様，ドイツ語も英語も知らぬ無産婦人同士，誰にでも分る言葉で遠慮なく話し合ひ，導き合ふ小さな教場でもあれば，クラブでもありたいと思ひます。以下略（同上：462，附録2号：8）。

1927年にコミンテルンからきつく批判され，再建日本共産党の幹部を降り，それでも党にとどまって，3.15検挙で，官憲の手に捕捉されている福本和夫の影響が，この時期にも大きかったことをうかがわせる文章である。しかし，1928年7月になっても，まだこのような状態であったことを意味するものであろうか。一度刷り込まれた思想・政策は文書で修正しても，大衆闘争の現場ではそう簡単には払拭されないということの一例として教訓を含めて読み取っておきたい。

続いて『労農』7月号附録の第3号には「無産政党と婦人の組織　地方無産党には婦人部準備会を」という小論が載る。これは，コミンテルンの女性政策を例にとり，世界の婦人団体の状況を調べ，日本の特殊性を考慮に入れて，これまでの菊栄の婦人同盟に対する論の若干の修正あるいは日本への新たな応用の可能性をうかがわせるものとも読み取れる。

上記第2の，最後の号となる7号（1928年11月号）に「『婦人版排撃』について」という記事がある。しかし，この意味が私には読み取れない。「極左分裂主義者」から，『労農』の附録であるという理由だけで，「排撃」が行われたということが書かれている。これまでの流れでいえば「極左」とは福本イズム批判であったはずだが，この時点でもまだ影響が続いているということがあったのであろうか。

この記事が出た号を最後に婦人版は消滅する。その理由は，鈴木裕子の解題（『山川菊栄集』A5：312）によれば，この頃，振作が発病（小児結核）したとされていた。三田の奥山伸医師のもとへ通院のため菊栄は振作と三田市国町に下宿し，そして菊栄は，運動の第一線より退いたとのことであった（このとき，菊栄38歳）。しかし，『山川菊栄集』AB は，収録本文は，第7巻まで同じであるが，解題部分は AB で異なる。この部分は当初 A5 による

解題であったが，鈴木裕子はこれまでの解題の誤記部分についてふれ，山川振作が「振作の病状悪化（小児結核）とあるのは，『労農』附録婦人版廃止の時期とは，時期的にずれており，また小児結核というのも間違いで，自分の病気が婦人版廃止につながったとは思わない」としているのでそのように訂正したいと書いている。『山川菊栄集』B5：307の解題では，「同年，著者が力を注いだのは，『労農』附録婦人版の編集・発行であった。この婦人版は七号まで発行するものの，終刊のやむなきに至る（詳細は後述）」とあり，詳述部分は，同 B5：321に複雑な事情が書かれているが私は立ち入らない。

1928年10月，均との共著『無産者運動と婦人の問題』（白揚社）を刊行し，12月無産者パンフレット『無産階級の婦人運動』（無産社）を出した。

後者は，1．無産者はなぜ婦人の隷属と戦ふか，2．無産婦人を欺瞞するブルジョア婦人運動，3．無産婦人の組織形態，4．主力を工場及び組合婦人の組織へ，という構成である。英国の婦人運動に多くを学んでいるが，最後の章はコミンテルン（多分1926年時点まで）の組織方針を紹介し，この方法を菊栄の理解にひきつけて解釈し肯定している。その流れで，「極左分裂主義者」批判が挿入されている。

3．この時代の菊栄にみる評論，時評の評価

(1)　1920年代の終わりから1930年代へ

すでに本章冒頭でふれたが，1928（昭和3）年3月15日，共産党一斉検挙（「3.15事件」）があり，1925年制定の「治安維持法」で1600人が検挙され，828名起訴された[28]。福本和夫も検挙され，1942年まで14年獄中にあった[29]。翌1929年4月16日にも共産党一斉検挙（「4.16事件」）があって，約300人が検挙され，逮捕者は数千人にのぼった[30]。正確な人数は諸説あり把握が難し

---

28) ちなみに，1923年6月5日の「治安警察法」による最初の弾圧である「第1次共産党事件」のときは，逮捕者は，堺，高瀬，川内，野坂，（東京には不在だった山川均も含まれる），徳田，橋浦幹部30名を含む80名であったが，女性は1人もいなかった。今回は少なからぬ女性がいた。

い。

　『労農』は，まさにこうした事件のさなかに出されていたことになる。弾圧の矛先は日本共産党に向けられていたから，菊栄に徹底的に批判された上記の「婦人同盟」関係者はまともに応答する暇もなかったことであろう。この「3.15事件」と「4.16事件」の統一公判が1931年 6 月25日から，始まった。

　1926年の暮れから徐々に運動から離れていた山川均・菊栄夫妻が，この時期の弾圧の外に身を置いていたことは，前にも述べたが，ある意味で賢明だった。ある意味でというのは，日本の長い社会主義運動の伝統を受け継いで均や菊栄もその結成のレールを敷いた日本共産党，つまり権力がもっとも恐れ，弾圧の矛先を向けた党と，すでに関係を切っていることを明示し，監視体制のもとには置かれてはいたが，弾圧の直接的犠牲から距離をおいて，普通の生活に近い日々のなかで，執筆活動も制限のなかではあっても，書き続けることができただろうという意味である。

　そのあとを継いで，日本共産党に入党した若い男女がもろに弾圧の対象となったが，山川夫妻にはまだ文筆活動の余地が残され，発言の場があった。初期社会主義から受け継がれてきた社会主義の「思想圏」は，このあたりから，共産党の領域と非共産党の領域とに分かれていく。権力が標的とした共産党の思想圏側に自ら踏み込んだおそれを知らぬ世代が，均や菊栄が非共産党圏に移ってまぬがれた拷問や死を引き受ける結果となりながら，両者ともがそれぞれに運動をまたその先へとつないだのである。

　1929年，均の父，清平が死去した。この年，菊栄訳のラッパポート『社会進化と婦人の地位』とベーベル『婦人論』が改造文庫に入った。また，レーニンの『背教者カウツキー』を均との共訳で白揚社から出している。菊栄はそれ以前にも『婦人公論』に頻繁に論考を寄せていたが，1929年 1 月から菊栄は，『婦人公論』への「内外時評」執筆を始め，「女性月評」，「女性時評」と名を変えながら1938年12月号まで，実に10年間にわたってほぼ毎号に書き，1939年には，無署名で巻頭言を，1940年は，湘南だよりを毎号連載している。

29）このとき伊藤千代子検挙。夫浅野晃は転向。寺尾としは10日間の禁足。福永操も検挙。
30）このとき，寺尾としも逮捕されている。

1940年には『新女苑』への執筆が多い。この節では，菊栄の1930年代のものを取り上げる。なお，均は，7月「『労農』同人を辞する声明書」を発表している[31]。

1929年の情勢を付け加えておくと，1月，無産大衆党系の無産婦人連盟と全国婦人連盟は合同して無産婦人同盟となった。3月5日，治安維持法改正緊急勅令案が通過した夜，山本宣治が刺殺された。高野岩三郎が弔電を送り，森戸辰男が弔辞を述べ，葬儀には河上肇が参列している。3月末，かつて山川家に出入りしていた田島ひでが逮捕された。1929年は，各種雑誌がそれぞれに国際婦人デーを記念した[32]。その他，巻末の年表を参照していただきたいが1929年から30年にかけて多くのできごとがあった[33]。

そして1930年代に入る。現代史における1930年代は，世界史的にも，日本においても注目される年代であった（江口・荒井・藤原編著 1971）。

1931年9月18日，日本軍は，満州へ本格的侵略行動（事変＝柳条湖事件：中国への戦争）を起こし，15年戦争が始まった。この1931年から，治安維持法による検挙者は30年の6877人から31年には1万1250人に，32年には1万675人，33年には1万8397人に達するという状況だった。

1932年3月，日本の軍部は，中国の東北部に「満州国」をつくった。コミンテルンは，1931年から32年にかけて，片山潜，野坂参三，山本懸蔵ら日本共産党の党代表も参加して，日本問題の検討が行われ，32年5月「日本にお

---

31) 均の『労農』同人脱会をめぐる詳細は石河（2016：290-293）参照。

32) 1932年3月6日は，『無産者新聞』が社説で「国際婦人デー」を，『戦旗』3月号が，グラビアで国際婦人デーを，本文でクラーラ・ツェトキーンの論文を載せた。『改造』3月号には，神近市子が「3月8日国際婦人デー」を書き，『文藝戦線』3月号も国際婦人デーを特集した。日本共産党は国際婦人デーについてチラシを出したという。『労農』1929年4月号も「国際婦人日に際して」を掲載した。

33) 1929年8月，宮本顕治（21歳）が「『敗北』の文学」を発表し，百合子はモスクワでそれを読んだ。9月，『第二無産者新聞』が非合法で発行されている。9月24日，「3.15事件」で検挙された伊藤千代子が拘禁死去（藤田 2005：118-132）。10月，世界大恐慌が日本にも影響。11月，大山郁夫　新労農党結成，12月，東京無産党結成。志賀多恵子保釈，東京市電スト，婦人車掌戦闘的。29年半ばから30年まで日本共産党は，冒険主義（田中清玄：党指導部），「3.15事件」の幹部，水野成夫，村山藤四郎，門屋博は解党的意見を書くなど，さまざまな出来事があった。

ける情勢と日本共産党の任務に関するテーゼ」（「32年テーゼ」）を決定した。
「32年テーゼ」は，日本の当面の革命の性格を民主主義革命として，当面の
中心スローガンに「帝国主義戦争と警察的天皇制反対，米と土地と自由のた
め，労働者，農民の政府のための人民革命」を掲げたが，同時に社会民主主
義勢力をファシズムと同列において「社会ファシズム」と同一視し，これと
の闘争を強調するという矛盾をもつものであった。

　また，「32年テーゼ」の発表に先だち，1932年5月から，野呂栄太郎，大
塚金之助，小林良正，服部之総，平野義太郎，山田盛太郎らのマルクス主義
理論家による『日本資本主義発達史講座』（岩波書店）の刊行が始まり，こ
れらの理論家は「講座派」と呼ばれ，1927年来の「労農派」と対立した。
1937年12月15日，弾圧の対象は日本共産党の枠を超え，「労農派」にもおよ
び，「人民戦線事件」[34]と称して山川均にも検挙の手が伸びる。

　1937年という年は，7月7日，日本駐留軍が軍事行動（盧溝橋事件）を起
こして日中戦争へ突入した年である。こうして1930年代は，それ以前とは，
弾圧の様相も異なり，菊栄の執筆環境も影響を受けずにはいられなかった。

(2)　「3.15事件」(1928) と「4.16事件」(1929) についての菊栄の見方

　1930年代冒頭，まず，治安維持法下での共産党の弾圧にふれた菊栄のいく
つかの小文がある。渦中にはいなかったそれを菊栄はどのように書いただろ
うか。女性に関するテーマに限定して時代順にあげると，1つは，「共産党
事件と婦人党員」（『婦人公論』1930.1「内外時評」，2つは，「変質共産党と
売淫政策」（『婦人公論』1933.3「内外時評」，3つは，「社会主義は女を売る
か」『婦人公論』1933.4「内外時評」である[35]。

34）人民戦線事件とは，非共産党系ですでに解体していた「労農派」の学者グループに，
　　コミンテルンの反ファシズム統一戦線の呼びかけに呼応して日本で人民戦線の結成を企
　　てたとして嫌疑がおよんだものである。均は，「労農派」を理論的・財政的に支援して
　　いたというこじつけの「治安維持法」容疑であった。

35）その後，戦後は，日本共産党について菊栄の批判的発言が多いが，1つは1957年の
　　『おんな二代の記』中の文章・文言，2つは1978年『月刊社会党』73〜78号に連載した
　　「私の運動史―歩き始めの頃」中の（「モスコーと日共」，「右往左往の婦人対策」78，
　　「運動の寄生虫」87）をあげておく。

1．「共産党事件と婦人党員」（『山川菊栄集』AB 5：258-263）は1930年に発表されているから，1928年の「3.15事件」，「中間検挙」，1929年の「4.16事件」の，記事差し止め解禁後書かれた論評で，すでに事件から1～2年経過のあとのものである。菊栄は，論評の前半は，「読者に深刻な印象を与える代りに，浅薄な好奇心と空漠とした摑みどころのない感じを与えるにすぎないように，共産党事件の記事も，いたずらに刺戟的な，誇大な形容詞の羅列に終って，事件の内容そのものの説明にいたっては，全く空虚であった」（『山川菊栄集』AB 5：258）と，記事の臆測や中傷，ねじまげを見据えた冷静な書き方である。続いて，「共産党は一体なにをしたのか。（中略）政府は共産党事件を明らかに探偵小説化，戯画化することに成功しているが，同時にそれは政府自身の態度をも，戯画化する効果を伴った」（同上：258-259）と記事に批判的である。

後半では，「令嬢階級の共産党員」はおくとして「親を持たず，家を持たぬ少数の無産婦人にいたっては，獄裡の生活は，生き埋めにも似たものがありはしないであろうか。私は，われわれの運動にとってあまりにも貴重なそれらの婦人闘士の犠牲を，単なる個人的同情のみでなく，全運動の利害から見て，心から悼まざるを得ない。」（同上：261）と無産婦人党員に心を寄せる。

その反面「婦人党員の演じていた役割は重要なものでもなく，若い未経験な，令嬢階級の女学生がその大部分を占めていたことなどは，党組織の欠陥として認められなければならないが，中には有望な婦人指導者の素質を備えていた者もあることを無視することはできない。ただ彼女らは労働婦人でもなければ，内職やつれのした主婦でもなく，マルクスの片端でも読みかじるにはあまりに忙しく，あまりに虐げられている婦人大衆とは完全に切り離され，いわば浮世と没交渉の，尼寺同然の寄宿舎育ちの令嬢であった。そこで現実の労働婦人の生活から遊離した，抽象的な宗教的な信仰に走って，具体的な，当面の運動の情勢に対する理解を欠いたのも，ある程度まで余儀ないことであったろう。彼女らが婦人闘士として十分にきたえられる機会を持たずに，寄宿舎から牢獄へという異様な闘争過程を辿ったのは悼ましく惜しむべきことであった」（同上：261-262）と令嬢階級の婦人党員が具体的な，当

面の運動の情勢に対する理解を欠いたことを批判的にみながらも同情の心情
をも吐露している。しかし，この人々は，菊栄からみて，第三者であり他人
である。

結局，菊栄は何を評論したいのか。次の文で納得はいく。

> わが国婦人の地位には，激しい動揺が起って来ている。家庭は物質的
> にも，精神的にも彼女らに生活の安定を与え得なくなった。職業へ，結
> 婚，離婚の自由へ，政治的経済的平等へというスローガンは，意識的無
> 意識的に彼女らの行動を支配する。この個人主義的な覚醒からある者は
> 浅薄な享楽主義的モガとなり，ある者はいっそう徹底した解放の要求の
> ために，真摯な改革者となる。共産党に参加した婦人はこの後者であり，
> その真面目な意図，果敢な態度は，たしかに尊敬に値する。惜しいこと
> に戦術的過誤はその誠意と努力との効果を奪った。しかしわれわれの運
> 動の前途は長い。彼女たちが血によって贈ったこの貴重な教訓を十二分
> に学び得たならその犠牲は無駄でなかったといえよう。（中略）今後に
> おける前衛分子の活動は，大衆の日常闘争の組織をより強力に，より活
> 発ならしめ，全軍の情勢に完全に適合した政策の下に戦い，大衆の信頼
> と支持をうけ，よって攻撃力の充実に努めることでなければならぬ（同
> 上：262-263）。

最後の文章が示すように，これは，かつて自らがレールを敷いた（しかし
今は別の道を選んだが）運動をさらに発展させるべく努力せよという激励の
文書とも受け止められる。

『労農』附録婦人版で1927年に書いたような激しい批判の言葉はみられな
い。しかし，弾圧下とはいえ，こういう文章を発表できるということ自体，
菊栄はやはり本来評論家なのだという感もまぬがれない。

1933年，さらに，日本共産党は，地下活動のなかでもスパイ・挑発者によ
って打撃を受け，例えば「大森ギャング事件」と名づけられた銀行襲撃，
「指導権争いによるリンチ事件」と呼ばれたスパイ摘発査問中に出た死者の
問題，「ハウスキーパー事件」と通称される地下活動のための擬似家庭づく
り，そこで発生する種々のジェンダー問題，獄中の党員によるいわゆる「転
向者」問題等，官憲やマスコミばかりでなく，いわゆる「フェミニズム」に

よる激しい偏見や憎悪を一般市民に植えつけられることになる厳しい時代を経なければならなかった（下線：伊藤）。

　2．「変質共産党と売淫政策」（『山川菊栄集』B別巻：45-50）は，伏字が多く非常に読みにくい。すべてではないが「3字伏字」とあるところを「共産党」と入れれば，多少理解がスムーズになる。菊栄はまず，「当局の弾圧（実際は2字伏字）が峻烈を極むるに従い，共産党（3字伏字）と称するものの変質ぶりは甚だしくなった。」（同上：46，下線：伊藤）と書いている。さらに，「（前略）党組織の一部にエロ班というものがあり，美人局すなわち特殊の売淫を手段として党に資金を供給する任務を帯びていたと伝えられる。（中略）右翼ダラ幹がいかに堕落していたとして，未だ性慾奴隷の搾取を以て方針とした例を聞かない」（同上：47-48）としたうえで，「殊には個人的素質においては優秀な人物も交っていたであろう婦人党員の中に，かかる政策に対する批判が絶無であったかどうか。恐らく党員は，かかる政策に関知せず，狂気じみた少数党員の専断によって行われたものと考えるのが，党員大衆に対する好意的見解でなければならぬ。（中略）党の婦人政策を批判する能力すらない者に，どうして階級的指導者たる資格を認めることができるか（後略）」（同上：47-50，下線：伊藤）。

　鈴木は解題で，この評論は，他の論者（平塚らいてうや山田わか）に比べ「その眼は冷めている」（同上：119）といっている。しかし，私は，先の論評より，表現が冷たくなっていると感じる[36]。「婦人同盟」解散事件から一貫して「党の婦人政策を批判する能力すらない者」という，上から目線・表現に変化はない。しかし，検閲を考慮して，このように書くしかなかったのかもしれない。本心はむしろ戦後に開示されるので第10章でふれる。

　3．「社会主義は女を売るか」（『山川菊栄集』B8：142-146）は，『婦人公論』の1933年3月号の「主義と貞操の問題」についての特集に，さらに「一言批評」を加えたものという。菊栄は「社会主義反対論者が，社会主義は人間を道具とする主義であるが故に，婦人に売淫を強要することを恥じない」

36）この時代の描写は，帯刀（1957：133-137）によるものがあり，平塚らいてう，野上弥生子，窪川稲子らの言説を載せているが，菊栄が書いたものはふれられていない。ここでは，これ以上深入りはしないことにする。

（同上：143）と論じていることへの反論である。鈴木は解題で，菊栄は「クールにこの問題を論じている」（同上：363）と評す[37]。また鈴木自身も，新装増補の『別巻』Bの解説のなかで引用しているが，菊栄は，「社会主義の性道徳の概念は，男子の私有物としての封建的貞操に対立し，婦人の自主的な選択の権利を主張するものである。それは婦人を私有物視し，商品視する思想，［二字伏字］への徹底的挑戦を意味している。社会主義運動の内部では，性の取引によって利益を得るなどという思想は，発生する余地がない筈であり，そういうことが問題となり得るとしたら，それは社会主義に対する根本的理解の欠如によるものと考えなければならぬ」（同上：143）。「主義のために身を売ることを辞せぬという勇者もある。しかし少なくともマルクス派の社会主義はそういう勇気と好意とを辞退するに違いない。女に身売を要求するような主義は，何主義か知らないが，科学的社会主義でないことだけは確かである」（同上：146）といっている。

　ここで「マルクス派の社会主義」「科学的社会主義」という語を使っていることに私は注目する。では，自分（ということは，労農派マルクス主義）が，「マルクス派の社会主義……科学的社会主義」だとここでいうことになるだろうか。

　しかし，上記，3本のうち，第2の評論がなかなか意味がとりにくい。1927-28年の治安維持法による弾圧，また，1931年から始まる非常時，戦時下の時代の，今日に残されている言論を，どうとらえるかは単純ではない。事実や本心を公表されるものに書くはずがない。そのようなことをしたら，ますます狭められる衣食の道としての菊栄の執筆の場が奪われ，執筆そのものが不可能になる。

　この時代の事実は，記録されて残された文書類で突きとめるのは困難である。手記，調書類[38]，公文書も，いつの時点で，どの場所で書かれたかの勘案，その時代の背景と必要とされた「粉飾」を読み取る眼，直感，それらを総合した批判的視点なしに，社会科学者はとくに判断を下すことはできない。

37）鈴木裕子が，菊栄が『婦人公論』1933年3月号に書いた「変質共産党と売淫政策」を，『山川菊栄集』B別巻に入れ，同誌4月号の「社会主義は女を売るか」を，『山川菊栄集』B8に分けて入れているのはなぜだろう。説明がほしかった。

また当事者の手記や，言及も探すことができる[39]。それらを資料として参考にしながらも，当時の状況は，フィクションとして受け入れられている文学作品への事実の反映部分にも注目しなければならない。ある場合は資料と同列程度の価値として客観的に比較可能なこともある。例えば，小林多喜二，宮本百合子のプロレタリア文学作品の体験に基づくリアルな現場を援用する必要もあると私は思う。

　宮本百合子の名を出したところであるが，1927年日本を出てソ連に行った宮本百合子は1930年11月帰国する。私は先行研究では試みられていない百合子を次節で登場させて，菊栄との対比で15年戦争の時代を叙述してみたい。

(3)　1930年代・「満洲事変」から15年戦争間の山川菊栄
——宮本百合子との対比で

　『山川菊栄集』AB 6 は，1931（昭和 6 ）年から1944年の作品52篇から成り立っている。単行本『女は働いている』育成社，（1940.10.10）から題を採用している。1931年，いわゆる「満洲事変」の勃発は，軍部の力をますま

---

38) 直接ハウスキーパーに限らないが，女性共産党員の尋問調書・聴取書をまとめたものに，鈴木裕子（1990b：103-164）がある。この種の資料を読むときは常識ではあるが，事実と誤認してはならない重要な伏線がある。時代が突然変わって恐縮であるが，厚生労働省の文書偽造事件（2009年）で無罪が確定（2010年）した前事務次官の村木厚子氏が2016年 9 月17日，大阪市で開かれた取り調べの録音・録画（可視化）シンポジウムで，自分の関与を認める関係者の調書が多数作られたことに「鉛をのみ込んだようなショックだった。検事が作文した調書が裁判のベースになるのが一番の問題だ」と指摘した。村木氏は，「最初からゴールが決まっていて，検事が記録した裁判で使いたい内容だけが調書になった」と批判した（『東京新聞』2016年 9 月18日付，11版　社会30面）。21世紀に入ってさえこのようなありさまであり，「調書」とはそのようなものだということは，いまや常識である。ましてや1920年〜戦前の「調書」がどのようなものであったかは，想像に余りある。私は「調書」の記述を根拠とする議論はすべて疑いの目でみることにしているが，この箇所もまったく例外ではないのである。

39) 鈴木裕子編著・解説（1997）第 8 編　嵐の中の女性共産党員（156-613）全体，第 8 編は，第 1 章「女子学連」などの左翼女子学生運動，第 2 章　3.15事件，4.16事件女性被告調書，第 3 章「非常時」下の共産党女性活動，第 4 章　治安維持法違反女性起訴者調べ，第 5 章　新聞報道に見る女性共産党員からなる項目をみただけで1928年以降の弾圧のすさまじさが推測される。「『山下平次上申書』にみるハウスキーパー」（1934：456-460）はハウスキーパーとは何ぞやから始まっている。

第8章　1928年以降15年戦争の間の山川菊栄　343

す増長させ，15年戦争への幕開けとなった。菊栄の主な評論活動の場は狭まっていた。とはいえ，1930年代も『婦人公論』，『読売新聞』，に頻繁に書いていた。『婦人公論』には，1929-33年まで「内外時評」として毎号，1934年は「女性時評」として毎号他，1935年は「社会時評」として，1936-37年は「女性月評」，1939年は巻頭言（？），1940年は「湘南だより」というふうにである（中井　2001：69）[40]。

　『婦人公論』に書いたもののなかでは1931年11月号の「満洲の銃声」，37年12月号の「男は戦ひ，女は働く」の記事等が評価が分かれている。ほかに33年7月号「大学の自由，言論の自由」（滝川事件を取り上げたもの）もある。

　この戦争の時代の菊栄が「国策・戦争に協力したのだろうか」という疑問はこれまでも見解が分かれていた。鈴木によれば「協力・肯定」論（外崎　1981，1990，犬丸　1982，中井　2001）と，「非協力・抵抗論」（鈴木　1990，伊藤＝島崎　2004），それに「保留付き非協力」論（加納　1982，林葉子　1999a　1999b，加納，林葉子　2000）があるとしている（『山川菊栄集』B別巻：183-184）。鈴木は2012年には「著者（山川）は，戦時下，醒めた視点から慎重な表現を駆使しつつ，時局・国策・戦争協力への批判的姿勢を堅持した」（同上：186）との結論を出している。私は，この結論にも，これまでのどの諸説にも同意するにいたらないままであった。なぜなら，時局の権力の手の下し方も，菊栄ほどの人物ともなればそれへの対応も，そう単純ではないと推測されるからである。お互いに，「異なる先」を見通しながら「利用しあう」という一種の「外交」や「かけひき」，表面にはみえないところで命を削り合うような「戦争」が行われていたかもしれないと推測する[41]。菊栄は1939-40年は，『新女苑』（1937年1月創刊，実業之日本社　1959年7月終刊[42]）への執筆が加わった。しかし，これまでの均や菊栄の思想と理論か

40）中井は，『婦人公論』への菊栄の寄稿の主なものを取り出して丁寧に解読している（近代女性文化史研究会（2001：70-81）。なお1944年に『婦人公論』は廃刊。

41）関口すみ子（2012 a）「内閣情報局による『婦人執筆者』の査定と山川菊栄──「最近に於ける婦人執筆者に関する調査」（1941年7月─）Hosei University Repository『法学志林』Vol. 110, No. 2：1-26．を読んでそう思ったのである。情報公開のない時代のことは推測するしかない場合もある。この点については保留する。

42）『新女苑』については，入江（2001：84-102）参照。

らして，私は，2人が，時局，国策，戦争に協力する思想と理論に変わるということはありえないと思う。ただし，これまで均の特有の書き方（レトリック，反転等の技法[43]）を，菊栄が学んだとすれば，当然そのような手法を使って，検閲の裏をかくということはやっただろう。表面的文章をそのまま，時局，国策，戦争への協力と理解するには，あまりにもいい意味で狡猾な，あるいは賢明な2人である。私は，そう理解したうえで結論的に鈴木裕子の2012年の説が妥当と考えるにいたった。

　さて，宮本百合子であるが，1930年暮れの帰国早々，菊栄の「共産党事件と婦人党員」を読んだであろう。日本の共産党が置かれている状況をこの一文からだけでも想像し得たであろう。山川菊栄と宮本百合子は，まったく異質の人物ではあるが，ロシア革命に期待を寄せ，日本共産党の創設と何らかの関わりをもった菊栄と，何の関わりももたなかった百合子とは，日本共産党というものを軸としてみれば，1930年代にちょうど入れ替わった感じになる。

　百合子は，ロシア革命の年，1917年に，17歳で『貧しき人々の群れ』を発表して，米国で荒木茂と結婚し，1920年に帰国して，離婚後，1927年に湯浅芳子とソ連に旅だった。第5章でみたように菊栄と百合子は，1923年に「ロシア飢饉救援婦人有志会」で少し関わりはもっていた。1930年11月，ソ連・ヨーロッパでの見聞を広めて日本に戻った百合子は，12月中旬「日本プロレタリア作家同盟」に加盟し，翌1931年7月「同盟」員の宮本顕治を知る。10月手塚英孝，宮本顕治の推薦で非合法状態にあった日本共産党に入党し，11月「日本プロレタリア文化連盟」（コップ）創立とともにその中央協議会委員，婦人協議会責任者となった。さらに1932年1月，婦人協議会編で創刊された雑誌『働く婦人』の編集責任者となった（『働く婦人』は1933年3・4月号で終わる）。『働く婦人』は，その前に，『戦旗』の附録的存在の『婦人戦旗』（1931年5月から31年12月まで4冊）をもっていた[44]。百合子は，帰

---

43) 例えば，山川均は，1937年『改造』9月号に「支那軍の鬼畜性」と題する小論を書いたが，その含意は題からは読み取れない別のところにあったとされている。均は真意の反対の表現を用いたり，たくみないいまわしで，真意を隠すという技法を身につけていた。

国のその日から，日本共産党に対するマスコミの罵倒と官憲による弾圧を目の当たりにしたはずだ。しかし，1932年2月，33歳の百合子は，23歳の宮本顕治と新居をもった。1916年の山川均（35歳）と青山菊栄（25歳）の出会い・結婚より早いスピードである。1932年4月，顕治は地下活動に入り，4月4日，百合子はコップ幹部検挙事件の重大関係者として駒込署に検挙される（6月25日に釈放。9月に再検挙）。

　百合子は，編集責任者となった『働く婦人』に，1932-33年の短い期間であるが百合子自身，小品，身の上相談なども書いている。当然，「3.15」，「4.16」の解禁記事について言及する文章を載せた[45]。また，ソ連の「国際婦人デー」に関して，1932年3月号に（読み物）として「サヴェート同盟の3月8日」，1933年3・4月号に「ロシア革命は婦人を解放した一口火を切った婦人デーの闘ひ」を書いている。まず1932年3月号の「サヴェート同盟の3月8日」が掲載された『働く婦人』はその数ページ前に，無署名の「3月8日国際×産婦人デーに際して」という解説文を載せ，国際婦人デーの起源と意義についてふれている。そこでは「1910年，コペンハーゲンにおける国際社会主義婦人大会でクララ・ツェトキンの提唱によって3月8日を国際婦人デーとして記念するといふことが決議されて以来，1914年の欧州大戦によって，婦人労働者の，労働者としての地位が根本的に変更されると共に，年毎に婦人デーの意義は益〻重要なものになった」（同号：10）と書かれている。さて百合子の読み物としての「サヴェート同盟の3月8日」は，ソ連の5カ年計画（1928年―）を4年でやり遂げようとしているモスクワ煙草工場の国際婦人デーの1日を，ニーナという一女工の朝，昼休み，夜の様子を通じて描いている。労働時間は7時間，婦人デーの日は6時間と書いている。同年1932年4月の検挙ののち，「中條女史運動から引退　思想転向」という

44）戦後は日本民主主義文化聯盟の編集で1946年4月に復刊され，1950年10月に休刊し『新女性』に引き継がれる（『婦人戦旗』『働く婦人』別巻：41，46による）。

45）1933年2月号（Vol. 2, No. 2, 34-35）に，「エロ班のデマに抗議する」という項目に括られて（中條百合子，山田清三郎他4人，百合子は「婦人党員の目醒ましい活動」と題して），1933年3・4月号（Vol. 2, No. 3, 59-61）に，「婦人雑誌に扱われた再生共産党事件」井上佳子，である。また同号で，「某女」は，「憤激を以て公開するエロ・テロ」として，自分が受けた拷問の場を公開する。

記事が『大阪新聞』に出され，そのことに関して，6月に釈放された百合子は『働く婦人』1932年8月号に，「ますます確りやりましょう！」を書いた。

また百合子は，1932年から35年の間に，小説「1932年の春」（『改造』1932年8月号），「刻々」（『中央公論』で検閲通過は不可，作者の死後1951年3月『中央公論』に発表），「小祝の一家」（『文藝』1934年1月号），「乳房」（『中央公論』1935年4月号）を発表した。「1932年の春」などはその題の通り，1932年の体験を書いたもので，菊栄のように「そこにいなかったけれどあとで聞かされた」というのではなく，リアルに「そこにいたことを」創作として書いたのである。1935年の「乳房」では，いわゆるハウスキーパー問題についてもふれている[46]。田島ひでもまたハウスキーパー問題について書いている[47]。

---

46)「乳房」のなかには，「ひろ子としては，若い女の活動家が多くの場合便宜的に引き込まれる家政婦や秘書という役割については久しい前からいろいろの疑問を抱いているのであった」「あっちじゃ，女の同志をハウスキーパーだの秘書だのという名目で同棲させて，性的交渉まで持ったりするようなのはよくないとされているらしいわね。——何かで読んだんだけれど」ひろ子たちの仲間で「あっち」というときは，いつもソヴェトという意味なのであった。」というくだりがある。ほぼ同時期に，百合子のほうが少し先に内容としては菊栄と類似のことをいっていることに気づかされる。

47)「私たちが労働婦人と直接ふれる活動をするのには，労働婦人の多い職場に組織的に配置されるか，実際の労働者となって働くかである。年齢その他の点で労働婦人として勤めることは不可能だったので，私は，前者の道を選ばねばならない。しかし機関が婦人を必要としたのは，アジトのハウスキーパーとか地下活動家のレポーターといった仕事，つまり男子活動家の補助的な部署が要求されていた。活動が非合法だった時期には，こうした仕事が重要だったので婦人は多くこの方面の部署についていった」（田島1968：190-191）。なお田島ひでについては，後年，菊栄は，「私の運動史—歩き始めの頃」で「あの最初の『演説女工』で評判になった山内ミナ，田島ひで，その他この会の常連で今は共産党へいった人もあり，……」（外崎・岡部編 1979：32）と書いている。菊栄にとっては，均が創立に関わった共産党は，しかも「あなたも入っているよ」と聴かされたという共産党は，当時から晩年にいたるまで，自分には関係がない党であったような書き方をしているように見受けられる。また，「……共産分子の方は三・一五，四・一六のあとは，社会運動の性格が消えて，銀行ギャング，武装メーデーと，ただの強盗や暴力団の，野蛮な荒々しい姿となって終わりました。」（同上：83）とも書いている。これらは1963年の菊栄の筆である。歴史のなかで，何がいつ「終わった」かどうかを安易に判断することに注意深くなければならないという教訓を示していると私は思ってしまう。

ついでながら，ハウスキーパーの問題をどうとらえるかは，日本共産党史を追うときには必ずついてまわる[48]。ハウスキーパーに限らずこの時代の日本共産党に関する女性による手記（例えば，寺尾 1960，福永 1978，1982），ライターや女性史研究者による女性共産党員の広い意味での受難の記録（山代，牧瀬編 1969，山下 1985，藤田 2005，井上 2006[49]）等も戦後多く出されている。記録ではないが，労働問題研究家熊沢誠の著作のなかにも親族のことが書かれている（熊沢 2015：172-176）。

　『働く婦人』1933年3・4月号は，2月20日に築地警察署で虐殺された小林多喜二の追悼号でもあったが，その号に百合子は「ロシア革命は婦人を解放した——口火を切った婦人デーの闘ひ」を載せている。それは，1932年のソ連の働く婦人の写真を多用して，1917年3月8日のロシア革命の発端となったことを知らせ，革命後の労働条件等の説明をしている。

　1933年11月28日，野呂栄太郎が検挙（大泉兼蔵の手引）され，12月には，宮本顕治が，大泉兼蔵，小畑達夫をスパイとして査問中，小畑が急死するという，いわゆる「リンチ事件」が起きた。宮本顕治は，12月麹町署に治安維持法違反，監禁致死，死体遺棄その他の罪名で検挙され，1年間百合子との面会も通信も許されなかった。宮本顕治・百合子の『12年の手紙』はこの間1934年から1945年までの文通であることは有名である。百合子も1934年1月

48）牧瀬菊枝は「昭和7（1932）年の秋の大検挙の記事解禁のあとの，新聞や婦人雑誌に書きたてられた，つつもたせとか，ハウスキーパーに対する論評はひどいものでした。平塚雷鳥さんまでもが性の退廃として猛烈に攻撃したのに対して，野上弥生子さんが高いヒューマニズムの立場から，デマ記事に疑いを投げかけ，『ブルジョアジーの貞操的見地から攻撃を加える』態度を批判し，『共通の思想，共通の理解，共通の認識において，おなじ仕事にたずさわっている若い男女の熱情が，すすんで恋愛に燃えあがることは必然である』として深い理解を示されたことは忘れてはならないと思います。（『婦人公論』昭和33年三月号特集「主義と貞操」），山代巴，牧瀬菊枝編（1969）『丹野セツ 革命運動に生きる』勁草書房，302-303」と書いているが，そのような例ばかりでないことは当然である。

49）井上（2006：229-232）は，ハウスキーパーについての言及・参考文献をあげている。井上が2004年に，日本共産党中央委員会にハウスキーパー問題についての正式見解を問い合わせた際の返答は「正式見解が必要という性格の問題ではない」ということであったと書いている（同上：232）。

検挙されるが，6月に母危篤のため釈放され，12月に顕治と入籍する。さらに1935年5月に検挙され，10月治安維持法違反で起訴・入獄する。1936年6月懲役2年執行猶予4年の判決が出たが，1937年10月，顕治の誕生日に筆名を宮本百合子とする。「人民戦線事件」の年である。百合子はまた，1941年12月9日駒込署に検挙，翌年3月，検事勾留のまま東京拘置所に送られ，7月監房で熱射病，人事不省のまま執行停止で出獄，1944年5月不起訴という，検挙と獄中生活の経験によって，菊栄の戦中の生き方との距離はますます離れていく。このように，百合子と顕治は，菊栄と均が慎重に逃れた直接的弾圧を，自ら引きよせるように受ける形となって，ある意味で，百合子は菊栄を継いだのである。そのような表現は適切でないかもしれないが，私には，事実としてそうみえる。しかし，治安維持法下の出来事を，どうのこうのと論評することではないだろう。それは，それぞれの選択の問題である。

　ところで，均と菊栄はこの頃どうしていたか。1932年7月『労農』同人会議で，『労農』を廃刊し新雑誌『前進』を創刊した。均は，毛皮用のイタチ養殖を手がけて生活の資とし，菊栄は，『婦人公論』を中心に，いくつかの雑誌や新聞に原稿を書いていた。また『女性五十講』を改造社から刊行しようとしたが発売禁止となった。この頃，姉，松栄が死去した。

　均は職業の選択を考慮し，1934年からうずら飼育を始めた。ということは，均には一方で，職業の選択を考慮する余裕があったということでもある。森まゆみは，『暗い時代の人々』（2017：51-81）で，山川菊栄を取り上げ，その副題に「戦時中，鶉の卵を売って節は売らず」とつけている。山川夫妻は表現を変えれば，生産手段を入手して生産し，それを売る生き方を選べた人たちであった。失うべきものを何も持たない無産階級とはその意味では当然階級は異なっていた。しかし，そのゆとりが思想面にもたらす「節は売らず」という面での堅固さは，官憲の手に決してひっかけられない表現方法を駆使する才能によって可能になっている。山川のうずら飼育に関しては，当時もいろいろなみかたがあった（石河 2015：29-31）。また，均による1935年の「転向常習者の手記」（『山川均全集』13：384-396），思想の科学研究会の共同研究『転向』中の半沢（1960：373-436）の「労農と人民戦線──山川均をめぐって」で展開される「抵抗」の姿勢と同質の菊栄の姿勢も，また

第 8 章　1928年以降15年戦争の間の山川菊栄　　349

そう単純ではない。しかし,「節は売らず」ができたのは,非凡な表現方法
の巧妙さという筆力のおかげでもあった。とくに,山川均にみられる,「反
転」,「レトリック」は,官憲・特高,並はずれて悪質な階級「敵」との戦い
であるが故に,一般読者はそう簡単に本質を捕まえることはできない。しか
し,そういう山川均も1937年の「人民戦線事件」での逮捕をまぬがれなかっ
たのである。山川均は「人民戦線事件」で1937年12月逮捕のあと,警察で肺
炎罹患し,三田奥山病院へ入院したが,その後東調布署留置場へ移された。
そこで均は,1938年 4 - 8 月にわたって書いた「東調布署手記」といわれる,
特高第一課に提出した直筆の手記[50],7 -10月,矢野警部による30回におよ
ぶ聴き取りに答えた「山川聴取書」が残されている。拘置場内での手記や調
書がどのような性格をもつかはおのずと明らかである。これらを均の伝記の
資料とした石河 (2014, 2015) を介して読んでみると,称賛の意味とは違う
「意外な素直さ」を感じる。均は1939年 5 月に保釈出獄した。宮本顕治は,
その年,獄中 6 年目であった。

　ところで,この時期,宮本百合子が,自分の評論に,山川菊栄を登場させ
ているのはいつか。1937年 8 月13日の『東京日日新聞』に,「世界一もいろ
いろ──日本文化中央連盟[51]」という百合子の記事の文中に「日本原理の上
に樹つ新日本諸学を建設し,全国民に日本文化の神髄を深く自覚せしめるた
めの日本文化中央連盟が,松本学氏などを中心として実業家,役人,学校経
営者などによって結成された。百万円をかけて,日本文化大観を編纂するの
もよいであろう。しかしこの事業内容が発表された時,先日来,山川菊栄女
史によって発表されていた現代日本の女子学生気質についての批判[52]をお
のずから思いおこした人が,決してすくなくなかったであろうと思う（下線
伊藤）（後略)」（『宮本百合子全集』14,新日本出版社,1979：142）という

---

50) 石河 (2014：13, 2015：290) によれば,大原社会問題研究所で公開されているが,
　　『全集』にも入れられていない未公開資料とのことである。

51) 皇紀2600年を記念して,日本国文化の綜合進展とその中外宣揚等を目的とする官民合
　　同の中央的機関として1937年 9 月に結成されたもの。

52) 菊栄の「現代日本の女子学生気質についての批判」とは,『東京朝日新聞』1937年 8
　　月5-7日に書いた,〈現代女学生論〉であろうか。

のがある。管見の限りではこれ1本である。

　当然百合子自身の文筆活動も制限され，安易に人名をあげたり論評できる状況でなかった。1937年に，例えば，「若い婦人のための読書」（『新女苑』1938年1月号）で，推薦する本をあげるとき，ベーベルやラッパポートの名と書名，出版社はあげても訳者名はあげておらず（『宮本百合子全集』1979年新日本出版社版　第14巻：165），「女性の歴史の74年」（『教育』1941年1月号）にも，岸田俊子，影山英子，平塚雷鳥，市川房枝をあげても，社会主義的傾向の女性運動の流れとリーダーの名をあげないという偏りが生じているのは背後の事情があったからであろう。

(4)　1940年代
——女性知識人に対する思想「統制」のなかでの菊栄と柳田国男

　菊栄は他方，1941年にも『読売新聞』，その他数誌に書き続けて，執筆活動は旺盛である。1942-43年『女性日本』，『現代女性』と制限され，1944年には『現代女性』と『文藝春秋』1本ずつとほとんど執筆の機会はなくなった。この間，出版された単行本は，1940年『女は働いている』育生社，1941年『村の秋と豚』宮越太陽堂書房，1943年『武家の女性』三国書房，『わが住む村』三国書房，などである。

　ところで，鈴木による『新装増補　山川菊栄集　評論篇』別巻完結（2012年3月）のあと，同年11月に，関口すみ子が二つの論文（2012a, 2012b）を発表した。「内閣情報局による『婦人執筆者』の査定と山川菊栄——最近に於ける婦人執筆者に関する調査」（1941年7月）」と「『主婦の歴史』と『特攻精神をはぐくむ者』——月刊誌『新女苑』における山川菊栄と柳田国男」である。この2つの論文は，これまでの諸説が菊栄の書いた文章を解釈しての結論であったのに対し，まったく別の方法をとっているので，新しい視点であり，題の異なる2つの論文ではあるが継続したものとして読み取れる。

　関口の研究を取り上げてみたい。最初の論文で，関口は，文章の主観的解釈ではなく，「（従来の研究ではほぼ等閑視されてきた）女性知識人に対する思想『統制』とは実際にどのようなものであったかを探る必要がある」（関口 2012a：2-3）として，内閣情報局「最近に於ける婦人執筆者に関する調

査」（1941年7月[53]）を取り上げる。

　長い論文であるが，要点のみ紹介する。1937年3月日中戦争の長期化に直面して，思想戦・情報戦・宣伝戦の必要が叫ばれ，内閣に情報部が設置され，さらに1938年9月陸軍が新聞版を格上げして情報部を設置した。他方では，内務省警保局（図書課）が，特定の執筆者（宮本百合子・戸坂潤ら7名）の原稿を掲載しないよう内示した（1937年末）。さらに「婦人雑誌に対する取り締まり方針」を出版社に示した。その流れで，内閣情報局が1941年7月「最近に於ける婦人執筆者に関する調査」を実施したのである。当局は婦人雑誌のなかでも『婦人公論』と『新女苑』を重視したが，とくに9名の純粋評論家をあげ，その9名のなかでも，山川菊栄，神近市子，宮本百合子，帯刀貞代が「問題の四人」とされ，「過去の経験」や結婚等から，警戒を要するとされているが，その筆頭が山川菊栄である（関口 2012a：16-17）。

　関口は，内閣情報局「最近に於ける婦人執筆者に関する調査」を引用分析した結果，「要するに，山川菊栄は『転向者群』の一人とみなされており，ここでの関心事は，『時局下の言論界』に『再登場』し，その『思想の洗練され円熟の境に達している事は，驚くべきである』が，はたして『其の転向が完璧のもの』なのか『偽装の時局便乗』ではないのか，という点なのである。つまり，山川菊栄ははたして転向したのかという問いに対する，同時代の当局の答は，一応イエス，ただし，偽装の疑いもぬぐいきれず，引き続き警戒中，というものになるだろう」……「ここでの山川菊栄は，弾圧の対象ではなく，査定と配分の対象なのである。すなわち『婦人の指導』に使えるかどうかを，注視している対象である」（関口 2012a：17-18）と読み取っているが，菊栄の戦中に対して，独自のみかたは保留している。だいたい「転向」とは何か。転向とは「共産党」とそのシンパからの離脱を意味するだろう。菊栄についてはこの2つが当初から当局が心配する必要がないほど「共

53）調査は，同志社大学図書館，国立国会図書館所蔵憲政資料（『新居善太郎文書』）に所蔵。先行研究は，山口美代子「近代女性資料探訪——国立国会図書館所蔵憲政資料の中から」（『参考書誌研究』第40号（国立国会図書館，1991年11月），内野光子「内閣情報局は阿部静枝をどう見ていたか」（『ポトナム』2006年1-2）がある。前者は山川菊栄についてふれている（関口 2012a：2-3）。

産党」との関わりはすでに断ち切られている。「社会主義」「マルクス主義」からの「転向」ということについては，それほど考えられていないようである。

　次に関口の２つ目の論文「『主婦の歴史』と『特攻精神をはぐくむ者』——月刊誌『新女苑』における山川菊栄と柳田国男」（関口 2012b）に簡単にふれよう。1943年，菊栄は，柳田国男の計画した「女性叢書」の一環として，『武家の女性』と『わが住む村』を上梓する。その前，菊栄と柳田は1940年９月７日，月刊誌『新女苑』の対談「主婦の歴史」で出会っている。『新女苑』がこの号を境に変身したと関口がみる同年11月号である（関口 2012b：30）。また柳田国男は1945年３月号『新女苑』に「特攻精神をはぐくむ者」（それは母・主婦を意味する）を掲載している。それは今置くとして，なぜ菊栄が柳田との対談に出たのかを関口は問題にする。関口は，柳田という人物の戦時性別役割分担説の徹底ぶりを指摘し，それを「特攻精神」に結びつける。私は，菊栄の民俗学的，あるいは歴史的作品については，門外漢であるから当初から取り上げないことを明らかにしていた。したがって深入りはせず，菊栄の民俗学的（あるいは歴史的）執筆についての評価は，関口および他の専門家の研究にゆだねたい。関口は，菊栄の手法を「話を聞き集めて，人々の生活を再現するという柳田の手法に学びつつも，『家』『家族制度』『家族国家』の維持という，（時の権力者の）政治的必要に回収されるものではない。同時に，『皇国史観』や，さらに，戦う女王『天照大神』を冒頭に揚げた高群逸枝の『日本女性史』とも異なる道である。

　つまり，山川は，『戦中』の時間——長引く戦争に引きずられた，いつ終わるとも知れぬモラトリウム——を無駄にせず，新しい道（聞き書きの手法を使った，女の歴史叙述。オーラル・ヒストリー）を拓いたのである」（同上：53）と書いている。確かに見事な時間の使い方というべきであろう。『武家の女性』と『わが住む村』から得た手法は，戦後の『覚書　幕末の水戸藩』（1974）にもつながり，菊栄の守備範囲を広げたのである。

　しかし，柳田研究のなかでは最近，彼の意外な側面を浮きぼりにする研究もなされているが，私はあくまで門外漢であるので自分の見解をもつことはできない（桂，木藤 2017）。

第 **9** 章

戦後・GHQの占領下での山川菊栄
労働省婦人少年局退任まで

はじめに

　山川均・菊栄夫妻は，1945（昭和20）年５月はじめに，当時の鎌倉郡村岡村（現 藤沢市弥勒寺）から広島県国府村の，均の従姉の家に疎開し，そこで敗戦を迎えた。1945年８月，戦争が終わったとき，菊栄は54歳，均は64歳であった。均は，前章でふれた1937年の「人民戦線事件」で検挙されて，１審，２審とも有罪判決（１審で７年，２審で２年）を受けた状態で，1939年５月以降保釈されてはいたが，大審院へ上告中という身であった（『山川菊栄集』A9：257-258）。

　菊栄の生涯の執筆活動は1914（大正３）年に始まり，1937年頃からの執筆規制で十分な活動はできなかったとはいえ，戦前は30年，さらに1980年没であるので，戦後も30年以上執筆に関係する期間はあった。戦後30年の菊栄の歩みは次のようにまとめられる。

　①戦後の活動では，まず占領下で４冊の単行本，『日本の民主化と女性』（三興書林，1947.7），『ベーベル・ミル婦人解放論』（鱒書房，1947.7），『明日の女性のために』（鱒書房，1947.11），『新しき女性のために』（家の光協会，1948.8）を出した[1]。その他，1946年12月10日，読売新聞社発行の『読売政治年鑑』（昭和22年版）に，敗戦後１年数カ月を経た婦人の動きの総括として「婦人界の去年と今年」（『山川菊栄集』AB７：55-73）を書き，婦人の産業労働，婦人参政権と最初の選挙結果，婦人の法的地位について，要を得たまとめをして，それ以降の実質的な面の向上を婦人問題の将来として書き残している。運動面では，他の女性運動家に比して出足は遅かったが，夫，山川均の「民主人民連盟」構想との関わりで，「民主婦人協会」を1947年１月立ち上げた（1948年「協会」を「連盟」に名称変更。1952年７月解散）。1947年９月に労働省婦人少年局長になったが，それまでの戦後約２年が第１期である。

1）菊栄は，1947年９月に，労働省婦人少年局長になっているから，最初の３冊は，その前に執筆終了していたものであり，『新しき女性のために』（家の光協会 1948.8）は，局長在職中である。

②その後，1951年5月までの労働省婦人少年局長の時代は，その職務関係そのものが活動であり，局長退任までの経験が一区切りとなる。この戦後占領期の3年8カ月を，戦後第2期といってよいだろう。この期間は，占領下，占領政策に規制された時期である。

菊栄は，1956年，均生存中に半自叙伝『女二代の記』を出版したが，それに盛り込まれた時期は，敗戦と同時に終わる。菊栄は，自らの後半生記は書き残したが，全活動を語った生涯を通しての自伝を残してはいない[2]。

戦後の伝記的なものとしては，既述のとおり，菅谷直子『不屈の女性　山川菊栄の後半生』(1988) があり，鈴木裕子の『山川菊栄　人と思想　戦後編』(1990) が，戦前編（鈴木 1989）とほぼ同じページ数をさいて書いているほか，それらをまとめたこれまで菊栄の唯一の伝記ともいうべき，鈴木裕子の『自由に考え，自由に学ぶ　山川菊栄の生涯』(2006) が，13章中5章を戦後にあてている。また，1958年に42年間，菊栄と生活をともにした均の没後以降，菊栄と同居した岡部雅子の22年にわたる共同生活から生まれた『山川菊栄と過ごして』(2008) が刊行されている。

本章では，菊栄の活動の背景として，敗戦，占領下の日本，さらに占領政策の対ソ冷戦への転換期の女性政策・労働政策と菊栄の関わりに視点を据えたい。占領下という歴史的事実は，「治安警察法」や「治安維持法」という直接国家による個人の人権抑圧状況とは次元が異なるとはいえ，敗戦国として，国家そのものが占領軍の支配下に置かれているという点では二重の抑圧下であったと思われるからである。そうした観点から，戦後いち早く活動を始めた東京の女性運動家たちの動きのなかでの菊栄の行動を位置づけ，それらを前提として，菊栄の婦人少年局長時代に視点を据える。

菊栄の婦人少年局長時代の活動は，関係者の多くの文献に書き残されているので，ここでは，それらを紹介するのではなく，これまでの菊栄の執筆活動からみてこの期間の特徴を，私の関心に引き寄せて取り上げたい。序章で述べた第7の問題意識の箇所（具体的には次の3点）に相当する。

2）1978年発行の『二十世紀をあゆむ　ある女の足あと』（山川菊栄 1978）も，断片的思い出であり，「私の運動史―歩き始めの頃」（外崎，岡部編 1979：7-89）も戦前初期の思い出で，戦後にいたらない。

その1つは，占領下の日本での米軍と日本女性の「売買春」問題であり，
2つは，占領下労働政策のなかでの婦人労働者の特殊性に関する問題（生理
休暇をめぐる問題や「スタンダー声明」〈後述〉に端を発する婦人部組織問
題）であり，3つは，日本の女性運動の盛り上がりのなかでの「国際婦人デ
ー」の起源についての菊栄の発言のことである。このうち，最初の2つは，
私自身が研究で発掘したオリジナルな部分というものはなく，むしろ菊栄研
究とは関係なく行われた多くの先行研究を私の問題意識に関連づけながら，
編成し検討するだけである。最後の問題，国際婦人デーの起源についての菊
栄の発言は，私独自の問題意識と考察によるが，日本側の文献はよしとして
も，占領軍側から出た問題であるにも関わらず，占領軍側の文献的裏づけに
欠けることを課題として残したままである。

　占領期の文献は，多くの日本語先行研究のほか，占領軍側が所持している
文献（多くは未公開資料）にあたらなければならない。私は国立国会図書館
の憲政資料室を利用し，検索したが十分とはいえない。その点については，
本章関連箇所で具体的にふれる。

　この時期は，戦前は，『働く婦人』の刊行以外はほとんど前面に出ること
のなかった，作家・評論家の宮本百合子が，1946年から1951年までのわずか
5年の間に女性運動で表立った活動をしているので，その活動の菊栄との異
同を対比する。そのことによって，菊栄のこの時期の位置づけに従来行われ
なかった角度から光をあてることを試みたい。

1．戦後直後，占領下日本の女性をめぐる動向と菊栄の位置（1945-1947）

⑴　敗戦と占領

　1945（昭和20）年8月14日，日本はポツダム宣言を受諾し，8月15日に無
条件降伏した。鈴木貫太郎内閣は総辞職し，8月17日，東久邇宮稔彦内閣が
成立した。8月18日，内務省は，地方長官宛てに占領軍向け性的慰安婦施設
設置を指令している。8月26日には早くも（株）特殊慰安婦施設協会が設立
され，銀座に「新日本女性に告ぐ」の接客婦募集広告が出た（市川房枝記念

第9章　戦後・GHQの占領下での山川菊栄——労働省婦人少年局退任まで　　357

会編 2008：153）。

　戦前からの婦選運動で知られ，「大東亜戦争」へ協力する結果となったことでも知られる市川房枝らは8月25日というきわめて早い時期に，「戦後対策婦人委員会」[3]を結成した。この会は「戦後における婦人関係の諸対策を考究企画し，政府当局に進言するとともにこれが実現に協力すること」を目的に，政府・政党に婦人参政権を要求しようというものであった（同上：152）。市川は，「なんとしても婦選の実現が，占領軍の命令によることを避けたいと願っていた」（進藤 2014：520）という。市川房枝の出足は他の女性に抜きんでて早い。菊栄の戦後の動きとは対照的である。

　8月30日，連合国軍最初の最高司令官，ダグラス・マッカーサー（MacArthur, Douglas 1880-1964：1945.9-1951.4.11解任）元帥が厚木飛行場に到着した。9月2日，アメリカ旗艦ミズリー号上で降伏文書の調印式を行い，以後，連合国軍最高司令官総司令部（General Headquarters：GHQ）による日本占領が開始される。この占領の重要な特徴は，1つは，占領の目的が日本の非軍事化と民主化におかれたこと，他の1つは，占領軍の主力が米軍であり，米軍の軍司令官であるマッカーサー元帥がこの連合国軍の最高司令官（Supreme Commander for the Allied Powers：SCAP）を兼任したことである。9月22日にGHQに民間情報教育局（Civil Information and Education Section：CIE）が設置された。

　すでに9月10日には，GHQ／SCAP（以下，GHQと略す）は，「言論および新聞の自由に関する覚書」を発し，検閲が開始されていた。このことは，重要である。10月2日以後GHQによる約7年の日本占領（1952.4まで）が行われた。山本武利は，GHQの検閲・諜報・宣伝工作を，その中心となって行った「民間検閲局」（Civil Censorship Detachment：CCD）と「民間情報教育局」（上述 CIE）に焦点を当てて，緻密な研究を発表している（山本2013）。戦前の「治安維持法」から解放された山川菊栄を待っていたのは，GHQであったということもできる。新聞・雑誌・書籍など活字メディアの

　3）これには，大日本婦人会・産業報国会幹部，戦時中沈黙の自由主義者，宗教団体各方面有志（大野朔子，赤松常子，山高しげり，河崎なつ，山室民子ら）が加わっている（帯刀 1957：156-157）。

検閲は，山本（2013：62）によると，「占領当初の強制的な事前検閲制度の
もとではゲラ刷の提出が義務付けられ，そこでの削除，公表禁止の処分に従
わずに出版に踏み切ったりすると，発行人の逮捕・罰金などの厳しい処分が
待ち受けていた」という。このことも念頭に入れておく必要がある。

　さて，9月24日，「戦後対策婦人委員会」は，政府・両院および各政党に
男女平等の婦人参政権を要求し，9月28日東久邇宮内閣は婦人参政権を含め
た選挙法の根本的改正のための議会制度審議会設置を決定したが，10月5日
同内閣は「民権自由に関する指令」実行不可能として総辞職した。10月9日
幣原喜重郎内閣が成立し，堀切善次郎内相は婦人参政権付与を提言した（市
川房枝記念会 2008：155）。組閣翌日の10月10日，閣議で堀切は「この際婦
人に参政権を与えよう」と提案した。その結果，閣僚全員一致で「20歳以上
の国民に男女の別なく選挙権を与える」ことが閣議決定された（『日本婦人
問題資料集成』第二巻 政治，ドメス出版 1977：677-678，進藤 2014：520-
521）。

　いわゆる「5大改革指令」（婦人選挙権付与を含む）は，閣議決定の翌日
10月11日に出されている（折井 2017：11-12）。その第1項に，「参政権の付
与による女性の解放」があげられていた[4]。「5大改革指令」は，第2に，
労働組合の結成奨励，第3に，自由主義的な教育，第4に，専制組織制度の
撤廃，第5に，経済制度の民主化の5つである。この第1の指令は，既述の
ように市川房枝らの要求を受け入れた日本政府の自発的政策と重なり合って
いた。菊栄が疎開先から藤沢に帰宅したのは，そののち10月27日であった。
市川らが活動を開始してからすでに2カ月が経っていた。

　1945年11月2日，東京日比谷公会堂で旧労農党同人らで「日本社会党」結
成（川上 1981：13）（片山哲書記長，高野岩三郎顧問，婦人部長に赤松常
子）をみた。このとき山川均にはとくに相談もなく（小山・岸本編 1962：
188），山川均は傍聴していたが，これといって論評も残していない（石河
2015：102）。均も菊栄も戦後は無党派として出発した。

───────────
4）5大改革の第1の全文は，「参政権の賦与による日本婦人の解放＝日本婦人は政治体
　の一員たることによって家庭の福祉に直接役立つ新しい政治概念を日本に招来するであ
　ろう」である（『日本婦人問題資料集成』第二巻 政治，ドメス出版，1977：613）。

第9章　戦後・GHQの占領下での山川菊栄——労働省婦人少年局退任まで　359

　ちなみに，宮本百合子の夫の宮本顕治は，14年にわたる獄中生活から1945年10月解放されて網走から帰京した。戦前非合法だった「日本共産党」は合法化され，12月１〜３日，第４回党大会を開催（党員1813人と公表）し，党を再建（書記長：徳田球一）した。

　1945年12月17日，衆議院議員選挙法改正法案が第89議会を通過し，婦人参政権の付与が認められた（市川房枝研究会編　2008：161）。12月，ワシントンに極東委員会（米・英・ソ・中国など）が設置され，東京に対日理事会を置いた。

(2)　「戦後対策婦人委員会」と「新日本婦人同盟」：市川房枝の動向
　戦後最初の婦人団体の誕生は，市川房枝が，1945（昭和20）年10月末の「戦後対策婦人委員会」の解散時から準備していた同年11月３日設立の「新日本婦人同盟」（1950年11月に「日本婦人有権者同盟」に改称）である。

　10月30日には，いずれ山川菊栄とも関係が深くなるエセル・ウィード陸軍中尉（Weed, Ethel：1906-1975）がCIE企画班に（1952年４月まで），ドノヴァン（Donovan, Eileen）がCIE教育課（1948年６月まで）に着任した。上村（2007：3-43, 228）の研究によると，ドノヴァンは，1943年１月に，その前年５月に設置されたUSA陸軍女性補助部隊（Women's Army Auxiliary Corps：WAAC）に入隊した人物であり，ウィードは，1943年５月に入隊しているので，２人とも初期の女性米軍軍人である[5]。ウィードは，女性問題に関する政策の立案，政治，経済，社会分野における女性の再教育，民主化のための啓発活動を任務とし，とくに婦人団体を担当した。ウィードは，戦前日本の産児制限運動の指導者で人民戦線事件で投獄されたことのある加藤シヅエ[6]（1897-2001）を女性問題の私的顧問として抜擢した（上村

　5）第２次世界大戦は，アメリカ史において，軍隊の女性化が進んだという点で特徴をもつ。男性の聖域とされた軍隊に女性が参加したのである。1942年に陸軍女性補助部隊（WAAC），1943年７月１日には陸軍女性部隊（Women's Army Corps：WAC）が設置され，正規の女性兵士が出現した（上村　2007：4）。WAACの隊員は，90日間の猶予が与えられてWACへの入隊か引退かを決断したとのことである（上村　2007：10）。戦後の日本の女性解放をめぐる政策が，女性軍人の手で進められたこと自体，研究対象たりうるが，ここでは指摘するだけにとどめる。

2007：29)。ウィードの女性政策の手腕は，上村の研究（上村 2007：21-43
の第2章）に詳しい。

　翌1946年にはゴルダ・スタンダー（Standar, Golda 1907年生まれ）が着任
し，9月から1948年11月まで経済科学局（Economic and Scientific Sec-
tion：ESS）の労働課，賃金労働条件係として，労働基準法制定の支援をし
た。スタンダーは米連邦政府の労働監督官で，約2年間の日本在任中，労働
基準法の制定，同法中の婦人関係条項にも深いかかわりをもった。

　まず，1945年11月2日，ウィードは加藤シヅエと婦人選挙権行使推進方策
について協議し，CIE のための「婦人諮問委員会」を組織することを決め
た。11月21日には，メンバーを，加藤シヅエ，羽仁説子，山本杉，佐多稲子，
山室民子，赤松常子，宮本百合子，松岡洋子の8人とした。メンバーは11月
29日の会合でウィードの指導のもとに戦後の民主女性団体の典型として評価
される「婦人民主クラブ」の結成に合意する（同上：29による）。この「婦
人諮問委員会」に，山川菊栄の名はなく，宮本百合子が入っている。

　山川均は，1945年9月13日疎開先から上京し，知人でジャーナリストの内
藤民治（1885-1965）方に間借りしていたが，「治安維持法」は，1945年10月
4日，GHQ から廃止指令が出て，大審院は，11月8日「人民戦線事件」の
原判決を破棄したので，均は免訴となっていた。均は，「民主人民戦線」の
構想を執筆して1946年『改造』2月号（復刊第2号）に「民主戦線のため
に」と題して発表（『山川均全集』14：302-310）し，日本帝国主義勢力の立
ち直る前に，あらゆる民主勢力の共同戦線締結の計画の必要を説いた（菅谷
1988：9）。

　菊栄は，疎開先の水害の後始末[7]で，遅れて1945年10月26日に藤沢に帰り，

6）加藤シヅエは，1914年に女子学習院中等科を卒業して27歳の石本恵吉男爵と最初の結
　婚をし，夫と1919年に渡米。ニューヨークのバラード・スクールに学ぶ。その頃，産児
　調節運動家マーガレット・サンガーと出会い，日本での運動を決意する。帰国直後の
　1922年に社会運動に理解のあった夫とともにサンガーを日本に招待。これを機に日本で
　の産児調節運動をスタートさせ，1931年に日本産児調節婦人連盟を設立し会長に就任す
　る。1944年3月に離婚。同年11月，労働運動家の加藤勘十と結婚し，加藤（静枝）シヅ
　エとなる。1946年4月の敗戦後初めての総選挙である第22回衆議院議員総選挙に当選し
　（初の女性代議士39名のなかの1人），日本社会党に入党する。

第9章　戦後・GHQの占領下での山川菊栄——労働省婦人少年局退任まで　361

藤沢と均の間借り先を往復して活動を開始した。戦前の菊栄は，文筆活動が主であったが，戦後は文筆活動以外に，均の「民主人民連盟」に連動する「民主婦人協会」を作り，日本社会党員になり，初代労働省婦人少年局長に就任し，その後も日本社会党にあって行動的実践活動も行った。まず，本節では，戦後直後から労働省婦人少年局長時代までをみる。

　戦後の動きは早く，「新日本婦人同盟」の市川房枝や藤田たきとウィードが会ったのは1945年11月2日で，日本社会党が結成された日である。市川房枝は，11月4日にウィードを訪問して，同同盟の設立と今後の運動方針を報告している（市川房枝研究会編 2008：157）。

　山川均が人民戦線の結成を提唱したのが1946年1月10日であり（「人民戦線の即時結成を提唱す」『民衆新聞』1946.1.10. 掲載，『山川均全集』14：311-312），その頃，菊栄は均と歩みをともにしていた。

(3)　「婦人民主クラブ」の創設
——宮本百合子に注目して

　このような動きのなかで，1945（昭和20）年の11月から数カ月の準備期間を経て，翌1946年3月16日，前述「婦人民主クラブ」（委員長は松岡洋子，以下引用以外で「婦民」と略すことがある）が結成された[8]。櫛田ふきは，婦人民主クラブ創立45周年記念文集の「婦人民主クラブとわたし」のなかで，「婦人民主クラブはアメリカ占領軍の申し子と噂されるが，司令部の婦人課長ミス・ウィードの示唆のあったことは事実で，敗戦日本の婦人対策について，羽仁，加藤らはしばしばウィードに招かれ，意見を徴されていた」（婦人民主クラブ再建 1991：15）と書いている。なお，同クラブの『通史・婦人民主クラブの50年 明日を展く』（2000：16）にも櫛田は類似のことを書いている。佐多稲子は，婦人民主クラブ創立時の思い出として「GHQの婦人

7）このときの，1945年9月18日午前1時に氾濫した，県下の大河芦田川の水害の被害のすさまじさを体験した菊栄は，戦後初めての評論「食糧難と社会不安」（『改造』1946年1月号，『山川菊栄集』AB 7：14）のほか，「四国・中国の旅」のなかの「洪水のあと」（1947年『前進』12月号，同上：94-95），9年を経て「火攻め・水攻め」（『婦人のこえ』1954.8）のなかの「大水」の部（同上：189-195）に，リアルに描いている。

対策はその最初，加藤静枝さん，羽仁説子さんに呼びかけて，いわゆる知識婦人数人のグループによる婦人の民主化の活動を求めるものだった。宮本百合子と私は羽仁さんに呼ばれてここに参加した」（ふぇみん婦人民主クラブ，2013：4）と書いている。なお「婦民」は，政党との関連で困難な経験をしながら日本の婦人運動を切り開いていくが，1970年に分裂した。これについては後述する。

また1946年12月15日には，後述する「女性を守る会」を新日本婦人同盟が労組婦人部，社共婦人部，婦民など13団体と共催（市川房枝研究会編2008：181）しているが，この会は，GHQとは関係のないところでの下からの動き（むしろ，対GHQ）であり，戦後初の国際婦人デー[9]を1947年に実施する母胎となるものであった。ここにも菊栄は登場していない。

戦後第1回の総選挙，最初の婦人参政権行使の1946年4月10日が迫っていた。その後の「婦民」の歴史は複雑で，この会には菊栄は終始関わっていないが，1951年1月に急逝した宮本百合子がかなりの比重で「婦民」と関わった。

前章で，私は，戦前1930年代に，ソ連から帰国した百合子と菊栄を対照させたので，戦後の出発点で，菊栄と百合子の動きに注目すると，菊栄は「民主婦人協会」の創設，百合子は「婦人民主クラブ」の創設メンバーの1人として注目される。

まずGHQと「婦人民主クラブ」の関係については，下記脚注8）のなかで示した①の文献では，「よく婦人民主クラブは〝アメリカ占領軍の落とし

8）「婦民」の歴史を示す文献は，①婦人民主クラブ二十年史編纂委員会編『航路二十年　婦人民主クラブの記録』（1967），②婦人民主クラブ（再建）編の婦人民主クラブ創立四五周年記念文集『明日を創る　婦人民主クラブと私』（1991），③婦人民主クラブ（再建）編の『明日を展く　通史・婦人民主クラブの五十年』（2000），④婦人民主クラブ『婦人民主新聞縮刷版』（1982），⑤佐多稲子（2013）「佐多稲子回想記『ふみんと私』」を用いる。

9）1947年3月9日が戦後初めての国際女性デーといわれているが，その前年の1946年3月9日，「新日本婦人同盟」が共催（どこと共催かは書かれていない）で国際婦人デーを日劇で挙行し，市川房枝，野坂竜，松岡洋子が講演したという記録がある（市川房枝研究会編　2008：167）。しかしこのことは，他のいずれの文献にも表れない。根拠は，【市川史料】と呼ばれている未整理の史料とのことである（市川房枝研究会　2008：212）。

子"といわれますが，それはひとつのきっかけにすぎなかった」（婦人民主クラブ編 1967：12）と書かれており，同じく②の記念文集中で，櫛田ふきは「婦人民主クラブはアメリカ占領軍の申し子と噂されるが，司令部の婦人課長・ミスウィードの示唆のあったことは事実で，敗戦日本の婦人対策について，羽仁，加藤らはしばしばウィードに招かれ，意見を徴されていた。クラブが軌道にのり，新聞も伸びていく過程で，わたしも呼ばれ，ウィードから新聞面につき，民主化に厳しいブレーキがかけられたことも記憶に残っている」（婦人民主クラブ再建編 1991：15，類似のことは③の文献：16にも）と書いている。「ウィードから新聞面につき，民主化に厳しいブレーキがかけられたことも記憶に残っている」とは，当時のGHQの検閲のことを指していると思われる。

　さて，宮本百合子であるが，百合子は「婦民」の発起人の1人であった。「婦民」は，のちに1970年6月7日，24回全国大会で分裂するが，百合子生存中の短い間も順調に歴史を積み重ねているわけではない[10]。その背景を念頭に置きながら，設立当初百合子が書いているものを追ってみたい。

　まず，1945年12月に百合子執筆の「婦人民主クラブについて」は，無署名，「趣意書が印刷できないのでそれまで便宜にこの短い言葉を」と記された紙の2ページ目に「△発起人　加藤静枝，羽仁説子，赤松常子，山室民子，佐多稲子，宮本百合子，山本杉，松岡洋子」とあるという。それによれば「新しい日本が始ろうとしています。本当にわたしたちの幸福のために，私たち自身が考え，選び行動して行ける時代になりました。（中略）重い封建の石をわたし達の肩からふりすて，日本の明るい民主的社会を招来させ，もう二度と戦争のない，生活の安定と向上との約束された未来を，わたし達のものとしましょう。婦人民主クラブはあらゆる層の婦人がうれしさも努力も向上

───────────────────

10) 主なものは，上述①の文献，婦人民主クラブ二十年史編纂委員会編（1967：78-100），第6章　政党の私物化に抗して，を参照のこと。日本共産党が分裂状態にあったいわゆる「50年問題」が，当時の婦人運動に影響をおよぼし，「婦民」はダメージを受けた。この問題の解決は1955年7月の共産党の第6回全国協議会における極左冒険主義の自己批判まで続いた。戦後婦人運動に対する日本共産党の誤った指導として今日では明確にされているが，山川菊栄は，婦人民主クラブと関わりをもっていなかったせいか，批判的文書を残してはいない。

心も互にわけ合って育ってゆく日本唯一のクラブとして発足しました。」
（『宮本百合子全集』新日本出版社，1980年版 第15巻：348-349）と書いている。

　同じく，1945年12月，百合子は「婦人民主クラブ趣意書」を起草した。

　そのなかには「私たちは，婦人の生活上の力量がこの社会のより幸福な組立てのために，どれほど重大な価値をもっているかを自覚しなければなりません。その自覚に立って，社会全体の向上というひろい見地から婦人共通の福祉のために配慮し，協働し，それを実現して行かなければなりません。民主的な社会の建設ということの実体はここにこそあると思われます。精神に於ても肉体に於ても，一人一人の日本婦人のうちに隠されている能力の，最大の可能が導きだされなければなりません。」（同上：14-15）とある。

　正式の趣意書には，8名の発起人のほかに，井上松子，土居美代子，渡辺多恵子，渡辺道子，鷺沼登美枝，吉田玉の緒，吉見静江，谷野せつ，櫛田ふき，山室善子，山本安英，藤川栄子，小池初枝，厚木たか，定方亀代，三岸節子，関鑑子が名を連ねている。多彩な顔ぶれであるが，のちに労働省婦人少年局長となった山川菊栄の部下になる戦前からの婦人労働行政役人谷野せつの名があることが注目される。

　さらに1946年6月と推定される時期に『婦人民主新聞』見本誌に掲載された「明日を創る－婦人民主クラブ発起人のことば－」では，百合子は次のように書いている。

　　朝の太陽が，一刻一刻と地平線の上にさしのぼって来るように，日本には人民が自身の幸福建設のために支配者として生活し得る可能性がましています。

　　これまで永い間，重い歴史の蓋をかぶせられて，日本の老いも若きも，何と暗い無智におかれ，理非をいわせぬ犠牲となって一生を過ごして来たことでしょう。

　　今やわたくしたちは元気よく立ち上ったその肩の力で，人間生活を圧し殺して来た圧迫を徹底的にとりのぞかなければなりません。そして，自分たちのただ一度しかない人生を，自分として納得出来るしかたで充実させて行かなければならないと思います。

第9章　戦後・GHQ の占領下での山川菊栄——労働省婦人少年局退任まで　　365

　智慧のよろこびも，肉体の歓喜も奪われた日々の裡で，若さゆえに，
一筋の情熱を守って自身の成長を念願してきた女性の心情こそ，明日へ
伸びてゆく日本の浄き母なる力です。

　私たちは正しい希望と発案とを集め，それを組織することを学びまし
ょう。組織してそれを着々と実現してゆく力量を，私たちの身についた
ものにしてゆきたいと思います。どう現実のものとしてゆくかというこ
とは，私たちの熱意と実行力にかかっております（『宮本百合子全集』
新日本出版社，1980年版　第15巻：349-350）。

　1946年8月22日『婦人民主新聞』第1号が発行された。その社説として無
署名で「われらの小さな“婦人民主”」というのが百合子によって書かれて
いる。そこには「『婦人民主』が週刊紙として発刊されることになった。（中
略）『婦人民主』の新らしい使命はふたとおりある。生々と，明日に伸びる
婦人大衆の声をあまねくこだまして，まだ仄暗い封建のしきたりに閉されて
いる隅々にまで，その活潑な響きを伝えること。同時に，日本の平和と幸福
とのために，婦人の任務の価値を十分知っている有能な男子の社会活動の諸
分野に，婦人の創意と批判とを参加させ反映させる公の機会の一つとするこ
と。この二通りの作用をとおして，男子と婦人の真面目，積極な協働こそ，
民主的な社会生活問題の解決の方法であることを学んでゆこうとするのであ
る。（中略）民主の社会という場合には，少くとも人権が確立し婦人の社会
的地位の差別がとりのぞかれ，人種偏見から解放され，言論，出版，政治活
動の自由のある社会を意味している。（中略）『婦人民主』の特色は，婦人を
くいものにするすべての営利出版に抗して，清純，良心的な立場から発刊さ
れる点である。あくまでも，真摯な婦人大衆との協働によって，この小さい
『婦人民主』を，愛するに足るものに育て上げたいと願っている」（『宮本百
合子全集』同上：142-143）とある。

　さて，1946年8月22日に機関誌『婦人民主新聞』を発刊する3カ月前に遡
るが，婦人民主クラブは，すでに試練に直面していた。それは，1946年4月
10日の総選挙で，39名の女性議員（自由5，進歩6，社会8，共産1，諸派
10，無所属9）が当選したが，女性の立場から議員を励まそうと，神近市子，
深尾須磨子，平林たい子から「全日本婦人大会」開催を呼びかけられたので

ある。初登院の日に，超党派で花束を贈り，デモで議員を議会に送りこもう
という計画とのことであった。「婦人民主クラブ」は「保守から革新まで含
めて女だから」というのはおかしいと5月17日「不参加」の決議を「全日本
婦人大会準備会」に提出した。平林たい子は，『朝日新聞』の「声」欄
（1946年5月26日）でこれを「反対理由は，クラブの組織自身についても当
てはまることであって，このような反対のしかた自体が，婦人運動の分野に
見られる社会的訓練欠如による不必要な感情的境界線」と批判した。

　この問題に対応し，1946年8月22日，宮本百合子は，『婦民』第1号の
「論壇」に「三つの民主主義－婦人民主クラブの立場に就いて－」を書いた。
百合子によれば「今日，世界には三つの民主主義がある。ブルジョア民主主
義，新民主主義，社会主義的民主主義。（中略）新民主主義の社会というの
は一つの歴史の時期の上に，二様の歴史の発展の波がうちよせているような
中国や日本の，今日より明日への姿である。（中略）日本を不幸にした特権
者の封建支配よりすべての日本国民を解放し，ブルジョア民主主義を完成す
る能力をもつものは，今日日本の人民の多数を占める男女勤労者であり，勤
労階級である。（中略）婦人民主クラブは，日本の歴史の特長によって新民
主主義を完成するのが日本人の真面目な唯一の目的であることを理解しなけ
ればならないと思う。

　全日本婦人大会というものが神近市子氏，深尾須磨子氏，平林たい子氏に
よって提案され，クラブ員が個人として招待されたとき，婦人民主クラブが，
そういう種類の会の成立に反対したことは，右のような客観的理由をもって
いたのである」（同上：144-147）と解説している[11]。菊栄はこのとき，とく
に発言した形跡はない[12]。

(4) 山川菊栄の戦後と「民主婦人協会」の創設
──山川均の「民主人民連盟」との関係で

　菊栄の一般の目にふれる文筆活動としては『改造』1946年1月号（復刊第
1号）の「食糧難と社会不安」が戦後の最初である（『山川菊栄集』
AB7：7-16）。これは，「忘れられぬ十二月八日は近づいた」で始まるので，
1945年11月末か12月初めに書いていたものであろう。この評論は，菊栄の戦

後の思いを表すものとして，生き生きとしている。その後に書かれたもので
は，上記「日本民主化のための5大改革指令」の第1項の「参政権の付与に
よる女性の解放」に関わるものが多い。

菅谷（1998：10）は菊栄の「戦後活動の手始めは，1946年1月の新歴史協
会の設立であった。雑誌『新歴史』を発行，水戸藩生瀬事件を執筆した」と
書いている。鈴木裕子の著作目録では，『新歴史』1巻1号（1946年6月）
に「水戸藩の農民騒動」が掲載されたとしている（『山川菊栄集』B別巻：
終わりから42）。石河（2015：97）も，均の評伝のなかで，均が新歴史協会
をつくったことにふれているので，それと連動しての活動であったのだろう。
戦後の菊栄の出発は，前述の加藤シヅエや市川房枝らの動き方とはかなり異
なることに注目したい。

先に述べたように，1946年4月10日，新選挙法にもとづく戦後初めての，
衆議院議員総選挙では，日本の女性は初の婦人参政権を行使した。79人の女
性候補者が立候補し，39人が当選したあと，幣原内閣は総辞職した。婦人参
政権行使問題について，菊栄は，市川房枝とは異なる見解をもっていた。

11）この頃の婦人運動の事実関係は，さまざまに異なる説明があり，判断に苦しむが，こ
の問題に関連すると思われる叙述が，帯刀（1957：163）にもある。帯刀は「この年六
月七日，はじめて国会におくり出された婦人代議士たちに花束をおくって，その前途を
激励しようという民主婦人大会（百合子は全日本婦人大会と書いていた：伊藤）が日比
谷の小音楽堂でひらかれた。この運動の中心になったのは山川菊栄・平林たい子らの
『民主婦人連盟』であった。」と書いている。しかし，この時点で『民主婦人連盟』とい
う団体は成立していない。また，私見では，菊栄が，少なくともこの運動の中心になる
とは思い難い。菊栄が平林たい子らとつくった団体は，当初は既述のとおり『民主婦人
協会』と呼ばれているものであった。

12）菊栄と百合子が相互に相手を評したものはみられないが，菅谷直子が昭和前期の宮本
百合子を扱った小論（田中編 1968：菅谷：142-146）の終わりを，多分戦後をも含め
「宮本百合子は芸術家のデリケートな感覚と鋭い直感で社会と婦人を洞察し，その透徹
した頭脳で階級的な立場から婦人問題をとらえ，たしかに卓越した意見を述べている。
しかし山川菊栄と比較してみるとき，政治的立場もあろうが，菊栄の持つ科学性，具体
策を欠いている。その点，彼女は何よりもまず文学者であった。百合子の女性論をみる
とき，このことを忘れてはならない」（同上：146）と締めくくっている。たしかに百合
子は文学者である。しかしただの文学者ではない。評論も多く発表している。私は，菅
谷の百合子評を，必ずしも的確とは思えないが，紹介しておく。

『婦人公論』1946年4月再生号に載せた「解放の黎明に立ちて――歴史的総選挙と婦人参政権」（『山川菊栄集』AB 7：26-39）では，市川の棄権防止政策を次のように批判する。

　　棄権率の高いことがもっぱら問題とされ，市川房枝氏の如きはこれを狩り出してまで投票させよ，投票したことによって政治的興味をよび起こされるであろうからと主張する。しかし，私は婦人の政治教育は，まず，自主的行動，自己の責任による行動への要求から出発すべきだと考える（同上：34）。

　山川均の「民主人民連盟」の機関誌『民主戦線』は1946年4月に創刊号を出すが，菊栄はそれに「男女賃金の不平等」を書いている。1946年の新聞・雑誌への執筆は，1947年7月刊行の『日本の民主化と女性』（三興書林）に収録され出版された。その巻頭論文が，掲載誌不詳（あるいは書下ろしか？）の「自由に考え，自由に学ぶ」である。これも優れた評論の一つであるが，その最後は次のように締めくくられている。時代の変化をまっすぐに受けとめて，疑いをはさむ言葉はない。

　　私達は今や言論の自由，教育の自由をえた。民主主義は人権を保障する。男も女もここに初めて創意を活かす社会をみずから作る力を与えられた。日本では初めて自然科学と社会科学のあらゆる領域において，自由に観察し，自由に考え，自由に学ぶことを許された。日本の進歩はこれからである。婦人の解放は，初めて婦人に科学を与える。私たちは木の実，草の葉をあさって生きた原始女性の生活へ返る代わりに，彼女達の開いた科学の初歩の段階から今日にまでつづいたその道を改めてかえりみ，さらに深く，遠く究めて，人類の進歩と幸福とに寄与しなければならない（『山川菊栄集』AB 7：6）。

　山川均は，前述のように「民主人民連盟」を結成した。連盟の婦人対策部長は山川菊栄であった。民主人民連盟の機関誌『民主戦線』（1947年4月）によれば1946年末，連盟はこの婦人対策部とは別に，女性の大衆団体を創立し，未組織の女性を組織化することを決定し，菊栄や石井雪枝を中心に，戦後1年半以上を経過した時点の1947年4月26日「民主婦人協会」を創立した。「民主婦人協会」は，「民主婦人連盟」に名称変更ののち1952年に解散したが，

機関誌『民主婦人』（1950年6・7合併号から『婦人解放』）をもった。すでに述べた他の2つの組織（「婦人民主クラブ」1946.3），性格は異なるが「女性を守る会」1946.12）に比べて遅い出発であった。

その母胎ともいうべき，「民主人民連盟」のほうは，山川均の発病によって，均の十分な音頭が取れないうちに，1947年5月に潰えていく。しかし「民主婦人協会」は独立の組織として菊栄が，1947年9月，労働省初代婦人少年局長に就任したのち，作家の平林たい子を中心に運営された。

鈴木裕子は，「戦後婦人運動史研究のなかで民主婦人協会は，その存在自体が軽視されてきたといってもよく，もっと研究されてしかるべきである。これは同時に戦後初期の山川婦人運動論を検討することにもつながる」（『山川菊栄集』A7：345：鈴木：1982年の「解題」，類似のことは，鈴木1990a：23にもあり）といっている。そのこともあってか，山川菊栄生誕百年を記念する会編の『現代フェミニズムと山川菊栄』（1990.11）に収録される連続講座第1回（1988.11.6）の冒頭で「民主婦人協会（連盟）」が取り上げられている。司会の鈴木裕子は，「当時もうすでに，労働組合では産別系と総同盟，政党では社会党と共産党と，かなり尖鋭的な対立をみせていたかと思いますが，そういう対立の網をぬって広く進歩的立場から，平和の立場から，女性の統一戦線を作ろうとした動きが民主婦人協会であったと位置づけてよろしいんじゃないかと思います。（中略）連盟は五一年に解消します」（山川菊栄生誕百年を記念する会 1990：11）と説明しているが，参加者の討論ではそれほど菊栄との関係で「民主婦人協会」について鮮明な議論が展開されているとは思われない。

日本婦人会議編『大地に花を　日本婦人会議三十年のあゆみ』の冒頭章で，重ねて鈴木は「民主婦人協会は，戦後女性運動史のなかで，不当に軽くみなされたきらいがあり，また婦人会議（「日本婦人会議」のこと：伊藤）の源流的女性団体でもあるので，ここではややくわしく述べることにしよう」（日本婦人会議編 1992：32）と自ら同書（32-40）で詳しく述べている。さらに今世紀に入っても，鈴木は「民主婦人協会（民主婦人連盟）は，従来の戦後女性運動史研究ではまったくといっていいほど注目されていませんが，菊栄の戦後女性運動論を検討するうえでももっと研究されるべきです。」（鈴

木 2006：142）と幾たびも重ねて書いている[13]が，その後出された『山川菊栄集』B7の解題部分では，自らはとくにふれていない。

　しかし，「民主婦人協会（連盟）」には，均の提唱した「民主人民連盟」があってこその存在なので，他の婦人組織とは異なり，親組織ともいうべき「民主人民連盟」とは何かを知ることが前提となる。「民主人民連盟」自体は資料も多く，山川均研究そのものに分け入らねばならないことになる。私の菊栄研究の問題意識との関わりでのみ関連づけるという意味で，法政大学大原社会問題研究所編（2011：881），石河（2015：94-119），『山川均全集』第14巻（2000：302-350），湯浅（小山・岸本編：1962：185-229）を参照した程度であるから，鈴木の「研究されるべき」の水準にほど遠い。この問題は，鈴木自身の手で深めていただきたいと思いつつ不十分ではあるが，簡単にふれておくことにする。

　山川均は，『民衆新聞』1946年1月10日号に，「民主主義の徹底を要求するすべての政党，労働組合，農民組合，文化団体，言論機関，および全国の同志に訴えて──人民戦線の即時結成を提唱す」を掲載し，1月25日延安から帰国した野坂参三歓迎会にビラとして配布した。そこには「人民戦線の形成が一日おくれることは，民主主義日本の建設が一年おくれることを意味する。……人民戦線の提唱は，今日なされなければ明日何人かによって必ずなされるだろう。微力な私があえてこの任にあたったのは，現在いずれの政党政派にも属せぬ私の立場が，この提唱に便宜であると考えたからにすぎない。」（『山川均全集』14：312）と書いている。1月15日付，赤坂局消印の，藤沢市弥勒寺の菊栄・振作宛て均の速達には，「社会党も提唱に応ずるらしい」（同上：459）と書かれている。日本共産党は17日これに支持を声明した（石河 2015：105）。しかし，社会党は「人民戦線は結局政党に発展する可能性が強い」等の理由でなかなか前に進まない。

13）「民主婦人協会（1948年から民主婦人連盟）」について少しでもふれているのは，鈴木以外，日本婦人団体連合会編 1962：190），三井（1963：182，195，197），菅谷（1988：16-28）などである。年表では，『日本婦人問題資料集成』（ドメス出版，第10巻 1980：238），法政大学大原社会問題研究所編（1995：1947.4.16d），市川房枝記念会編 2008：186），には言及されている。

それでも 3 月10日には「民主人民連盟結成準備会」（第 1 回世話人会）を発足させ，団体名は「民主人民連盟」。運動上の名称は「民主人民戦線」としたが，この前後からは均は体調を崩した。癌と診断されて 5 月末から以降 2 年間，下曽我で療養するはめに陥った。7 月21日，「民主人民連盟」は創立大会をもったが，均は欠席のまま委員長，そして翌1947年 5 月に解散した。

そのようななかでの「民主婦人協会」も短命であることを余儀なくされた。「民主婦人協会」についてある程度叙述している文献は，管見の限りでは，まず菅谷（1988：16-28）の「民主人民連盟」書記石井雪枝の「談」によるもの，および上記鈴木（1990a：14-23），鈴木（日本婦人会議編 1992：32-40）である。私が付け加える点があるとすれば，均の「民主人民連盟」とのつながりを示すくらいであるが簡単に記しておく。

【設立までのいきさつ】1946年末「民主人民連盟」第 2 回拡大中央評議会の決定により設置された連盟婦人対策部（部長：山川菊栄，部員：石井雪枝）が婦人問題スローガン検討と同時に，連盟とは別に婦人の大衆団体を創立し，未組織婦人の組織化をすすめることに決定。

【目的】山川菊栄が起草した創立趣意書草案（謄写版刷り）[14]に①「主婦と勤労婦人」，②「女の再教育のために」③「民主日本の基礎工事」④「進歩的な婦人団体の任務」⑤「自由な討議をとうとぶ」の 5 項目示されている。最後の「自由な討議をとうとぶ」のなかに，すでに，戦後日本で進歩的団体もでき，そこで活動している女性も多いが大多数はその影響外にあるので，民主婦人協会は，そのすきまを埋める役割をつとめたい。「従ってこれは既成の民主的諸団体に対立し，又はそれをきりくずすためではなく，それらにとり残されている人々に，親しみやすく近ずきよいものとして，組織の機会を提供し，かつ既成の諸団体と協力していきたいと考える」としており「政治的な面では民主人民連盟の一翼として，同じ線にそうて働くつもり」と書かれ

---

14) 全文は，山川菊栄生誕百年を記念する会編（1990）の10-14，170-176，178-183ページ下欄の縦書き様式脚注に書かれている。また1947年 4 月26日の創立大会に提出された 3 月16日稿の山川均の直筆原稿「民主婦人協会の創立大会にあたり」が『山川均全集』（15：118-119）に掲載されており，そこで山川均は，「民主婦人協会」を「民主人民連盟」の「僚友団体」と呼んでいる。

ている。

【発起人】労組関係14名（松田ふみ子：毎日新聞従組，石原清子：読売新聞従組婦人部長，内藤黎：総同盟婦人部，望月清子：鐘紡大井工場，尾崎みつ子：横浜教育組合，千葉千代世：教全連副委員長ほか），作家・評論家・研究者関係17名（大森松代，鶴見和子，田辺繁子，波多野勤子，大谷藤子，真杉静枝，平林たい子，荒畑初枝，平林恒子，岸輝子，杉村春子，神近市子，山川菊栄ほか）31名で，代表は山川菊栄，神近市子，平林たい子。

【活動】機関誌『民主婦人』→『婦人解放』の発刊，講習会・講演会・研究会開催，各種施設の見学，婦人と子供の生活についての研究・調査・政策，講師の養成，家事の共同化についての研究，婦人団体の調査。

【事務所】神田神保町民主人民連盟内，機関誌発行所は婦選会館，最後は北区の山内房吉。

　気になるのは，すでに述べたように，その1年前の1946年3月16日に前述「婦人民主クラブ」が結成されており，同年8月22日には，機関誌『婦人民主新聞』を発行して活動を開始していたこと（婦人民主クラブ編 1967：第一章）である。そうしたなかで「民主婦人協会」の母胎である「民主人民連盟」は，前述のように1947年5月に解散していた。「民主婦人協会」の目的に書かれている「政治的な面では民主人民連盟の一翼として，同じ線にそうて働く」というその母体「民主人民連盟」の消失により，組織はどうなるのか。もし，「民主人民連盟」の一翼として，同じ線にそうて働くということであれば，継続は不能であるから，継続するには女性団体としての独自性を創造していかなければならないであろう。また，鈴木裕子がいうように，のちの「日本婦人会議」（現「ｊ女性会議」）の源流的女性団体ということであるなら，「人民連盟」的政党のもとでの婦人団体という要素をはらんだ1960年代初期の政党系列化の先取り的女性組織であったともいえる。いずれにせよ，「民主人民連盟」が解散した1947年5月以降，1952年まで継続したのだから，菊栄の婦人少年局長時代も含めてよく続いたということになる。

　しかし，「民主人民連盟」が解散したのが1947年5月で，均と菊栄が「社会党」に加わったのが同年7月であるので，「民主婦人協会」は，社会党とどのような関係になったかが問われなければならないが，山川菊栄生誕百年

を記念する会編（1990：14-19）座談会でも明白にならない。

　また，すでに，1946年8月1日，社会党系の日本労働組合総同盟（総同盟）が結成され，第1回大会を開催し，8月19日には，共産党系の全日本産業別労働組合会議（産別）も結成されて，2つのナショナルセンターが分立した。後述するが，1948年4月19日に，産別傘下の労働組合婦人部を中心に「日本民主婦人協議会」（民婦協）が結成され（これは，「女性を守る会」が発展的解消したもので，産別傘下労働組合婦人部中心の団体が加盟）[15)]ので，上記菊栄らの「民主婦人協会」は，名称のまぎらわしさを避けて，「民主婦人連盟」に改称し，機関誌『民主婦人』は，1950年代に入って『婦人解放』と改められたのである。「民主婦人連盟」は，菊栄が婦人少年局長を降りた1951年も存在し，菊栄が外遊から戻った1952年に解散した（菅谷1988：19）のである。両機関紙（『民主婦人』は名称が多様であるが）に菊栄が書いたものは表9-1，9-2のとおりである。

　『婦人解放』は，1950年5月号の1冊だけが神奈川県立図書館山川菊栄文庫に所蔵されている（ここには菊栄は執筆していない）が『民主婦人』を探

表9-1　『民主婦人』『民主婦人協会会報』『民主婦人連盟』等のなかで山川菊栄が執筆したもの

鈴木裕子の著作目録（『山川菊栄集』B別巻 著作目録）によって菊栄筆とされているもの。（『山川菊栄集』への収録はなし）

年	号	山川菊栄執筆の題	注目すべき事項
1947	『民主婦人協会報』2号（2.7）	婦人解放と婦人部 謝泳心さんと語る	社会党第1党（143議席）均とともに社会党入党
1947	『民主婦人』　4月15日	選挙をどうむかえたらよいか	
1949	『民主婦人』号不明（3.15）	婦人の日	
1949	『民主婦人連盟』11号（5.1）	新憲法2周年	
1949	『民主婦人』10月号	国際関係の復活と平和	

15) 産別傘下14組合，全官公労，私鉄総連，日通，全専の組合の各婦人部，婦人民主クラブ，民主保育連盟，民主主義文化連盟婦人部，在日朝鮮民主女性連盟など25団体加盟。

表9－2　『婦人解放』のなかで山川菊栄が執筆したもの

鈴木裕子の著作目録（『山川菊栄集』B別巻 著作目録）によって菊栄筆とされているもの。（『山川菊栄集』への収録はなし）

年	号	山川菊栄執筆の題	注目すべき事項
1950	8月号	教育委員の選挙に備えて	占領政策反動化
1950	9月号	勘当中の日本人，災害と地方民，おくれた東北の問題	警察予備隊
1950	10月号	税の問題	公職追放
1950	12月号	奈良の旅から	貧乏人は麦を食え
1951	9月号	反動はつのる	講和・安保条約

したが，同図書館で私は見いだすことができなかったので，不十分な叙述のままこの項を終える。

(5)　GHQ の婦人政策の性格

　ここで肝心なことは，GHQ 占領政策の性格はどうだったかということである。占領政策は占領下（1945-1952）の7年間に変化していくのは今日では周知のことであるが，その本質を見ぬくのはそう容易ではなかった。1946（昭和21）年2月，日本共産党は第5回大会を開催した（婦人部担当：宮本百合子，党員：6847人・『アカハタ』二十数万部と発表）。日本共産党は，初期の占領軍の本質の分析に不十分なところがあったことも知られている[16]。同党が，米国の沖縄占領への無警戒，沖縄を本土ときりはなして米軍直轄の

16）日本共産党婦人部担当の宮本百合子の，1946.12-1947.1の間に原稿用紙に書かれた直筆と思われる日付不詳の手紙が，請求記号 CIE（B）01709（さらに詳細に書けば，GHQ/SCAP Records Box No.5247 CIE（B）01709 Class No.731）のなかに大阪・京都を視察するエセル・ウィードを紹介する尾崎邦宛て手紙が入っている。そのなかで，「ミス・ウヰードは，一つも偏見のない，着実な心の暖かい婦人で，仕事熱心な心もちのよい婦人です」という紹介がなされている。宮本百合子も，エセル・ウィードを信頼しており，ウィードが地方の女性と懇談をするときも積極的に仲介に協力していることがわかる。もっとも，GHQ の占領政策と，占領軍の一員として働く個人とは，同一視されるものではないことは当然ではある。それよりも，こういう手紙も検閲されて残されているということのほうに注目する必要がある。日本共産党が，占領軍にまだ警戒心をもっていなかったことと関係はないであろうか。

第９章　戦後・GHQ の占領下での山川菊栄——労働省婦人少年局退任まで　375

特別地区としたことを「沖縄民族」独立への一歩ととらえたことなどを，のちに総括的自己批判をしているのがその一例である（日本共産党中央委員会2003：75）。

　戦後すぐは，混乱したかにみえたが，しかし，時が経つにつれて，同党のGHQ の占領政策の研究は客観的に行われるようになった。同党に限らず，GHQ に関しては，今日では多くの先行研究がある。私が直接参照したのは，竹前栄治（1970，1982，1983），思想の科学研究会編（1978，上 下），山本武利（1996，2013），明神勲（2013）らの研究によるものである。

　次に直接，菊栄対 GHQ という構図ではないが，占領下での「日本女性解放政策」を問題にするなかで，菊栄と接点をもつものは多い。先行研究の主要なものは，西編（1985），上村（1991，2007.2），豊田（2007.1），平井（2014），茶園（2014）である。日本の７年にわたる占領は，その全期間が，山川菊栄が労働省婦人少年局長時代の３年８カ月（1947-1951）をすっぽりつつんでいる。しかしこれまでの研究は，山川菊栄と「占領」，あるいは占領下の菊栄という問題を，直接対象としているわけではない。また，菊栄自身も，日本の官僚批判はしても，「占領」や「GHQ」をほとんど語らない[17]。

　ただし，ほぼ2007（平成19）年の同時期に出た，豊田の研究（2007.1）と上村の研究（2007.2）とは，本章との関わりでは文献的に非常に詳しく，私には，学ぶところ大であった[18]。

　上村の研究によると，「マッカーサー元帥は，民主的な社会の条件に適合するように日本を再編成するために，日本の女性による自由で着実な影響力を助長することに力点」をおいた（上村 2007：23）。マッカーサーを中心とする GHQ 上層部は日本女性に選挙権を認める政策を実施し，制度的に日本女性の解放をすすめるうえで画期的な役割を果たした（同上：24）が，「女性が家庭を足場として社会活動をおこなうという，性別役割分業を前提としており，当時の一般的なアメリカの市民的家族観の枠を超えるものではなかった。そして，彼らの日本における『女性解放』に対する態度は，個人が埋

---

17) 約20年後，『児童問題研究』（1966.12）に「年少労働者は忘れられる」（『山川菊栄集』AB 7：277-290）のなかで労働省婦人少年局長時代についての言及がみられる。『山川菊栄集』A 8「このひとびと」のなかには，GHQ の女性役人は１人も選ばれていない。

没した家・国一体の戦前の軍事的・半封建的国家を，個人主義を基盤とした非軍事的民主国家につくり変えるという占領目的に沿った政策を遂行するうえで安定要素として機能する限りにおいて認めるというものであった」（同上：24-25）と把握している。であるから，それ以上の feminism movement を助長することには反対で，「ここに上層部の女性解放に対する積極的側面＝光と，消極的側面＝影の両面を見ることができる」（同上：25）と上村は指摘している。

本章の冒頭で述べたが，占領下の国家公務員となった菊栄の言動で私が気になる点は3点，つまり，①過去には自由な評論活動の要所要所で，これまで公娼問題に関して確たる見解を示してきた菊栄が，占領軍の米軍慰安婦問題についてはとくに発言はしていないこと（これは平田の研究と関連づけられる），②菊栄が従来から主張してきた労働組合「婦人部問題」に関するGHQ の見解への自らの対応がみられないこと（これについては，豊田の研

18）上村（2007の注：18-20，39-43，63-66，67-91等）は，詳細な文献を紹介しており，国立国会図書館憲政資料室に入った米国国立公文書館の GHQ/SCAP 資料検索結果を引用して論じている。豊田（2007：239-240）が用いる米国側史料も，上村と共通して憲政資料室のマイクロフィッシュを含む非公開史料を多用している。これらは，直接菊栄を研究対象にしたものではないが，菊栄研究も資料的には GHQ/SCAP 資料検索が必要とされる場面が多々ある。憲政資料室に所蔵された資料中，山川菊栄が関係するものは，GHQ/SCAP の（CIE）のものが主であり，その関係の文書（31,091枚のマイクロフィッシュ）の国会図書館での受け入れは，すでに1981-1984年，1986年，1992年に行われたという。時期的に菊栄没後，まもない頃からである。このほか，GHQ による検閲のために集められた日本国内の出版物を，GHQ に所属していた歴史学者のゴードン・W・プランゲ博士が米国メリーランド大学に寄贈したプランゲ文庫所蔵の雑誌と新聞（マイクロフィッシュとマイクロフィルムで所蔵）も，憲政資料室で再入手しているが，当然菊栄に関連するものが含まれるであろう。今回本章執筆にあたって，私は，憲政資料室で，エセル・ウィードと菊栄に関する資料の検索を試みたが，十分とはいえない。
　例えば，菊栄の場合，GHQ/SCAP/CIE の（B）01757等という番号を記して（請求記号という），憲政資料室に検索請求をすると，この記号をもつ 6×14≒84枚のデータが入ったマイクロフィッシュ 1 枚が借りだされる。私は同室係員に，何度か引用の際の原則を尋ねたが，複数の係員が，この番号で良いというお答えであった。ベルリンのSAPMO，モスクワの RGASPI などは，引用箇所のページ数まで求められたことを考えると，請求記号をもって出所にあてるのは，あまりにおおざっぱであると思ったが，1 シート中約84枚のデータに個別の記号がついているわけではないので，係員の助言に従って，ここでは一応この記号で示しておく。

究を関連づけて推察することができる），③自らが日本で始めた「国際婦人デー」の歴史認識と「婦人の日」問題とのねじれた発言（これは，上村の研究から手がかりが得られる）の３点であるが，結論からいえば，菊栄は，GHQ の枠のなかで，それと歩調を合わせた日本社会党の範囲より外に出ることはなかったのではないかということである。それにも関わらず，自由党政権下（吉田内閣）で，反動的官僚によって不当にそのポストを追われたのはなぜかが疑問として残る。なお，はっきりさせておきたいことは，菊栄は，労働省婦人少年局長になる２カ月前，つまり1947年７月，前述のように，均とともに日本社会党に入党していたということである。

２．占領下と重なる労働省婦人少年局長時代の菊栄 （1947.9-1951.5)

⑴ 菊栄 労働省婦人少年局長となる

まず，労働省は，GHQ のどのような労働政策のもとでできて，どのようなねらいをもったのだろうか。GHQ の労働政策に関しては，竹前の膨大な研究がある（1970，1982）が，そのなかでは，労働省と婦人局の「設置と廃止問題」（竹前 1982：178，195-196，389-391）以外とくに婦人労働政策というものは注目されていない。ただし，竹前は GHQ 労働政策の日本的内容（GHQ の意図したもの）として５点＝第１は，近代的職業紹介制度の導入，第２は，労働条件を改善させる政策（このなかに，労働条件における男女差別の禁止，婦人年少労働者保護が入る），第３は，労働条件改善のもうひとつの方法としての労働運動の助長策，第４は，近代的労使関係制度の導入，第５は，近代的労働行政機関の設置と近代的労働統計・労働教育技術の導入と普及の政策をあげており（同上：389-390），その最後の第５に労働省と婦人局が位置づけられるとしている。竹前はいう。

　　労働を専門に扱う労働省の設置は，他の先進資本主義国に比べて日本は四半世紀も遅れていた。吉田内閣の隠微な抵抗にもかかわらず，GHQ はワシントンの政策に基づきサービス省としての労働省設置の方針を強力に推進した。とくに婦人少年局の設置と同局に婦人を任命した

ことは，婦人労働行政の向上に画期的意味をもったといえよう。これも
GHQ の強力な後押しによるものとされている（竹前 1982：390-391）。
　女性解放をめぐる占領政策をもっぱら研究した上村（2007：44）は「労働
省婦人少年局の設立は占領期女性政策のハイライトである」といっている。
そこにいたるまでの経過を上村の研究に依拠して簡単にまとめてみる。上村
によれば「労働省婦人少年局は，日本女性の社会的政治的地位向上を実現す
るために設立され，女性を局長にしたわが国で最初の政府機関」（同上：44）
であって，1984年の労働省組織令等の一部改正まで，同じ組織として続いた。
このような組織を作る計画は占領の初期からのものであった。1946（昭和
21）年１月９日に初めて提起され，1947年９月１日まで１年８カ月さまざま
な議論が戦わされた。その結果，「ウィードは GHQ の上層部の方針に譲歩
しつつ，さまざまな立場の意見の調整にリーダーシップを発揮して，アメリ
カ婦人局の機能を超えた，あらゆる女性の地位向上を目的とする婦人少年
局[19]の設置と存続を支援することに成功した」（同上：45）のである。
　途中経過は上村の研究に詳しいが，総じて GHQ は，「婦人のブロック」
をつくることや「女性だけの独自行動」を避けるという態度であった。日本
側の指導者はこの時点で，社会党女性議員加藤シヅエである。加藤は局長人
事にも関わり，結果的に山川菊栄を推薦した。その理由は，「局長は女性問
題を総合的に把握し，施策を実施し，他の官僚と対等に交渉する能力をもつ
人物」（同上：52）ということであったという[20]。
　1947年９月１日，労働省の発足と同時に労働基準法が施行され，婦人少年
局も順調に滑り出したかにみえたが，早くも1949年１月，行政改革の一環と
して，各省庁の予算30％削減と行政機構の整理が義務づけられ，労働省では，
婦人少年局廃止問題が浮上している。これは２-３月にかけて民間団体，婦

19）労働省婦人少年局長の英語表記は，Chief of the Women's and Minor's Bureau of the
　Labour Ministry であった。ただし，Minor に固定する前の構想段階では Children と
　いう英語も使われている。前注に書いた国立国会図書館憲政資料室の日本占領関係資料
　の米国国立公文書館所蔵のマイクロフィッシュ（GHQ/SCAP/CIE（B）01757）による。
　婦人少年局は，CIE に属し，労働基準局は Economic and Scientific Section：ESS（経
　済科学局）で，系列が異なる。

第 9 章　戦後・GHQ の占領下での山川菊栄──労働省婦人少年局退任まで　　379

人少年局，GHQ の連携で阻止されたとされている。

　そのときウィードは，左翼と共闘し労働組合もまきこむという姿勢をもっていたとされる（同上：55-56）。この期の GHQ の日本の婦人政策に，ウィードは，メアリ・ビーアド（Beard, Mary Ritter：1879-1958）の助言を得ている。ビーアドは，20世紀初めのアメリカの革新主義[21] の時代に社会改革，婦人参政権運動を経験し「全国女性党」の一員であったが，やがて辞して女性史研究家となった人物である。しかし，なぜか山川菊栄が，GHQ やウィード，ビーアドについて書き残したものはない。

　メアリ・ビーアドについては，上村（同上：56-61，67-91）に詳しいので，ここでは省略する。ただ本書第 5 章との関係でつなぐなら，メアリ・ビーアドは日本の労働運動と参政権運動に関心をもち，歴史家の夫のチャールズと1922（大正11）年に初来日している。1923年，震災のあと再来日して「東京連合婦人会」では顧問として救援活動を支援した。同年11月 2 日に婦人市政研究会総会で石本静枝（のちの加藤シヅエ）と出会い，メアリ・ビーアド著，加藤シヅエ訳の『日本女性史』（河出書房，1953年）が出版された（折井他編著 2017：221）。メアリ・ビーアドは，その後20年以上を経て，第 2 次世界大戦後の日本にウィードを助けて関わりあうとは，当時考えもしなかったのではないだろうか。

　1946年 5 月22日第 1 次吉田茂内閣が成立（1947年 5 月20日まで）した。自由党と進歩党の保守連立政権であった。この内閣のもとで「特殊飲食店」を許可し，街娼の強制連行（キャッチ）が行われた。

20）国会図書館憲政資料室での請求記号，GHQ/SCAP/CIE（B）01757では，kikue ya-makawa のキーワードで，6 点の文献が検索されたが，その中身は，①1947年 8 月30日に『読売新聞』に掲載された報道記事の英訳，②『週刊朝日』1947年 9 月21日の「人」欄の英訳，③山川菊栄の経歴，個人史と情報，現在過去の所属組織（「民主婦人協会」）の英訳，④1920年以降の出版物14点，⑤1948年11月12日付『日本婦人新聞』の記事の英訳等計 6 ページ，⑥1948年11月12日『日本婦人新聞』の「ミセス山川の辞任のうわさが広まる」という英訳資料 1 ページであった。⑥については後述する。

21）Progressivism：米国で全国的な規模で，都市の中産階層を中心にあらゆる階層が加わり，19世紀的な自由放任主義から脱却して，政府の権限を高め，帝国主義段階に入った資本主義社会を国家が強く統制すべきであるという主張およびその運動の総称。

菊栄が局長になった1947年9月の内閣は，その2カ月前に菊栄が入党した日本社会党の中道派，片山哲首班の内閣（社会党・民主党・国民協同党連立[22]）であったが，この内閣は，社会運動の高揚を背景に，占領下の民主化政策の枠内で，日本国憲法を支える法体系や諸制度の整備を進めた。片山内閣成立に先だち，社会党左派の鈴木茂三郎，加藤勘十（加藤シヅエの夫）らも，共産党と絶縁声明をし，占領軍，資本家グループの合意のもとでの内閣であり（片山内閣の特徴は，川上編著 1981：20），森戸辰男が文部大臣となった。

そもそも菊栄が労働省婦人少年局長を務めた時期（1947.9-1951.5）は，第1に，占領下であることはもちろんだが，第2に，米国のその占領政策が当初の日本の「民主化」から，大きく「冷戦の中での砦」としての日本へ，と旋回した時期でもあり，第3に，菊栄が局長のポストにあった期間に，時の日本の政権はめまぐるしく変わっていた事実は確認しておかなければならない。まず，片山政権はわずか8カ月で，翌1948年2月10日には，占領政策の押し付けや内部矛盾から総辞職した。1948年3月，民主党・社会党連立の芦田内閣に代わり，社会党左派加藤勘十も入閣して労相に就任した。しかし同年10月には早くも，昭電疑獄で芦田内閣は総辞職し，10月15日第2次吉田内閣（1949.2.16まで）に代わっている。菊栄が婦人少年局長在任中の3年8カ月中に片山内閣，芦田内閣，第2次・第3次吉田内閣と代わり，とくに第3次吉田内閣時代の官僚が菊栄を1950年，「公務員試験」という「罠」で闇討ちにかけたものと思われる。

本章脚注20の最後⑥で，「後述する」と書いた1948年11月12日『日本婦人新聞』の「ミセス山川の辞任のうわさが広まる」という英訳資料は，第2次吉田内閣に代わった1948年10月15日のあとのものである。こういった内容をGHQ が注目していたことがわかる。それは，「ミセス山川は，社会党員だから（ただし社会党を Social Democratic Party と英訳している）辞任しなければならないということが，女性各界でうわさされている」というような書

---

22) 連立の条件は，①極右，極左主義に反対の立場を堅持する。②重要機密の漏洩をしない。③社会不安を引きおこすおそれのある一さいの行動をしない。であった（川上編著 1981：21）。

き出しで，菊栄談として，「私は一事務官（one of office workers according the National Public Survice Low という英語の注釈付）ですから，内閣の交代によるだけで私のポストを辞任する必要はない。しかしながら，もし，いわゆる民主自由党（Democratic Liberal Party という英訳）の労働政策を婦人少年局の仕事と調和させるべきなら私は態度を変えなくてはならない。私は，ポストにそう長くとどまるに十分肉体的に強くないことを心配している」と。続いてミス近藤[23]談として，「大局的観点からは，政党は女性解放のための特別な政策を持つべきでない。もし，民主自由党の政策がミセス山川の見解と大きく異なっているにしても，彼女がポストに留まり，彼女の解放の方法を主張するのがよい。それがまっとうな見解なら，私は彼女を理解するよう党を説得する準備はある」。というのが英訳文（GHQ/SCAP/CIE(B)01757）の和訳である。

　この頃は，何よりも GHQ の反共政策，労働組合への介入の間接・直接の影響が表れる時期であり，朝鮮戦争を前にした時代であった。このことの認識なしに婦人少年局長時代の山川菊栄については語れない。このような時期，菊栄が，比較的純粋に，労働者の地位向上という職務をまっとうするために「今までの社会運動の延長のつもりで」（『山川菊栄集』Ａ「しおり」6，石井雪枝の文）労働省婦人少年局長を引き受けたということのように書かれているが，その言葉を信じれば，いささか無防備のようにも思われ，疑えば，逆にカモフラージュ的言い方だったということになる。

　GHQ とそれ自体矛盾をはらむ片山連立政権内閣と官僚の思惑，それに続く短期間での政権交代のなかで，複雑な女性政策をさばくことは至難の技だったはずである。菊栄は，従来の理論的蓄積・暗い時代を生きぬいたという経験だけでは通用しない，駆け引きの多い未知の政治の世界に入ったのだ。その結果，菊栄のさまざまな創意工夫や新たな試みの業績を残しながら，のちにみるような，「不当な追放」を受けることになった。無念であったことと思う。

　山川菊栄の，労働省婦人少年局長時代について研究論文としては，伊藤道

23）当時民主自由党代議士の近藤鶴代ではないかと思われる。

子（2011）のものがあるが，他の論者も，労働省婦人少年局長時代について，山川菊栄にインタビューし，論じ，あるいは言及している。例えば，依田・酒井（1975），池野・石井（1978：64-69），隅谷（1978：297），菅谷（1988），田中（1981），谷野（1990：42-43），広田（1981，1990，1996）らである。しかし，これらは，上記のような私の問題意識と必ずしも深く噛み合うというわけではない。

(2)　山川菊栄と広田寿子

　一時労働省の菊栄と同僚であった広田寿子[24]のものは，あまり注目されていないように思われる。もっとも広田は，1981（昭和56）年『婦人問題懇話会報』の34号「山川菊栄先生追悼号」に「思い出すままに——菊栄先生と私」を書き，山川菊栄生誕百年記念の連続講座の，第2回目，1989年1月16日の「創成期の労働省婦人少年局長時代Ⅰ」に出て報告している。その様子は，山川菊栄生誕百年を記念する会編（1990：56-58）に再掲されてもいる。もうひとつ広田が菊栄を書いたものは，1996年の広田寿子『女三代の百年』

24）広田寿子（1921-2002）：私は1965年，大学院生時代に社会政策学会が北海道大学で開催されたとき，広田と知り合った。その後1984年秋に弘前大学で開催された同学会第69回研究大会の（秋の学会を当時研究大会と呼んだ）テーマが「婦人労働における保護と平等」で，広田寿子の報告「女子労働の現段階の検討——とりわけ雇用問題について」の予定主討論者として私が指名された。当時は事前情報というものがなく，当日の報告を聞いて翌日コメントするというものであったが，当日の竹中恵美子の報告「女子労働論の再構成——雇用における性分業とその構造」（『社会政策叢書』編集委員会　1985：3-34）のほうに私の興味がいくのをどうしようもなく，竹中理論に多くコメントするという学会人としては非常識なことをやってしまった（同上：51-67）。にもかかわらず，1989年3月の広田の定年退職を前に，私の本務校が都立立川短期大学で，日本女子大学の非常勤講師を10年ほど勤めた縁もあってか，後任公募に応募するよう広田から勧められたが，すでにそのとき私は昭和女子大学への異動が内定していたのでお断りしたといういきさつがある。のちにご遺族の依頼で，広田の蔵書の整理に池袋のご自宅に伺ったとき，山川菊栄から謹呈されたサイン入りの蔵書を何冊も発見し，感ずるところあって，ご遺族の了解を得てそれらをいただいた。私がまだクラーラ・ツェトキーン研究をしていたときであった。広田から，菊栄についての思い出を多く聴いておかなかったことが残念である。本書冒頭の口絵写真「社会政策学会第19回大会（1959年）」中に山川菊栄，広田寿子，竹中恵美子も写っている。

（1996：172-176）が関係する（この書は私も広田から署名入りのものをいただいている）。ここに書かれている菊栄関係のことがこのまま埋もれてしまいかねないので，取り上げておきたい。

　はじめに前者の連続講座での広田の報告の印象であるが，広田は菊栄が，婦人労働者の調査に非常に積極的であったことを強調し，谷野せつに対し（菊栄解任との関連と思われるが）質問という形で，占領初期の政策が変化したとき，労働行政にどういう影響を与えたか，自分（広田）が1951年に労働省に入ったときの感触から，元特高であったような人たちが，占領政策の転換と同時に勢いを得ていたこと，「従来，男的な感覚でしかものが見られなかったということ，そういう昔をひきずっていたのが再び浮上してきたということが，一つになってきた」という傾向はなかったかと問いかけている。谷野は「労働組合の婦人部について，婦人部だとか婦人対策部の存在をうるさく言われる」ようになって，「影響がやっぱり私たちの末端にまできていたことなんじゃないかと」婉曲に答えている（山川菊栄生誕百年を記念する会編　1990：58-60）。谷野は広田の問いにまともには答えず，1948年の「スタンダー声明」（後述）とすり替えている。谷野に尋ねるまでもなく，菊栄は，『社会主義』1951年8月号「自由党下の労働官僚」（『山川菊栄集』AB7：121-129）にいみじくも，「今の事務次官寺本宏作氏が基準局長だった頃，初めてその顔を見た瞬間，私の背筋を冷たいものが稲妻のように走りました。（中略）私を暗討ちにした手口も，特高の習性を知る人にはすぐうなずける筈です」（同上：126-127）と書いている。菊栄を労働省少年局長から追ったのは，GHQではなく旧日本官僚だったのだろうか。広田と菊栄はこのことについてあるいは話し合っていたのかもしれないし，菊栄の書いたものを広田が読んでいたうえでの質問であったかもしれない。

　もうひとつの広田が書き残したものでは，広田と菊栄の関係がより深くわかると同時に，時代的背景が浮きぼりになるのでここに書きとめておきたい。

　広田がマルクス経済学を学ぼうと東大経済学部に入り，1947年の夏休み明けから，労働省の嘱託というポストで仕事をすることになった。週1回という出勤で名目無給，実質月1000円。「外国，とくに米国から送られてくる図

書や文献の整理，研究会の運営，調査の企画などを始めとして，山川局長の秘書的な役割」（広田 1996：172）を果たしていたという。広田はまた「山川さんは当時まだ六〇歳前でしたが，その風貌は痩せて枯れていました。そうかといって冷たい感じはまったくなく，日常の会話は滋味に溢れていて，時折放つ鋭いがとつとつとした社会批判には，私は我が意を得たりとたびたび共鳴したものです。こうして氷山の一角しか見ていなかった山川さんとは，ほそぼそではありましたがその後亡くなる直前まで，三十年にわたる関係がつづきました。どんどん耳が遠くなり，立ち居も不自由になられたにもかかわらず，何か引きつけられるものがあって，出不精の私も藤沢弥勒寺のお宅には数回お邪魔しています。新刊書は出版のたびに頂いたから，私自身の視野の広がりと呼応して私の山川菊栄像もしだいに大きくなりました。」（同上：173）と書いている。

　広田は東大を卒業し1951年4月1日付で，正式に労働省に入省する。所属部課は，「大臣官房労働統計調査部労働経済課」，職名は労働事務官であった。広田はレッドパージが荒れ狂う1951年という年の占領下の日本政府とGHQの反動化を冷静に分析している。それから3カ月後に，菊栄の身の上に，広田がいう「不当にもつまらないいいがかりをつけて事実上追放した事件」（同上：214）が起きたのであった。広田は「婦人少年局長の役人らしからぬ誠実さが」「労働官僚によって明確な形で否定されるに至った」（同上：215）と書いている。

　また菊栄は，1952年10月15日，東京駅前中央郵便局のベンチで，広田に「総評に入って高野実さんを助けて欲しい」といわれたという（同上：221）。広田はこの申し出を断った[25]。総評（日本労働組合総評議会）は，周知のとおり，産別会議と総同盟に代わって1950年7月11日に誕生した新ナショナルセンターで，GHQの強い支持による結成であった。総評は，行動綱領で「全体主義の左右両勢力と戦う」立場を明記し，大会宣言で日本共産党排除

25）広田は続けて書いている。「この中央郵便局のベンチでの会見で，私は山川先生からロシアをどう思いますか，徳球（徳田球一のこと）をどう思いますか，と，ふと尋ねられて一瞬戸惑いました。（以下略）」（広田 1996：222）。このとき，広田は菊栄を「山川先生」と呼んでいる。

や国際自由労連志向を宣言するなどして，産別会議・全労連的労働運動から脱出する方向を明らかにしていた（法政大学大原社会問題研究所編 1995：257-258）。菊栄が，労働省に専門職として就職して1年半しかたっていない広田を，結成後2年以上を経たこのような性格の総評に，どのような思惑で，どのような仕事をしてほしくて誘ったのだろうか。

　私は，広田の後任公募への応募をお断りしたにもかかわらず，晩年の広田と比較的親しくさせていただいたのに，聴きそびれてしまったことが悔やまれる。

　さて，以上を前提にして，私の問題意識，第1に，占領と性の問題，第2に，労働組合婦人部の問題，第3に，国際婦人デーの歴史認識と山川菊栄の関係に入る。

（3）　占領軍と性の問題，「女性を守る会」

　先に，日本の戦後の国際婦人デーの主催団体が「女性を守る会」であることを述べたが，この会がどういう会であったのかの説明は必要最低限のことしか書かなかった。ここでその部分を再録し加筆することから始める。

　1946（昭和21）年11月15日の夕刻，東京池袋近くを通行中の日本映画演劇労働組合（日映演労組）所属の女性従業員2名が，アメリカ占領軍の憲兵と日本の警察により検束され，売春をしていたという想定のもとに，吉原病院で強制的に検診を受けさせられたという事件が起こった。日映演労組は職場集会を開いてこの問題を取り上げ，警察への抗議行動を起こし，国会の問題にもなった。1947年2月15日，労組婦人部，婦人民主クラブ，日本共産党，社会党の各婦人代議士など300余名が集まって抗議集会を開催し，その参加団体が中心になって既述「女性を守る会」を結成した。この会が，戦後第1回の日本の「国際婦人デー」の主催団体となったのである。

　しかし，この会に菊栄はまったく関わっていない。菊栄は，1946年の終わりから1947年のはじめ，均の「民主人民連盟」づくりの活動をしていたが，均の発病のため，女性運動の一般的動向にまだ目を向ける余裕はなかったようであり，運動体としては婦人運動も既述の通り「民主人民戦線」に沿った枠で展開していこうとしていたようである。

まずここでは，1946年11月当時，占領軍の「性政策」はどのようなもので
あったかをみておかなくてはならない。占領に関する先行研究中，「性政策」
との関わりでは，最後の山川菊栄賞を受賞した平井（2014）と，同じ年に出
版した茶園（2014）の研究をあげることができる。その他，西編（1985）な
ど，占領と性の問題については多くの研究がある。これらから得た知見を私
の菊栄研究と関わらせてみたい。

　日本の内務省警保局保安課は，ポツダム宣言受諾の1945年8月14日前後，
占領軍進駐に伴う連合軍兵士への性対策について審議を始めている。8月23
日ころには，東京都に，警視庁主導のもとで，接客業7団体による「特殊慰
安婦施設協会」（Recreation and Amusement Association：RAA）が発足し，
募集を開始した。占領軍にとっても，こうした「日本政府が用意したRAA
や地方の特殊慰安所は好都合で，これらの施設に徹底した性病管理をさせる
ことによって『安全な買春』を米兵たちに確保しようとした」（平井 2014：
73）。しかし，進駐軍の性病罹患率は上昇し続けたので，性病の蔓延を理由
にわずか7カ月後，陸軍省の通達で1946年3月25日に内務省によって「性的
慰安所」は閉鎖されるにいたった。もっとも，地域によっては相違がある。
RAAは戦争で混乱した時期には一種の女性の就職口であったこともあって，
生活に困窮した女性たちは，いわゆる「赤線」地域（売春が公認されている
地域で，警察などが地図に赤線を引いていたのでこの呼び名ができた）で街
娼となった。

　占領期の日本各地でGHQのMP（Military Police：米軍の警察）と日本
の警察によって，街娼とみなされる女性は，性病の蔓延をおそれて強制的に
性病検査を受けさせるために，キャッチ（検挙）という方法がとられた（茶
園 2014：181-220）。1946年11月15日の夕刻，東京池袋近くを通行中の日映
演労組所属の女性従業員2名が検束されたケースはいわゆるキャッチであり
「板橋事件」と呼ばれた。このとき「婦人民主クラブ」が発行する『婦人民
主新聞』は「パンパンでないのにキャッチされた」という「ミス・キャッ
チ」として辱めを受けたことを報道したが，茶園は，この報道のしかた
（「パンパンではないのに」という表現）に対し，「婦人の解放とあらゆる差
別へのたたかい」をめざす団体として「どういったおんなたちの解放だった

のかがあらためて問われる」（茶園 2014：188）と疑問を投げかけている[26]。

こうした問題とは別のところで，GHQ は通達，「民主主義の確立と女性政策」の観点から1946年1月21日に「日本における公娼の廃止」指令（SCAP-IN[27] 645号）[28] を出した。

しかし，公娼は私娼，娼婦は接待婦として売春制度は存続し，1949年に都や各県で「売春取締条例」が制定されたものの実効性はなかった（法政大学大原社会問題研究所 2011：243）。平井によれば，条例は「女性を売春行為に拘束する契約・合意は一切無効とし，明治以来の公娼制度下で女性を縛ってきた前借・年期奉公を廃止しようとするもの」で「『売春そのもの』，つまり個人の『自由意思』による売春までは禁じていない」のである。「そこを見越して，日本側は指令の出る直前の12日，内務省保安部長名で『公娼廃止に関する件依命通達』を出し，貸座敷業者は接待所，娼妓は接客婦に名称を変え，個人の『自由意思』による稼業の継続を認めるという方便をとった」（平井 2014：84-85）のであった。

ここで問いたいのは，いわば，1916（大正5）年，公娼・私娼問題ではなばなしくデビューした菊栄が，また第5章でみた，1923年の震災後「東京連合婦人会政治部」の「全国公娼廃止期成同盟会」に参加して，11月2日に「国民に訴ふ」という宣言文原案を起草していることを想起すると，占領と性の問題で何らかの発言をするのが自然のように思われるということである。しかし，この重大な局面では菊栄は登場していない。こうした問題が起きているのは1946年で，労働省婦人少年局ができる1年以上も前のことである。

菊栄は，1947年の記述「婦人界の去年と今年」（1946年12月10日，読売新聞社発行の『読売政治年鑑』1947年版，第一編「日本民主革命の展望」の一篇「婦人の地位」という項で次のように書いている。

26）1946年12月12日の『婦人民主新聞』1面には「処女侮辱の警察官へ　婦人議員抗議に起つか　各婦人団体も『女性を護る会』開く　波紋描く闇の女狩」という見出しで，「警官よ常識もて　員数稼ぐ役人根性，取り締まりより善導」の小見出しがみえる。占領軍によるメディアへの事前検閲が行われたであろう書き方である。

27）SCAPIN とは SCAP Instruction（連合国軍最高司令官通達）の略。

28）「日本における公娼廃止に関する連合国軍最高司令官覚書」（『日本婦人問題資料集成』ドメス出版，第1巻：548-549）。

マ司令部は一九四六年一月二十四日，政府に公娼廃止の命令を下し，ここに封建的な売淫制度の形体はようやく日本から姿を消すこととなった。明治の初め，これもアメリカ側から娼妓の奴隷的身分が問題とされ，娼妓解放令が出てから七十年，人身売買業者は貸座敷の名で依然として公認され，大部分僻遠な農村の貧農の娘たちが，前借によって醜業をしいられ，長期の奴隷的苦役につながれて今日に至った。この間にキリスト教の人道主義者新島襄の主張をいれて群馬県が明治三十一年にまず公娼を廃止した。それ以来，山室軍平ら救世軍の人々，矢島楫子，久布白落実ら婦人矯風会の人々を中心として，自由廃業の援助，公娼廃止が熱心に提唱され，一九二三年には，キリスト教婦人団体，婦人参政権獲得を目的とする諸団体，および無産婦人団体も一堂に集まって公娼廃止期成同盟を創立した。公娼廃止はすでに与論となり，昭和時代になって自主的に廃止した県は七県に達したが，支那事変以来停頓していたのを，マ司令部の指令によって一挙に解決したものである。しかし単なる解放令は意味をなさないので，ついで娼妓のみならず芸妓，酌婦等の前借も全部棒引とする指令により，不幸な娘達は一応それぞれの借財から解放された。しかし，私娼としての彼女たちの生活は今後に問題を残している（『山川菊栄集』AB 7：69-70）。

　これも，どこか菊栄らしからぬ，抑えた筆の運びである。先の山本（2013：61-88）の叙述を思い出せば，背後にGHQの活字メデイア検閲の手が入っていたかもしれない。

　ところで，上述「ミス・キャッチ」事件を契機に日本の女性団体が集まって「女性を守る会」がつくられ，戦後最初の1947年の「国際婦人デー」を主催する流れとなったわけだが，1923年，戦前の日本最初の「国際婦人デー」をリードした菊栄は，1947年の戦後初の「国際婦人デー」とも無縁のところにいた。つながりを執拗に追うほうが単なる思い込みに過ぎないのかもしれないが，菊栄が日本の「国際婦人デー」の創始者であることを思えば，戦後どうしたかが気になるのは当然であろう。

　菊栄は，すでに1946年9月に「はしがき」を書いて，1947年7月15日に出された戦後最初の単行本『日本の民主化と女性』（三興書林）の項目のなか

第 9 章　戦後・GHQ の占領下での山川菊栄——労働省婦人少年局退任まで　　389

にも，戦後最初のメーデーにはふれてはいるが，「国際婦人デー」にも，それを主催した「女性を守る会」のこともふれていない。これも不自然なことに思われたが，やはり GHQ の検閲のせいかもしれない。

　戦後の日本では，それまでの内務省による検閲に代わり，GHQ による検閲や諜報，宣伝工作が行われたことは，既述のように山本の研究（山本2013）に詳しいが，占領当初は，メディアには事前の検閲制度があった（同上：64）。占領軍の CCD（Civil Censorship Department：民間検閲局）[29] がこれにあたったが，出版関係では，雑誌のほうが書籍より事後検閲への移行が早く，1947年11月に事後検閲となった（同上：80）ので，菊栄の文や本は事前検閲を受けていたとも推測される。こうした事情が上記菊栄の出版の時期や，あるいは内容にも影響を与えていたかもしれない。しかし私は，菊栄と検閲との関わりを実証していないので推測の域をでない[30]。

　菊栄は，労働省婦人少年局長になってから『明日の女性のために』（1947年11月30日，鱒書房）を出したが，ここには「闇の女と人権問題」（初出は『放送』1947年3月号）が収録されている。書かれたのは，菊栄が労働省婦人少年局長になる半年前の1947年3月である。

　その内容を取り上げてみると，菊栄は，「普通の女がヤミの女とまちがえられて留置所から病院へ送られ，強制検診の辱めを受けたことが……問題になった」と書き出している。時期的にみて，「女性を守る会」ができた後である。さらに「普通の女」と「ヤミの女」を区分し，「ヤミの女」も日本国民である以上基本的人権も，個人として尊重されなければならないこと，ま

29）CCD には，最盛期1947年日本人が8132人いて検閲を担ったが，実態はほとんど語られたことがない。検閲者の募集は新聞などで積極的になされた（山本 2013：128-129）。新聞報道で最高のタブーは「アメリカ軍暴行事件」であったという（同上：164）。また，山本は「アメリカ兵と日本女性の性的な付き合いを示す風俗現象，それは当時の CCD の検閲用語では Fraternization（フラタニゼーション，交歓）と呼ばれ，その描写は検閲者から厳しい視線が注がれる対象となっていた。それを見逃すと検閲者自身が上級の監督官にとがめられるようになっていた」（山本 2013：183）とも書いている。

30）株式会社ニチマイ（2000），山本（2013）には，検閲で削除された実例の写真が多く掲載されている。菊栄にもそのような例があったかどうか，どこにその証拠が残されているかに私は到達しないままでいる。残された課題である。

た戦争に性病がつきものなのはどこの国も同じで，戦争のたびごとに性病患者は増えるものであるから，国民のなかのホンの一部に過ぎないヤミの女の強制検診ぐらいですむ問題ではない。男の責任を問わずに一部の女の検診だけですますには弱い者いじめである。ヤミの女や，警察の失敗でヤミの女とまちがえられた一般の女の人権蹂躙が見過ごされてはならない。この問題を根本的に解決する方法を研究しなければならない，という主旨である。

　正論ではあるが，きわめて抽象的であり，菊栄が「普通の女」と「ヤミの女」という言い方をするのに違和感を覚える。これ以上の発言をしていないことも，戦後のGHQへの遠慮を感じさせる。本来の菊栄にふれた気がしない違和感がある。

　そのほかは，鈴木裕子作成の著作目録の該当年（『山川菊栄集』B別巻：47-43）を調べても関連発言はみられない[31]。

　占領下の性の問題は，「日本占領の評価」と関わることであり，占領軍の5大政策の一つ「女性解放」の評価と関わることを，山川菊栄記念会の『たたかう女性学の歩み』（2015）のなかで加納実紀代が明言している（同上：226）。本来ならば菊栄が得意とする領域のテーマであったのではないかと思われるが，この問題について菊栄が，この段階まで深入りしていない理由について，私の調査は行き届いていない。

　講和条約締結に伴い，婦女に売淫させたものの処罰に関する勅令9号の失効が問題化し，1951年11月2日，公娼制度復活反対協議会が結成されて9号法制化（業者処罰）運動が展開された。労働省婦人少年局は，菊栄が去ったあと，『売春に関する資料』（1953），『全国売春関係地域数，業者数及び従業婦数』（1955）を次々出している。このことは，菊栄が在任中から調査を手がける準備をしていたのかもしれないことを推測させる。そうだとしたら，そのことも，菊栄の局長退任と関係があるかもしれないが検証していない。

---

31) 関口（2016：230）は，「菊栄が，事実上の『公娼』の廃止を視野に実践活動に乗り出すのは，じつに1947年9月1日，片山哲社会党内閣下，発足した労働省で新設された婦人少年局の局長を引き受けた時（56歳）なのである」と書いてはいるが，具体的に何をしたかは書かれていない。婦人少年局が取り組みを始めたのは，菊栄が局長を降りたあとのことである。

⑷　占領下の労働政策と婦人労働者の問題
──生理休暇問題・「スタンダー発言」をめぐって

　次に，占領下の GHQ の労働政策のなかで，ジェンダーの問題について菊栄はどのような態度をとったかを 2 点みることにする。占領下の GHQ の労働政策一般ではなく，占領下の女性労働改革そのものを，保護と平等を中心に，1 次史料に当たって取り上げた研究（豊田　2007）を手がかりにして，菊栄と関連づけてみる。

　日本の戦前の女性保護の基準は，工場法であるが，日本の工場法は1911（明治44）年に公布され1916（大正 5 ）年に施行され，1947（昭和22）年の労働基準法の制定まで続いた。戦後いち早く制定された労働関係法は労働組合法（1945.12）である。法の内容や相違は，上記豊田の研究にゆだねるが，菊栄との関係で問題になるのは，生理休暇，労働組合婦人部である。

　1 ）生理休暇問題：菊栄は，戦前『婦人公論』（1937.5）の「職業婦人に生理休暇を」という特集のなかで，「生理休暇の問題」という論考を書いており，戦後には，生理休暇について一律には必要としないという見解をもっていた。労働省婦人少年局長になる 1 年前，すでに1946年『女性改造』 9 ・10月合併号に「生理休暇は必要か」（『山川菊栄集』AB 7 : 40-54）という小論を書いているが，「要するに生理休暇の問題については，一，あらゆる職場を通じて原則的に，一律にこれを規定する必要をみとめない。二，職種ないしは作業場によってそれを必要とするときは，労働組合の責任において，良心的かつ合理的に決定し，励行すること。三，一般的に婦人の健康を増進させることによって，生理日のあいだも，特別な性質のものでないかぎり，平生の仕事をつづけうる程度の体力をもつようにつとめさせること。を私は主張する」（同上 : 53）という意見であった。占領政策の側も生理休暇に疑問をもちながら，日本の女性の要求を尊重して労働基準法に入れたものである。1947年に労働基準法ができたあとで，菊栄は婦人少年局から「働く婦人に生理休暇は必要か」というリーフレットを出していてその説明が書いてある。
○リーフの内容

　菊栄は，労働省婦人少年局長在任中1949年10月号の『労働評論』に再度，「生理休暇の問題」（山川　1978 : 202-208）を書く。そこでは，以前に，労働

基準法ができる過程で「生理休暇問題」を書いて1年後労働省に入った1947
年9月1日から，労働基準法が施行されたこと。その規定は「使用者は生理
日の就業が著しく困難な女子または生理に有害な業務に従事する女子が生理
休暇を請求した時はその者を就業させてはならない」と規定してあるだけで
あること。自分の考えは前と変わっていないので，一部の婦人が「有給生理
休暇を織り込むよう基準法を改正せよ」といっていることには反対である，
とはっきりいっている。菊栄は，「一律に法律を以て規定するよりは，各職
場で労働契約の中に規定する方が婦人のために有利」と考えていた。婦人少
年局で生理休暇の実態調査をやっていること，「働く婦人に生理休暇は必要
か」というリーフレットを婦人少年局から出したことなどを書いている。

　さらに女子労働保護の程度について，具体的実態や，労働組合からの矛盾
する要求を例にあげ，国際的基準で考えようという主旨で終わっている。こ
のような啓発的文書は，戦前の菊栄にはなかったことで，さまざまな利害関
係と現実の提起する問題との絡み合いで，進められる婦人労働行政のなかで
の意見であっただろう[32]。

　2）1948年1月，GHQ労働課スタンダーの労働組合婦人部の自主的傾向
を批判する発言：前述のように1946年9月から1948年11月まで経済科学局
（ESS）の労働課，賃金労働条件係のスタンダーらは，GHQの民主化推進の
労働政策では，労働組合への女性の積極的関与は，女性の地位向上と民主主
義の定着に必要なものと考え，女性の組織化を援助・指導した。当時，女性
の戦時の動員解除によって失業者が増え，政府の失業対策方針にしたがった
解雇通知を背景に「それに抵抗する母胎として労働組合が結成され，1945年
には3％であった女性の組織率は1948年には53％に達した」（豊田　2007：
188）。主だった労働組合に全国レベルで婦人部が結成されていった1946年か
ら1947年にかけて，GHQの労働政策が，労働組合の育成から転換して反共
政策に傾くなかで，1947年1月31日には，計画されていた「2.1スト」が
GHQの指令で中止されるということが起こった。

32）ついでながら，宮本百合子は，前述，菊栄も執筆した戦前『婦人公論』1937年5月号
　　の「職業婦人に生理休暇を」の特集に「自然なことを自然のように」と題する短文を書
　　いている。

第9章　戦後・GHQの占領下での山川菊栄——労働省婦人少年局退任まで　　393

　当時の日本の政府は，第1次吉田内閣であった。吉田首相は1947年1月1日の「年頭の辞」で，「労働争議，ストライキ，ゼネストを頻発せしめ」る人々を「不逞の輩」と呼んだ（竹前　1982：406-407）。ESS局長は，米参謀長宛ての1947年6月27日付メモ「労働運動における共産主義活動対策の計画に関する骨子」を作成したが，これは竹前によって「労働の分野における反共政策のスタート」とされるものである（豊田　2007：191参照）。こうしたなかで，菊栄が労働省婦人少年局長となり，数カ月を経た1948年1月15日，スタンダーが記者会見をして労働組合問題を指摘する「スタンダー声明」を出したのである。スタンダー声明については，豊田の解説は次のとおりである。

　　　「スタンダー声明」の基本的スタンスは，理想的には組合の問題や目的には男女差はないのだから，婦人部は不必要であるというものである。しかし，女性の地位は低いという実態を踏まえると，現段階では婦人部のような教育プログラムを行う組織の存在は「望ましく必要」であると認めている。「スタンダー声明」が批判したのは，「二重権行使」など婦人部を「自治的」にする規約であり，婦人部員の多くが婦人部の集まりには出席するのに組合全体の会議には出席しないなどの「非民主的」な慣行を促している。そこで婦人部は組合全体の枠組み内で活動し，婦人部の「組織の構造」や「果たすべき任務」を再検討する必要がある，と指摘するものである（同上：192-193）。

　豊田は文面からいって，この声明が決して婦人部の解体を指令したものではないと解釈し，婦人部に対するGHQ内の論争はすでに1947年9月2日付，ESS労働課労使関係部のウィルソン（Wilson, Elizabeth）の「労働課の見解として，組合内に組織された独立した婦人部に反対すべきだ」との手書きメモに端を発しているといっている（同上：193）。

　このような問題をはらんでいるGHQのCIEの対日女性労働政策の中心部に山川菜栄がいたのである。

　日本の労働組合婦人部の反発は強かった。豊田は，「スタンダー声明」は，多面的に解釈すべきであり，一面的にGHQの反共政策への転換から出されたものではないと繰り返しいっている。ものごとの多面的解釈はもとより必

要であるが，本質はどこにあるかという点では，私は時期的にみて占領政策の転換にあると判断せざるを得ない。ただ私が問題にしたいのは，そのとき山川菊栄はどうしていたかということである。

　山川菊栄の，労働組合婦人部の問題についての見解は，本書戦前の第7章の2の「婦人の特殊要求」と「婦人部テーゼ」（1925-1926年）でみたとおり，いわば「スタンダー声明」とは反対の立場である。豊田（2007）はこの問題を扱った「第5章 労働組合婦人部と女性労働者」の「おわりに」と，「終章 占領改革が遺したもの」で，山川菊栄の戦前の婦人部の考え方と関連させている。しかし，豊田の第5章では，「婦人部設置賛成派の主要論者であった山川菊栄は労働者を性別によって『分離対立』させる組織は廃止すべきで，『婦人部独立』という思想は，組合組織の根本原則に矛盾するから『将来は絶対にこれを排斥せねばならない』と主張していた」ので「『スタンダー声明』の主張と通底する」（豊田 2007：219）といい，終章では「山川の主張が，反共思想からなされたものだとは考えにくい」（同上：228）として「同様に ESS 労働課の婦人部批判も，必ずしも反共思想からなされたと断定できないだろう」（同上）と結論する。菊栄の戦前の見解は，当時の婦人の特殊要求からみて，婦人部は必要だといったのであり，独立云々も主旨が違う。菊栄は，スタンダーの発言についてのコメントを残していない。私は，戦後60年たってこのような推測あるいは誤解を生まないためにも，菊栄は戦前の自説と対比した解釈を書き残しておいてほしかったと思うものである。あるいは未公開文書としてあるのかもしれないが，私は探し得ていない。

(5)　日本戦後初期の国際婦人デー開催をめぐる菊栄の言動の謎

　戦後の菊栄の「婦人の日」と関連する「国際婦人デー」についての発言：この問題については，実は私は過去にすでに何度か疑問を書いてきた。しかし，「山川菊栄記念会」関係のどなたからもお答えや反論もいただいていないままで今日にいたった。その関連からもう一度書かなければならない。「国際婦人デー」の歴史や山川菊栄の研究をしているものがここを避けて通ることはできないことは大方のご理解をいただけるであろう。

　私は，「国際婦人デー」の歴史については，「北大女子学生の会」の役員を

第9章　戦後・GHQ の占領下での山川菊栄——労働省婦人少年局退任まで　　395

やっていた1959（昭和34）年から，1960年の札幌での「国際婦人デー」50周
年記念行事への「北大女子学生の会」の参加のために関心をもち，以後クラー
ラ・ツェトキーン研究と併行してつねに意識し続けてきた。

　「国際婦人デー」は，20世紀の初めのアメリカ社会党の参政権運動に起源
をもち，やがて1910年の第2インターナショナルのコペンハーゲン第2回国
際社会主義女性会議で，クラーラ・ツェトキーンらの提案で，国際的な性格
を帯びて世界に広められた。1910年の決議文は，拙編　訳著（松原 1969：64）
で邦訳して公表している[33]。その後，1911年からドイツをはじめとするヨー
ロッパ数カ国で，1913年からは帝政ロシアで初めて取り組まれた。1917年3
月8日（新暦）のサンクト・ペテルスブルクの婦人デーがロシア2月（新暦
3月）革命と関係をもったことから，第3インターナショナルの1921年の国
際共産主義女性会議で，3月8日を記念してこの日に統一されたという歴史
をもつことを知った。アメリカ社会党，第2インターナショナル，ロシア革
命，コミンテルン，ここまではたしかに社会主義的選挙権運動—社会主義—
共産主義という流れではある。しかし，国連はこの日を菊栄の生存中の1977
年[34]に「国連の日」にしたのである。その辺の詳細は拙著（伊藤セツ 2003
および，2018：409-451）全体を参照していただきたい。

　本書第5章でみたとおり，1923（大正12）年，「国際婦人デー」の日本で

---

33) ところが，終章でもふれることになるが，1973年10月13日に行われた菊栄への，依田
　精一，酒井はるみのインタビューで，国際婦人デーの起源が話題になったとき，同席し
　た重藤が「国際婦人デーの起源のその正確な文献がみあたらないみたいなのです」とい
　い，菊栄も「ほかの人に聞いたら『知りません』と言っていましたよ。『共産党に聞か
　なきゃ分からない』っていわれた（笑）」という会話がなされている（依田，酒井
　1975：88-89）。歴史的事実としては，Die Gleichheit に，「国際婦人デー」決議の原文
　が載ったのが1910年8月29日，それが，クラーラの『選集』第1巻に収録されたのが
　1957年，それを私が拙著で翻訳したのが1969のことである。では，もともと1910年から
　ドイツ語としてあった文献を，私が初めて日本でみつけたことになるというわけであろ
　うか。それにしても，この会話がなされたのは1973年のことである。あれだけの翻訳を
　ものした菊栄なのに，こういう発言はもっと慎重であってほしかったと私は残念に思う。
34) この年は，まだソ連東欧諸国が国連のなかでも発言力をもつ東西対立の時期であり，
　ロシア革命60周年の年であった。今，私が，これを執筆しているのは，2017年ロシア革
　命100年を経た2018年であり，ソ連東欧の崩壊から30年近く経っているときである。

初めての挙行にあたり山川菊栄は中心人物であった。それはまさに，非合法
であった日本共産党に弾圧が襲いかかる（1923年6月5日）数カ月前であり，
半年後には9月1日の関東大震災後の社会主義者への大虐殺が追い打ちをか
けるきわめて危険な状況の時代であった。菊栄は，その後，まったく「国際
婦人デー」に関わったことはない[35]。しかし，「国際婦人デー」は日本でも
受け継がれ，その歴史の研究もなされ続けていたのである。
　戦後の「国際婦人デー」は，GHQの占領下で1947年に復活した。敗戦の

---

35) 何度も書くが，その翌年つまり1924年から菊栄は戦前は一度も国際婦人デーに関わっ
　　ていない。1924年には，総同盟関東同盟が，国際婦人デーを期して機関紙『労働』号外
　　「婦人版」を発行したが国際婦人デーの催しはない。1925年には，総同盟関東同盟が
　　『労働』号外「婦人版」を出して，国際婦人デーアピールをしたほか，3月7日に，「政
　　治研究会」主催の国際婦人デー，女性の演説会がもたれた。1926年は，田島ひでが「婦
　　人労働調査所」を設立して『未来』を発行し，創刊号の「雑草記」に国際婦人デーにつ
　　いて一文を書いたほか，3月3日に静岡県清水市で婦人デーを記念する婦人問題講演会
　　が奥むめおらによってもたれた。また4月，日本農民組合岡山県連婦人部が大会を開き，
　　「国際婦人デーを祝するの件」が議題の1つとなった。1927年には，1月，国際婦人デ
　　ーの準備会とかねて「婦人同盟」準備の新年会が行われ，山内みな，田島ひでら19名が
　　検束されている。3月13日，「婦人同盟」結成準備会が，婦人討論会を催し，「第6(5)回
　　国際婦人デーを記念せよ！」という宣伝ビラで労農党支持を打ち出した。1928年は，
　　「関東婦人同盟」を中心に3月8日，国際婦人デーの催しとして，午後7時〜神田松本
　　亭で演説会を開き，選挙応援をした。200名集まり（山内 1975：189）20名検束された。
　　これが戦前もっとも盛大な「国際婦人デー」の集まりだったといわれる。
　　1929年は，『戦旗』3月号がグラビアやクラーラ・ツェトキーンの論文を載せ，『改
　　造』3月号に神近市子が「3月8日国際婦人デー」を書き，『文藝戦線』3月号も国際
　　婦人デー特集をくんだ。日本共産党は国際婦人デーについてチラシをつくり，『労農』
　　4月号は「国際婦人日に際して」という一文を載せている。1930年は，3月，『第二無産
　　者新聞』16号（3/8）が国際婦人デーの記事を書き，『女人藝術』3月号にも「婦人デー
　　と我らの任務」が掲載されている。1931年，3月6日『第二無産者新聞』が国際婦人デ
　　ーの記事を書き，3月8日，無産同盟主催国際婦人デー講演会で織本貞代は堺真柄とと
　　もに検挙された。この頃，日本共産党が婦人部を確立した。関東消費者組合は，婦人デ
　　ーの大衆的集会をもった。1932年2月，前年11月にソ連から帰国した宮本百合子が，日
　　本プロレタリア作家同盟中央委員会および同婦人委員会の委嘱により「国際無産婦人デ
　　ーに際して―作家同盟各支部に婦人委員会をつくれ―」という一文を執筆し，ビラにし
　　て発表した。1933，34年は国際婦人デーの記事も催しもみられない。1935年，『赤旗』
　　が2月20日（187号）「国際婦人デー近づく」という記事を載せたがその後，発行禁止と
　　なり，戦後まで『赤旗』は出されなかった。1935年を最後に，戦中10年間，日本では国
　　際婦人デーは姿を消していた。

第 9 章　戦後・GHQ の占領下での山川菊栄——労働省婦人少年局退任まで　　397

翌年，1946年には集会等は実現していないが，同年 3 月 6 日付日本共産党機関紙『赤旗』[36]には，槇ゆうが，「3 月 8 日は国際婦人デーである」という書き出しの論考を書いている。1946年 3 月16日には，GHQ も支持して「婦人民主クラブ」が結成され，この年 4 月10日には総選挙があり，日本の女性は初めて女性選挙権を行使した。「婦人民主クラブ」は同年 8 月22日に週刊の『婦人民主新聞』第 1 号を発行した。労働運動も高まり，9 月には，既述の通り「総同盟」と「産別会議」という 2 つのナショナルセンターが相次いで結成された。

　戦後最初の「国際婦人デー」は，翌1947年 3 月 9 日「女性を守る会」が提唱し，人民広場（皇居前広場）で開催された。急に現れた「女性を守る会」とは何だろうか。すでに述べているが，ここで再確認したい。

　1946年11月15日の夕刻，東京池袋近くを通行中の「日本映画演劇労働組合」（日映演労組）[37]所属の女性従業員 2 名が，アメリカ占領軍の憲兵と日本の警察により検束され，売春をしていたという想定のもとに，吉原病院で強制的に検診を受けさせられたという事件が起こったことはすでに述べた。12月12日付『婦人民主新聞』は，「各婦人団体も『女性護る大会』開く」，と報道した。日映演労組は職場集会を開いてこの問題を取り上げ，警察への抗議行動を起こし，国会の問題にもなった。翌1947年 2 月15日，労組婦人部，婦人民主クラブ，共産党，社会党の各婦人代議士など300余名が集まって抗議集会を開催し，その参加団体が中心になって，その名称も素朴な「女性を守る会」が結成されたのである。

　この会が，戦後第 1 回の「国際婦人デー」の主催団体となったのだ。その背後には，産別会議が大きな役割を果たしていた。産別会議機関紙『労働戦線』1947年 2 月25日付の，婦人対策部長谷口みどりの「国際婦人デー」のなかに「産別では『女性を守る会』に提案し 3 月 8 日の国際婦人デー大会を開き真の女性解放へ全日本の婦人の力を結集して闘うことになっています」と

---

36)『赤旗』は戦後1945年10月20日再刊第 1 号が出されていた。
37)「日本映画演劇労働組合」（日映演労組）は，1946年 4 月28日，映画・演劇労働組合の産業別単一組織として結成された。共産党の影響の強い組合であったとされる（詳細は，井上 2007：43-44）。

ある。この大会には1000名が集まった（『婦人民主新聞』1947年3月13日付
で報道）。しかし，1947年3月といえば，ちょうどその前月，「2.1スト」が
GHQ・マッカーサーによって禁止され，日本国民はいやおうなしに占領軍
の本質を知らされた直後であることを忘れるわけにはいかない。

　また，折しも1947年のこの頃，国民の祝日制定をめぐって「婦人の日」を
設けたいという機運がたかまっていた。労働省婦人少年局初代局長であった
山川菊栄は，1946年日本の女性が初めて選挙権を行使した4月10日を国民の
日とする意向をもつGHQ案を支持していることを広く広報した[38]。1948年
1月19日『読売新聞』の「時評」欄に，菊栄は「時評：新祝祭日と『婦人の
日』」でその理由を書いている。菊栄は，4月10日を推す理由として，「一九
四六年のこの日に初めて日本婦人が総選挙に参加して解放の第一歩をすすめ
たから」といい，3月8日に対しては「日本共産党の婦人たちは四月一〇日
に不賛成で三月八日を日本の『婦人デー』としたい意向だそうです。この日
はロシアの第一革命の記念日で，これが国際共産党の婦人デーとして，各国
の党員が祝うことはよく知られていることです。が，日本では久しく共産党
が日かげの身であったため，公然それをなのるわけにはいかず，単に国際婦
人デーとしてその性格をかくしていたので，今なおそれと知らずに夢中でデ
モに加わる婦人も少なくないのは共産党としても不本意なことでしょう。今は
共産党も公然の合法政党なのですから，堂々それとなのって共産党の婦人デ

---

38)「時評：新祝祭日と『婦人の日』」（『読売新聞』1948.1.19），「四月十日を『婦人の日』
　に」（『婦人有権者』3巻3号），「四月十日を婦人の日に寄せて」（『社会新聞』1948年4
　月7日）など。「婦人の日について」『新しき女性のために』（1948 家の光協会，収録）。
　4月10日が「婦人の日」に制定されて以後も，「国際婦人デー」との関係を，「婦人の日
　とアカハタ記事について（草稿）1949.2.4付（『山川菊栄集』B別巻：後から45，右上），
　「婦人の日」（『民主新聞』1949.3.15），「四月十日を『婦人の日』に」（『前進』1949年4
　月号）など，また，婦人少年局長を降りたあとも，「解放のための婦人の日　借り物で
　ない権利　正しく行使しよう」（『社会タイムズ』1953.4.12），「婦人の日を省みて」
　（『婦人のこえ』1954.3月号，2巻3号），「私のページ：自主的にはじまった四月十日」
　（『婦人のこえ』1959.7巻4号，4月号），「私のページ：四月十日を前に」（『婦人のこ
　え』1960.8巻4号，4月号）と書き続けた。1960年の国際婦人デー50周年集会に参加し
　たことは書いたものを残していない。以後「国際婦人デー」と銘打つものは「国際婦人
　デーを前に」（『日ソ交流』1972年42号，4月10日）のみである。

ーを祝い宣伝するに何の遠慮もいりませんし，共産党に限らず，社会党でも民主党でも（略）それぞれの婦人デーをもつことは自由です。けれども私は政党政派に関係なく，全国民の『婦人の日』をもちたいと思い，それは四月一〇日にしたいと思うのです」というものである（思想の科学研究会編1978a：308）。

　これは，「国民祝日」の「婦人の日」を4月10日にするほうが3月8日にするより妥当だとの説明なのであるが，その力説のあまり，政治的にも史実としても配慮に欠ける発言となっている。私は，山川菊栄が，なぜこのように広報しなければならなかったかをいぶかる。

　これに対し，女性史研究者で，のちに菊栄がつくった「婦人問題懇話会」の会員でもあった隅谷茂子は，「一九二一年（大正一〇）日本における社会主義婦人の最初の団体『赤瀾会』を結成，メーデーに参加し，最初の国際婦人デー〔一九二三年）を催すなど婦人解放を目ざす活動の中心的存在であり，『各国の国際婦人デー』（二三年『前衛』）を執筆して活発な宣伝をおこなった山川局長が，役人としての立場に置かれたためか，ともかく盛り上る婦人戦線を分裂させるような意見を発表したことは，立ち上った婦人たちを憤慨させた」（同上）と書いている。

　1948年の戦後第2回目の「国際婦人デー」は，「女性を守る会」を発展させた「日本民主婦人協議会準備会」の主催により3月8日に開催され，5000名の参加を得た。この会は，1948年1月に発足し，初代会長は松岡洋子で，4月に正式に「日本民主婦人協議会」（以下，「民婦協」と略称することあり）となり，1949年11月，「国際民主婦人連盟」に加盟した。『婦人民主新聞』1948年3月8日号や3月18日号は「国際婦人デー」についての記事満載であった。

　また，この「民婦協準備会」は，1948年3月27日付の資料「日本民主婦人協議会準備会成立過程」で，同年の国際婦人デーについて記述している。そのなかに「三月八日の国際婦人デーを祝祭日にせよ」という項目があり，「大会参加者五千名の声を無視して四月十日を祝祭日にすると婦人局が一方的に言っている。これに対して各参加団体が『三月八日の国際婦人デーを祝祭日にせよ』という署名運動を行なって国会へ請願することになった。

何故三月八日を婦人の日とするか。四月十日は単に婦人参政権を上から与えられた日である。法律の上では婦人の自由は認められたが，実際には未だ封建的な桎梏の中にある。婦人はこれから幾つも闘い取って行かねば婦人の解放は実現しない。アメリカから起った国際婦人デーは自分の力で婦人解放を闘い取るのである。日本の立遅れを示す四月十日説を排して世界につながる三月八日を婦人の日とすることこそが日本の婦人を成長させるものである」（川口，小山，伊藤 1980：274-279）というくだりがある。

　1949年2月16日，第3次吉田内閣が成立した。結局，1948年7月20日に交付された「国民の祝祭日に関する法律」（法政大学大原社会問題研究所編 1995：489）に「婦人の日」は入らなかったが，ともかく4月10日は「婦人の日」とされ，初の「婦人の日大会」が共立講堂で開催された。

　こうして，1949年以降，3月8日は「国際婦人デー」，4月10日は「婦人の日」と2つの集会がもたれることとなった。3月8日は「国際婦人デー」，4月10日は「婦人の日」という図式は，「2.1スト」禁止以降，強まりつつあった占領軍と政府（GO）の，時のNGOである女性運動に対する弱体化をねらったのかもしれない。が，日本の女性運動はそうはならなかった[39]。1949年3月8日の「国際婦人デー」も「民婦協」主催で1万5000人を日比谷小音楽堂前広場に集めた。同年，ウィードは「国際婦人デーは共産党の提唱する一方的行事で，思慮ある婦人はこれに参加すべきではない」との声明を発表した[40]。この声明は，重要であるので占領軍側の公文書として残されているか，憲政資料室で検索したが，検索の限りでは把握できない[41]。これに呼応して，労働省婦人少年局長であつた山川菊栄は，「日本共産党およびそ

39）「総評婦人協議会」，「婦団連」，「子どもを守る会」が中心になって，1954年，「国際婦人デー」と「婦人週間」を結び（3月8日-4月10日），婦人月間とすることを決め，以後，活動が展開されたのである。

40）当時，労働省婦人少年局の東京職員室主任の隅谷茂子は，「八日の朝にはGHQのミス・ウィードの『共産党の宣伝にのらず四・一〇を祝え』という声明が発表された」（隅谷 1978：300）と書いている。

41）検索した請求記号は，これまで本章であげてきたもののほか，請求記号 CIE（B）01709-01710，01717-01721，01724-01725，01728-01730，01733-01735，計15シートである。これ以外の検索が必要とされるが，私の力がおよんでいない。

の派の団体は……三月八日は一九〇八年アメリカの婦人運動から起こったものだと，新発明の起源を宣伝し始めました。が今まで知られた限りではこういう史実はなく，一般にロシアの革命と国際共産党の記念日として，各国党員の間に守られているだけなのです。……この事実をかくして，アメリカ製のレッテルをはってうりだす苦心は，なかみは似ても似つかぬ内地製のウィスキーにアメリカのレッテルやあきびんを使うヤミ商人の苦心そのままではありませんか」（『前進』1949.4.『山川菊栄集』AB 7：101）と書いている。

　私は1949年３月５日付の「婦人民主クラブ」機関誌『婦人民主新聞』の１面の半分を埋めたイラストをしげしげとみつめた。起源は1904年：アメリカ，1910年：コペンハーゲン（そこにはクララ・ツェトキンと名が出ている）：それから1917年ペテルグラード，と大筋正確な歴史が画面いっぱいにたどられている。歴史を知っているはずの菊栄が，こういうものを「アメリカ製のレッテルをはってうりだす苦心は，なかみは似ても似つかぬ内地製のウィスキーにアメリカのレッテルやあきびんを使うヤミ商人の苦心」などと本気でそう思うはずはないと考えるがどうしたことであろうか。私にはどうしても解せない。

　1949年の４月10日第２回婦人の日の大会（日比谷公会堂）がもたれた。このときの山川菊栄のスピーチが，手書きの日本語原稿と英訳の両方が残されている（憲政資料室マイクロフィッシュ：請求番号 CIE（B）01709）。菊栄の原稿には「日本の民主化と婦人」（英訳では，Women's Part in Democration of Japan）という題がついている。日本の女性の選挙権行使と自主性についての穏健な内容である。

　この大会に参加した団体は，そのまま解散せず，「婦人団体協議会」（婦団協）を作った。６月11日に第１回総会を開いたが，統一が困難で翌50年７月５日に無期休会とした（帯刀 1957：171-172，ドメス年表：249）。

　1950年２月４日，労働省婦人少年局長山川菊栄は，政府の見解として，「国際婦人デーは一般的な国際祝日ではなく共産党だけの国際記念日です。昨年総司令部のミス・ウイードは，国際婦人デーがアメリカの婦人運動とは全く無関係なことを指摘され，まちがつた宣伝にまどわされないよう警告されました。何をやるにもまずその意義を知って自主的に動きたいものです」

（『読売新聞』1950.3.4）と書いている。しかし1950年の3月8日，第4回国際婦人デー中央大会は「民婦協」，労組婦人部など1万人が参加して行われた。

このようにGHQの意向を受けたと思われる菊栄の「国際婦人デー」発言は，1948年，49年，50年と3年も続いた。1951年と1952年は東京都条例により屋外集会は禁止された。

1951年4月，マッカーサーが朝鮮戦争の拡大を主張してトルーマンに解任され，後任にリッジウェイ中将が着任し，占領期に制定された諸法令を再審査する権限を日本政府に与えた。

「国際婦人デー」史研究もテーマのひとつであった私は，このような情勢を背景にしての上記菊栄の再三の発言に首を傾げた。「まずかく疑うことを習え」といったのは，菊栄ではなかったか。私は菊栄のこの言葉が好きである。この言葉は菊栄自身にも向けられる。菊栄ほどの人物が，ウィードから国際婦人デーの虚偽の歴史を教えてもらうなどあり得ない。やはり，こうしてみると，占領下の「言論空間」は菊栄にも影響をおよぼし，その範囲でしか発言できなかったとしか説明がつかない。ということは，菊栄は，戦前の「治安維持法」下と戦後の「GHQの統制」と，権力による2度の歴史的制約を経験して文筆活動を続けた人ということになる。前者では，一評論家として，後者では，戦後初めての労働省婦人少年局長として。アメリカ人であるエセル・ウィード本人が米国の女性運動と婦人デーとの関係を否定し，しかもウィードは友人のアメリカ女性史家M・ビアードと書簡を通して助言を得ていたうえでの発言であり，ビアードは歴史研究者でもあったから権威があったと思われる。

1949年10月に中華人民共和国が成立し，1950年6月にはアメリカは国連軍の主体として朝鮮戦争に参戦していた。GHQが，日本に対して反共政策・レッドパージを展開しているただなかであった。しかも1950年の日本共産党は，とくに1950年1月のコミンフォルム（1943年のコミンテルン解散後，1947年に作られた共産党・労働者党情報局）からの批判その他で混乱をきたして分裂状態にあり（日本共産党中央委員会 2003：100-102参照），「共産党の祝日」といわれれば，致命的な悪印象をもつ人もいたことはまちがいなく，

第9章　戦後・GHQ の占領下での山川菊栄——労働省婦人少年局退任まで　403

そのことを承知して GHQ はあえて宣伝したのではないだろうか。

　私は，クラーラ・ツェトキーン研究の終わりの年，2013年になって，山本武利が半世紀以上取り組んできた研究の成果をまとめた『GHQ の検閲・諜報・宣伝工作』（岩波書店 2013）を手にした[42]。この著は，「マッカーサーによって配給された日本人の言論空間とは」が問われ，GHQ による占領下の検閲・諜報・宣伝活動に組織や著名人たちがどのように関わり，翻弄されたかを検証している。ここには，許された言語空間，奨励された言語活動があり，菊栄の虚偽としか思えない発言もそのひとつに当たるのではないかとの思いを強くした。

　山川菊栄は，国際婦人デーの起源がアメリカの女性運動と関係があることを本当に知らなかったということは，私にはとうてい考えられないことである。菊栄は国際婦人デーの起源がアメリカの女性運動と関係があることを本当は知っていたが，GHQ の意向に沿って知らないことにしたのだとずっと疑い続けてきた。なぜなら「知っていた」という根拠は，私なりにいくつかあげられるからであった。まず，ドイツのアウグスト・ベーベルの『女性と社会主義』（初版 1879年，最後の改訂第50版は1910年）をアメリカ社会党のメタ・シュテルンの英訳から日本語に1923年に重訳しているという事実からも，メタ・シュテルンが関わったアメリカ社会党の女性運動を知る機会があったであろうと思っていたからである。第 1 に，国際婦人デーは，何よりもアメリカ社会党の参政権要求運動を起源にしていた。第 2 に，既述のように，菊栄は，ドイツのクラーラ・ツェトキーンの論考を同じ1923年に翻訳しているから，クラーラがアメリカ社会党の要求と第 2 インターナショナルの女性運動を結びつけて，彼女が国際婦人デーを第 2 インターナショナルの国際的女性運動としてどのように立ち上げたかについて，まったく知識がなかったとは思えなかった。

---

42) 山本氏には2004年 3 月，米国のメリーランド大学図書館の「プランゲ文庫」で偶然お会いして，この研究のお話をされているのを聴いた。そのとき，私は『国際女性デーは大河のように』（2003，御茶の水書房）を出したあとで，菊栄がなぜ，国際女性デーの起源について，虚偽としかいいようのない発言をするのかを考え続けて「占領下」に思いいたっていたので，直感するところがあった。

労働省婦人少年局には，売春問題対策をめぐって廃止の動きが起こっていた。「再軍備反対婦人委員会」（会長　平塚らいてう）が結成されたのもこの頃である。

他方，スターリンの主導で，徳田，野坂，西沢，袴田が，モスクワで会議を開き「51年綱領」を立案し，日本共産党はこれを受け入れた。これがまた多くの問題をはらんでいた。

同じ1951年9月，サンフランシスコ講和条約・日米安全保障条約調印が，「全面講和」ではない「片面講和」で行われ，49カ国が調印した。米国の意向に沿った寛大な講和で，主要交戦国は日本への賠償請求権を放棄するという，冷戦への移行のなかで日米同盟強化の講和であり，同時に日米安全保障条約も調印され，沖縄切り捨てと巨大な基地群を受け入れるものであった。10月，サンフランシスコ条約は国会で批准された。日本は占領から脱出した。

しかし，ここでまたぶつかるのは，日本が占領から脱したあとも，菊栄が，占領下の局長時代の説を変えなかったことである。

再び「国際婦人デー」に戻るが，菊栄が労働省婦人少年局長を降りた1951年以降の発言を調べていくと，1954年，菊栄が主宰する『婦人のこえ』3月号に，「婦人の日を省みて」（同：13-15）という一文があるが，これまでと同じ内容が繰り返されている。そのうえ，同誌に「外国の婦人デー」という見出しで，菊栄の次のような文章が続く。「3月8日の国際婦人デー，世界婦人大会[43]と国連とどんな関係があるかという読者のおたずねがありましたが，両者の間には何の関係もありません。国際婦人デーはロシアの帝政を倒した3月革命の記念日をとり1922年から共産党インタナショナル婦人書記局に共通の記念日であって，国連ではそういう日を持っていません」（同上：15）。当時，国連が「そういう日」をもっていなかったのは事実である。しかし，不思議なことに菊栄と同じ号の『婦人のこえ』12ページに，〈今月の記念日〉国際女性デー，3月8日というコラムがあり，そこでもちろん別人の手になるものであろうが，国際婦人デーの起源は1904年アメリカ，ニューヨーク，1910年にクララ・ツェトキンの提案で「国際婦人デー」となると解説している。このことをどう考えるべきか。

また，1954年，菊栄は『婦人』という本を編集して有斐閣から出した。菅

第9章　戦後・GHQ の占領下での山川菊栄——労働省婦人少年局退任まで　　405

谷直子が担当する第二話 婦人解放史の其の四 各国の婦人解放運動中のドイツの項に「社会民主党の指導者クララ・ツェトキン（一八五七-一九三三）は，一九一〇年コペンハーゲンで開かれた国際社会党（第二インターナショナル）第八回会議にドイツ代表として出席，国際婦人デーを提唱し，同一労働同一賃金，七時間労働，完全な失業保険，完全な母性の福祉保護，労働者児童の国費による教育と給食をスローガンとしてかかげた。これが国際婦人デーのにじめとなつたが，大戦後第三インターナショナル（国際共産党）が，帝政を葬つたロシアの第一次革命の記念日をかねてこれをとりあげ，今日ではおもに共産党の婦人デーとなつている」（山川菊栄編 1954：37）と国際婦人デーの起源を第2インターナショナルのところに置いている。アメリカ社会党の女性がコペンハーゲン大会にもち込んだところまで追ってはいないが，少なくともクラーラ・ツェトキーンを提唱者としているのは事実への前進である。菜栄がこの本の編者であるから，この時点で，そこまでは当然認めていたと考えられる。

　また，「1960年の国際婦人デー50周年中央集会」のとき，菊栄は，東京文京公会堂の壇上に，市川房枝，野坂竜と並んでいる写真を残している（市川房枝研究会編 2016：117）。ということは50周年を認めたということであり，国際婦人デーの起源を1910年においていることを意味する。この50周年は，

---

43) ここでいう世界婦人大会とは，1953年，コペンハーゲンで開催された国際民婦連第2回世界婦人会議のことであろう。このとき，日本婦人団体連合会事務局長として，浜田糸衛（1907-2010）がこの会議に出席し，ソ連，中国，東欧を歴訪している。その浜田は，その3年前『働く婦人』1950年6月号に「山川菊栄さんの転落」という一文を書いていた（高良真木，高良留美子，吉良森子編 2016：143-145に収録）。
　そのなかで「昨年（1949年のこと：伊藤）の国際婦人デーの翌日，すなわち三月九日に，商業新聞が証文の出しおくれのように掲載した，ウィード女史のセイメイにご，わが山川婦人少年局長もようやく共産党にたいして積極性をおびるようになり，自主的な行動をする民間婦人団体にたいして，自主性をうしなった反動的行動をとるようになった」（同上：143）として批判している。浜田は，菊栄が「労働省の，こともあろうに婦人少年局で客観的権力のヒゴの下に」「反共の旗をおしたて」（同上：145）と書いている。確かに，事実に反しても，「反共の旗をおしたて」たわけではあるが，占領下のことであるから菊栄自身の本心に合致していたのか，そうではなかったのか推測し難いところもある。

国際的にも取り組まれ，1910年にクラーラ・ツェトキーンが提案したゆかり
の地デンマークのコペンハーゲンで，世界婦人大会が開かれ日本からも代表
を送った。現に，田中寿美子は，菊栄の没後1981年に「三月八日国際婦人デ
ーは国際的な労働者階級運動の中で生み出されたものであって一九一〇年に
さかのぼる。それは一九〇九年のアメリカの社会主義婦人たちの，政治的権
利要求のデモを記念し，ドイツのクララ・ツエトキンなどヨーロッパの革命
的な婦人が三月八日を国際婦人デーとすることを提唱したものである。かつ
て山川さんは一九二一年（大正十年）結成された赤瀾会を中心に二二年三月
八日に日本で最初の国際婦人デー演説会を催したほどの人であるからその主
旨に反対のはずはなかった」（田中 1981：5）と書いている。「婦人の日」
の主旨と，「国際婦人デー」の起源の把握は別問題であるが，しばしば，混
乱されて説明される。

　さらに，菅谷は，『不屈の女性　山川菊栄の後半生』（1988）の第5章「婦
人の日」と国際女性デー，において，この問題を，菅谷が知り得た範囲で邦
語文献に当たって，起源は1904年のアメリカであるというところまで到達し
ている（同上：58-59）。菅谷が書いたときは，菊栄はすでに世を去ってい
た[44]。

　長い人生のなかで，人は，無知か故意かを問わず，間違ったことを書いた
り，言ったりすることがあるのは避けられない。しかし，そのことに気づい
たなら，どこかできちんと訂正しておかなければならない。私自身が書いた
ものについてももちろんである。

　さらに1977年，国連がこれまでの「国際婦人デー」（International Wom-

44）私も多分，菅谷と同じく，長い間国際女性デーの起源を求めてさまよっていた。ニュ
　ーヨークの市立図書館に行って1900年初頭の関係新聞の記事をあさり，アメリカ社会党
　の女性運動の歴史を調べ，「国内デー」の存在を確かめ，それが第2インターナショナ
　ルの女性会議にどうつながったかを追い，クラーラ・ツェトキーンとケーテ・ドゥンカ
　ー起草の，決議案にたどりついた。ベーベルの激励文を『ベーベル選集』で発見し，ロ
　シア第1次革命との関係を把握したいと，レニングラード時代とサンクト・ペテルスブ
　ルクになってから2度ネフスキー通りを歩き，1921年のコミンテルン女性会議の決議を
　調べた。その間，約40年。その結果が，拙著『国際女性デーは大河のように』（伊藤セ
　ツ 2003：143）のクイズになったのである。

en's Day）を「国連デー」としたとき，山川菊栄はまだ生存中だったのである。多くの英文文献から情報を得てきた菊栄は，このときの国連の情報を目にしなかったのであろうか。国連文書も，起源を米国において説明していたのであった[45]。私も，多分菅谷と同じく長い間，この問題に悩まされてきたが，国際婦人デーについての菊栄の歴史認識について書くのを私は本書で終わりにしたい。以下の叙述においては，これまで「国際婦人デー」と標記したものを原則として「国際女性デー」とする（しかし本書では1977年以降はあまり関係がない）。

３．婦人少年局長としての仕事と退任

初代労働省婦人少年局長山川菊栄の本務については，多くの論者が書いているし，退任のいきさつは，菊栄自身，『朝日新聞』1951（昭和26）年７月16日に「野に帰って――官僚のセクショナリズム」（『山川菊栄集』Ａ７：117-120），『社会主義』1951年８月号に「自由党下の労働官僚」（『山川菊栄集』Ａ７：121-129）に書いている。これらによると，GHQの影はなく，日本の官僚批判になっている。なお『朝日新聞』1952年７月21日付に，労働省秘書課長の名で「山川菊栄氏へ」という反論が寄せられている（全文は同上：363-364）。その他，依田，酒井（1975），田中（1981），山川菊栄生誕百年を記念する会編（1990：34-93）が書いているので私が付け加えることはない。それを書くのが本章の目的ではないが，私の問題意識のみで終わりとするのは，菊栄を理解するうえで礼を欠くばかりでなく，研究としても一面的であるので若干付け加えることにする。

45）私は，クラーラ・ツェトキーンを研究のテーマと設定したこともあり，また，日本女性史のなかでの山川菊栄の戦前，戦後の国際女性デーへの発言にふれるにおよんで，国際女性デーのいくつかの伝説的部分を明らかにせざるを得ない必要に迫られて，これまで国際女性デーに関する２冊の本（川口，小山，伊藤セツ 1980，伊藤セツ 2003）を出したが，さらにその後，新たな資料を入れて，米・欧・露での起源と伝搬部分の史実に迫った（伊藤セツ 2018：409-451）。私の国際女性デー史へのこだわりは，菊栄自身の「姉妹よ，まずかく疑うことを習え」の言葉，「疑う」につき動かされた研究実践なのである。

まず菊栄は，「米国労働省婦人局調査資料を太平洋戦争開戦まで20年間寄贈を受けて読んでいたこと，日本でもあのような仕事ができればよいと考えた」とのこともあって，就任を受諾したとのことであるので調査活動に中心をおいていた。日本各地での地方の婦人少年室の立ち上げと女性職員の採用，労働大臣の諮問機関として婦人少年問題審議会の設置，2ページの『婦人少年局月報』（Monthly Bulletin W.M.B., L.M）の発行，そして調査と啓発活動を行った（伊藤道子 2011：218-220参照）。『婦人少年局月報』は，現にGHQ/SCAP の資料でみると，英語でプランがたてられているので，ウィードらと内容を協議して出されたものと思われる。1948年9月1日の第1号巻頭に，菊栄は，「月報の発刊に際して」の一文を書いている。調査は，1948年から50年まで，10本行われ（48年1本，49年2本，50年2本，51年5本）（伊藤道子 2011：222-223），1948年から GHQ/SCAP Records シリーズで出された「労働省婦人少年局パンフレット」も1948年3月 No.1から No.12におよぶ。これらの活動は菊栄ならではのものと評価されてしかるべきである。

　菅谷（1988：46）は，「調査に関連して見逃せない山川局長の業績の一つに男女別統計の創始がある。それまでわが国には男女別の政府統計はなかった（労働関係を除き）。1949年，山川局長は政府関係機関に要望書を出して男女別の統計を作るよう要請し，以後，政府は男女別の統計を出すようになった（石井氏談）[46]という。今では男女別統計は当たり前のことで取り立てていうほどの問題ではないかと思われるだろう。しかし，この一事をとっても，女性蔑視のわが国の体質をみることができよう。そして初代の婦人少年局長がもし婦人問題を山川菊栄ほど深く考えていない他の人だったら，どうだったろうかと思わずにはおられない」と書いている。この文の前半一部は，伊藤道子によっても引用されているが，菅谷が書いた1988年時点を経て，1990年代に入って，世界の政府統計界はこぞって「ジェンダー統計」の時代を迎え，1995年の北京世界女性会議では，GO，NGO が多数のセッションを設けて議論した。今日でいう「ジェンダー統計論」の研究については，ここで論じるゆとりはないが，統計ユーザーの立場から書いた拙稿（伊藤セツ

46）どこでいつの談かが明示されていない。

2008b：86-104）で多少取り上げている。

　ただ，菊栄が，日本で初めて男女別統計を提唱したという事実は高く評価されるべきと思い，このことを，日本のジェンダー統計史に書き加える必要があると思われる[47]。

　菊栄の婦人少年局長時代の研究，退任にいたる研究は多数におよぶので私はあえて立ち入らない。しかし，退任にあたっても，菊栄が，日本の官僚に対する批判の言葉は見られるが，GHQへの疑問や批判をまったく書いていないことには，やはりこの時点でもGHQ検閲が行われていたのではないかとの疑いをもたずにはいられない。また山川均が，この出来事を，当時どう思っていたのかも知りたいところである。菊栄退任の1951年，ILO総会で日本の再加盟が承認され，同総会で100号条約（男女同一価値労働同一賃金）が採択された。日本はそれを1967年に国会で承認した。また菊栄退任の1951年，宮本百合子は急死した。百合子は戦後1945年から5年半ばかり，菊栄とは別の日本の女性運動の担い手の一人であった。それ以降の，菊栄の活動については次章でふれる。

47）ついでながら，本書を上梓する2018年11月の（その2日は菊栄の没後38年）14～16日，東京で，国連統計部とホスト国である日本の総務省との協力による，「第7回ジェンダー統計グローバル・フォーラム」（GFGS）が開催された。政府関係者のほか，学会レベルでは，経済統計学会ジェンダー統計部会から多数の参加者があった。

第 **10** 章

戦後「日本社会党」の女性運動への
関わりのなかで

外遊, 『婦人のこえ』と「婦人問題懇話会」を足場に

はじめに

　菊栄が労働省婦人少年局長を辞してから数カ月後，1951（昭和26）年９月４日，サンフランシスコ講和条約・日米安保条約が調印された。すべての交戦国との「全面講和」ではない「片面講和」で，49カ国が調印した。冷戦への移行のなかでの日米同盟強化を目的とした，主要交戦国賠償請求権放棄という「寛大な」講和であった。また同時に，日米安全保障条約が調印された。沖縄を切り捨て，巨大な基地群を残した。沖縄に日本復帰促進期成会が結成された。菊栄が講和については『全帝石』45号（1951年９月15日）に「講和と婦人」と題して，自らの考えを述べている。

　要点は，「歴史に前例のない寛大な講和，和解の講和，完全な平等の恢復という吉田首相の言い草をそのまま正直にうけとった上で，さて現実に迫ってくる運命に対して，国民はどういう反応を示すことでしょう」（『山川菊栄集』AB７：131-132）と問題提起し，「再軍備反対」「安全保障条約反対」の意志を示し，「学校給食の全廃や児童局，婦人少年局の廃止，労働法の改悪など，戦後できた進歩的な制度を犠牲にして，その何千倍にも当たる費用を再軍備につぎこみ，国も人も，噴火口へぶちこむような政治を，私たちは許すべきでしょうか」と問いかけ（同上 134），「労働者の利益，国民の利益を守ろうではありませんか。この戦いの中に日本の民主主義は成長することができるのです。これをよそにして，婦人解放などはありえません」（同上）ということである。

　1951年10月23-24日，菊栄が所属する日本社会党は，臨時大会を開き，サンフランシスコ条約，安保条約承認をめぐって意見が分かれて，左右に分裂した。この頃，日本社会党は分裂や統一を繰り返していたが，立ち入らないことにする[1]。

　1）1951年10月は，サンフランシスコ条約批准国会で，10月25日，戦前一時，菊栄「門下」にあった田島ひでは，日本共産党選出の国会議員として，「平和条約および日米安全保障条約特別委員会」でポツダム宣言にもとづく全面講和を求めて反対討論に立った（田島 1968：247-252）。

第10章　戦後「日本社会党」の女性運動への関わりのなかで　　413

　この年，1951年11月16日，菊栄は，田中峰子[2]，田辺繁子，久保まち子ら
とともに，英国に出発し，半年近く滞在し，フランス，イタリア，ユーゴス
ラヴィアをめぐり，インド，タイを訪問し，翌年7月に帰国した。菊栄60歳
にして初めての外遊であった。菊栄の留守中，1月28-30日左派社会党大会
が開催され，均はこの大会を傍聴し，外遊中の菊栄とともに左派社会党に入
党した。戦前，菊栄は均とともに短期間創設期の非合法日本共産党に所属し，
やがて共産党から離れて，1928年に「労農派」同人となり，戦後1946年7月，
均とともに日本社会党に入党し，社会党分裂後は，再び均と「左派社会党」
に入党したのである。

　労働省婦人少年局長を退任したのちの菊栄を取り上げる場合，何といって
も，日本社会党と党員としての関わりでの活動が中心となり，その党員とし
てのアイデンティティは，国際情勢の変化，冷戦のなかでのソ連のスターリ
ン覇権主義批判，イギリス労働党やユーゴスラヴィアのチトー主義の現場を
見聞によって補強されていると思われる。しかし，社会主義というものへの
信念は変わらず，次第に社会主義への道は多様であるという均の考え方を共
有し，均とともに非共産党性を強めた社会主義者，清水慎三のいうところの
「日本的社会民主主義者[3]」として行動する。それは，創立時に（均を介し
てか自発的にか）第1次日本共産党と関係したが故に，逆にその後の日本共
産党に対し，「非共産党性」を強く押し出す「党派性」をもつものであった
ように思われる。「50年問題」[4]を抱え，その後も50年代前半の日本の情勢に
そぐわない方針をとり続けた日本共産党の一時期に対する，きつい「非」が，
晩年の菊栄の一面（一面にすぎないとはいえ）を特徴づけることとなる。

　1952年7月13日，菊栄は帰国するが，1955年頃までは，半年間の英国をは
じめとする外遊での見聞・経験が，菊栄を形成する。とくにイギリス労働党

2）鈴木裕子（『山川菊栄集』B別巻　年譜：99）は田中孝子としているが，菅谷（1988：
　97）では，田中峰子と書かれている。
3）私は，アウグスト・ベーベルやクラーラ・ツェトキーン研究から，ドイツ社会民主主
　義とその党の右派，中央派，左派について，おのずから私なりの理解をもつにいたった。
　しかし，戦後の均や菊栄は，ドイツや，北欧社会民主主義とも異なり，むしろイギリス
　労働党的思想に共感をもっていたのであろう。

のベヴァン（A. ベヴァン『恐怖に代えて』岩波書店 1953）やコール（G.D.H. コール『これが社会主義か』河出新書 1955）の翻訳，その間に自分の見聞を書き残したもの（『平和革命の国——イギリス』慶友社 1954）は，これまでの文体とは異なる雰囲気をもつように感じられる。

日本の女性運動の動向をみると1953年には，今日にも続く「婦人団体連合会」が結成された。国際的には３月にスターリンが死去（後任マレンコフ）し，スターリン批判の前夜であった。６月には，国際民主婦人連盟[5] 主催の「世界婦人大会」（コペンハーゲン）が開かれ，日本から高田なほ子，赤松（丸木）俊，浜田糸衛，羽仁説子，小笠原貞子が出席した。67カ国7000名を集めての大会で，「全世界の婦人へのアピール」や「婦人の権利宣言」などが出された（世界婦人大会代表報告会中央準備会編 1945）。菊栄は国際民主婦人連盟系の婦人運動とは関わらない。同じ６月，世界平和評議会が，「平和は話し合いで」のブダペスト・アピールを出している。

1955年には，第１回日本母親大会や，第１回原水爆禁止世界大会が開催された。この頃は，社共の対立が激しいときであった。

多少時期的に重なるが，菊栄は，外遊から戻った翌年1953年10月から1961年９月までは，左派社会党と協力して『婦人のこえ』を主宰し，これに毎号執筆するほか，その間に，半生記『女二代の記』（1956）も出した。１年かけて書いたとのことである（山川菊栄 1978：175）。出版は1956年であるので均との結婚40周年の出版であった。その２年後に均の死がくる。

4）この間，1950年，日本共産党は徳田球一を中心とする派と，それに「排除された派」に分かれたが，GHQ は，共産党中央委員全員の公職追放を行い，『アカハタ』の発行禁止など解党状態に陥った。徳田球一，西沢隆二，野坂参三らによって「北京機関」がつくられ，極左冒険主義的方針を打ち出した。1951年徳田らはスターリンの指示による「51年綱領」（民族解放民主革命）を採択し，1951年末から1952年７月まで極左冒険主義の路線をとり，52年10月の第25回総選挙で，前回35人の当選が，ゼロになるまで落ち込み，そうした路線を軌道修正する1957年までの長い道のりを必要とした。

5）国際民主婦人連盟（略称国際民婦連：Women's International Democratic Federation；WIDF）は，1945年12月にフランス婦人同盟の提唱でパリで発足。綱領は①婦人の権利，②子どもの擁護，③平和と軍縮，④民族独立，民主主義の４つの柱。1948年にブダペストで第２回大会を開催，「戦争より子どもを守ろう」を決議。1953年12月に平塚らいてうが副会長に就任。

第10章　戦後「日本社会党」の女性運動への関わりのなかで　　415

1960年代以降，政党の女性団体系列化が始まり，1961年には「婦人問題懇話会」（2001.3.31閉会），1962年には「日本婦人会議」（2002年，∅女性会議と名称変更）の創立があり，菊栄も社会党左派系の知識人婦人と活動をともにした。本章では，菊栄の書いたものによって，その時代の活動をみていきたい。

1974年の『覚書　幕末の水戸藩』[6]（岩波書店，1975年10月，第2回大佛次郎賞）以降，インタビューや思い出の短編以外単行本としては従来のとりまとめ，『女性解放へ──社会主義婦人運動論』（日本婦人会議中央本部出版部1977），『二十世紀をあゆむ──ある女の足あと』（大和書房，1978），『日本婦人運動小史』（大和書房，1979）や，山川均の全集の断続的編集の継続が主になり，小論を除いて新しいものを書いてはいない。したがって大きなものでは，80歳代前半の前記『幕末の水戸藩』が最後のものとなる。第2回大佛次郎賞の授与には菊栄は歩行困難で，振作が代理をした。

人生の長きにわたる見事な筆力に敬意を表さざるを得ない。残念ながら，歴史学的，民俗学的領域は，私の守備範囲ではないので，戦中から戦後の菊栄の重要な独自領域であるこの分野におよぶことはできないことをお許しいただきたい。

１．山川均の戦後動向，そしてその死

既述の通り，1945（昭和20）年11月2日，旧労農党同人らで日本社会党が結党されたとき，均は結党の側にいたのではなくこれを傍聴していた。しかし，これといって論評も残していないとのことである（石河　2015：102）。石河（同上：130）によれば，均は，戦前は，「第一次日本共産党員だったことを別にして，戦前の無産政党には山川は党籍をもたなかった」といっているが，第1次共産党のはるか前，1906（明治39）年2月24日に，堺，西川，森近運平らによって結成された「日本社会党」に，均は岡山から入党を申し

6）この本の編集を担当した岩波書店の当時の編集部長竹田行之は，原稿を取りに行ったときの感激を追悼文集に残している（竹田　1981：47）。菊栄の執筆のプロセスに関心を抱いていた私もこの一文に，菊栄の手書き原稿が目にみえるような感慨を覚えた。

込んでいる（石河 2014：28）。さらに均は，社会党機関紙『日刊平民新聞』創刊に編集部員として参加するよう幸徳秋水に招かれ，12月には上京して働いていた（この党は1年続き1907（明治40）年2月22日に結社禁止となった）。日本共産党の再建には加わらなかったのち，1927年12月雑誌『労農』の「労農派」同人の中心人物となり，論陣をはり，29年4月これを辞した。「労農派」は政党ではないが，非共産党マルクス主義を掲げる理論団体である。

　戦後は1947（昭和22）年5月，前章でふれた自らの提唱である「民主人民連盟」を解散し，7月夫妻で社会党に入党した。当初は，あえて所属しなかった均が「社会党員」になったことについて石河は，評伝に，長年のホームドクター奥山医師にいわれて「入っておいた方がいい」程度の軽い感じで社会党員になったが，実質的意味はないものであったと書いている（石河 2015：186）。均は日本社会党足柄下支部に所属した（同上，および同上：302年表）。しかし，1つの政党に身を置くことは，本当にそのようなものであろうか。日本社会党のメンバーになるということはそういうことではないだろう。均が意味のないものに加わるわけがない。私は，均が入党を，考え尽くしたうえであえてそう表現することが，「レトリック・反転」の山川均流というものではないのかと思う。また，あの重い意味をもつはずの，死の直前まで自らその一員であったことを否定していたことを気にかけて，菊栄を高瀬のもとに行かせようとした「第一次日本共産党員だったこと」は，均の人生にとって重大事であり，「別にして」と簡単にいってしまうことはできないのではないかと私は思う。均がかりに，ただちに時期尚早と後悔したにせよ（非合法共産党員であり続けるということの，当時の日本社会の想像を超える困難さを悟ったとしても），この共産党をこのとき，指導的立場で結党にもち込んだという事実は，均のその後の人生に終生意味をもち続けたであろうし，日本の政党史にとっても意味あることであっただろう。ともあれ，石河は「だから，政党員として公的にも活動したのは，左派社会党が最初だった」（同上）という。しかし，この時期，社会党はまだ，右派と左派に分裂してはいない。

　均は，1947年8月から，『前進』（向坂逸郎とともに→1950.9終刊）を発刊

第10章　戦後「日本社会党」の女性運動への関わりのなかで　417

し，1951年5月からは，高野，大内らで社会主義協会発足を協議し，機関誌『社会主義』を創刊する。ちょうど，菊栄が，労働省婦人少年局長を辞する直前である。国は，1951年9月，講和条約と日米安保条約を調印（翌1952年4月に発効）した。

　1951年10月，社会党中央執行委員会は「講和条約賛成，安保条約反対」の立場を取り，臨時大会は分裂した。1950年1月から均は『朝日評論』に自伝の連載を開始し，翌1951年4月に朝日新聞社から『ある凡人の記録』を出版した[7]。翌1952年1月，均は（外遊中の）菊栄とともに左派社会党に入党し，1月28日から30日の同党大会を傍聴したのである。既述の通り石河によれば「政党員として公的にも活動したのは，左派社会党が最初だった」というのであるから，ここで均は活動したのである。均と菊栄の，52年3月2日付の社会党党員証には，所属は東京都連合会の港区の「合成化学支部」とある。均はロンドンの菊栄には『合成化学支部を作った。アナタも入ってくれというから入れておいた』と書き送った（1月23日）」（同上）。こういう書き方も山川均流と理解すべきなのだろうか。それにしても，菊栄は2度，均によって政党に〈入れられた〉のだということになる。菊栄ほどの人物であるから，この均の説明通りには私は受け取れない[8]。多分菊栄は，自分の意志で，2度政党に属したのである。

　そのあと，均はすでに本書第3章でみた「わが愛妻物語」を『文藝春秋』1952年2月号に載せ，以降，社会主義協会の機関誌『社会主義』に多くの論文を書いている。その後，左右の社会党は再統一する。1955年10月13日，両

7）これに，のちに菊栄と向坂逸郎編の『山川均自伝』(1961) に収録されるものであるが，自らを「凡人」というところが，自らを「転向者」と称したときのように，反転やアイロニーを多発するのが，均の均たる所以だったといってよいのだろう。

8）例えば「支那軍の鬼畜性」と均が1937年に書いた言葉（『山川均全集』14：240-241）について言葉通りに受け取った人々への「そう読んだのか」という，均と菊栄のリレー的相互補完の事実を知る者は，とくに均に対し，本当は何がいいたいのか，何を反転させてそう書かなくてはならなかったか，読者は，まず警戒し，疑い，真意を見破る「手間」の時間をとらなければならない。官憲の弾圧が均の文体を作ったほどに，均は注意深く，結果的に，権力に屈せず乗り越えて生きようとしたのであろう。自由にものがいえない時代の困難さが推し量られる例である。「アナタも入ってくれというから入れておいた」はそこまで勘ぐらなくともよいだろうが，均流の表現である。

社会党統一大会（鈴木茂三郎委員長，浅沼稲次郎書記長）が開かれた。同年暮れ，均は，「二大政党対立」を意識していた。

その頃菊栄は戦前までの自伝『女二代の記――わたしの半自叙伝』を書いており，1956年5月に日本評論新社から出版した。1956年には，山川夫妻は，社会主義協会地方代表者会議に参加し，11月には，初の遊覧旅行で京都―倉敷へ行った。均75歳，菊栄66歳のときである。均は1958年3月23日に没した。4月8日に青山斎場で社会党葬が行われ，野坂参三も参加した。遺骨は倉敷市花倉町長連寺山門前向かって左手にある山川家代々の墓がならぶ中央の新しい墓に葬られた[9]。菊栄もその22年後同じ墓に入る。振作夫妻の墓もその場所にある。

上述『ある凡人の記録』を補充した均の自伝が，それから半年後1961年11月，菊栄と向坂逸郎編で岩波書店から出された。均の全集の編集の仕事は，「岩波書店の内部事情もあったのか具体化せず」（石河 2015：279），1963年春，勁草書房が引き受け，多くの編者の手で，没後8年を経て1966年から2003年まで，37年かかって完成した[10]。

ここで，均の思想・行動のプロセスについて上記と重複する部分もあるが，

9）山川家の墓の地所には，長連寺の寺守に入口の門をはずしてもらって，扉を開けて入るのである。筆者は2017年10月18日同墓地に行ったが，門の左手に名刺受の箱が下がっていた。鈴木裕子の説明によると，山川の菩提寺は幕末まで250年間，浄土宗誓願寺であったのを林学一とともに神道に転じた。その後曹洞宗長連寺が作られるとき山川清兵衛らが完成させたので感謝状が贈られ墓地を領したが，檀家だったことはない。誓願寺墓地は残り第4代以降の墓が長連寺に移されたが，正式の関係はないとのことである（『山川菊栄集』A 8：287参照）。

10）『山川均全集』（全20巻）は，菊栄生存中約20年間に，19，7，2，3，4，5，6，8，9巻の順で9巻が刊行された。続いて10巻（82.6刊），11巻（89.1刊）まで振作（90.7.3振作没）が，16巻（94.1刊），17巻（95.6刊），18巻（97.4刊）は川口武彦（その後同氏没）が，12巻（98.4刊），13巻（99.4刊），14巻（2000.3刊）は伊藤晃が，15巻（2000.10刊），20巻（2001.11刊）と1巻（2003.2刊）は田中勝之・山崎耕一郎が編者となり2003年2月に完成する。1966年から37年かかっている。ベーベルの『演説著作選集』（全10巻15冊）が，Dietz Verlag, Berlin から1970-1983，K.G.Saur Verlag, München，から1995-1997と通算27年かかって完成しているのにも驚いたが，それより10年も多くかかっている。ベーベルは選集であるのに対して，山川均は全集であるから多くの時間を要したのであろう。

第10章　戦後「日本社会党」の女性運動への関わりのなかで　419

私なりに理解したことを書くと次のようになる。

均は社会主義者であったが，日本の初期社会主義者とは区別される。マルクス主義を学んでレーニンの思想も受け入れ，1922年日本共産党の創設の重要人物であったが，1923年には同党を離れ，再び戻ることはなかった。1927年雑誌『労農』の同人となり，さらに同人からも離れた。戦後，1946年「民主人民戦線」を提案し結成したが，社共双方の思惑で賛同を得られず1947年には解散し，同年7月「日本社会党」に入党し，同年8月から「戦後の労農派」として，雑誌『前進』を発刊し，党内で社会党の政策を批判していた。1949年新しい社会主義政党をつくろうとして失敗した。社会党が1950年左右に分裂したのちは左派社会党に入党した。菊栄と結婚後，政党への3回の入党はつねに菊栄を伴っていた。再軍備問題で分裂した均を含む『前進』グループは，平和4原則の立場で再編され，1951年4月に「社会主義協会」を結成，雑誌『社会主義』を1951年6月から発刊した。その後，1953年中頃まで，左派社会党，総評，社会主義協会の順調な提携時代を生きた。

山川均は，私の研究領域ではない。しかし，均に関する研究を読んでいると，菊栄はほとんど重視されていないことに気づかされる。夫妻とも独立した書斎をもち，しばしば別居する事情が生じても，それぞれに支障をきたさず，経済的にどちらに依存することもない自立した存在であったこの夫妻は，理論的にも，分野の別はあったとしても，共通の男女平等の問題では「均・菊相和して」論陣を張った見事なカップルであり，菊栄研究には均の存在を抜きにすることはできないのに，その逆は特筆することもないという従来の均研究スタイルに疑問をもつが，私は均研究におよぶ余裕がないのでこの点は黙視する。

私は，端的に，共産党と社会党と左派社会党への入党のしかたが，「あなたを入れておいた」という関係になっているような均の書き方に疑問をもつ。しかも2度もである。それも均特有の表現のしかたなのか。しかし，その逆——つまり菊栄が均を「某党にあなたを入れておきましたよ」は，ありえないだろう。これは明らかに，非対照的といえる。また，「民主人民連盟」と「民主婦人協会」との関係においても，夫妻間に，見解の相違はなかったのだろうか。ただ，「民主人民連盟」が潰えても「民主婦人協会」はその後数

年継続して存在しているということは，菊栄の独自性，均との非対称性を示す一例に思われる。クラーラ・ツェトキーンの場合やローザ・ルクセンブルクの場合だったら，問題外のことではあるが，何か「夫唱婦随的」平等を感じるのは，私の勘ぐりすぎであろうか。1956年には，菊栄と京都へ結婚40年の旅行をしている。この年，菊栄の半自叙伝も出された。

　以下は，均なきあとの22年の彼女の仕事から独自性をさぐることを試みたい。

　ちなみに，均没後，菊栄が均について書いたものをあげると，次のようである。

1958年

①「ごあいさつ」『故山川均氏党葬追悼録』日本社会党（４月25日）。

②「山川均をおもう」『婦人のこえ』５月号。

③「四十年の同志　山川均の死」『婦人公論』５月特大号『山川菊栄集』（A 8：244-256）。

④「〈特集　山川均をしのぶ〉かえらぬ夫へ」『世界』６月号。『山川菊栄集』（A 8：257-272）。

⑤「書物と人生——夫から教えられる」『朝日新聞』６月21日。

⑥「追憶の旅」『婦人のこえ』６月・７月合併号。

⑦「〈随想〉彼のノートと手紙」『社会タイムス』930号，７月３日。

⑧「〈特集　山川均研究〉思い出すまま」『社会主義』10月号。『山川菊栄集』（同上：273-287）。

1959年

⑨「山川薬店前後のこと」『世界』１月号。

（上記のように，③，④，⑧が『山川菊栄集』A 8 に収録されている）。

　1958年『婦人公論』５月特大号に掲載された「四十年の同志　山川均の死」（『山川菊栄集』A 8：244-256）の終わりを，菊栄は，「四十一年に余る思い出は尽きない。私にとって彼はよい先輩，よい同志，そしてよい友，よい夫でもあった。彼の肉体は亡びても彼の仕事は永久に生きている。社会主義運動こそは彼の生命であり，希望であった。私は彼とともに歩んできたこの道をこの後も，生ある限り歩みつづけたいと思う」（同上：256）と結んでいる。

２．菊栄の外遊とそこから得たもの

　７年さかのぼるが，同時代の女性運動家としては，珍しく海外に出なかった菊栄が，1951（昭和26）年の11月に，久保まち子らと，英国に出発した（『山川菊栄集』Ｂ別巻：後ろから99，『山川菊栄集』ＡＢ７：379。鈴木 2006：116）。

　1951年７月16日の『朝日新聞』に「昨春（1950年─引用者）も私に某方面から渡米の話もあったにもかかわらず，長く官庁に留まる意思がないのに，そういう特典に浴したくないという理由で辞退し，……」同上：117）と書いているが，米国に関しては，既述の通り均と結婚する前1916年にも話があり断っている。占領下1950年の話はどこから出た話なのか具体的にはわからない。官から降りて，これまで２度話のあった米国ではなく，どのようないきさつで，このメンバーで英国行きが決まったのであろうか。鈴木裕子はとくに説明していないが，菅谷直子は，「1951（昭和26）年11月16日，イギリス政府の招き[11)]で，山川菊栄，奥むめお，田辺繁子，久保まち子。田中峰子の５名が渡英した。社会事情視察を目的とした招待に即した人選であったようだ。奥むめおは参議院議員，戦前からの婦人運動家，田辺繁子は法律学者，久保まち子はフェビアン協会研究者，田中峰子は田中耕太郎夫人で通訳として随行した」（菅谷 1988：97）と書いている。

　山川菊栄を日英交流史のなかに位置づけて研究した今井けいは，菊栄と英国について「彼女は戦前から英国の女性労働者の生活や福祉国家，労働党の政策などについて多くの情報をわが国にもたらしたが，英国の実情を自らの目で確かめる機会をもたなかった。一九五一年に他の四人の女性とともに英

---

11) 2016年最新の写真集（山川菊栄記念会・労働者運動資料室編 2016：52）では，「イギリス政府の招きで社会事業視察団の団長として」とある。同行者の田中は，前述鈴木裕子の解説と同じく田中孝子とある（同上：55）。1919年に ILO に行った田中孝子（1886-1966）だとすれば，1886年生まれであるから当時33歳，1951年当時は66歳である。写真で田中孝子とされている女性を見る限りでは，60代より若くみえる。菅谷（1988：97）にある田中峰子というのが正解ではないかと思われる。

国労働党政府に招かれた菊栄は，初めて渡英し（着いたときはすでに保守党内閣に変わっていた：伊藤注），１カ月間の招待期間を延期して翌年五月まで英国に滞在した」（今井 2001：143）と書いている。労働党内閣によって招待され，到着時は保守党に変わっても滞在期間の延長が認められて滞在したようである。他の４人はどうだったのか私は情報を集めていない。

　なお，菊栄は，その後，フランス，イタリア，ユーゴスラヴィア，インド，タイを訪問して翌1952年の７月に帰国した。フランス，イタリアは観光程度のようであるが，反スターリンの立場をとったユーゴスラヴィアには２国に比べれば長く５日間，インド訪問は数日だったのであろう。しかし，1956-7年にインドに行って『インドで考えたこと』（岩波書店 1957）を出した堀田善衞の４，５年前に当たるし，同じ外遊のなかに短期間でもインドが含まれていたことに私は興味をもった。なぜなら，堀田善衞が，『インドで考えたこと』のなかで「日本からヨーロッパへじかに飛んだ人は――」と何度も日本人のヨーロッパ志向を意識した書き方をしており，私もヨーロッパにじかに飛んだ組だったので，「インドを知らずして……」の思いをインドに行くまで長年抱いていたからであり，また植民地の宗主国と被支配の関係にあったインドを同時期に対比して菊栄がみたであろうことに意味を見いだすからである。

　菊栄はまた，その５年後，1957年には中国にも行っている。菊栄の海外旅行は1950年代（したがって菊栄の60歳代）に集中し，全部で，英国，フランス，イタリア，ユーゴスラヴィア，インド，タイ，中国の７カ国であるが，本節では，英国，ユーゴスラヴィア，インド，中国を取り上げて菊栄の発言をそれぞれの国の時代的背景との関連で簡単に触れておきたい。

⑴　英国

　1951（昭和26）年11月，菊栄が訪英したとき，英国はどのような政治情勢に置かれていたのだろうか。

　1945年５月，イギリスの大戦の中心となっていた対独戦は終わって（日本はまだ降伏していなかった），同年７月に行われた庶民院選挙では，保守党側チャーチルは，大戦で勝利した指導者として自信をもち，社会保障の充実

をうたいながらも労働党攻撃，社会主義攻撃に力点をおいていた。他方，労働党は社会保障制度や国民医療制度の実現，完全雇用の維持とともに，イングランド銀行，燃料・動力産業，鉄鋼業の国有化を方針としていた。選挙結果は，労働党の圧勝（労働党393議席，保守党213議席，自由党12議席）であった。労働党は，戦中のチャーチル連立内閣で副首相であった党首クレメント・アトリー（1883-1967，首相在任：1945-1951，労働党党首：1935-1955）を首相とする内閣を組織した。アトリー内閣は，1950年2月の庶民院選挙でも勝利したが，保守党との議席差は17議席となっており，菊栄訪英の2カ月前，1951年10月の選挙で労働党は保守党に敗れた。菊栄らは，この労働党政府崩壊直前に招待され，迎え入れたのは保守党政府だったことになる。

　ともあれ，アトリー労働党内閣は，1945年9月から1951年10月まで6年間政権を担当した。その間の国有化政策と福祉社会政策はイギリス史のなかで画期的なものであった。1946年の国民保険法，1948年の国民扶助法や国民医療制度法などは，英国民の圧倒的多数によって支持されていたものである。この制度を推進した保健相アナイリン・ベヴァン（Bevan, Aneurin 1897-1960[12]）のリーダーシップが大きかった。しかし，労働党政府による政治は国内の厳しい財政下で取り組まれていた（川北編『イギリス史』1998：363-379参照）。

　1951年10月の選挙で勝利した保守党は77歳のチャーチルを首相とした。1952年2月には，国王ジョージ6世が急逝し，新女王エリザベス2世が即位した。

　そのような時代の変遷をつぶさにみた菊栄は，英国旅行そのものについて，多くの文章を新聞や雑誌に残し『平和革命の国——イギリス』（慶友社 1954年）にまとめているが，労働省婦人少年局長退任後の60歳の1951-52年，英国の政権が労働党から保守党に変わった直後の英国に5カ月滞在して，菊栄

---

12) ベヴァンと親交をもち，著書の翻訳もしている菊栄は，自らが渡英したときの政治状況をこの翻訳書のあとがきでふれている（A. ベヴァン，山川菊栄訳『恐怖に代えて』1953：227-233）。また，ベヴァンについては，1960年の死に際して，「英国労働運動とベヴァン」と題して，第1次世界大戦後の英国情勢を『月刊社会党』（1960年7月）に書いている（『山川菊栄集』A 8：314-328）。

が実際見聞したものであるので，大変興味深い。

『平和革命の国——イギリス』は，「ランカシャー日記」，「ロンドン随筆」，「農場を見る」，「労働党」からなりたっている。どのパートも，菊栄の見聞が非常に細かく，優しい文章で臨場感があり，まるで同行しているような気持ちにさせるが，気になるのは，最後の「労働党」中の共産党批判の部分である。私の関心から，菊栄が当時の労働党をどう描いているか取り上げたい（山川菊栄 1954b：195-240）。

菊栄は，1952年3月末[13]，ロンドン州会議員の選挙運動を視察するため，ウエストミンスター橋のそばのロンドン労働党を訪ね，ある地区の選挙事務所を紹介される。そこで，地区有権者全員（2万人超）に番号を付したカードをもって主な合法選挙活動である「戸別訪問」に伴うのである。そこで見聞したことがこまごまと書かれ，しかも，選挙中も，選挙後も町は静かであることを日本との対比で述べている。続いて，労働組合運動が先行した英国の事情，1866年の労働運動から，労働党の生みの親ケヤ・ハーディ（Hardie, James Keir 1856-1915）[14]にふれてイギリス労働党の歴史と組織について説明する。

菊栄は，「ケヤ・ハーディは一九〇七年八月，ロシアを経てアメリカへゆく途中，日本にたちより，堺利彦氏の家に一泊して，堺，幸徳，山川，荒畑ら社会主義者と語り，翌日は片山潜氏の通訳で神田錦輝館の公開講演会に臨みました。彼は十九世紀後半及び二十世紀初めにかけて英国坑夫組合のリーダーとして，その頃純労働者出身には少なかった社会主義者として，また労働党の生みの親として歴史的人物となっています」（同上：208）と書いている[15]。菊栄は，労働党が加盟団体（間接加盟：フェビアン協会，社会主義医師協会，労働教員協会，ユダヤ人社会党など），加盟個人（直接加盟）の両方を認めていることを説明し，TUC（労働組合会議：800万人）と党との関係を説明する。また「労働党は共産党及びその支持団体の加盟を認めず，そ

13）1952年3月末に菊栄は英国にいた。英国は3月8日に「国際女性デー」を祝わなかったのであろうか。菊栄はそのようなことはまったく書いていない。

14）日本ではケア・ハーディとして知られている。ハーディについては，安川（1982：123-132，および366）参照。

第10章　戦後「日本社会党」の女性運動への関わりのなかで　　425

ういう団体の会員には個人加入の資格も認めません。その団体のリストを党
本部で発表していますが，共産党では次から次といろいろの名でカムフラー
ジュした新しい団体を作り，それが分って警戒されるとまた別に作り，地方
では何が何だか分らず，始終本部へ問合わせがくるとのこと。最近そのリス
トに上っているもの共産党，独立社会党，国際民主婦人連盟，国際婦人デー
委員会その他二十余」（同上：218）。それから数ページにわたって「ラスキ
教授[16]」著のパンフレットにあるという，共産党批判が続いているが，出典
が確認できないので，ここでは引用しない。ここからは，菊栄の英国労働党
によせる信頼と，反面共産党に対する強い不信を読み取ることができる。

　菊栄の訪英時，労働党は政権を保守党に譲っていたが，その辺のことは次
のように説明している。「一九五一年十月の総選挙では，労働党は英国のど
の政党にも前例のない得票数，一千四百万を獲得し，保守党よりも二二万五
千票も多かったのですが，議員数では保守党三二一，労働党二九六，計二五
名の差で負けました。（共産党は総得票数二一，六四〇，当選者なし）」（同
上：224-225）。

　また「社会保障のあらまし」という項で，「一九一八年労働党の新しい綱
領の中に，重要産業の国有，失業問題の解決，生活の安定等の項目がかかげ
られ，労働党は社会主義の党だとはっきり名のりをあげたのでした。そして
一九四五年，議会の絶対多数を得るや著々その公約の実行にとりかかったわ
けです。社会保障には保険制度と税金によるものがありますが，労働党の方
針では将来社会保障費総額の六〇％までを税金でまかなう計画になっていま
す」（同上：231）。以下省略するが，「揺籃から墓場まで」という社会保障の
モットーを貫くための保守党政権をも監視していく労働党のさまが描かれて
いる。

----

15) 菊栄の叙述を裏づけるものとして，西川（1985：70）は，「1907年8月に，イギリス
　の独立労働党のケア・ハーディが来日，堺の自宅に一泊している。22日，急遽，錦輝館
　で開かれた演説会には『百五十余名』が出席した。彼に対し，堺・幸徳は批判的だった
　が，『意見の相違』は相違として敬愛の情を抱いた」と書いている。しかし，山川均の
　自叙伝や，石河による伝記にはとくに記述もない。
16) ラスキとは，ハロルド・ジョセフ・ラスキ（Laski, Harold Joseph 1893-1950）のこ
　とであろう。多元的国家論を唱えた英国の政治学者で，労働党の幹部でもあった。

菊栄はこの書のあとがきで,「いうまでもなく,現在のイギリスは自由放任主義のふるい資本主義の形そのままではなく,一九四五年から六年間の労働党内閣のもとに福祉国家となづけられ,思いきった改革を加えられました。ベヴァン氏はこれを資本主義国家の中に大きくクサビをうちこんだものといっています。けれどもそれはまだ社会主義ではなく,貧富の差,階級の対立,利潤のための生産は根本的には解決されず,その極端な害悪が緩和されただけで,それらの問題の解決は今後の社会主義運動の発展如何にかかっています。もちろん日本よりはるかに古い歴史と強大な組織をもつ労働組合と労働党をもち,それ故にこそ一滴の血をも流さずに,有産者の犠牲によって徹底した社会保障制度を実施することができたので,日本としても大に学ぶべき所のあるのはいうまでもありません。けれどもイギリスの平和革命はまだ完成したものではなく,今後の進め方が問題で,それについて内部にも意見の対立のあることは左右の抗争によって明らかです」(同上:241-242)といい,「左派の政治的代表者がベヴァン氏,理論的代表者が D.G.H. コール教授と見ていいでしょう」(同上:242-243)と書いている。

菊栄は,この2人と夫妻ごと知り合いになってそれぞれの著書を翻訳した。またコールが1959年,ベヴァンが1960年に没したとき一文を書いている[17]。

G.D.H. コール(Cole 1889-1959)の菊栄編訳を取り上げてみよう。コールは菊栄自身による紹介によれば,独立労働党,およびフェビアン協会の会員で,オックスフォード大学の社会および政治学説の教授で,産業革命以来英国の社会および経済の発展を背景とした労働運動史について著書をもつ。妻のマーガレットは,労働党調査部に勤めた学識才能豊かな人物とのことである(山川菊栄訳 1955:200参照)[18]。菊栄がコールの1949年の著書として『これが社会主義か』(河出新書,1955)は,コールの4つのパンフレットを菊栄が編集し,年代順に収めたものである。内容は次の4つからなっている。第1は,イギリス労働階級運動(1949),第2は,イギリス労働運動の回顧と展望(1951.5),第3は,過去50年間の社会主義の発展(1951.10),第4

17)「G.D.H. コールを訪うて」(『世界』1959年3月号。『山川菊栄集』A 8:311-313),「英国労働運動とベヴァン」(『月刊社会党』1960年7月。同上:314-328)。

18)菊栄は1952年3月,ロンドン滞在中にコール夫妻を訪問している。

が，これが社会主義か（1954.10）である。

第1は，コール自身の説明によれば「英国労働運動とその組織とについての最も緊要な事実を，その現状を理解する上に必要な歴史を参考としながら，できるだけ簡単に説明する」（山川菊栄訳 1955：8）としており，英国労働運動の歴史と組織を，フランス革命からはじまる簡単な年表を付して基礎的知識を得ることができるものである。

第2は，1951年4月に「ラルフ・フォックス[19]記念委員会」の求めで行われた講演である。コールは「自分の知っている時代の労働運動の変化してきた姿を省み，今日どういう傾向が運動の上に起りつつあるかを見極めようとすることは，彼の追憶に敬意を払う所以であると思われた。」（同上：60）と書いている通り，コールが生きてきた時代のイギリスの，自分と労働運動，具体的事実と関連させながら45年の歴史を語り「ラルフ・フォックスが今日生きていたとして，この講演の中に私の述べたことにどれだけ同意したか私には分らない。私に分っていることは，彼は，今日私が諸君の前に述べようとした理想や価値のための闘士であったこと，そして彼がそのために死んだということである。私は彼の追憶に対して敬意を表する」（同上：93）といっている。

第3は，英国労働党結成50年記念講演で，英国労働運動の主に思想史的側面を扱った長文のものである。コールは1900年のパリで開かれた第2インターナショナル第5回大会から説き起こす[20]。フランスやドイツの状況もふんだんに取り入れながら国際的社会主義運動の思想的背景を解いていく。とく

---

19) ラルフ・フォックス（Fox, Ralph 1900-1937）は20歳から労働運動と共産党に関係しており，伝記作家，歴史家，文芸評論家であったが，スペイン内戦に義勇兵として従軍し，英国部隊の政治将校として働いて1937年戦死した。コールは，ラルフ・フォックスが生まれたハリファックスで，スペイン内戦で自己の信念のために死んだ人のため，毎年行われる講演の最初のものとしてこの講演を行った。

20) 周知のとおり，第2インターナショナルは1889年パリで結成された。1900年は第5回大会であり，第2回は1891年ブリュッセル，第3回は1893年チューリヒ，第4回は1896年ロンドンで，第5回が1900年パリ大会であったのだが，コールは「1900年にパリで開かれた国際社会主義大会は，国際社会主義事務局を作り，こうして1864年のマルクスの第一インタナショナルの相続人としての第二インタナショナルを正式に発足させたのだった」（山川菊栄訳 1955：96）としている。

にロシア革命の評価については，否定的で，「明らかに，イギリスをも含む比較的進んだ国々では，選挙民の大部分は**もしも**完全雇用と，よい生活状態と，社会福祉制度の拡充とを，資本主義の顚覆に伴うごたごたなしに実現できるものならば，それを撤廃して完全な社会主義体系を確立することに伴うごたごたを望んではいない。明らかに大抵の労働組合及び政党の指導者もこの態度である。もし福祉国家が永く続いて，社会主義なしに発展するものならば，社会主義は西欧には来ない——そして社会主義の指導者でさえもそれを来させようとはしないだろう」（同上：131）と述べ，1951年段階では，すでに，ソ連と東欧諸国の，社会主義のその後をみてしまっており，たいていの者は個人的自由をもっと高く評価している。それを，「私はある人間がこれ以上嫌うことができないほど『ソヴィエト中央集権主義』の発展と，ジョージ・オウェルが『**動物農場**』で諷刺した権力——現実主義とを嫌う」（同上：133）といいきり，「そこで私はソ連と手を切った後，どういうことがユーゴスラヴィアで起るかということに非常に強い関心をもっている。なぜならユーゴは権力と責任とを広く分散し，自由の価値を認めることと両立する共産主義の型を作ろうとして大いに骨をおっているからである」（同上）と，ユーゴへの関心を示す。コールは，「私はすべての西欧の『自由主義者』と同様，心から今日の共産主義の独占的構造をきらい，その理論的支柱の出所であるマルクス主義の唯物論哲学には同意しない」（同上：135）のであるが，「西欧社会主義の直面している問題は，その失われた理想の代りにアメリカニズムの哲学をうけいれることなしに共産主義の挑戦に対抗できるか」……「私はその答えを知らない」（同上）と悲観的な現状分析で終わる。

　これら３つのコールの見解は，第４の「これが社会主義か」を解するうえの「予備知識を提供している」（同上：195）と菊栄はいう。第４では，1954年，菊栄が帰国して２年後に書かれたものであり，コールは「社会主義とは，自分たちにとって福祉国家とは根本的にちがう何ものかを意味しているために，すっかり気を落している人々に行動の方向を示そうとするもの」（同上：138）で，「**もしも**吾々が社会主義の方向へ進もうと望むならば，吾々はこういう政策をうけいれるように選挙民を説得」（同上：139）することを書いているのだというふれこみではじめられる。この部分にページを割きすぎ

第10章 戦後「日本社会党」の女性運動への関わりのなかで　　429

ることは全体のバランスを欠くので省略する。

(2)　ユーゴスラヴィア

菊栄は，上記，英国労働党の活動と理論にふれて約5カ月滞在した英国を離れ，前記，コールのパンフレットでも注目されているユーゴスラヴィア（以下，ユーゴ）に行った。菊栄がユーゴに滞在したのは，1952年5月の5日間と思われる。フランス，イタリアは観光目的としても，菊栄がユーゴに行ったことについて，菅谷は「ソ連の傘下に入らず，独自の社会主義を築いているチトーの姿勢に共感したのであろう」（菅谷 1988：98）と書いている。

ユーゴの第2次世界大戦中の歴史は，バルカン諸国の歴史とからみ合っていて単独で説明することは難しいが，せめて，戦中・戦後の歴史を線でたどって，ユーゴがどのような歴史的段階にあるとき，菊栄が訪問したのかを，簡単にまとめておきたい[21]。両大戦間，バルカン諸国はどの国も経済的に遅れた小国であった。第2次世界大戦に際して，ユーゴは，他のバルカン諸国と同様に中立を宣言し，枢軸国[22]とも距離を置いた。しかし，途中複雑な経過を経て，1941年4月ドイツ軍の侵攻を受けると，ユーゴ国王と政府はロンドンに亡命政権を樹立したが，ユーゴ国土は枢軸軍の手で分割された。

ユーゴの場合，セルビアは直接ドイツの軍政下に置かれ，戦前の国防相ネディチを首相とする「セルビア救国政府」が設置された。こうした状況下で，枢軸軍に対してユーゴ，ギリシャ，アルバニアは，共通する3つの性格をもって戦った。第1は，占領軍の武器を奪ってゲリラ戦を展開し，独力で解放を成し遂げたこと，第2は，国内諸勢力の間のさまざまな内戦を内包したこと，第3は，旧来の伝統を打ち破る社会変革をめざす戦いの性格をもったことである。ユーゴは，2つの勢力によって戦いが展開された。1つは，占領

21）矢田俊隆編『世界各国史13 東欧史（新版）』（山川出版社，1977），柴宜弘著『図説
　バルカンの歴史』（河出書房新社，2006：124-142），柴宜弘『ユーゴスラヴィア現代史』
　（岩波書店，1996）参照。
22）枢軸国とは，第2次世界大戦時に連合国と戦った諸国を指す言葉。ドイツ，日本，イ
　タリア，フィンランド，ハンガリー，ルーマニア，ブルガリア，タイなど，ソビエトを
　脅威ととらえていた反共主義・ファシズム国家が多い。

軍に対する武装闘争を呼びかけたユーゴ共産党[23]を中心として組織化されたパルチザンの抵抗運動で，各地の自発的な抵抗の動きも巻き込んでソ連の援助をほとんど得ることなく国土を解放した。もう1つは，民族主義者や王政を支持するグループが中心となった抵抗運動の組織で，亡命政権やイギリスの支援を受けて活動した。やがてこの両者が対立し内戦となる。

　ユーゴ共産党は1941年6月22日，ドイツ軍のソ連攻撃が開始されると占領軍に対する武装蜂起を呼びかけ，6月末にチトー（チトー，ヨシップ・ブロズ　1892-1980）を最高司令官とする人民解放パルチザンの最高司令部が設置され，ボスニアやモンテネグロの山岳地でゲリラ戦をしながら，ねばり強く農民の支持を取りつけ，1943年まで態度を保留していた知識人の支持も得ることができ，43年11月にはイギリスのパルチザン支持という政策転換もあって，イタリアが降伏した時期に，ユーゴ解放全国委員会という行政府を創設した。その後1944年6月ユーゴ解放全国委員会のチトー議長とロンドン亡命政権シュバシッチ首相との間に協定が結ばれ，10月パルチザンとソ連軍の合同作戦でベオグラードを解放し，ヤルタ会談[24]における勧告にもとづき，1945年3月7日，チトーを首班とし，亡命政権の代表3人を含む民主連邦ユーゴスラヴィア臨時政府が成立した。ユーゴはパルチザンによる抵抗運動を通して社会主義に移行した。1947年春，東西の冷戦が本格化した。ソ連は1947年9月（菊栄が労働省婦人少年局長になったと同時期），コミンフォルム（ヨーロッパ共産党・労働者党情報局）を結成した。

　ユーゴは，建国当初はソ連をモデルに「社会主義国」建設をめざしたが，まもなく自主独立の立場を強化した。コミンフォルムは，1948年から49年にかけて，ユーゴスラビア共産党を，「帝国主義の直接の手先」などと呼んで攻撃した。スターリンらは，「チトー主義」との闘争の名のもとに，各国共

---

23) ユーゴ共産党は，1919年4月社会主義労働者党として創設，20年6月共産党と改称。21年8月「国家保護法」が議会で可決され，共産党は非合法化された。

24) ヤルタ会談は，1945年2月4-11日，当時のソ連クリミア自治ソビエト社会主義共和国のヤルタ近郊のリヴァディア宮殿で行われた，米国・英国・ソビエト連邦による首脳会談である。第2次世界大戦が終盤に入るなか，ソ連対日参戦，国際連合の設立について協議されたほか，ドイツおよび中部・東部ヨーロッパにおける米ソの利害を調整することで，大戦後の国際レジームを規定した。

産党の自主性を否定して，ソ連共産党の方針や見解に従わせる国際的なキャンペーンを組織した。ユーゴ共産党はこれによって，1948年6月コミンフォルムから追放された。バルカン史を専門とする柴によれば，「コミンフォルムから追放されたユーゴはソ連・東欧諸国との外交関係を断たれ，きわめて困難な状態に追い込まれた。このような状況において，ユーゴ共産党内の厳しい引き締めが行われ，党員にはチトーを選ぶかスターリンを選ぶかの二者択一が突きつけられた。親ソ派のコミンフォルムニストには国外に脱出するか，逮捕されるしか選択の余地がなかった」（柴 1996：116）と書いている。しかしユーゴは社会主義を維持する方針を貫き，国際連合を舞台にして外交活動を展開した。ソ連の「呪縛」から脱したユーゴは，1949年11月，国有化されていた大企業に生産から分配にいたるすべての権限をもつ「労働者評議会」設立の通達を出し，1950年6月ユーゴ人民議会は「社会主義的自主管理制度」を導入した。これを確認する意味で1953年1月に新憲法が制定された。また対外的には，非同盟運動の提唱国の一つとして重要な役割を果たした[25]。

　さて，菊栄は，1952年，スターリンと対立してコミンフォルムから追放されて3年余りたったこのユーゴに行ったのである。矢田編（1977：478）によれば，改革中のユーゴの経済的，イデオロギー的危機は深刻であった。

　鈴木裕子は「この旅では，ほかにユーゴスラビアの歴史と現実に並々ならぬシンパシーと関心を持ち，見聞につとめ，その行き方に好意を寄せました」（鈴木 2006：167-168）といっている。

　菊栄はユーゴについて次のように書いている。

　　　ヨーロッパの東北地方ともいうべきバルカンの一角にささやかな社会主義連邦をきずきあげたユーゴスラヴィアは，思ったよりずっと明るく文化的な雰囲気でした。指導層に三十代四十代の若手が多く，経済的には気の毒なほど貧しくおくれているにかかわらず，新興の意気はつらつとしていかなる障害にもうち克って社会主義の建設に努めようとする気

25）日本共産党はといえば，1948年8月の中央委員会総会で，ユーゴ共産党に対するコミンフォルムの批判を支持する決議を行った。のちに日本共産党は，このことを，「自主独立の路線を確立するにいたらなかった段階で，ソ連共産党やコミンフォルムの見解を肯定した誤りの一つ」（日本共産党中央委員会 2003：90）と自己批判している。

概は，西欧の諸資本主義老大国の及ばないものでした。東西民族と文化の交流点に当たり，東洋的なものをもっている点でも面白く，私には魅力のある国民です。（中略）北はロシアの衛星国，南はファシストと境を接し，たえず両者の脅威にさらされているユーゴ国民は，大国にはさまれる小国の不安な運命を歴史的に経験し尽しているので，その独立を保つために心を砕いている様子でした。この国では一挙手一投足，コミンフォルムの号令のままにあやつり人形のように動くものをコミュニストとは呼ばず，コミンフォルミストと呼び，真のコミュニストは自分たちだと考えています」（「西から東への旅」『世界』1952年11月号『山川菊栄集』AB 7：163-164）。

鈴木はまた，「ちなみにのちになって菊栄が書いていることですが，過ぐるヤルタ会談（一九四五年二月）のとき，ソ連首相スターリンとイギリス首相チャーチルとの間で，ユーゴを分割統治する話があったこと，またスターリンはユーゴに対し，イギリス亡命中の国王を迎えて，『立憲君主制を再興せよ，とすすめたが，ユーゴは独力ですでに戦時中ヒトラーとムッソリーニの侵略軍と戦い，社会主義の政府を確立していたので，スターリンの提案を拒否し，国王は戦時中素手で戦っている国民を見すてて外国に逃亡した裏切者だから，帰国したら裁判にかけるといったので，スターリンは黙ってしまった』（「大国と小国」『自由』一九七〇年五月号）と大国のエゴイズムを厳しく批判しています」（鈴木 2006：168）と書いている。ここで，疑問だが，スターリンはユーゴの誰に立憲君主制を再興せよ，とすすめたのか，誰が，それを断ったのか，この文からは不明である。さらにヤルタ会談は，米・ソ・英だけの会談であるので，この話の真偽のほどは不明である。

菊栄がこのような経験のあと，思い出を書いた1970年まで，ユーゴはどういう経過をたどっていただろうか。菊栄が帰国したのちの1952年11月の第6回ユーゴ共産党大会は，党名を共産主義者同盟と改めるとともに，党の役割は上から命令を下すことでなく，説得とイニシアチヴにあるとする理論を打ち出している。1956年のスターリン批判は，ユーゴの名誉回復に役立った。ところがハンガリー動乱とその後の引き締め機運によりソ連圏諸国の態度は変化した。その後ソ連との関係も紆余曲折があったが，1960年に表面化した

第10章　戦後「日本社会党」の女性運動への関わりのなかで　　433

中ソ論争において，ユーゴは中国によって「フルシチョフ修正主義」と罵倒され，それにつれてソ連圏諸国との関係も改善された。

　1963年ユーゴは新憲法を採択し，国名を連邦人民共和国から社会主義連邦共和国に変え，労働者自治と住民自治を軸とする政治制度を規定した。1965年経済改革を行って，企業自治を強化し「市場社会主義」に経済全体を再編成しようとして，66年から外資の導入も本格化した。しかし，改革に抵抗した保守派が排除される一方，67-68年，複数政党制を主張したザグレブ大学哲学助教授ミハイルロフが逮捕され，1968年にはベオグラードの学生の社会的不平等是正のデモと弾圧，学生の大学占拠なども起き，経済改革による分権化の徹底はユーゴ内部の民族対立再燃の原因となった。菊栄がみた20年近く前のユーゴとはまた違った問題を抱えるにいたる（矢田編　1977：530-532参照）[26]。短い滞在での旅人の目はまったく点しかみることができないが，その後の現実にいたるまでの歴史のうえに，菊栄がみた断片的現実が確かにあったことを感じ取ることはできる。

26）ちなみに，私は，初めての外国旅行で，まず最初の外国がユーゴスラヴィアだった。1975年，国際女性年の年，日本婦人団体連合会の企画ツアーで，ユーゴ，英国，仏，伊の女性団体との交流というテーマでの15日間の旅だった。その時代はユーゴはどのような情勢であったか。矢田編（1977：533-534）によれば，1970年代ユーゴとソ連との関係は，1971年9月にブレジネフのベオグラード訪問，72年チトーのソ連訪問と改善され，ソ連圏諸国との政治的・経済的協力が発展した。71年6月のテパヴァツ外相の訪中もあって，中国との関係も好転した。非同盟主義は堅持され，アジア・アフリカ諸国との協力にもっとも大きな精力がさかれていた。1971年ユーゴは，民族対立緩和のために憲法改正を行い，「複数大統領制」と通称される連邦幹部会が設置され，各共和国の自治権はさらに拡大された。しかし，民族対立は加熱し，チトーはさまざまな介入を行っていた。1974年夏，モンテネグロで30人の「コミンフォルム主義者」とされるグループが逮捕され，75年1月にはベオグラード大学文学部の8名の著名な教授が解職されるなど，規律強化の動きがあり，民族的・社会的動揺は大きな広がりを示していた（矢田編　1977：533-534参照）という。私たちの旅は主に首都ベオグラードで，ベオグラードの繊維工場や，消費組合を訪問したが，労働組合による自主管理社会主義の工場経営や，地域での経済自治による配分など，資本主義国では考えられない実情の説明に，一行は非常に驚かされた記憶がある（伊藤セツ　1976：24-31参照）。

⑶　インド

　続いて，菊栄はインドへ行った。どのような行程と経路でインドに行った
のかは書いていないが，インドの地名では英領インド時代の首都カルカッタ
のみが上がっているのでカルカッタだけに行ったのであろう。1952年のイン
ドとはどのようなものだったのだろう。

　英国のインド支配は1757年に遡るが，1858年以降英領インドとしてイギリ
ス政府の直接の植民地となった。インドは1947年に民族独立運動によってで
きた国である。インド独立を実現させたのは，インド国民会議派（コングレ
ス党）であった。この国民会議派は1885年にイギリス人によって作られた一
種の国会（コングレス）がもとになっている。しかし，イギリス人の安全弁
的考え方でできた会議派は，反英運動の中心組織・運動体となった。指導者
はマハトマー・ガンディー（1869-1948）であった。1920年前後の不服従運
動，30年前後の「塩の行進」，42年の「インドから出ていけ」運動がヤマと
なって，イギリスにインド統治を断念させ，1947年，インドとパキスタンが
分離した形で独立した。

　菊栄が，カルカッタに行ったのは独立後５年の1952年であった（辛島監修
1992：46-51）。菊栄は，宗主国英国と植民地インドを対比してカルカッタの
光景を描いている。

　　　　カルカッタはまさしく餓鬼道でした。……ミイラのような子供たちが
　　　道ばたにむれつどい，道ゆく人々に袖乞いをするやら，新聞紙をしいて
　　　横たわるやら，まことにこの世の地獄です。英国が子供の天国なら，こ
　　　こはまさしく子供の地獄です。……植民地のあるじだった人々の住む広
　　　壮な建築や，それをめぐる公園や記念碑と，奴隷化された植民地民族と
　　　の間の，こうも極端な対照を目のあたりに見て，よくも血をみる革命運
　　　動がばくはつしなかったものだと思いました。それはガンジーや仏教の
　　　影響か，それとも余りに虐げられて立つ力を失った民衆の無気力のせい
　　　か，とにかく生きた人間の世界とも思われないみじめさでした。茶色に
　　　濁ったガンジスの流れは餓死した人々の自然の墓場もつとめるとか
　　　（『山川菊栄集』ＡＢ７：164-165）。

　菊栄は，黄麻工場にも行ったようであるが，休日だったとのこと。インド

第10章　戦後「日本社会党」の女性運動への関わりのなかで　　435

では菊栄はインド社会党員に接触したようで，次のように書いている。

　　独立していくぶん経済的に改善されたと見る人もありますが，インド
　社会党員にきくと，土着資本が余りに貪欲で問題にならぬといいます。
　英領当時インド人は薄給の下級吏員として使われただけで責任ある地位
　には一切つかされていなかったので，行政事務にも経営にも全然無経験
　な者ばかりで，そのためにも独立後の政治経済の運営に支障を来たし，
　能率が低いとのこと。この点についてはどこの植民地にも同様の問題が
　あり，革命後の労働者，婦人および植民地民族一般に通有の現象で，年
　と共に経験を通じて克服されていかなければならないことでしょう。英
　本国から派遣される官吏は大学出たての青年でも何十年の経験をつんだ
　インド人官吏の十数倍の高給をはみ，四，五年勤めれば本国へ帰って一
　生うくに暮らせるだけのものがたまったといいます。昨年度の TUC の
　大会で，植民地民族と本国人との間の同一労働，同一賃銀の要求が問題
　となったのも故あるかなです（同上：165-166）。

　タイについては，菊栄は数行しか書いていないので省略する。

　菊栄は「私の旅の収穫は，日本を改造するための新しい勢力の結集こそ，
私たちに与えられた唯一の課題であるという若い頃からの信念をいっそう強
められたことでした」（同上：166）と終わっている。

　これらの国々での見聞は，それ以降の菊栄の思想や活動に何らかの影響を
与えたことであろう。次に1950年代の終わり，均とも死別した後であるが，
中国を訪問しているので先にそのことにふれておきたい。

(4)　中華人民共和国

　それから7年後，均が没した翌年，68歳の1959年，菊栄は，中華人民共和
国の招待で建国10周年の国慶節訪中団[27]（団長片山哲，総勢30人）の一員と
して式典に参列するため，9月（日は不明）に出発し10月26日に帰国した[28]。

---

27) 中華人民共和国における国慶節の制定は，1949年9月に中国人民政治協商会議におい
　て10月1日を国慶節と定めたことに由来する。これは，1949年10月1日に天安門広場に
　て中華人民共和国の建国式典が行われ，毛沢東により中華人民共和国の成立が宣言され
　たことにちなむ。

菊栄訪問時の中華人民共和国はどのような歴史的段階にあったか。それまでの歴史をまとめたうえで（天児：2013を参照した），実際に菊栄がみた中国についての報告を読んでみたい。

1930年代から中華民国・南京国民政府と内戦（国共内戦）を繰り広げてきた中国共産党は，第2次世界大戦終結後に再燃した内戦で相次いで国民党政府軍に勝利を収め，1949年10月1日，毛沢東は北京の天安門壇上に立ち，中華人民共和国の建国を宣言した。しかし，この段階では国共内戦は終息しておらず，11月30日に重慶を陥落させて蔣介石率いる国民党政府を台湾島に追いやったものの，1950年6月まで小規模な戦いが継続した。

中華人民共和国の臨時憲法である「中国人民政治協商会議共同綱領」は，中華人民共和国が「人民民主主義国家」であるとした。そして，政治と経済の体制には「新民主主義」（綱領第1条）と「国家資本主義」（綱領第31条）を掲げ，「共産党の指導」や「社会主義」といった文言はいっさい盛り込んでいなかった。つまり，建国の段階では中華人民共和国は中国共産党がめざす「社会主義国家」ではなかった。事実，国家元首である中央人民政府主席には毛沢東が，首相である政務院総理には周恩来が就任したものの，中央人民政府副主席6名のうち半数は非共産党員であり，副総理・閣僚級ポストのおよそ半数も非共産党員が占めた。

とはいえ，毛沢東は社会主義を「将来の目標」としており，ソ連との関係強化を図っている。建国直前の1949年7月には「向ソ一辺倒」を宣言し，建国まもない1949年12月から1950年2月にかけてソ連を訪問してスターリンの70歳の誕生日を祝い，中ソ友好同盟相互援助条約を締結するなどして，ソ連の援助を引き出した。その後に勃発した朝鮮戦争では，ソ連軍を朝鮮半島から撤退させていたスターリンの意向を受けて，台湾侵攻を後まわしにして中国人民志願軍を北朝鮮に派遣した。朝鮮戦争が勃発する直前の1950年6月20

---

28) 均の没後翌年の1959年という年は，菊栄は68歳であったが，非常に多忙な年であった。3月と7月の各方面への集会視察旅行のほか，9月には，専修大学で開催された社会政策学会（共通論題：婦人労働）をも傍聴し，同じ9月に中国へ発って10月に帰国している。なおこの年12月10-12日，軍縮のための世界婦人会議がスウェーデンで開催され，小笠原貞子婦団連副会長が参加した。

日，毛沢東は「中華人民共和国土地改革法」を公布した。これは，かつて中国共産党が支配地域で実施していた「土地革命」を，全国の未実施地域で行おうとするものであった。ただし，この法律は従来の「土地革命」とは異なり，「富農経済の保護」を打ち出し，「穏健で秩序ある」改革をめざすものであった。この改革によって，各種の農業生産高はいっきに増大した。なお，同時期の工業は，農業以上に生産の伸長が著しかった。毛沢東はまた，1951年末から汚職・浪費・官僚主義に反対する「三反運動」を，1952年はじめから贈賄・脱税・国家資材の横領と手抜き・材料のごまかし・経済情報の窃盗に反対する「五反運動」を展開した。「三反運動」は行政組織のスリム化と透明化をめざすものであったが，「五反運動」は事実上民族資本家や金融関係者が対象となり，商工業者に深刻な打撃を与えた。

建国当初，新民主主義社会の建設を目標に，「穏健で秩序ある」改革を進めていた毛沢東は，1952年9月24日，突如として社会主義への移行を表明した。1950年の全国政治協商会議第2回会議で社会主義への移行は「かなり遠い将来のこと」と発言していた毛沢東が，急進的に社会主義を導入しようと方針転換したことは，周恩来や劉少奇など多くの指導者を困惑させた。しかし毛沢東は1953年1月よりソ連型社会主義計画経済をモデルとした第1次5カ年計画をスタートさせ，農業の集団化などの社会主義化政策を推進していった。第1次5カ年計画は重化学工業への投資で高い経済成長を達成して，当時の中国のGDPも同じく戦後復興を進めていた日本より上だった。

毛沢東は，中華人民共和国を新民主主義国家から社会主義国家に変貌させるために，国家機構の改造にも着手した。1954年9月，全国政治協商会議に代わる最高権力機関として全国人民代表大会が設置され，9月20日に全人代第1回会議において中華人民共和国憲法が正式に制定された。この憲法では，毛沢東が提唱する社会主義への過渡期論が盛り込まれ，国家の目標として社会主義社会の実現が明記された。9月27日，毛沢東は憲法にもとづいて新たに設置された国家主席に就任した。なお，首相である国務院総理には周恩来が改めて就任し，全人代常務委員長に劉少奇，国家副主席には朱徳が任命された。また，国務院副総理10名すべてが共産党員であり，全人代副委員長や国務院の閣僚クラスにおける非共産党員の割合が大幅に減少するなど，国家

の要職は中国共産党が独占した。

　国家主席に就任した毛沢東は，自己に対する反対勢力を粛清していく。1956年2月のフルシチョフが行ったスターリン批判に，中国共産党は異なった見解（功績7割，誤り3割）を示した。これ以降，ソビエト連邦と中国の関係は徐々に悪化，のちの「中ソ論争」や「中ソ国境紛争」へとつながっていく。

　毛沢東は，中国共産党に対する党外からの積極的批判を歓迎するという「百花斉放百家争鳴」運動を展開した。しかし，多くの知識人から共産党の独裁化を批判されると，毛沢東はこれを弾圧するために1957年6月に反右派闘争を開始し，少なくとも全国で50万人以上を失脚させ投獄した。

　反右派闘争によって共産党に批判的な知識人層の排除に成功した毛沢東は，急進的社会主義建設路線の完成をめざした。毛沢東は「イギリスを15年以内に追い越す」ことを目標として，1958年に大躍進政策を発動。大量の鉄増産のため，農村での人海戦術に頼る「土法高炉」と呼ばれる原始的な製造法による小規模分散生産を採用し，量のみを重視し質はまったく度外視したため，使い物にならない鉄くずが大量に生産された。農村では「人民公社」が組織されたが，かえって農民の生産意欲を奪い，無謀な生産目標に対して実際よりも水増しされた報告書が中央に上がるだけの結果になった。こういったことから大躍進政策は失敗し，発動されてから数年で2000万人から5000万人以上の餓死者を出した。

　この失敗以降，毛沢東の政策は次第に現実離れしていき，批判を受け付けない独裁的な傾向が強くなっていく。菊栄が訪中した1959年は，このような毛沢東時代の最悪に向かう時代であったと思われる。

　菊栄は中国から戻って，「中国婦人，黄さんのこと」（『朝日新聞』1959年10月31日），「前進する中国女性　黄さんの場合」（『朝日新聞』1959年11月5日），「新中国を見て」（『婦人のこえ』1959年12月号），「新しい中国・古い中国」（『世界』1960年1月号，『山川菊栄集』AB7：206-225），「生まれかわった中国」『婦人と教育』1月号）などを書いた。

　菊栄の書いたものをみると，中国をみる視角の難しさを感じさせられる。巻末年表をみていただきたいが，菊栄らが訪中したとき，中国は諸種の矛

盾を抱えた困難な時期にあった。菊栄の中国紀行文には，そうした側面をみ
じんも感じさせない。英国では，菊栄は労働党中心で，共産党などはほとん
ど眼中になかったようであるし，ユーゴではソ連からの離脱に強い関心を抱
いていたのに，この中国では，中国共産党の政治やソ連との関係が友好的で
ある様子を，表面上そのまま受けとめて書いているように思われる。菊栄の，
「かく疑うことを習へ」というまなざしはほとんど感じられない。こういう
ことは，往々にしてありがちではあるが，1950年代の外遊で，英国労働党的
視点からみた共産党やソ連に対する強い批判的筆致は，1950年代後半の中国
見聞での共産党やソ連に対する称賛とは当然矛盾していることを否定できな
い。もっとも，招待された場合，招待側に礼を尽くす書き方になるのはある
程度やむをえないのかもしれない。

　中国行きは，まず羽田から香港に着き，香港から広東までは鉄道，広東か
ら飛行機で，長沙，武漢を経て北京へというルートだったようだ。
　「新しい中国・古い中国」のごく一部を引用する。
　　……一歩国境をよこぎって赤旗の下にたつと，それまでの小さなゆが
　んだ田畑はたちまちきえて，鉄道の沿線には見わたすかぎり，規則正し
　い直線でしきられた広い農場がつづき，キチンとした服装の農民が，多
　かれ少なかれ，何人か集まって共同作業に従い，建てかけの倉庫や新築
　の建物の白いカベに何々人民公社，または人民公社万歳と大書してある
　のが目につく。田畑はゆたかに，水牛はゆうゆうと野山に黒く散ってい
　ます。この夏ひどい洪水だったというのがどの辺だったか，それらしい
　あともなく，米は三毛作だが，それではいそがしすぎるので二毛作にと
　どめているというのですが……（『山川菊栄集』AB 7：206-207）
　　……建国十周年のこのはなやかな行事と，この期間の驚異的な社会主
　義的建設の進行が，虐げられふみにじられてきた後進民族にどれだけ深
　くかつ大きな感激を与え，自信と激励を与えるかは，想像以上のものが
　あり，これは国内的，国際的な政治的デモンストレーションでもあれば
　勝利の行進曲でもありました。
　　国慶節当日，例の朱と金との勝った極彩色の楼門に立つ毛主席以下の
　最高幹部，白いソフトをふるフルシチョフ，各国の共産党や政府代表の

前，晴れ渡った青空に舞う飛行機の下を戦車約十台を先頭にたてて，工場労働者，農民，学生，少年少女，婦人団体，いろいろの文化団体の大集団がそれぞれ赤，黄，うす紫など色とりどり，造花や風船をうちふり，規則正しく行進しました（同上：210-211）。

　……治安状態がよくなったというのは，第一に失業がなく，働きさえすれば食える世の中になったこと，第二に，学習——成人教育があらゆる階層，あらゆる職場で徹底的に，継続的におこなわれ，社会主義国家の規律を乱すものは，政治的なものにせよ，個人的な罪過にせよ，反革命であり，紙一枚でも，人民のものをかすめとることは，社会主義建設への破壊的行動であるという思想改造がおこなわれた結果のようでした（同上：212）。

その他，衣食住のすべての側面からの見聞を菊栄は，あまり懐疑的でなくレポートしている[29]。これが，あの均だったらどう書くだろうかが，いささか気になるが，均は，すでに世を去っている。

3．日本の女性運動のなかでの日本社会党の女性運動と菊栄の位置

(1)　1950年代の婦人運動と『婦人のこえ』

1950（昭和25）年，マッカーサーが，年頭発言で日本の再軍備を示唆し，2月にGHQが沖縄の恒久的基地建設工事を発表する動きのなかで，戦後の第4回国際婦人デーが反共攻撃になかで開催され，4月10日には，前章でふれ

29）この文章には，犬の姿がみえない理由を尋ねて「狂犬が多く出てしまつに困り，片はしから撲殺したので，犬は姿を消し，今ではどろぼうもないので飼犬の必要もない」と説明されるくだり（『山川菊栄集』AB 7：215）が続くが，それを菊栄は素直に納得するのを，「実は動物性蛋白質の欠乏から食べてしまったのではないかと勘ぐれるのは，その後のさまざまな情報を知っている私たちの特権である」と，菊栄の「陽明学的性善説」の一例としてあげている文献（小島 2006：174-175）がある。「陽明学的性善説」をここにあてはめて勘ぐるのが妥当かどうか私は判断しかねるが，こういう一文があったということをあげておく。小島の「勘ぐり」をも，もちろん疑ったうえでのことである。

第10章　戦後「日本社会党」の女性運動への関わりのなかで　　441

た「婦人団体協議会」（婦団協：前年の1949年，「4月10日婦人の日協議会」
に参加した団体が解散せず作った団体）が，第2回「婦人の日」中央大会を
開催した。しかし，この大会後，平和行進の取り決めを，一部共産党系加盟
団体が無視したことから対立し，「婦団協」は1950年7月5日に無期休会と
なり，事実上解体した。1950年6月25日，朝鮮戦争がはじまり，「民婦協」
（前章でみた1948年4月19日に，産別傘下の労働組合婦人部を中心に結成さ
れた「日本民主婦人協議会」の略称，「女性を守る会」が発展的解消）は，
平和婦人戦線の運動を提唱してこの年3月に開かれた平和擁護世界大会委員
会が呼びかけた原爆禁止を要求するストックホルム・アピール署名運動に取
り組んだ。1951年9月8日，対日講和条約が調印されたが，「再軍備反対・
中立堅持・軍事基地反対・全面講和」の平和四原則を決めて全面講和と平和
への声は高まった。

　1952年「血のメーデー事件」の年，パリで開かれたユネスコ会議，続いて
モスクワで開催された世界経済会議にも参加後中国を訪問して帰国した参議
院議員高良とみ[30]の帰国歓迎準備会が30余団体でつくられ，先述50年の
「婦団協」分裂以来の運動となった。報告婦人大会が7月27日に開かれ，深
尾須磨子，東山千栄子，岸輝子らの挨拶や詩の朗読，高良とみの報告が行わ
れた。この動きのなかで，日本婦人団体連合会（婦団連）準備会が発足した。

　1950年代当初から，社会党と共産党の関係はぎくしゃくしたものであった。
1950年7月16日，日本社会党婦人対策部は，全国婦人対策部会議を開き，
「平和決議」を採択したが，そのなかに「共産党はまたぎまんな平和運動を
おこなっております」（日本婦人会議 1992：47-48，『日本労働年鑑』第24
集 1952年版による）という文言もあり，1951年1月18日の第2回全国婦人
対策部代表者会議では「1．私たちの平和運動は社会民主主義の立場にたち
共産党のそれとは明らかに違う。私達は資本主義的帝国主義の奴隷たること

30）高良とみ（1896-1993），旧姓は和田。日本女子大学校卒業，コロンビア大学，ジョン
　ズ・ホプキンス大学で心理学を専攻，日本女子大教授となる。戦時中は大政翼賛会中央
　協力会議婦人代表。戦後，1947年の第1回参議院議員選挙に民主党から出馬し当選。
　1949年緑風会に移籍し，参議院議員を2期12年間務めた。娘に，詩人の高良留美子，画
　家で社会運動家の高良真木がいる。

も共産主義的侵略主義の走狗たることも欲しない。日本人自らの力をもって独自な立場から世界平和に貢献せんとするものである」（日本婦人会議 1992：49，『日本労働年鑑』第25集 1953年版による）と決議している。

　1953年から1960年にいたる日本の女性運動界の動きをみれば，1953年4月5日，参議院会館で，30余の女性団体が，全日本婦人団体連合会の結成大会を開催した（1958年に「日本婦人団体連合会」と改称）。初代会長に平塚らいてう，副会長に高良とみ，事務局長に浜田糸衛を選出した。この出来事は，「占領期の女性戦線の分裂・対立状態から一歩抜け出て，統一への志向を示したものであった」（同上：61）といわれるように，日本の女性運動界では比較的大きな出来事だったと思われる。「婦団連」は同1953年6月コペンハーゲンで開催される世界婦人大会の準備をした。代表は，高田なほ子，羽仁説子，宮城富士子，赤松（丸木）俊子，浜田糸衛，千葉千代世，村上トク，小笠原貞子，高橋志佐江，遠藤千枝子，の10名である。

　さて，山川菊栄が左派社会党の婦人部と協力して『婦人のこえ』（月刊）を創刊したのは，1953年10月で，1961年9月号まで，月刊95冊，まる8年間刊行された[31]。

　『婦人のこえ』は，イギリス労働党婦人部機関誌，*Labour Women* にヒントを得たものといわれる。菊栄の社会主義思想はこの頃，イギリス労働党の社会主義理論や運動の影響を強く受けていると思われる。しかし，『婦人のこえ』に対しては，左派社会党から財政的援助があるわけではなかった。編集委員は，菊栄，河崎なつ，榊原千代，三瓶孝子，鶴田勝子，藤原道子であったが，2号から菅谷直子が加わり，実質上の編集体制は菊栄と菅谷直子の2人となった。

　創刊号に，菊栄執筆といわれる「創刊のことば」は次のようにいっている。「日本はほんとに平和な文化国家への道をまっすぐに歩いているでしょうか」「相変わらず働く者貧しい者を犠牲にして大資本と官僚の抱合政治が栄え，再軍備が強行されようとしているではありませんか」「私たちが米ソいずれ

---

31) 山川菊栄生誕百年を記念する会編（1990：19-28）の座談会の，「『婦人のこえ』の発刊と社会党婦人部」という項目で，若干この辺のことがわかるが，『婦人のこえ』が，社会党と強い関係で結ばれていたという感はない。

第10章　戦後「日本社会党」の女性運動への関わりのなかで　443

への一辺倒をも排し，自主中立の立場から平和を確立し，婦人，児童，働く
婦人の権利を守る，ほんとに民主的な社会，社会主義の社会を作るために働き
きたいのです」（鈴木　2006：169による）。

　1953年の「全日本婦人団体連合会」結成，『婦人のこえ』創刊のあと，そ
の後50年代半ばは，1954年から「全日本国際婦人デー」と「婦人週間」を結
ぶ「婦人月間」がはじめられ[32]，1955年には 6 月に，第 1 回日本母親大会
（以後毎年），左右社会党の統一（両派の婦人部も合同して，婦人部長：赤松
常子，副部長：渡辺道子），保守合同＝自由民主党の結党，56年の働く婦人
の中央集会，58年以降の警職法・安保改定反対闘争と経過して，次第に女性
組織の政党系列化に向かう。

　『婦人のこえ』は，1961年 9 月に廃刊されるまで 8 年間95冊，ほとんど菊
栄，菅谷直子で編集された。この雑誌については，問題点等は編集責任者で
あった菅谷（1988：105-145）の叙述があるので，私はのちに岡部雅子が作
成した総目次（菅谷　2005：60-107）や，『山川菊栄集』B 別巻の鈴木作成の
著作目録の該当箇所（1953-1961）により，目次項目で，8 年間，菊栄がど
のようなテーマで書いているか（表10-1）を確認した。『婦人のこえ』の実
物は，「山川菊栄文庫」や，宮崎礼子氏の私物に，すべてではないが，当た
ることができたものから，自分の関心・発見部分について記す。

32）私の手元に，婦人月間実行委員会編『婦人月間十周年記念　働く婦人10年のたたか
　い』という1963年に出されたパンフレットがある。ここには，山本まき子，嶋津千利世，
　黒川俊雄，田沼肇，松岡洋子，田中寿美子，山川菊栄という錚々たるメンバーが執筆し
　ている。「はじめに」で，山本は，「婦人月間は，総評婦人協議会（総評及び傘下各単産
　婦人部），日本婦人団体連合会，日本子どもを守る会，その他婦人団体が中心になり，
　国際婦人デーと婦人週間を結んでもうけられました。それは，これまで分散していた婦
　人たちを一つにまとめ，幅びろい統一と連帯のひろ場をつくるために，婦人たちの英知
　と創意がうみだした，すばらしい一つの成果でした」（婦人月間実行委員会編　1963：
　冒頭ページなし）と書いている。他の多くの年表も1954年を第 1 回婦人月間としている。
　しかし，私の手元にあるもう一つのパンフレット，はたらく女性のつどい編『平和への
　誓い』（1952）は，――婦人月間に贈る――という副題がついている。執筆者は，平塚
　らいてう，ねず・まさし，鷺沼登美枝，市川房枝である。ドメス年表によれば，1952年
　3 月 8 日の国際婦人デーに，「働く婦人のつどい」という題がついており，共立講堂に
　24団体主催，3000人参加とある。1951年以来，都条例で屋外集会が禁止され，文化祭と
　して変則的に開催されたのであろう。

1950年代の動きのなかで『婦人のこえ』も1957年7月号には婦人団体の動向を特集し，婦人部副部長の渡辺道子が「社会党の婦人政策」を書いており，『婦人のこえ』には，母親大会の情報も増えるが，毎年というわけではない。こうした動きのすべてに菊栄は強い関係をもたず，さほど関心も示さなかったように思われる。そのことが逆に『婦人のこえ』という雑誌の特性を物語っている。本書巻末年表に必要最低限のことは書き込んでおいた。

表10－1　『婦人のこえ』中に菊栄が執筆したもの

注（無）は，無署名であるが鈴木裕子の著作目録（『山川菊栄集』別巻著作目録）によって菊栄筆とされているもの。年の（　）内は菊栄の年齢。（＊は『菊栄集』へ収録）（？）は伊藤の推定

年	号	山川菊栄執筆の題	菊栄の他女性運動・執筆者等で注目すべき記事
1953	10	創刊の言葉（無署名） 時のうごき 海外旅行記　アンネはここにも＊	
（63）	11	耐乏生活歓迎（？）	最近の労働問題　佐藤紀奴
	12	勤労者はお人よし（？）	
1954	Vol. 2, No. 1	1954年への期待	
	Vol. 2, No. 2	労働党と婦人部の活動	国連で活躍している婦人たち（無）
	Vol. 2, No. 3	婦人の日を省みて 成長した製糸の婦人（無）	「社会党第5回全国代表者会議」報告
	Vol. 2, No. 4	時局によせて 選挙権は何のため（無）	婦人週間にちなんで　田中寿美子 国際婦人団体の活動　編集部
	Vol. 2, No. 5	ビキニの波紋	「婦人の日」記念催し（無）
	Vol. 2, No. 6	ランカシャイアの旅	
	Vol. 2, No. 7	男ならでは夜のあけぬ国 紡績工場の英国婦人 近江絹糸の人権争議（無）	最近の労働問題から　佐藤紀奴
	Vol. 2, No. 8	火攻め・水ぜめ＊	
	Vol. 2, No. 9	労働党あれこれ	
	Vol. 2, No. 10	労働党のひとびと 犬と人間―イギリス旅行記	
（64）	Vol. 2, No. 11	アジアのお客様を迎えて 大工さんと住宅政策	
	Vol. 2, No. 12	アジア社会主義会議と日本	表紙2　国連の婦人議員
1955	Vol. 3, No. 1	時評　根強い保守勢力 （編集後記？鈴木）	

	Vol. 3, No. 2	婦人代表者会議を見て	選挙特集号
	Vol. 3, No. 3	論壇　植民地時代は終わるか　どうか焼き殺さないで─一年寄りのねがい　富士フイルム労組・男女賃金差撤廃の戦い　（編集後記？鈴木）	特集　地方政治の問題　表紙3　英国の男女同一賃金問題
	Vol. 3, No. 4	巻頭言　婦人の日を迎えて（無）　時事評論　よろこぶのにはまだ早い	
	Vol. 3, No. 5	新しい農業へ	
	Vol. 3, No. 6	英国労働党に何を学ぶか	
	Vol. 3, No. 7	イギリスの問題児	国連婦人の地位委員会　編集
	Vol. 3, No. 8	戦後10年の収穫	
	Vol. 3, No. 9	玉のさかづき，瓦の底	
	Vol. 3, No. 10	二周年をむかえて（無）　50年前の社会主義運動と婦人─堺為子さんに聞く	国際婦人同盟会議の決議
(65)	Vol. 3, No. 11	婦人参政権10周年	国際婦人同盟会長は語る
	Vol. 3, No. 12	東海道のむかし（1）	全世界の婦人へ　国際社会民主婦人評議会
1956	Vol. 4, No. 1	東海道のむかし（2）	
	Vol. 4, No. 2	座談会「憲法改正問題」について（出席者6人の中の1人）	憲法問題特集号
	Vol. 4, No. 3	書評　西清子著『職業婦人の五十年』，正木亮著『死刑』	売春問題特集号　社会党の売春防止法案について　婦人月間・婦人週間催し
	Vol. 4, No. 4		特集　婦人解放の現状　婦人週間の主旨について　高橋展子　イギリスの働く婦人　イギリス労働組合会議
	Vol. 4, No. 5	イギリスの子供たち	児童問題特集号
	Vol. 4, No. 6	書評　『働く女性の歴史』（M生）	特集　家族制度
	Vol. 4, No. 7	西陣をのぞく	特集　働く婦人の現状報告　世界婦人労働者会議のこと　山本あや　働く婦人の実情
	Vol. 4, No. 8	時評　戦いはこれから	特集　戦時下の生活記録
	Vol. 4, No. 9	時評　国のうちそと	特集　今日の教育問題　原水爆禁止世界大会から　中大路まき子

	Vol. 4, No. 10	女性観はかわる	創立3周年記念号 誰にでもわかるように　岸輝子 第2回母親大会から　佐竹れい子 総評大会を終えて
(66)	Vol. 4, No. 11	時評　独立への一歩	特集　生活保護の問題
	Vol. 4, No. 12	時事評論　雪あらしと砂風	特集　粗悪品の諸問題 解説　アジア社会党会議　編集部
1957	Vol. 5, No. 1	解説　人権の尊重と主権尊重	特集　民主主義のモラル
	Vol. 5, No. 2	熊の足あと	特集　私たちの生活と法律 婦人少年室協賛員
	Vol. 5, No. 3	青少年の犯罪と自殺 編集後記（？）	特集　婦人と低賃金 社会党　家内労働法（案）
	Vol. 5, No. 4	血にうえる保守政権	特集　母子問題 婦人月間催し 表紙2　婦人週間催し
	Vol. 5, No. 5	関西の旅で	特集　運賃値上げと国鉄 「働く婦人の中央集会」
	Vol. 5, No. 6	安保条約を廃棄せよ ルポ　カアチャン町長	特集　日米不平等条約と日本
	Vol. 5, No. 7	婦人団体論―そのありかたについて	特集　婦人団体 婦人団体の動向　田中寿美子 婦人団体案内　政党外郭団体 社会党の婦人政策　渡辺道子
	Vol. 5, No. 8	時事随想　だまされないように	特集　再軍備の現状 日本母親大会
	Vol. 5, No. 9	宗教と政治と生活と	特集　新興宗教 社会主義への歩み 第3回母親大会から
	Vol. 5, No. 10	編集後記（ママ？）	日本農業の生活水準　宮崎礼子 総評の賃金闘争について
(67)	Vol. 5, No. 11	時評　売春防止法と経済立法 働く母と子供の問題 編集後記（？）	
	Vol. 5, No. 12	対談　労働組合と婦人1 太田薫・山川菊栄 随想　お月さまとうさぎ 編集後記（？）	一年を省みて
1958	Vol. 6, No. 1	住宅問題はどうなる 対談　労働組合と婦人2 太田薫・山川菊栄 農協婦人の前進　編集部	特集　住宅問題 婦人団体にのぞむ　田中寿美子
	Vol. 6, No. 2	時事解説　非武装中立化の問題 書評　田中寿美子著『働く女	特集　主婦の生活白書

		性の生き方―職業と結婚をめぐって』（無）	
	Vol. 6, No. 3	なし（注記：3/23均の死）	座談会　農村問題について1（稲村隆一・宮崎礼子・新沼静）第3回働く婦人の中央集会表紙3　社会党婦人部第2回大会
	Vol. 6, No. 4	なし	座談会　農村問題について2（稲村隆一・宮崎礼子・新沼静）表紙2　婦人週間・婦人月間行事社会党の売春防止法案について婦人月間・婦人週間催し
	Vol. 6, No. 5	山川均をおもう	社会党の政策について　勝間田清一社会党の売春防止法案について第29回メーデー
	Vol. 6, No. 6（6/7月合併）	追憶の旅書評　三瓶孝子『ある女の半生』を読む	社会党の方向竹内猛
	Vol. 6, No. 7 8月号	なし	学習活動の向うべき方向　宮崎礼子勤務評定はなぜいけない林光第4回原水爆禁止大会・第4回母親大会
	Vol. 6, No. 8 9月号	旅のノートから	東京の母親大会　中大路まき子表紙2　第4回母親大会宣言「日中関係緊急事態打開・友好強化」月間
	Vol. 6, No. 9 10月号	時事あれこれ	創刊5周年記念号
(68)	Vol. 6, No. 10 11月号	時事あれこれ	表紙2　婦人界だより
	Vol. 6, No. 11 12月号	ロンドンのクリスマス	社会主義のはなし（1）高橋正雄表紙2　婦人界だより
1959	Vol. 7, No. 1 新年号	時評　国のうちそと	随筆　ロケーションの宿で　岸輝子中国の人民公社　岩村三千夫社会主義のはなし（2）高橋正雄座談会　1959年総評の婦人対策
	Vol. 7, No. 2	堺為子夫人のご逝去を悼む（？）	表紙2　婦人界だより社会主義のはなし（3）高橋正雄
	Vol. 7, No. 3	婦人界時事　婦人の日を力強く（無）	カマドからみた農家のくらしむき　宮崎礼子

		第4回農協婦人大会を見て山西さんを支持しよう（無）	中国との友情と敵視　木原実 表紙3　第6回婦人月間
	Vol. 7, No. 4	私のページ　自主的にはじまった四月十日 編集後記（？）	遺稿　若い蜜バチ　山川均 表紙2　婦人界だより・第11回婦人週間
	Vol. 7, No. 5	私のページ	中国と北鮮を訪ねて　岡田宗司
	Vol. 7, No. 6	私のページ 編集後記（？）	遺稿　昔, 昔, 大昔のはなし　山川均
	Vol. 7, No. 7	私のページ 座談会　煙草工場を訪ねて―機械化・オートメ化と働く婦人　菊栄他 新書紹介　『経済学五十年』『福田英子』	創価学会の政治進出　佐木秋夫 表紙2　婦人界だより
	Vol. 7, No. 8	座談会　市外電話局を訪ねて―機械化・オートメ化と働く婦人, 菊栄他 編集後記	日本の低賃金の根本はどこに　大河内一男
	Vol. 7, No. 9	労働党婦人部の組織と活動	
	Vol. 7, No. 10	志免の生活をみる―舎宅はスラム街にすぎない	表紙2　創刊6周年を迎えて 共同経営の農村　宮崎礼子 社会党に望む　本誌京都読者会
(69)	Vol. 7, No. 11	なし	なにゆえの安保改定か　向坂逸郎
	Vol. 7, No. 12	新中国をみて	
1960	Vol. 8, No. 1	私のページ　希望をもって北鮮へ　台湾はどうなる 編集後記	
	Vol. 8, No. 2	私のページ　雪解けに背をむける新安保条約	遺稿　タンクの水（1）山川均
	Vol. 8, No. 3	私のページ　銭湯また値上げか	座談会　社会党をどう再建するか 遺稿　タンクの水（2）山川均 第7回婦人月間行事
	Vol. 8, No. 4	私のページ　4月10日「婦人の日」を前に	遺稿　タンクの水（3）山川均 座談会　社会党をどう再建するか（2） 第12回婦人週間
	Vol. 8, No. 5	暴力ははびこる 座談会　女性史あれこれ（1）三瓶孝子, 田中寿美子, 山川菊栄, 菅谷直子	「全国婦人会議」から　熱田優子 表紙2　第31回メーデー 表紙2　安保批准阻止全国婦人大会
	Vol. 8, No. 6	日米修好百年祭の意義 私の知っていること―座談会を補って	

第10章　戦後「日本社会党」の女性運動への関わりのなかで　449

	Vol. 8, No. 7	MRA …反動攻勢	AA婦人会議延期
	Vol. 8, No. 8	革新勢力と女性	日本社会党への苦言と質問に答える　社会党教宣局 表紙2　第6回母親大会
	Vol. 8, No. 9	「老いぬれば」＊	第6回母親大会　編集部
	Vol. 8, No. 10	時事評論　黒い大陸の夜明け 座談会　中学教育はこれでいいのか―先生のみた現状と問題点，菊栄他 編集後記	表紙2　総評婦人部代表者会議
(70)	Vol. 8, No. 11	解説　国連の動き 編集後記	対談　社会党の政策をきく　江田三郎・田中寿美子 表紙2　社会党公認候補者一覧
	Vol. 8, No. 12	時の動き，編集後記	「農民を六割へらす」宮崎礼子
1961	Vol. 9, No. 1	医療は国の責任で，編集後記	
	Vol. 9, No. 2	時のうごき 編集後記	訪日する中国婦人代表
	Vol. 9, No. 3	時のうごき	第8回婦人月間によせて　秋山咲子
	Vol. 9, No. 4	婦人の日を迎えて（無） 母を守るために，編集後記	アジア・アフリカ婦人会議報告 社会党婦人対策部全国会議
	Vol. 9, No. 5	六百万人のユダヤ人虐殺裁判 編集後記 K.Y	中国の幼児教育 中国民話　かしこい奥さん
	Vol. 9, No. 6	時評　世界の動き	中国民話　紅白のすもも 総評・主婦の会生活学校　編集部
	Vol. 9, No. 7	なし	ユーゴの社会保障　上野聆子 ラオス国際会議と日本　杉山市平
	Vol. 9, No. 8	社会主義インターと新宣言	特集　第7回日本母親大会 表紙2　原水禁大会 産業発展と女子労働者　広田寿子
	Vol. 9, No. 9	鉱員と家族は戦う	総評は全労働者，国民と共に　太田薫 婦人界だより・第7回日本母親大会

（なし　は菊栄が書いたものはなしという意味）

『婦人のこえ』中に菊栄が書いたテーマから特徴をあげると次のようになる。

まず第1に，菊栄はこの雑誌にほとんど毎号小論を書いているが，『山川菊栄集』AB 7 によって収録されているのは，上表に＊印を付したわずか3

編（53.10「海外旅行記　アンネはここにも」，54.8「火攻め・水ぜめ」，
60.9「老いぬれば」）だけである。ほかにも重要な作品が多いと私は思うが，
編者の選択基準があってのことであろう[33]。

　第2に，当初は英国，その他外遊のときの見聞やその思い出の記事が多い
が，次第に社会党の女性政策に情報や，女性の側からの要望等を入れる座談
会を組むようになる。外国については，中国に関する情報が増えてくる。

　第3に，『婦人のこえ』自体，毎年3月号・4月号に「婦人の日」はあっ
ても「国際婦人デー」を標題にしたものはない[34]。ただし1959年は，51年都
条例で禁止されて以来8年ぶりの統一集会が婦人月間実行委員会主催でもた
れたが，その3月号の「婦人界時事」の3．に「婦人の日を力強く」という
項目があり，そのなかで，初めて第2インターナショナル時代の「婦人デ
ー」について不十分ながらふれている[35]。翌1960年は，婦人月間実行委員会
主催で，3月8日「国際婦人デー50周年記念集会」が開催され，ソ連婦人委
員会2名を招待し（婦人月間実行委員会編　1963：巻末年表，ページなし，
1960年の箇所），市川房枝・野坂竜・山川菊栄・帯刀貞代ら4人が壇上に並
ぶ貴重な写真が残されている（市川房枝研究会編　2016：117，本書口絵参
照）。菊栄がそこで語った思い出の一部も，川口，小山，伊藤（1980：319-
320）に掲載されているが，菊栄自身は，とくに自筆の小論も書いていない[36]。

---

33) 神奈川県立図書館「山川菊栄文庫」には『婦人のこえ』は，わずか5冊しか所蔵され
　ていない。当然のことではあるが，他のものは，探し出さなければならない。私は，宮
　崎礼子氏のご協力で他の13冊を閲覧できた。
34)「婦人の日」については，7カ所あり，「婦人週間」については，4カ所ある。
35)「ヨーロッパでは第二インターが1907年，3月8日を国際婦人デーとしたものの，第
　一次大戦でインタは分裂し，ロシア革命後第三インターコミンテルンがロシア共産党を
　中心として組織され，国際婦人デーを取り上げたので，ロシアおよび各国共産党の間の
　統一的行事として行われるようになりました」（『婦人のこえ』1959.3：5）とある。こ
　の文は，ほとんどすべてが，簡略化によって正確な事実を書いているとはいえない。し
　かし起源を第2インターナショナルに置いている点は間違いでない。第2インターが取
　り上げたのは1910年のコペンハーゲンでの第2回社会主義女性会議においてであり，し
　かもアメリカ社会党の「国内デー」を国際化したものである。ロシアがこの催しに参加
　したのは1913年が初めてで，それまで，他のヨーロッパ諸国に広まっていたものであっ
　た。

第10章　戦後「日本社会党」の女性運動への関わりのなかで　　451

　第4に，均の遺稿もここに1959年から1960年に，3編5回にわたって掲載されている。ということは，菊栄の個人的意向が反映しやすい編集となっていたということである。

　第5に，1950年当時の女性運動の動向は，「婦人界だより」，「特集」その他で反映されている。とくに1957年7月「婦人団体」という特集を組んだ。菊栄は「婦人団体論——そのありかたについて」という題で興味深い小論を書いている。これは，『山川菊栄集』にも入っていない[37]。冒頭は，クラーラ・ツェトキーンの理論とよく似ている。つまり，基本的にはマルクス主義女性解放論の基本的考えを菊栄の言葉で表したものであった。

　第6に，1958年以降，農業問題にも菊栄は関心を寄せていたことがわかる編集である。私の関心で，表中に注記してあるが，当初と終刊近くに，広田寿子（「佐藤紀奴」名で，のちに実名広田寿子で）女性労働問題関係と，後半に，宮崎礼子の農業問題関係についての論考が多くみられ，座談会をやっていることは興味深い。

　当時の社会党と，『婦人のこえ』との関係については，内部事情に詳しい菅谷が，社会党内部との関係が評価や疑問・批判も含めて解説しているので参考になる（菅谷　1988：126-145）。

　また，『婦人のこえ』のなかで，執筆者が自由に社会党批判を行っている

36）日本での国際婦人デーの創始者である菊栄は，婦人デーの創始50周年の国際的歴史を認めたから参加したのであろうが（とすれば婦人デーの起源は1910年ということになるが），そのことには沈黙しており，また，1960年4月21-24日には，コペンハーゲンで国際婦人デー50周年国際会議（国際民主婦人連盟主催）が催され，73カ国から703名が参加，日本からも12名参加している（川口，小山，伊藤　1980：322，326）ことにもとくに関心を示していない。

37）菊栄自身「以上述べたことを要約すれば」と3点にまとめているので，そこだけ引用しておく。「1．婦人団体は，婦人が多少なりとも個人的自由を得，社会的進出の機会を得ると共に発達するもので，従属のしるしではなく，解放のいとぐちであること，2．法律上の平等だけが婦人団体の活動目標ではなく従ってそれが達成された後にも，婦人の自主的な社会的活動，その他の教育的目的のためにも，また婦人の特質を発揮するためにも，婦人団体は存在の意義をもち，資本主義の社会でもその必要があること，3．日本の団体構成は個人に重きをおかず，団体加入によるものが多く，（中略）会員の会費によって運営され，会員みづから活動方針を決定する民主的なものが少ない，（以下略）」（『婦人のこえ』1957.7：7）。

（例えば1959.10：14-17）。また上述脚注31にもあるように，山川菊栄生誕百年を記念する会編（1990：19-28）の座談会の，「『婦人のこえ』の発刊と社会党婦人部」という箇所で知る限りでは，財政的にも組織的にも独立したものであるという感が強い。

⑵　1960年代～70年代の婦人運動のなかで
──婦人問題懇話会と日本婦人会議

　1960年代以降は，山川均亡き後の生活が20数年続き（菊栄の70－80歳代），その期間は，親族ではないが縁戚の岡部雅子氏と同居していた。晩年の老人の生活としては特殊な形態であろう。

　1960年代，安保闘争のあと，女性運動の，政党による系列化現象が起きたが，その直前に，菊栄も加わって社会党系の「婦人問題懇話会」がつくられる。

１）婦人問題懇話会と『婦人問題懇話会会報』

　1961（昭和36）年『婦人のこえ』が９月号で廃刊された後，菊栄は，70歳を超えていたが，田中寿美子，石井雪枝，伊東すみ子，渡辺美恵，菅谷直子らと婦人問題懇話会設立準備を始めた。まず，その会の機関誌『婦人問題懇話会会報』中，菊栄が執筆したものを抜き出して一覧表にしてみる[38]。

表10－2　『婦人問題懇話会会報』のなかで菊栄が執筆したもの
パンフレット型会報

年 （年齢）	号	菊栄執筆の題名
1963	No.1	平等賃金のためのたたかい

38）菊栄の没年（1980）それに続く追悼号（1981：No.34）まであげたが，『婦人問題懇話会会報』自体は，1999年のNo.58まで続く。その間，会の名称は1984年以降「日本婦人問題懇話会（Japan Women's Forum）」と変えている。会報廃刊の後，2000年９月にはアンソロジーが出されている（婦人問題懇話会会報アンソロジー編集委員会編 2000）。なお，山川菊栄生誕百年を記念する会編（1990：120-121）にも『婦人問題懇話会会報』中の主要山川菊栄論文年表が掲載されている。

第10章　戦後「日本社会党」の女性運動への関わりのなかで　453

(72)	No.2	平等賃金のためのたたかい（2）
1964	No.4	明治前半の日本女性
	No.7	英米労働者の見るオートメーション
	No.9	初期の社会主義運動と婦人
(74)	No.10	社会保障と老人の自殺
	No.11	なし，ただし宮崎礼子 より高い生活水準のもとで農家はどうして暮らしているのか
	No.12	戦後婦人労働の課題

雑誌型会報（＊，＊＊，については後述 p.455）

年	号	菊栄執筆の題名	特集名	注意すべき用語 記事等
1965 (75)	1	母の賃労働とパートタイム 『日本の幼稚園』を読む	主婦の就職	
1966	2	結婚・財産・家名＊	結婚・家族について	
(76)	3	働く婦人と保育の問題	婦人の働く意義について	
1967	4	女が永く働くために 英国の働く婦人たち―英国労働党婦人部機関誌『労働婦人』1967・1月号より抄訳，懸賞論文の緒言	女子の職業継続か中断か	
	5	現代の家庭と老人問題＊	現代日本の家族	
(77)	6	何が婦人の適職か 本の紹介　駒野陽子著『働く母の育児と家庭教育』	婦人の「適職」について	
1968	7	ひとり残らず有能な職業人へ 田中寿美子編『近代日本の女性像』を読む	変る婦人の職業	
(78)	3	婦人参政権50年と女子教育など	女子教育について	
	9	―	誰のための家庭	
1969	10	『こし方は一と夜ばかりの』藤井治枝著『これからの女性と女子教育―社会進出時代の女子教育の見方 考え方』	婦人と社会保障	

(79)	11	ギャンブルの高度成長	高度産業社会と婦人	
1970	12	何のための高度成長か 本の紹介　沢村貞子著『貝のうた』，山崎朋子著『愛と鮮血―アジア女性交流史―』	女子の雇用構造の変化	
(80)	13	―	高度産業社会と消費	
1971	14	婦人解放とは＊＊	現代の婦人解放	ウーマン・リブ
(81)	15	―	母性とは何か	
1972	16	―	沖縄の婦人問題	紹介『女二代の記』駒野陽子
(82)	17	本の紹介　山崎朋子著『サンダカン八番娼館』をよむ	保護と平等	
1973	18	―	婦人解放と家庭	
	19	―	家庭科教育と家庭責任	
1974	20	同一賃金のためのたたかい＊＊	東と西の女性解放	フェミニスト
(84)	21	格差撤廃の闘争は中休みか＊	男女の賃金格差	紹介『覚書・幕末の水戸藩』矢島せい子
1975	22	戦争のおきみやげ	保育問題をめぐって	
(85)	23	―	男女の平等について （国際婦人年記念号）	
1976	24	大正デモクラシーの一歩前（1）	現代の婦人運動論	
(86)	25	『山内みな自伝』について 大正デモクラシーの一歩前（続）	性別役割分業思想をめぐって	
1977	26	『種蒔く人』と食用がえる	雇用における男女平等	
(87)	27	―	女性解放と社会保障	農業婦人のおかれた状況　宮崎礼子 本の紹介　山川

年	号			
				菊栄著『女性解放へ』菅谷直子
1978	28	議論を面白く活発に	家事労働の評価について	『山川菊栄著作目録』発行に当たって岡部雅子
(88)	29	アンケート　無くさなければならないこと 女性の労働権確立のために	国連婦人の10年に向けて	本の紹介　山川菊栄著『二十世紀をあゆむ』山田敬子
1979	30	保護は男女ともに	女の自立と子の人権	『山川菊栄の航跡』の「著作目録」について山川振作
(89)	31	―	女性の自立と家庭	紹介『覚書・幕末の水戸藩』矢島せい子
1980	32	―	性差別の撤廃について	11.2菊栄没
1981	33		性差別撤廃条約と中間年世界会議	山川菊栄先生のご逝去を悼む婦人問題懇話会
	34		山川菊栄先生追悼号 女性解放の軌跡	思い出すままに―菊栄先生と私広田寿子

　『婦人問題懇話会報』で『山川菊栄集』AB 7に入ったものは＊印の３点（「結婚・財産・家名」66.2，「現代の家庭と老人問題」67.5，「格差撤廃の闘争は中休みか」74.21），日本婦人問題総括会会報アンソロジー編集委員会編のアンソロジー『社会変革をめざした女たち』に収録されたものは＊＊印の２点（「婦人解放とは」71.14，「同一賃金のためのたたかい」74.20）である。

　賃金や労働問題に関する内容が多く，書評も多い。この雑誌には1979年まで書き続けている。1980年11月２日に菊栄が没したのち，『婦人問題懇話会会報』は，1981年６月30日発行のNo.34で，菊栄追悼の特集号を「女性解放の軌跡」として組んだ。

　そこには，田中寿美子，菅谷直子を主論文として，石井雪枝，矢島せい子，大手芳枝，戸田東，広田寿子，駒野陽子，岡部雅子の追悼の言葉が掲載され

ている。また，1980年12月13日に170余名の参加者で開かれた「しのぶ会」
から，山川振作，近藤真柄，金子洋文，榊原千代，山内みな，谷野せつ，飛
鳥田一雄，大場綾子，竹田行之，丸沢美千代，千葉千代世，稲村隆一の言葉
が載せられ，「山川菊栄研究」として婦人問題懇話会女性史分科会での共同
研究の一端を発表した柴田博美，山田敬子，星野弓子，富沢真理子の小論4
本で締められている。

　ここに掲載されている文の一部は，すでにこれまでの章で私がふれたもの
も多い。しかし，改めて追悼号として読むとき，私は，本章415頁ですでに
ふれているが，竹田行之の「山川先生の原稿」にもっとも興味を覚える[39]。

2）「日本婦人会議」と菊栄

　「日本婦人会議」のなかで山川菊栄が特別活動したというわけではない。
であるから，この項目を立てること自体それほど意味がないかもしれない。
しかし，菊栄が，均の「民主人民戦線」に連動して立ち上げた「民主婦人協
会」が，既述のように「日本婦人会議」につながるという鈴木裕子の指摘も
あったので，簡単に取り上げておきたい。

　「婦人問題懇話会」が準備されているのと同じ頃，「日本婦人会議結成のよ
びかけ」が発せられ，同1961年11月15日に『婦人しんぶん』創刊号が発行さ
れた。会ができる前に機関誌ができるのは稀である。菊栄は『婦人しんぶ
ん』にそれほど多くは執筆していない[40]。

　社会党は，当時国政選挙での得票数は1100万票，その40％は婦人票，その
10％を組織目標として，社会党の支持団体として「日本婦人会議」を準備し
ていたというから，約44万人を組織することを考えていたと思われる。社会
党は当初，党と行動を共にする外郭婦人団体とすることを考え，社会主義婦
人同盟的方針を検討していたようである。しかし，1962年4月14日の，「日

39）私の記憶の限りでも，1970年代当時の原稿とは，その後のワープロ専用機，そして今
　日のパソコン時代と違って，まさに竹田がここに書かれているようなものであった。
　1984年に提出した私のクラーラ・ツェトキーンに関する学位申請論文（印刷されたもの
　は，伊藤 1984）の原文400字約1000枚がどのような状態のものであったかを思い出すだ
　けでも，十分に偲ばれる。

本婦人会議」結成大会では，高田なほ子，田中寿美子，松岡洋子，羽仁説子，深尾須磨子，岸輝子，野口政子，田所八重子ら8名の議長団と山下正子事務局長，ほかに常任委員若干名を選出したが，方針は当初と大幅に修正され「党の支持団体としてではなく，自主的な女性組織」ということとなった。（日本婦人会議 1992：111）。

　当面の活動としては，①憲法の改悪を阻止し完全実施する運動，②平和を守る運動，③婦人を解放し，しあわせになるための活動，④くらしをゆたかにする運動，⑤社会保障制度を確立する運動，⑥子供と民主的教育を守る運動，をあげている。

　菊栄と「日本婦人会議」はどんな関係にあっただろうか。菊栄は晩年の3年間に，3冊の単行本を出している。1977年に『女性解放へ──社会主義婦人運動論』（日本婦人会議），1978年に『二十世紀をあゆむ　ある女の足あと』（大和書房），1979年に『日本婦人運動小史』（大和書房）である。ほかに，外崎，岡部編『山川菊栄の航跡─「私の運動史」と著作目録』（1979）があるのでそれを手がかりにみていく。

　1977年の『女性解放へ──社会主義婦人運動論』は，日本婦人会議から出されている。山川菊栄論文集編集委員会の名による1977年7月の「あとがき」のなかで，「私たちが山川菊栄先生の婦人論をまとめようと思いたったのは，日本婦人会議の組織綱領づくり[41]の過程であった」（同書：309）。「ところが，山川先生の婦人論はまとめられた出版物が何もないばかりか，今日でも不当に評価されており，私たちの手でその貴重な遺産を守り，発展させなければならないことに思いいたったのである。そこで，日本婦人会議

─────────────

40）『婦人しんぶん』には，「四十三年の昔」（1966.3.1），〈座談会〉「婦人のあゆみ百年」（1968.1.1），「失地回復からの飛躍の年に」（1973.1.1），シリーズ〈想うこと〉「ひとりずまいの老人問題」（1973.2.10），「今なお大きな問題　男女同一労働同一賃金」（1973.3.10），「内職とパート女性」（1973.4.10），「もっと大衆の中へ」（1973.5.10），「戦争反対の誓いを」（1978.1.1）が掲載されている。1960年代〜70年代頃，菊栄が多く執筆しているのは『総評』であり，社会党系の定期刊行物としては『まなぶ』，『月刊社会党』，それに『婦人問題懇話会会報』であった。

41）「日本婦人会議」の30年史によれば，1976年9月3日-5日の第14回大会で綱領をつくったという。

が昨年，第十四回大会で組織綱領を決定し，今年，結成十五周年を迎えるに
あたって，私たち自身の手でまとめることにした」（同上：310）と書かれて
いる。

　第14回大会は，1976年9月3-5日に開かれており（日本婦人会議
1992：年表24），決定した組織綱領の内容の大要は次の通りであった（同：
163）。

　①婦人の要求を取り上げ，その活動を通して反独占，反自民の政治的な力
　　を結集し，婦人解放をめざす。

　②婦人会議は個人加盟の自主的な全国単一組織である。

　③私たちのすすめる婦人解放は，イ男女差別の撤廃　ロ母性保護の徹底
　　ハ主体性の確立　ニたたかいを通して社会を変える。

　④婦人会議の運動は，差別をなくし，すべての人間の平等で民主的な権利
　　を獲得する運動が重要部分となる。

　⑤社会党との関係は婦人解放実現のために，婦人会議の主体において支持
　　協力関係をもつ。

さらに，1992年に出ている『30年史』は，次の文も付け加えている。

　　　しかし，綱領には歴史的制約ともいえる問題があった。一方で「男女
　　の役割固定思想（男は外，女は内という）を破り」女性差別撤廃条約で
　　提起されたあたらしい視点を提起しつつ，他方で「働くものが生産の主
　　人公となるとき，婦人もまた，その生産に男性と肩を並べて参加し，生
　　産の主人公となる」と古典的なマルクス主義女性解放の考え方を主張，
　　「真の婦人解放は資本主義社会を打倒し，搾取のない社会主義社会をき
　　ずくなかでしかかちとることはできません」と述べて社会主義即女性解
　　放と見なす論理の矛盾を見過ごしたことはそのひとつといえる。女性差
　　別撤廃条約が紹介されて以来，その矛盾が見え始め，婦人会議が次にす
　　すむべき方向も見えはじめたのだった（同上：164）。

山川菊栄は，『女性解放へ』の発刊にあたっての終わりで，1977年5月，
「男女同権は，社会主義と一つになってこそ，真実の威力を発揮することを
忘れないようにしたいものである」（同上：13）という言葉を残しており，
綱領はその理論にもとづくと思われるが，菊栄の理論は「社会主義即女性解

放と見なす論理」ではなかったと私は思う。

菊栄の側からは，「日本婦人会議」に寄せる文章はとくに見当たらない。

日本婦人会議ができてから，数カ月後，菊栄は，1963年の『月刊社会党』7-12（No.73-78）に「私の運動史　歩き始めの頃」を6回連載した。この頃は，社会党と共産党の意見が食い違って，大衆運動（原水禁運動，働く婦人の中央集会，母親大会）の分裂が続いていた。ここに書かれている菊栄の文章は，社会党の機関誌という特殊性をもつ雑誌に書いたからであろうか，身内向けに心を許して書いているように思われる。他の菊栄の文体から似つかわしくないと私には思われる表現もみられる。

菊栄は，戦中から戦後一貫して日本共産党には批判的であったが，非共産党性がここまで活字として残る文は菊栄の文献で他に例を見ない。1963年，菊栄が72歳のときに書いたこの連載は，1979年の，外崎光広，岡部雅子の編で，『山川菊栄の航跡　「私の運動史」と著作目録』に収録されたので多くの読者の目にふれることとなった。しかし，読んでいて気がつくことだが，最初のほうはほとんどは山川均の言葉，あるいは他人がいった言葉での伝聞であって，菊栄自身が自分の言葉で語っているものは少ない。それらについてはふれないことにして，後半，菊栄自身の言葉をあげるとすれば，次のような表現である（以下，下線は伊藤）。

　　1　（社会主義）同盟が圧殺され，行き場を失った精力が，一時，暁民会とかLM会，水曜会などの小グループにわかれて時をまち，ロシア革命への感激，モスクワ帰りの青年たちへの片山らの圧力などが彼らのあせりとなり，第一次共産党という未熟児を生む結果になったのではないでしょうか。そして合法無産政党という，一見まどろこしい遠まわりの，しかし正則の大道へたどりつくまでに，とんだ道草をくったような気がします（外崎，岡部編　1979：45）。

　　2　一九二七年十二月，外国の運動と関係なく，日本共産党によってゆがめられたものでもない自主独立の正統マルクス主義，純正左翼をめざして，堺利彦，山川均，鈴木茂三郎，向坂逸郎，大森義太郎，稲村隆一，順三，青野季吉，岡田宗司その他多くの同志をえて「月刊労農」が発行され，混乱した運動のなかに強く明るい進路をつけました。学者の

側でも大内兵衛以下一流の学者が，一方では文部省や大学内の反動的潮流と戦いながら，他方では正しい日本資本主義の分析をすすめて，外国のうけうり，または逆輸入の誤った共産系の理論を徹底的に批判しました（同上：82）。

　　3　内務省や警察は，ことさらに輪に輪をかけて社会主義の勢力や危険を誇大に宣伝して予算ぶんどりの材料にし，議会まぢかになると，なにかしら不穏な計画やら陰謀ざたが発表されたりするのでしたが，共産分子の方は三・一五，四・一六のあとは，社会運動の性格が消えて，銀行ギャング，武装メーデーと，ただの強盗や暴力団の，野蛮な荒々しい姿となって終わりました（同上：83）。

以上は，1963年の菊栄自身の言葉である。1，2，3，の下線部分は，菊栄が思っていたことを身内の気安さのなかで吐露したのであろう。これは，官憲や GHQ の弾圧や検閲を意識する必要のないときに書いたものである。私は，こうした言葉を書き残すということは，菊栄は，他の人々が菊栄の長所として評しているように，無頓着なところがあったからかも知れないと思う。日記まで作品として後世に残すことを考えて描く作家ならもっと別な表現をとるはずである。この菊栄の文言について批判・反論することは，本書のねらいではない。

　しかし，この1963年の文を，再録に当たって1978年11月87歳のとき，菊栄が〈追記〉した最後のパラグラフは次のようなものであった。

　　シベリア出兵反対をはじめ，日本の社会主義運動は常に国内の労働者の地位改善と共に，国際的には，帝国主義戦争，軍備競争に反対し，極端な弾圧と戦ってきましたが，運動の内部では，古くは大杉栄をリーダーとする無政府共産主義，後には，福本イズムの極左冒険主義とのはげしい思想的，行動的内紛によって運動の混乱と弱体化を招き，軍国主義への抵抗力を弱めたのは残念この上もないことです。今ここで，過去何十年の私たちの足あとを省みそれを一々検討しているひまはありませんが，過去の失敗に学ぶため，再び迫ろうとしている軍国主義の脅威，平和憲法を足蹴にして私たちを，われわれ日本人もその文化も，繁栄も，一瞬のうちに灰にしてしまいかねない，恐ろしい核戦争のくいものとならな

いため，ほんとに社会主義をいかす生き方を学びたいではありませんか（同上：89）（下線は伊藤）。

これは，菊栄の後世への本音のメッセージであろう。

この〈追記〉を書いた1978年は，菊栄の発言に衰えはみられない。

この年『歴史評論』3月号に，既述「山川菊栄氏に聞く――日本におけるマルクス主義婦人論の形成過程」が掲載されている。1963年に，「日本共産党によってゆがめられたものでもない自主独立の正統マルクス主義」をよしとしてはいたが，15年後の1978年には，「あまりマルクスと言わないでください」と言っている。とすれば〈追記〉でいう「社会主義」は，漠然としたものに思われる。しかし，菊栄のマルクスの理論は薄れたとしても，「一つではない」社会主義への道を終生求め続けていたことは確かであった。

繰り返しになるが，当時，たとえどんな運動上の対立があったとしても，「過去の失敗に学ぶため，再び迫ろうとしている軍国主義の脅威，平和憲法を足蹴にして私たちを，われわれ日本人もその文化も，繁栄も，一瞬のうちに灰にしてしまいかねない，恐ろしい核戦争のくいものとならないため」にという願いは，まさに現在の課題に直面している私たちが，いろいろな立場を超えて共通に受け止めなければならない言葉である。

終　章

過去を読み　未来を拓く

はじめに

　山川菊栄の出発点は，1910年代当時の日本の状況からして，新たな時代に向かって進む未分化の，広い社会主義思想圏内にあった。日本の社会主義思想の発展の過程でそれはいくつかの道に分かれることとなるが，菊栄は均とともに1917（大正6）年に起こったロシア革命に共鳴し，その5年後1922年に日本共産党を生み出すこととなる道すじの方向に舵を切ったことは間違いない。

　そのとき，菊栄は，ローザ・ルクセンブルクやクラーラ・ツェトキーンのように自ら主体的にその道を切り開いたというよりは，均と一体となっての方向づけであったと推測される。だからその後も，均とともに，均が「労農派」に方向転換（ここでの方向転換は，1922年の均の論文「方向転換」の意味ではないが）し，戦後おおざっぱにいって，均が「左派社会党」あるいは「社会主義協会」の道を進めば，同じ道を矛盾や抵抗を感じずに進むことになったのだろう。こうした問題で，均と意見が対立して論争した気配，均に対する理論的主体性は感じられない。しかし，均に無批判に従ったということではない。均と菊栄は，切り離すことができない同じ思想をつねに共有する稀にみるカップルだったと考えられる。

　馬場孤蝶の包容性ある社会主義的思想の影響を受けた若き日の出発以降，菊栄の社会主義思想は，一定の時間的経過がもたらす社会的情勢（国際情勢も含めて）の変化のなかで，均と同化しながら形成されていった。

　人はだいたい多面的であり，一方からのみ光を当てても全体像をとらえることはできず，だからといって反対の側面からだけそうしてみても，その人物を十分にとらえることはできない。矛盾した側面も含めて，その全体像を把握しなくてはならない。例えば，クラーラ・ツェトキーンにしてもそうであった。東独時代の東独側のクラーラ研究の主流派は，クラーラの肯定的側面を浮きぼりにし（例えば，伝記作家のルィーゼ・ドルネマン），統一ドイツ以降，今世紀に入ってからの研究のあるもの（例えば，ターニア・プッチュネラート）は，クラーラの否定的側面の資料を集めて前者の見解を覆そう

とした。その両者からそれぞれにみえてくるものはある。しかし，人は，そのどちらかだけで割りきることはできない場合が多く，書き手の立脚点は立脚点としたうえで，対象とする人物を矛盾点を含めてありのままにみていかなければならない。書き手は，太極拳でいうところの「中正安舒（あんじょ）」（軸をぐらつかせない）で進めなければならない。

さて，この研究は，私的なものである冒頭の7つの問題意識を11の章に配し，私自身の問題意識に沿って，これまでの菊栄に関する先行研究ではふれられていない隙間を埋めようと試みたものである。今，終章を書くにおよんで，その点を確認し，何点か追加・補足してから，最後にまとめを試みたい。

序章で述べた私の菊栄に対する7つの問題意識は，5点に要約される。すなわち，第1に，菊栄の《ベーベルの婦人論重訳完訳》の位置づけと《国際婦人デー》の歴史についての菊栄の認識度，第2に，菊栄の理論への《クラーラ・ツェトキーンとコミンテルンの女性政策の影響》，第3に，《マルクス主義・日本共産党・社会党との関係》にみる均の菊栄への影響，第4に，権力への対峙としての，治安維持法とGHQ下での菊栄の言動，第5に，現在の日本の女性運動に通じる，運動諸流派のなかでの位置づけということになる。

本書各章で第1と第2については私のこれまでの研究の蓄積を援用した。しかし，第3，第4，第5については，書き下ろし的性格をもっていてまだ練られていない不十分な点を残している。その他「山川菊栄記念会」の方々によって，菊栄の没後・生誕の記念の節目節目で取り上げられた重要な論点から，私は多くを学んだ。菊栄のこれまで評価されている論点を本書で正面から取り上げていないのは，これまで菊栄研究に打ちこんできた先輩たちの努力に，私が付け加えるべきものをとくにもたないからである。本書は，これまでの菊栄研究の隙間を埋めることをねらいとしている。

終章では，その意図から，まず最初に，これまでの菊栄研究には登場したことはないが，菊栄によって戦後早くからの農業女性問題に関する研究で注目された宮崎礼子，次に，菊栄と同じマルクス主義女性解放論の系譜上でありながら，先行研究では異なったところに位置づけられている嶋津千利世を登場させて補足を試みる。

続いて，山川菊栄の現代的意義について，これまでの「山川菊栄記念事業」での出版物や，『山川菊栄集』新版増補の別巻における鈴木裕子の解題等からいくつかの論点をとり出して，私の見解を述べて，結びとしたい。

1．山川菊栄と宮崎礼子：手紙，葉書（1957-1970）
——農業問題への菊栄の関心

　私は，1970年代後半から1980年代を通じて「日本家政学会家庭経営学部会」（1997年に「生活経営学部会」と名称変更）を中心に，現 日本女子大学名誉教授の宮崎礼子氏（1931-以下，敬称略）と共同研究を組んで，いくつかの編著を出した[1]が，宮崎礼子は1950年代からの日本の女性農業問題の草分け的研究[2]者であった。宮崎が，菊栄と知己を得ていたことをきいて，私は，2017（平成29）年10月 3 日と28日の 2 度，東京の宮崎宅で各 2 時間ずつのヒアリングを行った。

　宮崎の菊栄との出会いは，宮崎が書いた1957（昭和32）年『日本農民の生活水準——エンゲル法則の妥当性とその限界』（日本女子大学農家生活研究所：農研研究資料第 1 号）を読んだ菊栄が，その内容に着目したということに始まる。宮崎は1957年 7 月 4 日付で菊栄の手紙を受け取った。そのとき宮崎26歳，菊栄66歳であった。それ以降の，宮崎の手元にある菊栄からの「はがき」と「手紙」をみせていただいたが，多くの菊栄ゆかりの人々が菊栄没後の節目節目の催しで繰り返し語っているように，非常にこまめに懇切丁寧に40歳以上若い研究者の宮崎に対応していることがわかる。宮崎は，菊栄が「『婦人のこえ』に書くよう声をかけてくれた」といっている。

---

1) 宮崎礼子，伊藤セツ編『家庭管理論』（有斐閣，1978），『新版 家庭管理論』（同 1989），宮崎礼子，若山浩司，伊藤セツ編『家政学理論』（有斐閣，1986），日本家政学会家庭経営学部会関東地区標準生活費研究会編『標準生活費の算定』（有斐閣，1981），日本家政学会責任編集　宮崎礼子，松村祥子，伊藤セツ編『生活設計論』（朝倉書店，1988）。

2) 1957年『日本農民の生活水準』（日本女子大学，農家生活研究所），1961年『農家の家計　そのしくみと問題点』（東京明文堂）を出版。のちに1982年に大木れい子との共著『農家の暮らしと生活設計』（家の光協会）出版。

終章　過去を読み 未来を拓く　　467

　1957年8月16日付（2枚にわたる葉書）で，菊栄は『婦人のこえ』に掲載すべく，宮崎へ依頼した宮崎の原稿に対して，読者が読みやすくする努力や，統計を親しみやすく使う工夫をすることの大切さを訴えて，9月5日まで書き直しをお願いする旨，また宮崎の研究を自ら別文で紹介したい旨を書いている。続いて1957年9月11日付の葉書は，宮崎への礼状であり，「座談会を開く計画だからその時お目にかかりたい」という主旨が書かれていた。1957年9月31日付では，誰かの書いた原稿の手直しを宮崎に依頼し，農村についての書き手が少ないことを嘆いている。農村女性問題への菊栄の関心の高さがうかがわれる。

　1958年になって，1月9日付で，年賀状兼農業関係座談会への出席を宮崎にお願いしている。この間，均の死（1958年3月23日）をはさんで，1958年7月10日付「雨の日の倉敷民芸館」の絵葉書で「先月は山川追悼講演福岡へ。それから熊本，岡山倉敷の親戚へより10日あまり不在。来月は埋骨のためと岡山，広島の追悼後援会へまいります。雑用に追われてものをよむひまもありません。おちつきましたらゆっくりおいでを願いたく存じます。若い方のよいお勉強ぶりをたのもしく，うらやましく存じます。私の若いころは夢中でしたから」と書いている。若手研究者へのはげましと，やさしさを感じる。

　1959年3月29日付では，「松江の八重垣神社，神魂神社の絵葉書」で倉敷市船倉町長連寺山門横の山川墓地での1周忌のことと思われるが，「13日から旅行，23日が山川の命日なので墓参や郷里の同志の記念の会に出て帰宅。明30日からまた長野から岡山へまいります。私も神奈川県の農村の特徴的なところだけでも見てまわりたいと思いつつなかなかひまがありません。そのうちあなたもいらして頂いて生活改善課や県の技師の人に相談して案をたててまわってみましょうと思っています」と書いている（口絵写真⑤）。

　それからしばらく間をおいて，1966年3月14日付の菊栄の葉書をみせていただいたが，宮崎が送った業績に礼状を書いたが戻ってきたこと「初めて区名まちがえて書いたのを発見。ボケてこまります」とある。このとき菊栄は75歳であった。

　以上のことから，『婦人のこえ』の編集の先頭に立っていた菊栄が，1950年代後半，農地改革後の農村問題に大いなる関心をもって，新しい書き手を

歓迎していたことがわかる。

　宮崎が保存していた送信年が明確[3]な最後の手紙は1970年11月付で，11月1日80歳の誕生日を前に書いたものである。それには福田新生[4]画伯の肖像画の写真が同封されてあった。この写真は，山川菊栄記念会・労働者運動資料室（編）『イヌとからすとうずらとペンと――山川菊栄・山川均写真集』（2016）のカバーの後ろのソデに掲載された[5]。この絵を描いた福田新生の次の文が添えられている。日付はない。

　　山川菊栄先生の肖像をお贈りしたいから描いてほしいと石井雪江さんと菅谷直子さんを通じて依頼をうけ，その場で私は喜んでお引きうけした。

　　早速六月の雨のひどい日に梔子（くちなし）の花の匂いのこぼれている藤沢のお宅にお邪魔をし，三時間ほど，よもやまのお話をした。八十才を迎えようとしておられる先生の，随分おかわりになられたお顔に接しながら私は，一昔前の活躍されたころのキビキビとしたイメージを一生懸命むすびつ

3）宮崎は，送信年不明で，12月15日に書かれたということだけがわかる筆圧の弱い，判読がかなり困難な菊栄からの手紙を所持していた。宮崎が内容から読み取って，（菊栄の）「神経痛がひどい」こと，（宮崎の）子どものことを主題にしていること（宮崎の長男は1965年9月に，次男は1971年12月に生まれている）。しかし，宮崎は「『お仕事』ということばで育児と研究の両方を案じてくださっているが，それから，年を類推することが困難」としている。私が読み取れる箇所には，「赤ちゃんがお出来のよし，おめでとうございました。いいところにおたのみになられてけっこうでした。ああいう施設がもっと十分できるとようございますが。日ましにおおきくおなりでおたのしみでしょう。（中略）お寒くなりますからおかぜなどおひきになりませんよう。（判読不明）同時にお仕事がふえてお母様もお骨がおれましょう。ごむりをなさいませんようによいおしごとをとと願っております。どうぞよいお年をお迎えくださいまし」とある。ここからも後輩を励まして研究と子育ての両立を願う菊栄の姿勢がみえてくる。

4）福田新生（1905-1988）は，大正・昭和期の洋画家，川端画学校卒，1925（大正14）年帝展初入選。昭和初期より童画も描き，松山文雄らの新ニッポン童画会に参加。著書に『画家の日記』『考える画布』がある。1977年に日本婦人会議発行の菊栄の論文集『女性解放へ――社会主義婦人運動論』の表紙カバーの装丁もこの画伯の手になる。同書の「あとがき」に「表紙の装丁には，『文芸戦線』の一員であり，山川先生ご夫妻とも親交のあった福田新生画伯が筆をふるって下さった」（同書：312）とある。

5）カバー前のソデには均の肖像画が掲載されており，現在法政大学大原社会問題研究所所蔵とのことである。

けている自分に気づいた。それは，先生をお描き申し上げる以上は一生を人間解放に捧げてこられた強靭な思想の持主として描くのでなければ意義がないと心にきめていたからではなかったかという気がする。が，いよいよ描きつづけて行くうちにこれは容易ではなかったことを告白する。私は，後退→前進をくりかえしながらキャンパスの上で格闘した。三ヶ月後に私は筆をおいたけれど，これで十分だとはどうしても思えない。私の力が足りないことを痛感せずにはいられないが，精一ぱいやったことだけはお分かりいただけるのではないかと思う。お若いころ先生は　私の絵の出ている展覧会をご覧になりによくお見えになったことを今も私は思い出している。社会運動をしている人で，そういう人はまだ日本ではきわめて少ない。私は，山川先生の肖像を依頼されたことで，日本もこゝまで来たのかの感慨ふかいもののあるのを付記しておきたい。なお，宮崎には手書きコピーで山川菊栄の次のような手紙が付されていた。

　　十一月一日　さわやかな秋晴れの日曜日に石井雪枝，菅谷直子，大久保さわ子，それぞれ二人のお子さま？同伴の駒野陽子，重藤都さんがにぎやかにお越し下され，私の八十の誕生祝いとして兼てご尊敬申しあげている福田画伯のお手をおわずらわせした肖像画を頂きました。その上，電気暖房器や腕時計までお添え頂きましてまことに痛み入りました。皆さまの御名簿により，おなつかしい昔なじみの方々の中にまだおめにかかる折のない方々のお名前まで拝見，長いというばかりで思い出になる仕事も致さずぼんやり生きてきただけの生涯を省みて恥じ入るばかりですがご厚意のほど身にしみてありがたく幾重にもお礼申し上げます。三日には東京から息子夫妻，孫二人—いずれも成人，勤めております—こちらに参り，皆さまの御志に感激しておりました。戦後二十五年，婦人解放の前途多難の折から，皆さまのご健康とご活動をねがいあげます。
　　　昭和四五年　十一月　　　　　　　　　　　　山川菊栄

こうした菊栄の文面をみていると，菊栄はおごりたかぶることのない謙虚な人であったという多くの親しい人々の証言があてはまる。「長いというばかりで思い出になる仕事も致さずぼんやり生きてきただけの生涯を省みて恥

じ入るばかりですが」という表現は自然と出てきた言葉のようにみえるが，菊栄ほどの人物であるから，人はそのまま読みとらないのは周知のことであるので，菊栄の生き方を均流に反転させて表現していると読み取らないわけにはいかない。しかし，宮崎礼子は，菊栄が，婦人問題懇話会の農村婦人部会の研究会に，藤沢から都心（研究会の会場とした文京区小日向町にある東京都社会事業学校ビル内の社会福祉協議会事務所）まで毎回熱心に出席し，報告者の報告に注意を払い，新たなことを知ろうと努力していた様子が印象に残っているといっている。宮崎は菊栄を「静かで人の話をよく聴く人，偉ぶらない人」と表現している。

　また，宮崎の菊栄の思い出や，宮崎からみせていただいた手紙などによって，菊栄が農業に従事する女性の生活にも深い関心をもっていたことを知ることができる。そのことが，没後20年以上を経て2001年度の山川菊栄賞が，宮崎礼子にも通じる天野寛子の『戦後日本の女性農業者の地位——男女平等の生活文化の創造へ』（ドメス出版，2001）に間接的につながっていることに私は気づかされるのである[6]。

　ついでながら，宮崎は，また孫の山川みづほ（振作長女：一橋出版株式会社編集部勤務で男女必修の家庭科教科書の担当）とも親交があり，みづほが，1998年8月12日に癌の再発により53歳でなくなったときの追悼文集に次のように書いている。

　　一番ケ瀬（康子）・村田（康彦）編著『家庭一般』[7]の編集担当者の山
　　川みづほさんに実は私がお会いしたのは今から四〇年前です。

6）天野寛子（2001：360-362）の，宮崎の18点の引用文献参照。また天野のこの研究は，菊栄を高く評価していた鹿野政直によっても，「丸岡秀子の（農村女性研究の）作品を承けつぐ質を湛えている」と称賛されている（鹿野 2002：144）。

7）（　）内の名前は，伊藤追加。なお私事であるが，私も，実教出版の男女共修の教科書づくりに，1990年代の前半に関わっていた。1993年には『家庭一般』『生活一般』『生活技術』の編集代表を務めたが，さまざまな事情で手を引いた。文部省の指導要領，執筆者，現場の家庭科教師を結んで，この仕事には担当の編集者がどんなに手腕を要求されるかは，実感としてよくわかる。それをみづほさんは，もっとも早くに，長い間，この日本で第1号の男子の必修の教科書づくりを一橋出版で担当されていたのである。同時代を生きたわけだがまったく存じ上げなかった。

山川菊栄先生（みづほさんの祖母様）が新生開拓村[8]に私を誘ってくださった時のことです。夏休み中のみづほさん姉弟とお母さまの三人が新生の帰路，大洗で海水浴をなさるからと同道されたのです。菊栄先生が発行しておられた『婦人のこえ』一九五九年十月号にルポ「協同経営の農村」を私は書いています。

　みづほさんに教科書のことで接しながら，理論家菊栄先生の理想が確かに受け継がれていることを私は感じていました（『山川みづほ追悼文集』山川みづほを語る会　1999.3.13：19-20）。

　ここからも，みづほを介して，菊栄と宮崎の「農業・農村・農家女性問題」との関わりを知ることができる。なお，みづほも倉敷の長連寺山門前の振作・美代の墓に葬られている[9]。

　ここに，生前の菊栄を知る人として，宮崎礼子をあげたが，農家女性の分野についての菊栄の関心を記録しておきたいと思ったからである。このような例はほかにも存在するのではないだろうか。

2．山川菊栄と嶋津千利世

　菊栄との関係で嶋津千利世（1914-2000）を登場させたい。私が北海道大

8）新生開拓村とは茨城県新治郡出島村（現 かすみがうら市）にあり，宮崎氏がルポをした，新生開拓農業協同組合は，満州開拓民の引揚者が1946年秋からここに入植し，まったくのゼロから出発したものという。しかし，1959年夏，菊栄の年譜には，この旅行のことは書かれていない。菊栄は宮崎のルポが掲載されたのと同じ，1959年10月号に「志免の生活を見る」を書いているが，これは菊栄が7月2日に福岡県糟屋郡志免町にあった糟屋炭田の炭鉱の1つ志免炭鉱（採掘開始から閉山にいたるまで終始国営であった日本国内唯一の炭鉱：1964年閉山）の舎宅を見学したルポである。しかし7月の旅行も年譜には書かれていない。

9）みづほの弟しげみは，生誕120周年記念に作成されたDVD「山川菊栄の思想と活動　姉妹よ，まずかく疑うことを習え」（2012）に，津田塾大のラグビー指導者として，その妻友子と登場し菊栄を語っている。しげみは，菊栄を「ノー天気」で，「ルーズ」だったともいっている（同シナリオ 2012：32，33）。あることにエネルギーを集中すれば他のことには気を使わない，手を抜くという使い分けが見事に身についていたという意味をそのような言葉で表現したのであろうと私は解釈する。

学経済学部で社会政策専攻のゼミに進んだのは1961（昭和36）年であったが，その５月，社会政策学会[10]第19回大会（1959年５月16-17日開催：専修大学，共通論題「婦人労働」）での報告を収録した学会誌が遅れて発行された。共通論題では，７人の報告者中５人が女性で，「統計からみたわが国女子雇用の構造」広田寿子（労働省），「婦人労働における出稼ぎ的性格」田辺照子（明治大学），「婦人の賃金」山本順子（北海道労働研究所），「婦人労働者の保護」赤松良子（労働省），「合理化攻勢と女子労働者」嶋津千利世（群馬大学：嶋津は45歳，群馬大学教育学部に就職して５年目であった）が報告している。労働省を辞して８年，68歳だった菊栄は，この社会政策学会を傍聴していた。山川菊栄と嶋津千利世の年齢差は，24歳である。

　５人の女性報告者のテーマのすべては，戦前から菊栄が手がけてきたものであった。しかも，菊栄は，すでに40年以上前の1918（大正７）年11月，戦前の社会政策学会例会で「婦人職業問題について」を紅一点で講演した経験をもつ身であった。そのとき，27歳の菊栄は１人で，この５人が報告したテーマを一括して堂々とこなしていたといっても過言ではない（本書第４章２参照）。戦後，再開したこの学会に，労働省の当時の若手官僚，広田寿子，赤松良子が入会したのに，初代労働省婦人少年局長のキャリアをもつ菊栄はなぜか入会しなかったのだ。でもこのときのプログラムは，神奈川県立図書館「山川菊栄文庫」に保存されているし，社会政策学会の公式ホームページには，前列中心に菊栄が座った参加者の記念写真が残されている。

　私が，この学会誌を読んで，５人の女性たちに興味をもったのはいうまでもない。このとき，菊栄がその会場に居たとすれば，嶋津千利世の報告を聴いていたはずである。

　1963年，私は大学院でクラーラ・ツェトキーンをテーマに研究を開始したが，その年５月に，婦人月間実行委員会編で婦人月間[11]十周年記念『働く婦人十年のたたたかい』という小冊子が発行されている。内容は，はじめに／山本まき子，婦人労働者十年のあゆみ／嶋津千利世，賃金／黒川俊雄，合

10）社会政策学会については，すでに第４章で述べたが，1897年に結成され，戦前は1924年まで続き，その後活動を停止し，戦後1950年に再建されて年２回の大会をもち，1959年春の大会は戦後19回目であった。

理化／田沼肇，平和運動／松岡洋子，母親運動／田中寿美子，組織／山本ま
き子，婦人の歩いた九十年／山川菊栄，戦後婦人運動史年表，となっている
（下線：伊藤）。つまり，この書のはじめが嶋津，終わりが菊栄の手で書かれ
ている。この小冊子が，山川菊栄，嶋津千利世の，文献上では唯一の接点で
あると思われる。嶋津は，この「婦人労働者十年のあゆみ」（同上 1963：
1-58）を，1．統計にあらわれた婦人労働者の動き，2．合理化政策の婦人
労働者への攻撃，3．婦人労働者の十年（総評結成から婦人月間が生まれる
まで，中央婦人集会から安保改定反対闘争まで，安保改定反対闘争とその後
の婦人労働者）で構成して，力作であった。

　他方，菊栄の「婦人の歩いた九十年」（同上：177-188）は短いものである
が，1．明治初期の同権論，2．明治の代表— 一葉，晶子，らいてう，3．
解放のカギは婦人労働者，4．帝国主義の破滅，と明治から終戦までの概略
をなぞったものである。その最後は「明治以来の解放と建設の姿を省みると
き，これを守りつづけるために，私たちは何よりもまず核兵器をふくむ軍縮
に力をあわせたいと思わずにはいられない」（下線：伊藤，同上：188）と結
んでいる。この言葉は，1963年から半世紀以上を経た現在，ますます重みを
もって，女性運動のみならず，社会的運動すべてのスローガンとして迫って
くるものがある。

　この書の巻末の年表は1945年から1962年までをカヴァーしているが，1947
年4月の，菊栄の「民主婦人協会」の創立は書かれておらず，同年9月1日
の労働省婦人少年局開局の項目はあるが，局長に菊栄が就任したという項目
はない。3月8日の毎年の国際婦人デーの開催については，婦人月間の初日
にもあたるためか，1947年以降1年ももれることなく入っている。1962年4
月の菊栄と間接的に関係する「日本婦人会議」，同年10月の嶋津も世話人代
表の一人として関わる「新日本婦人の会」の創立は，年表には項目がある。

───────────────
11）この書のはしがきには「婦人月間は，総評婦人協議会，日本婦人団体連合会，日本子
　どもを守る会，その他婦人団体が中心となり，国際婦人デーと婦人週間とを結んでもう
　けられました。それはこれまで分散していた婦人たちを一つにまとめ，幅ひろい統一と
　連帯のひろ場をつくるために，婦人たちの英知と創意がうみだした，すばらしい一つの
　成果でした」と書かれている。

私の大学院博士課程在学中の1966年に，嶋津は，講座『現代日本とマルクス主義』の第二巻（中林賢二郎ほか責任編集）「統一戦線」（青木書店）に「婦人運動」（同書：273-334）を発表し，それをめぐって『歴史評論』11月号（No. 195）誌上で，帯刀貞代と嶋津千利世の対談「戦前，戦後の婦人運動をめぐって」が行われた。この対談のなかには，山川菊栄への言及がある。それを読んで，私は，戦前の一時期の「マルクス主義婦人解放論」は山川菊栄が担い，戦後の少なくともその当時（1966年）までのそれは，菊栄とは不連続で異質であるとはいえ嶋津千利世が担ったとの感をもった[12]。というのは，その対談のなかに，「平塚雷鳥と山川菊栄」という項目があって菊栄を論じていたからである（同誌：6-7）[13]。その概略を，一部省略しながら書いておく。

　　　編集部：（この部分の要約：伊藤による）嶋津は，『青鞜』を，ブルジョア婦人運動とは規定しないで，小ブルジョア婦人運動と規定したが，山川菊栄は「新婦人協会」批判の場合に，小ブルジョア婦人運動であるにもかかわらず，ブルジョア婦人運動に対するように批判した。

　　　嶋津：（前略）日本の『青鞜』などに対する評価を当時の山川さんは，ブルジョア婦人運動として真向から踏みつぶしてしまったといわれておりますけれども，そうだとすれば，そこには形式的な，しかも教条主義的なマルクス主義のきわめて固定的な受け入れられ方があったからではないかという気がするんです。（中略）ですから私は今日マルクス主義婦人論というのが，まだ本当に日本に定着していないのじゃないか，思

12）その頃，私は，新川先生の教え「研究者の名刺は，抜刷りですよ」（研究者は，名刺ではなく先に自分の研究論文の抜刷りを差し出して自己紹介をせよという意味）に従って，社会政策学会の先輩研究者に，クラーラ・ツェトキーンに関する小論の抜刷りを送り，広田寿子，田辺照子，嶋津千利世からご返事をいただき，春秋の社会政策学会では会話する間柄になっていた。1968年に就職した「北星学園女子短期大学」を1973年に辞して北海道をあとにしたとき，東京で嶋津が主宰していた「婦人労働問題研究会」に入会することとなった。

13）その頃，菊栄は76歳。虎ノ門病院に入院し，11月退院したが歩行困難となり，10年続けた東京都立高等看護学院での女性史講義を辞めたときであった。『歴史評論』11月号のこの対談は目にふれていたことであろう。なお「婦人運動」中，菊栄の引用は2カ所，赤瀾会に関するところ（嶋津 1966：299）であるが出典文献名はあげられていない。

終章　過去を読み 未来を拓く　475

想として定着していないのじゃないかというふうに思うのです。

　帯刀：それはまったく同感ですよ。

　嶋津：運動と一体になっていないという，弱点があるのじゃないかと思います。

　帯刀：それから山川さんの場合，なぜああなったかということいろいろあると思うの。（中略）結局山川さんの場合は，西欧思想というのを何か，本当に教条主義的に日本に入れた，しかし丁度そういう激しい時期ですから，そのこと自身がかなり啓蒙的な役割りを果たしたということもあると思うの。あの人は体が弱かったとい（う）こともあるし，あの時期ということもあるけれども，実際運動に入らなかったわけだから，その点で，その後戦後ああいうように弱い点が出てきたんだと思うのです。（中略）　山川さんはそういう弱点はあるけれども，やはり明治以後の女性という点で，与謝野晶子さんとらいてうさんと山川さんは，（中略）日本の基礎構造と合せて分析する値打ちのある人だと思うのですけれどもね。

　嶋津：そうですね。山川さんのはたした役割りは大きいですね。

　編集部：役割が大きいが故に，弱点も大きいということでしょうね。

　要するに，ここでは，嶋津は，菊栄が小ブルジョア婦人運動を，ブルジョア婦人運動と区別していたにも関わらずブルジョア婦人運動に対するように批判したという点と，また菊栄が運動と結びついていないことが弱点だと指摘しながら，果たした役割は大きいといっているのである。帯刀は，菊栄の戦後の弱点を問題にする。編集部は菊栄の果たした役割と弱点のそれぞれの大きさを問題にしている。

　その後30年以上を経て2000年の菊栄生誕110年，没後20年記念の「山川菊栄記念会」主催の第1回連続学習会[14]で，当時90歳を前にした菅谷直子は，「女子労働問題では嶋津千利世さんや帯刀貞代さんなどが書かれておりましたが，やはり山川菊栄の業績については無視するか，歪曲するか，でした」[15]（山川菊栄記念会編 2000：209）といっている。

　しかし，この『歴史評論』対談でわかるように，少なくとも嶋津や帯刀が菊栄を無視ということはあり得ない。この対談の相手帯刀貞代の著書『日本

の婦人――婦人運動の発展をめぐって』（岩波新書，1957）でも，山川菊栄については関連章で必ず名前をあげて客観的評価を行っている。菅谷が歪曲といっているのは，上記の対談にみられる今となっては私も賛同しかねるいくつかの文言や「『弱点』の指摘」のようなことを指しているのかもしれない。

　私は，2016年7月，1950年代〜70年代に嶋津千利世を師と仰いだ橋本宏子氏（1929―以下，敬称略）の，千駄ヶ谷の自宅で，嶋津が菊栄をどうみていたかのインタビューを行った。それによると，嶋津は，菊栄の理論の戦前から果たした役割を評価して，菊栄が書いた文献に敬意を払っていたように見受けられ，「山川菊栄のものはよく読むように」と橋本らに勧めていたとのことである。自らの口から菊栄を批判することはなかったそうである。

　嶋津は1953年に『女子労働者―戦後の綿紡績工場』（岩波新書）を世に出して知られるようになった研究者であるが，1966年の『歴史評論』の上述座談会が素材とした嶋津の論文「婦人運動」，その後1978年に単著『婦人労働

14）1999年から2000年にかけて山川菊栄記念会は，菊栄没後20年・生誕110年記念の「いま《山川菊栄》を読む」と題する6回の山川菊栄連続学習会を企画した。その内容は同記念会ホームページにアップされているほか，各回とも社会主義協会の機関紙『社会主義』に掲載されている。第1回「山川菊栄－その人と業績」『社会主義』No.436（1999.7），第2回「山川菊栄のセクシュアリティ論」同No.443（2000.1），第3回「山川菊栄の労働運動論」同No.445（2000.3），第4回「戦時下の山川菊栄」同No.449（2000.7），第5回「山川菊栄とナショナリズム」同No.451（2000.9），第6回「二十一世紀フェミニズムへ」同No.465（2001.9）／No.466（2001.10）。その後，学習会記録は，第1〜5回までが，山川菊栄記念会編『たたかう女性学へ―山川菊栄賞の歩み 1981-2000』（インパクト出版会 2000）に，参加者の修正加筆後収録された。また，2000年11月18日に東京ウィメンズプラザで開催された「2000年シンポジウム　いま山川菊栄を読む」の記録は，生誕120年記念事業として，山川菊栄記念会『山川菊栄の現代的意義　いま女性が働くこととフェミニズム』（労働運動資料室，2011）に収録されている。

15）この文に続けて，菅谷は，「共産党では山川菊栄は絶対認めてはならないことになっていると私は党員からきいております」（山川菊栄記念会編 2000：209）とある。もっとも，その10年前，「山川菊栄生誕百年を記念する会」編『現代フェミニズムと山川菊栄　連続講座「山川菊栄と現代」の記録』（大和書房，1990：95）においても，菅谷は「共産党にとって山川菊栄を認めることは党の存在意義にかかわる問題です」という文言を残している。これに対し，出典等も記されていないので論評はできない。

の理論』（この書には菊栄の文献の引用は，『女二代の記』1カ所，同書の225ページ，巻末の参考文献中で，菊栄のものは，日本婦人会議編の『女性解放へ』があげられている）を読めば，嶋津の「役割と弱点」もまた明らかである。『婦人労働の理論』に関しては，若い私が，嶋津が主催する研究会で批判的発言をして，居心地が悪くなったことがある。人はそれぞれ弱点をもちながらも役割を果たしているのだ。

　1978年は，菊栄87歳の最晩年であった。この年の『歴史評論』No. 335に，前年のインタビュー「山川菊栄氏に聞く─日本におけるマルクス主義婦人論の形成過程」が掲載され，菊栄の『二十世紀をあゆむ─ある女の足あと』（大和書房）も出版されたのであった。菊栄自身は，とくに24歳若い嶋津を意識していなかったように思われる。

　むしろ菊栄研究のほうで嶋津をどう書いているかについて私は注意をはらってきた。上述，菅谷のほかに2000年の菊栄生誕110年，没後20年記念の「山川菊栄記念会」主催の連続学習会では，第6回連続学習会で，重藤都が，「山川先生は70歳を過ぎて日本婦人問題懇話会をおつくりになられました。（中略）私もそれに加えていただきました。（中略）ただし，私はそれまで山川菊栄先生のご本は一冊も読んだことがなかったのです。私共新制高校に学んだ世代は，嶋津千利世さんの本を読んで育ちました。今の若い方はもうお読みにならないようですが，嶋津先生は母性保護に基準を置いた運動論であったといってもいいかと思います」といっている。「婦人問題懇話会」設立準備委員会が発足したのは1961年であるから，そのとき，重藤が，菊栄の本を読んでいなかったこと，むしろ嶋津の本を読んで育ったが今はもう読まれていない，という意味のことをいっているのは，興味深かった[16]。

　また，2000年11月18日の同記念シンポで，シンポジストの一人，弁護士の角田由紀子は，冒頭，「重藤さんのお話しにあった『嶋津千利世育ち』という言葉も懐かしいものです。35年以上前，大学で婦人問題研究会というサークルに加わっていて，嶋津千利世さんに会いに行きました。女性の学者の本に囲まれた生活というものをはじめて見て，私は感銘を受けたことを思い出

16）『社会主義』No. 466（2001.10）に収録されている。

しました」（山川菊栄記念会編 2011：139）といっている。角田は，1942年生まれで，1967年東京大学文学部卒業であるから，1960年代半ばに，当時群馬大学の教員であった50歳代前後の嶋津の板橋の家を訪れたのであろう。「嶋津千利世育ち」という言葉があったとは，1973年以来，嶋津に由来する「婦人（現 女性）労働問題研究会[17]」に籍を置く私も知らなかった。

　なお，嶋津千利世の「著作目録」[18]をみると，1977-1979年刊行の平凡社の『新版国民百科事典』の「山川菊栄」という項目を嶋津が書いていることになっているので，探しまわったがなかなかみつからない。ついに平凡社に問い合わせたところ，『国民百科事典－13』（1978.9.27：526）（新版というのはつかない）の該当箇所を送ってくださった。短いものであるので全文を記す。

　　　やまかわきくえ　山川菊栄　1890（明治23）－婦人運動家。東京生まれ。開明的な家庭に育ち，1908年女子英学塾（現在の津田塾大学）へ入学。早くから平民社の人々の影響を受け，16年平民講演会で知り合った山川均と結婚。マルクス主義婦人論の解明に力を尽くした。18年《婦人公論》誌上で与謝野晶子，平塚らいてうの〈母性保護論争〉に批判文を載せたのは有名。社会主義的思想家，婦人運動家となり，21年社会主義の婦人団体赤瀾会の創立に参加。47年9月，初代の労働省婦人少年局長に就任。国際婦人デーに対し，4月10日を婦人の日と設定した。《婦人問題と婦人運動》（1925），《女性解放へ》（1977），自伝《おんな二代の記》（1972）をはじめ多数の著述をもち，プロレタリア婦人運動研究の先駆的役割を果たした。　嶋津千利世

　この『国民百科事典－13』は菊栄生存中の出版である。菊栄の項目を，嶋津が書いていること自体，意味あることと思う。

17）「女性労働問題研究会」については，伊藤セツ（2016：5-23）参照。

18）『嶋津千利世著作選集』Ⅲ（学習の友社，1993：10）。嶋津は2000年，86歳で没したが，1993年に，川口和子，桜井絹江ら8人の編集委員によって著作選集3巻が出されている。自選集に近いものと思われる。

3. 山川菊栄の現代的意義について：マルクス主義，社会主義，フェミニズム

　私は，山川菊栄の筆力にひたすら敬服する。本研究で必要に迫られて断片的に読んだ山川均にいたってはそれ以上である。そして両者合わせて，この知的生産性の高さは驚異的と思う。この高い生産性を可能にする生活環境の維持，これだけのものを残すことができた生活様式とはどのようにして確保されたのだろうか。一つには，菊栄の生まれながらの素質と水戸藩士の娘を母とした生育環境，当時の最高の教育と並みでない英語力，山川均という稀有な男性との結婚，病弱であることさえも無駄な雑事を切り捨てて目的に向かって邁進する要素に転化しえた才能，合理的簡素な生活の定型化，ほとんど生涯にわたる私的住み込み「家事使用人」の存在による主たる家事労働からの解放[19]，弾圧による拘禁等を避けての機敏な転居，転居先での生活への無駄な時間を最小限に留める適応の能力，雇用労働（労働省婦人少年局長時代を除く）にも，各種運動にも拘束されないスタンスを維持し，執筆の時間をコントロールすることを可能にした生活条件，晩年は22年にわたる岡部雅子の稀にみる理解ある同居等々が考えられる。

　また，性格面についても，孫のしげみから「ノー天気」で，「ルーズ」[20]というような言葉が出ているが，小さなことに思い悩まないおおらかさ，あるいは柔軟性があったという意味であろう。そうでなければ，当初自ら思いを入れた国際婦人デーや日本共産党との関係も，あっさり断ちきれるものではないだろう。

　本書で，国際婦人デーの起源についての菊栄の認識を，私は要所要所で言

19）山川振作も「母は家事をやってくれる人があったので勉強できた。」といったという（山川菊栄記念会編 2011：81，水田珠枝による紹介）。

20）孫のしげみの言葉に，「僕の一言で印象を云ってしまえば，じいさんというのはキチッ，ばあさんはルーズ，ということね」（DVD「山川菊栄の思想と活動　姉妹よ，まずかく疑うことを習え」2012 のシナリオ：33）じいさんというのは均，ばあさんというのは菊栄のことである。

及したが，依田精一と酒井はるみによる1973年10月13日の菊栄へのインタビューからなる〈資料〉現代史の証言（1）「山川菊栄氏と労働省婦人少年局の設置」（『東京経済大学会誌』No.92, 1975.9）を読んでいて，次の会話に出くわしたとき，私はいささか驚いた。

　「重藤：国際婦人デーの起源のその正確な文献がみあたらないみたいないんです」。

　「山川：ほかの人に聞いたら『知りません』と言ってましたよ。『共産党に聞かなきゃ分からない』っていわれた（笑）」（同上：88-89）というくだりがあった（本書395ページ及び注33，参照）。菊栄には，こういう，自己に深刻にならない，均のようにレトリックでも，反転でもない，思ったことを率直に口にする自然さがあったのではないだろうか。

　また，菊栄の後継者がしばしば肯定的に引き合いに出すマルクスについての菊栄の晩年（1978年）の一言「マルクスも男ですから」（「歴史評論」編集部編『近代日本女性史への証言　山川菊栄／市川房枝／丸岡秀子／帯刀貞代』（ドメス出版，1979：47），さらに「こまかい最近のことまではマルクスも考えていなかったのではないでしょうか」（同上），「やたらとマルクス主義とむすびつけて考えないでほしい」（同上：48）という加筆[21]も，そうした自然さから出てくると思われる。「マルクスは男である」のはそのとおりであり，「こまかい最近のことまではマルクスも考えていな」いのも当然のことである。そのうえ「やたらとマルクス主義とむすびつけて考えないでほしい」は，しげみの表現のような性格でなければいえないことである。

　「日本でマルクスを育てた人」（石河康国）とまでいわれた山川均とともに歩み，本論で述べたように，かつて，マルクス主義について素朴に誤用した高群逸枝を批判してやまなかった菊栄が，均没後20年にしてこういう発言をするのも，菊栄にとっては自然のことだろうか。労農派マルクス主義から，社会主義協会マルクス主義にいたって命尽きた均は，菊栄が20年後にこう書

21）加筆というのは，すでに序章でふれたが，インタビューの最初の収録「山川菊栄氏に聞く―日本におけるマルクス主義婦人論の形成過程」（『歴史評論』No.335，1978年3月）には，なかった文言だからである。加筆なのか，最初の文献が削除なのかを疑う必要もあるが，私には見過ごすことはできない一点である。

いているのを知ったらどう思うだろうか。もし，菊栄をマルクスと関連づけるとすれば，やはり「均あってのマルクス主義者」菊栄ということになりはしないだろうか。いずれにせよ菊栄は，少なくとも私にとっては，マルクス主義をぬきには考えられない。

このマルクスについての菊栄の加筆は，1975年の国際女性年以降，当時の社会党および「日本婦人会議」（現𝒥女性会議）の，国連を中心とする新しいジェンダー平等運動への転換をスムーズなものにする役割を間接的にでも果たしただろう。1962年創設の「日本婦人会議」は，国際女性年，1985年の差別撤廃条約の批准，1995年の北京世界女性会議を経た2003年には「𝒥女性会議」と名称を変えた。「𝒥女性会議」は，マルクス主義にもとづく社会主義婦人解放論を批判し，現代フェミニズムに通説のジェンダー平等論を採用し，政党とも関わりない自立的活動に方向転換していったように思われる（𝒥女性会議中央本部 2012：3,9)[22]。マルクス主義を吸収したうえでの，マルクス主義離れとでもいえようか。

もっとも，菊栄が均とともに属していた日本社会党は，1950年に一度右派左派に分裂したが，1955年再統一したあと，40年以上の紆余曲折を経て，1996（平成8）年に社会民主党と党名を変えることによって，日本社会党の名称は消滅した。旧社会党は，結局，民主党，社民党，新社会党に分裂した

---

22) 1962（昭和37）年創立の「日本婦人会議」は，すでに第10章でみたように，1974年の第12回大会で組織綱領第1次草案を検討した。組織綱領と綱領の組織原則にもとづいた規約が1976年第14回大会で決定された。しかし，綱領は古典的マルクス主義女性解放の考えを主張し，社会主義即女性解放とみなす論理の矛盾を見過ごしたと，のちに反省している（日本婦人会議編 1992：160-164）。さらに20年後，「ここまでの戦後女性運動がかかえていた問題点」の一つに「米占領軍によって与えられた権利と民主主義は，自らが主体的にたたかいとったものではない弱さを内包していた」といい，二つに「戦後の労働運動や革新的な女性運動の理論的な柱が，マルクス・エンゲルス，ベーベル等の社会主義理論であったため，人権とか，民主主義の主体形成は第2義的なものとして位置づけられ，女性解放は労働者階級の解放と政治体制の変革の下で達成するものとして，すべての課題を資本との階級闘争に一元化してきたこと」をあげている（𝒥女性会議中央本部 2012：7)。マルクス主義女性解放論を，社会主義即女性解放という理論であり，人権や民主主義の主体形成を第2義的なものとみなすという理解は，表層的な把握といえはしないであろうか。山川均や菊栄は，そのようなレベルでマルクス主義を説いてはいなかったはずだと私は思う。

のである。その間，1980年に山川菊栄没後5年の1985年には社会主義協会の指導者向坂逸郎が死去した。最晩年，マルクス主義から遠ざかる言葉を残した菊栄は，何処に位置するのであろうか。「自由に考え，自由に学ぶ」ことこそ重要である。

　菊栄生誕120年・没後30年にあたる2010年，前述のように一連の記念事業（5月から7月まで3回の連続学習会と11月3日の誕生日にシンポジウム[23]がもたれ，その記録集が，『山川菊栄の現代的意義　いま女性が働くこととフェミニズム』（山川菊栄記念編　2011：5-130）として出版された[24]。その後，2012年に『新装増補　山川菊栄集　評論篇』（岩波書店）が出され，その別巻に，鈴木裕子の長文の解説が付されて，菊栄の今日的位置づけが行われている（『山川菊栄集』B別巻：125-190）。

　それら2010年代の論調から，私の問題意識に照らして，水田珠枝，竹中恵美子，鈴木裕子の3名の山川菊栄論を確認して，私見を述べて本書を締めくくりたい。

(1)　水田珠枝による評価

　私より10年先輩の水田は，その思想史という専門から，2010（平成22）年6月10日に開催された連続学習会第2回「欧米のフェミニズムと山川菊栄」で，「山川菊栄における社会主義フェミニズムの受容」と題して報告した。すぐれた報告だと思う。

　注目されるのは，Ⅰ　はじめにの水田珠枝の冒頭の一節である。水田はいう。

　　　まずお断りしておきたいのは，山川菊栄は「社会主義フェミニズム」という言葉を使っていません。1970年代のフェミニズム第二波のなかで

23）幸い私はこのシンポジウムに参加して，大先輩の竹中恵美子氏，水田珠枝氏の講演を聴き，竹中氏には質問用紙で質問もした。その痕跡は，記録に残されている（山川菊栄記念会編　2011：33）。

24）この書には，その10年前の，2000（平成12）年11月18日に開催された「2000年シンポジウム　いま山川菊栄を読む　21世紀フェミニズムへ　山川菊栄からのメッセージ」を収録している。

終章　過去を読み　未来を拓く　　483

形容詞をつけるのが流行った時期があり，そのとき，山川の時代のフェ
ミニズムを「社会主義フェミニズム」あるいは「社会主義女性解放論」
と分類して呼んだので，ここではその言葉を借りました（山川菊栄記念
会編　2011：82）。

　続いて水田は「社会主義もフェミニズムも，近代の人権思想からの系譜を
持つ」（同：82）といい，「山川は，社会主義の要素を基礎とする人権思想と
してのフェミニズムを，歴史の課題として引き受けたフェミニストとして位
置づけることができる」（同上：83）として，菊栄が紹介した多くの論者の
なかから，水田はエドワード・カーペンター，アウグスト・ベーベル，アレ
クサンドラ・コロンタイを取り上げる。水田は，菊栄がこの３人を受容し，
「西欧の社会主義を受け止めながら，近代的人権思想の主柱である生存権を
フェミニズムとして継承したこと」（同上：90）を重視し，菊栄は「（フェミ
ニズム）の基本線の正当な継承者」として，「日本フェミニズム史において
重要な位置を占めていると考える」（同上）とする[25]。

　このような，連続学習会の積み重ねのうえで，2010年の11月３日の記念シ
ンポジウムに登場して，さらに，「フェミニズム史における山川菊栄」の位
置づけを追うのである。水田は，近代社会の産物としての「フェミニズム」
という思想が形成され，家族に固執する立場（平塚らいてうらの母性主義）
と，職業労働による経済的自立（山川菊栄），つまり家庭か職業労働かの
「二つの路線」が「フェミニズムが一貫して問い続けた課題」「基本的問題」
であるという（同上：７）。職業労働と家事労働の矛盾は「家庭を崩壊させ
るとしても，またそれがいかに痛ましいことであったとしても，その歴史は
過去にもどることはできない」と菊栄は主張するが，「類似の主張はマルク
スが『資本論』で述べています」と断っている（同上：10）。これは，菊栄

25）水田は，おわりに，1980年代以降，歴史学にポストモダンが導入され，フェミニズム
　にも一定の意味をもたらしたが，「史的唯物論というような，大きな枠で歴史を捉える
　『大きな物語』に反対し，進歩史観に対して反対し，個々の歴史的事実が重要で，それ
　らの因果関係の追求の否定につながる」（同上：90）ことに警告を発している。この見
　解は，必ずしも，連続学習会参加者すべての同意を得てはいないようだが，私は水田と
　同意見である。

の理論にマルクスが影響をおよぼした証明ともなると私は思う。ここでは，説明ぬきに「山川の社会主義フェミニズム」という語が現れる（同上：11）が，連続学習会の継続ととらえると違和感はない。

　水田は，1919（大正8）年と1925年の菊栄の論文を取り上げて「性と階級の問題」での「軌道修正」を時代的背景のなかにおくが，その点を私は，本書第4章で取り上げている。水田は「山川菊栄と現代フェミニズム」について，①1970年代以降のフェミニズムの課題の多くが大正時代の菊栄によってすでに提起されていたこと（1970年代では，フェミニズムの新たな波を強調する必要からか，過去のフェミニズムを過小評価する傾向があった），②菊栄の家族批判は，フェミニズムの正当な継承，③フェミニズムと社会主義との関係では，フェミニズムを理解しない社会主義は社会主義とはいえず，社会主義を理解しないフェミニストはフェミニストとはいえない。という3点をあげて締めくくる（同上：12　要約）。

(2)　竹中恵美子による評価

　経済学者の竹中恵美子は，1990（平成2）年の菊栄生誕百周年の連続講座（山川菊栄生誕百年を記念する会編 1990：212-244）以降，2000年シンポジウム（山川菊栄記念会編 2011：146-162），2010年シンポジウム（山川菊栄記念会編 2011：20-38）と登壇して，菊栄の女性労働論について発言している。

　1990年の連続講座で，竹中は，菊栄の女子労働論の特徴を，第1に，女子労働の低賃金の根本的原因を資本主義経済体制と関連づけて説明しているということ，家庭のなかの女性がする家事労働は支払われないシャドー・ワークになって経済的価値づけがなされないことが，労働市場でも低賃金を規定していることを示し，女性解放の運動主体を労働者階級の女性に置いたこと。これは，「六〇年代半ば以降のフェミニズムあるいはマルクス・フェミニズムの論争の中での基本的問題」（山川菊栄生誕百年を記念する会編 1990：224）の骨格にふれているとする。第2に，女子労働を分析するにあたって，当時のマルクス主義理論レベルの階級闘争一点ばりを批判して，階級支配と性支配の複眼視点をもっていたこと，「これは教条的なマルクス主義という

ものが支配している中で，菊栄氏が唯一フェミニズムの視点をもって」「時代を先どり」していたこと（同上：227）。第3は，母性保護と平等の統一的把握をしたこと，菊栄は，母性保護を固定的なものとしてではなく，国連の考え方に近いものをもっていたこと，戦前，戦後までを通して母性保護を両性保護に高めていく発展的な視点にたっていたこと，第4に，組合婦人部の必要とその意義を積極的に主張したこと，組合婦人部こそ婦人労働者の権利を知る拠りどころであると主張したこと。第5に，女性の特殊要求を理論的にはっきり位置づけるとともに，雇用における男女の平等政策として教育および職業の自由に対する要求と男女同一労働，同一賃金の要求を重視したこと，をあげている。

　竹中は「今日の視野からみても，教条的なマルクス主義とは一線を画して，マルクス主義フェミニズムに通底するようないろいろな理論的可能性と，時代を先取りした考え方が提示されており，その先駆的卓見に驚かざるをえません」（同上：242）と結んでいる。

　このように竹中は，菊栄の女子労働論を，教条的でないマルクス主義の理論との関わりで特徴づけている。

　続いて，2000年シンポジウムでは，10年前の結びの言葉を受けたかたちで「マルクス主義フェミニズムの源流としての山川菊栄」という位置づけで，「性差別」の根源となるアンペイド・ワーク」の政策課題に焦点を置いて，論を展開するが，竹中自身は，菊栄の女子労働論ととくに関連づけず，討論で深めるかたちをとっている。

　2010年11月3日の「山川菊栄の現代的意義――いま女性が働くこととフェミニズム」と題するシンポジウムでは，竹中は「女性労働研究の歴史と現代の課題」を報告し，「山川菊栄の女性労働論の今日的意義」を，かねてからの「日本におけるマルクス主義フェミニズムの源流」（山川菊栄記念会編 2011：20）との位置づけを継承して，菊栄の理論が，現代フェミニズムのなかでどのように理論化され，政策・運動のなかに具体化されていくかを追っている。竹中は，「菊栄を現代に生かすためには，何が重要かと問われれば，まさしく国連の21世紀グローバル・スタンダードの実現に他ならない」（同上：30）としている。

(3) 鈴木裕子の所説

菊栄の選集に 2 度も関わって，菊栄の評論を諳んじるほど理解しているであろう鈴木は，2012（平成24）年の『新装増補 山川菊栄集 評論篇』の別巻の解説「近現代の日本女性解放思想・社会主義思想史上に占める特徴」（『山川菊栄集』B 別巻：126-190）を書いている。鈴木ならではの読みごたえのある内容である。鈴木は，菊栄を，竹中とは異なって「社会主義フェミニスト」と呼ぶ（同上：149，151，158，189）。

鈴木は，「菊栄の日本女性解放思想・社会主義思想史上に占める特徴」として，次の 6 点をあげる。1．男性優先社会による女性支配の構造に抗議して，男女平等を主張したこと，2．プロレタリア階級が，性別に関わらず主体を形成し，ブルジョア階級による階級的隷属の鎖を自力で断ち切ることを目ざした，3．帝国主義戦争に反対し，植民地主義や民族差別の根を断ち，平和への思想の実践化に努力したこと，4．性暴力（セクハラ，DV），リプロダクティヴ・ライツ／ヘルス，性や道徳の性別による二重基準に着目したこと，5．マルクス主義とフェミニズムの結合をめざし，日本のマルクス主義（社会主義・共産主義）陣営に存在する男性優位の思想・風潮との戦いをいどんだこと，6．英語力で海外の女性思想・社会主義思想・社会科学の文献を紹介・消化し，自らも社会科学の眼力を鍛え，社会構造の分析に力を注いだことをあげている。

そして最後に，菊栄を「常に権力に阿らず，媚びず，誰にたいしても水平な視線で対等な人間関係を築く，社会主義フェミニストであった。また，これまで述べてきたように，鋭いけれどもやわらかな感性，柔軟な発想の持ち主であった。最晩年に問われて答えた『マルクスも男だから』という一言は，公式主義に陥らない，社会主義フェミニストとしての面目躍如たる側面が表現されているといえよう」（同上：189）と書いている。

私は，この最後の一文には，賛同にはいたらないが，鈴木の，2 度にわたって，30年も，『山川菊栄集』への関わりに敬意を表するとともに，多くを学ばせていただいたことに感謝する。なお鈴木は，この解説ののち，同趣旨の「山川菊栄の今日的意義」（鈴木 2012：29-43）も書いている。

本書は，振り返ってみれば，いわば山川菊栄の「思想的アイデンティティ

史」を探るという性格をもつものであった。その試みのなかで，客観的に菊栄を読み，評価することによって，これまでの日本の歴史のなかで形成された異なる歴史と文化をもつ多様な女性運動組織がそれぞれの立場を尊重しながら，より強く協力し合う条件を探り，新しいジェンダー平等の日本の歴史を切り開く一助としたいというのが本書の何よりのねらいであった。

今年，2018年，開館70周年の，国立国会図書館は「Read the Past, See the Future」（過去を読み，未来を読む）という標語を掲げていた。私は，クラーラ・ツェトキーンを読み，山川菊栄を読んで，いわば，女性解放の旗手たちの古典を読み，生き方を知り，自らの内で消化して，日本の将来の新しいジェンダー関係を創造するよすがとしたい。

私はまだ，「フェミニズムの検討」という古典的名文を書いた菊栄を，「フェミニスト」と呼ぶことにためらいがある。私は，どう呼ぶかではなく，何を残してくれたかに関心がある。菊栄はいろいろの意味で，あとに続くものに多くのものを残してくれたと評価できる。

本書のサブタイトル「過去を読み 未来を拓く」には，そのような意味がこめられている。

あとがき

　本書の準備に入ったのは2014年の初めであった。本文は一応は2017年中に書き上げてはいた。しかし，国立国会図書館憲政資料室所蔵の GHQ/ESCAP の一次史料との照合や，年譜・年表の内容の加筆・取捨選択は，2018年の夏までかかってしまった。というのは，本書執筆中の終盤の数カ月，2013年暮れに出した『クラーラ・ツェトキーン―ジェンダー平等と反戦の生涯―』（御茶の水書房）の増補改訂版出版というお話が突然入ってきて，それに没頭したからである。

　本書のテーマ，山川菊栄は，序章にも書いたが，クラーラ・ツェトキーンと相い前後して，私の青春のテーマそのものであった。しかも両者をつなぐキーワードは，「国際女性デー」だったのである。序章を，私のクラーラ・ツェトキーン研究を何十年も見守ってくれた高校・大学を通じての親友，坂西雅子元天使短大教授と，母校の新川士郎教授（社会政策）の同門の先輩荒又重雄北海道大学名誉教授に読んでいただいたのはしばらくしてからであった。そのとき坂西雅子さんはすでに緩和ケア病棟にあって，最後の力を振りしぼって読んでくれた。彼女がうとうとしているとき，生と死が混じり合うような雰囲気のベッドの側で，私はパソコンに向かって続きをむきになって書いていた。彼女は目を開けて，「今度のテーマも興味ある。必ず完成させてね。」といったが，結局それが別れの言葉となった。

　荒又氏からはメールがきて，「これは1933年に没したクラーラを扱うのとはまた違った，とても難しい現代の課題である。（中略）講座派と労農派の対立を一部に組み込んだ日本におけるマルクス主義の分裂，社会党と共産党の対立の意味なども絡んでくる。われわれの時代から見た，先行するそれぞれの時代の課題と取り組みのありかたを，いくつかの女性解放の個別テーマにあわせた評価をもとに，歴史を再構成するくらいの覚悟が必要になってくる大きな挑戦である」と書かれていた。確かに私の力量を超える「覚悟」と「挑戦」が必要なテーマであったが，とにかく書き進めるしかなかった。

文献の検索では，江の島の旧「かながわ女性センター」から始まって移転先「神奈川県立図書館」の「山川菊栄文庫」，「大原社会問題研究所」，昭和女子大学図書館の「近代文庫」と「女性文庫」，「国立国会図書館憲政資料室」（日本占領関係資料），「労働者運動資料室」のお世話になった。

　また，かつて女性史研究の視点から菊栄研究をされていた外崎光広（1920-2002）氏，菊栄の晩年に貴重な論点でインタビューをされた犬丸義一（1928-2015）氏とは，親しくさせていただいたにもかかわらず，菊栄について深い議論をしないまま，お二人とも故人となられたことは取り返しがつかない思いである。菊栄の労働省婦人少年局長時代を知る広田寿子氏についても同じである。ただし，本研究で利用した菊栄の基本的文献のいくつかは，菊栄の署名入りの寿子氏への寄贈本であったことはせめても慰めである。これらは，広田ご夫妻没後ご親族のご厚意でいただいたものである。

　菊栄と長く生活を共にされた，遠縁の岡部雅子氏とは，2015年11月25日の神奈川県立図書館の県民講座でお見かけして以来，個人的にお会いする時間を取っていただきたい旨を「Ｉ女性会議」東京都八王子支部の花澤眞美さんから本部の中村ひろ子さんを通じ「山川菊栄記念会」の山田敬子氏に連絡をお願いしたが，数度，お約束の日の直前でご高齢の岡部氏の体調がすぐれず，実現しないままに本書脱稿の日を迎えてしまったことも悔やまれる。

　ただ一人，私の周辺で菊栄の生前に交流のあった，日本女子大学名誉教授の宮崎礼子氏が，本文にも書いた通り，2度のインタビューに応じてくださり，お手持ちの菊栄の葉書や手紙類の実物を本書のために提供してくださった。この一事だけでも，菊栄を身近に感じることができて本当にありがたいことであった。また，戦後，1950（昭和25）年頃に，「婦人労働問題研究会」（現 女性労働問題研究会）をたちあげたマルクス主義婦人労働問題研究者の嶋津千利世氏が，初期の門下生に対し菊栄をどう評価していたかについては，元熊本学園大学教授の橋本宏子氏から折りにふれて直接お話を伺うことができた。

　1982年と2012年の『山川菊栄集』の編集に携わった，菊栄研究で他の追随を許さぬ鈴木裕子氏には，氏が超多忙であるなかに，何度もメールを入れて初歩的質問をした私に丁寧にご返事をいただいたことに感謝する。

本書に取りかかった2014年は，その前年12月の「秘密保護法」強行採決以降の反動政治への反対運動の全国的運動の盛り上がりが，私の住む八王子の市民運動にも大きく影響した時期であった。さらに，2015年9月の「安全保障関連法」強行採決により，「No War 八王子アクション」に集う「憲法9条守れ」で統一する超党派の行動が広がっていった。

　2015年の末，翌2016年1月の八王子市長選に，全国の皮きりともいうべき市民と野党共闘の連合候補（法政大学大原社会問題研究所元所長，長い社会政策学会での友人五十嵐仁氏）を擁立，その後援の団体の一つとして「八王子学術文化の会」がたちあがり，私も加わって選挙事務所に出入りして私はいっきょに多くの市民運動の方々と知り合いになった。

　その一人に，宮沢賢治の「語り」の至芸で知られる八王子市在住の林洋子氏がいた。「八王子学術文化の会」に街頭演説が割り当てられたときは，ご一緒に市街住宅地から高尾山方面まで，選挙カーで応援演説をしてまわって，洋子さん，セツさんと呼び合う関係になった。洋子さんは，誕生日が何と菊栄と同じ11月3日であった。また，賢治が，岩手で「労働農民党」の支持者であったことなどを伺った。山川夫妻の活動と少しでも関わることにアンテナを張っていた私は，「宮沢賢治研究会」の方を紹介していただいたが，快く，たくさんの資料をお送りくださった栗原敦実践女子大学名誉教授に感謝する。とともに，あのとき以来，意気投合してかけがえのない友人となった林洋子さんに感謝する。

　また八王子の市民運動との関連では，もう一点付け加えたいことがある。2017年の八王子市政100周年の記念行事にむけて，「八王子詩歌」の問題が降ってきた。それは1936年の八王子市政20周年時に北原白秋作詞，山田耕筰作曲で制定された，戦時色濃い「市歌」の歌唱を，再び市政100年を機に式典や教育の場で推奨しようという市の動きに対してであった。これに関し，超党派の「八王子手をつなぐ女性の会」会員のなかから，多くの疑問が指摘され「詩歌を考える会」が生まれた。問題点を1点だけあげると，八王子の中心的産業は絹の生産で，「桑の都」といわれ，それが女性の手で多く担われてきたにもかかわらず，3番まである詩歌はすべて，「奮へ（いよよ）多摩のますらを」という歌詞で終わっていることであった。この「詩歌」を，

「男女が共に生きるまち」・「八王子市男女共同参画都市宣言」の今日，市民に歌わせることは適切でないことはいうまでもない。私はそのご縁で，「八王子手をつなぐ女性の会」の会員となり，翌2017年，この会の創立30周年総会で講演する役をおおせつかった。そのとき，私は労働省婦人少年局長を降りて以降の菊栄を追っていて，1953年6月20日付け『読売新聞』に掲載された「平塚音頭が示す女性人権の危機─亡国調宣伝─」という菊栄の一文を読んだばかりであった。そこには西条八十が作詞した「ひと夜泊りのあの平塚で，摘んだおぼこの浜なでしこが，忘れられない」という一節を含む「平塚音頭」を，平塚市が，市を代表する歌として宣伝したいとしていることを「許さるべきでない」と菊栄は指摘し，続いて「同じ作者の同じような傾向の作詞は，すでに八王子でも横須賀でも大問題になって中止されたはず」と書かれていた（『山川菊栄集』AB 7：174）のである。このことを講演で紹介したところ，参加者は，山川菊栄の名を知っている方が多く，興味をもってくださって，女性市会議員の方が市史を調べようということになった。まさに，「過去を読み，未来を拓く」菊栄を今読む意味は，こういう身近なところにもある。

　私の住んでいる八王子の市民運動のことをいくつか書いたのは，ほかでもない。本書は，「研究室」においてではなく，このような一地域の，一市民としての日常のなかで，地域・市民運動と時間を分け合って書かれたものだからである。そのようななかで私のかつての菊栄への関心事は，菊栄生誕118年，没後38年の2018年の今日，日本の増長する危険な歴史的状況と，それに抵抗するかつてない運動のもりあがり，市民と野党の共闘の時代でのあらたな経験によって何かが加わった点があるからでもある。私の，菊栄研究は，ひたむきで純粋な青春時代に形成された関心事に動機づけられているとはいえ，今日の切羽詰まった緊急の現実的関心事「平和と平等への運動の統一へ」を願う抑えがたい思いのなかで行われた。

　また「国際女性デー」も1977年，国連の定める日となってすでに40年，今なお続く世界中の人権侵害とたたかう日となって，＃ Me Too 運動ともつながって国際的連帯を強めている。

　本書のなかで私は，菊栄と社会政策学会や国際女性デーにこだわってきた

が，幸い，口絵に，両者に関わる写真を入れることができた。社会政策学会の「幹事会」にかけて写真の使用を許可してくださった埋橋孝文代表幹事と，市川房枝記念会女性と政治センターにお礼を申しあげます。他の写真は，神奈川県立図書館の「山川菊栄文庫」に労をとってくださった「山川菊栄記念会」代表の井上輝子氏と，労働者運動資料室／談話室の佐藤礼次氏，神奈川県立図書館の「山川菊栄文庫担当」の方々のお世話になった。皆さまにお礼を申しあげます。

　本書の後半2年は，1950年以来の歴史をもつ「女性労働問題研究会」の新体制のための15回にわたる準備会と併行して書き進められた。1970年代の初め以来，この会で，長い間苦楽をともにした本間重子さんの友情に感謝します。

　本書の刊行を快く引き受けてくださった，ドメス出版の鹿島光代様，佐久間俊一様，編集を担当いただいた，矢野操さんに心からお礼を申しあげます。矢野操さんとは，『女性研究者のエンパワーメント』（ドメス出版，2008）でもお世話になり，10年を経た今回も，本書完成までどんなに助けられたかわかりません。また，表紙カヴァー装丁は，デザイナーの市川美野里さんの手によるものです。本当にありがとうございました。

　その他お世話になった多くの方々に心からの謝意をささげます。

　　2018年11月3日　山川菊栄生誕128年の日に

　　　　　　　　　　　　　　　　　　　　　　　　伊藤　セツ

引用・参考文献リスト（50音順）

資料の所在（主な利用図書館・文庫名）
・昭和女子大学図書館（「近代文庫」と「女性文庫」）
・「かながわ女性センター」→2014年移転「神奈川県立図書館」（「山川菊栄文庫」）
・「法政大学大原社会問題研究所」（「向坂逸郎文庫」）
・「法政大学図書館」
・「国立国会図書館憲政資料室」（日本占領関係資料）

あ

∫女性会議中央本部（2012）「∫女性会議50年の歴史を学び，ジェンダー平等社会をめざそう」∫女性会議中央本部，東京。

アーチウゼ（1926），山川菊栄訳（1928a）「婦人代表者会議について　コミンテルン国際婦人書記局」『文藝戦線』5月号：188-143。

天児　慧（2013）『中華人民共和国史　新版』岩波書店，東京。

天野寛子（2001）『戦後日本の女性農業者の地位－男女平等の生活文化の創造へ』ドメス出版，東京。

荒畑寒村（1961）『寒村自伝』論争社，東京。

アルゴー（1927.6），山川菊栄訳（1928）「国際消費組合デーと無産階級」『文藝戦線』7月号：130-133。

安斉育郎，李修京編（2000）『クラルテ運動と《種蒔く人》』御茶の水書房，東京。

池野ヒサ，石井はた他（1990）「創成期の労働省婦人少年局長時代Ⅱ－山川局長時代の婦人少年室を語る」山川菊栄生誕百年を記念する会編（1990：64-69）。

石河康国（2008a）『労農派マルクス主義　理論・ひと・歴史』上巻，社会評論社，東京。

石河康国（2008b）『労農派マルクス主義　理論・ひと・歴史』下巻，社会評論社，東京。

石河泰国（2014）『マルクスを日本で育てた人　評伝　山川均Ⅰ』社会評論社，東京。

石河泰国（2015）『マルクスを日本で育てた人　評伝　山川均Ⅱ』社会評論社，東京。

石河泰国（2016）「第12章『労農』同人時代の堺利彦」小正路淑泰編著（2016：273-301）。

石月静恵（1982）「1930年代の無産婦人運動」女性史総合研究会編『日本女性史　第5巻　現代』東京大学出版会，東京：193-225。

石月静恵（1996）『戦間期の女性運動』東方出版，大阪市。

市川正一（1954）『日本共産党闘争小史』国民文庫社，東京。

市川房枝（1974）『市川房枝自伝　戦前編』新宿書房，東京。

市川房枝研究会編（2008）『市川房枝の言説と活動　1　年表で検証する公職追放 1937-1950』財団法人市川房枝記念会出版部，東京。

市川房枝研究会編（2013）『市川房枝の言説と活動　2　年表でたどる婦人参政権運動　1893-1936』公益財団法人市川房枝記念会女性と政治センター出版部，東京。

市川房枝研究会編（2016）『市川房枝の言説と活動　3　年表でたどる人権・平和・政治浄化　1951-1981』公益財団法人市川房枝記念会女性と政治センター出版部，東京。

絲屋寿雄（1970）『管野すが―平民社の婦人革命家像―』岩波書店，東京。

井手文子，江刺昭子（1977）『大正デモクラシーと女性』合同出版，東京。

伊藤セツ（1976）「ベオグラードの印象」『婦人通信』1976年2月号：24-31。

伊藤セツ（1982）「山川菊栄とコミンテルンの婦人政策」『賃金と社会保障』No.851：47-55。

伊藤セツ（1984）『クララ・ツェトキンの婦人解放論』有斐閣，東京。

伊藤セツ（1985）『現代婦人論入門』白石書店，東京。

伊藤セツ（1992）「書評　山川菊栄生誕100年を記念する会編『現代フェミニズムと山川菊栄』」『婦人労働問題研究』No.20：63。

伊藤セツ（2002）「女性文化概念の多義性―21世紀『女性文化』へ」昭和女子大学女性文化研究所編（2002：5-42）。

伊藤セツ（2003）『国際女性デーは大河のように』御茶の水書房，東京。

伊藤セツ（2006）「クラーラ・ツェトキーン研究におけるロシア―モスクワでのRGASPIアルヒーフ利用を中心に―」『昭和女子大学女性文化研究所紀要』No.33：53-63。

伊藤セツ（2008a）『生活・女性問題をとらえる視点』法律文化社，京都。

伊藤セツ（2008b）「第4章　ジェンダー統計視点に立つ―研究動向」（伊藤セツ 2008a：86-104）。

伊藤セツ（初版2013，増補改訂版2018）『クラーラ・ツェトキーン――ジェンダー平等と反戦の生涯』御茶の水書房，東京。

伊藤セツ（2016）「女性労働問題研究会の変遷と独自性・存在意義・今後の展望―常に労働・生活・運動の現場と研究をつなぐ視点で」『女性労働研究』No.60：5-23。

伊藤道子（1994）「婦人参政権か労働運動か―山川菊栄における婦人解放論の展開」『横浜市立大学学生論集』No.34。

伊藤道子（1998）「婦人部論争と山川菊栄」『横浜市立大学大学院院生論集』「社会科学系列」第5号。

伊藤（島崎）道子（2004）「戦争と山川菊栄―女性解放論の歴史的展開」『横浜市立大学大学院院生論集』「社会科学系列」第10号，2004.3：13-26。

伊藤道子（2011）「労働省初代婦人少年局長としての山川菊栄」『横浜市立大学論叢人文科学系列』Vol.62：205-235。

伊藤成彦（1982）「ローザ・ルクセンブルクの紹介者としての山川菊栄」『山川菊栄集8　第3巻，第8回』のしおり　岩波書店，東京：7-9。

犬丸義一（1967）「コミンテルンとアジア」『歴史学研究』No. 327：23-40。

犬丸義一（1976）「日本におけるマルクス主義婦人解放思想の歩み―明治期を中心に」藤原彰，松尾尊兌編『論集 現代史』筑摩書房，東京：98-129。

犬丸義一（1982）「日本におけるマルクス主義婦人論の歩み―戦前編―」女性史総合研究会編『日本女性史　第5巻　現代』東京大学出版会，東京：149-192。

犬丸義一（1993）『第一次共産党史の研究　増補　日本共産党の創立』青木書店，東京。

井上輝子監修，田中寿美子さんの足跡をたどる会編（2015）『田中寿美子の足跡―20世紀を駆け抜けたフェミニスト』Ｉ女性会議，東京。

井上とし（2006）『深き夢みし―女たちの抵抗史』ドメス出版，東京。

井上雅娃（2007）『文化と闘争―東宝争議1946-1948』新曜社，東京。

今井けい（1998）「女性労働問題における資本制と家父長制―山川菊栄のイギリス研究によせて」『女性労働研究』No. 34。

今井けい（2001）「第7章　山川菊栄―女性運動史上の日英関係断章」都築忠七，ゴードン・ダニエルズ，草光俊雄（2001）『日英交流史1600-2000　5　社会・文化』東京大学出版会，東京：130-149。

伊那玄夫（1921）「最近日本に於ける婦人社会主義運動」『社会政策時報』：10.260。

岩坂幸子（1923）「国際婦人デーのこと」『種蒔く人』Vol. 3, No. 17：149-152。

入江寿賀子（2001）「『新女苑』考―1973年から45年まで」近代女性文化史研究会（2001：84-102）。

上村千賀子（1991）「占領政策と婦人教育―女性情報担当官E. ウィードがめざしたものと軌跡」（財）日本女子社会教育会（平成3年度 女性問題セミナー：研究レポート），東京。

上村千賀子（2007）『女性解放をめぐる占領政策』勁草書房，東京。

Weber, Marianne（1907）*Ehefrau und Mutter in der Rechtentwiclung: Eine Einführung*, J.C.B. Mohr, Tübingen.（1989 2. Neudruck）Scientia Verlag, Aalen.

メアリ・ウルストンクラーフト，白井堯子訳（1980）『女性の権利の擁護』未來社，東京。

江口朴郎　荒井信一，藤原彰編著（1971）『世界史における1930年代―現代史シンポジウム』青木書店，東京。

江刺昭子（1980）『覚めよ女たち―赤瀾会の人びと』大月書店，東京。

江刺昭子（1994）『女の一生を書く―評伝の方法と視点』日本エディタースクール出版部，東京。

大崎功（1983）「クララ・ツェトキン研究序説―わが国におけるC・ツェトキン研究の史的素描(1)―」『北海道教育大学紀要（第一部C）』Vol. 33, No.2。

大島清著，大内兵衛・森戸辰男・久留間鮫造監修（1968）『高野岩三郎伝』岩波書店，東京。

「大杉栄と仲間たち」編集委員会編（2013）『大杉栄と仲間たち―『近代思想』創刊

100年』ぱる出版，東京。

大野節子（1996）「書評　鈴木裕子編・解説『日本女性運動資料集成　第4-7巻　生活・労働Ⅰ－Ⅳ』『大原社会問題研究所雑誌』No. 455の書評欄オンライン版。

大橋秀一（2011）『金子喜一とジョセフィン・コンガー　社会主義フェミニズムの先駆的試み』岩波書店，東京。

岡部雅子（2008）『山川菊栄と過ごして』ドメス出版，東京。

荻野正博（1983）『弔詩なき終焉　インターナショナリスト田口運蔵』御茶の水書房，東京。

折井美耶子（1978）「山川菊栄研究ノート－マルクス主義婦人論の確立過程 c 」『歴史評論』No. 335，1978.3：23-38。

折井美耶子（2017）「婦人参政権と憲法　日本にも熾烈な運動があった」『婦人通信』No. 702：10-12。

折井美耶子・女性の歴史研究会編著（2017）『女たちが立ち上がった　関東大震災と東京連合婦人会』ドメス出版，東京。

か

片山潜（1954）『自伝』岩波書店，東京。

片山やす他著，エリザヴェータ・ジワニードワ編，小山内道子編訳（2009）『わたしの歩んだ道　父片山潜の思い出とともに』成文社，横浜市。

勝目テル（1961）『未来にかけた日日－明治・大正・昭和を生きて』平和ふじん新聞社，東京。

加藤哲郎（1999）「資料紹介　第一次共産党のモスクワ報告書（上）」『大原社会問題研究所雑誌』No. 489：35-56。

加藤哲郎（1999）「資料紹介　第一次共産党のモスクワ報告書（下）」『大原社会問題研究所雑誌』No. 492：37-57。

加藤哲郎（2008）『ワイマール期ベルリンの日本人－洋行知識人の反帝ネットワーク』岩波書店，東京。

鹿野政直（2002）『日本の近代思想』岩波書店，東京。

加納実紀代（1982）「わがあこがれの顛末」『山川菊栄集 6 』月報，岩波書店，東京。

加納実紀代・林葉子（2000）「戦時下の山川菊栄」山川菊栄記念会編2000：252-277。

辛島昇監修（1992）『読んで旅する世界の歴史と文化　インド』新潮社，東京。

川上忠雄編著（1981）『岐路に立つ日本社会党－路線論争と自主管理社会主義』社会評論社，東京。

河上肇（1930）『第二貧乏物語』改造社，東京。

河上肇（1952）『自叙伝 1 』岩波書店，東京。

川口和子，小山伊基子，伊藤セツ（1980）『国際婦人デーの歴史』校倉書房，東京。

川端正久（1982）『コミンテルンと日本－1919年 3 月－1922年』法律文化社，京都。

木下順二（1964）『冬の時代』筑摩書房，東京。

近代女性文化史研究会（2001）『戦争と女性雑誌――一九三一年～一九四五年』ドメス出版，東京。

熊沢誠（2015）『私の労働研究』堀之内出版，東京。

倉田稔（1989）『ベーベルと婦人論』成文社，東京。

栗原敦（2016a）「『労農党』のこと」『賢治研究』128：40-42.

栗原敦（2016b）「続『労農党』のこと，など」『賢治研究』129：37-39.

栗原康（2016）『村に火をつけ，白痴になれ　伊藤野枝伝』岩波書店，東京。

黒岩比佐子（2010）『パンとペン　社会主義者・堺利彦と「売文社」の闘い』講談社，東京。

黒川伊織（2014）『帝国に抗する社会運動―第一次日本共産党の思想と運動』有志舎，東京。

黒川伊織（2016）「第10章　「公の政党」を守り抜いて―第一次日本共産党と堺利彦」小正路淑康編著（2016：227-249）。

高良真木，高良留美子・吉良森子編（2016）『浜田糸衛　生と著作　戦後初期の女性運動と日中友好運動』上巻，ドメス出版，東京。

小島毅（2006）『近代日本の陽明学』講談社，東京。

小正路俊泰編著（2016）『堺利彦―初期社会主義の思想圏』論創社，東京。

小林多喜二（1929→1951）『蟹工船　一九二八・三・一五』岩波書店，東京。

コミンテルン編，高屋定国・辻野功訳（1970）『極東勤労者大会　日本共産党成立の原点』合同出版，東京。

小山伊基子（1966）「『赤瀾会』から『八日会へ』」『歴史評論』No.195，1966.11：42-55。

小山弘健，岸本栄太郎編著（1962）『日本の非共産党マルクス主義者　山川均の生涯と思想』三一書房，東京。

近藤栄蔵（1928）「クララ・ツェトキン」『文藝戦線』Vol.5．No.3：58-62。

近藤真柄（1981）『わたしの回想』上，下，ドメス出版，東京。

さ

堺利彦（1907）『婦人問題』金尾文淵堂，東京。（『近代婦人問題名著選集』第二巻　中嶋邦監修　1982　日本図書センター，東京）に収録されたものによる）

堺利彦獄中書簡を読む会編（2011）『堺利彦獄中書簡を読む』菁柿堂，東京。

榊原千鶴（2014）「大胆に率直に自己の意志を示す　初代婦人少年局長　山川菊栄（1890-1980）」（榊原　2014：181-212）。

榊原千鶴（2014）『烈女伝―勇気をくれる明治の８人』三弥井書店，東京。

桜井絹江（1976）「評議会婦人部の活動について（上）―婦人部協議会テーゼと婦人部活動」『歴史評論』No.311：75-92.

桜井絹江（1977a）「評議会婦人部の活動について（中）―婦人部論争」『歴史評論』No.323，1977.3：59-72。

桜井絹江（1977b）「評議会（日本労働組合評議会）婦人部の活動について（下）―第三回大会以降の婦人部活動」『歴史評論』No.330，1977.10：90-102，109。

佐多稲子（2013）「佐多稲子回想記『ふみんと私』」ふぇみん婦人民主クラブ，東京。

佐藤卓己（2012）『天下無敵のメディア人間　喧嘩ジャーナリスト・野依秀市』新

潮社，東京。

佐藤優，山崎耕一郎（2015）『マルクスと日本人　社会運動からみた戦後日本論』明石書店，東京。

沢田美佐子（1993）「今なぜ，労組婦人部の『二重権』論問題なのか―1945〜52年代の労組婦人部運動に学ぶ」『女性労働』No. 18：170-177。

塩田庄兵衛（1964）『日本労働運動の歴史』労働旬報社，東京。

塩田庄兵衛（1993）『幸徳秋水』新日本出版社，東京。

思想の科学研究会編（初版1960，改訂増補1978）『共同研究　転向　中　改訂増補』平凡社，東京。

思想の科学研究会編（1978a）『共同研究　日本占領軍　その光と影　上巻』徳間書店，東京。

思想の科学研究会編（1978b）『共同研究　日本占領軍　その光と影　下巻』徳間書店，東京。

三瓶孝子（1958）『ある女の半生―嵐と怒濤の時代―』三一書房，京都。

信夫清三郎（1954-1959）『大正デモクラシー史』1，2，3，日本評論社，東京。

柴　宜弘（1996）『ユーゴスラヴィア現代史』岩波書店，東京。

柴　宜弘（2006）『図説　バルカンの歴史』河出書房，東京。

嶋津千利世（1953）『女子労働者』岩波書店，東京。

嶋津千利世（1963）「婦人労働者十年のあゆみ」婦人月間実行委員会編（1963：1〜58）『婦人月間十周年記念　働く婦人十年のたたかい』婦人月間実行委員会総評会館，東京。

嶋津千利世（1966）「第6章　婦人運動」『講座　現代日本とマルクス主義　第2巻　統一戦線』青木書店，東京：269-334。

嶋津千利世（1978）『婦人労働の理論』青木書店，東京。

嶋津千利世（1978）「山川菊栄」『国民百科事典―13』平凡社，東京：526。

嶋津千利世（1993）『嶋津千利世著作選集』Ⅰ，Ⅱ，Ⅲ，学習の友社，東京。

清水慎三（1961）『日本の社会民主主義』岩波書店，東京。

Schmidt, Jan（1913）"Im Westen … Neues?"（Deutsche）Revolution und Arbeiterbewegung als Faktor in Ostasien am Beuschiel Jaoans（1918-1920），in: Führer, K.C. drei andere（Hersg.）: 375-400。

昭和女子大学女性文化研究所編（2002）『女性文化とジェンダー』御茶の水書房，東京。

昭和女子大学女性文化研究所編（2004）『ベーベルの女性論再考』御茶の水書房，東京。

「初期コミンテルンと東アジア」研究会編著（2007）『初期コミンテルンと東アジア』不二出版，東京。

初期社会主義研究会（1986）『初期社会主義研究』創刊号，弘隆社，東京。

新川士郎（1962）「国際社会政策の根本問題―国際社会政策における普遍性原則と三者構成原則との展開過程に関する一研究」学位論文（経済学博士1962年，北海道大学），国立国会図書館（関西館）所蔵（ID：1196926）。

進藤久美子（2014）『市川房枝と「大東亜戦争」―フェミニストは戦争をどう生きたか』法政大学出版局，東京。

絓秀実，木藤亮太（2017）『アナキスト民俗学―尊王の官僚・柳田国男』筑摩書房，東京。

菅谷直子（1968）「第7章　理論の武器―社会主義の女性像」田中寿美子編1968：127-146。

菅谷直子（1988）『不屈の女性―山川菊栄の後半生』海燕淵書房，東京。

菅谷直子，外崎光広，犬丸義一（1978）「山川菊栄氏に聞く―日本におけるマルクス主義婦人論の形成過程―」『歴史評論』No. 335：2-21。

杉原四郎，一海知義編（1996）『河上肇　自叙伝〔1〕〔2〕〔3〕』岩波書店，東京。

杉原四郎，一海知義編（1997）『河上肇　自叙伝〔4〕〔5〕』岩波書店，東京。

杉山秀子（2001）『コロンタイと日本』新樹社，東京。

鈴木裕子（1976）「山川菊栄と女性解放思想―主に1920年代における」（1976年早稲田大学文学部日本史学専攻卒業優秀論文）『流動』5月号：110-118。

鈴木裕子（1989）『山川菊栄―人と思想　戦前篇』労大ハンドブック/39，労働大学。

鈴木裕子（1990a）『山川菊栄―人と思想　戦後篇』労大ハンドブック/40，労働大学。

鈴木裕子（1990b）『女性＝反逆と革命と抵抗と』（思想の海へ「解放と変革」21）社会評論社，東京。

鈴木裕子（1990c）「暗い谷間の時代・戦時下を生きる―山川菊栄の抵抗の姿」『山川菊栄生誕百年を記念する会編（1990：245-276）。

鈴木裕子（2006）『自由に考え，自由に学ぶ　山川菊栄の生涯』労働大学，東京。

鈴木裕子（2012）「山川菊栄の今日的意義」早稲田大学ジェンダー研究所『ジェンダー研究21』Vol. 2：29-43。

鈴木裕子編（1984）『山川菊栄　女性解放論集』1-3，岩波書店，東京。

鈴木裕子編・解説（1996）『日本女性運動資料集成』第1巻　思想・政治1女性解放思想の展開と婦人参政権運動，不二出版，東京。

鈴木裕子編・解説（1997）『日本女性運動資料集成』第3巻　思想・政治3帝国主義への抵抗運動，不二出版，東京。

鈴木裕子編・解説（1994）『日本女性運動資料集成』第4巻　生活・労働1女性労働者の組織化，不二出版，東京。

鈴木裕子編・解説（1998）『日本女性運動資料集成』別巻　人名・団体名・執筆者名索引／日本女性運動史人名事典，不二出版，東京。

隅谷茂子（1978）「労働省婦人少年局時代―はみだし役人の記」思想の科学研究会編（1978a：296-309）。

世界婦人大会代表報告会中央準備会　訳編（1954）『平和と幸福のために―世界婦人大会報告・決議集―』五月書房，東京。

関幸夫（1992）『山川イズムと福本イズム』新日本出版社，東京。

関口すみ子（2012a）「内閣情報局による『婦人執筆者』の査定と山川菊栄―「最近に於ける婦人執筆者に関する調査」（一九四一年七月）」Hosei University Repository『法学志林』Vol. 110，No. 2：1-26。

関口すみ子（2012b）「『主婦の歴史』と『特攻精神をはぐくむ者』－月刊誌『新女苑』における山川菊栄と柳田国男」Hosei University Repository『法学志林』Vol. 110，No. 2：27-74。

関口すみ子（2014）『管野スガ再考　婦人矯風会から大逆事件へ』白澤社，東京。

関口すみ子（2016）『近代日本公娼制の政治過程－『新しい男』をめぐる攻防・佐々城豊寿・岸田俊子・山川菊栄』白澤社，東京。

千田是也（1928）「ケエテ・コルキッツ」『中央芸術』No. 146：16-29。

総合女性史研究会編（2001）『女性史と出会う』吉川弘文館，東京。

外崎光広（1981）10枚書評「山川菊栄論－社会主義女性解放論の泰斗」『季刊女子教育問題』第 9 号・秋号：108-115。

外崎光広（1982）「強烈な光芒放つ婦人論　『山川菊栄集』全10巻別巻 1 の刊行」『週刊読書人』1982.1.11（1.11合併）

外崎光広（1986）『日本婦人論史－女権論篇』（上）ドメス出版，東京。

外崎光広（1989）『日本婦人論史－婦人解放論篇』（下）ドメス出版，東京。

外崎光広（1990）「山川菊栄の日中戦争期婦人論」『松山大学（大学昇格）40周年記念論文集』1-28。

外崎光広，岡部雅子編（1979）『山川菊栄の航跡－「私の運動史」と著作目録』ドメス出版，東京。

た

高瀬清（1978）『日本共産党創立史話』青木書店，東京。

田口運蔵（1929）「婦人革命家列伝－クルプスカヤ，コロンタイ，カメネフ夫人，ローザ，チェトキン」『文藝戦線』Vol. 6，No. 3.：12-17。

工位静枝（1972）「関東婦人同盟－日本における最初のプロレタリア的大衆的単一婦人組織の試み」『待兼山論叢　史学篇』（大阪大学）5：1-21。

工位静枝（1973）「関東婦人同盟－日本における最初のプロレタリア的大衆的単一婦人組織の試み」『歴史評論』No. 280，1973.9，83-94（上記の転載）。

竹田行之（1981）「山川先生の原稿」『婦人問題懇話会会報』No. 34：47-48。

竹西寛子（1970）『人と軌跡　9 人の女性に聴く』中央公論社，東京。

竹前栄治（1970）『アメリカ対日労働政策の研究』日本評論社，東京。

竹前栄治（1982）『戦後労働改革－GHQ 労働政策史』東京大学出版会，東京。

竹前栄治（1983）『GHQ』岩波書店，東京。

田島ひで（1968）『ひとすじの道　婦人解放のたたかい五十年』青木書店，東京。

帯刀貞代（1957）『日本の婦人－婦人運動の発展をめぐって』岩波書店，東京。

帯刀貞代（1960）『戦後婦人運動史』大月書店，東京。

帯刀貞代（1980）『日本労働婦人問題』ドメス出版，東京。

帯刀貞代，長谷川章子，井出文子（1960）『戦後婦人運動史』大月書店，東京。

帯刀貞代等著，櫛田フキ監修（1950）『現代女性十二講』ナウカ社，東京。

帯刀貞代，嶋津千利世（1966）「対談・戦前，戦後の婦人運動をめぐって」『歴史評

論』Nc. 195, 1966.11：1-19.

田中寿美子（1981）「婦人少年局長時代の山川菊栄先生」『婦人問題懇話会会報』No. 34：2-13。

田中寿美子（1986）『パラシュートと母系制―回想のわが戦後史』ドメス出版，東京。

田中寿美子編（1968）『近代日本の女性像―明日を生きるために』社会思想社，東京。

谷口善太郎（1953）『日本労働組合評議会史』上，青木書店，東京。

谷口善太郎（1954）『日本労働組合評議会史』下，青木書店，東京。

谷野せつ（1990）「創成期の労働省婦人少年局長時代Ⅰ―戦後初期の女性労働問題」山川菊栄生誕百年を記念する会編（1990：42-43）。

茶園敏美（2014）『パンパンとは誰なのか―キャッチという占領期の性暴力とGIとの親密性』インパクト出版会，東京。

ツェトキン，クララ，山川菊栄訳（1923）「露独革命と婦人の解放」『種蒔く人』3月号，Vol. 4，No. 17：172-178。

ツェトキン，クララ，訳者不記（1926）「労働婦人の統一戦線へ」『文藝戦線』1928，Vol. 5，N0. 3：31-33。

ツェトキン，クララ，訳者不記（1927）「ツェトキンの祝辞」『文藝戦線』1928，Vol. 5，N0. 3：33-35。

ツェトキン，クララ，井澤操訳（1929）「国際無産婦人デーは新たなる大衆を募集する」『戦旗』1929，Vol. 2，N0. 3：10-13。

Zetkin, Clara (1958) *Zur Geschichte der Proletarischen Frauenbewegung Deutchlands*, Dietz Verlag, Berlin.

Zetkin, Clara (1960) *Ausgewählte Reden und Schriften* Ⅱ, Dietz Verlag, Berlin.

津田英学塾編（1941）『津田英学塾四十年史』津田英学塾，東京。

都築忠七（1985）『エドワード・カーペンター伝　人類連帯の予言者』晶文社，東京。

寺尾とし（1960）『伝説の時代―愛と革命の二十年』未来社，東京。

豊田真穂（2007）『占領下の女性労働改革―保護と平等をめぐって』勁草書房，東京。

ドメス出版『日本婦人問題資料集成』第2巻 政治（編集／解説　市川房枝）1977。

な

中井良子（2001）「昭和戦前期『婦人公論』にみる山川菊栄」近代女性文化史研究会（2001：62-83）

名須川溢男（1997）「近代史と宮沢賢治の活動」『岩手史学研究』80号：460-508。

西川正雄（1985）『初期社会主義運動と万国社会党―点と線に関する覚書』未来社。

西清子編著（1985）『占領下の日本婦人政策―その歴史と証言』ドメス出版，東京。

西村汎子（1998）「解説　わが国における女性史研究の推移」（歴史科学協議会編編集・解説（1998：279-323）。

ニチマイ（2000）『メリーランド大学所蔵　プランゲ文庫展記念図録』ニチマイ日本図書館協会発売，東京。

日本共産党中央委員会（2003）『日本共産党の八十年　1922～2002』日本共産党中央委員会出版局，東京。

日本婦人会議中央本部編（1992）『大地に花を　日本婦人会議30年のあゆみ』日本婦人会議中央本部。

日本婦人問題懇話会会報アンソロジー編集委員会編（2000）『社会変革をめざした女たち　日本婦人問題懇話会会報アンソロジー』ドメス出版，東京。

二村一夫（2008）『労働は神聖なり，結合は勢力なり－高野房太郎とその時代』岩波書店，東京。

は

波多野鼎訳（原書の重訳・抄訳）（1921）『ベーベル自叙伝』大鐙閣，東京。

はたらく女性のつどい編（1952）『平和への誓い』新女性社。

林葉子（1999.2）「〈生活〉と〈歴史〉を結ぶもの－山川菊栄論」同志社法学会『同志社法学』Vol.50，No.4（262号）：143-201.

林葉子（1999）「山川菊栄研究にみるジェンダーバイアス」『女性学年報』No.20：88-102.

林葉子（2000）「報告　ある〈歴史家〉の誕生－戦時下の山川菊栄」『社会主義』2000年7月号。

原子朗（1999）『新宮沢賢治語彙辞典』東京書籍，東京。

半沢弘（1960）「労農派と人民戦線－山川均をめぐって」思想の科学研究会編（1960：373-436）。

平井和子（2014）『日本占領とジェンダー　米軍・売買春と日本女性たち』有志社，東京。

平田和子（1966）「婦人部論争－その歴史と意義」『歴史評論』No.195，1966.11：57-69。

平塚らいてう（1971）『平塚らいてう自伝　元始，女性は太陽であった』上　大月書店，東京。

広田寿子（1996）『女三代の百年』岩波書店，東京。

福永操（1978）『共産党員の転向と天皇制』三一書房，東京。

福永操（1982）『あるおんな共産主義者の回想』れんが書房新社，東京。

藤田廣登（2005）『時代の証言者　伊藤千代子』学習の友社，東京。

ふぇみん婦人民主クラブ（2013）『佐多稲子回想記　ふみんと私』ふぇみん婦人民主クラブ，東京。

婦人月間実行委員会編（1963）『婦人月間十周年記念　働く婦人十年のたたかい』総評，東京。

婦人民主クラブ編（1967）『航路二十年－婦人民主クラブの記録』婦人民主クラブ，東京。

婦人民主クラブ（1982）『婦人民主新聞縮刷版』第1巻（1946-1953）婦人民主クラ

ブ，東京。

婦人民主クラブ（再建）編（1991）『明日を創る　婦人民主クラブと私　婦人民主クラブ創立45周年記念文集』婦人民主クラブ（再建），東京。

婦人民主クラブ（再建）編（2000）『明日を展く　通史・婦人民主クラブの50年』婦人民主クラブ（再建），東京。

Führer, Karl Christian, J.Mittag, A.Schildt, K.Tenfelde[†] (Hersg.)(2013) *Revolution und Arbeiterbewegung in Deutschland 1918-1920*, Klartext Verlag, Essen.

不破哲三（2004）『古典研究　マルクス未来社会論』新日本出版社，東京。

Bebel, August (1970-1997) *Ausgewählte Reden und Schriften*, 1, 2/1, 2/2, 6, Dietz Verlag, 1970-1983, Berlin, 3, 4, 5, 7/1, 7/2, 8/1, 8/2. 9, 10/1, 10/2, 1970-1983, K.G Saur Verlag, München.

法政大学大原社会問題研究所編（1995）『新版　社会労働運動大年表』労働旬報社，東京。

法政大学大原社会問題研究所編（2011）『社会労働大事典』旬報社，東京。

ま

松井圭子（1932）「婦人革命家列伝1　クララ・ツェトキン」『働く婦人』Vol1. No.3：64-63。

松崎濱子（1991）『すそ野をゆく―オルグ活動六十年』学習の友社，東京。

松田解子（2004-2010）『松田解子自選集　全10巻』澤田出版，東京。

松原セツ編訳（1969）『クララ・ツェトキンの婦人論』啓隆閣，東京。

Mackie, Vera (1997) *Creating Socialist Women in Japan, Gender, Labour and Activism 1900-1937*, Cambridge University Press, NK.

丸岡秀子（1975）『婦人思想形成史ノート』（上）ドメス出版，東京。

丸岡秀子（1982）『婦人思想形成史ノート』（下）ドメス出版，東京。

マルクス，カール／エンゲルス，フリードリヒ『マルクス・エンゲルス全集』1962大月書店版　第23巻a（『資本論』1a），大月書店，東京。

見崎恵子（2005）「書評　昭和女子大学女性文化研究所編『ベーベルの女性論再考』」女性労働問題研究会『女性労働研究』No.48（2005.7：136-139）青木書店，東京。

水田珠枝（監修）（2001）『世界女性学基礎文献集成成　昭和初期編　第2巻』ゆまに書房，東京。

水田珠枝（2011）「山川菊栄における社会主義フェミニズムの受容」山川菊栄記念会編（2011：81-98）。

宮崎礼子（1957）『日本農民の生活水準』日本女子大学農家生活研究所，東京。

宮崎礼子（1961）『農家の家計　そのしくみと問題点』東京明文堂，東京。

宮崎礼子，伊藤セツ編（1978）『家庭管理論』有斐閣，東京。

宮本百合子（1974）『1932年の春・刻々・小祝の一家・乳房』新日本出版社，東京。

宮本百合子（1980）『宮本百合子全集』全25巻，別冊（1981）新日本出版社，東京。

明神勲（2013）『戦後史の汚点　レッド・パージ—GHQ の指示という「神話」を検証する』大月書店，東京。

村田静子（1959）『福田英子—婦人解放運動の先駆者』岩波書店，東京。

村田陽一編訳（1978）『コミンテルン資料集』第 1 巻，大月書店，東京。

村田陽一編訳（1979）『コミンテルン資料集』第 2 巻，大月書店，東京。

村田陽一編訳（1980）『コミンテルン資料集』第 3 巻，大月書店，東京。

村田陽一編訳（1981）『コミンテルン資料集』第 4 巻，大月書店，東京。

村田陽一編訳（1982）『コミンテルン資料集』第 5 巻，大月書店，東京。

村田陽一編訳（1983）『コミンテルン資料集』第 6 巻，大月書店，東京。

村田陽一編訳（1985）『コミンテルン資料集』別巻，大月書店，東京。

村田陽一編訳（1986）『資料集　コミンテルンと日本　第 1 巻　1919〜1928』大月書店，東京。

森まゆみ（2017）『暗い時代の人々』亜紀書房，東京。

守田有秋（1923）「両性問題と社会主義」『種蒔く人』Vol. 4，No. 17，170-186。

守田有秋（1924）「一人の老婆」『解放』Vol. 4，No. 1，81-82。

や

安川悦子（1982）『イギリス労働運動と社会主義「社会主義復活」とその時代の思想史的研究』御茶の水書房，東京。

矢田俊隆編（1977）『東欧史（新版）』山川出版社，東京。

山糸子（市川正一）（1928.4）「労働婦人の地位とその組織問題—婦人同盟は如何に改変されるべきか—」『マルクス主義』1928 年 4 月号（97-103）。

山内昭人（1996）『リュトヘルスとインタナショナル史研究—片山潜・ボリシェヴィキ・アメリカレフトウィング—』ミネルヴァ書房，京都。

山内昭人（2009）『初期コミンテルンと在外日本人社会主義者—越境するネットワーク—』ミネルヴァ書房，京都。

山内昭人（2016）『戦争と平和，そして革命の時代のインタナショナル』九州大学出版会，福岡。

山内みな（1975）『山内みな自伝　十二歳の紡績女工からの生涯』新宿書房，東京。

山下智恵子（1985）『幻の塔—ハウスキーパー熊沢光子の場合』BOC 出版部，東京。

山代巴，牧瀬菊枝編（1969）『丹野セツ　革命運動に生きる』勁草書房，東京。

山本武利（1996）『占領期メディア分析』法政大学出版局，東京。

山本武利（2013）『GHQ の検閲・諜報・宣伝工作』岩波書店，東京。

湯浅　晃（1962）「山川均と戦後社会主義運動」小山・岸本編（1962：185-229）。

依田精一，酒井はるみ（1975）「山川菊栄氏と労働省婦人少年局の設置」（資料：現代史の証言 1 ）『東京経大学会誌』No. 92：73-104。

ら

リープクネヒト，カール，松下芳男訳（1930）『軍国主義論』平凡社，東京。

『歴史評論』編集部編（1979）『近代日本女性史への証言　山川菊栄／市川房枝／丸

引用・参考文献リスト　　505

岡秀子／帯刀貞代』ドメス出版，東京。
歴史科学協議会編　編集・解説西村汎子（1998）『歴史科学体系　第16巻　女性史』校倉書房，東京。
Ropes, Anne & Gray Ruth（2000）*Men's Feminism, August Bebel and German Socialist Movement*, Humanity Books, New York.
Reprint d. Unikats aus Zentralen Parteiarchiv d. SED（1989）*August Bebel, Zum siebzigsten Geburtstag, 22. Feb. 1910*, Dietz Verlg, Berlin.

わ

和田春樹，G.M. アジベーコフ監修，富田武・和田春樹編訳（2014）『資料集　コミンテルンと日本共産党』岩波書店，東京。
Watanabe, Hanako（1984）Feminismus und Sozialismus in Japan, in: Leirer, Irmut et al.（Hersg）*Sozialistisische Fraueninternationale und Feminismus*, Verlag und Versandbuchhandlung Europaische Perspektiven GmbH, Berlin.

『山川菊栄集』AB に収録なしの関係引用・参考文献および
没後の「山川菊栄記念会」等の文献

青山菊栄訳（1914a）「マカールの夢（Kololenko）」『番紅花』Vol. 1，No. 2：42-79。
青山菊栄訳（1914b）「中性論（カアペンター）」『番紅花』5月号：1-22。
青山菊栄訳（1914c）「盲楽師（コロレエンコ）」『番紅花』Vol. 1，No. 4：6-24。
青山菊栄訳（1914d）「中性論（エドワード・カアペンター）」抄訳『番紅花』Vol. 1，No. 4：130-153。
青山菊栄訳（1914e）「盲楽師（コロレエンコ）（承前）」『番紅花』Vol. 1，No. 6：77-110。
山川菊栄（1919a）「1918年の世界の婦人」『中外』（山川菊栄1919c：184-208に収録）。
山川菊栄（1919b）『婦人の勝利』日本評論社出版部，東京。〔大原社研「向坂逸郎文庫」〕
山川菊栄（1919c）『現代生活と婦人』叢文閣，東京。〔大原社研「向坂逸郎文庫」〕
山川菊栄（1919d）『女の立場から』三田書房，東京。〔大原社研「向坂逸郎文庫」〕
山川菊栄（1919e）「最近の世界婦人運動」『解放』：19-27。
山川菊栄訳（1920）「ゴルキーの観たるレーニン」『社会主義研究』Vol. 2，No10：407-415。
山川菊栄（1921a）「革命渦中の婦人」『改造』1921.1：61-62。
山川菊栄訳（1921b）「ジノヴィエフの婦人と革命論」『社会主義研究』Vol. 3，No. 2：24-26。
山川菊栄訳（1921c）「労農露国の代表的三婦人」『社会主義研究』Vol. 3，No. 2：26-24。
山川菊栄（1922a）『女性の反逆』三徳社，東京。〔大原社研「向坂逸郎文庫」〕
山川菊栄（1922b）「婦人と無産革命階級」『前衛』Vol. 1，No. 4：208-213。

Yamakawa, Kikue (1922c) Women in Modern Japan Ⅰ. The breif Review of her Past, *The Shakai-shugi Kenkyu*（『社会主義研究』）Vol. 4, No. 6 : 1-5.

Yamakawa, Kikue (1922d) Women in Modern Japan Ⅱ. The general outlook of her labor life, *The Shakai-shugi Kenkyu*（『社会主義研究』）Vol. 5, No. 1 : 7-11.

Yamakawa, Kikue (1922e) Women in Modern Japan Ⅲ. The Factory-Girls, *The Shakai-shugi Kenkyu*（『社会主義研究』）Vol. 5, No. 2 : 13-16.

Yamakawa, Kikue (1922f) Women in Modern Japan Ⅲ. The Factory-Girls (Continued), *The Shakai-shugi Kenkyu*（『社会主義研究』）Vol. 5, No. 4 : 17-20.

Yamakawa, Kikue (1922g) Women in Modern Japan Ⅳ. The Factory-Girls (Continued), *The Shakai-shugi Kenkyu*（『社会主義研究』）Vol. 5, No. 4 : 17-20.

Yamakawa, Kikue (1922h) Women in Modern Japan Ⅳ. Women in Liberal Profession, *The Shakai-shugi Kenkyu*（『社会主義研究』）Vol. 5, No. 5 : 21-22.

Yamakawa, Kikue (1922i) Women in Modern Japan Ⅴ. Education & Ⅵ. The Legal Status, *The Shakai-shugi Kenkyu*（『社会主義研究』）Vol. 5, No. 6 : 17-20.

Yamakawa, Kikue (1922j) Women in Modern Japan Ⅵ. The Women's Movement, *The Shakai-shugi Kenkyu*（『社会主義研究』）Vol. 6, No. 2 : 1-4.

山川菊栄訳（1923a）「露独革命と婦人の解放　クララ・ツェトキン」『種蒔く人』 3 月号，Vol. 4, No. 17 : 172-175。（鈴木と異なる）

山川菊栄（1923b）「第三インタナショナルと某婦人部」『女性改造』1923.7 : 148-151。

山川菊栄（1926a）「婦人とインタナショナル」『無産者新聞（付録）』。

山川菊栄（1926b）「〈新フェミニズム台頭の意義〉婦人と政治④」『我等』 8 月号。

山川菊栄（1925a）『婦人問題と婦人運動』文化学会出版部，東京。

山川菊栄（1925b）『婦人論』改造文庫　改造社出版，東京。

山川菊栄訳（1928a）アーチウゼ（1926）「婦人代表者会議について　コミンテルン 国際婦人書記局」『文藝戦線』 5 月号 : 188-143。

山川菊栄・山川均（1928b）『無産者運動と婦人の問題』白揚社，東京。

山川菊栄（1933）『女性五十講』（改訂版）改造社，東京。〔大原社研『向坂逸郎文 庫』〕

山川菊栄（1947）『日本の民主化と女性』三興書林，東京。

山川菊栄編（1954a）『婦人』有斐閣，東京。

山川菊栄（1954b）『平和革命の国－イギリス』慶友社，東京。

山川菊栄編訳（1955）コール，G.D.H.『これが社会主義か』河出書房，東京。

山川菊栄（1956a）『女二代の記－わたしの半自叙伝』，日本評論新社，東京。

山川菊栄（1956b）『おんな二代の記－わたしの半自叙伝』（東洋文庫〔203〕），平 凡社，東京。

山川菊栄（1963）「私の運動史－歩きはじめの頃」（外崎光広，岡部雅子編　1979 : 7-88，初出は『月刊社会党』第73～78号）

山川菊栄（1972）『おんな二代の記』平凡社（東洋文庫〔203〕），東京。

山川菊栄（1977）『女性解放へ―社会主義婦人運動論』日本婦人会議中央本部出版部，東京。

山川菊栄（1978）『二十世紀をあゆむ　ある女の足あと』大和書房，東京。

山川菊栄（1979）『日本婦人運動小史』大和書房，東京。

山川菊栄（1981-82）『山川菊栄集』（全10巻，別巻１）岩波書店，東京。

山川菊栄（1983）『わが住む村』岩波書店，東京。

山川菊栄（1991）『覚書　幕末の水戸藩』岩波書店。

山川菊栄（2012）『新装増補　山川菊栄集　評論篇』（全８刊，別巻）岩波書店，東京。

山川菊栄（2014）『おんな二代の記』岩波書店，東京。

山川菊栄，向坂逸郎共編（1961）『山川均自伝―ある凡人の記録・その他』岩波書店，東京。（本書では1962年第２刷使用）。

山川菊栄生誕百年を記念する会編（1990）『現代フェミニズムと山川菊栄　連続講座「山川菊栄と現代」の記録』大和書房，東京。

山川菊栄記念会編（2000）『たたかう女性学へ　山川菊栄賞の歩み　1981-2000』インパクト出版会，東京。

山川菊栄記念会編（2011）『山川菊栄の現代的意義　いま女性が働くこととフェミニズム』労働者運動資料室，東京。

山川菊栄記念会編（2015）『たたかう女性学の歩み2000-2015　山川菊栄記念会記録集』山川菊栄記念会　労働者運動資料室，東京。

山川菊栄記念会編（2016）『山川菊栄生誕125周年シンポジウム記録集　山川菊栄が描いた歴史』労働者運動資料室，東京。

山川菊栄記念会・労働者運動資料室編（2016）『イヌとからすとうずらとペンと――山川菊栄・山川均写真集』同時代社，東京。

山川振作（1979）「『山川菊栄の航跡』の「著作目録」について」『婦人問題懇話会報』No30：38-41

山川振作（不明）「日本の母の記録　山川均と共にあゆんだ半生―母　菊栄をかたる―」（刊行年，出版社等は不明）。

＊『山川均自伝』は，山川菊栄，向坂逸郎編（1962）をみよ。

山川均（1966-2003）『山川均全集』全20巻，勁草書房，東京。

山川みづほを語る会（1999）『山川みづほ追悼文集』山川みづほを語る会。

山川菊栄の年譜と関連年表

山川菊栄の年譜と関連年表

この年譜・年表は，山川菊栄研究の目的と方法に沿って作成されている。菊栄の家族に関する事項（父母，夫の均を含む）を中心に，本論の叙述に関連する各時代の，日本と，菊栄に関連をもつ国際的人物や事項を伊藤の判断で抜粋している。

　人物を取り上げる場合，その時点の年齢あるいは，生年・没年が必要と思う場合にのみ，それらを書き込んでいるので，書き方に統一を取っていない。生年のみ，没年のみの場合もある。ほかに一般的に著名な人物や重要な事項が存在しても，目的にそって必要ととくに認めないものは取り上げず，一見，関連なくみえる事項でも，伊藤が広く関連あると判断する場合には取り上げている。取捨選択は伊藤の基準によるものであり，これらの対比によって菊栄の位置を把握することが，本書の独自の研究方法ともなっている。その点，あくまで一般の年表ではないことを，お断わりしておきたい。

年譜・年表凡例

・「山川菊栄に関する事項」の欄は，菊栄の，父母，夫 均のほか，必要と認めた主な家族を含む。
・一度姓を記したものは，次から名前のみ記す場合がある。
・必要と認めた場合のみ月／日を入れる。
・政党の名を略記（例えば「労働農民党」を「労農党」，「日本共産党」を「共産党」）とする場合が多い。
・「婦人」と「女性」の区別は，全体の「凡例」に準じるが，「国際的歴史的関連事項」欄では，時代に限らず，特別の場合をのぞいて女性で通した。
・その他は全体の「凡例」に準じる。
・毎年開催されている行事（例えば，国際婦人デー，日本母親大会，働く婦人の中央集会）を毎年の年表に入れるとは限らない。

山川菊栄の年譜と関連年表（明治維新以降菊栄の死まで）

年 M明治 T大正 S昭和 菊栄に関する事項の主な月	菊栄の年齢（ ）内は満の年齢	山川菊栄に関する事項	日本の歴史的状況 日本女性史・抵抗運動史・他関連事項	国際的歴史的関連事項
1868 慶応3- M元		この年、松江藩の足軽で将来菊栄の父となる18歳の森田竜之助(1850-1917)官軍側として出兵。この年、将来菊栄の母となる青山千世(1857-1947)の父で水戸藩の儒学者、青山延寿蟄居を命じられる。	明治維新。明治元年。1/3 王政復古。五カ条の誓文、東京遷都、地方諸侯の家続を国元へ帰す。戊辰戦争（～69）。この年、岸田俊子4歳、景山英子3歳。11/24 高野房太郎出生。*	9/6-13 第1インターナショナル(IAA)第3回大会(ブリュッセル)。カール・マルクス50歳。アウグスト・ベーベル28歳。クラーラ・ツェトキーン11歳。
1869 M2		森田竜之助、東京に「凱旋」後、横浜外国語学校に入学し、72年まで仏語を学ぶ。延寿の兄 青山延光、文部中博士として出仕。	1/6 高野房太郎出生（上記*に相当）。津田真道廃娼を建議。蝦夷地を北海道と改称。7 版籍奉還。福沢諭吉『世界国尽』出版。生野銀山自然発生的暴動。	8/7 独：ベーベル派、アイゼナハで「社会民主労働党」(アイゼナハ綱領を採択)。9/6-11 IAA第4回大会(バーゼル)。露：クルーブスカヤ出生。ミル『婦人の隷従』。
1870 M3			各地で年貢減免騒動。「平民」に苗字使用許可。佐渡金山暴動。『横浜毎日新聞』創刊。8 横浜にフェリス女学校開設。	独：マリアンネ・ヴェーバー出生。露：4/22 レーニン出生。露：ナロードニキ運動盛ん。7/19～71.1/28 普仏戦争。
1871 M4			廃藩置県。戸籍法：アイヌ、日本戸籍に。岩倉具視ら欧米へ使節団。津田梅子ら5人の少女米国留学。**	1/18 ドイツ帝国成立。プロイセン王ヴィルヘルムⅠ独皇帝に即位。ビスマルク、初代帝国宰相。仏：3/18-5/28 パ

年 M明治 T大正 S昭和	菊栄に関する事項の主な月	菊栄の年齢（）内は均の年齢	山川菊栄に関する事項	日本の歴史的状況 日本女性史・抵抗運動史・他関連事項	国際的歴史的関連事項
				中江兆民フランスへ。最初の日刊紙『横浜毎日新聞』『大阪府日報』創刊。華士族と平民の結婚許可。高野岩三郎出生。1949。	リコミューン。5/5 ローザ・ルクセンブルク出生。8/13 カール・リープクネヒト出生。9/17-23 IAA ロンドンで会議。
1872 M5			竜之助、陸軍省雇い通訳になる（補14等出仕）。延芳、東京府地誌課長の職を得る。青山一家、水戸から出京。東京日比谷に転居。千世は上京し、英語を習い、外国への留学希望をもつ。10/30 千世、上田女学校に学ぶ。米国人カローザ夫人から地球儀をみせられる。生徒は10人。山川家、均の長姉浦出生。	琉球国を琉球藩に。北海道の土地所有権問題：アイヌ土地を奪われる。佐渡金山献夫不穏。『東京日日新聞』創刊。福沢諭吉『学問のすゝめ』。新橋・横浜間鉄道開業。富岡製糸場開業。太陽暦採用。津田梅子ら5人米国に留学（前頁＊に相当）。	9/2-7 IAA 第5回大会（ハーグ）。バクーニン主義者との闘争。IAA の所在地をニューヨークに移すことを決定。議長：フリードリヒ・アドルフ・ゾルゲ。アレクサンドラ・ミハイロヴナ・コロンタイ出生。
1873 M6	3月		千世、報国学舎に転学。教師は英国人ミス・ピアソン。青山一家、東京麹町四番町（現 千代田区九段北）に転居。兄、量一画家志望。妹ふゆ三味線・容所好き。均の祖母、賀代の死。	地租改正条例布告。各地農民蜂起。征韓派敗北。	独：10/13 社会政策学会創立。10/22 独・墺・露 3 帝同盟成立。11/20 仏軍、ハノイ占領。
1874 M7			千世の兄、量一チフスで死去。千世、中村正直（慶応2年から英国留学）の同人社女学校に入学。カナダ人カ	森有礼『妻妾論』。板垣退助：高知に立志社→愛国社。『民撰議院設立建白書』。自由民権運動起こる。国会全開	3/15 ベトナム、仏の保護領化。仏：3/19 児童労働法制定。10歳以下の使用禁止。

年	月			
		クラフ夫人英語で授業。会話が主。→小学講習所に入る。中江兆民、6月に帰国し、8月に家塾の仏蘭西学舎（のちに仏学塾）を開く。兆民、仏民の仏学塾を手伝う。竜之助。	くことを要請。ただし参政権は、土族・豪農商（上流の民権）。3 東京女子師範学校設立（東京女高師の前身）。	英：7/30 織物工場での10歳以下の幼年労働を禁止する工場法成立。
1875 M	4月	山本家、均の次姉。次出生。東京お茶の水に、女子師範学校（のち東京女子師範学校、現 お茶の水女子大学）開設。中村正直校長代行→明治12年辞職。スマイルズの「自助論」翻訳。(11/29開校式。千世ら70余名。4年後1回生として卒業したのは15人)。	4 政府、立憲政体樹立の詔。大審院・元老院設置。板垣政府に復帰。6 新聞紙条例（新聞による政府・官吏批判を弾圧）。跡見女学校創立。福沢諭吉「文明論之概略」。10/21 金子堅一出生=1909。築地に新栄女学校創立（女子学院の前身）。新島襄同志社創立。	江華島事件。独：5/22-27 ゴータで、ラッサール派とアイゼナハ派が統一して「ドイツ社会主義労働党」結成。「ゴータ綱領」採択（両派の折衷）。党大会：「健康とモラルを害するすべての女性労働の禁止」決定。マルクス「ドイツ労働者党綱領評注」。
1876 M9		中村正直、東京女子師範学校に付属幼稚園。	札幌農学校創立。鎮国状態にあった韓国に軍隊を送り開国させ、日鮮修好条約調印。栃木女学校創立（→県立宇都宮第一高女）。土井光華「文明論女大学」。地租改正反対一揆。	日朝修好条規。IAA フィラデルフィア協議会、解散を決定。露：「土地と自由」派結成。多くのナロードニキ派逮捕される。バクーニン（1814→1876）没。
1877 M10			同志社女学校設置（京都）。西南戦争：徴兵制で庶民に兵役（免除規定有）。西郷隆盛自刃。各地で農民蜂起。東京大学発足。立教女学校設置。自由民権運動の高揚。北海道の土地所有権に地券発行。	露：4/24-78.3/3 露土戦争。ベーベル：ビスマルク侮辱のかどで6カ月の禁固。ミル「自由論」。モルガン「古代社会」。露：10 ナロードニキの裁判始まる。

年 M明治 T大正 S昭和	菊栄に関する事項の主な月	菊栄の年齢（）内は平均の年齢	山川菊栄に関する事項	日本の歴史的状況 日本女性史・抵抗運動史・他関連事項	国際的歴史的関連事項
1878 M11				1 権花女学校創立（大阪）。 9 楠瀬喜多子、高知県で女性の政治的権利要求。 大久保利通暗殺。 アイヌの呼称「旧土人」。 有島武郎出生。	1 露：ヴェーラ・ザスーリチ、トレーポフ暗殺未遂事件、ペテルスブルグに。ペスト。 ジュネワ女子大学開設。 パリ万国博。 独：社会主義鎮圧法施行。 エンゲルス「反デューリング論」。イプセン「人形の家」。
1879 M12			千世（22歳）、女子師範第1回生として卒業。「卒業後は進退自由たるべし」。千世は両親が結婚を待たるかねて、個人教授をしたくらいで職に就かず。	琉球藩廃止。沖縄県設置＝琉球処分。 植木枝盛「民権自由論」。 長谷川時雨出生。 景山英子小学校卒業。同校助教となる。 楠瀬喜多子四国各地を民権遊説。 河上肇出生。	2 ベーベル「女性と社会主義」第1版出版。独：9/28 チューリヒでSPD機関紙「デア・ゾツィアルデモクラート」第1号発行。10/7 独墺同盟。スターリン出生（→1953）。
1880 M13			竜之助（30歳）千葉県立食肉製造所主事に就任。第2回内国勧業博覧会係。 暮：青山千世、森田竜之助結婚。千世夫妻、千葉の登戸村に住む。6年子どもなし。千世、夫から仏語を習ったり、自宅で少年少女の相手をしたり、知事の子を9-14歳まで預かる。12/20 山川均、岡山県窪屋郡倉敷村字塚の内に出生。父、山川清平（39	［六合雑誌］創刊。 自由民権運動強まる。 国会開設請願運動高揚。 愛国社：国会期成同盟結成。 国会期成同盟：国会開設請願書提出。 集会条例公布。 憲法草案起草、政党をつくる計画。 婦人の政治活動禁止。 片山潜、岡山師範学校入学。	露：ナロードニキ、スイスやドイツに亡命。 独：スイスのチューリヒ・ヴァイデンで「ドイツ社会主義労働党」党大会（「ドイツ社会主義労働党」を「ドイツ社会民主党」(SPD) にあらため）。 仏：7/11 パリ・コミューン流刑者への恩赦。社会主義運動再生の契機となる。

年	（歳）	個人・家族	日本	世界
12月	（0）	歳）、母、尚（33歳）の二姉、浦（8歳）、次（5歳）の二姉。倉敷は天領で山川家は代官所の蔵元（江戸の札差）。小大名より幅が大きく、御用商人的・政商的性質。郷宿→農場経営。おもしえさんという女中。		
1881 M14	（1）	竜之助、千葉県銚子に県立騎兵缶詰製造所設立。	10/11 御前会議、立憲政体の方針。大倉参議（明治14年の政変）10/12 1890年国会開設詔書。植木枝盛「日本国憲法草案」起草。東京日日市地域204カ条の憲法草案起草（五日市憲法）。10/29 自由党結成（日本で最初の政党：総理 板垣退助）。	独：選挙 SPD12議席。ブランキ没（1805→）。露：3/1 アレクサンドルⅡ世のナロードニキ「人民の意志」派による暗殺。6 独奥露三帝同盟復活成立。
1882 M15	（2）	竜之助（32歳）、「職務勉励」で、ヨーロッパから購入した種豚17頭。当局より受領。千葉県下の篤志家に配る。「わたくしすべきもの」でない。山川家、農場をやめ栄屋をはじめる。農場跡地は倉敷紡績。「慙愧に絶えず」。長姉、浦：神戸女学院。次姉、次：山陽女学校卒。	政変で政府を追われた人々：立憲改進党結成（党首：大隈重信）。岸田俊子、自由民権運動に加わる。景山英子、女子親睦会をつくり自由民権運動へ。女子演説会で「人間平等論」を演説。集会条例、新聞紙条例。三池炭鉱暴動。結社禁止。	5/20 独墺伊三国同盟成立。プレハーノフ訳露語版『共産党宣言』出版される。7 壬午軍乱：朝鮮内部で、朝鮮政府と日本に対する反発。
1883 M16	（3）	均、本町に移り、6月、中町に移る。城の内旧宅は手放される。	鹿鳴館開館。景山英子ら「蒸紅学舎」設立。三池炭鉱、高島炭鉱暴動。	独：ビスマルク、健康保険法。カール・マルクス没（65歳）。プレハーノフら「労働解放団」をジュネーヴで設立。モーパッサン『女の一生』。
1884		竜之助（34歳）、中国人顧亜宝を雇	岸田俊子、新聞「自由の燈火」に「同	ビスマルク：労災保険法。

516

年 M明治 T大正 S昭和	菊栄に関する事項の主な月	菊栄の年齢（）内は均の年齢	山川菊栄に関する事項	日本の歴史的状況 日本女性史・抵抗運動史・他関連事項	国際的歴史的関連事項
M17		(4)	い入れ、豚肉、魚肉の中国風貯蔵法の研究。千葉県立食肉製造所の製品、ロシアに輸出。兵隊の食品としても採用。	「胞姉妹に告ぐ」で男尊女卑批判。自由民権の群馬事件、秩父事件起こる。軍隊による壊滅。巌本善治ら『女學新誌』創刊。荻野吟子、最初の女医。鷗外ドイツ留学。片山潜、第1回渡米。サンフランシスコへ（26歳）働きながら大学へ。	独：選挙 SPD24議席。労働者保護政策再燃。エンゲルス『家族・私有財産および国家の起源』。英：フェビアン協会創立。清仏戦争～1885。12 甲申政変。
1885 M18		(5)	竜之助（35歳）、『塩豚製造法』（博聞社）出版。『豚博士』の異名をとる。8/8 延寿、全国周遊中倉敷で林宇一（均の長姉浦のちの夫 林順十郎の祖父）を訪ねる。未知の間柄。「林宇一翁を訪う。薬店主たり。頗る邦典を知るにて一部長を司う」と『大九州游記』に記録。岡山県会議長、林醇平（1854-1923）の肖像（太田喜二郎画）は2017年9月18日現在、倉紡記念館に展示あり。	内閣制、伊藤博文内閣。天津条約。福沢諭吉「脱亜論」。『女学新誌』は『女学雑誌』と改名。明治女学校設立。華族女学校創立。11/23 大阪事件、景山英子、朝鮮改革運動のクーデターに参加し投獄。森鷗外ライフツィヒで「全ドイツ女性協会」(ADF) に出席。軍制改革、片山潜、ホブキンス・アカデミーへ。	独：アイゼナハ派、階級的観点から工場法を全面的に改定する法案提出：女性だけでなく男性にも。女性労働者保護要求。クラーラ、初めての（無署名）論文「社会民主主義と女性労働」を『ディ・ノイエ・ツァイト』（Nr. 1, 1885.）に発表。7『資本論』第2部刊行。
1886 M19		(6)	竜之助（36歳）、千世（29歳）、結婚6年目に、第1子、森田松栄（のち佐々木姓）誕生（のちのエスペランティスト）。	学校令：文部大臣森有礼。外国語教育重視。3 共立女子職業学校創立（鳩山春子）。5 万国婦人橋風会本部レビ―夫人来日。6/12 甲府雨宮製糸紡績工場工女ストライキ。勝利（日本初のストライキ）。	5/1 米国の労働者、8時間労働制を要求してゼネ・スト。イリノア・マルクス－エイヴリング／エドゥルト・エイヴ

山川菊栄の年譜と関連年表　517

西暦・和暦	月	注	山川菊栄関連事項	国内の出来事	海外の出来事
				ト）。12/6 矢島楫子東京基督教婦人矯風会設立。廃娼・禁酒・一夫一婦制をめざす。2/10 平塚らいてう出生。12 高野房太郎渡米。片山潜メリーヴィル大学予科卒業。	リンケ『女性問題』発表。米労働総同盟 (AFL) 結成。
1887 M20	1月 4月 7月		均、本町に移り、父が山川糸店（「和製舶来万糸物類」）を開業。八王子から染色の書物や講義録を取り寄せる。均、短期間幼稚園に通う。明治小学校に入学。理科が得意。均の生家跡に倉敷紡績会社が創設される。	2 国家学会創立。3 国家学会雑誌第1号。条約改正問題。保安条例公布。進歩的教育。巌本善治、明治女学校教頭。（出身者：大塚楠緒子、相馬黒光、羽仁もと子、野上弥生子）。8/14 荒畑寒村出生。9/24 大阪事件判決。景山英子刑禁固1年6カ月監視6カ月。自由民権運動を圧殺。12 鹿鳴館に仮装舞踏会。	独：SPD ザンクト・ガレンで党大会。社会主義者鎮圧法延期。ザメンホフ、「エスペラント」創る。
1888 M21	3月	(7)	竜之助、千世の第2子、森田俊雄（のちの青山延敏）誕生（のちのドイツ文学者）。	4 黒田清隆内閣。4/30 枢密院官制公布。7/10 東京朝日新聞刊行。8 枢密院会議。12/11 東京美術学校創立。12 憲法制定会議。12 矯風会で「民法刑法の改正及一夫一婦制について」太政官に建白書。	独：3/2 皇帝ヴィルヘルム1世没。皇帝ヴィルヘルム2世即位。「女性福祉協会」創立（ミンナ・カウアー）。
	12月		竜之助（38歳）、山県有朋内相の命でヨーロッパに出発。		
1889 M22	1月	(8)	竜之助パリ着。パリで食肉製造研究。→ベルギーのブリュッセルに滞在し、皇帝に謁見。同地で食肉製造法を研究。→ベルリン、オランダ、英国、米国で食肉製造法を学ぶ。→ドイツ、ベルリンでマイツェン博士からドイツ農政改革・プロシャ農政	1 徴兵令改正：国民皆兵（17-40歳男子）。2/11 大日本帝国憲法発布。（「大日本帝国は万世一系の天皇之を統治す」「天皇は神聖にして侵すべからず」皇室典範制定。保険法。衆議院議員選挙法。15円以上	独：6/22 ビスマルク：障害・老齢年金法廃止・老齢保険法制定。7/14-20 第2インターナショ

年 M明治 T大正 S昭和	菊栄に関する事項の主な月	菊栄の年齢（）内は均の年齢	山川菊栄に関する事項	日本の歴史的状況 日本女性史・抵抗運動史・他関連事項	国際的歴史的関連事項
	11/27 11月	（9）	方針を教授さる。→オランダの乾魚会社で製造法伝授さる。→パリ、ブリュッセルで、食肉製造の研究。→英国経由米国へ。ワシントン、シカゴへ。シカゴで動物貯蔵食肉製造の実況を見聞。デンバー、サンフランシスコ経由で帰国。千世の母きく死→文延寿の後妻は、おたねさん。山川家、均の次姉、岡山の山陽英和女学校に入る。次、２年で退学させる。アメリカ婦人から編物を習う。	上の納税資格者（有権者人口の1.1%。2/14 憲法発布の恩赦で大阪事件関係者出獄。景山英子釈放。山梨英和女学校創立。三条実美内閣。山県有朋内閣、質。9/30 大阪天満紡績工場女工300名、賃上げ要求スト。片山潜（31歳）、アイオワのグリンネルへ。	ナル創立大会（パリ）。クララ演説。同、小冊子『現代の女性労働者と女性問題』を出す。
1890 M23	11月	0 （10）	11/3 菊栄、東京都麹町（現 千代田区九段北）に、竜之助（40歳）・千世（33）の第3子（次女）として誕生。竜之助、菊栄兄姉を略して、以下、菊栄と略す。同川県知事の嘱託を受け、同県各地で、養豚・食肉製造の方法を講演。	3/24 東京女子高等師範学校、国廃娼同盟会結成。国会開設。1回衆議院選挙（制限選挙）・帝国議会。第1回通常議会開会。「集会及政社法」公布（女性の政治活動全面禁止。参政権・公民権・結社権なし。東京基督教婦人矯風会、改正要求運動。雑誌『廃娼』創刊。官吏・軍人懲戒法。民法（ボアソナード案）公布。立憲自由党（大井憲太郎）、愛国党結成。高野房太郎「職工義友会」（米国で）。10/30 教育勅語（忠君愛国・良妻賢母看板）発布。	独：1/25 社会主義者鎮圧法延長否決。9/30 同法失効。5/1 第2インターナショナル。第1回国際的メーデー。米国ワイオミング州で世界初の女性参政権獲得。

年	月	家族・個人	日本の事項	世界の事項
1891 M24		竜之助（41歳）、北海道庁技師試補に命じられる。3均、小学校尋常科卒業。4 高等精思小学校入学。 1 (11)	倉敷まで鉄道開通。2/14 近江絹糸スト。立憲自由党→自由党。明治女学校、女子職業科・女子主科新設。家族制度をめぐる民法典論争。穂積八束「民法出でて忠孝亡ぶ」。内村鑑三、教育勅語に礼拝せず（不敬事件）。中村正直死去。田中正造、衆議院に足尾鉱毒事件質問書提出。	第2インターナショナル第2回大会（ブリュッセル）。独：SPD エルフルト党大会。エルフルト綱領決定。男女平等の選挙権を入れる。シベリア鉄道着工。独：12 クラーラ等「平等」の編集を引き受け、第1巻見本号を発行する。
1892 M25	2月	竜之助、北海道物産共進会審査委員となる。 2 (12)	第2次伊藤内閣。5/15 大塚金之助出生→1977。11/8 大井憲太郎、東洋自由党結成。出口なお、京都綾部で大本教開く。黒岩涙香「万朝報」創刊。福沢諭吉「女子教育」。沖縄県民不十分ながら参政権。	独：SPD ベルリン党大会。クラーラ、女性労働について演説。これ以降1913年まですべてのSPD大会に参加。SPD ベルリン党大会。露仏軍事協約。8 イタリア社会党結成。シカゴ万国婦人会大会。
1893 M26		竜之助、北海道北見紋別製靴所から招聘、水産伝習所製造科講師。 3 (13)	4/3 日本基督教婦人矯風会結成（矢島楫子）。「婦人矯風会雑誌」創刊。5/15 市川房枝出生→1981。小学校に裁縫科設置訓令。文部省「君が代」等、儀式の歌選定。潜、ラッサール伝読む。	プロイセン、バイエルンで女性運動に対する弾圧が始まる。第2インターナショナル第3回大会（チューリヒ）。独：SPD チューリヒ党大会。アウグスト・ベーベル党首となる。ニュージーランド国政で女性参政権実現。
1894 M27		竜之助（44歳）、千世の第4子（三女）妹、志都子誕生。竜之助、陸軍技師・軍事用食肉缶詰製造。竜之助、北海道庁5等技師。奏任官5等に叙せられる。	1/18 高群逸枝出生→1964。1/20 大阪天満紡績スト。8/1 清国に宣戦布告。日清戦争（～95）。日清戦争に赤十字看護婦従軍。「婦人従軍歌」作られる。9/4 二新聞記事前検閲令公布施行。9/4 ニューヨークで高野房太郎等ゴンパースと	朝鮮：甲午農民戦争。日本軍、朝鮮一方的に朝鮮に出兵通告。朝鮮を日本寄り政権に。7 日本、英国との新通商航海条約調印。マルクス「資本論」第3部刊

520

年 M明治 T大正 S昭和	菊栄に関する事項の主な月	菊栄の年齢（）内は均の年齢	山川菊栄に関する事項	日本の歴史的状況 日本女性史・抵抗運動・他関連事項	国際的歴史的関連事項
				面会。10 滝。3 カ月英国旅行。トム・マン、ジョン・バーンズ、ケア・ハーディと会う。エール大に転じ、卒業「欧米の都市問題」で卒業。7/4 福本和夫出生→1983。	行。レーニン『人民の友とは何か』独：SPD ブラシュウルト党大会。女性問題「非公式」協議。
1895 M28		4 (14)	菊栄、富花小学校入学。均、高等精小学校卒業。上京を企てるもかなわず、京都同志社補習科に入学。	4/17 日清講和条約調印（下関条約）。台湾を領有。三国干渉（露、独、仏）で遼東半島返付。樋口一葉「たけくらべ」にごりえ」「十三夜」発表（翌年11/23 一葉没）。高等女学校規程発表（文部省）。	朝鮮王妃殺害事件。台湾征服戦争。独：SPD ブレスラウ党大会。クラーラ修正主義的農業綱領に反対。8/6 エンゲルス没（75歳）。プレハーノフ「史的一元論」。ベーベル「女性と社会主義」第25改訂記念版刊行。
1896 M29	4月	5 (15)	菊栄、番町小学校入学。竜之助（46歳）、勲6等瑞宝章を受ける。均、同志社の学制改められ、尋常中学3年に編入。	1 片山潜13年ぶりに帰国。岡山へ→1903年再渡米。4/26 社会政策学会（桑田熊蔵ら）の母体の研究会発足→11正武発足。高野房太郎帰国。若松賤子没（巌本善治の妻）。野坂竜出生。→1971。	第2インター第4回大会（ロンドン）。SPD ゴータ党大会。クラーラ、社会主義女性運動論について演説。
1897 M30		6 (16)	竜之助（47歳）、豚業調査のため自費で台湾・中支・ウラジオ食肉販路調査巡回。均、春、同志社退学。	2/7 高野房太郎、社会政策学会入会。3/1 片山潜、キングスレー館開設。3/2 足尾銅山鉱毒被害農民800余、農商務省に陳情。4/6 房太郎、パンフ「職工諸君に寄す」。7/5 房太郎ら「労	チューリヒで女性保護の国際会議。4 ローザ・ルクセンブルク：「ポーランドの産業的発展」（チューリヒ大で学位取得）で女性と大

年（年齢）	山川菊栄関連	日本の動き	世界の動き
7 (17)	夏、倉敷に帰り、8月28日倉敷発。30日東京に着く。（均、16歳と10カ月）秋田定輔家に寄宿し、守田文治（有秋）を知る。明治義会中学校4年に編入。12 秋山家を去り、湯島天神下に下宿。	働組合期成会」発起会。潜も尽力。8/16 大阪の天満紡績工のスト。潜、房太郎ら「労働世界」創刊（「労働組合なり」「団結は力なり」）。木下尚江ら普通選挙同盟会結成。金本位制。文部省男女別学訓令。12/1 日本最初の労働組合「鉄工組合」創立。「労働世界」発刊（高野・片山）。	学）。独：SPD ハンブルク党大会。米：6/16 ハワイ併合条約調印。英国、独、仏の女性、万国平和主義運動を展開。
8 (18) 1898 M31	均、4月以降、明治義会中学欠席、東京政治学校を聴講。社会問題に関心が移る。講師：星亭、浮田和民、片山潜ら。無免許のクリスチャン。「日本を共和政治のもとに社会主義に」。やがて信仰から去る。	恐慌。第3次伊藤内閣。保安条例廃止。隈板内閣。「日本鉄道矯正会」（労働組合）結成。10/18 幸徳秋水・安部磯雄・片山潜ら「社会主義研究会」結成。9/1 農商務省：工場法案発表。富岡製糸工場女性労働者230人スト。「民法」改正。親族編・相続編」公布。妻を無能力、長子家督相続制、母親の親権を認めず。家制度を確立。潜、妻を徳富蘆花「不如帰」。潜、第2次山県内閣。社会政策学会に入る。第2次憲政党→憲政党。進歩両党合同→憲政党。足尾鉱毒被害者6000人出京。陳情。	3/13-15 ロシア社会民主労働党結成（ミンスク）。4/1 エリノア・マルクス自殺。5 ローザ、ドイツへ移住。SPD に入る。独：SPD シュツットガルト党大会ベルンシュタイン批判。5 クルプスカヤ、流刑地でレーニンと結婚。コロンタイ、チューリヒに大へ。露：社会民主労働党創立。清：纏足禁止。女性の纏足禁止を提案。
1899 M32	竜之助（49歳）、豚業調査で台湾、清の南部や揚子江沿岸、英領香港、ポルトガル領マカオを自費で巡回。	北海道旧土人保護法。帝国婦人会創立。「活版工組合」結成。高等女学校令公布。良妻賢母主義。大井憲太郎「大日本労働協会」。福沢諭吉「女大学評論」「新女大学」時事新報に連載。2/13 中條白合子出生。3 金子堂一、米国へ。4/30 横山源之助「日本之下層社会」。植木枝盛「東洋之婦女」。公娼廃止運	ローザ「社会改良か革命か」。独：SPD ハノーヴァー党大会。修正主義（ベルンシュタイン、ダヴィド、アウアー）と論戦。国際婦人会議（ロンドン）。露：レーニン「ロシアにおけ

年 M明治 T大正 S昭和	菊栄に関する事項の主な月	菊栄の年齢（）内は均の年齢	山川菊栄に関する事項	日本の歴史的状況 日本女性史・抵抗運動史・他関連事項	国際的歴史的関連事項
		9 (19)		動。下田歌子、実践女学校を創立。6 高野岩三郎独仏英留学。10/2「普通選挙期成同盟会」。	ろ資本主義の発達。コロンタイ、ロンドンへ。中国：山東で義和団蜂起。第1回万国平和会議（オランダ、ハーグ）。10/11 ボーア戦争。
1900 M33			姉松栄。東京府立第二高等女学校入学。沖縄県知事の竜之助（50歳）、豚業調査で同県下を巡回。菊栄『不如帰』読む。森田家新聞『日本』をとる。福沢の『新女大学』を叔父からもらう。母は子規の『病牀六尺』愛読。祖父の後妻おたねさんは『中央新聞』読む。均、3 守田文治（有秋）と『青年の福音』を発行。毎月1000部。5/12『青年の福音』第3号所載の守田執筆「人生の大惨劇」、均は「苦笑録」で「不敬罪」最初の適用。刑法117条により牛込富久町東京監獄に移される。罰金120円。監視1年。控訴。巣鴨監獄、夏疫痢で保釈出所。ラサールの研究。（この『青年の福音』小論文事件、菊栄の母千世の記憶に残る）。	3/10「治安警察法」公布。5条1項で女性の結社権（政党加入の権利）、2項で集会の自由（政治演説会に参加ないし主催する自由）禁止。第17条で労働組合結成運動とストの「扇動」を犯罪行為として刑罰で禁止。(1926年に条項削除)→法は1945.10まで。「社会主義研究会」が片山潜の「社会主義協会」と改称し、片山のキングスレー館に事務局置く。安部磯雄会長就任。夏 雑誌変。立憲政友会結成。第4次伊藤内閣。女性の集会参加を禁止。女子英学塾創立。津田梅子、女子英学塾創立。吉岡弥生、東京女医学校創設。5/10 東宮御慶事（のちの大正天皇の結婚）。5・7 片山潜、社会政策学会で対立。8 高野房太郎渡清清へ、北京で活動。11/8 山内みな出生→1990。	6/12 義和団事件に派兵決定。8/7 W.リープクネヒト没。SPD マインツ党大会。女性労働者の法的保護。SPD第1回女性会議（マインツ）。レーニン「イスクラ」発行。第2インターナショナル第5回大会（パリ）。片山潜、第2インターパリ大会の決議により第2インター本部員となる。

年	月	年齢	本人	日本	世界
1901 M34	7月	10 (20)	9 均の父、山川糸店廃業して、死にいたるまで謹慎。 菊栄、『少年世界』、巌谷小波『世界お伽噺』読む。 竜之助（51歳）、沖縄県貯蔵食品製造株式会社を創立。沖縄県知事奈良原繁が産業振興策として力を入れる。旧藩主尚侯爵出資。所長兼取締役に推挙される。『養豚新説』を農事新報社より出版。よく売れる。 均、7『青年の福音』事件控訴審判決。1番に同じ。東鴨監獄に入獄。3年間。 経済学習：マーシャル、アダム・スミス、リカード。社会主義：ラムジン『富の分配』。ホブスン『労働の権進』。『資本論1』英訳出たが読む準備をする。	恐慌。中江兆民没。 2/2 奥村五百子、愛国婦人会設立（内務省支援）。与謝野晶子『みだれ髪』。女子美術学校設立。 4 成瀬仁蔵、日本女子大学校創立。 5/20 安部磯雄・片山潜・幸徳・木下・西川・河上「社会民主党」創立（日本で初めての社会主義政党、男女平等の要求あり）。 6 第 1 次桂太郎内閣。潜の『治安警察法』で即日解散。「社会主義」と改題。潜の『陸米案内』売れる。田島ひで出生。福沢諭吉没。	る。エレン・ケイ『児童の世紀』。 クループスカヤ『女性労働者』出版。リリー・ブラウン『女性問題――その歴史的発展と経済的側面』。 7/29 アメリカ社会党結成。 SPD リューベック党大会。独：ベルンシュタインの修正主義論争。 露：「社会革命党」（エス・エル）結成。 孫文、日本に亡命。義和団事件北京議定書。日本が駐屯軍を設置。
1902 M35	4月	11 (21)	東京府立第 2 高等女学校（現・竹早高校）入学。広津柳浪『三少年』、『小斃護婦』（普仏戦争当時パリ籠城中の少女の話）。一葉の随筆に感激し、大橋図書館で『一葉全集』読む。テニスに熱中する。	片山潜、『内外新聞』発刊。2 カ月で休刊。 1 呉工廠・砲兵工廠の職工5000人ストライキ。 南助松、夕張に大日本労働至誠会結成（萬朝報に掲載）。 幸徳秋水「社会主義と婦人」読む。 日英同盟調印（露のアジア進出で日本に有利）。日露戦争で日本に有利。→1905, 11/3 丹野セツ出生→1987年。	1 シベリア鉄道開通。 3 レーニン『何をなすべき』。 国際女性参政権協会創立。 独：SPD ミュンヘン党大会。SPD 第 2 回女性会議（ミュンヘン）。議題：女性の教育・女性・児童・家内労働の法的保護・女性の政治的同権（とくに結社集会権）。
	5月		地久節（皇后誕生日）上野の博物館へ。神田の錦輝館で活動写真（南阿戦争もの）観る。 父方のまたいとこ小川卯太郎から『太陽』等毎月借りて読む。トルス		

年 M明治 T大正 S昭和	菊栄に関する事項の主な年月	菊栄の年齢（）内は均の年齢	山川菊栄に関する事項	日本の歴史的状況 日本女性史・抵抗運動史・他関連事項	国際的歴史的関連事項
		12 (22)	トイ『ゼバストーボール』に感激。『曽我兄弟』『近江商人』。均。経済学の学習。ドイツ語学習。獄中。		オーストラリア：国政で女性参政権獲得。
1903 M36		13 (23)	菊栄、女子学校2年。姉松栄、女子英学塾（津田）に入る。かたわら、井上通泰博士門下で万葉の研究。兄敏雄、藤村操と知り合う。菊栄、小川卯太郎から、日本文学全集第1～2巻、西鶴『一代男』『一代女』。『五人女』、近松の世話浄瑠璃10種もらう。『万葉集略解』『枕草子春曙抄』。『源氏物語湖月抄』読む。（三国志）。『楚辞軍談』母、読み聞かせ）。『枕草子』『紫式部日記』『方丈記』『徒然草』。学校で『号外』（議論解散）の号外のこと）という題で即席作文。『朝日新聞』読む。『日本新聞』（延寿のため）。祖父延寿水戸へ引退。形見に日清戦争の号外ひとまとめもらう。社会主義のことを聞かれ「わからない」と答える。獄中の学習で社会主義者に。	1/30 堺真柄出生→1983没。国定教科書制度成立。農商務省『職工事情』㊙で出る。5 長崎造船所ストライキ。7/5 幸徳『社会主義神髄』刊行。7/8 片山『我社会主義』刊行。10/1 幸徳、堺・石川三四郎、平民社を作り『週刊平民新聞』創刊→1905。婦人解放に触れる。日露戦争〔非戦論〕。社会主義を訴える。堺家庭影響を受ける。堺『家庭雑誌』創刊。羽仁もと子『家庭之友』創刊のち高野岩三郎帰国。東大教授に就任。12/29 片山潜（45歳）米国に向け渡航（第2回渡米）。	4/22 金子筥一アメリカ社会党に入党。有島武郎、ハーバード大学大学院入学。金子と知り合う。コロンタイ『フィンランドの労働者の生活』。露：社会民主労働党第2回大会。ボルシェヴィキとメンシェヴィキに組織問題をめぐり分裂。独：SPD ドレスデン党大会〔修正主義の論争。クリミッチャウの繊維労働者のストライキ。女性労働者の10時間労働日発布。英：エメリン・パンカースト『婦人社会政治同盟』（WSPU）結成。エレン・ケイ『恋愛と自由』。
1904	父、竜之助		父、竜之助（54歳）留守中高利貸し	1/23 第1回社会主義婦人講演会。	2/8 日露戦争始まる。

年				
M37	14 (24)	の来襲。菊栄祖父の家の後片づけにきたおたねさんの隣に避難。自分の会社を1868年より働き、51歳で興こし、ここで高利貸しの来襲にあった。菊栄女学校3年。均、6 仮出獄し、幸徳・堺らの『週刊平民新聞』創刊号を発見し。平民社を訪れ、幸徳帰省。6/11 倉敷帰省。10 義兄林源十郎の薬種店の岡山支店経営。	2/4 連合艦隊、旅順港外のロシア艦隊を攻撃。露と中国東北部と朝鮮の支配権争う。『週刊平民新聞』（幸徳、堺）戦争に反対。女性の啓蒙（松岡文子、延岡ため子、福田英子、菅野スガ、荒畑寒村、堀保子、逸見菊枝が出入り）。堺、社会主義者として初の入獄。3/12 高野房太郎、青島の独逸病院で死去。9 与謝野晶子「君死にたまふこと勿れ」。11/23 幸徳・堺訳『共産党宣言』を『週刊平民新聞』1周年記念号に載せる。発売禁止。『週刊平民新聞』No.21にニンゲーのー文掲載される。	2/12 清：日露戦争に中立宣言。3/2 片山潜、シカゴでアメリカ社会人党大会で演説。金子堅二、ハーバード大学大学院専攻科に在籍。有島武郎同大学院聴講生。6 レーニン「一歩前進二歩後退」。8/14-20 第2インター第6回大会（アムステルダム）で片山潜「自国政府に対して闘争せよ」の演説。ローザ、片山、潜と会う。片山、プレハーノフと握手。独：SPD ブレーメン党大会。第3回 SPD 女性会議（ブレーメン）。
1905 M38	15 (25)	千世の妹ふみの夫、奉天で戦死。菊栄、女学校4年。ナポレオンとジンギスカンを論ずるクラス討論。均、『週刊平民新聞』、『直言』読む。10月、渡米していた幸徳秋水に手紙。渡米希望。幸徳否定的。均、25歳。渡米断念。	1 『週刊平民新聞』廃刊←1903。2/5 加藤時次郎ら週刊『直言』の発禁に伴い週刊『直言』発行（直言2巻12号「婦人号」：堺利彦、木下尚江らに執筆）。5 平民社、平民社の女性たち。平民改正運動。平民社同人編小冊子「革命婦人」発行。大塚楠緒子「お百度詣り」。山口孤剣「社会主義と婦人」。YWCA 結成（会長：津田梅子）。6 幸徳、米国から帰国。直接行動論。8/20 孫文ら東京で中国革命同盟会結成。9/5 日露講和条約調印。暴動。	1/22 第1次ロシア革命のはじまり（血の日曜日）。4/12 露、第3回社会民主労働党大会ロンドンで。6 戦艦ポチョムキンの反乱（オデッサ）。独：SPD イェナ党大会。組織問題を詳細に決める。「韓国保護条約」で外交権を取り上げて朝鮮を日本の「保護国」とする。英、各地で女性参政権要求集

年 M明治 T大正 S昭和	菊栄に関する事項の主な月	菊栄の年齢（）内は均の年齢	山川菊栄に関する事項	日本の歴史的状況 日本女性史・抵抗運動史・他関連事項	国際的歴史的関連事項
1906 M39	1月 2月 10月 11月 12月	16（26）	祖父延寿 水戸から上京。 均、「日本社会党」結成と同時に同党に入党。（片山潜と接触）。 社会党機関紙『日刊平民新聞』創刊に編集部員として参加するよう幸徳に招かれる。 青山延寿死去。（-1820）。菊栄、青山家を継ぎ戸主となる→青山菊栄。2-3年後未成年で隠居、森田に復籍。 林薬店を辞して上京。平民社で堺に初めて会う。荒畑寒村、西川光次郎、山口孤剣らに会う。	10 平民社自発的に解散。 1/14 日本平民党結成。1/18 片山潜、米国から帰国。2/24 堺、西川、森近運平ら「日本社会党」結成大会。潜ら13名の評議員。堺らの常任幹事。普選運動。東京市電運賃値上げ反対運動。機関誌『光』。内部対立→1年後解散。3/6 堺利彦「社会主義研究」創刊。『共産党宣言』全訳を掲載。7 同「空想から科学へ」を翻訳紹介。8 潜、第3回渡米。11/26 満鉄設立。呉海軍工廠、小石川砲兵工廠スト。	会。 2 英：労働党成立。独：SPDマンハイム党大会。第4回SPD女性会議。社民主義と国民教育を議題とする。修正主義、中央派の二つの思潮が並存。6 露：社会民主労働党第4回大会（ボルシェヴィキ）は少数派となる。コロンタイ『フィンランドと社会主義』。
1907 M40	3月 4月 5月半ば〜		第2高女卒業。津田、日本女子大、女高師いずれも好まず。3年で英語を習得する計画。国語伝習所（午後3時間だけ講義）に入る。成美女学校で朝1時間開かれていた閨秀文学会に行き、与謝野晶子、馬場孤蝶、平塚らいてうを知る。→7月半ばまで。トルストイ、ゴーリキー、ゴーゴリ、ツルゲーネフ全盛。『日刊平民新聞』を買	恐慌。1/1 福田英子『世界婦人』創刊（日本で最初の社会主義的女性雑誌）。婦人の政治的権利の獲得と恋愛の自由を主張。英子「治安警察法」改正請願署名運動。同誌18号（10/1）に第2インターナショナルの第1回社会主義女性会議を報道。1/15 幸徳、堺ら平民新聞紙上（『日本社会党』機関紙→4/13発禁）。2 足尾銅山鉱工、24項目の要求。軍隊の出動。2/5 幸態	

山川菊栄の年譜と関連年表

6・7 ローザ、ベルリンの獄中で『国民経済学入門』書く。
6/ 金子・コンガー「ウーマン」
第2インターナショナル第7回大会（シュツットガルト）、
第2インターナショナル第1回国際社会主義女性会議。
8 コンガー、第1回国際社会主義女性会議にメッセージ送る。
独：SPDエッセン党大会。
マリアンネ・ヴェーバー「法発展における妻と母」出版。
6/15 第2回ハーグ平和会議。
10 ローザ、SPD党学校「経済学入門」の講義。

『日刊平民新聞』。直接行動主義を主張。
2/17 日本社会党第2回大会。女子大批判。2/22『日本社会党』結社禁止。
3 片山潜、米国より帰国。共済活動や工場法、労働組合法、普通選挙権をとなえる。4/14『日刊平民新聞』No.75で発刊。
6 森近運平ら『大阪平民新聞』創刊。
西川・片山・田添、週刊『社会新聞』発刊。
片山・田添、『日本平民党』結党。即時禁止。8 堺利彦『婦人問題』（文潤堂）。
社会政策学会、毎年大会を開くことを決定（→10/9第1回大会）。8/20 西川・片山・田添「社会主義同志会」。
平民協会創立。英労働党ケア・ハーディ来訪。
平民新聞が『日本社会主義者』と改題。11『大阪平民新聞』増加（発禁）。11/20 森近、職業婦人の増加。長崎三菱造船所会主義要綱』（発禁）。無政府主義的労働組合主義（アナルコ・サンジカリズム＝直接行動主義／無政府主義：秋水派）のこの頃「からゆきさん」シンガポールで推定2-3万人。

っで「今にこの人たちのいうような世の中がくるぞ」という。（菊栄、「平生から信用しない女のいうことで、あまり気にとめない」）桐松米。
女子英学塾卒業。学都留官高女に赴任。均。1-4『日刊平民新聞』編集に従事。幸徳秋水宅女に従。月給25円。
守田文治家に同居。2/20『社会』に同人。会の成績」（議会政策の意味無視）。『日刊平民新聞』3.8-9に「独逸社会党の位置」。アナルコ・サンジカリストの影響。『同』4/3・4・5・7「ストライキの話」。8 社会主義夏期講習会議会政策論と直接行動論の戦術論争の場。9 以降、幸徳・堺・山川ら「金曜講演会」（金曜会／金曜社）で講演。直接行動派。
10 堺とリーフレット『労働者の解放』発行「欧州の革命運動」「ドイツ社会党の位置」など『日刊平民新聞』に20篇。
別子銅山騒優事件の教訓、「マルクス説の資本論」4回連載など『大阪平民新聞』に4篇。「万国無政府党大会」など『日本平民新聞』に4篇執筆。
秋葉曜講演会で医学生、大須賀里子を知る。
4『日刊平民新聞』廃刊後、均、堺利・幸徳らと「金曜講演会」開催。『資本論』を解説・紹介。

17
(27)

年 M明治 T大正 S昭和	菊栄に関する事項の主な月	菊栄の年齢（）内は均の年齢	山川菊栄に関する事項	日本の歴史的状況 日本女性史・抵抗運動史・他関連事項	国際的歴史的関連事項
1908 M41	1月	18 (28)	菊栄、平塚らいてうから回覧雑誌への寄稿頼まれ、数年前の家の競売のありさまを書いて渡す（1回のみ）。	長野県、女教員妊娠規定（産前産後2ヵ月、有給休暇）。平塚、森田草平、塩原心中未遂事件。奈良女子高等師範設立。帝劇女優養成所（川上貞奴）初のブラジル移民、783人出発。	プロイセン結社法の廃止。女性の政党党籍登録可能になり、女性の大学入学を正式承認される。5/12 アメリカ社会党、全国婦人委員会設置。独：SPD ニュルンベルク党大会。第5回 SPD 女性会議。12 コロンタイ、ドイツへ亡命。万国女性参政権大会（アムステルダム）
	6月		均、1 金曜講演会の「屋上演説事件」で検挙され、堺・大杉とともに「治安警察法」違反で軽禁固1ヵ月。巣鴨監獄へ。4/28 大須事件。6「赤旗事件」で不当検挙。大須賀ら4女性4名（管野スガ、小暮松子、神川松子）も検挙。8/29 懲役2年、罰金20円の判決。初秋千葉監獄へ。「平民協会の綱領を読む」など「日本平民新聞」に4篇。獄中で独語習得。菊栄、外国語学校の夜学を志願。女人禁制。菊栄女子英学塾（現・津田塾）予科に入学。「抱負」に「婦人解放のために働く」を書く。山室軍平、河合道子らと富士瓦斯紡績工場見学。	6/26 山川孤剣（義三）出獄歓迎会で、大杉、荒畑ら〈無政府共産〉と記した赤旗を掲げて場外に繰り出し警官隊と衝突する「赤旗事件」起こる。14人検挙。7 西園寺内閣倒れ、第2次桂内閣。7 世界婦人 発行禁止。10/17 宮本顕治出生。12/20-22 第2回社会政策学会、守屋源次郎「現代婦人とその教育」報告。堺利彦「男女関係の進化」（有楽社）。	
1909 M42	9月 暮れ	19	菊栄、藤井悌（内務官僚）から工場法の話を聞く。（俎の数年後、俎の「職工事情」借りる。）均、獄中。	管野スガ、幸徳秋水と「自由思想」創刊。5 金子喜一結核で帰国→10/8没。5「社会新聞」に安部磯雄訳「資本論」連載開始。	2/28 アメリカ社会党、全国女性委員会、女性選挙権獲得のための「女性デー」を催す。3「ソーシャリスト・ウーマン」が「プログレッシヴ・ウ

	(29)	女子英学塾の外国人教師の英作文の題に「婦人参政権」「婦人の地位」が出される。丸善や図書館で資料をあさる。藤井悌に内外の法律上の婦人の地位の比較の講義をしてもらう。この機に外国の婦人運動の理論や実際を学ぶ。安田哲子に倫理学と心理学を習い、津田梅子、ルイスは背教者といい、著書を読むことは背教者制限。津田は外国留学より直な女子の教育制限。菊栄、メアリ・ウルストンクラーフト『女性の権利擁護』とメアリの『小伝』読む。	7/6 閣議で韓国併合の方針決定。10/26 安重根に伊藤博文がハルビンで射殺される。
1910 M43	20 (30)	均。9/8 出獄。大須賀里子を迎えている。9/10 大須賀を郷里に送り届けて倉敷へ。岡山県宇野築港に山川楽店開業。12/26 大須賀を呼ぶ。	5/25 大逆事件の検挙開始。管野スガ、幸徳秋水ら26名起訴。12名死刑。8 韓国併合。「併合条約」おしつけ。朝鮮総督府の設置。日本語使用の強制。「創氏改名」。8 石川啄木、時代閉塞の現状」を書く。9 堺利彦売文社設立。高等女学校令改正。「婦人問題」。上杉慎吉「婦人問題」。安部磯雄「婦人問題」。河田嗣郎「婦人問題」。井上哲次郎編『女大学の研究』。「白樺」創刊。帝国在郷軍人会発会。社会主義運動の「冬の時代」。
1911 M44		津田で英語の習得に励む。熊本謙二郎先生に、精密に読むことを教える。上級で週1時間、時事問題の時間のために外字新聞を読み、外電に注意。	1/18 大逆事件、数百名検挙、26名起訴。1/19 12人を無期に減刑。1/24-25 管野スガ、幸徳秋水ら12名に死刑執行。3 中條百合子(12) 御茶の水高女入学。

関連年表欄:

ーマン」にタイトル変更。5 レーニン『唯物論と経験批判論』。10 ベーベル『女性と社会主義』第50版改定終了。

ベーベル同上出版 2/22 ベーベル70歳誕生日。2/27 アメリカ社会党全国女性委員会「女性デー」開催。国際的に広げる意向をもち、第2回国際社会主義女性会議(コペンハーゲン)に代表派遣。第2インターナショナル。第8回大会、第2回国際社会主義女性会議決議提案。クララ女性会議決議受け止止む。独:軍国主義と戦争の危険に対し、修正主義、中央派、左派顕在化。独:SPD マクデブルク党大会。ヒルファーディング『金融資本論』。11/20 トルストイ没。

独:遺族保険導入。ドイツで第1回社会民主主義女性デー。第2次モロッコ事件。独:SPD イエナ党大会。

年 M明治 T大正 S昭和	菊栄に関する事項の主な月	菊栄の年齢（）内は均の年齢	山川菊栄に関する事項	日本の歴史的状況 日本女性史・抵抗運動史・他関連事項	国際的歴史的関連事項
		21 (31)	兄、東大生。菊栄東大聴講を希望するが、女子の聴講期間早くと否決。菊栄、1911-1912にかけて馬場孤蝶の、樋口一葉全集（日記・小説）の校訂を手伝う。／均、5月 大須賀との婚姻届を出す。	3/11 衆院で初めて普通選挙法可決。3/15 貴族院で否決。3/29 工場法公布（→1916.9/1施行）。女性の深夜業禁止。規定、危険作業の禁止。9 平塚らいてうが『青鞜』創刊。青鞜運動。エレン・ケイの思想。『人形の家』公演で250。人」創刊。女学校数。12/31 東京市電6000人スト。労働組合なして闘う。片山潜指導。	第6回SPD女性会議。キュリー夫妻ノーベル化学賞受賞。米：5『プログレッシヴ・ウーマン』No.48. 大逆事件を特集。10/10 中国、辛亥革命。11/20 ラファルグ夫妻の自殺、葬儀にレーニン、ロシア社会民主労働党を代表して出席。
1912 M45 ↓ T元 7/30	3月	22 (32)	女子英学塾卒業。卒業生が入る研究科へ数か月。図書館通いと生活のための個人教授。青鞜社主催の講演会を傍聴。明治から大正へ。三省堂の英語辞書や翻訳のアルバイト。『近代思想』読者となる。クロポトキン「パンの略取」、ベーベル（旧版英語で）を知る。神田の古本屋でベーベルを見つける。訳したのは第50版。カーペンターも知る。／均、12 大須賀発病。	1/15 東京市電ストへの弾圧で片山潜検挙（54歳）。獄中で自伝書く。生活困窮。3『青鞜社』主催講演会 神田青年会館。（馬場孤蝶、生田長江、岩野豊明夫妻、伊藤野枝講演：「新しい女」：大杉栄同情者。4/13 石川啄木没（←1886、26歳）。『青鞜』4月号初の発禁処分。7/30 明治天皇没：大正と改元。→大正デモクラシー：1920年代初め。8/1 鈴木文治ら「友愛会」結成（正会員は全員男性）。高野（岩）評議員。10/1 大杉栄、荒畑寒村『近代思想』創刊。馬場孤蝶読者。護憲運動始まる。第3次桂内閣。	1/1 中華民国成立（南京臨時政府成立、孫文、臨時大総統就任）。独：SPDケムニッツ党大会。第2インター、バーゼルで臨時会議。英国、女性参政権修正案否決。以後参政権運動激しくなる。南京、婦女参政権同盟会結成。

西暦・年号	月	年齢	菊栄関係	関連事項（国内）	関連事項（国外）
1913 T2		23 (33)	兄延敏と桂内閣弾劾の政談演説会に行き、臨監の巡査から注意される（治安警察法5条違反）。「新真婦人協会」（神田和強学堂）講演会聴きに行く。（菊栄評「古ぼけたお婆さんの虫ほし」）傍聴者少数。『青鞜』にも「新真婦人協会」関係すず。5/27 大須賀里子と死別。均『仰臥』をまとめる。秋、政治的評論を注意して読む『朝日新聞』。	1/1『青鞜』新しい女特集。3/1 石川三四郎渡欧（亡命）。西川文子ら「新真婦人協会」。機関誌『新真婦人』結成。東北帝大女子に門戸開放。女性3名入学。友愛会会員1300人。野坂参三、慶應大学在学のまま友愛会へ加入。9 山内みな「東京モスリン」入社。10 河上肇：ヨーロッパ留学。ベルリン、パリに滞在。10/6 中華民国を承認。石原修『衛生学上より見たる女工ノ現況』。女工と結核。護憲運動→焼き討ち事件：桂内閣倒れ、山本権兵衛内閣。岩波書店開業。立憲同志会結成。	1 ローザ『資本蓄積論』。コロンタイ、『母性と社会』。3/16 露：第1回国際女性デー。4 レーニン「マルクス主義の三つの源泉と三つの構成部分」。6/29-7/30 第2次バルカン戦争。7 孫文日本に亡命。8/13 ベーベル没。独：SPD イエナ党大会。日和見主義の勝利。フーゴ・ハーゼとならんでフリードリヒ・エーベルトが党首となる。SPD「出産ストライキ論争」。女性美術家連盟（代表 K. コルヴィッツ）。11 米『プログレシヴ・ウーマン』は「カミング・ネーション」に名称変更→1914.7終刊。英：エメリン・パンカースト逮捕。
1914 T3	3月		父方の親戚小川卯太郎：護憲運動等事情通。3 尾竹紅吉、神近市子ら「女子英学	1 シーメンス事件（疑獄事件）。第2次護憲運動。山本内閣倒壊。1 堺利彦『へちまの花』（翌年『新社会』に本格	2/20 ローザ「反軍国主義の戦いで1年の懲役」。国際女性デー（ドイツ、オーストリア

年 M明治 T大正 S昭和	菊栄に関する事項の主な月	菊栄の年齢（ ）内は均の年齢	山川菊栄に関する事項	日本の歴史的状況 日本女性史・抵抗運動史・他関連事項	国際的歴史的関連事項
	4月		塾同窓会の雑誌『番紅花（サフラン）』創刊。 菊栄の翻訳発表始まる。コロレンコの夢「マカールの夢」『番紅花』4月号に掲載（青山姓）（5月号説：2）。エドワード・カーペンターの抄訳「中性論」を『番紅花』5.6.7月号に掲載（青山姓）。コロレンコの訳「盲楽師」を『番紅花』6.7.8月号に掲載（青山姓）。【共産党宣言】や『家族・私有財産・国家の起源』菊栄の目にふれる。第1次世界大戦勃発に、父（64歳）、父の言沈痛の思いを表す。（菊栄、父の言ったこと、見通しが当たったことに驚く）。均、薬店経営継続。	的社会主義・マルクス主義の雑誌に発展）。読売新聞、婦人付録新設。6/20「東京モスリン」女工解雇1500人。友愛会仲介、山内みな。「友愛会」の指導のもとに闘う。第1次世界大戦開戦。大隅内閣。第1次世界大戦に、連合国側に参戦。独の植民地、中国山東半島の青島を占領。経済的繁栄好景気。連合国側の民主主義→大正デモクラシーにも影響。9/9片山潜。第4回渡米（妻と子ども3人をおいて）。10/7刊平民新聞、創刊→禁止。10/19 独領南洋諸島占領。11/7 青島占領。らいてう、奥村博史と共同生活。伝統的結婚制度に挑戦。	スイス、ボヘミア・モラヴィア、ボスニア、オランダ、ハンガリー、スウェーデン、フランス、ロシア）。6/28 サラエヴォ事件。7/28 オーストリア＝ハンガリー、セルビアに宣戦布告。7/31 仏社会党ジョレス暗殺さる。8/1 独、対露宣戦。8/3 対仏宣戦。独成。8/4 SPD 戦時公債に賛成。各国社会党戦争支持。第2インターの崩壊。8/15 バナマ運河開通。9/5 レーニン夫妻ベルンへ。9/6 レーニン、戦争に賛成した社会民主主義者を「社会愛国主義者、社会排外主義者」と非難。戦争を内乱への考え。ベルンのボルシェヴィキ会議で新インターナショナルの創設を提起。「民族自決権について」。コロンタイ「母親友愛会」。
	8月	24 (34)			
1915 T4	8月		女子英学塾同窓神近市子の誘いで、大杉栄のフランス語夏期講習会に出席。（すでに菊栄、独学で仏語をや	1/18 第2次大隈内閣。南満州・東部内蒙古への日本の権益・強化を求める「対華21カ条要求」。片山潜、ツィンメ	2/18 ローレーザ連邦されて1年の禁固刑。3/26-28 国際社会主義女性会

山川菊栄の年譜と関連年表　533

年	月	年齢	菊栄の年譜	関連事項
	9月		っている）上級。テキスト社会学者タルドの「ロア・ド・ソシアール」。講習会期前に辞める。秋、同じく神近の誘いで大杉、荒畑寒村の平民講演会に出席→社会主義運動に近づく。「新社会」（前身は「へちまの花」）菊栄、創刊号から読む。均、2薬店を閉じ福岡へ。鹿児島へ。鹿児島を閉じ福岡の浜田仁兵衛門宅に移り、鹿児島国分村の浜田家で山羊農場を経営。年末、倉敷に戻る。「万国運動の復活」は「新社会」に。「女の抗議」等か3篇「近代思想」へ。	ルヴナルト左派。日本の労働運動と連携。2 河上肇ヨーロッパから帰国。9 「へちまの花」を「新社会」と改題。10 第2次「近代思想」連続禁止処分→16/1廃刊。12 堺利彦訳・カーペンター「自由社会の男女関係」（菊栄読む）。「青鞜」の編集らいてうから伊藤野枝へ。議（ベルン）。4 ローマ、獄中で「社会民主主義の危機（ユニヒスブリシューレ）」書く。4/27-28 国際女性平和自由連盟12カ国（ハーグ）。5 レーニン「第2インタナショナルの崩壊」「社会排外主義との闘争について」秋：レーニン「社会主義と戦争」。9/5-9 スイス、ツインメルヴァルト会議。クループスカヤ「国民教育と民主主義」。
1916 T5	1月	25 (35)	「青鞜」新年号に「日本婦人の社会事業について伊藤野枝氏に与う」を投稿。2月号に「更に論旨を明らかにす」。アナトール・フランスの訳「判事トーマス」を「世界人」4月号に収録。均、1/24 堺利彦入り「新社会」の編集に加わる。堺：正統派マルクス主義。均：サンジカリズム、工場法批判。2/10 上野観月亭での平民演会の例会で菊栄と均、初めて出会う。散会後検束、翌日釈放。	1月「婦人公論」創刊。本部に「友愛会婦人部」結成。婦人部機関紙「友愛婦人」創刊。（9月：女子会員1656人）工場法施行（ただし深夜業禁止は延期）。工場監督官設置。最初の監督官。エレン・ケイ「児童の世紀」原田実訳。大杉（妻）・野枝・神近木倫。高野（岩）「東京に於ける29歳工家計調」実施（友愛会を通じて）。4 中條百合子（17歳）日本女子大学校英文科予科入学。
	2月		京、売文社に入り「新社会」の編集に加わる。堺：正統派マルクス主義。均：サンジカリズム、工場法批判。民本主義理論批判。	4/14-30 第2回ツインメルヴァルト会議（キーンタール）。6/26 中立国社会主義政党労

年 M明治 T大正 S昭和	菊栄に関する事項の主な月	菊栄の年齢（　）内は均の年齢	山川菊栄に関する事項	日本の歴史的状況 日本女性史・抵抗運動・他関連事項	国際的歴史的関連事項
	5月		三省堂、家庭教師の仕事失う。平民講演会、馬場、アナトール・フランス「ペンギン島」。均、唯物史観（初めて開いた社会主義の理論、聴きこたえあり）。均、「新公論」4、5月号に堺の代筆でモルガン・エンゲルス・ベーベルの要約「男女関係の過去・現在・未来」を書く。5 均来訪。「新社会」への執筆依頼。同誌7月号に「公私娼問題」書く。菊栄、津田、コロンビア大学奨学資金の推薦の話断る。女子英学塾教師アンナ・クララ・ハーツホーンの依頼で "J'accuse"（私は告発する）を抄訳。		働者会議（ハーグ）。7/10 ローザ収監（ブレスラウ）。コロンタイ「社会と母性」出版。コロンタイ「誰にとって戦争は必要か」。
	9月	26 (36)	均と婚約。（「新社会」8、9、12月号にも執筆。9月号「与謝野晶子氏にー」執筆盛ん。	9 中條百合子「貧しき人々の群」。「中央公論」9月号。日本女子大1学期で中退。「青鞜」無期休刊。9/11 河上肇「貧乏物語」「大阪毎日新聞」に連載開始。片山潜、ニューヨークへ。「在米日本社会主義者団」結成。憲政会結成。11/10 大杉、神近に刺される。「葉山茶屋事件」1914-1918：独占資本主義の確立期。	
	11月		11/3 均と結婚（均36歳）、馬場孤蝶夫妻媒酌。実家の近く鶯町区三番町（現 千代田区九段北）の借家に住む。菊栄肺結核および妊娠が確認される。葉山奥山伸医師の指導で鎌倉に転地療養のため均と別居生活（鎌倉稲村ヶ崎		10/30 ローザ、ウロンケ監獄に移送。米国、初の女性下院議員（モンタナ州）選出。
	12月				

年	年齢	月日	山川菊栄	関連事項	国際
1917 T6		1月	『再び与謝野晶子氏に』「新社会」1月号。	『主婦之友』創刊。富士瓦斯紡績スト。1「新社会」が堺個人により同人組織となる。	1/7 ドイツ独立社会民主党（USPD）創立準備大会。4/6-8 ゴータで USPD 創立大会。第3回ツィンマーヴァルト会議（ストックホルム）即時休戦のアピール。 3/12 露：2月革命（2/27）。ニコライⅡ退位。ロマノフ王朝滅亡。 3 レーニン「遠方からの手紙」。 4/6 米対独参戦。 4/6-8 ドイツ独立社会民主党（USPD）創立大会。 4/14 レーニンらは封印列車でロシアへ帰国。 6 露：社会民主労働党第6回大会。7.20 露：臨時政府20歳以上のすべての男女に普通、平等選挙権を定める。 7/21 露：ケレンスキー内閣。 8 ローザ、獄中から「焦目の時局問題」を「スパルタクス」に発表。レーニン「国家と革命」。 11/7 ロシア10月革命（10/25）。 11/25 露：憲法制定議会選挙。
		2月	父、竜之助、尿毒症で死去。最初の翻訳書『J'accuse 大戦の審判』（丁未出版社）を「某女史」名で刊行。		
		3月上	菊栄、ロシア革命を東京へ行く途中ケ崎駅のベンチで新聞で知る。鎌倉から生家へ。	4/20 堺、総選挙に立候補。演説会は解散され、25票を得たのみで落選。	
		4月			
		5月	均、メーデーの小集会（山崎今朝弥事務所）、ロシア革命支持の日本社会主義者のメッセージ。麹町四番町の某家へ移る。	5/1 在京の社会主義者がメーデーの小集会でロシア革命支持の決議を探択。	
		8月		8/26 職工組合期成会結成。友愛会5周年（男女労働者ともに正会員となる）。会員1万8000人。「友愛婦人」廃刊。	
		9月	9/7 長男振作を湯島の順天堂病院で出産。東京府下荏原郡入新町（現大田区大森）の借家に移り均、10カ月ぶりに同居。大森春日神社裏（現大田区1丁目）に転居。村木家事手伝い。→完文社乗原青年手伝い。均、完文社月給70円。家賃12円。菊栄、夜子どもをみて昼は病臥。		
	27 (37)	11月7	「現代生活と再の悲哀」「友愛会シー」「砂上に建てられたデモクラシー」他15篇を「新社会」へ発表。4「新社会」に日本民主主義批判。12「新社会」に10月革命紹介。のハーツホーンの別宅に住む。療養生活。絶対安静、寝ていて内職に翻訳。	10「新社会」10月号に堺利彦が、レーニンの論文「ロシア革命におけるロシア社会民主労働党の任務について」を「ロシアの革命」として訳出。レーニン署名の論文の最初の訳出。河上肇、獄中から「貧乏物語」。片山潜、ボルシェヴィキを支持。12/3 野坂参三ら労学会結成。翌年6/8 社会問題研究会と改称。	

年 M明治 T大正 S昭和	菊栄に関する事項の主な月	菊栄の年齢（）内は均の年齢	山川菊栄に関する事項	日本の歴史的状況 日本女性史・抵抗運動史・他関連事項	国際的歴史的関連事項
			家族３人病弱。奥山医院に通う。年越しは大杉・野枝・マコと。お手伝い付き。		エス・エル・ボルシェヴィキを破る。12/3 ロシア・ソビエト政権。12/22-23 露・リトウスクで対独講和開始。
1918 T7	2月		スペイン風邪流行。この年から『中外』『新日本』『婦人公論』などに女性問題、女性論について執筆活動。アナトール・フランスの訳「雇人の盗み」を「文明評論」２月号に収録。菊栄、病状思わしくない。	高等学校令・大学令。ドイツ語教育盛ん。ドイツ的教養を基礎とした日本的教養主義。4 日本、米国、英国軍隊がウラジオストックに上陸。干渉軍「白軍」を援助。5 メーデー小集会。7/23 米騒動。大規模な国民運動。8 富山県漁民主婦の米騒動は、1道、3府、32県、1000万人に広がる。起訴者7708人。寺内内閣辞職。東京女子大学開校（学長：新渡戸稲造）。鈴木三重吉「赤い鳥」創刊。武者小路実篤「新しき村」。8/2 英・仏・米の協力のもとにシベリア出兵宣言（ロシア革命に干渉）→1922まで。寺内内閣総辞職～原敬内閣。高野岩三郎と東京月島で家計調査開始。9 中條百合子（19）父とともに渡米（吉野作造）。12/5 新人会、結成（東大）。	1/8 ウイルソン、平和原則14カ条を発表。3/3 ロシアとドイツ：ブレスト・リトウスクで調印。3/6-8 ロシア社会民主労働党（ボ）は、ロシア共産党（ボ）に改名。3/11 モスクワを首都とする。レーニン「プロレタリア革命と背教者カウツキー」。4リュトヘルス：4月に離米。日本に３カ月滞在。片山の紹介状で横浜で杉山正三と知り合う。7/10 ロシア社会主義連邦ソヴィエト共和国憲法採択：18歳以上の男女の選挙権。被選挙権承認。ローザ、獄中で「ロシア革命論」書く（公表せず）。露：内戦「戦時共産主義」。独：11/3 独・キール軍港で
	3月		親子３人流感。		
	8月		菊栄・平塚・与謝野・山田わかと母性保護論争。富山県新中川郡主婦米騒動の論争。「婦人公論」で「与謝野・平塚の論争」。		
	9月		均、荒畑寒村と労働組合研究会をつくり『青服』を発行。毎号発売禁止。４号で廃刊。禁囚４カ月。		
	10月		10/4 入獄。親族に（罒、東京女子大の学生山川家に来るようになる。		

年	月	年齢			
	11月		菊栄、社会政策学会例会で「婦人職業問題について」講演。（翌年『国家学雑誌』33 2/3に掲載される）。（森戸辰男が依頼：原稿料160円）	学労会（京大）結成（河上肇）。	水兵が反乱。 11/8 ローザ解放。11/9 ベルリンで労働者が蜂起。皇帝ヴィルヘルムⅡ退位。共和国宣言（ドイツ革命）。SPDのエーベルトが政権組織。
	12月	28 (37)	均、「政治運動と経済運動」「露西亜革命と農民問題」「レーニン・トロツキー」「露西亜における土地問題」など10篇「東欧の政治と土地問題」。その他、「中外」『新社会』『日本及日本評論』「雄弁」『新日本』等に執筆。 菊栄、「軍国主義と婦人主義」『新日本』11月号のなかで「フェミニズム」の語を用いる。	12/21 第12回社会政策学会。テーマ「婦人労働問題」報告者、河田嗣郎、森戸辰男（『社会政策論叢第12号』）。 12/23 吉野作造ら黎明会を結成。開戦前に145万人であった鉱工業労働者数248万人に増加。大工業地帯に偏るも男子重工業労働者定着。労働組合数107。	11/11 独：連合国との休戦協定に調印。第1次世界大戦終わる。 12 露：コルホーズ（集団農場）、「ソフホーズ」（国営農場）設立。 12/14 ローザ「スパルタクス同盟は何を欲するか」（ドイツ共産党綱領）。 12/30-1/1 ドイツ共産党（KPD）創立大会。
1919 T8	2月		均、出獄。売文社解散。『新社会』休刊。 菊栄、『中外』2月号に「1918年と世界の婦人」を書く。東京大森春日（現 大田区大森中央1-17）に居住。	1 河上肇『社会問題研究』創刊。労働組合結成を論む→労働組合の承認要求。 1 野坂参三・竜結婚。友愛会の特派員として英国へ。 1/14 廣岡浅子（69歳）没。 2/9 大原社会問題研究所創立。	1/4 片山ら、第2インターと決別、レーニンとトロツキーの方針支持。 1/4-14 ベルリンで労働者と政府軍衝突。労働者敗北。 1/15 ローザ（48歳）、カール・リープクネヒトとともに虐殺される。
	4月		4/21 堺利彦、山川均ら『社会主義研究』創刊。菊栄「社会主義の婦人観」『社会主義研究』に「ラッパポートによる。」として書く。	この年、山脇玄、貴族院本会議で初めて女性参政権を主張。（川上あい、原城かつ子ら）	1/19 独：国会選挙 SPD第1党（163席、37.9%）。KPD不参加。国民議会をヴァイマールに召集。ヴァイマール共和期に入る。
	5月		均、『新社会』（5月号）に参加。	5月 メーデー記念 山崎（今朝弥）宅：在京2、30人集まってロシア革命支持の日本社会主義者のメッセージを書く（均、起草）。	

年 M明治 T大正 S昭和	菊栄に関する事項の主な月	菊栄の年齢（）内は均の年齢	山川菊栄に関する事項	日本の歴史的状況 日本女性史・抵抗運動史・他関連事項	国際的歴史的関連事項
	6月		菊栄、「五月祭と八時間労働の話」『解放』6月号。菊栄、小康を得る。5/18 山川一家、倉敷へ。手伝いのおれんさんと。倉敷へ（菊栄と振作を会わせる）。菊栄、均の両親と初めて会う。均、『新社会』6月号に「ドイツ社会党の三派鼎立」を書く。6/3 倉敷を出発し、均の思い出の石山三ヶ月原に泊まって帰京（日本評論社）刊行。6/5 最初の著書『婦人の勝利』（日本評論社）刊行。大庭利公、福田徳三を主筆として『解放』を出す。	堺利彦『唯物論の立場から』	る。SPD右派エーベルト臨時大統領。同シャイデマン首相。ノスケ国防相。経営協議会。クラーラKPDに入る。3/1 朝鮮人民独立闘争：日本政府弾圧。8000名殺戮。3/2-6 コミンテルン創立大会。議長ジノヴィエフ。オランダ人リュット・ヘルス日本の社会主義者の書簡「ロシアの同志たちへ」と1917年メーデーで採択された日本社会主義者の決議を紹介。
	8月		菊栄、「リープクネヒトとルクセンブルク」『新社会』7・9号。菊栄、ベーベル、村上正雄訳『社会主義と婦人』三田書房の「序」を書く。この年、女子学生、山小静、永倉てる、貝原たいが菊栄宅を訪問し教えを請う。社会主義の研究会。鈴木文治宅で紡績労働者と交流。『東京日日新聞』に出て、永倉、貝原、自発的に退学。会社立ち消え。山口小静、女高師休学、均の指導を受ける。	8/30-9/1 友愛会第7周年大会。8/31 友愛会大会（会員3万人）。堺。山川夫妻傍聴。女性代議員7名出席。山内みな、野村つちの理事、婦人部独立。機関誌「労働婦人」発行を提案。この大会で「大日本労働総同盟友愛会」と名称変更(→21年「大」を外し「日本労働総同盟」と改称。市川房枝：友愛会婦人部常任委員（婦人部の実質上の責任者）。10百合子(20)。荒木茂と結婚（ニューヨーク）。	「万国の婦人労働者へ 婦人労働者デーに際して」「社会主義のための闘争に婦人労働者を引き入れる必要について」の決議。採択。3/18-23 ロシア共産党第8回大会。スターリン、中央委員会政治局組織局メンバーとなる。3/21-8/6 (3/31-4/4説あり) ハンガリーでソビエト共和国成立し崩壊。

月	年齢	菊栄関連	関連事項	関連年表
10月		10/20 最初の論集「現代生活と婦人」（叢文閣）。10/23 第2論集「女の立場から」（三田書房）。婦人労働者大会に参加。ウォード・カーペンター、堺利彦と菊栄の共訳「女性中心と同性愛」アルス。	12月単身帰朝。10 第1回ILO（国際労働機関）会議：高野岩三郎、代表問題が原因で東大に辞表提出。労働代表：鳥羽造船所重役桝本卯平。田中《高梨》みなを随員にと考えるが決裂。市川、山内みなを随員に。この問題でILO加盟のため責任をとって辞任。ILO加盟のため治安警察法17条で労働組合結成を認めていないか譲歩。	3 伊：ムッソリーニ、ミラノで「戦闘ファッシ(団)」結成。4/5 吉原太郎編米。5/4 中国人民五・四運動（打倒日本帝国主義）。6/28 独：連合国とヴェルサイユ条約調印。7/31 ヴァイマール憲法制定。両性の同権を謳う。女性議員14人。
11月	29 (39)	菊栄「最近の世界の婦人運動」（ローザとクラーラ）を「解放」12月号に書く。均の母、重病のため菊栄、振作とおせいさんとともに倉敷に帰郷し、年内看病にあたる。菊栄：NYのカールという社会主義の出版社から婦人労働の資料を買う。イギリスの労働党・フェビアン協会の資料入手。参考、USA労働省婦人局から22年にわたって1941年まで入手。	10/5 日本で初めての婦人労働者大会（友愛会婦人部主催）。平塚らいてう、伊藤野枝らも傍聴。政府、普通選挙法提出通過。「我等」「改造」「解放」等刊。協調会設立。のち「社会政策時報」創刊。	9/1 アメリカ共産党創立。片山潜参加。党内に日本共産主義者団作る。この一員、近藤栄蔵が日本に派遣される。メキシコ共産党、デンマーク共産党創立。10/22-23 KPD第2回党大会。10/29 ILO創立。第1回総会。
12月		この年、菊栄「スコブル」「婦人公論」「日本評論」「中外」「国家学会雑誌」「労働世界」「我等」「不平」「雄弁」「社会主義研究」「解放」「婦女新聞」「新潮」「新社会」「中央公論」「赤」等に多数の論稿を書く。菊栄はILO顧問婦人問題に一言あり。数点の論稿を書く。菊栄：ベーベル、ラッパポートの翻訳にも手をつける。均、「社会主義の定義」「万国共産党	この年、足尾銅山、釜石鉱山などでストライキ。神戸・川崎造船所で1万6000人のスト。大塚金之助留学（27歳）→米、英、独。この年労働組合数187。11/24 第1回関西婦人同体連合大会。市川房枝らいてう講演。らいてう、「新婦人協会」の発足を発表。	12/1 コミンテルン執行委員会とビューローの決定で東方部設置。

年 M明治 T大正 S昭和	菊栄に関する事項の主な月	菊栄の年齢（ ）内は均の年齢	山川菊栄に関する事項	日本の歴史的状況 日本女性史・抵抗運動史・他関連事項	国際的歴史的関連事項
			会議「マルクス主義の分化」など25篇「社会主義研究」。他、「改造」「新社会」「労働運動」「新潮」「雄弁」等に多数執筆。「社会主義の立場から」三田書房。「社会主義者の社会観」叢文閣。「マルクス資本論大綱」三田書房。		
1920 T9	3月 4月 4月下旬 5月 (6/15) 6月 7月		1/4-4/3 宇野船越袖ヶ浦の林源十郎別宅に滞在。均は宇野と倉敷を往復。「婦人と労働運動」「解放」3月号でILO代表問題にふれる（まとまったもの）。 4/19 均の母、尚（73歳）死去。 4/20 葬儀・埋葬。 倉敷紡績の女性労働者の深夜業。金光教地方の支部（ぱっかん）真田製造の家族労働について調査・見学。 5/4 菊栄、均を残して振作と手伝いのアキさん、ヒデさんを伴い大森に帰宅。均も大森に帰宅。 「大阪毎日新聞」の求めで京都西陣の女性織工の調査。案内：辻井民之助。京都で、荒畑寒村と女性労働について講演。「日本労働新聞」38号。 7/2 山川夫妻帰京歓迎会。森戸辰男。	1/10 森戸事件：森戸辰男「クロポトキンの社会思想の研究」東大休職。森戸・大内起訴。 1/31 全国普選運動会結成。 3 高野岩三郎、大原社会問題研究所所長に就任。高野、ベーベル読む。 3/28 新婦人協会発会式。平塚らいてう、市川房枝、奥むめおらと。（政治的自由をかちとることを目的としての日本の婦人団体）。機関誌「女性同盟」。 治安警察法第5条改正の請願書（東京、上野）堺為子参加。 5/2 日本の第1回メーデー（東京、上野）堺為子参加。 5 高津正道、中曽生幸ナ力ら、社会民主主義団体「暁民会」を結成。 堺利彦「恐怖・闘争・歓喜」 7 富士瓦斯紡績女性労働者（押上工	米：「世界産業労働組合」（IWW）で活動した吉原太郎ロシアへ。 2/25-26 KPD第3回党大会。 2/16 ロシア共産党シベリア代表部設立。 3/4 レーニン「国際勤労婦人デー」によせて）。 3 露党大会。 3 ヒトラー、ナチス結党。 4/15 スペイン共産党創立。 5 レーニン「共産主義の「左翼」小児病」。 5 コミンテルンラジオステリに「東方ビューロー」設置。「事業計画大綱」 5/18 第1回東方ビューロー会議。ガボン主催。5「コミ

8月		大山郁夫、堺利彦、大杉栄、馬場孤蝶、与謝野晶子、伊藤野枝ら120人が参加 コミンテルンからの直接のコンタクト。均、堺ー。 村上正雄のベーベル抄訳書に菊栄「序文」書く。	場）1800名「組合権確認」要求スト。組織的に闘う。会社、譲歩ののち弾圧。人部消滅。総同盟婦人部に大きな打撃。友愛会婦人部消滅。9 野坂竜。	ンテルン東アジア書記局」上海に設立。5/23 インドネシア共産党創立。独：KPD 第4回党大会（ベルリン）。独：6/6 国会議員選挙：クーラとパウル・レーヴィがKPDから当選。7クラーラ「共産主義婦人運動の方針」書くもコミンテルン第2回大会に間に合わず。7/19-8/7 コミンテルン第2回大会。7-8 イギリス共産党設立大会。8/6「21カ条の加入条件」定める。
9月		均、茅ヶ崎海岸に転地療養（貝原たいが付き添う）。菊栄、振作とともに茅ヶ崎へ。年末帰宅。	参三（鉄）の後を追ってロンドンへ。野坂参三英国共産党に入党。10/23 蜂須賀農場争議。官営八幡製鉄所で2万数千の労働者待遇改善要求。スト。溶鉱炉の火を消す。第1回国勢調査実施。秋。クラーラと守田有秋文通。	7/27 イルクーツクのロシア共産党史にシベリア＝ビューロー東方諸民族局設置。7/30-8/3 第1回国際共産主義女性会議。KPD第5回大会。9 コミンテルン・アメリカン・エイジェンシー設立：片山・フレイナ・ヤンソン。9 バクーで「東方諸民族大会」吉原太郎（在露日本人大会代表者）出席。10-11 クラーラ、ツヴェート・ロシア訪問。クラーラ、レーニンの依頼で「東方主義女性運動のための方針」完成。11/24 東方
12月	30 (40)	「ゴルキーの観たるレーニン」菊栄「社会主義研究」12月号。 ・菊栄、この年、その他「婦人画報」「新社会評論」「労働運動」「改造」「著作評論」「解放」「大観」「大衆」「雄弁」「実業の世界」に書く。 ・「ソヴェト露国の農業制度」「イタリー社会党の研究」「ソヴェト露国の経済組織」など13篇「社会主義研究」。「独逸独立社会党の態度」など3篇「新社会評論」。「新社会」改題ー「新社会評論」と反動思想「太陽」に「川上福田問題の総勘定」など5篇。「改造」その他に20篇。「社会主義」（「新社会評論」改題）、「中外」「改造」「解放」「太陽」「労働運動」「種蒔く人」「日本労働新聞」等に執筆。	11/4 森戸下獄（禁錮3カ月。罰金70円）。 12/9 日本社会主義同盟創立大会。堺利彦、山川均、荒畑寒村、大杉栄ら。参加申し込み者3000人（正藤栄三も米）。福本利夫（26歳）東京帝大卒へ。1920年代―日本の知識人青年ドイツへの留学あこれがかれの的。	

年 M明治 T大正 S昭和	菊栄に関する事項の主な月	菊栄の年齢（）内は均の年齢	山川菊栄に関する事項	日本の歴史的状況 日本女性史・抵抗運動史・他関連事項	国際的歴史的関連事項
					民族セクション会議：コミンテルン代表として吉原出席。12/25-30 フランス共産党創立大会。クラーラ出席。年末、吉原イルクーツクで日本工作の責任者となる。国際連盟発足。米国大統領選挙で初の女性参政権行使。
1921 T10	1月 2月 4月		「革命渦中の婦人」『改造』1月号。2/31『社会主義研究』創刊。3月号から「主筆山川均・山川菊栄」となる。ジンヴィエフの婦人と革命論『社会主義研究』2月号。4/21 堺、山川均、荒畑寒村、近藤栄蔵、高津正道、橋浦時雄、近藤憲二ら、コミンテルン日本支部（共産党）準備委員会を結成。4/24 山川、共産党規約と宣言・規約案を作成、採択される。暫定中央委員会を設立。上海へ。均、『改造』4月号に。「第三インタナショナル」。4/24『赤瀾会』結成（42名）：前年結成された「日本社会主義同盟」の	「アナ・ボル論争」（アナルコ・サンジカリズム対ボルシェヴィズム）頂点。1 秋田県土崎で「種蒔く人」発行される（土崎版「種蒔く人」）。2/1 治安警察法5条修正委員会に提出される。たが3号で休刊。4 コミンテルン、堺、山川に極東委員会（上海）へ代表派遣を勧める。4 近藤上記委員会とコミンテルンと接触。帰路下関で逮捕。4/20 治安警察法第5条第2項改正。女子の政談集会への参加。発起可。釈放後、運動資金6500円を受け取るが資金は近藤資金として使用。→5/10施行。	初頭：レーニン不調（頭痛）。1/15 イルクーツク極東書記局設立：東方諸民族事務局はコミンテルンに移管（種蒔く人）。執行委員会極東書記局に改組。極東全権代表はシュミャツキー。1/21 イタリア社会党分裂共産党創立。3/1 植民地朝鮮非暴力独立運動。3/4 国際婦人書記局。レーニン、国際女性デーメッセージ「万国労働婦人への呼びかけ」。3 中部ドイツ「3月行動」開始。敗北。3/5 スイス共産党創立。3/8-16 ロシア共産党第10回

5月	婦人部的性格。菊栄は伊藤野枝とともに顧問格。菊栄、メーデーでビラ「婦人に檄す」「ふたたび婦人に檄す」を起草。→8カ月後解体→八日会へ。菊栄、振作の病後保養のため鵠沼海岸に転地。家主から借家の明け渡しを求められ大森新井宿・旧池上海道南側に新居を造り移転（自宅）。カーペンター=山川菊栄訳『恋愛論』（大鐙閣）。	5/1 第2回メーデー。「赤瀾会」参加。全員検束。 5/9「日本社会主義同盟」第2回大会。 5/28「日本社会主義同盟」結社禁止。	大会へ。新経済政策（ネップ）へ。資本主義諸国との協調「国家一般計画委員会」（ゴスプラン）成立。 3/18 アメリカン・エイジェンシイ議長片山、NY をたち、31日メキシコへ。10月28日まで。 4/15「共産主義女性インターナショナル」第1号創刊（25年廃刊）。 5/8 ルーマニア共産党創立。 5/14-16 チェコスロヴァキア共産党創立。 5 ポルトガル共産党創立。
6月	6/11「赤瀾会主催婦人問題講演会」。神田青年会館。九津見房子、700名。秋田雨雀、石川三四郎、堺真柄、伊藤野枝、守田有秋、仲宗根貞世。山川菊栄、江口渙。菊栄「社会主義と婦人」『婦人公論』6月号。「第三インタナショナルと婦人」『野依雑誌』6月号。		6/4 クラーラ、モスクワ出発。6/4 クラーラとレーニンとの対話。 6/9-15 コミンテルン第2回国際共産主義女性会議（国際女性デー 3月8日に決定）。 6/22-7/12 コミンテルン第3回世界大会。日本から派遣なし。米国から田口運蔵、吉原太郎出席。
7月	7/18-22「赤瀾会夏期講習会」（同盟本部）で伊藤野枝、大杉栄とともに菊栄も講演。菊栄は第1インターから第3インターにいたる成長と発達の歴史を年代、綱領、中心人物から概説。1週間社会主義夏期講演会、菊栄。	7/29 市川房枝米国へ。	7/8 クラーラ「女性運動に関する報告」執行委員に選出される報告。「ドイツ共産党問題」議題。「統一戦線」「大衆の中へ」がスローガン。 7/1 中国共産党創立。 7/3-19 モスクワでプロフィ
8月	「新婦人協会と赤瀾会」をめぐり奥むめおと論争。『太陽』7、8月号。「赤瀾会」をめぐって、均を中心に社会主義研究グループ。	8/20 頃。高津正道：暁民会（有志秘密結社「暁民共産主義団」を結成。 9. 堺、山川にコミンテルン極東民族大会に参加打診。近藤に任せる。	

年 M明治 T大正 S昭和	菊栄に関する事項の主な月	菊栄の年齢（）内は均の年齢	山川菊栄に関する事項	日本の歴史的状況 日本女性史・抵抗運動史・他関連事項	国際的歴史的関連事項
	8月ごろ		「水曜会」をつくる。「赤瀾会」の女性たちこれに参加。振作を伴い鎌倉に転地療養→11月まで。	北海道蜂須賀農場で小作人150人争議。	ツィンメルン創立。ロンドンに事務所。露：飢饉。8/12「労働者救援組織化外国委員会」設立アピール→「国際労働者救援会」(IAH)。8/22-26 KPD イエナ第7回党大会。クラーラ中央委員になる。露：戦時共産主義。クロンシュタット蜂起。9 ベルキー共産党創立。
	9月		ラデック「社会主義の進化」菊栄訳『社会主義研究』9月号。均との共著『労農露西亜の研究』（アルス）。レーニン原著。均と共訳『労農革命の建設的方面』（三徳社）。菊栄、レーニン『国家と革命』英訳から読み報告。その他多数雑誌に執筆。『牙を抜かれた狼』（水曜会パンフ第2）刊行。		
	10月		「日本労働総同盟」大会を、菊栄傍聴。山内みなと夕食。均、みなに教育を申し出、半年ほど山川家（新井宿）に、みな同居。女中が別にいた。	10 秋田で『種蒔く人』創刊（小牧近江ら）。→1923年8月（発禁）。10/1-3「大日本労働総同盟友愛会」→創立10周年記念大会で「日本労働総同盟」と改称。11/4 原敬暗殺。11/11 イルクーツクで「極東諸民族大会」の準備会議にナ派5名、徳田球一、高瀬清ら（ボル派）が出席することになったが実際はモスクワで翌年開催。11/13 高橋是清内閣成立。11/20 反軍ビラまき、近藤栄蔵、浦田武雄ら検挙。「暁民共産党事件」。（軍	10/10-14 クラーラ、イタリア社会党大会へ。エジプト、カナダ、ルクセンブルク、ニュージーランド、南アフリカに共産党創立。11 モンゴル人民共和国宣言。11/11 コミンテルンの呼びかけで「極東諸民族大会」の準備会議（イルクーツク）。12/11 片山潜モスクワに到着。12/14 片山、全米共産党中央委員に選出。同党ニューヨーク、メキシコに移り、潜もメキシコ
	11月	31 (41)	11/10「リープクネヒトとルクセンブルク」（水曜会パンフ第6）→25改訂版（上西書店）。均、「カウツキー労農政治反対論」。均、「マルクスの唯物史観『賀川豊彦氏の挑戦に応ずる』など25篇『社会主義国家と労働組合』学者の拝及史観『マルクスの唯物史観』研究。		

年	月	菊栄の年譜	関連年表（国内）	関連年表（国際）
	12月	「伊豆労働運動の左傾」「無産階級運動の旗手」など35篇「社会主義」「中外」「改造」「解放」「太陽」「労働運動」「種蒔く人」「日本労働新聞」等。「レーニンとトロツキー」（改造社）。「タンクの村」水曜会。「労農ロシアの農業制度」水曜会。ムウア著「文明人の野蛮性」（三徳社）。ブディン著「マルクス学説体系」（アルス）。菊栄「過去一年の婦人界を顧みて」六、国際的個人誌「前衛」創刊。自宅の隣家前衛社。編集：上田茂樹。前川隼子が手伝う。	隊赤化事件」の弾圧。堺、神近宗根らを失う。「赤瀾会」事実上瓦解。11 水平社創立趣意書（翌22/2発行）。神戸の三菱、川崎両造船所の争議（戦前最大のスト）。3万8000人。1カ月。12 片山らソ連にわたる。日本で初めての国際婦人デーの記念の集いを計画。山川家で準備会開く。20人近くの女性が集まり、3月8日前後に女性の大演説会を開くことを決める。共産党準備委員会数300、組合員数10万3000。	コに移動。「極東諸民族大会」モスコに移動。組織のためメキシコからモスクワに入る。12/18 コミンテルン執行委員会会議で労働者統一戦線についてのテーゼを採択。片山潜が執行委員に選出される。冬以降レーニン健康を害す。
1922 T11	1月〜 2月	菊栄、「ローザ・ルクセンブルク」「東方時報」1月号。「社会主義研究」1月号より英文の"Women in Modern Japan"を7回連載。カール・ラデック、山川菊栄述「社会主義の進化」水曜会出版部。「巴里コミュンと労農革命」「社会主義研究」2月号。リード、菊栄訳「ロシアの冬」「前衛」同3月号。菊栄訳「赤色労働運動」（現国府津）海岸、神奈川県酒匂村について休養。療養と執筆。山川菊栄の影響下にある女性たちによって国際婦人デーをめざして「八	1/21-2/2「極東諸民族大会」に徳田、高瀬、吉田一、小林進次郎、北村栄二、吉田一、和田軌一郎、片山、間庭末吉、二階堂梅吉、野中誠之、鈴木茂三郎、山口孤蔵、大庭、児玉三郎、藤井三郎ら15名出席。日本部会最終日に「政綱」採択。多くは共産党に加わらず。片山日本代表の一人、会議議長。「治安警察法」第5条修正案、政党加入を除く政治運動をする自由をもつ。3「マーガレット・サンガー、改造社の招きで来日。3/3「全国水平社」創立（京都）。岡部ましらら演説（3000人参加）	1/22-2/2 極東諸民族大会（モスクワ）。片山潜。「日本の政治経済情勢および労働運動」報告。2 第1回国際女性通信会議（ベルリン）。クララ・ツェトキン「共産主義女性運動の政治的任務について」報告。3/2 コミンテルン第1回拡大執行委員会（EKKI）。クララ参加。3/6 国際女性書記モスクワからベルリンへ、クララ賞任者。3 レーニン数カ月の不調。
	3月〜4月			

年 M明治 T大正 S昭和	菊栄に関する事項の主な月	菊栄の年齢（）内は均の年齢	山川菊栄に関する事項	日本の歴史的状況 日本女性史・抵抗運動・他関連事項	国際的歴史的関連事項
	4月		日会」結成される（「七日会」の女性たち中心）。地味な活動方針。「赤瀾会」解散。「婦人と無産階級革命」『前衛』4月号。	日本農民組合結成される。岡山支部婦人部「国際婦人デーを祝する件」。3/8「7日会」。3/24 貴族院。過激社会運動取締法案修正可決（衆議院で審議未了）。	3/25 ブラジル共産党結成。4/2-5 ベルリンで3つのインターナショナルの会議。クラーラ出席。露：4.4 第11回党大会：スターリン、書記長となる。4/22 レーニン手術。
	5月		菊栄、「メーデー」『水曜会パンフ第11』刊行。5/10「女性の反逆」（三徳社）。	3末 野坂夫妻帰国。竜。編物教師。	5/26 レーニン最初の発作（10月に復帰）。レーニン総会で演説（最後の演説）。ブハーリン「日本共産党綱領草案」起草。思想史的内面。期的。二段階革命と二段階戦略。
	7月		均、共産党の一員。大森細胞所属。均、「無産階級運動の方向転換」『前衛』。	4/9 日本農民組合結成。「農村婦人の向上」。岡山県藤田農場の闘い。杉山元治郎ら「日本農民党」結成。全国労働組合総聯合結成。加藤友三郎内閣開始。野坂竜、機関誌「労働婦人」。	10/24 第2回国際女性通信員会議。クラーラ「共産主義女性運動の任務について」報告。10木 クラーラとレーニンの対話。
	7〜8月		前衛「露国飢饉救済婦人有志会」結成（進歩的婦人）。「八日会」も参加。（ロシアを救済すれば世界が復活する）山川菊栄夫人の談『読売新聞』）。7月8日、ヨッフェ夫人歓迎会。	7/15 徳田、高瀬帰国、共産党結成（東京渋谷伊達町高瀬の部屋）、暫定規約採択。同党コミンテルン加盟決議（コミンテルン第4回大会で支部）。堺利彦委員長。直後の主な党員、野坂参三。	伊：10/30 ムッソリーニ政権成立。
	夏 8月 9月		ベーベル「婦人論」菊栄訳校正終了→内務省検閲にはいる。アルバニート・ライス・ウイリアムス、菊栄訳「冬宮陥落の夜」『前衛』9月号。アレキサンダー・ナルギン。	一、上田茂樹、山本懸蔵、渡辺政之輔、川合義虎、国領五一、市川正、徳田球一、河田賢治、谷口善太郎、金子健太、川内唯彦、市川義男、高瀬清、荒畑寒村、高橋貞樹、山川均、小岩井浄、高津正道、赤松克麿、猪俣津南雄、近藤栄蔵、橋浦時雄、浦田武雄、杉浦啓一、佐野文雄、辻井民之助、田所輝明。	11 プロフインテルン第2回大会。日本から山本懸蔵出席。11/5-12/5 コミンテルン第4回大会。日本から高瀬清、川内唯彦出席。日本共産党を支
	10月		菊栄訳「ボルセキキの墓政」とアナーキスト「改造」10月号（発禁）。アルバニート・ウイリアムス、菊栄訳『前衛』10月号。同、菊栄訳「ロシア農民生活印象記」		

年	月	年齢	菊栄の著作・活動	日本の動き	世界の動き
	11月		「解放」10月秋季特輯号。ウイリアムス、菊栄訳「11月7日」「前衛」11月号。「ボルセヴィキの建設的努力」「建設者」11月号。	明、西雅夫、佐野学、鍋山貞親。（荒畑、堺、均）最初の執行部）創立時党員100名余り。（1945年まで非合法）。「新婦人協会」解散。	部として承認。片山潜コミンテルン執行委員幹部会員に選出される。クラーラ・ツェトキーン「国際女性書記局の活動」「女性の間での共産主義活動」「ロシア革命の5か年と世界革命」報告。統一戦線がスローガン。11/30「国際労働者救援会」(IAH)モスクワで成立。12/12 レーニン執務室で仕事の最後の日。12/16 レーニン2度目の発作、引退。12/30 ソヴェト社会主義共和国連邦樹立。「国際労働者救援会」「共産党のボルシェヴィキ化」レーニン「グルジア共和国の抵抗。
	12月	32 (42)	ウイリアムス、菊栄訳「赤色の浦塩」「解放」12月号。「二人の革命家と二人の労働者」（水曜会パンフ）「前衛」を中心に書く。この年、水曜会出版部。均、「労働価値説に対する小泉教授の批判を読む」「インターナショナルの歴史」など24篇。「社会主義と印度の無産階級」など21篇。「前衛」。ガンジーの運動「前衛」。他多数。	9 荒畑・堺のコミンテルン執行委員会あて書簡では山川均はアライ・ギスタという名で総務幹事として報告されている。児玉真子ら、婦人連盟。秋：「全国労働組合総連合」創立大会（大阪）南葛労働協会。暁民会「労働者の中へ」有島武郎 北海道農場を小作人に無料開放。アインシュタイン来日。福本和夫（松江高等学校教授28歳）文部省在外研究員として英独仏に2年半留学。	
1923 T12	1月		各誌1月号に労農露西亜と子供の問題書く。・クララ・ツェトキン、菊栄訳「露独革命と婦人の解放」「種蒔く人」3月号。・「国際婦人デー」「社会主義研究」3月号。・「昨年の国際婦人デー」「前衛」3月号。・「プロレタリアと婦人問題」「種蒔く人」3月号。3/7-11 東京朝日 菊栄「国際婦人デー」（1．婦人解放の烽火、2．	1/6 清家敏住と寺尾を以て結婚。2/4 共産党2回大会（千葉県市川市）一直園。執行委員長＝堺。執行委員＝佐野学、渡辺満之、浦田武雄。上田茂樹、吉川守邦、浦田武雄、杉浦啓一、仲宗根源和、小岩井浄、辻井民之助10名を選出。規約改正。2 坂本真琴ら婦人参政同盟。3/8 日本初の国際婦人デー開催。菊栄のもとに集まった女子学生の「八日会」中心「種蒔社」後援。東京神田のキリスト教青年会館。矢島はつ、三宅秀子ひろ子（佐々木はる）。	独：KPD第8回党大会（ライプツィヒ）1/4 レーニン、スターリンを批判、スターリンとトロツキーの関係に関する遺言追筆。この年からトロツキー問題。反トロツキーキャンペーン。コロンタイ「経済の発展における女性の労働」「赤い恋」「偉大なる恋」。3/9 レーニン3度目の発作、言語障害。レーニンの活動終
	3月				

548

年 M明治 T大正 S昭和	菊栄に関する事項の主な月	菊栄の年齢（）内は均の年齢	山川菊栄に関する事項	日本の歴史的状況 日本女性史・抵抗運動史・他関連事項	国際的歴史的関連事項
			コンミュニストと婦人問題。3/8 第1回国際婦人デー。菊栄は弁士に加えられているが、実際に弁士にならないうちに解散。レスナー、ウォード、エドワード・カーペンター、菊栄、堺利彦共訳「女性中心説」（アルクス）。「前衛」「無産階級」と合併。3月号まで終刊。→「赤旗」刊行。「水曜会」終わり。「婦人公論」記者、波多野秋子（有島武郎の情死の相手）を訪問。ベーベル「婦人論」英文から重訳初完訳、アルスから出版。菊栄、振作を連れて来日中のヨッフェと会見。「社会主義研究」「前衛」両誌の経営と発行やめる。ハワード・ムーア「肉体と精神の形成」三笠社。	（田島ひで）、港ちゑ（丹野セツ）、武田とし（川上あい）、山川菊栄、西たい、仲宗根貞代、入場者3000名（女性3分の1）。2人目の講演中、赤化防止団数名撹乱。増田錦町所長40分で解散命令。「読売」の報道では500人。（有島武郎資金援助。2ヵ月後有島、波多野秋子と心中。3/15 共産党臨時大会（東京石神井・豊島館）。綱領草案（片山潜参加コミンテルン委員会で起草）検討。審議未了。23人出席。大会以降も検討続く。「八日会」ロシア飢饉救援婦人会（与謝野晶子、河崎なつ、深尾須磨子、石本＝加藤静枝、新妻イトら）。「前衛」「社会主義研究」「無産階級」を併合した「赤旗」（せつき）「階級戦線」が共産党によって発行される。4 日本基督教婦人矯風会を基礎にした日本参政権協会、共産青年同盟結成（川合義虎委員長）丹野セツ。	止。4/17-25 ソ連第12回党大会。レーニン欠席。スターリンの書記長の権限強化。トロツキー対ジノヴィエフ・カーメネフ・スターリン。5/15 レーニン、ゴルキで脳病。6/12-23 第3回 EKKI 総会。クラーラ病気。担架で担がれ演壇に着き。ファシズムに関する報告行う。荒畑寒村とこの演説を聴。[RGASPI.F495/0p.127/d.58/28-43（日付署名なし）の日本共産党婦人部に日本共産党婦人部、山川菊栄、佐野、近藤、高津。（山本懸
6月			6/5 第1次共産党事件。家宅捜索受ける。均は倉敷着中。菊栄「黎明期のロシア」総文館。	5「種読ミデーへ」5月号、国際婦人デーの事。6/5 第1次共産党事件（治安警察法による最初の弾圧）「草案」正式決定。いたらぬまき、逮捕者。堺、高瀬、川	
7月			「第三インタナショナルとその婦人部」「女性改造」7月号。		
9月			9/1 関東大震災で住宅倒壊、菊栄夫妻危険を察知、麹町の森田家に篭城。昼（途中、均、菊栄・振作別々に）		

年	月	年齢	山川菊栄関係事項	国内	国外
	11月	33 (43)	は憲兵、夜は特高が監視。9/28「東京連合婦人会」「全国公娼廃止期成同盟会」に参加。11/3「全国公娼廃止期成同盟会」の宣言文起草。11/9 東京を発ち翌日京都に：倉敷の均の父のもとに同居したのち、療養のため兵庫県明石郡垂水村（現神戸市垂水区）の借家に移転。1週間後、西垂水海岸に移転。均、震災者救援思想団体結成に参加。均、「方向転換」とその批判「普通選挙と無産階級的戦術」など7篇「前衛」。「武装した反動勢力」「特殊部落民の水兵運動」「復興問題と社会主義的の政策」など17篇「改造」。「プロレタリアと婦人問題」「頭脳労働者と組合運動」など5篇「種蒔く人」。「インターナショナルの歴史」など5篇「社会主義研究」。「無産階級と知識分子」など8篇「解放」。「恐喝時代」など3篇「赤旗」。「無産階級思想とブルジョア思想」など4篇「階級戦」。その他、「マルクス主義」「建設者」に執筆。「資本主義のからくり」森戸へ。敵陣を附瞰して」三徳社。	内、野坂（不在の山川均も含まれる）徳田、橋浦幹部30名を含む80名。9/1 関東大震災（死者10万、損害100億円）。三つの白色テロ（在日朝鮮人虐殺事件/亀戸事件・南葛労働会の淀橋虐殺、川合義虎21歳、平沢計七ら9名/9.16 大杉栄、伊藤野枝虐殺、女性の深夜兵 21歳。「工場法」改正。→26年に29年6月まで延期。治安警察法の全面禁止。「レーニン号」。日本共産党の「労働者農民党」をめざす動き。堺利彦、山川均、赤松克麿。IAH 日本へ支援船「レーニン号」。11 荒畑帰国。	蔵?）上海に脱出。ウラジオストクへ。ウラジオストクで日本ビューロー設置。8/1 ジノヴィエフ日本で合法無産政党を作ることを指示。8/9 クラーラ・ツェーラ、ヨーカサで初めての保養。年末まで滞在。10 KPDの「10月蜂起」挫折。（RGASPI F495/0 p.127/ d.69/64-76（日付11/15 署名：野田）10/12に党大会を開いた報告あり。執行委員も均はいない（事前に辞任と書かれている）。（日本側に記載なし）独：11/23 KPD 非合法化。
1924 T13	1月		均、西垂水で第1次共産党事件の臨床予備尋問を2回受ける（堺と子番尋問に備えて口裏合せ）。	3 産業労働調査所（所長、野坂）2-3 正規の会議ではなく、指導的活動家の東京大森森ヶ崎での集合わせ。	1 中国：国民党と中国共産党第1次国共合作。1/21 レーニン没（1870, 54

年 M明治 T大正 S昭和	菊栄に関する事項の主な年月	菊栄の年齢（）内は均の年齢	山川菊栄に関する事項	日本の歴史的状況 日本女性史・抵抗運動史・他関連事項	国際的歴史的関連事項
	2月		予審終結。起訴。→1925.8：公判で無罪。→1926。控訴審で無罪（山川は非党員との理由）。	産党解散決定。残務整理のビューロー（少人数の委員会）を残す（堺、山川、荒畑、徳田、野坂、佐野、青野）→荒畑コミンテルンへの報告を依頼され4月末上海へ。	歳）。 1/26 ペトログラードをレニングラードと改称。独：3/1 KPD合法化。「ローテ・ファーネ」復刊。
	3月		3/30 フィリップ・ラッパポート、菊栄訳『社会進化と婦人の地位』（更生閣）。	再建に着手。片山潜、激怒。総同盟関東同盟：国際婦人デーを期して機関紙「労働」号外「婦人版」発行。	4/7 KPD 第9回党大会、社会ファシズム論。左派的中央部選出、KPD370万票（12.6％）62名当選。4 スターリン「レーニン主義の基礎について」トロツキーの孤立。
	4月		振付、垂水小学校入学。家主の法外な値上げ要求で、垂水村高丸に転居。エドワード・カーペンター、菊栄訳『恋愛論』科学思想普及会、改訂普及版。	4 第15回総選挙、憲政3派大勝、男子普通選挙法案の早期成立確定的。4/11 百合子と湯浅芳子、野上弥生子の書斎で会う。	5/23-31 ロシア共産党第13回大会。反トロツキー闘争決議。6-7 コミンテルン第5回大会にスターリン出席。トロツキーも出席。
	5月			5 牧山正彦、ベーベル第5分冊刊行。	
	6月		6/28 創立の「政治研究会」の神戸支部に所属。振付、百田氏に帰る。菊栄と東京森田家に帰る。無産政党組織準備委員会（大阪）。	6/28 「政治研究会」創立大会（鈴木茂三郎、青野季吉：均、菊栄参加神戸支部）。無産政党結成の母胎。「文藝戦線」創刊。	独：KPD指導部を、左派のルート・フィッシャー、マースロートに代える。
	7月				
	8月		★無産政党の綱領に婦人の要求項目を入れることを政治研究会神戸支部婦人部に提議。市川正一が、垂水に来て東京で党の解体を報告。総同盟関東同盟大会をみて分裂予感。	日本農民組合全国大会、本部に婦人部を置くことを決議。賀川春子、杉山に委員。7 総同盟関東地方評議会婦人部臨時総会。8 共産党最後の大会。12/6 社会政策学会戦前最後の大会。	6/17-7/8 コミンテルン第5回大会、片山潜、出席。スターリンも出席。日本共産党の「解党決定」非難される。クラーラ「知識人問題」につ
	秋	34 (44)		12/13 婦人参政権獲得同盟会創立（総務理事、久布白落実、会務理事、市川房枝、役員、川崎なつ、金子（山高）しげり、石本（加藤）静枝らを選	
	10月		10 菊栄。振付と垂水に戻る。10/25 『婦人論』第6版。		
	12月		12/6 婦人参政権獲得期成同盟会創立準備委員会の「趣意書」に記載		

年	月	菊栄関係記事	関連事項（国内）	関連事項（国際）
		された50名の創立委員のなかに山川菊栄も名を連ねる。12/13 同期成同盟会に菊栄は加盟したがいずぐ退会。垂水村高丸に転居。単一無産政党結成準備。均、「社会主義の将来」「公益事業と同盟罷業」「日本に於ける民主主義の発達と無産階級」「ニコライ・レーニン」など10篇「改造」。「方向転換の危険性」など3篇「マルクス主義」。その他約20篇「進め」「新人」「ワシシントン」「雄弁」「世紀」「無産者新聞」「或る青年に答う」「進め」社のパンフ。「無産階級の政治運動」（京都・更生閣）。「労働組合組織論」科学思想普及会。大阪・上西書店。「無産階級の政党」神戸・上西書店。「ブルジョアの政治勢力と無産階級の政党」神戸・上西書店。ディーツゲン著「無産階級の哲学」（改造社）。	出。政党（に中立）婦人結社権、公民権、参政権の対議会活動。日本フェビアン協会設立。加藤高明内閣。清浦内閣→帯刀貞代、東京に出奔。マルクス主義文献読む。中條百合子（25歳）、荒木と事実上離婚。「伸子」メモ。露語勉強。小山内薫、土方与志ら、築地小劇場開場。共産主義と社会民主主義の対立。「総同盟」（元友愛会）が舞台。福本和夫帰国。山口高商教授に転任。大塚金之助帰国。	いて報告。近藤栄蔵この演説を聴く。7/12-13 コミンテルン第4回EKKI開催。7/11-19 第3回国際共産主義女性会議。「共産主義者の任務」報告。モスクワとベルリンの女性書記局、コミンテルン執行委員会婦人部に統合される。クラーラが責任者となる。クラーラ、コーカサス地方へ旅行。温泉場で、片山潜、近藤栄蔵と歓談。12 スターリン「一国社会主義」理論提唱。
1925 T14	1月	元旦、神戸垂水の家で白石明（周庭末吉）と過ごす。	1 上海で共産党再組織を検討。2 山本宣治「産児調節評論」創刊→「生と社会」。2/3 普通選挙法（男子のみ有権者25歳以上、22%）成立。3/7 ［政治研究会］主催。（国際婦人デー」→	1 コミンテルン東方部極東書記局上海会議。佐野、荒畑、徳田、山本、青野、佐野文雄出席。「上海会議1月テーゼ」採択。解党を批判しつつも、無産政党を創る等党再建の方向を示す。1/25 日ソ基本条約調印。ン
	2月	「職業婦人の経済的地位」「婦人と労働」1,3,4号。		
	3月	均、2 第1次共産党事件の公判で上京し、堺、荒畑と会い、共産党再建に不参加を表明。		
	4月	菊栄、総同盟大会を傍聴。		

年 M明治 T大正 S昭和	菊栄に関する事項の主な月	菊栄の年齢（）内は均の年齢	山川菊栄に関する事項	日本の歴史的状況 日本女性史・抵抗運動史・他関連事項	国際的歴史的関連事項
	7月 9月 10月		山川家、兵庫県武庫郡御影（現 神戸市東灘区）に転居。均：農民労働党の結成に協力。ハインドマン、菊栄訳『階級闘争の進化』（白揚社）。「メーデー五月一日国際労働祭」上西書店。7/20 6年前に書かれた『婦人の勝利』を継承発展させ、コミンテルンの方針に照らしての運動の展開を含めた『婦人問題と婦人運動』（文化学会出版部）刊行（マルクス主義婦人論の体系確立といわれた）。均、共産党事件。第1審判決を無罪。準備中の無産政党の綱領作成「婦人の社会的地位の向上」の1項目しかない。菊栄批判。「アレクサンドラ・コロンタイ女史」10月号。婦人同盟総会に菊栄反対。10 菊栄：「政治研究会」第3回臨時大会全国大会開催を機に「婦人の特殊要求」を発表。受け入れられる。無産政党組織準備委員会の女性政策。日本労働組合評議会全国婦人部協議会に際し、組織部長三田村四郎の依頼で「婦人部ニーゼ」を起草。採択。丹野・菊栄と相談。	一）女性の演説会。於：芝協調会館。「婦人部発会式」3 日本労働総同盟大会で婦人部設置案可決。（会員3万人）。総同盟思想的内部対立をとつく分裂。左翼指導者除名。『婦人同盟』の組織運動起こる。4 百合子、湯浅と共同生活。4/22「治安維持法」制定（共産主義者の取り締まり）→1928年最高刑を「死刑」。4「政治研究会」第2回大会。5/24 日本労働組合評議会結成（総同盟：35組合。1万3000人）「総同盟」から女性活動家円タ・セツ、野坂竜、山内みな、久津見房子「評議会」に参加。婦人部設置可否論議 三瓶孝子。渡辺多恵子東京女子大学。百合子。荒木と離婚、細井和喜蔵市川貧児。8 共産党再建の中央ビューロー再組織、渡辺政之輔。佐野、徳田。渡辺政之輔「無産政党」（16団体：非合法共産党も支持）9 ビューロー、共産党の合法機関紙「無産者新聞」創刊。8 普通選挙法の施行を前に「無産政党組織準備委員会」	連大使館開設。コミンテルンの日本駐在代表としてカール・ヤンソン着任。エイゼンシュテイン『戦艦ポチョムキン』。独：ヒトラー『わが闘争』第1巻。2 クラーラ、MOPR議長となる（マルクレフスキー・カルスキーの後任）。ケーテ・コルヴィッツ会員。クラーラ「レーニンは勤労婦人に呼びかける」。3/21-4/6 コミンテルン第5回EKKI総会。「ボルシェヴィキ化」。クラーラ「国際女性書記局の活動と諸支部の状態について」報告。「5月決議」。独：KPD第10回党大会。日本政府、ソ連邦を承認。ソ連基本条約調印。

年月	年齢	菊栄	日本の関連事項	世界の関連事項
11月 12月	35 (45)	ベーベル「婦人の過去、現在、未来」世界婦人文献7巻(口絵にマリア・キリスト)海賊版。 11/5「リープクネヒトとルクセンブルク」上西書店。(1921年の改定) 12/15「日本労働組合評議会全国婦人部テーゼ」日本労働組合評議会全国婦人部協議会 均、評議会創立大会起草。 均、農民労働党の結成に協力。「無産階級の組織形態」等多数の論文を発表。 5/9「日本労働組合評議会宣言草案」。 5/20「評議会綱領草案」。7/9「評議会規約草案」。 「労農露西亜の労働」文化学会出版部。産業労働調査所。 「仏国労働総同盟の分裂」叢文閣。 「無産階級政治運動の基調」希望閣。 「無産政党の研究」叢文閣。他多数。	10/13 日本労働組合評議会全国婦人部協議会招集。「婦人部テーゼ」(山川菊栄起草)決定。委員長丹野、杉浦啓一反対。 婦人参政権獲得期成同盟会、「婦選獲得同盟」と改称。 12/1 本郷の明治会館で「農民労働党」創立(書記長:浅沼稲次郎)(治安警察法第8条第2項で即日禁止)。 12/6 日本プロレタリア文芸連盟結成。	11/24 ドイツに「赤色女性・少女同盟」結成さる。 11/27 クラーラ、ドイツ国会で「ロカルノ条約」に反対する演説。ソ連へ。 12/18-31 ソ連共産党第14回大会。「生産手段」生産優先の原則。実効的工業化の開始、集約的工業化の頂点。農業危機の深化、党内闘争の頂点。スターリンの一国社会主義論の勝利。トロツキー等革命軍事人民委員を解任。
1926 T15 →S1 1月 2月 3〜4月	間	元旦。神戸の労働者藤原栄次郎、庭末吉、御影の家に来る。 鎌倉町材木座に転居(母千世の名で、社会主義者であるということで断られたので)。 福本和夫、均を批判。「無産者新聞」「無産者講話」。 菊栄、「無産者新聞」に「無産者講話:国際婦人問題」5回連載(国際婦人デーにふれず)。	若槻内閣。福本「分離結合論」。3 日本農民組合第5回大会で綱領改正。 「労働農民党」(労農党)創立(杉山元次郎→大山郁夫委員長)。10月分裂。 田島ひで、「婦人労働調査部」設立。 「未来」発行。創刊号の「雑草欄」に国際婦人デーについて一文。→3/3静岡県清水市で婦人デーを記念する婦人問題講演会。奥むめおら。4 日本農民組合岡山県連婦人部大会:「国際婦人...	日本人1000人近くドイツに滞在。 コミンテルン第6回拡大執行委員会。 国際女性書記局、女性の間での活動についての第4回会議。女性会議開催。 コミンテルン第7回拡大執行委員会。 独=ヒトラー「わが闘争」第

554

年 M明治 T大正 S昭和	菊栄に関する事項の主な月	菊栄の年齢（）内は均の年齢	山川菊栄に関する事項	日本の歴史的状況 日本女性史・抵抗運動史・他関連事項	国際的歴史的関連事項
	4月 5月 6月 7月 8月 9月 10月 11月 12月	36 (46)	『リープクネヒトとルクセンブルグ』の朝鮮語訳が黄信徳らの三月会出版部より刊行。「労農党」に山川夫妻は参加せず。「評議会」第2回大会：婦人部論争始まる。均、共産党事件控訴審で証拠不十分で無罪判決。菊栄『社会主義の婦人観』果利彦と共著（菊栄の執筆は、ラッパポート「社会進化と婦人の地位」）。均「組合運動と婦人の問題」『大衆』5月号。菊栄「フランス労働婦人の活動」〈新フェミニズム台頭の意義」婦人と政治「我等」8月号。「婦人観」『解放』6月全誌女流号。「婦人とインタナショナル」『無産者新聞』（付録）。9/25 菊栄『無産婦人運動について』『大衆』。9 支那最近の婦人運動「無産者新聞」53号。(10/23) 学生運動に対する感想・批評『解放』思想弾圧批判号。11/1 鎌倉稲村ヶ崎に転居。菊栄『英国総連盟罷業記』「フランス労働婦人の活動」。解放社編 1926『社会主義随筆論集』(1) 婦人運	デーを祝する会の件」が議題の一つ。4 評議会第2回全国大会（丹野セツ）に関する決議案討議、未決定。この頃東京女子大で社会科学研究会（三瓶孝子、渡辺多恵子、伊藤千代子）4/19 政治研究会第2回全国大会。治安警察法第17条（労働組合禁止）削除要求。山内みな東京へ（ひでを訪ねる）。共同印刷争議。浜松日本楽器争議：105日のスト。10.2 労農党系「婦人同盟」創立大会（協調会館ホール）150名。常刀貞代大会宣言書く。常任書記：菊川静。ベーベル「婦人論」加藤一夫訳。11/14 プロ文藝連盟→プロレタリア藝術連盟と改称。12/4 共産党第3回大会が極秘に開催（山形県五色温泉）され党の再建（第2次共産党）。福本大党。12.9「労働農民党」の分裂により「社会民衆党」（安部磯雄委員長、麻生久ら）結成。「日本労農党」（三輪寿壮ら）結成。「労働農民党」（大山郁夫委員長、布施辰治、松本治一郎、山本宣治ら幹部）が共産党の合法舞台。12 ILO 婦人労働委員会の深夜業禁止委員会開催。12/25 大正～昭和に12/30 評議会中央常任委員会「婦人運	2巻。スターリン「レーニン主義の諸問題」。夏：露トロツキー、ジノヴィエフ、カーメネフ「合同反対派」結成。7 中国を統一するための「北伐戦争」。10 スターリン、ジノヴィエフ、ブハーリン議長。の覇権確立。ジノヴィエフの排除。ハナ：21歳 上京、大沼渉と結婚。エレン・ケイ死去。蒋介石、北伐開始。ベルリン社会科学研究会：蠟山政道、有沢広巳、国崎定洞（のち東大医学部辞任。→1929「ベルリン反帝グループ」のちに蝋川虎三加わる。MEL ドイツ語で読む。谷口義彦、堀江邑一、電通特派員：鈴木東民。新劇俳優：千田是也→27以降、土屋喬雄、平野

山川菊栄の年譜と関連年表　　555

			義太郎，山田勝次郎，黒田覚，八木沢之助加わる。	
		動に関する意見書」。		
1927 S2	3月 5月	菊栄，「国際婦人デー」に関わらず。鎌倉極楽寺（稲村ヶ崎）の新居完成し移転。「婦人と無産政党」「我等」5月号。	年版。 均，「労働組合婦人部の任務と構成について」「マルクス主義」7・8月号掲載（6/18稿）他。「労働運動と左翼の任務」「中間派左翼の結成か単一左翼の結成か」など5篇「マルクス主義」7・8号。「労働組合婦人部の任務と婦人の問題」など31篇多数の雑誌へ。 1/29 日本農民組合宣言及び綱領草案「ディーツゲンとその哲学」エム・エル協会。レーニン著「新経済政策」レーニン著作集刊行会。均の著作中国語，朝鮮語に翻訳される。 この頃より菊栄，左翼戦線から離れる。	1 国際婦人デーの準備会とかねて「婦人同盟」準備の新年会。山内みな，田島ひで（ら）19名。検束される。 2/5 「婦人同盟」第1回準備会を「婦人政治運動促進会」の名で主婦の友社講堂で開く。50名。議長：奥むめお，田島ひで。福本イズムによる。「福本理論」の影響。 福田英子没（62歳）。 3/13 婦人討論会（「第5回国際婦人デー」を記念せむ準備会）（「婦人同盟」結成準備会）。宣伝ビラで労農党支持を打ち出す。「婦人同盟に関する意見書」（関
				1「無産者新聞」「対支那非干渉運動を全国に起せ」「対支非干渉同盟」労農党，評議会つくる。 5 山東省への出兵（第1次山東出兵）。

年 M明治 T大正 S昭和	菊栄に関する事項の主な月	菊栄の年齢（）内は均の年齢	山川菊栄に関する事項	日本の歴史的状況 日本女性史・抵抗運動史・他関連事項	国際的歴史的関連事項
	7月		コロンタイ, 菊栄訳『婦人と家族制度』叢文閣。振作とともに倉敷に帰省。均, 中日ソ連大使館のヤシンン, 均にコミンテルンへの意見書提出を求める。	東地方を組織。4 田中内閣。5 第3回評議会大会：婦人部問題に結論。婦人部を置く。6 立憲民主党結成。7/2「婦人同盟」組織促進相談会・招待状。7/3「関東婦人同盟」結成。委員長, 新妻イト, 書記長, 田島ひで, 委員, 野坂龍, 丹野セツ, 山内みな, 仲田小春, 野塚柳つる, ら。200余名の代議員と傍聴者。「労農党」支持。7 コミンテルン,「日本問題にかんする決議」(27テーゼ)。解党主義と福本主義を批判。→統一戦線。「労農党」「婦人委員会ニュース」No.6で報じる。7/24 芥川龍之介自殺。9 最初の地方（府県会議員）選挙。野田醤油争議。10/2「全国婦人同盟」(日本労農党, 麻生久)常刀貞代, 岩内よと見る。中間派。11「社会」婦人同盟（社会民衆党, 安部磯雄, 赤松明子）。12/2 共産党拡大中央委員会（日光）「27年テーゼ」(最初の綱領的文書)承認。社会民主主義批判の弱点をもつ。「共産党組織再建に付いてのテーゼ」。福本批判される。当面の政策に関す	独：母性保護規定の拡大。「ニューヨーク・タイムス」レーニンの遺書公表。KPDエッセンで第11回大会。高野岩三郎傍聴。SPDキール大会。高野岩三郎, 有沢広巳, 堀江邑一ら傍聴。6-7 港, 日本問題委員会の1人として日本についての「27年テーゼ」作成に参加。コミンテルン第8回EKKI。7/6 モスクワ, ホテル・リュックスで高野岩三郎, 片山潜会う。9/29 コミンテルン執行委員会幹部会, トロツキー反スターリンの演説。11 革命10周年記念で国際ソ連友の会設立。10/21-23 ロシア共産党中央
	9月 10月 11月	37 (47)	「死と芸術家」『生活・文化』。「ロシアに於ける社会主義経済の発達」『改造』10月号。菊栄「社会主義の婦人観」『社会科学』3巻4号（11月号）。		

山川菊栄の年譜と関連年表　557

年	月			
	12月	均の書籍をめぐって労農芸術家連盟、「文戦」派と「戦旗」派に分裂。均、堺利彦、荒畑寒村、足立克明とともに雑誌『労農』創刊。創刊号に「政治的統一戦線へ！」を書く。以後労農派と称される。菊栄、平林たい子、堺真柄と、付録『労農婦人版』発行。均、「労働組合運動の『新』方向転換」など3篇『中央公論』。「無産政党政治戦線の混乱」など8篇『改造』。「私は斯う考える」など2篇『左翼の闘争』。約27篇各種雑誌に書く。無産者書院、ベルドニコフ、スヴェトロフ著『政治教育講話』白揚社。	る「レーゼ」の第6。婦人対策。12/3 中條百合子（28歳）、湯浅芳子と釜山～ハルビン・シベリヤ経由でモスクワへ（1931年まで）。12/14「婦人同盟全国組織準備会」大会予定。翌28/3に「全国婦人同盟結成」大会予定か。→共産党解体を要求。27年一ゼの存在知らず。一般の間で共産党の影響か。12末 大泉兼蔵（26歳）共産党入党。→1929からスパイ行為。コロンタイ『赤い恋』村松四郎訳。（世界社）。	委員会総会。トロツキー、ジノヴィエフら、党籍剥奪。12/2-19 ロシア共産党第15回大会[反対派]の敗北。コロンタイ『ワシリーサ・マルィギナ』出版。
1928 S3	2月	山川均ら、再建第2次共産党には加盟していないが除名処分される。1-9 高群逸枝（33歳）との論争。菊栄、〈日本社会主義運動史〉「婦人運動小史」を「社会科学」に発表。「無産婦人運動に就て立場を明らかにする」『婦人運動』2月号に書く。菊栄、国際婦人デーに関わらず。3/30 フィリップ・ラッパポートの全訳 "Looking Forward" の全訳（更生閣吉田書店、京都）→1929 2/3 改造文庫に。	野上弥生子『真知子』。婦選獲得同盟委員会結成。1 三瓶孝子、早大経済学部聴講生。2/1『赤旗』創刊。2/20「男子」普通選挙法による第1回選挙。「労働農民党（左派）」から11人立候補。山本宣治、水谷長三郎当選。無産政党から8名当選。	1/16 トロツキー、アルマ・アタに追放。コミンテルン第9回拡大執行委員会総会、社会民主主義主要打撃論。独：国会選挙、KPD324万3千票と54議席。
	3月		2/28 徳田球一参政権獲得週間。幕中18年。3/1-3/8 婦人参政権獲得週間、3/8 国際婦人デー「関東婦人同盟」中心、3/14「婦人同盟」全国組織創立大会予定、19日に延期→	4 第2次山東出兵。

年 M明治 T大正 S昭和	菊栄に関する事項の主な月	菊栄の年齢（）内は均の年齢	山川菊栄に関する事項	日本の歴史的状況 日本女性史・抵抗運動史・他関連事項	国際的歴史的関連事項
	5月		『労農』附録「婦人版」第1号発行。(11月、第7号まで続く)。	無期延期。浅野晃、伊藤千代子（共産党）入党、結婚。	5 第3次山東出兵。
	6月		「無産婦人運動の任務とその批判」『労農』3・5月号。ハインドマン、菊栄訳『階級闘争の進化』（1925年の『階級闘争の進化』の解題）。コミンテルン国際婦人局アーチウゼ「婦人労働者会議について」『労農』婦人付録版、6号。「フェミニズムの検討」『女人藝術』創刊号（7月号）に書く。	3/15 共産党一斉検挙。（3.15事件）。「治安維持法」で1600人検挙、828名起訴。伊藤千代子検挙。夫浅野転向。3/25「婦人同盟」解散勧告・解散声明（性別組織否定原則）。混乱。4 山梨子（市川正一）「マルクス主義」4月号、婦人同盟反対の理由論文を書く。4/10 3.15事件記事解禁。「労働農民党」「全日本無産青年同盟」解散させられる。検挙を免れた渡辺政之輔、市川正一ら『赤旗』再刊。5「市川」関東消費労働組合の有給常任書記。6 福本和夫3/15事件に連座して検挙（1942まで獄中）。	6 張作霖を爆死させる。中国共産党と共産党共同宣言。7-9 コミンテルン第6回大会。潜、参加。コミンテルン綱領決定。トロツキー、コミンテルン綱領草案批判。一国社会主義批判。「社会ファシスト」論。ショーロホフ（→1940）『静かなるドン』。
	7月		7/10 ペーベル、菊栄訳『婦人の過去・現在・未来』(普及版上下) アルス。8/7 ベーベル、菊栄訳『婦人論』『社会思想全集』平凡社。	7 長谷川時雨『女人藝術』創刊。7「無産大衆党」結成。治安維持法改正「国体の変革→死刑。無期。	
	9月		振子発病し、三田の奥山伸医師のもとへ通院。	9-10 百合子、湯浅とバクー油田。ドン、バス炭鉱見学。	
	10月		「ローザの逸話」『労農』付録婦人版、10月号。	10 渡辺（政）、台湾のキールンで警察に襲われ自殺。12 無産大衆党、日本農民党など7党合同し、「日本大衆党」	

年	月		山川菊栄	関連事項	
	12月	38 (48)	10/30、均との共著『無産者運動と婦人の問題』刊行。300ページを超える本。振作の病状悪化（小児結核）。婦人版の編集退く。振作と三田市国町に下宿。菊栄：運動の第一線より退く。12/16『無産者無産階級」無産社。均、多数の論文「"新"方向転換か」『無産社」「弁証法的唯物論と社会主義サヴェート」共著『社会主義の現勢』（白揚社）。エリオット著『近代科学と唯物論』（白揚社）。	(高野岩三郎党首辞退) 結成。新労農党再建。「全国婦人同盟」は「無産婦人同盟」に再編成。日本労働組合全国協議会（全協）結成。→非合法。プロフィンテルン加盟。1934年頃消滅。市川ら共産党中央を再建。8月来休刊の『赤旗』再発行「全日本無産者芸術団体協議会」と改称。向坂逸郎、九州帝国大学に辞表提出。『中間検挙」女性多数。1928-1935「マルクス・エンゲルス全集」（改造社）世界でも初めて。	10/1ソ連第1次5カ年計画。パリ不戦条約調印。
1929 (S4)	1月		1/11 均の父、清平死去。1『婦人公論』への時評執筆始める。(これ以降、1938年12月号までほぼ毎号書く。)	女性および年少者の深夜業禁止。1無産大衆党系の無産婦人連盟と全国婦人連盟は合同して「無産婦人同盟」となる。3/5 治安維持法改正緊急勅令案通過（高野房電、森戸辰男弁辞）河上肇治判殺。3末田島ひで逮捕。3/6『無産者新聞」社説で「国際婦人デー」『戦旗』3月号：グラビア。本文でクラーラの論文。『改造』3月号：神近市子「3月8日国際婦人デー」『文藝戦線」3月号も特集。共産党国際婦人デーについてチラシ。『労農」4月号：国際婦人デーに際して」。4/16 共産党一斉検挙 (4/16事	ブハーリン執行委員会によって解任。ルイコフ追放される。トロッキー国外追放。労働派、日本の解党派。労農派批判。4スターリン、ブハーリンを攻撃。モロトフ人民委員会議長。ベルリンで反ファシズム大会。5独、ベルリン、血のメーデー。KPD、社会ファシズム論。クラーラ、ヘルマン・ドゥンカー中間派。統一戦線を主張した右派は切り捨てられる。5月下旬百合子、湯浅芳子ベルリンへ。こで百合子「戦旗」みる。
	2月		フィリップ・ラッパポート、菊栄訳『社会進化と婦人の地位』改造文庫。ベーベル、菊栄訳『婦人論』改造文庫。		
	3月		菊栄、国際婦人デーについてふれず。レーニン、菊栄訳『背教者カウツキー』（白揚社）。		
	4月		均、「労農」同人とその任務を辞する声明書を発表。『日本大衆党とその任務」など3篇『労農』。		

年 M明治 T大正 S昭和	菊栄に関する事項の主な年月	菊栄の年齢（ ）内は均の年齢	山川菊栄に関する事項	日本の歴史的状況 日本女性史・抵抗運動史・他関連事項	国際的歴史的関連事項
		39 (49)	「無産政党問題の再吟味」など12篇『政治』。 その他約10篇各誌に。 『労働組合と無産政党』無産社。 『インタナショナルの歴史』日本評論社。 レーニン『唯物論と経験批判論』解訳、大森義太郎と共訳、改造社。	(作）300人検挙、逮捕者1000人。寺尾とし逮捕、壊滅状態。中央ビューロー組織される。 4 済南事件。4/29-11末百合子（30）ヨーロッパ旅行。百合子、『資本論』と仏語勉強。 5 日本大衆党分裂。 6/30 女性・年少労働者の深夜業廃止。佐野学、上海で検挙。 6 中央ビューロー、冒険主義。『産業労働時報』雑誌形式。 7 織本、亀戸に『労働女塾』開く。 7 中央委員会再建。『赤旗』再刊。浜口内閣。 8 『宮本顕治（21歳）「敗北の文学」発表。 9 『第二無産者新聞』非合法で発行。 9/24 伊藤千代子拘禁中死去（3/15で検挙）。9/30 水野、浅野ら除名。 10/24 世界大恐慌→日本に影響。 11 大山郁夫『新労農党』結成。 11/7 獄中デモ。11/29 百合子モスクワへ戻る。 12 東京無産党結成。東京市電スト。婦人軍事戦闘的。29年半ばから30年：共産党：冒険主義（田中清玄：党指導	KPD 第12回党大会（最後の合法的党大会）。コミンテルン第10回 EKKI 総会。「社会民主主義＝社会ファシズム論」。8/1 国際反戦デー。レーニン廟建設。アメリカ合衆国に端を発する大不況。10/24 世界大恐慌。 3・15事件の幹部：水野成夫。 村山藤四郎、門屋博解党的意見を書き浅野見、南喜一賛成。ドイツ国崎定同と千田是也。「ベルリン反帝日本人支部」小林陽吉之助、勝本清一郎、藤森成吉。モスクワの片山潜、勝野金政。日本の河上肇・野呂栄太郎・岩田義道とつながる。服部栄太郎、杉本栄一、大熊信行、小畑茂夫は、個別の読書会グループ。ドイツ以外研究員在留者151人。約500人の日本人ベルリン滞在。

1930 S5						
	3月		この年、菊栄は、『婦人公論』に毎号、『女人芸術』、『婦女新聞』、『婦人運動』、『文藝戦線』、『経済往来』、『我観』、『中央公論』、『連合婦人』、それぞれに数本書く。ラッパポートの翻訳改造社文庫へ。		2 百合子、ソ連各地を旅行。片山和彦、片山に会う（百合子）、片山にモスクワ滞在を勧められる。2/20『男子』普選第2回総選挙（高岩応援演説）、無産政党5名当選（安部磯雄、河上肇、堺利彦落選）。金輸出解禁。 3『第2無産者新聞』16号（3/8）記事。	独：9 千田是也：KPD 日本人部の指導者。 独：9/14 国会選挙でナチス 107議席獲得。KPD450万票、77名。
	6月 9月		振作病気のため、中学中退。 振作に付き添い、奥山伸医師の治療を受けさせるため、奥山医院の近くに間借り生活。1935年までを。この間、菊均は鎌倉稲村ヶ崎の自宅に居て、菊栄と振作が週末に帰宅する二重生活。 均、『労農』に執筆開始。		『女人芸術』3月号「婦人デーと我らの任務」。5 メーデー 川崎：武装デモ（竹槍メーデー事件）。5 武装メーデー共産党国民からの孤立。6「赤旗」発行停止。6/2 全国労働組合同盟（全労）高野顧問。6 河上肇「第二貧乏物語」。鐘紡争議。4割の賃下げに対して、全国婦選大会。全国宣言起草委員会成立。（高遠岩三郎顧問）。9/20-11/21「東洋モスリン亀戸工場」工場閉鎖。闘争60日。10/24 市街戦。「富士瓦斯紡績」争議。織本「労働女塾」閉鎖。11 浜口雄幸首相東京駅で狙撃される。12 全国大衆党第2回大会で労農・社民両党との合同を可決。11/8 百合子（31歳）、湯浅とソ連から帰国。12 プロレタリア作家同盟に加盟。治安維持法による逮捕者1万1150人。コロンタイ『偉大なる恋』中島幸子訳、世界社。『グレート・ラヴ』内山賢次訳、世界社。『赤い恋』大竹博吉訳、内外社。	露：マヤコフスキー、自殺。 トロツキー『わが生涯』。 8 片山潜、プロフィンテルン第5回大会に出席。 国際社会のなかで日本の孤立。留学者の減少。丸山眞男、大塚久雄、川島武宜留学機会を逸する。
	11月	40 (50)	均、「労働の受難期」「無産政党合同の可能と不可能」「合同政党の成立とその展望」など7篇『改造』他論文多数を誌へ。 『単一無産政党論』文藝戦線社出版部。 『産業合理化の批判』春陽堂。 ウンターマン著『マルクス経済学』白揚社。		部）。	

年 M明治 T大正 S昭和	菊栄に関する事項の主な年月	菊栄の年齢（）内は均の年齢	山川菊栄に関する事項	日本の歴史的状況 日本女性史・抵抗運動史・他関連事項	国際的歴史的関連事項
1931 S6	1月		岡部雅子、東京で生まれる。『産児調節』。『婦人公論』に毎号。『婦選』、『東京朝日新聞』それぞれに1本書く。	『国際プロレタリア婦人運動』戴旗社。 1 共産党中央再建。委員長：風間丈吉、岩田義道・中央委員、松村（スパイ）。『赤旗』再刊。百合子日本プロレタリア作家同盟中央委員。2 百合子「新しきシベリア」を横切る。第1回無産婦人大会。婦人公民権案衆議院可決。 3/16 大日本連合婦人会発会式。 3/6『第二無産婦人新聞』国際婦人デーの記事。3/8 無産同盟主催国際婦人デー講演会で明真術検挙される。共産兄婦人部確立。岩田義道・児玉静子。関東消費者組合：婦人デーの大衆的集会。 3/23『第二無産新聞』市ヶ谷刑務所緒入報告一回での呼びかけ。陸軍3月事件。若槻内閣。『日本資本主義発達史講座』編集。大塚金之助入党。	3/26-4/11 コミンテルン第11回EKKI総会。 露：凶作。トロツキー『ロシア革命史』。 独：「ナチ女性団」設立。そう強まイツの経済危機いっ ベルリンでのIAH第8回世界大会とその第1回国際女性会議。 露：モスクワのキリスト大寺院爆破。 スペイン第2共和政成立。英国、金本位制から離脱。
	5月		5 均、三田 四国町に菊栄。振作と同居し、奥山医師の治療を受ける。均『労農』に「共同戦線党の検討」連載。	5 宮本顕治（22歳）共産党に入党し、日本プロレタリア作家同盟に加盟。 6/25 治安維持法違反第1回公判始まる。被告一：佐野、鍋山、国領、市川。杉浦啓一、三田村、高橋貞樹、飾田球一、志賀義雄 中尾勝男。7 全国労農大衆党結成（全労大会）。7 市川正一、5回にわたる代表陳述。7月頃、宮本	8 プロフィンテルン第5回大会東京モスクワ出身の飯島キミ参加。 末 林芙美子ベルリンへ着キ。

月	年齢	山川菊栄	一般事項	関連事項
8月		レーニン、菊栄訳『プロレタリア革命と背教者カウツキー』「社会思想全集」（平凡社)。『満州の銃声』「婦人公論」国際連盟の無力を批判。階級的視点に立つ。	顕治・百合子出会う。8/1 反戦デー(日本軍隊の「満州」、朝鮮及び台湾からの即時撤退）。9/18 満州へ侵略行動：15年戦争のはじまり）。9/19 共産党中国侵略反対運動呼びかけ。全労大会。堺利彦。百合子「働く婦人」編集責任者。10 百合子(32歳）共産党に入党。12 大養内閣。金輸出再禁止。この年争議件数戦前最高の2456件。治安維持法による逮捕者1万1250人。コロンタイ『母性と社会』尾瀬敬止訳。ロゴス書院。	9/18 柳条湖事件が関東軍によって引き起こされる。「満州事変」。林芙美子洋行。独：10/9 第2次ブリューニング内閣。
11月	41 (51)	均、しばらく芝公園金地院の近くに住み、鎌倉に戻る。いわゆる「第一線より引退」の声明。「河上博士は何を為すべきか?」「コミンターンのテーゼは如何にわが国の無産政党を否定したか」「この年戦線党の検討を突破して」「共同戦線党」「労農」「新合同と新任務」など「労農」。『無産政党の話』千倉書房。全国労農大衆党の運動方針の一部草案(12月第2回大会)。		
1932 S7 1月		均、鎌倉稲村ヶ崎へ、イタチ飼育に挑む。菊栄。事変の前『文藝春秋』	1月より上海に侵略行動（事変）。1 社会民衆大会：「三反綱領」：反マ・反ファッショ、反共産主義。大森兼蔵上京。「日本資本主義発達史講座」刊行始まる。「働く婦人」創刊。中條百合子編集長。百合子の戦前の婦人論評価の第1期。ソ連マルクス主義の圧倒的影響。2「産業労働時報」婦人特集号。男子第3回普通選挙。無産政党5名に当選。得票減少。2 百合子(33歳）宮本顕治(23歳）と事実婚。文化運動弾圧。「女人藝術」廃刊。2/26「赤旗」	3 中国東北部に「満州国」つくる。→国際連盟調査団。露：党決議「文芸・芸術団体の改組について」ですべての芸術団体が解散、図作。春：「革命的アジア人協会」「革命的アジア」誌発行。5 コミンテルン「日本における情勢と日本共産党の任務にかんするテーゼ」(32年テーゼ)、片山潜、野坂参三、山本懸蔵作成に参加。当面の革命の性格を民主主義革命とす
2月		『婦人運動史』「社会科学講座」第12巻」誠文社。		

年 M明治 T大正 S昭和	菊栄に関する事項の主な月	菊栄の年齢（）内は均の年齢	山川菊栄に関する事項	日本の歴史的状況 日本女性史・抵抗運動史・他関連事項	国際的歴史的関連事項
	3月		全労大会で田所輝明起草のファッショ的方針転換採択。	号外。「国際婦人デーの闘争方針」「日本労働組合全国協議会」(全協)「婦人デーに際して闘う婦人」3月号「記念号」。3 東京地下鉄争議。勝利。 4/19 4.16の公判開始。被告75人。 4 共産党中央委員上田茂樹(31歳)逮捕、その後不明。「赤旗」活版印刷、週3日刊→5日刊。顕治地下活動、百合子検挙。百合子・顕治の「12年」始まる。兵営や軍艦のなかにも組織、「兵士の友」5 野呂栄太郎ら「日本資本主義発達史講座」(岩波)刊行始まる。大塚、小林良正、服部之総、羽仁五郎、平野義太郎、山田盛太郎ら。5.15事件。犬養毅首相射殺さる。斎藤内閣。社会民衆党分裂。「国家社会党」準備会創立。5「32年テーゼ」(社会ファシズム論含む)。全協はプロフィンテルンに加盟。プロフィンテルンの方針にもとづいて社民の労組下の労組方針の存在意義を否定する誤り。野呂栄太郎、宮本顕治「32年テーゼ」にもとづき活動。上海事変。東京地下鉄ス下。 6 満州国承認。 7 全国労農大衆党・社会民衆党合同し、	る。大衆活動における受動性や、大衆組織と党を混同することを改める。社会民主主義勢力をファシズム勢力と同列におくくり「社会ファシズム」ととくくり、これとの闘争を強調。セクト主義。 平野義太郎、堀江邑一、小宮義孝、河上左京らかして日本へ。 独：7 ドイツ国会選挙。ナチス第1党。 8 アムステルダム反戦集会(片山潜参加)。「国際反戦委員会」(ロマン・ロラン、アインシュタイン、片山潜ら)。 8/27-9/15 コミンテルン第12回EKKI総会。国際連盟リットン報告書。日本政府に伝達。 8/30 クラーラ・ツェトキーン、ドイツ国会の最年長議員として国会開会演説。
	7月		「労農」同人会議で、「労農」を廃刊。		

1933 S8	10月	42 (52)			独：1/30 ヒトラー首相となる。2/24 国際連盟総会でリット
			新雑誌「前進」を創刊。均、毛皮用のイタチ養殖始める。この年、菊栄は、「婦人公論」のほか、「婦人サロン」1点のみ。均、「『前進』発刊の辞」「新合同党内において、左翼分子は如何に闘うべきか」「『前進』、左翼分子は新合同党を去るべきか」「前進」。「国民社会主義運動と無産政党」「敗戦の無産党」「ソヴェト15周年」など「改造」。	「社会大衆党（高野岩三郎顧問）結成。「日本民族の歴史的使命達成の聖戦を積極的に支持」すること宣言。 7/7 3.15(1928)、4.16(1929)弾圧の裁判。市川、佐野、鍋山、三田村無期懲役。他181人に計777年の懲役の求刑。市川代表陳述（5回）。控訴。 7/15「赤旗」に「婦人欄」設置。8 河上肇、共産党に入党（53歳）、地下運動へ。9 河上肇、共産党中央委員（M）（本名：飯塚盈延）特高警察の指示を受け、戦争協力を宣言。資金活動の一環として東京大森の銀行を襲撃。10「総同盟」大会。「ストライキ絶滅宣言」。10/24 大日本国防婦人会創立。10/30 伊豆熱海温泉で共産党全国代表者会議11名検挙、岩田義道（34歳）逮捕され拷問で虐殺。児玉静子婦人部長検挙。新生共産党事件（熱海事件）。スパイ松村：犠牲者2500人。1500人の党員、共産青年同盟員。全協の活動家逮捕。その後日本無産階級運動後退期。10/30 判決：三田村、死刑→無期へ。12 同党「ファッショ紛争」闘争」を決定。12/13 常刀、共産青年同盟地下活動、街頭連絡中検挙。治安維持法による逮捕者1万8397人。	
			この年、菊栄は「婦人公論」に毎月書く。	1 堺利彦死去（均、葬儀委員長。山本正美、スパイ三船（香川）。1 河上肇	

年 M明治 T大正 S昭和	菊栄に関する事項の主な月	菊栄の年齢（ ）内は均の年齢	山川菊栄に関する事項	日本の歴史的状況 日本女性史・抵抗運動史・他関連事項	国際的歴史的関連事項
	3月		3「変質共産党と売淫政策」『婦人公論』	検挙。2/20 小林多喜二検挙され拷問により虐殺さる。2-3「産業労働時報」婦人特集号。	ソ調査団の報告にもとづく対日勧告案を42対1で採択。
	4月		4「社会主義は女を完るか」『婦人公論』	日本、国際連盟を脱退。「全協」婦人代表者会議。婦人デーに方針。「全協」機関誌「労働新聞」（幸辰）。4 京都大学滝川（幸辰）事件。刑法学説を赤化思想として辞職強要。飯島喜美婦人部員検挙（→35年獄死）。「働く婦人」刊行不能。	独：2/27 ファシスト的国会焼打ち事件 KPD機関紙禁止。KPD475万票、85人（1度も国会に立ち入らず）。ディミトロフ他2名のブルガリア人国会放火の疑いで逮捕。「全権委任法」ナチの焚書始まる。
	5月		5『女性五十講』（改造社）刊行。発	長谷川時雨「輝ク会」設立。機関紙「輝ク」を創刊。クラーラの訃報を掲載。女性と16歳未満のものの坑内労働禁止。男子労働者数〉女子労働者。	独：3/9 KPD を非合法化。米：3/10 ルーズヴェルト大統領に就任。ニュー・ディール始まる。独：3/23 国会でナチスへの全権委任法可決。
	6月		6. 姉、松栄死去。均、職業の選択を考慮。「わが国におけるマルクシズムの発達」「反動期の無産政党」「堺利彦を語る」など7篇「改造」。「共産党両巨頭」の転向」など3編「中央公論」。その他『文藝春秋』『前進』等。	6「極東平和の会準備会」（江口漢。長谷川如是閑。加藤勘十ら）→「上海反戦会議支持無産団体協議会←「社会ファシズム」的批判。宮本百合子「刻々」執筆「中央公論」不掲載。→没後1951年3月号に掲載。湯浅芳子。共産党へカンパで逮捕・起訴。社大党委員「転換期日本の建設計画」決定。ファッショへの転落とする労農派の反対でつぶやむる。6 佐野学・鍋山貞親。田中清玄・田中村四郎。獄中で共産党員も転向。多数の転向者を生む。無産階級運動崩壊	6/20 クラーラ・ツェトキーンの死（75歳）。独：6/22 SPD の活動禁止。独：6/30 国際連盟脱退通告。11/5 片山潜、クレムリンの病院で死亡（74歳）。

年	月	年齢	菊栄関連	関連事項	世界
		43(53)	均、うずら飼育始める。振作：黄疸罹患。	減状態。7/1 野呂栄太郎クラ・ツェトキンの弔辞『赤旗』(活版、3日刊)に掲載。『学芸自由同盟』組織さる。徳田秋声、三木清ら、百合子も。左翼事件の女性起訴者数が戦前で最高。『前進』2巻7号で廃刊。9 林芙美子、共産党に資金カンパした疑いで検挙さる。以後運動と縁を切る。11/28 野呂栄太郎検挙（大泉兼蔵の手引）。12/23-24 大泉兼蔵、小畑達夫をスパイとして査問。小畑の急死。「リンチ事件」。12/26 宮本顕治検挙（スパイの手引き）。1年間百合子との面会も通信も許されず。12 田中サガヨ検挙→35年5月死去。大塚金之助、治安維持法で逮捕（懲役2年執行猶予3年）→東京商科大学教授職を追われる（13年間）。林芙美子「運動」と決別。	独：ヒトラー、総統に就任。中国紅軍（人民解放軍）大長征。
1934 S9	4月 5月 12月	44(54)	菊栄、『ローザ・ルクセンブルグの人と生涯』『婦人公論』12月号。この年、菊栄は『婦人公論』毎号の	1 百合子、「小祝の一家」『文藝』1月号。2/19 野呂栄太郎、拷問による病状悪化で死去（33歳）。5 市川、国領五一郎らの控訴公判。6 百合子3回目の検束（約5カ月）。10 市川ら、一審判決通り無期懲役。上告。12 大審院上告棄却。市川、国領ら網走刑務所へ。日本、ワシントン条約を廃棄。12/3 顕治検挙後、百合子初め	

年 M明治 T大正 S昭和	菊栄に関する事項の主な月	菊栄の年齢（）内は均の年齢	山川菊栄に関する事項	日本の歴史的状況 日本女性史・抵抗運動史・他関連事項	国際的歴史的関連事項
			他、『東京朝日新聞』に４回。『婦女新聞』、『文藝春秋』にも書く。「維新史研究の非常時的意義」「非常時に端ぐ労働組合運動」「飢饉の東北農村を見る」など６篇。「改造」その他。エスペラント『資本主義のからくり』日本エスペラント学会。	て面会。12/28 百合子（35歳）、顕治（25歳）（顕治獄中）。手紙の交換始まる。社大党多数の「軍部との協力」による反資本主義勢力拡大強化」傾向強まる。母性保護法制定促進婦人連盟結成。岡田内閣、全協婦人部壊滅状態。→合法的理論戦線の存在を背景に存続。能智恵弥著『婦人問題の基礎知識』現代文化に。	鈴木東民：ベルリンで『伯林週報』発行。
1935 S10	3月		振作、病状好転、三田を引き払い母子で、鎌倉の自宅へ戻る。『婦人公論』３月号「社会時評」で「母性保護連盟」の「家事調停法」に関する批評に『婦選』は、菊栄を書斎の人」とコメント。	1 社大党大会、左翼の反対を押し切り圧倒的多数で軍部的「革新」に同調。2/20 187号「赤旗」「国際婦人デー」近づく。戦前この「赤旗」が、国際婦人デーを伝える最後。発行停止。3.4 袴田里見逮捕。共産党中央委員会壊滅。4月号、5/1 第16回メーデー（以後メーデー禁止〜1946）。5 百合子「新しい一夫一婦」「行動」。検挙。10/14 百合子、治安維持法違反で起訴。貴族院議員美濃部達吉の「天皇機関説」問題。「学匪の説」。著書の発行禁止。国体明徴運動起こる。11 帰国した勝本清一郎、日本ペンクラブ結成：島崎藤村、有島生馬、堀口	仏、反ファッショ人民戦線。7 コミンテルン第７回大会。『社会ファシズム』論の誤りは基本的に克服され、国際統一戦線、人民戦線戦術をとることを決定。30年代後半以降、コミンテルンはスターリン専制と弾圧、コミンテルン自身が各国の運動の前進の妨げとなり、反対物に変質。
	5月		均、姉、浦の夫林源十郎死去につき帰郷。母、千世と水戸を訪れる。『読売新聞』への時評執筆始める。→1941.8まで。以後『婦人公論』以		
	9月				

年月	年齢	山川菊栄	関連事項
10月		上の執筆の場となる。うずら事業のため、鎌倉の自宅を貸家とし、鎌倉郡村岡村にうずら飼育場3棟と新居の新築を決定。	2 モスクワから山本懸蔵・野坂参三「日本の共産主義者への手紙」(反ファシズム統一戦線戦術)出す。 仏＝第1次人民戦線内閣成立。スペイン、人民戦線運動。スペイン、フランコ将軍の反乱。内戦。国際的義勇軍→フランコのファシズム独裁勝利。 ベルリンオリンピック。 蔣介石、張学良に監禁され、抗日への転換を迫られる(西安事件)。 日独防共協定。
11月	45 (55)	均。『日本ファシズムの「退潮」』『先駆』『連進』「ムッソリーニ一問一答」他『改造』など。随筆集『からす』(日本評論社)。	
1936 S.11 4月 秋	46 (56)	振作(19歳)、成城高校(旧制)に入学。 鎌倉郡村岡村(現藤沢市弥勒寺)に借地。住宅と養鶏場を建てて移転。『湘南うづら園』開業。労働力必要。その世話の手伝いの人。水道がなし。買い物ガスなし。千世と中国地方旅行：父、竜之助の郷里松江を初めて訪れた後、広島、均の郷里倉敷まわる。 この年、菊栄は、コロンタイ『婦人と家族制度』訳。義文閣。12『男は戦う女は働く』『婦人公論』。 均、『社会主義と自由主義の相克』と『国政一新』と日本ファシズム」『軍部の労働組合禁止令』等7篇『日本評論』『無産党の進出とその展望』『新官僚と国家社会主義』等5篇『改造』他。	2 総選挙、社大党18名当選。加藤勘十当選。 2.26事件：陸軍青年将校1400名クーデター。軍部の政治的発言強まる。 広田内閣。 3月下旬 百合子予審終結。 保釈出獄。メーデー禁止：戦後まで。 6月 百合子公判。懲役2年執行猶予4年。 7 社大党から離脱した労農派など左翼反ファシヨ政治戦線統一を旗頭とし労農無産協議会を結成。 女性の深夜業完全禁止。 7『日本資本主義発達史講座』参加学者30余人、治安維持法違反として検挙。

年 M明治 T大正 S昭和	菊栄に関する事項の主な月	菊栄の年齢（）内は均の年齢	山川菊栄に関する事項	日本の歴史的状況 日本女性史・抵抗運動史・他関連事項	国際的歴史的関連事項
1937 S12	3月		『婦人と世相』（北斗書房）刊行。	第7回全日本婦選大会（最後の大会）。日本婦人団体連盟結成。3 労農無産協議会、日本無産党に改組。反ファッショ人民戦線提議。3 丸岡秀子『日本農村婦人問題』（高陽書院）。4 総選挙、無産政党100万票獲得。社大党37名。林同志、近衛内閣。7.7 盧溝橋で日本駐留軍事行動（事件）、日中戦争へ突入。8 国民精神総動員運動。	7 盧溝橋事件日本駐留軍軍事行動（事件）、日中戦争へ突入。中国第2次国共合作成立。伊：日独防共協定に参加。スターリンの専制政治と大量弾圧の横行。ソ連、専制化。間抑圧社会に変質。反ファシズムの立場を放棄。
	4月		振作、成城高校近くの聖蹟に下宿。週末は村岡に帰宅。		
	6月25日		ベーベル『婦人論』改造文庫 第55版。	10 日本労働総同盟、労働組合総連合等、戦争への産業協力方針。同盟罷業の絶滅を期す。10/17 鎮治の誕生日を記念して中條百合子の筆名を宮本とする。	
	7月7日		盧溝橋事件、事実上執筆禁止。	11 社大党第6回大会「戦時革新政策」。12 日本無産党および労働組合全国評議会結社禁止。和田博三四ら、検挙。9府県約240人におよぶ弾圧。	
	10月	47 (57)	千世や水戸や袋田、端など之を訪れる。	12/15 人民戦線事件：「日本無産党」「日本労働組合全国評議会」解散。労農派一斉検挙。反支配階級的行動・言論合法性を失う。小林陽之助ら検挙。12/27 内務省、中野重治、岡邦雄、戸坂潤、鈴木安蔵、堀真琴、林要の7名の作品発表禁止。38年以降：小・中教科書の国定制。「八絋一	
	12月15日		12/15 均、村岡村で人民戦線事件で検挙される（全国四百数十人の1人）。鎌倉署。（1年半、警察の留置場）。「近衛内閣出現の政治的地位」など7篇。「政変と軍部の意義」など「改造」。「政変に潜み出たファシズムの日本的本質」「転機に立つ社会大衆党」など8篇。「文藝春秋」。「無産政党への警告」「自由ひ」他。		

				「侵略と反動の思想。	
1938 S 13	1月 夏		均、警察で肺炎罹患。高熱（三田與山病院へ入院）。東調布署留置場へ。4-8「東調布署手記」。7-10「山川聴取書」30回（矢野警部）。うずら園。人手不足。手伝いの娘いる。うずら園、変わらず書き続けている。	1 母子保護法施行。時局婦人大会。日本婦人団体連盟主催。厚生省設置。第2次人民戦線事件で大内兵衛、向坂逸郎、高橋正雄、有沢広巳ら教授グループ検挙。労働組合、建国祭に参加。重要産業統制法、国家総動員法実施（久米正雄、林芙美子ら）。従軍作家陸軍漢口へ出発。	張鼓峰で国境紛争（日ソ両軍衝突）。ミュンヘン協定で、チェコスロヴァキアのズデーテン地方をドイツが併合。仏、フランス人民戦線崩壊。スターリンの専制と弾圧がコミンテルンにおよぶ。日本共産党中央：コミンテルンの変節の進行を知らず、ソ連の弾圧は日本人にもおよぶ（杉本良吉、岡田嘉子、国崎定洞、山本懸蔵）。ポーランド共産党を弾圧・解体（1956年名誉回復）。
	11月 12月	48 (58)	菊栄は、治安維持違反で起訴され、12月、巣鴨の東拘置所に移される「うづら園」。均、飼料の入手難で一人暮らし。廃業。一人暮らし。	11 政府「東亜新秩序」樹立声明。12 百合子、急性首腸炎手術。	
1939 S14	4月 5月	49 (59)	振作（21歳）、東京帝国大学（理学部）に入学。本郷に下宿し、週末は村岡に帰る。5 均、巣鴨拘置所を保釈出所。藤沢に帰宅。菊栄、書き続ける。菊栄、6/24、25「東京朝日新聞」に「婦人の団体行動」掲載。政府の女性徴用「婦人指導者たちの国策協力のあり方を批判。市川房枝反批判。	女性の坑内作業禁止規定緩和。兵役法改正で期間延長。各地の招魂社を護国神社と改称。満蒙青少年義勇軍2500人の壮行式。平沼内閣。産業報国運動。ノモンハン事件。価格等統制令。平沼内閣総辞職。阿部信行内閣。7 宮本顕治、公判準備中に喀血。12/5 百合子「広場」執筆（検閲）	鹿地亘ら、中国桂林で日本人民反戦同盟結成。朝鮮総督府「創氏改名」強要。ナチス・独：ポーランドに侵攻。レジスタンス。ムッソリーニ・伊がヨーロッパで侵略戦争。スターリン、ヒトラーと不可侵条約：ポーランド、バルト3国を勢力圏として分割。秘密議定書。コミンテルンにいたヨーロッパ諸党代表者弾圧に組み込まれる。9 第2次世界大戦開始。
1940			この年、菊栄は雑誌『婦人公論』	1 エンゲル・森戸辰男訳『ベルギー労	

年 M明治 T大正 S昭和	菊栄に関する事項の主な月	菊栄の年齢（）内は均の年齢	山川菊栄に関する事項	日本の歴史的状況 日本女性史・抵抗運動・他関連事項	国際的歴史的関連事項
S15			(1-12月毎号）。「新女苑」（1-12月毎号）執筆の他。「婦人の友」、「女性と経済」、「改造」、「セルパン」、「女性展望」、「博浪沙」、「日本評論」、「婦人運動」、「女性日本」、「少女の友」、「科学知識」、「婦女新聞」、「アサヒグラフ」に書いている他、「読売新聞」に毎月複数記事を書く。	働者家族の生活費。国民優生法公布。婦人獲得同盟解散。2 宮本百合子「今日」。明日「婦人画報」。3「聖戦貫徹議員連盟」結成。米内光政内閣。3/5 百合子「3 月の第 4 日曜」執筆。4 顕治の公判始まる。血痕。7 喀血。転向条件出され拒否。6 社会大衆党解党。7 労働党解散。近衛内閣。政友会、民政総同盟解散。第 2 次近衛内閣。軍事同盟条約。北部仏領インドシナ侵攻。10 紀元2600年の記念式典。「大政翼賛会」発足。大政翼賛会協力会、翼賛会調査委員：市川房枝。奥むめお。児玉珠子、竹内茂代、羽仁説子。政党解散。隣組。11「大日本産業報国会」。大森義太郎、馬場孤蝶、西園寺公望死去。宮本百合子、事実上の「執筆禁止」。	日独伊 3 国同盟同意。ドイツ軍パリ占領。 コミンテルンにいたヨーロッパ諸党代表者（トレーズ、イバルリ、ピーク、ディミトロフ）コミンテルンを舞台とした弾圧体制に組み込まれていた。 9 コミンテルン執行委員会書記局で決定（ヒトラーとの協力を中心とするソ連の新しい外交戦略）。「共産主義インターナショナル」9 月、ディミトロフ論文「戦争と資本主義諸国の労働者階級」反ファシズム統一戦線の放棄。
	11月	50 (60)	「女は働いている」（育社）刊行。鎌倉稲村ヶ崎の家を売却。「女性の問題」として、1930-1940年に新聞、雑誌に発表した39篇の論考を収録し、校正を終えたが、刊行にはいたらなかった。		
1941 S16	1月		1/16 菊栄、随筆集「村の秋と豚」（宮越太陽堂書房）刊行。この年「婦人公論」1 篇。「読売新聞」が主な執筆の場。9/13、11/3 国民精神総動員中央連	2 内閣情報局、執筆禁止者名簿。百合子、矢内原忠雄も含まれる。5 治安維持法改正。予防拘禁制度。文部省「臣民の道」発表。御前会議。ゾルゲ事件で九津見房子ら検挙。近衛内閣総辞職。	ルーズヴェルト大統領、チャーチル首相が大西洋憲章発表。日ソ中立条約調印。4 スターリン、日ソ中立条約。野坂参三：ソ連から中国へ。

年	月	年齢			
	12月	51 (61)	盟婦人評論家懇談会に山川菊栄出席。「幕末水戸学者の長女　山川菊栄女史談『わが母を語る』」（家庭新聞社）。振作、東京帝国大学理学部を卒業（繰り上げ）。	10 東条内閣。日ソ中立条約調印。日本軍、南部仏印侵攻。12/8 真珠湾奇襲。米、英、オランダに宣戦布告。太平洋戦争開戦。12/9 百合子、守屋典郎ら396人「共産主義者」として駒込署に検挙・拘束。	延安で中国国民政府の「在華日本人反戦同盟」に呼応して（在華日本人反戦同盟延安支部）。5 延安「日本労農学校」：日本軍将校の捕虜への民主教育。6 ドイツ軍がソ連に攻め込む：独ソ戦。
1942 S17	1月	52 (62)	振作、厚生省厚生科学研究所（現　公衆衛生院）に就職。	2 大日本婦人会発会（愛国婦人会、大日本国防婦人会、大日本連合婦人会統合同）。全国20歳以上婦人全員加入。東京に初の空襲警報。3 百合子東京拘置所へ。5 翼賛政治会創立。日本文学報国会創立。6 ミッドウェイ海戦で4空母失う。7/28 百合子熱射病で人事不省。8 ガダルカナル島に米軍上陸。猪俣津南雄死去。	ルーズベルト大統領「マンハッタン計画」承認。
	5月		菊栄。この年『日本女性』『現代女性』に執筆あるのみ。三国書房。9月 執筆家の女性。執筆の成約。		
	8月		『現代女性』三国書房より。9月1杯。200字500枚と記す。9/7『サルウィン』訳了。		
	9月		この日18ページ分200字65枚、全原稿200字1068枚。中央公論社。出版にいたらず。人民戦線事件の第1審判決で懲役7年の刑、控訴。この頃、荒畑寒村約2カ月逗留。		
1943 S18	3月		『武家の女性』（三国書房）刊行。	2 日本軍ガダルカナル敗退。この頃から大本営発表偽る。3 国領五一郎（40歳）獄死。4 山本五十六戦死。4/14 1年5カ月ぶりに顕治・百合子面会。5 アッツ島「玉砕」（全滅）。6 文学報国会自選作品集に百合子作品を送るが、顕治の説得で撤回。	ナチス・ドイツ、スターリングラードを攻撃、敗退。5/15 コミンテルン幹部会、スターリンの指示にもとづいて、コミンテルン解散提案決定。631の党が支持。日本共産党も同意。各国の党の運動を指導するセンターをモスクワに置く（部長：ディミトロフ）。
	5月		振作、東京を引き揚げ藤沢に同居。通勤。		
	7月		振作応召。岡山第10連隊に入隊。即日帰休。		
	夏		旧うずら飼育場を改造し、住居とする。		
	10月		振作、佐木美代と結婚。（藤沢泰勤寺東南端改造、山川家敷地に同居する。		

574

年 M明治 T大正 S昭和	菊栄に関する事項の主な月	菊栄の年齢（ ）内は均の年齢	山川菊栄に関する事項	日本の歴史的状況 日本女性史・抵抗運動史・他関連事項	国際的歴史的関連事項
	12月	53 (63)	母千世、1942年から同居。菊栄：美代の姉の家、成城の岡部家を訪ね（柳田国男家を訪ねたついでに）、岡部雅子と会う。「わが住むむら村」（三国書房）刊行。市川房枝：大日本言論報国会女性候補者氏名リストに山川菊栄、宮本百合子、渡辺多恵子の名を上げる。	6 学徒勤労動員体制確立要綱決定。7 顕治腸チフスの疑いで病む→。9「絶対国防圏」設定。10 学徒出陣、都市疎開実施要項決定。10 軍需会社法。11 軍需省設置。兵士の慰問旅行。栄養学者の戦時研究。	9 イタリア無条件降伏。独：カティンの森事件発表。11 カイロ：米英中カイロ宣言。戦後処理の原則、領土不拡大。日本が奪った地域の返還、朝鮮の独立。国際情報部（部長：ディミトロフ）。
1944 S19	4月 9月	54 (64)	振作、慈恵医大予科教授に転職。均、人民戦線事件第2審判決で懲役5年の刑。上告。	4/5 百合子不起訴。6 顕治の再開第1回公判。7 サイパン守備隊3万人全滅。グアム、テニアン島も占領される。マリアナ沖海戦で、日本海軍、空母、航空機の大半失う。学童の疎開促進指示。7 東条内閣総辞職、小磯内閣。女子挺身勤労令公布。女子徴用実施。8 国民総武装。アメリカ軍レイテ上陸。10 フィリピン戦から神風特攻隊、初めて米艦に突撃。11/7 ゾルゲ事件の尾崎秀実巣鴨拘置所で死刑。11 B29による本土空襲。上告。12/15 顕治、無期懲役。上告。12/23 大日本言論報国会創立。	4 米ブレトンウッズで連合国経済会議開催：自由貿易主義にもとづく国際経済協力機構創設をめざす。国際通貨基金（IMF）と国際復興開発銀行（のちの世界銀行）。
1945 S20	3月 4月		千世、千葉県鶴舞の延敏一家と同居。菊栄、うすら飼育場改造住宅の残り	1 米軍ルソン島上陸。フィリピン陥落。3 硫黄島日本軍守備隊全滅。3 東京大	2 米英ソ、ヤルタ会談。ヤルタ協定。国際連合の創立を決

月	年齢	年譜	関連事項
8月		1棟を売却。均とともに広島県芦品郡国府村中高木町（現 府中市中高木町）の均の兄、岡の従姉のもとに疎開。 8/15 敗戦。疎開先で迎える。	空襲。米軍沖縄に上陸。沖縄県民死者10万人。3/15 市川正一・緑死。4 鈴木貫太郎内閣成立。6/4 銃殺。大審院上告棄却。刑確定。親交用務所へ。6 日本軍の組織的抵抗終わる。「集団自決」多発。「戦時緊急措置法」。7/28 対日ポツダム宣言発表→黙殺。8/6 広島に原子爆弾投下。8/8 ソ連対日参戦。御前会議。8/9 長崎に原爆投下。戸坂潤獄死。8/14 ポツダム宣言の受諾。8/15 無条件降伏。8/17 皇族東久邇宮内閣成立。8/18 内務省、地方長官宛てに占領軍向け「性的慰安所」設置指令。売春禁止。8/25 市川房枝、大野瑞子、赤松常子・山高しげり、河崎なつ、山室民子ら「戦後対策婦人委員会」を組織。→9/24婦選要求を決議。8/26 特殊慰安施設協会（RAA）発足。8/30 マッカーサー厚木飛行場に到着。 める。対日秘密協定。4 サンフランシスコで国連創設のための連合国会議。国際連合憲章（戦争の再発防止。基本的人権の尊重と男女平等。社会進歩と生活向上のための共同の努力。民族自決）を採択。4/12 ルーズヴェルト没→トルーマン就任。4/28 ムッソリーニ処刑。4/30 ヒトラー自殺。5 大国によって構成される安全保障理事会の権限強化。7 ブレトンウッズ協定。7 米：世界初の核実験「トリニティ」。7/26 米英中、ポツダム宣言発表。8 米・英・仏・ソ4国政府によってロンドン協定締結：枢軸国の国家指導者の戦争犯罪を裁く国際軍事裁判所の設置決定。→11-1946.11 ニュルンベルク裁判。→1946.5-48.11 東京裁判。8 朝鮮 日本の植民地支配から解放。北緯38°線境に南は米・北はソ連の占領下。9/2 アメリカ旗艦ミズーリ一号上で降伏文書の調印式。以後 GHQ による日本占領。（目的
9月	55 (65)	均、9 様子を調べに藤沢に帰宅。菊栄、枕崎台風で吉田川が氾濫し、疎開先の国府村高木、高橋接一宅も浸水。このときの被害甚大。のちの菊栄の小論に繰り返し書かれる。	9/6 社会民主主義を標榜する全国的単一政党樹立の相談（安部、高野、賀川）。9/22 日本降伏後における米国の対日基本方針の声明。9/22「無産政党結成懇談会」（社会党）。9/24 戦後対策婦人委員会婦選要求。9/26 三木清獄死。
10月		10/26 孫みづほ（振作・美代長女）誕生→1998.12/25没。10/27 菊栄、藤沢に帰宅。言論活動再開。霞町の内藤宅と藤沢を住む・活動。	10/2 GHQ/SCAP 設置。10/4 GHQ治安維持法・特高警察廃止。政治犯即時釈放。特高警察廃止。天皇制批判の自由（民権に関する指令）。10/5 山崎内相罷免。東久邇内
11月		11/8 人民戦線事件の原判決破棄さ	

年 M明治 T大正 S昭和	菊栄に関する事項の主な年月	菊栄の年齢（）内は均の年齢	山川菊栄に関する事項	日本の歴史的状況 日本女性史・抵抗運動史・他関連事項	国際的歴史的関連事項
	12月		れ、均も免訴。 均、『民衆新聞』創刊、均も論陣を張る。 「社会主義か共産主義か」『新生』。「飢える知識人」『文藝春秋』等に執筆。	閣崩壊。10/8 東京上野女学校の生徒学園民主化スト。10/9 幣原内閣成立。顕治・鍋治釈放所出獄。10/14 百合子の家へ。10/10 徳田球一、志賀義男府中刑務所を出獄。政治犯約3000名釈放。共産党公然化。10/11 マッカーサー一人権指令決定。10/11 マッカーサー一人権指令（5大改革：①婦人解放。②労働組合結成。③教育の自由主義化。④専制政治からの解放。⑤経済の民主化）。 10/20「赤旗」再刊。10/30 E.ウィード CIE企画班着任（〜52年4月）。 11/2 日本社会党結成（片山哲書記長。高野岩三郎顧問、赤松常子婦人部長）。→ 11/3 新日本婦人同盟（市川房枝）。→（1950.11/19「日本婦人有権者同盟」）。 11/8 共産党全国協議会の行動綱領。 11/15 同婦人のための行動綱領。 11/21 勅令で治安警察法廃止。婦人の政党加入自由。12/1-3 共産党第4回大会（1813人）。12/5 同党、書記長：徳田球一。12/6 日本婦人協力会→46/1大会。12/5発表。「婦人行動綱領（草案）発表。12/17 選挙法改正法案第89議会を通過。婦人参政権の付与。高野岩三郎ら「憲	は日本の非軍事化と民主化。連合国による共同占領という形をとりながら、事実上米軍の単独占領。間接統治方式。米の国益の反映：米軍司令官マッカーサー元帥＝連合国軍最高司令官）。 日本政府の統治機構を通じて占領政策の実施：沖縄：米国の軍政下。日本の官僚制の温存。 9/2 ホー・チ・ミン、ベトナム独立宣言。 10/24 国際連合成立。 12 ワシントンD.C.に極東委員会（FEC：米・英・ソ・中国など11ヵ国のち13ヵ国）。東京に対日理事会（ACJ）。

山川菊栄の年譜と関連年表　577

年	月	山川菊栄	関連事項	世界
			法草案要綱」発表。 12/22 労働組合法（法第51号）→1946.3/1施行→1949.6/改正。	
1946 S21	1月	菊栄、均とともに内藤民治（東京都麻布霞町）方に間借りして活動。内藤宅に新歴史協会創立。雑誌「新歴史」を創刊。 1/10 均、人民戦線の結成を提唱。高野岩三郎共鳴、国民各層の支持受ける。 1/26 野坂参三帰国歓迎国民大会：均、委員長。 荒畑同会、日比谷公園。民主人民戦線結成の提唱支持される。（社会党警戒）。	1 戦争協力者の公職追放。1 天皇神格否定。1/21 GHQ「日本における公娼制度の廃止に関する覚書」発表。GHQ婦人課長ウィード、日本の民主的婦人運動についての訓告（宮本百合子、佐多稲子、羽仁説子、櫛田ふき、加藤シヅエ、関鑑子、早木たか、山室民子）。1/12 野坂参三中国延安から帰国。1/17「日本労働組合総同盟」結成大会。1/30 河上肇没。1 職業法案公布。「新憲法要綱」主権在民の原則にふれず。2/15「前衛」創刊。2/24-26 共産党第5回大会。百合子、婦人部担当（占領下の複雑な情勢と展望への分析欠ける。米の沖縄占領への無警戒→48.8兇服）。3/1 労働組合法施行。3/9 民主人民戦線大会。（高野岩三郎、大内兵衛、森戸辰男ら）。3/16「婦人民主クラブ」結成（宮本百合子、佐多稲子、羽仁説子、加藤シヅエ、松岡洋子ら幹事。「婦人民主新聞」発行。3/27 RAA 性病蔓延につき閉鎖。3 GHQの草案をもとに政府の憲法草案。4 最高司令官諮問機関東京に対日理事会。4 幣原内閣総辞職。4/10 戦後最初の総選挙、初の婦人参政権行使。女性立候補83名、39人の女	1 国連総会決議1号（国連原子力委員会の設置）。ベトナムの宗主国仏がベトナムに再侵略。ベトナム抗仏戦争。
	3月	3/10「民主人民連盟」結成準備会：社会党関係欠席。共産党系、リベラリスト、旧労農系出席。 3/22「民主人民戦線ニュース」。均、体調崩す。		3 チャーチル「鉄のカーテン」演説。東西冷戦の始まり。
	4月	4/3「民主人民連盟」準備大会（均		

578

年 M明治 T大正 S昭和	菊栄に関する事項の主な月	菊栄の年齢（ ）内は均の年齢	山川菊栄に関する事項	日本の歴史的状況 日本女性史・抵抗運動史・他関連事項	国際的歴史的関連事項
			メッセージ」。「民主人民連盟」結成準備大会に出席。 均、発病。ガンと診断され、奥山伸医師の疎開先神奈川県下曽我に転地。菊栄は均に付き添う。下曽我、麻布、藤沢を往来し、「民主人民連盟」のための組織づくりに奔走。 菊栄「解放の黎明に立ちて―歴史的総選挙と婦人参政権」『婦人公論』4月再生号。	性当選。4 財団解体。5 東京メーデー50万人。 5/15 対日理事会「アメリカは日本におげる共産主義は歓迎しない」。 5/17 当選した婦人代議士を励ます全日本婦人大会開催の呼びかけ（平林たい子）婦人民主クラブ不参加表明。 5/19 食糧メーデー、30万人。「民主戦線即時結成の決議」。マッカーサー「集団的暴行と暴力」デモ禁止命令（対日政策転換）。5/22 第1次吉田茂内閣。街頭の強制連行。性病検診。 6/7 民主婦人大会（日比谷小音楽堂）。 6/28 共産党、人民共和国憲法草案。	46.5-48.11 極東国際軍事裁判（東京裁判）。東条英機元首相はじめ25人に有罪。
7月			7/7 日本民主主義婦人大会。神近市子・平林たい子・深尾須磨子らの提唱。議長：山川菊栄。主食の遅欠配反対・婦人の議員反対など決議。7/21「民主人民連盟」創立大会。均、欠席のまま委員長。	7 国鉄第1次7万5000人、第2次5万2000人の首切り通告。共産党と相容れず。 8/1「日本労働組合総同盟（総同盟：社会党系）第1回大会。婦人対策部長：赤松常子。8/19 全日本産業別労働組合会議（産別：共産党系）結成。2つのナショナルセンターに分立。教育勅語廃止。9/15 国鉄青年・婦人ゼネスト。9/27 放送スト。10/1「大学婦人協会」創立。10 農地改革、地主制の解体。10/25 日本労働組合会議（日	
8月			社会党：救国民主連盟」提唱　民		

山川菊栄の年譜と関連年表　　579

年・月	年齢	山川菊栄関係事項	関連事項
9月		主人民戦線崩壊。「生理休暇は必要か」『改造』9・10合併号。均、「民主戦線結成に関して」『改造』他。「民主革命の現段階と諸政党」「日本民主革命の基本問題」『世界評論』「天皇制論議をめぐって」など5篇「民主人民戦線とは何か?」（文苑社）「社会主義講話」。他。	労会議：中立）結成。11/3 日本国憲法公布。（施行47.5/3）。11 吉田内閣「特殊飲食店」許可。11/15 日映演の女性2名検診。強制検診：人権蹂躙の問題になる→「女性を守る会」結成。第2次農地改革。12/22 労働組合法公布。12/15「日本民主婦人協議会」結成→1948 第1小学校に2000名の集会（共産党代議士柄沢とし子。社会党木島白合子参加）。
11月	56 (66)	均、健康回復　社会主義集中論。4/26 菊栄。「民主婦人協会」創立。菊栄代表。平林たい子、神近市子ら。「民主人民連盟の婦人部的性格（部長：菊栄）。創立趣意書草案起草「菊栄の戦後女性の教育のために」「民主婦人」「女の再建のために」「民主日本の基礎工事」「自由な討議をとうとぶ」）機関誌と雑誌『前進』創刊。5/31「民主人民連盟」解散。向坂逸郎と雑誌『前進』創刊。6/28 孫しげみ（振作の長男）誕生。6/7 民主婦人大会（中心は山川菊栄の「民主婦人協会」）7月 均とともに日本社会党入党（神	「社会主義講話」。他。
1947 S22 1月			1 産別、総同盟、全官公庁共闘「全国労働組合共同闘争委員会」（全闘）結成。1/15 勅令9号「婦女に完全させた者等の処置に関する勅令」公布。1/31 GHQ 2.1ゼネスト中止命令。2/1 ゼネスト中止。東宝弾圧下。3/9 戦後最初の国際婦人デー「女性を守る会」主催。電車、日映演を主催（皇居前広場、政策の変化。3/10 二つのナショナルセンターを統一する全国労働組合連絡協議会（全労連）結成→48年8月解散（団規令による）。
4月			3 教育基本法公布。学校教育法。4 独占禁止法。4/7 労働基準法公布。4/20 第1回参院選公布後最初で、女性10名当選。4/25 戦後第2回総選挙、女性15名当選。社会党第1党
5月 6月			3 トルーマン・ドクトリン＝（共産主義封じ込め政策）・冷戦の本格化。共産主義の脅威、米国の世界支配政策。
7月			

年 M明治 T大正 S昭和	菊栄に関する事項の主な月	菊栄の年齢（）内は均の年齢	山川菊栄に関する事項	日本の歴史的状況 日本女性史・抵抗運動史・他関連事項	国際的歴史的関連事項
	8月		奈川県足柄下支部所属）。7/15 四国・中国の旅。7/15 『日本の民主化と女性』（三興書林）刊行。7/20 『ベーベル・ミル婦人解放論』鱒書房。	（143議席）。中道政権片山内閣の成立。5/3 日本国憲法施行。5/20 吉田茂内閣総辞職。5/24 社会党・民主党・国民協同党連立の片山哲首班の連立内閣成立。日本国憲法を支える法体系や諸制度の整備進む。森戸辰男：文部大臣。7/20 沖縄人民党創立。	5 仏と伊で共産党閣僚の排除強行。
	9月		千世、千葉から菊栄のもとに。均、向坂逸郎と『前進』創刊。菊栄、労働省婦人少年局長に就任。藤沢および麻布の内藤民治方より通勤。在野から、社会運動の延長の意識。官僚と肌が合わない。「民主婦人協会」を平林たい子～。	9/1 労働基準法公布。労働省設置。婦人少年局設置：婦人労働課（課長：谷野せつ 年少労働課 婦人課：右井雪江。（広田与子労働省嘱託）。10/21 国家公務員法公布。10/26 改正刑法。	9 ソ連：コミンフォルム（ヨーロッパ共産党・労働者党情報局）結成。ガリオア・エロア対日援助。日本、対ソ攻撃の基地。
	10月		母、千世死去。	12/21-23 共産党第6回党大会（占領下でも「人民政権」の可能性を追求→1949年に矛盾露呈）。	
	11月	57 (67)	11/30 『明日の女性のために』（鱒書房）刊行。労働省通勤のため、東京雪ヶ谷に住居入するも、前住者が転居せず、麻布での間借り生活。	12/25 民主日本建設婦人大会。「女性を守る会」より広範囲なものを訴える。1200名参加→「日本民主婦人協議会」（民婦協）となる。	
	12月		12/1 労働基準局長との連名で「婦人少年局設置について」の通知、都道府県労働基準局長宛に出す。菊栄、「民主人民連盟」解散で、連盟員の社会党合流を提唱。「階級政党かの国民政党か」「社会主義政策」の社会主義の意義「世界文化」「前会党は社会主義を支持すべきか」など6篇	12/27 改正民法公布→1948.1/1施行。12/31 内務省廃止。湯浅芳子：12月より1年間「婦人民主新聞」編集長	

山川菊栄の年譜と関連年表　581

1948 S23				
		進」他。『労働組合の理論と実際』（時事通信社）。『日本民主革命論』（黄土社）。	1 民法改正施行、戸主中心の家制度の廃止。1/15 GHQ労働課スタンダード、労働組合婦人部の自主的傾向、二重権行使を批判。スタンダード声明による混乱。東京都地域婦人団体協議会結成（委員長山高しげり）。主婦連合会（主婦連）結成（会長奥むめお）。	中国で革命の前進。アメリカのロイヤル陸軍長官、サンフランシスコで演説：日本を極東における「全体主義（反共）の防壁」にする。ベルリン封鎖。
	2月	『婦人の日』論争起こる。菊栄、および新日本婦人同盟（のちの婦人有権者同盟）国民の祝日として「4月10日」説。	2/10 片山哲内閣総辞職（占領政策の押し付けや内部矛盾から）。2/14 産別民主化同盟発足。3/8 第2回国際婦人デー（日本民主婦人協議会）主催）。産別・総同盟参加中心5000人。	
	3月	3/29 振作一家4人と菊栄、東京大田区雪ガ谷に購入した住宅に入居。菊栄、週末は藤沢に戻る。3 均、病状よくなり、下曽我より2年ぶりに藤沢帰宅。4/10「婦人の日」。	「国際民主婦人連盟」にメッセージを送る決議。「婦人の日」論争。3/10 民主党・社会党連立の芦田内閣（社会党左派加藤勘十も入閣。労相就任。	
	4月	「民主婦人会」名称変更「民主婦人連盟」。	4/10 第1回婦人の日大会。マッカーサー、日本婦人へのメッセージ「恒久平和をめざす日本の運命を築け」。4/17「日本民主婦人協議会」（民婦協）結成（「女性を守る会」が発展的解消）。平和確立婦人大会分裂。6/10 荒畑寒村。社会党離党。7/13 優生保護法公布。7/20 国民の祝日に関する法律公布。7/31 マッカーサー政令201公布。全官公労働者から団体交渉権とス	国連総会。世界人権宣言採択。
	6月	6/30 ビアトリス・ウェッブ、菊栄訳『新しい賃金原則 男女平等賃金制の研究』（国際文化共働社）。		6 マーシャル・プラン（ヨーロッパの経済復興のための経済援助）、ソ連不参加。東西両陣営の対立決定的。6/18 コミンフォルム、ユーゴ共産党を除名。8 大韓民国成立。9/9 朝鮮民主主義人民共和国成立宣言。
	8月	8/15『新しき女性のために』（家の光協会）刊行。		
	9月	9/1『婦人少年局月報』発刊。菊栄、巻頭『月報の発刊に際して』執筆。		
	11月	社会主義政党結成促進協議会（山川		

年 M明治 T大正 S昭和	菊栄に関する事項の主な月	菊栄の年齢（）内は均の年齢	山川菊栄に関する事項	日本の歴史的状況 日本女性史・抵抗運動史・他関連事項	国際的歴史的関連事項
	12月	58 (68)	新党）：社会党の解体・再組織のアピール。 均、「社会党の危機」「新連立内閣と社会党」「組合と政党の関係はどうあるべきか」「社会主義政党の三条件」など14篇「前進」他。労働組合と労働者政党（板垣書店）。「労働階級運動の再編成」（板垣書店）向坂、高橋共著（板垣書店）。マルクス「フランスの階級闘争」ディーツゲン「フランスの内乱」彰考書院（玄理社）。12/25付の広田寿子への手紙。雑用で多忙なことと、来年から調査をしたいと伝えている。	ト権剥奪。8「労農連絡会」の呼びかけで「民主主義権護同盟準備会」（民同）。8/15 平和確立婦人大会を「新日本婦人同盟」（市川房枝）が呼びかける。「民婦協」提案のスローガンをめぐって対立、意見まとまらず14日と15日に別けて開催。全学連結成。10 アメリカ国家安全保障会議、対日政策の見直し。経済復興へ。10/7 昭電疑獄で芦田内閣総辞職。10/15 第2次吉田内閣。→1949. 2/16。11/12 極東国際軍事裁判所（東京裁判）判決。東条英機ら7人に絞首刑（12/23）。GHQ、経済安定9原則発表。電産等にスト中止勧告。GHQ、岸信介らA級戦犯容疑者19人釈放を発表。田中寿美子、労働省婦人少年局入局。12 吉田内閣「経済安定9原則」日本経済のドル支配。	10 米の国家安全保障会議（NSC）が対日政策の見直し。冷戦の波及。政策の重点を日本の民主化から経済復興に置き直す。均衡財政・労働争議の抑制・公職追放の解除・戦犯裁判の早期終結という政策。
1949 S24	1月		婦人少年局廃止案（吉田政府の行政整理）が伝えられ、廃止反対運動起こる。	1/23 総選挙。社会党（143→48議席へ）。民主自由党264議席。女性12人。共産党前回4議席→35議席に。2/16 第3	過剰恐慌。中国革命進む。4 西側諸国：北大西洋条約機

山川菊栄の年譜と関連年表　583

月	山川均	山川菊栄	国内	国外
3月		菊栄、「国際婦人デー」の米国起源節否定。3/25「婦人解放論」（啓示社）。（1947藤森書房の「ベーベル・ミルの婦人解放論」と同版）。	次吉田内閣。〔GHQ金融顧問ドッジ財政金融引き締め政策。ドッジ・ライン：予算支出の大幅削減・新規融資の停止・賃金抑制・1ドル360円の単一為替レートの設定。〕ドッジ声明。大量の人員整理。共産党員とその同調者が重点的に整理の対象。朝鮮戦争のための軍事基地への地ならし。3/8 第3回国際婦人デー中央大会1万人超（婦人少年局廃止反対等）。3/8 朝、GHQエセル・ウィード、国際婦人デーに干渉的声明。	構（NATO結成）→8月まで西欧の12ヵ国加盟。
4月	均、「総選挙の示唆するもの」「社会党の再建と組織形態の問題」「日本	4/10 第2回「婦人の日」大会：労働省婦人少年局。4/10-16 労働省婦人少年局主催「第1回婦人週間」、スローガン「もっと高めましょう、わたしたちの力を・地位を・自覚を」。	4/10 第2回「婦人の日」大会（労働省婦人少年局の呼びかけ。官民一体「4月10日婦人の日協議会」婦人週間創始）。→5/2「婦人団体協議会」。高野岩三郎死没。4 団体等規正令公布。4/14-16 社会党第4回大会（委員長：片山哲、書記長：鈴木茂三郎）4「民擁同準備会」平和擁護日本大会。5/2 「婦人団体協議会」（婦団協）結成。市川房枝の追放解除運動。5/22 労働法規改悪。定員法。首切り。6/1 労働組合法の改正：共産党弾圧・労働運動の規制。「逆コース」の始まり。公務員の政治活動制限（国際民婦連）に加盟承認。全労連。民婦協提唱の日本婦人会議開催（議長 羽仁説子）。アジア婦人会議（国際民婦連提唱）への渡航許可降りず。6/11 婦人団体協議会第	6 国際民婦連の呼びかけで北京でアジア婦人会議。日本政府渡航不許可。7 中国　劉少奇ソ連を秘密裏に訪問。スターリンの陰謀。8 ソ連最初の核実験に成功。

年 M明治 T大正 S昭和	菊栄に関する事項の主な月	菊栄の年齢（）内は均の年齢	山川菊栄に関する事項	日本の歴史的状況 日本女性史・抵抗運動史・他関連事項	国際的歴史的関連事項
			社会党の運動方針の批判「民主的労働組合の勢力結集へ」など15篇「前進」。「ファシズムと共産党」など2篇「改造」。「労働者政党のために」「労働階級のために」「労働組合運動のために」「社会民主政党の話」板垣書店。「階級闘争の追放」改造社。	1回総会。国労婦人部第3回大会全国大会。国鉄家族組合。総選挙で社会党惨敗（48議席）。共産党躍進（35議席）田島ひで当選→52/8まで。社会党除名の黒田寿男らによる労農党7議席。6/30 平事件。7/5o6 下山事件。7/15 三鷹事件。8/17 松川事件（占領軍の策動。弾正強化。重要産業の労組から共産党員の追放。ファッショ的弾圧。7「民擁同準備会」→民主主義擁護同盟（民擁同）結成（90余団体、構成員1100万の最大規模の統一戦線組織）。8/14 婦人平和大会 婦同協の主催。在日朝鮮人連盟に解散命令。日本民主婦人協議会。国際民婦連加盟。12/16-17「アジア婦人会議」に呼応する日本婦人会議（東京下谷公会堂）355名。（国会・GHQから渡航許可降りず）。	10/1 中華人民共和国建国。毛沢東主席。新民主主義。連合政権ドイツ民主共和国建国。12 毛沢東モスクワ訪問。
1950 S25	1月 3月		菊栄、引き続き労働省勤務。公務員試験、受験させられる。3/4 菊栄、国際婦人デーに対する政府見解として「国際婦人デーは共産党だけの記念日である」と声明。	1/12 共産党「日本の情勢について」に関する「所感」派と受け入れられたいとする宮本顕治ら（「国際」派）に分かれ対抗争。1/16-19 社会党第5回大会。左右に分裂。福本和夫、共産党に	1/6 コミンフォルム「日本の情勢について」「陌人平和と人民民主主義のために」紙上に、オブザーバー（評論員）に。署名の問題をも含む論評発表。

4月	『読売新聞』で、「国際婦人デー」に前年のウィーンド声明を擁護。菊栄と「民主婦人連盟」は「婦人の日」あり方（行進）批判。	復帰。徳田球一、宮本顕治を排斥。 1 全京都民主戦線統一会議。 2/10 GHQ沖縄に恒久的基地建設発表。 3/8 第4回国際婦人デー中央大会に民婦協、労組婦人部など1万人参加。 4/3-4 社会党第6回臨時大会：左右統一。―4/10「婦人の日」中央大会。婦団協主催。2000人。大会後の平和行進で左右紛糾。4/10-16 第2回婦人週間。婦団協平和問題で「婦人人権擁護同盟結成（代表理事 田辺繁子）。全国未亡人団体協議会結成。4/20 京都府知事選で蜷川虎三当選（7期）。マッカーサー、日本国憲法は自衛権を否定せずと声明。日本の自衛力強化を主張。7万5000名の警察予備隊の創設指示。社会党大会左右に分裂。日本学術会議、戦争のための学術研究を行わずと決議。 4/28-29 共産党内部で分裂。5/2 東北大学学生、イールズ反共講演阻止。大学のレッドパージ反対闘争。5/3 マッカーサー、共産党の非合法化を示唆。6/4 第2回参院選、社会党：全国区15、地方区21。共産党：2、地方区：0。6/6 GHQ 共産党中央委員24名全員（野坂竜含む）の公職追放指令。6/7「アカハタ」編集委員等17名を追放指示。徳田ら「臨時中央指導部」。7人の中央委員を排除、共産党中央指導部が会解体。6/18「臨時中央指導部」が	ソ連・中国合作の武装闘争の干渉作戦の始まり。ソ連：覇権主義、専制主義体制へ。 1/31 トルーマン、水爆製造指令。 2 ベトナム、ラオス、カンボジア独立宣言。 2 中ソ友好同盟相互援助条約締結。 2/20 米：マッカーシー上院議員、国務省に共産主義者がいると演説。 3/25 世界平和擁護大会常任委員会原爆禁止のストックホルム・アピール。日本国内署名：640万。
5月	均の長姉、林浦死去。		5/8-10 第4回国連婦人の地位委員会（レーク・サクセス）富田屋子（婦人少年局）、久米愛（弁護士）オブザーバーとして初参加。 6/25 武力による南北統一を意図した朝鮮民主主義人民共

年 M明治 T大正 S昭和	菊栄に関する事項の主な月	菊栄の年齢（ ）内は均の年齢	山川菊栄に関する事項	日本の歴史的状況 日本女性史・抵抗運動史・他関連事項	国際的歴史的関連事項
	7月	60 (70)	「民主婦人」→「婦人解放」名称変更。働く婦人の中央大会開催で、第1回働く婦人の福祉増進週間始まる。婦人少年局「女子の組合活動促進のための啓発活動」を展開。「前進」再軍備について意見相違。8月号で絶刊。均、「社会党の分裂「参議院選挙と政局」「終刊の言葉」「前進」。共産党と「こうして決別した」「文藝春秋」等多数。	「全国代表者会議」を招集「三全協」。6/25 朝鮮戦争開始。北朝鮮、韓国へ侵攻。6/26 平塚らいてう、ガントレット恒子、野上弥生子、植村環、上代たの、ダレス国務顧問に声明書。6/28 第3次吉田内閣第1次内閣改造。7/5 婦団協。無期休会。7/11 GHQのイニシアティブで反共産党民主化運動の結集：日本労働組合総評議会（総評）結成。マッカーサー、日本の再軍備決意。政府に7万5000名の警察予備隊創設指示。共産党の非合法化を示唆。警察予備隊創設。7/15 法務府特別審査局の告発により、徳田球一書記長ら共産党幹部9人に逮捕状。マッカーサー、レッド・パージ。半非合法状態。「君が代」復活。8/30 GHQ、全労連の解散を指令。8末 徳田、西沢、野坂：北京機関作る。10/13 GHQの承認で1万人余の戦犯の公職追放解除。11 共産党、宮本顕治派一をめざす。12/7 池田勇人蔵相「貧乏人は麦を食え」発言。田中寿美子、労働婦人少	和国の軍隊が、大韓民国に対する侵攻開始。朝鮮戦争。マッカーサー元帥を総司令官とする「国連軍」が編成され、朝鮮に派遣（実態は米軍、「国連軍」の形で内戦に武力介入）。日本は米軍の出撃・兵站基地。中国：米軍の朝鮮戦争介入の不法性非難。トルーマン、「封じ込め政策」。原子兵器の絶対禁止を要求する「ストックホルム・アピール」発表さる。中国：「抗米援朝運動」。10下旬中国：中国人民志願軍を編成し、朝鮮半島に進撃、ゲリラ戦。

年	月	年齢	菊栄	年局婦人課長に就任。民主的婦人行政。	関連年表
1951 S26	2月		菊栄、「婦人運動の流れ」（平塚らいてう、市川房枝を写真入りで紹介）「婦人公論」51/2。	1/21 宮本百合子急死。1 全面講和愛国運動全国協議会。平和三原則決定。「全面講和、中立堅持、軍事基地反対」。1/27 共産党、川上貫一来院議説。国会で全面講和・再軍備反対決議。国会から除名。林芙美子死去。1/19-21 社会党第7回大会。「平和四原則」（「全面講和、中立堅持、再軍備反対」＋「軍事基地反対」）確認。鈴木茂三郎、書記長。浅沼稲次郎。2/23-27 共産党「4全協」極左冒険主義。（軍事方針）決定。3 沖縄人民党、臨時大会。第5回国際婦人デー中央集会、都条例により屋外集会禁止。	米は、ソ連、中国を排除した対日単独講和を急ぐ。日本の再軍備に。対日単独講和と日本の再軍備。2/21 ベルリン、世界平和評議会。5大国平和協定を呼びかけたベルリンアピール。日本570万。3/27 ダレス米国務省顧問、米国の対日講和条約草案を公表。4/21 ベヴァン英労相とウィルソン商務次官、軍備強化のための社会保障費削減に反対し辞任。4/30-5/14 第5回国連婦人の地位委員会。田中寿美子（婦人年局）他3人参加。6/10 ソ連、対米覚書を提出。全参戦国による解日講和会議開催を提案。6/30 リッジウェイ、朝鮮戦争停戦交渉を呼びかける。沖縄の施政権はアメリカが掌握し、空軍基地を中心に基地群が建設される。
	4月		4/13 均、「社会主義協会」設立（大内兵衛、向坂逸郎、高橋正雄ら）。振作、慈恵医大予科から東京大学に転籍。	4/1 広田芽子、労働省労働経済課入省。4/10-16 第3回婦人週間	
	5月		5/31 労働省婦人少年局長を退任（3年8カ月。後任、藤田たき）。婦人少年局第3回婦人週間スローガン「社会のために役立つ婦人となりましょう」。	4/11 「婦人の日」中央大会。4/11 マッカーサー罷免（朝鮮戦争の拡大を主張）。トルーマンに解任される。後任リッジウェイ中将。労働省婦人少年局：売春問題対策。再軍備反対婦人委員会結成（会長 平塚らいてう）。	
	6月		6 均、『社会主義』創刊。「社会主義」の言葉。	9/8 サンフランシスコ講和・日米安保条約調印。[片面講和。49カ国調印。（主要交戦国賠償請求権放棄）]の移行のなかでの日米同盟強化の講和と同時に、日米安全保障条約調印。沖縄	
	7月		7/17 『朝日新聞』「野に帰って」「官僚のセクショナリズム」。		
	8月		8/31 進歩的婦人団体、社会党。民主党有志、労組婦人部代表などが集まって「再軍備反対」決議。サンフランシスコ講和に行く中山マサに託す。「講和対策婦人の会」組織。		
	11月	61 (71)	菊栄、英国に出発（田辺繁子、久保まち子、奥むめおらと。翌年5月まで9カ月）。均、「反動の先頭」「社会主義」。「天皇の復活」「中央公論」「社会主義」「妻と私」「文藝春秋」。「非武装憲法の権威」社会問題研究		

年 M明治 T大正 S昭和	菊栄に関する事項の主な月	菊栄の年齢（）内は均の年齢	山川菊栄に関する事項	日本の歴史的状況 日本女性史・抵抗運動史・他関連事項	国際的歴史的関連事項
			所パンフ「ある凡人の記録」（朝日新聞社）。 菊栄、英国滞在中	切り捨て。巨大な基地群。沖縄に日本復帰促進協成会結成。10 サンフランシスコ条約批准国会：田島ひで演説。第2次、追放解除。ILO総会日本の再加盟承認。同総会で100号条約（男女同一価値労働同一賃金）採択（日本、67年に国会承認）。朝鮮戦争休戦会談始まる。総評・社会党中心に平和推進国民会議結成。 10/16-17 共産党 徳田派「五全協」「51年綱領採択」（民族解放民主革命）。 1951末~1952.7まで極左冒険主義。左右に分裂（サンフランシスコ条約、安保条約承認をめぐって）。復古的世相の年。	
1952 S27	1月 1~5月 2月 5月		菊栄、均とともに、左派社会党に入党（菊栄は渡英で不在中、合化支部）。イギリスに半年以上滞在し、各地を視察。労働党の集会にも出席。女性労働の事情も調べる。 均、「わが愛妻物語―出雲の神様は」（文藝春秋）1952.2。 警視庁「文藝春秋」1952.2。岡部雅子。日本女子大卒。	1 左派社会党第9回大会（鈴木委員長） 2 日米行政協定。3/8「国際婦人デー」：屋外集会開かれず。東京神田の共立講堂で「働く婦人の集い」主催文化祭。 4/28 サンフランシスコ講和条約発効。 4 日本炭鉱主婦協議会（炭婦協）結成。 4 ウィーン帰国。血のメーデー事件。 4 紡紡績4割操業短縮。大量解雇。	1 国連軍縮委員会設置。 韓国、李承晩ライン。 ILO、母性保護に関する条約および勧告（103号、95号）採択。エジプト、クーデター（ナーセル）。イギリス、王政につながった王政を打倒。3/24-4/5 第6回国連婦人の地位委員会、オブザーバーとして藤

年	月	年齢	山川菊栄関係の事項	関連事項
	6月	62 (72)	菊栄、パリ、ローマ訪問。	田たき（婦人少年局長）参加。 4/5 高良とみ（参議院議員）、緑十字運動の日本代表でパリからモスクワに招集され、国際経済会議に「鉄のカーテン」を超えた。／高良とみ／ILO、母性保護に関する条約および勧告（103号、95号）採択。 6/14 米：初の原子力潜水艦建造。 10 英：初の原爆実験。 マッカーシー「マッカーシズム」ーアメリカのための戦い」刊。 12 米：エニウェトク環礁で水爆実験。 世界平和大会（ウィーン）。朝鮮戦争の即時中止を決議。 12 世界平和評議会「諸国民平和会議」ウィーン。 5 「アカハタ」復刊。共産党左翼冒険主義、セクト主義。 7 破壊活動防止法の公布と公安調査庁の設置。破防法反対女性団体統一行動開始。破防法施行。公安調査庁発足。日本子どもを守る会結成。全国地域婦人団体連絡協議会（地婦連）結成。 7 参議院議員 高良とみ、パリから「鉄のカーテン」を越えソ連、中国から帰国報告。女性の統一組織提唱。4000人13団体。 8 日本婦人団体連合会結成会。 10 警察予備隊→保安隊創設。 10 総選挙で左派社会党54、右派社会成党57に躍進。共産0。日本PTA結成（議長 千葉千代世）。売春禁止法制定促進委員会結成。青梅事件。白鳥事件。東大ポポロ事件、左派社会党系日刊紙「社会タイムス」発刊。通産省、兵器生産の基本方針を決定。
	7月		菊栄、イギリスを出国してニューヨークで滞在（5日間）。ラヴィナを訪問（5日間）。菊栄、インド、タイを経て帰国（7/13）。イギリスの見方、ユーゴの見方。ミンフォルミストではなく真のコミュニスト（を）。この間、均、弥勧寺に一人暮らし。住み込みの手伝いの人あり。	
	10月		「民主婦人連盟」（旧協会）解散。10/11 菊栄、広田寿子に総評にいってくれ高野実を助けてくれないかと打診する。ロシアをどう思うかと聞く。均、「政治ストは非合法か」「社会主義との闘い」など6篇「社会主義。「非武装中立は不可能か」「総選挙をおえて」「軍隊でない軍隊」「経済往来」「スターリン論文と破防法」「改造」「共産党の年齢」他「読売新聞」他	
1953 S28	1月		菊栄、神戸、豊中、松江、松江、米沢その他各地の女性・社会党・組合などの集会・会合に参加。左派社会党綱領委員会設置。左派社会党臨時大会。	向坂逸郎「社会主義」に「党内確立のため」に。 1 米韓相互防衛条約。 3 スターリン死去。後任マレンコフ（→ブルガーニン）。米：アイゼンハワー政権成立。「まきかえし政策」ソ連圏の周辺に核兵器配置。大量報復政策。 3/8「国際婦人デー」日比谷公園音楽堂前の広場。世界婦人大会への代表派遣運動。 4/5 日本婦人団体連合会結成。平塚らいてう会長→57年に国際民婦連に参加。婦人少年局主催の第1回全国婦人会議開催。石川県内灘村米軍試射場射場反対 6 国際民婦連世界大会（コペンハーゲン）。日本から
	3～4月			
	10月		左派社会党婦人部に協力して「婦人のこえ」10月創刊（編集委員 菊栄、河崎なつ、榊原千代、鶴田勝子、藤原道子）。広田寿子（菊栄に請われ	

年 M明治 T大正 S昭和	菊栄に関する事項の主な月	菊栄の年齢（）内は均の年齢	山川菊栄に関する事項	日本の歴史的状況 日本女性史・抵抗運動史・他関連事項	国際的歴史的関連事項
	11月	63 (73)	て）。「婦人のこえ」Vol.1, No.3に「佐藤紀似」名で「最近の労働問題」執筆。1961年9月に廃刊。8年間（菊栄、菅谷直子編集）95冊（のちに総目次：岡部雅子作成）。11/7 ベヴァン「恐怖にくえて」（岩波書店）翻訳。均、藤沢で脚部骨折。「政変の意義と総選挙」「社会主義の新紀元」など7篇「社会主義」。「スターリンの死と世界」など「読売新聞」。「対決する二つの日本」社会問題研究所。	対闘争。閣議。軍人恩給復活決定。恩給法改正公布。NHKテレビ放送開始。4 総選挙。左派社会党72議席、右派社会党66議席。「日本のうたごえ」第1回大会。水俣病発生。「女子労働者」出版。7/27 朝鮮戦争休戦協定。「社会主義文学」創刊。9 独占禁止法の改正。10 徳田球一北京で死去。	高田なほ子、赤松（丸木）俊、浜田糸衛、羽仁説子、小笠原貞子出席。67カ国7000名。6 世界平和評議会、ブダペスト・アピール。7/27 朝鮮戦争休戦協定調印。8 ソ連：水爆実験に成功。9/14 国連：マッカーシー委員会。国連の赤狩りで会聴会公開催。12 アイゼンハワー大統領、「平和のための原子力」演説。中国：第1次5カ年計画。ソ連モデル。
1954 S29	1月 7月 9月		均、左派日本社会党より表彰。京都（4月）、水戸（9月）その他の女性の集会に参加。7/30 菊栄編「婦人」（有斐閣）。9/30「平和革命の国ーイギリスー」（慶友社）刊行。均、「社会党新綱領草案の問題点」。「社会党の前進のために」「党と綱領」など「社会主義」。「民主政治をほりくずすもの」など3篇「世界」。「MSAとわれわれの主権」「改造」	左派社会党第12回大会。綱領採択。2 社会主義協会、規約・会費制定、同人制から会員制へ。3/1 ビキニ環礁で米の水爆実験で、第五福竜丸被爆。原水爆禁止署名運動。久保山愛吉死亡。3/8「国際婦人デー」＊：1000名近く。3/8から婦人週間を決める（総評婦人協議会。婦人団体。子どもを守る会が中心）。神田教育会館。婦人週間を結ぶ。「母と子」運動。生産性向上運動。企業合理化。	3 ソ連、スーズロフ、野坂。中国で、日本共産党の新方針つくる。5 インドシナでの仏の敗北。中印国境紛争。6 周恩来・ネルー会談で平和共存5原則の声明。6 ソ連：世界初の原子力発電所操業開始。6 米国：原子力法改正。7 インドシナ休戦協定。

年	月	年齢	山川菊栄	関連事項（日本）	関連事項（世界）
		64 (74)	「国家に反逆する国家」「アジアの分裂と日本の政治」「政治公論」他。「昔と今」（中央公論社）。	「女教師の会」組織化。「働く母の会」発足。原水爆禁止署名運動全国協議会発足。家族制度復活反対連絡協議会（田辺繁子）。教育2法強行成立。3 日米相互防衛援助協定（MSA協定）調印。初の原子力予算を含む1954年度予算成立。3 ソ連、スースロフ、野坂、中国派遣。決議案（活動のなし崩し的方向転換）。保安隊→自衛隊、自衛隊法公布。6 近江絹糸「人権争議」。6 防衛庁設置法・自衛隊法公布。保安隊→自衛隊。日本製鋼室蘭製作所争議。主婦斗う。自民党憲法改正要綱案発表。日本民主党結成（鳩山一郎）。12 造船疑獄。吉田内閣総辞職。12 民主党の鳩山一郎内閣。（＊以下、毎年3月8日の国際婦人デー略）	米国：南ベトナムに傀儡政権。アルジェリア民族解放戦線、解放闘争宣言、武装蜂起。9 東南アジア条約機構（SEATO）創設。11 国際民婦連執行局会議、国際民婦連副会長、平塚らいてう代理。社会党参院議員、高田なほ子出席。原水爆禁止を要望する「日本婦人の訴え」を提出。世界母親大会を開く。結論。12 米台相互防衛条約。12/2 米、上院、マッカーシー議員非難決議を採択。
1955 S30	1月 3月 4月	65 (75)	1 左派社会党臨時大会。統一実現決議採択。水戸その他の女性の集会に参加。4/30 G.D.H. コール「これが社会主義か」（河出新書）翻訳刊行。 均、「社会主義政党論」「統一社会党綱領草案の問題点」「統一社会党の建設のために」など「社会主義」。「社会主義への道」（河出書房）。	2 総選挙（左社89議席。右社67議席。護憲派1/3。2/19 日本婦人大会。キリスト教婦人矯風会、婦人団体協議会、総評婦人協議会他10団体共催。「ウィーン・アピール」の支持。3 第2次鳩山内閣成立。3 第1回日本母親大会。2000人余参加。6/7-9 第1回日本母親大会。産休補助教員設置法公布。7 共産党「6全協」を正したとする後の左翼冒険主義を自己批判。8 第その後分裂と混乱。党組織破壊。8 第1回原水爆禁止世界大会広島大会開催。	チャーチル英首相、フォール仏首相、相次いで水爆・原爆製造計画を発表。4 インドネシアのバンドン、アジア・アフリカの新興独立国29カ国参加の国際会議。平和5原則（領土・主権の尊重、不侵略、内政不干渉、平等互恵、平和的共存）を含む平和10原則（核兵器の廃絶、民族自決権の尊重、平和的共存、国際紛争の平和的解決）採択。

年 M明治 T大正 S昭和	菊栄に関する事項の主な月	菊栄の年齢（ ）内は均の年齢	山川菊栄に関する事項	日本の歴史的状況 日本女性史・抵抗運動史・他関連事項	国際的歴史的関連事項
				日本生産性本部発足。立川基地拡張反対総決起大会（砂川闘争開始）。東京砂川で強制測量始まる。森永砒素ミルク事件。 9 日本原水協結成。湯川秀樹ら世界平和アピール7人委員会。 10/14 左右社会党統一（委員長 鈴木茂三郎、書記長 浅沼稲次郎）。 10/29 婦人民主クラブ第68回中央委員会において、野坂竜、共産党の「五〇年問題」で自己批判。 11 自由党と民主党の合同（保守合同）。自由民主党（自民党）結成。単一保守政党の実現。「55年体制」。「2大政党」。共産党排除。	ソ連：東欧8カ国、ワルシャワ条約機構。ソ連、新型水爆実験に成功。
1956 S31	2月 5月 7月	66 (76)	各地の婦人集会に参加。 5/30『女二代の記』（日本評論新社）刊行。 均と京都へ。均との結婚40年。 均、「二大政党下の最初の国会を見て」など。「プロレタリア国際主義の新段階」「日ソの友好、暗いか明るいか」『世界』。	第1回部落解放全国婦人大会（京都）。 3 鳩山内閣、小選挙区制法案国会上程。法案成立阻止。 4 総評婦人協議会主催で第1回働く婦人の中央集会。800人。 6 米軍基地沖縄を核戦争の永久基地化。鳩山「プライス勧告」。沖縄反対闘争、強行。 内閣「教育3法」強行。 7 参院選：共産党全国区2人当選。完	2 ソ連共産党第20回大会。フルシチョフ：スターリン批判。4 コミンフォルム解散。中国：社会主義的改造に言及。独自の社会主義建設。春、毛沢東、「百花斉放・百家争鳴」（罠）。6 世界婦人労働者会議、ブダペスト、11人の代表。

年	月	年齢	山川菊栄	関連事項	
1957 S32		67 (77)	この年、各地の婦人集会に参加。菊栄、腰痛ひどくなる。（変形性脊椎分離）均、メーデーの途中で気分が悪くなる。均、通院。	この年、国連婦人の地位委員会委員国に日本、初めて当選。委員に谷野せつ。 労働省婦人少年局長。 2 石橋首相病気で総辞職、岸信介内閣。 4 羽仁もと子没。 日教組、勤務評定反対闘争で「非常事態宣言」。婦団連、国際民主婦人連盟に加盟。 5 講座労働問題と労働法（戸坂嵐子、三瓶孝子、鳴津千利世。 6 「婦人労働」弘文堂。 8 東海村原子炉点火。 9 山田わか没。婦人少年局設置10周年記念婦人問題専門家会議。 10 共産党「50年問題について」を発表。分裂の経過と責任について総括する。	中国：内部で、急激な集団化政策と独裁への批判。 7 エジプト、ナセル首相、スエズ国有化宣言。 10/23 ハンガリー事件（一党独裁を揺るがす）。ブダペストで反政府運動。ソ連の軍事介入。（日本共産党ソ連の見解受け入れ）。 10/29 スエズ戦争。 12 インドネシア、反スカルノクーデター。
	5月			毒防止法公布。中立労連結成。原子力3法（原子力基本法、原子力委員会設置法、総理府設置法の一部改正）公布・施行。憲法調査会法公布・施行。経済白書「もはや戦後ではない」。 8 社会主義協会地方代表者会議。 10/19 日ソ国交回復に関する共同宣言。 12 国連加盟、鳩山内閣退陣→石橋湛山内閣成立。 12 瀬長亀次郎 那覇市長に当選。→57.11（米民政府高等弁務官布令143号により）罷免・追放される。	7 国際原子力機関（IAEA）設置。 5 中国：「社会主義建設の総路線」採択。大躍進・人民公社化運動。大量生産・集団化・自力更生・自給自足。 10 ソ連の人工衛星、スプートニク成功。 第1回アジア・アフリカ人民連帯会議（カイロ、45カ国）。
	12月末		均、慈恵医大で受診。ガンと判明。東京雪ヶ谷の慈恵医で療養。均、「毛沢東報告を読んで」など「社会主義」。「ハンガリアの動乱をめぐって」「星条旗のもとに」等「世界」。「社会党大会の成果と労働階級」「総評」。「社会党の運動方針をみて」「月刊総評」。「サンフランシスコ体制からの解放」「人民と人民の敵」「中央公論」。「日米関係の今日今日」「共同通論」。「20年前の今月今日（12/12）」「歴史のうねり」。信。絶筆。「社会主義への道を一つ（再建社）。「歴史への道ではない」（合同出版社）などを書		

年 M明治 T大正 S昭和	菊栄に関する事項の主な月	菊栄の年齢	山川菊栄に関する事項	日本の歴史的状況 日本女性史・抵抗運動史・他関連事項	国際的歴史的関連事項
1958 S33		68	〈		
	1月		山川家：藤沢の家を閉め谷合に移る。	1 電電公社女性職員6万人中2万人に退職勧告。	1 欧州原子力共同体（ユートラム）発足。レバノン内戦。
	3月		1/20 均、起居不能 3/23 均、膝病がん（77歳 3カ月）。	2 産別会議解散。北海道主婦連絡協議会結成。総評婦人対策部設置。	6 国際民主婦人連盟第4回大会。ウィーンで準備会。日本代表10名。
	4月		4/2 均の日本社会党党葬。	岸信介、在日米軍基地攻撃は日本侵略と答弁。	7 フルシチョフ訪中。ソ連・中国との平和共存。
	5月		菊栄、藤沢弥勒寺に戻る。住み込みのお手伝いを断ろうとする。岡部雅子（27歳）が同居を申し出る。	5 総選挙で社会党166議席獲得（単独で1/3を超す）。改憲阻止可能。	9 毛沢東、非現実的見通し。
	6月		6/12-15 福岡社会主義協会主催の「山川均追悼講演会」に出席。大牟田へ。	6 第2次岸内閣。 7 共産党第7回大会。「50年問題総括」自主独立の立場を打ち出す。	9 仏・第5共和制（ドゴール）。
	8月		8/9 均を倉敷市船倉町長連寺山門横の山川墓地に埋葬。振作一家と広島、高松を回り、宇野で均の山川葉店の家をみて、神戸・垂水の旧居山川葉店を訪れ帰宅。岡部家の3女美子、弥勒寺に滞在。3人の味協力。均、『政党』（弘文堂）没後発行。	10 警職法改悪反対闘争。教員の勤務評定反対闘争。茨城県小川町長山西きよを守る会。百里基地反対の闘い。	
	11月		菊栄、倉敷、岡山、丸亀、高松などの集会に参加。	12 社会主義協会第2回大会。	
1959 S34	1月		菊栄と振作の間で均の全集を出す話。岡部雅子、著作リストカード作成手伝い。	1 三池争議始まる。	1 キューバ革命（カストロ）。
	3月			1 堺為子没	1-2 ソ連共産党第21回臨時党

年	月	年齢	菊栄の事項	国内の事項	国際の事項
			伝う。(2年かけて下準備。同時に菊栄のリストもつくる）。		大会。
	春	69	菊栄、松江、神戸、京都、舞鶴、鹿児島の女性集会に参加。その他の女性集会を訪れ、均や均の旧友、浜田亀鶴子の夫である浜田仁左衛門のことなど語り合う。このとき、均・亀鶴子の前妻大須賀里子の最後の半生を綴った手記「仰臥」を亀鶴子より譲られる。福岡の十幾冊子の炭鉱にある炭鉱の社宅・合宿、炭鉱労働者の暮らしをみた。茨城県旧島村新生開拓農協へ宮崎礼子と行く。	3 安保改定阻止国民会議結成。軍縮のための世界婦人会議（スウェーデン）に小笠原貞子ら出席。 3 伊達判決（合衆国軍隊の駐留違憲）。 4 第4回「はたらく婦人の中央集会」安保条約廃棄を決議。	3 ダライ・ラマ、チベット独立運動、インドに亡命。中印対立。ソ連は中立。 4/18 中国：劉少奇を国家主席に選出。 7-8 中国：大躍進運動の、人民公社運動の不成功を認める。 8/2 中印国境で武力衝突。 9 アイゼンハワーとフルシチョフ平和共存の米ソ会談。フルシチョフ北京訪問 毛沢東と会談。中ソ対立。 9 フルシチョフ2度目の訪中（国慶節）。 9 10カ国軍縮委員会（のちに、18カ国軍縮委員会、ジュネーヴ軍縮会議（CD）へと改組）設置。 11 国連総会「完全軍縮決議」採択。 1959-1961 中国。大自然災害、餓死者約2000万人。
	5月			9 社会党大会。浅沼稲次郎社会党委員長、中国で「米帝国主義は日中両国人民共同の敵」と演説。	
	7月			在日朝鮮人の朝鮮民主主義人民共和国帰還に関する日朝協定調印。	
	8月		菊栄と雅子水戸へ。百里ヶ原自衛隊基地調査事務所と基地を訪ねる。雅子ルポを「婦人のこえ」(10月号）に掲載（山野辺百合子名）。	11 安保阻止第8次統一行動8万。国会請願デモ。 12 水保病問題で漁民1500人、警官隊と衝突。	
	9月		9 菊栄。第19回社会政策学会（専修大学）論題 婦人労働 傍聴。集合写真あり。 9/15 中華人民共和国の招待で中国を訪問、国慶節式典に参列。		
	10月		10/26 帰国。		
	11月				
1960 S35	1月		この年、安保闘争で各地の女性集会に参加。	1 民主社会党結成（委員長、西尾末広）。「駐留なき安保」の立場。 1 日米両国政府ワシントンで新安保条約調印。	1/19 日米新安保条約・地位協定調印。 仏：2/13サハラ砂漠で初の核実験成功。
	3月		3/8「国際婦人デー」50周年記念中央集会に出席。野坂竜、市川房枝、帯刀貞代らと婦人運動の歴史を語る。	3 国際婦人デー50周年。 4/26 安保阻止国会請願デモ10万人。戦後初めての共産組織、統一戦線組織。	4/11 第2回アジア・アフリカ人民連帯会議。日米安保条約を非難。中ソ論争表面化。

年 M明治 T大正 S昭和	菊栄に関する事項の主な月	菊栄の年齢	山川菊栄に関する事項	日本の歴史的状況 日本女性史・抵抗運動史・他関連事項	国際的歴史的関連事項
	6月		雅子の妹美子。東京都瀬田に下宿。	の誕生。磯野富士子「婦人解放論の混迷」。総評主婦の会全国協議会結成。45万人。6/10 ハガチーに対する「アイク訪日中止」デモ。6/15 学生数千人国会構内へ入り。警官隊と衝突して樺美智子死亡。6/18 新安保条約自然承認。	アイゼンハワー大統領訪日計画。4/21-24 国際婦人デー50周年国際集会（コペンハーゲン）に日本代表12名参加。4/26 ソウルで李承晩反対50万人デモ。李承晩大統領辞任。11/8 米大統領選挙、ケネディ当選。
	7月 10月 11月	70		7 岸内閣退陣。池田勇人。10/12 浅沼稲次郎社会党委員長、右翼青年に刺殺さる。11 総選挙。社会145、民社17、共産3、自民296。池田内閣。所得倍増計画。高度経済政策、革新自治体10。	11/10-12/1 81カ国共産党・労働者党会議（モスクワ）。12/20 南ベトナム解放民族戦線結成。この年アフリカ諸国17カ国独立。
1961 S36	2月 4月 6月 7月 9月		『社会主義』構造改革論批判増刊号発行。各地の婦人集会に参加。『婦人のあゆみ』(労働大学通信教育講座)刊行。姫路の集会に出席。福岡へ。大牟田の三池労組を訪ねる。鹿児島の浜田宅、熊本の均の甥、林清五郎氏を訪れる。『婦人のこえ』終刊。「婦人問題懇話会」設立準備委員会発足（菊栄、石井雪枝、伊東すみ子、菅直子、田	1 アジア・アフリカ婦人会議に田中寿美子ら出席。大衆運動の政党系列化進む。文部省社会教育局に婦人教育課新設。政暴法反対で女性団体運動。那覇で祖国復帰帰民総決起大会2万人。農業基本法公布。原子力損害賠償法・同賠償保障契約法公布。公明政治連盟結成。7 共産党第8回大会。綱領採択。初の日米貿易経済合同委員会で自由貿易化促進。社会政策学会学会誌特集「婦人労働」(有斐閣)に、広田寿子、田辺照	1/17 コンゴ、ルムンバ首相殺害される。1/14 アジア・アフリカ婦人会議（カイロ）バンドン精神とバンドン10原則による会議。小畑田中寿美子、山本まさ、小畑まさえ、柄沢とし子、木村寿子、加藤郁、金沢きし、広沢洋子、北沢洋子、奥山みどり。田中寿美子基調報告「新植民地主義」。米：2/1 人種差別撤廃座り込み

山川菊栄の年譜と関連年表　　597

年	月	年齢	菊栄の事項	関連事項
	11月	71	子、山本順子、赤松良子、嶋津千利世の論文掲載。中芽美子、渡辺美恵)。11/30 向坂逸郎と共編で『山川均自伝』(岩波書店)を刊行。	み運動。韓国で軍事クーデター。朴正煕が権力掌握。8/13 東ドイツ、「ベルリンの壁」構築。
1962 S37	1月		社会党第21回大会、社会主義理論委員会設置を確認。	2/20 米国初の人間衛星打ち上げ。
	4月		4/28 田中寿美子、菅谷直子、石井雪枝らと「婦人問題懇話会」(→日本婦人問題懇話会)設立。代表は置かず、幹事8人で運営。家庭、社会・農村婦人、婦人運動、社会福祉・社会保障の5分科会設置。衆議院第2議員会館で発会式。『会報』第2号(タイプ、パンフレット型8頁)発行。	キューバンチャーの職業病激増。「女子学生亡国論議」。4/14 日本婦人会議(現の女性会議)結成(議長団に松岡洋子、田中寿美子、高田なほ子、野口政子)。公明政治連盟(公明党の前身)参院選で9人全員当選。10/19 新日本婦人の会結成(代表委員 平塚らいてう)。第8回原水禁世界大会、社会党・総評の「ソ連の核実験に抗議する」動議で紛糾。のち「いかなる国の核実験にも反対」と決し、社会党・総評系、原水爆禁止連絡会議結成。11 社会党第22回大会、委員長 河上丈太郎、書記長 成田知巳。
	11月	72	菊栄、この頃、岡部雅子に身の振り方を示唆。1年ぶりに旅行。米子、四日市、静岡などの集会に参加。	10/22 キューバ危機。
1963 S38	7月	73	各地の集会に参加。『私の運動史 歩き始めの頃』「月刊社会党」7-12(No.73-78)6回連載。	高校女子家庭科4単位必修。8/5-6 第9回原水禁世界大会。「いかなる国の核実験にも反対」と部分核停問題をめぐって分裂。社会党・総評脱退。9/12 松川事件無罪確定。11/9 三井三池三川坑でガス爆発。11 第30回総選挙:自民283、社会144、共産5。12 第3次池田内閣成立。中ソ共産党会議、会談決裂。対立激化。中ソ共産党論争激化。5 米英ソ、部分的核実験停止条約調印。10月発効。8/25 米公民権運動。人種差別撤廃めざすワシントン大行進。11/12 ケネディ暗殺、副大統領ジョンソン昇格。

年 M明治 T大正 S昭和	菊栄に関する事項の主な月	菊栄の年齢	山川菊栄に関する事項	日本の歴史的状況 日本女性史・抵抗運動史・地関連事項	国際的歴史的関連事項
1964 S39	2月		2 水戸の婦人オルグ会議出席。「婦人問題懇話会」の会合に出席し続ける。青山家の縁者を訪問。倉敷。高木、京都、垂水、橿原。奈良：水平運動者、坂本清一郎宅に1週間滞在。平城京跡発掘アルバイト中の孫みづほに会う。	保育所要求全国婦人大会。総評婦人対部など主催。第9回はたらく婦人の中央集会。中立労連中心に2300人参加。この年から総評系・共産党系に分かれて開催。4/17 スト。共産党「挑発スト」と誤った判断。志賀義雄・鈴木市蔵（にほんの声）派。	5 ネルー没。6/3 ソウルで5万人の韓日会談反対市民デモ。8/4 米国、北ベトナム基地を爆撃（トンキン湾事件）。
	3月		水戸の婦人集会に雅子同行。青山家の縁者を訪問。	7 母子福祉法公布施行。日本、IMF 8条国に移行。	
	7月	74	菊栄、リューマチ性の腰痛、持病となる。	後藤貞子、池田内閣退陣。佐藤栄作内閣。	
	11月		「山川均全集」の刊行の計画。11/3 菊栄の誕生祝いの集まりで、振作、頸椎炎で倒れる。	米原潜寄港受諾通告。原子力潜水艦初の日本寄港。	
	12月		社会党第24回大会「日本における社会主義への道」。	全日本労働総同盟結成。公明党結成。東海道新幹線開業。東京オリンピック。	10 ソ連、フルシチョフ解任。後任にブレジネフ。10 中国初の核実験成功。
1965 S40	3月		矢島せい子らと水戸、生瀬などを訪問。「寛書 幕末の水戸藩」に着手。	5 日本社会党委員長、佐々木更三。7/4 田中寿美子参院選初当選。第1回内職大会。総評主婦の会など主催。500人。全電通。育児休職制協約締結。	2/7 米国：北ベトナムドンホイを爆撃（北爆開始）。ドミニカ内戦。二カ月戦。8 米：18カ国軍縮委員会に核兵器不拡散条約（NPT）草案提出。
	5月	75	虎ノ門病院整形外科に通院し始める。振作全快。藤沢に何年ぶりかに姿をみせる。	母子保健法公布。社会党・総評系、原水爆禁止国民会議結成。ベトナムに平和を！市民文化団体連合（ベ平連）デモ。茨城・東海村原子力発電所、初の営業用原子力発電に成功。家永三郎、教科書裁判提訴。日韓基本条約調印。	9 ソ連：国連総会にNPT草案提出。10 中国文化大革命。
	12月		「会報 婦人問題懇話会」に代わり。		

山川菊栄の年譜と関連年表　599

年	月	年齢	山川菊栄の年譜	関連事項	関連年表
1966 S41	2月		雑誌型の機関紙『婦人問題懇話会会報』第1号発行。活版印刷。第1号テーマは「主婦の就労」。菊栄「主婦の賃労働とパートタイム」。（以下、『婦人問題懇話会会報』を『懇話会』）	東京都議選で社会党第1党。佐藤栄作首相として初の訪沖。赤字国債発行を閣議決定。11-12 日韓基本条約強行可決。	キューバ・ハバナでアジア・アフリカ・ラテンアメリカ3大陸人民連帯会議。インドネシア・スカルノ大統領失脚、代理スハルト陸相。米：6/29 ハノイ・ハイフォン爆撃。8/1 中国共産党文化大革命。10/1 中国国慶節紅衛兵。11 国連総会、米ソを共同提案とするNPT早期締結を要請する決議採択。12/16 国連総会「国際人権規約」採択。
	6月		社会主義協会第7回大会「マルクス・レーニン主義の旗の下に」をスローガンに開催。振作との共編『山川均全集』（勁草書房）刊行始まる。6/10『山川均全集19』より。	3 嶋津千利世『婦人運動』「現代日本とマルクス主義」第2巻 統一戦線（青木書店）。労働省、家内労働審議会設置。8 第12回母親大会。総評・社会系女性団体参加。2月11日を「建国記念の日」と決定。中教審「期待される人間像」発表。11 歴史評論、帝刀貞代、嶋津千利世の婦人運動をめぐっての対談で、菊栄『歴史評論』が戦前・戦後の婦人運動の理論に言及。12「紀元節」が「建国記念日」として国民の祝日に追加復活。	
	8月		8 みつは、しげみと仙台に行き、東北大学で青山延子・延光あての徳川斉昭（烈公）の書簡を筆写。高、湯岐から水戸を訪ねて帰る。8/20『山川均全集7』刊行。		
	10月	76	10 虎ノ門病院に入院。11月退院。外出困難。10年続けた東京都立高等看護学院での女性史講義やめる。懇話会分科会、パートタイマー実態調査。10/25『山川均全集2』刊行。		
1967 S42	1月		歩行不自由で外出困難。1/10『山川均全集3』刊行。	ILO100号条約、国会で承認。社共推薦、美濃部亮吉 都知事に当選。新潟水俣病患者、昭和電工に損害賠償請求訴訟。動力炉・核燃料開発事業団設置。沖縄で沖縄即時無条件返還要求県民大会に10万人参加。佐藤首相「非核三原則」。	欧州共同体（EC）発足。米国30都市でベトナム反戦デモ。ワシントンで10万人反戦集会。第3次中東戦争、東南アジア諸国連合創設。8 米ソ共同NPT草案提出。
	6月		『資本論』100年、ロシア革命50年記念集会。		
	8月		8/30『山川均全集4』刊行。		
	秋		労働省婦人少年局廃止の危険あり、		

年 M明治 T大正 S昭和	菊栄に関する事項の主な月	菊栄の年齢	山川菊栄に関する事項	日本の歴史的状況 日本女性史・抵抗運動史・他関連事項	国際的歴史的関連事項
	11月	77	反対運動。「婦人少年局廃止反対についての陳情」発起人代表の1人。懇話会会報で、老人問題を女性問題として取り上げる。	（核兵器をつくらず、持たず、持ちこませず）。	11/7 第22回国連総会で「女性に対する差別撤廃宣言」採択。
1968 S43	7月	78	懇話会有志による『近代日本の女性像』田中寿美子編（社会思想社）刊行。68-73年：米寿を楽しむ。7/5『山川均全集5』刊行。	退職婦人教職員全国連絡協議会結成（会長 高田なほ子）。各地で女性の結婚・若年退職制をめぐる係争事案を無効と判決。明治百年記念式典。琉球政府主席に革新統一候補・屋良朝苗当選。川端康成ノーベル文学賞受賞。原子力空母エンタープライズ佐世保に寄港。米原潜発実常放射能（5月）。全共闘学生運動、東大安田講堂占拠。	南ベトナム全土でテト攻勢。南ベトナム・ソンミで米軍による住民大虐殺。キング牧師暗殺。パリ学生・労働者ゼネスト（5月革命）。6 NPT採択。62カ国調印（日本は70年に調印）。8/20 ソ連ワルシャワ条約機構軍、チェコスロヴァキアに侵攻。「プラハの春」弾圧。10/12 メキシコオリンピック。
1969 S44	7月		7/19 TBSのTVスタジオで柴田徳衛氏らと対談。「美濃部都政にのぞむ」（車いすの用意なし）。	東京地裁「女子30歳定年」無効判決。東大安田講堂に機動隊導入。自主憲法制定国民会議結成（会長 岸信介）。自民党初の靖国神社法案を国会に提出。8 第15回日本母親大会「日本婦人大会」不参加。10 社会党委員長 成田知巳、書記長 江田三郎。12 総選挙、社会党140から90議席へ後退。	6/6 南ベトナム臨時革命政府樹立。7 アポロ宇宙船人類最初の月面着陸。10 全米に反戦運動。米のベトナム戦争行き詰まり。ニクソン大統領「グアム・ドクトリン」発表。

年	齢	月	年譜	関連事項（国内）	関連事項（海外）
1970 S45	79			退。	
	80	9〜10月	懇話会講座「70年代の婦人問題」全5回開催。	1 日本NPTに署名。5 鈴木茂三郎没。6/7「婦人民主クラブ」24回全国大会分裂（再建連絡会）。家内労働法公布。侵略・差別と闘うアジア婦人会議開催（松岡洋子呼びかけ）1000人参加。「朝日新聞」ウーマン・リブ・キャンペーン記事。リブの街頭デモ。日航機よど号事件。東京地裁、家永教科書第2次訴訟で、検定不合格処分取り消し判決。公害関係14法案成立。11 社会党委員長 成田知己、書記長 石橋政嗣。	3 NPT 発効。米軍、北爆継続。ペルー北部で大地震。11/3 アジェンデ、チリ社会党党首、大統領に当選。人民連合政権成立。
		11月	「茨城県史研究」に「武家のくらしむき」を書き始め、翌年から「幕末の水戸藩」を書く（74年まで続く）。		
1971 S46	81		懇話会で、母性論、試験管ベビー等話題。	秋田相互銀行で、女性組合員7人、男女同一賃金の要求→75年勝訴。3 参院選、社・共躍進。5/24 平塚らいてう死去（85歳）。6/17 沖縄返還協定調印。	東パキスタン独立宣言。バングラデシュ人民共和国成立。中国：国連復帰。インド・パキスタン全面戦争。8 ニクソン、金とドルの交換停止。ニクソンショック。
1972 S47	82		平凡社より東洋文庫版『おんな二代の記』(平凡社東洋文庫) 刊行。	優生保護法の一部改正を閣議決定。平林たい子死去。浅間山荘事件。5 日米沖縄協定、沖縄施政権返還。沖縄県。[日本列島改造論] 佐藤栄作内閣→田中角栄内閣。7 勤労婦人福祉法公布。社会主義協会「政党支持自由論批判」小冊子、共産党。[協会] 批判を開始。9 田中首相訪中。日中共同声明で日中国交正常化。政府、空母ミッドウェーの横須賀母港化承認。総選挙、社会党復調、共産党躍進。	米国：ウォーターゲイト事件。2/21 ニクソン米大統領訪中。米中共同声明発表。4/6 米：北爆全面再開。6-8 ベトナム支援のたたかい広がる。9/25 田中角栄首相訪中。日中共同声明調印。日中国交樹立。

年 M明治 T大正 S昭和	菊栄に関する事項の主な月	菊栄の年齢	山川菊栄に関する事項	日本の歴史的状況 日本女性史・抵抗運動史・他関連事項	国際的歴史的関連事項
1973 S48		83	集会出席に努めるが、歩行困難。来客を楽しむ。	日韓でキーセン観光反対キャンペーン。第1次石油ショック。高校「家庭一般」女子のみ必修。10/31 共産党沖縄県委員会設立(瀬長亀次郎県委員長)。11/14-21 共産党第12回大会。	1 パリでベトナム和平協定調印。第4次中東戦争。8/8 金大中 東京のホテルから拉致。9/11 チリ軍事クーデター、人民連合政府倒される。
1974 S49	7月 7月 8月 11月	84	孫しげみの結婚(山形女子と)。祝いの家族の集まりで、鎌倉へ。最後の外出。 兄、青山延敏死去。 覚書『幕末の水戸藩』(岩波書店)刊行。岡部雅子、国立横浜病院に入院。手術。元気回復。Tさん夫妻に手伝い委託。 11/3 誕生日家族パーティー。風邪をひく。近所のKさんに手伝ってもらう。Tさん夫妻、国立横浜病院に入院。	家庭科の男女共修をすすめる会発足。春闘で600万人参加の交通スト。国鉄初の全面運休。7 参院選、社共伸びて保革伯仲。7 元首相佐藤栄作にノーベル平和賞。田中首相、金脈問題等で辞意表明。後継、三木武夫。創共協定発表→失敗。9/1 原子力船「むつ」放射能漏れ事故。	5 インド核実験に成功。ニクソン米国大統領、ウォーターゲート事件で辞任。朴正熙韓国大統領狙撃事件、妻死亡。11 原子力供給国グループ(NSG)ロンドン会合。
1975 S50	3月 4月		末：介護用電動ベッド等環境を整える。4/1 退院。藤沢に帰る。以後ベッドでの生活。以後5年間、住み込み派出婦塩トラの付き添い看護。	「国際婦人年をきっかけとして行動を起こす女たちの会」発足。国際婦人年日本大会。41女性団体実行委員会主催。2300人。5 第20回はたらく婦人の中央集会。公労協「スト権スト」。民社党：保革を	「国際女性年」。国連機関、初の「国際女性デー」の催しをする。4 蔣介石死去。4/30 南ベトナム政府降伏。フランコ死去。ラオス：王制廃止。ラオス人

月	年	年齢	山川菊栄		
8月 10月		85	8/25 『山川均全集 6』刊行。『覚書 幕末の水戸藩』で第2回大佛次郎賞（振付代理に受賞）。婦語会会員有志による「女性解放の思想と行動」（上、下）（時事通信社）刊行。	超えた「国民の路線」公明党：日米安保、「合意廃棄」。7 育児休業法公布。	民民主和国に。日米首脳会議。日米防衛協定強化。国際婦人年世界会議開催、メキシコ・シティ。「平等・発展・平和」133カ国3000人参加。政府代表、藤田たき。NGO集会2000人。東ベルリンで国際民婦連国際婦人年世界大会。
	1976 S51	86	『山川均全集』編集継続。	6 日本NPT批准。ロッキード事件。前首相田中角栄ら速捕。新自由クラブ結成。12 総選挙、自民過半数割れ、社共後退。三木首相退陣、後継、福田赳夫。	「国連女性の10年」始まる。1 周恩来死去。4/5 天安門事件。鄧小平副主席解任。毛沢東死去。江青ら4人組逮捕。2 ロッキード事件表面化。北ベトナム統一・ベトナム社会主義共和国成立。東南アジア友好協力条約 (TAC)。
5月 8月 12月	1977 S52	87	青山文子（兄・延敏の妻）没。8/15 『女性解放一社会主義婦人運動論』（日本婦人会議中央本部出版部）刊行。『日本婦人問題資料集成』（全10巻）ドメス出版の2.3.8.9巻に12編。さまざまな人がインタビューにくる。曽孫いぶき（しげみ長男）誕生。12/2 『歴史評論』編集部：大丸義一、外崎光広、菅谷直子インタビュー。	7 参院選、社共後退。8/3 14年ぶりに原水禁統一世界大会。総人口の43.1%が革新自治体で生活。10/20 国立婦人教育会館オープン。政府「国内行動計画前期重点目標」発表。12 社会党委員長 飛鳥田一雄、書記長 多賀谷真稔。	中国：文化大革命終焉。4人組失脚。鄧小平副党主席に復帰。「四つの近代化」発表。国連、「国際女性デー」を国連女性の日とする。東南アジア条約機構 (SEATO) 解体。
3月	1978		上記インタビュー「日本におけるマ	社会民主連合結成（代表 田英夫）。	8/12 日中平和友好条約調印。

年 M明治 T大正 S昭和	菊栄に関する事項の主な月	菊栄の年齢	山川菊栄に関する事項	日本の歴史的状況 日本女性史・抵抗運動史・他関連事項	国際的歴史的関連事項
S53	4月 5月 10月	88	ルクス主義婦人論の形成過程」「歴史経論」3月号に掲載。4 振作。東大を定年退職→国学院大学教授。懇話会総会、代表 菊栄。事務局長菅谷直子。『20世紀をあゆむ—ある女の足あと』沢村貞子帯を書く。（大和書房）8月刊行。『山川均全集』刊行。	5 片山哲没。成田空港開港。福田赳夫首相。8/12 日中平和友好条約調印。元号法制化を閣議決定。12 大平内閣。日米ガイドライン決定。靖国神社A級戦犯を容認。公明党、安保と自衛隊を容認。京都府と沖縄県で革新自治体敗北。	アフガニスタンでクーデター、アフガニスタン民主共和国となる。初の軍縮特別総会。ベトナムとカンボジア激戦。11/20 日米安保協議委員会で「日米防衛協力のための指針」合意。
1979 S54	2月 4月	89	『山川菊栄の航跡「私の運動史」と著作目録』（外崎光広、岡部雅子編、ドメス出版）『日本婦人運動小史』（大和書房）刊行。長州一二 神奈川県知事就任時代に「県立婦人総合センター」を江の島に設立。その計画企画委員となる。	3/12 東京高裁 日産差別定年制とたたかう中本ミヨに勝利判決。6/6 元号法施行。日本政府、国際人権社会権規約・自由権規約批准。12/18 国連「女性に対するあらゆる形態の差別撤廃条約」採択 東京都と大阪府で革新自治体敗退。	イラン革命。ホメイニ帰国。第2次石油ショック。3米国：スリーマイル島原子力発電所で放射能漏れ事故。英国：サッチャー首相。ジュネーブで国連インドシナ難民会議。朴正熙韓国大統領、側近に射殺される。12/27 ソ連、アフガニスタンに侵攻。
1980 S55	3月 5月 8月 9月 10月 11/2	89	字が乱れるようになる。『山川均全集』9月刊行。ベッドの上での身動き困難。東芝病院に入院。曽谷みき（しげみの長女）誕生。死去（脳梗塞）。	1/10 社会党と公明党、共産党排除。安保条約・自衛隊容認の政権構想で合意。11/22 国連婦人の10年中間年日本会議。	ユーゴ、チトー大統領死去。全斗煥韓国新軍部 金大中らを逮捕。光州抗争。ポーランド「連帯」結成。7/14-30 国連女性の10年世界会議（コペンハーゲン）日本

政府　差別撤廃条約に署名。

9　イラン・イラク戦争。韓国軍法会議で、金大中に死刑判決。共和党レーガン、米国大統領に当選。

主要参考文献（著者50音順）

石河康国（2008）『労農派マルクス主義』下、社会評論社。
石河康国（2014、2015）『マルクスを日本で育てた人　評伝・山川均』Ⅰ・Ⅱ．社会評論社。
市川房枝研究会（2003、2013、2016）『市川房枝の言説と活動』全三冊．市川房枝記念会女性と政治センター。
片山潜（1954）『自伝』岩波書店。
塩田庄兵衛（1964）『日本労働運動の歴史』労働旬報社。
鈴木裕子編（2006）『自由に考え、自由に学ぶ　山川菊栄の生涯』労働旬報社。
鈴木裕子編（2012）『新装増補　山川菊栄集　評論篇』別巻中の年譜（岩波書店）。
日本共産党中央委員会（2003）『日本共産党の八十年 1922-2002』同党中央委員会出版局
日本婦人団体連合会（1962）『婦人のあゆみ80年』新読書社。
日本婦人団体連合会（2009）『婦団連のあゆみ』日本婦人団体連合会。
法政大学大原社会問題研究所編（1995）『新版　社会・労働運動大年表』第十巻、労働旬報社。
丸岡秀子・山口美代子編集（1980）『日本婦人問題資料集成』第十巻、「近代日本婦人問題年表」ドメス出版。
『山川均全集』全20巻　各巻。
『山川菊栄集』A　岩波書店
山川菊栄、向坂逸郎編（1961）『山川均自伝』岩波書店。
和田春樹／G.M.アジベーコフ監修（1914）『資料集　コミンテルンと日本共産党』岩波書店。

人名索引

［ア行］

青野季吉　299, 309, 459
青山延寿　52, 54, 60, 62
青山きく　56, 62
青山菊栄　108, 111, 115
青山千世　49, 52, 54
青山延敏　55, 60
青山量一　52, 53
赤江米子　203
赤松明子　297
赤松克麿　212, 309
赤松常子　357, 358, 360, 443
赤松（丸木）俊　414, 442
赤松良子　472
秋川陽子（田島ひでの筆名）　295
秋田雨雀　193, 195, 307
秋月静枝　190, 194-195
浅野晃　298, 307, 309
飛鳥田一雄　456
アステル，メリー　112
足立克明　297, 328
厚木たか　364
アトリー，クレメント　423
安部磯雄　64, 309
安倍能成　85
天野寛子　470
荒木茂　110, 202, 203, 344
荒畑寒村　31, 65, 78, 80, 103, 134, 187, 208,
　　214, 279, 297, 309, 328
荒畑初枝　372
荒又重雄　488
アルマンド，イネッサ　175, 20, 266
井伊大老　53

五十嵐仁　490
生田長江　78
石井雪江　368, 371, 452, 455, 468, 469
石川三四郎　23, 81, 101, 128, 309
石川啄木　65
石河康国　301
石原修　182
石原清子　372
石本恵吉　360
市川正一　196, 210, 306
市川房枝　25, 36, 161, 163, 169, 257, 350,
　　357, 358, 359, 361, 367, 368, 405, 443,
　　450
一番ケ瀬康子　470
伊藤晃　418
伊東すみ子　452
伊藤千代子　25, 307, 335
伊東勉　237, 245
伊藤野枝　24, 116, 161, 170, 193, 195, 203,
　　317, 328
稲村隆一　196, 299, 456, 459
犬丸義一　36, 38, 46, 126, 146, 245
井上輝子　28, 492
井上とし　347
井上松子　364
井上通泰　74, 75
猪俣津南雄　109, 297, 328
イプセン，ヘンリック　75, 76
今井歌子　263
今井けい　39, 421
岩内とみゑ　297
岩佐作太郎　195
岩田義道　308
巖谷小波　74
岩谷松平　58, 59

ヴァルター，アダムス　237
ウィード，エセル　359, 360, 361, 374, 376,
　　379, 400, 401, 402, 405
ウィルソン，エリザベス　393
ヴェーバー，マリアンネ　229
上杉慎吉　153
上田茂樹　214
上田敏　52
ウェッブ，ビアトリス　281
ヴェルナー　225
ヴォーンスキー　208
浮田和民　86
内田魯庵　153
内野光子　351
内村鑑三　64
埋橋孝文　492
ウルストンクラーフト，メアリ　78, 89,
　　112, 113, 149, 153
エーベルト，フリードリヒ　227
江口渙　193
エリザベス2世　423
エンゲル，エルンスト　71
エンゲルス，フリードリヒ　82, 107, 247,
　　250, 317
遠藤清子　263
遠藤千枝　442
オウェル，ジョージ　428
大泉兼蔵　299, 347
大内兵衛　121, 299, 460
大久保さわ子　469
大熊信行　308
大倉喜八郎　58, 59
大河内一男　70
大須賀里子　48, 103, 104
大杉栄　24, 31, 65, 78, 80, 84, 103, 109, 116,
　　170, 203, 460
大竹しづ　202
大竹（吉田）せい　161
大塚金之助　337

大塚楠緒子　64
大手芳枝　455
大野朔子　357
大場綾子　456
大森松代　372
大森義太郎　297, 299, 328, 459
大谷藤子　372
大山郁夫　170
小笠原貞子　414, 436, 442
岡田宗司　299, 459
岡部雅子　28, 355, 443, 452, 455, 459, 479,
　　489
小川卯太郎　74
小川未明　195
奥むめお　25, 121, 169, 257, 296, 297, 396,
　　421
奥山伸　333, 416
尾崎邦　374
尾崎みつ子　372
尾竹紅吉　83
落合直文　73
オットー，ユーリエ　224
小畑茂夫　308
小畑達夫　347
折井美耶子　259
織本（帯刀）貞代　396

[カ行]

カーペンター，エドワード　23, 31, 79-83,
　　88, 111, 206, 222, 483
貝原益軒　262
貝原たい子　196
影山英子　350
カスパローヴァ　179
カローザル　52
片山潜　66, 102, 109, 110, 119, 128, 181,
　　207, 209, 225, 226, 307, 336, 424
片山哲　26, 358

勝野金政　307
勝本清一郎　307
加藤一夫　237
加藤勘十　360, 380
加藤シヅエ　202, 359, 360, 362, 367, 378,
　　379
加藤千蔭　75
加藤時次郎　199
金子喜一　199
カネコ，コンガー　199
金子（山高）しげり　161
金子茂　203
金子洋文　456
鹿野政直　470
加納実紀代　390
鎌田栄吉　160, 161, 163
神川松子　103
神近市子　83, 84, 92, 116, 351, 365, 366,
　　372, 396
河合悦三　298, 299
河井道子　77
川上あい　198
河上肇　70, 98, 307, 336
川口武彦　418
河崎なつ　202, 357, 442
河田嗣郎　153
ガンディー，マハトマー　434
管野スガ　65, 103
岸田俊子　350
岸輝子　372, 441, 457
岸本英太郎　70, 102
北原白秋　490
北村季吟　75
木下順二　114
グージュ，オランプ・ド　153
草間平作　237, 244
櫛田ふき　361, 364
九津見房子　190, 191, 194, 257, 272
国崎定洞　307

久布白落実　388
窪川稲子　340
久保まち子　121, 413, 421
熊沢誠　347
倉田稔　253
栗原敦　258, 490
栗原光三　113
クループスカヤ　20, 175, 266
黒岩比佐子　114
黒川俊雄　443, 472
黒田寿男　297, 328
クロポトキン　132, 153, 154
桑田熊蔵　70
ケイ，エレン　261
ゲバラ，チェ　80
ケレンスキー　131
見崎恵子　253
小池初枝　364
小泉信三　70
幸徳秋水　65, 101, 102, 106, 108, 237
髙良とみ　441, 442
ゴーリカン　146
ゴーリキー　174
コール，D.G.H.　414, 426
コール，マーガレット　426
ゴールドマン，エマ　145
小暮礼子　103
コスパロワ　296
小林多喜二　342, 347
小林陽之助　307
小林良正　337
駒野陽子　455, 469
小宮山富恵　272
コルシュ，カール　280
コロレンコ　83, 84, 88, 111
コロンタイ，アレクサンドラ　120, 139,
　　145, 156, 174, 175, 178, 222, 252, 266,
　　293, 483
近藤栄蔵　187, 207, 208, 209, 282

近藤憲二　208
近藤鶴代→堺真柄
近藤真柄　195,456
コンドルセー　112

[サ行]

サイモンズ，メイ・ウッド　199
堺為子　314
堺利彦　31, 64, 65, 78, 80, 91-92, 101, 107,
　　128, 139, 147, 152, 170, 190, 193, 195,
　　196, 208, 212, 214, 237, 247, 279, 297,
　　299, 309, 314, 328, 424, 459
酒井はるみ　480
堺真柄　190, 191, 193, 195, 257, 299, 325,
　　328, 396, 456
榊原千代　442,456
坂西雅子　488
坂本真琴　203
向坂逸郎　299, 418, 459, 482
桜井鴎村　86
佐々木はる　198
ザスリッチ，ウェーラ　131
佐多稲子　360,361
定方亀代　364
サッチャー　29
佐藤ちゑ　295
佐藤礼次　492
佐野文雄　298
佐野学　209, 257, 270
サンガー，マーガレット　360
32年テーゼ　337
三瓶孝子　442
ジェルジ，ルカーチ　280
重井繁子　277
重野安繹　53
重藤都　469,477
ジノヴィエフ　174
柴田博美　456

渋沢栄一　161
嶋津千利世　71, 443, 465, 471, 472, 473,
　　474, 475, 476, 477, 478, 489
島村抱月　153
清水慎三　413
下中弥三郎　171
シモン，フェルディナント　225
シヤイデマン　143
周恩来　436,437
シュテルン，メタ・リリエンタール　18,
　　230, 233, 241, 403
シュバシッチ　430
ジョージ6世　423
シルマッヘル，ケーテ　146,158
新川士郎　1, 164, 488
スゥイフト　112
菅谷直子　28, 36, 46, 245, 355, 367, 405,
　　421, 442, 443, 452, 455, 468, 469, 475
杉浦啓一　270,277
杉村春子　372
杉本栄一　308
鈴木茂三郎　109, 287, 297, 299, 328, 380,
　　459
鈴木文治　98
鈴木裕子　28, 31, 309, 333, 344, 355, 369,
　　372, 421, 456, 466, 482, 486
スターリン　22, 414, 430, 431, 432, 436
スタンダー，ゴルダ　360, 375, 392
スピリドノーア，マリア　145, 174
スマイルズ，サミュエル　53
隅谷茂子　399,400
スミドーヴィチ　179
関鑑子　364
関口すみ子　350-352
千田是也　307
外崎光広　36, 46, 85, 245, 459, 489

［タ行］

高瀬清　216, 416
高田なほ子　414, 442, 457
高津正道　170, 196, 208, 209
高野岩三郎　119, 160, 161, 306, 336, 358
高野房太郎　64
高野実　384
高橋亀吉　196
高橋貞樹　196
高橋志佐江　442
高群逸枝　307, 308, 317, 319, 328, 480
田口運蔵　208
竹越与三郎　80
竹田行之　415, 456
竹中恵美子　71, 134, 382, 482, 484, 485
竹前栄治　375
田島ひで　171, 205, 257, 279, 295, 297, 299, 336, 396, 412
橘宗一　24, 116
帯刀貞代　36, 273, 297, 351, 405, 450, 474, 475
田所輝明　196, 214, 277
田所八重子　457
田中勝之　102, 103, 418
田中耕太郎　421
田中寿美子　29, 30, 31, 35, 91, 288, 406, 443, 452, 455, 457, 472
田中孝子　161, 162, 163
田中峰子　121, 413, 421
田中義一　306
田辺繁子　121, 372, 413, 421
田辺照子　472, 474
谷口善太郎　278
谷口みどり　397
谷野せつ　364, 383, 456
田沼肇　443, 472
丹野セツ　198, 257, 272, 277, 295, 297

近松（門左衛門）　74
チトー　429, 431, 433
千葉千代世　372, 442, 456
チューホフ，アントン　84
チャーチル　422, 423, 432
中條（宮本）百合子　26, 98, 110, 201, 202, 307, 308, 320, 331, 345
ツェトキーン，クラーラ　1, 19, 25, 27, 101, 102, 126, 131, 136, 140, 141, 142, 143, 145, 146, 149, 174, 175, 178, 179, 187, 188, 197, 226, 262, 264, 266, 270, 282, 293, 327, 345, 395, 396, 403, 420, 451, 464, 465, 472, 474, 487
塚本仲子　161
辻潤　130
津田梅子　78, 86, 110
土屋文明　25
土屋保男　237, 245
都築忠七　81
角田由紀子　477
ツルゲーネフ　76
鶴田勝子　442
鶴見和子　372
鶴見俊輔　45, 49, 54
手塚英孝　344
寺尾（清家）とし　298, 307
寺本宏作　383
ドイッチ，リョフ　131
土居美代子　364
ドゥンカー，ケーテ　406
徳川斉昭　54
徳田球一　196, 270, 298, 359, 384, 404, 414
徳冨蘆花　74
戸坂潤　351
戸田東　455
ドノヴァン　359
富沢真理子　456
トルーマン　402
トルストイ　74, 78

人名索引　　611

ドルネマン，ルィーゼ　464
ドレーク，バーバラ　281
トロツキー　131, 132

［ナ行］

内藤民治　360
内藤黎　372
中江兆民　51, 58, 115
中尾勝男　298
仲宗根貞代　198
仲田小春　297
中名生いね子　195
中名生幸力　170
中林賢二郎　474
中村ひろ子　489
中村正直　53
中村義明　277
夏目漱石　78
鍋山貞親　298
ナポレオン　112
奈良原繁　57
鳴海完造　307
新島襄　86, 388
新妻イト　257, 297
ニキチナ　307
西川文子　203, 263, 314
西川正雄　66
西沢隆二　404, 414
西たい　198
西雅雄　196, 214, 218
西村汎子　316
ねず・まさし　443
野上弥生子　204, 307, 340, 347
野口政子　457
野坂参三　196, 336, 370, 404, 414, 418
野坂竜　257, 270, 279, 297, 405, 450
野村つちの　161
野依秀市（旧名秀一）　176

野呂栄太郎　25, 308, 337, 347

［ハ行］

ハーツホーン，アンナ－クララ　85, 86
ハーディ，ケア　424
バーボールド，アナ　112
ハインドマン，ヘンリー　23, 81
袴田里見　404
橋浦時雄　208
橋浦はる子　190
橋本宏子　476, 489
長谷川時雨　307, 320
長谷川天渓　153
波多野勤子　372
ハッチンス，B. L.　136, 138
服部栄太郎　308
服部之総　337
花澤眞美　489
羽仁説子　360, 362, 414, 442, 457
馬場孤蝶　31, 76, 78, 79, 80, 115, 118, 170, 464
馬場辰猪　79
バブーフ　127
バハオーフェン　147, 154
浜田糸衛　405, 414, 442
林桂二郎　117, 119
林源十郎（甫三）　101, 106, 168
林醇平　101
林孚一　101
林洋子　258, 490
バラバノーワ，アンジェリカ　174
ハルマン，モーゼス　82
パンカースト，エメリン　139, 157, 322
ビーアド，チャールズ　379
ビーアド，メアリ　204, 379, 402
東山千栄子　441
樋口一葉　473
ビスマルク　224, 225

ヒトラー　432

ビヤソン，ミス　53

平塚らいてう（明子，雷鳥）　25, 76, 78, 98, 122, 133, 161, 169, 185, 203, 317, 328, 340, 347, 350, 404, 414, 442, 443, 473, 474, 475

平野義太郎　337

平林たい子　299, 365, 366, 369, 372

平林恒子　372

広田寿子　71, 134, 382, 455, 472, 474, 489

　広田寿子（佐藤紀奴）　451

フィグネル，ヴェーラ・ニコライエヴナ　139, 156

フーリエ，シャルル　251

フォーセット，ミリセント　139, 157

フォックス，ラルフ　427

深尾須磨子　365, 366, 441, 457

福沢諭吉　74, 185

福田英子　19, 199

福田新生　468, 469

福田徳三　247

福永操　307

福本和夫　257, 280, 288, 298, 306, 327, 333

藤井悌　77

藤川栄子　364

藤田たき　361

藤森成吉　307

藤原道子　442

ブッチュネラート，ターニア　464

ブハーリン　317, 318, 319

ブランキ　127

ブランゲ，ゴードン・W　376

フランス，アナトール　84, 88, 111

ブランデス，G. M. C.　76

フルシチョフ　438, 439

プレシコフスカヤ，エカテリーナ　132

ブレジネフ　433

プレハーノフ　131

分離・結合論　280

ベヴァン，アナイリン　414, 423, 426

ヘーウッド　80

ベーベル，アウグスト　1, 18, 31, 79, 80, 81, 82, 89, 90, 106, 107, 111, 156, 222, 223〜227, 335, 350, 465, 483

ベーベル，フリーダ　225

ベーベル，ユーリエ　225

星野弓子　456

細井和喜蔵　257

堀田善衛　422

堀切善次郎　358

堀保子　116

本多精一　160

本間重子　492

[マ行]

牧瀬菊枝　347

牧山正彦（＝草間平作）　229, 237, 241, 244, 248

槙ゆう　397

マクレナン　147

真杉静枝　372

桝本卯平　161

松岡洋子　360, 361, 399, 443, 457, 472

松尾尊兊　79

マッカーサー，ダグラス　122, 357, 375, 398, 402, 440

松下芳男　141

松田解子　77

松田ふみ子　372

松山文雄　468

丸岡秀子　36, 470

マルクス，カール　22, 120, 250, 327, 338, 461, 480, 483

丸沢美千代　456

丸谷才一　45, 50

マレンコフ　414

三木清　256

人名索引　　613

三岸節子　364
見崎恵子　253
水田珠枝　83, 222, 248, 249, 482
水谷長三郎　305
三田村四郎　272, 277
ミハイルロフ　433
宮川静江　295
宮城富士子　442
三宅やす子　203, 204
宮崎礼子　443, 450, 451, 465, 466, 468, 470,
　　489
宮沢賢治　258, 490
宮地正人　38
宮次繁左衛門　50
宮本顕治　344, 345, 347, 349, 359
宮本百合子　342, 344, 348, 349, 351, 356,
　　359, 360, 362, 363, 366, 367, 374, 396,
　　409
ムッソリーニ　432
武藤山治　160, 163, 164
村上トク　442
村上正雄　229, 233, 237, 247
村木厚子　342
村田康彦　470
村田陽一　285
メーリング, フランツ　140
毛沢東　436, 437, 438, 439
森下修一　237
モリス, ウィリアム　23, 81
森田志都栄　56, 60
森田草平　78
森田竜之助　49, 50, 54, 55, 72
森田敏雄（のちの青山延敏）　55
守田文治（有秋）　73, 101, 102, 128, 195
森田松栄　55, 60
森田萬作　50
森戸辰男　70, 71, 133, 134, 761, 170, 182,
　　336, 380
モルガン, ルイス　107, 117, 147, 172

[ヤ行]

矢崎さがのや　74
矢島楫子　53, 388
矢島せい子　455
安井哲子　78
柳田国男　350, 352
柳つる　297
矢部初子　198
山内みな　161, 164, 171, 257, 272, 297, 325,
　　396, 456
山県有朋　55
山上千恵子　28
山川菊栄　195, 349, 473, 474, 475, 477, 478
山川振作　27, 31, 98, 121, 129, 329, 334,
　　415, 418, 456
山川均　3, 20, 23, 48, 98, 99, 107, 108, 127,
　　139, 164, 170, 176, 196, 208, 212, 214,
　　258, 271, 272, 279, 280, 288, 291, 297,
　　298, 299, 309, 317, 328, 337, 349, 358,
　　360, 361, 371, 409, 417, 459, 479, 480
山川みづほ　470
山口孤剣　103, 104
山口小静　196
山口美代子　351
山崎今朝弥　128, 139
山崎耕一郎　418
山下正子　457
山高しげり　357
山田敬子　456, 489
山田耕筰　490
山田清三郎　345
山田盛太郎　337
山田わか　133, 340
山室軍平　77, 388
山室民子　357, 360
山室善子　364
山本縣蔵　209, 277, 287, 288, 289, 290, 309,

336

山本実彦　171
山本順子　472
山本杉　360
山本武利　357, 375, 403
山本宣治　305, 336
山本まき子　443, 472
山本安英　364
湯浅芳子　204, 307, 308, 331, 344
ヨギヘス，レオ　27
横田千元　196
横山千代　295
与謝野晶子　64, 133, 170, 202, 317, 328,
　　473, 475
吉岡弥生　104
芳川守圀　102, 108
吉住鯉子　329
吉田玉の緒　364
吉野作造　309
吉原太郎　207, 208
吉見静江　364
依田精一　480

[ラ行]

ラスキ，ハロルド・ジョセフ　425
ラッパポート，フィリップ　82, 154, 156,
　　206, 252, 335, 350

ラリー，E　199
ランキン，ジャネット　138, 157
リープクネヒト，カール　87, 88, 126, 139,
　　140
リープクネヒト，ソーニャ　140, 141
リッジウェイ　122, 402
リャザーノフ，ディヴィット　226, 229
劉少奇　437
リュトヘルス　132, 206-207
ルクセンブルク，ローザ　20, 27, 120, 126,
　　131, 139, 140, 142, 145, 149, 293, 420,
　　464
ルソー，ジャン・ジャック　52, 60, 112
ルッルノウ，シャルル　117
ルービナー，フリーダ　245
レーニン　20, 21, 120, 127, 131, 132, 173,
　　174, 196, 261, 264, 266, 282, 284, 317,
　　319, 327, 335, 419
レオン，ダニエル・デ　230, 232

[ワ行]

鷲沼登美枝　364, 443
渡辺多恵子　364
渡辺政之輔　270, 277, 298, 306
渡辺美恵　452
渡辺道子　364, 443, 444

事 項 索 引

［ア行］

ILO 160, 161, 164, 165, 312, 409
愛国婦人会 186
♀女性会議 29, 372, 415, 481, 489
『青服』 134
青山女子学院 103
赤旗事件 103, 314
『朝日新聞』 75
足軽 50, 54
芦田内閣 380
厚木飛行場 357
アトリー労働党内閣 423
アナキスト 325
アナルコ・サンディカリズム 80, 319
アメリカ旗艦ミズリー号 357
アメリカ軍暴行事件 389
アメリカ社会党 21, 226, 233, 395, 403
アンシャン・レジーム 150
アンペイド・ワーク 485
イギリス社会主義 39
イギリス労働党＝英国労働党 145, 421
イタチ養殖 348
板橋事件 386
インド国民会議派 434
インド社会党員 435
『インプレコル』 285, 296
『ウーマンカレント』 204
ヴァイマール共和国 158
ヴァイマール憲法 262
ヴァイマール国民議会（共和国）選挙
　　158, 159
上田女学校 52
請負制度 282

うずら飼育 348
エロ班 340
「遠方からの手紙」 132
『大阪平民新聞』 103
大森ギャング事件 339
オーラル・ヒストリー 352
沖縄切り捨て 404
屋上演説事件 103
大佛次郎賞 415
『女大学』 182

［カ行］

階級的な立場 325
階級闘争 25
階級闘争に一元化 481
街娼 380, 386
開戦論 64
解党主義的傾向 298
解党問題 213
改良主義者 264
科学的社会主義 36, 39, 151, 341
科学的社会主義の婦人解放論 246
科学的社会主義の婦人論 152
『家族・私有財産・国家の起源』 80
神奈川県立図書館 28, 47
かながわ女性センター 3, 489
観月亭 107, 114
関東消費者組合 396
関東大震災 78, 203, 295
関東婦人同盟 295, 297, 305, 316, 331, 332
官僚批判 407
機械的なマルクス主義者 283
「議会の婦人デー」 263
飢饉救済運動→ロシア飢饉救済

棄権防止政策　368

記事差し止め解禁　338

寄宿女工　312

寄宿制度　281

キャッチ（検挙）　380, 386

教育勅語　63

「仰臥」　48, 105

『共産主義女性インターナショナル』　178, 187, 189

共産主義婦人運動　327

共産党一斉検挙　334

共産党再建ビューロー　257

『共産党宣言』　80

共産党の領域　335

教条（主義）的なマルクス主義　474, 484

教条的でないマルクス主義　485

暁民会　170, 190

極左主義者　327

極左的幹部　270

極左婦人　331, 332

極左分裂主義者　332, 334

極左冒険主義　414, 460

極東委員会　359

極東諸国勤労婦人会議　179, 181

極東民族大会　208

キリスト教の婦人観　148

ギルド制度　155

『近代思想』　78, 79, 105

近代的人権思想　483

勤王開国派　52

金曜講演会　103

空想的社会主義　120

組合主義　163, 164, 291

組合婦人部　324

倉敷アイビースクエア　100

倉紡記念館　100

閨秀文学会　76, 78, 80

警職法・安保改定反対闘争　443

『月刊社会党』　457

「結合の前の分離」　291

ゲリッツェン女性史コレクション　232, 252

ケレンスキー内閣　132

現代フェミニズム　39, 481

賢母良妻主義　150

講座派　301, 337

公私娼問題（公娼・私娼問題）　133, 387

公娼　387

公娼制度復活反対協議会　390

公娼廃止　111, 388

公娼廃止期成同盟　326

工場法　77, 119, 391

公職追放　414

貢進生　50

弘道館　52

合法マルクス主義者　299

合法無産政党　459

公務員試験　380

国語伝習所　73, 76

国際自由労連志向　385

国際女性年　253, 481

国際婦人（女性）デー　2, 21, 146, 179, 209, 226, 295, 296, 297, 305, 314, 325, 345, 356, 362, 377, 385, 388, 394, 395, 396, 397, 399, 402, 404, 407, 450, 473

国際婦人デー50周年記念（中央）集会　405, 450

国際婦人デー委員会　425

国際民主婦人連盟　399, 414, 425

国民議会選挙　262

国有化政策　423

国立国会図書館　487

国立国会図書館憲政資料室　356, 376

国連デー　22, 407

国連の日→国連デー

51年綱領　404, 414

『Cosmoporitan―世界人』　111

5大改革指令　358

『国家学会雑誌』 134, 138

『国家と革命』 132

古典的なマルクス主義女性解放 458

コミュニスト 432

コミンテルン 20, 21, 128, 168, 206, 207, 301, 465

コミンテルン時代 19

コミンテルン第3回大会 178, 208

コミンテルン第4回大会 179

コミンテルン第5回大会 187, 282, 284

コミンテルン日本支部日本共産党準備委員会 208, 209

コミンテルンの女性（婦人）政策 171, 177, 178, 187, 188, 219, 265, 291, 300, 317, 333

コミンフォルミスト 431, 432

コミンフォルム 27, 301, 402, 430

コロンビア大学 109

[サ行]

災害救済婦人団 204

再軍備反対 412

再軍備反対婦人委員会 404

在米日本社会主義者団 110, 120

佐幕派 54

左派社会党 413, 417, 419, 442, 464

ザプモ（SAPMO） 2

『番紅花』 83

左右社会党の統一 443

左翼指導者 269

3月行動 218

産業革命 149

産業報国会幹部 357

サン・キュロット 150

サンジカリスト 127

32年テーゼ 337

産児調節運動 360

産前産後各八週間の休養 275

3.15事件 304, 306, 334, 335, 338

サンフランシスコ講和条約 122, 404, 412

サンフランシスコ条約批准国会 122

産別会議 397

ジェンダー統計 408

ジェンダー平等運動 481

『塩豚製造法』 55, 72

慈恵医大予科 121

自主管理社会主義 433

自主独立の正統マルクス主義 459

私娼 387, 388

史的唯物論 483

幣原喜重郎内閣 358

『資本論』 80, 103

『資本論』第1部 148

「嶋津千利世育ち」 477, 478

社会改良主義 136

『社会科学』 309

『社会契約論』 52

『社会主義』 121, 417, 419, 476

社会主義 22, 30, 64, 79, 109, 120, 173

社会主義医師協会 424

社会主義協会 27, 64, 121, 417, 419, 464, 476, 482

社会主義協会マルクス主義 480

『社会主義研究』 139

社会主義研究会 64

社会主義国家 440

社会主義者 30, 80, 114, 117, 130, 169, 170, 419

社会主義者鎮圧法 224, 225

社会主義女性解放論 483

「社会主義即女性解放」 481

社会主義的自主管理制度 431

社会主義的フェミニスト 39

社会主義的フェミニズム 39

社会主義的婦人問題 314

社会主義的民主主義 366

社会主義同志会 102

社会主義同盟　314

社会主義の「思想圏」　335

社会主義フェミニスト　22, 33, 486

社会主義フェミニズム　482, 483

社会主義婦人論　246

社会進化の過程　318

社会政策学会　70, 71, 89, 133, 138, 151,
　　436, 472, 474

社会政策学会例会　133, 138, 472

社会党　370, 372

社会党左派系　415

社会党統一大会　418

社会ファシズム　337

社会民主党　64, 158, 481

社会民衆党　257, 297

社会（民衆）婦人同盟　297

社会民主主義者　264

社会民主主義批判　299

社会民主労働者党　224

『シャルル・フーリエ』　225

10月革命　129

『週刊平民新聞』　225, 236

衆議院議員選挙法改正法案　359

15年戦争　342, 343

自由民権運動　52

自由民主党　443

儒学者　52

主要交戦国賠償請求権放棄　412

純正左翼　299, 459

攘夷党　54

娼妓解放令　388

娘子軍　72

昭電疑獄　380

娼婦　387

小ブルジョア的要求　315

小ブルジョア婦人運動　310, 311, 314, 324,
　　325, 326, 327, 474, 475

『剰余価値学説史』　103

昭和女子大学　252, 253

初期コミンテルン　1, 20, 172

初期社会主義　22, 65, 66, 335

初期社会主義者　85, 419

職業的訓練　282

職業婦人運動　310

職工義友会　64

『職工事情』　78

女権主義　25

女権論者　138, 264

『女工哀史』　257

女子英学塾　44, 77, 79, 86, 113

女性差別撤廃条約　458, 481

女性（婦人）代表者制度　187, 287, 307

『女性同盟』　169

『女性と社会主義』　18

『女性の権利の擁護』　78, 113

女性文化　320, 321, 322, 323

女性米軍軍人　359

女性を守る会　362, 385, 388, 397

『新女苑』　343

『新女大学』　74, 185

『新社会』　79, 105, 110, 114, 139

新社会党　481

『新女苑』　336, 343

信友会　160

新ナショナルセンター　384-385

新日本婦人同盟　359, 361, 362

新日本婦人の会　473

新婦人協会　169, 185, 263, 310, 311, 324,
　　474

人民公社　438

新民主主義　366, 436

新民主主義国家　437

新民主主義社会　437

人民戦線　337

人民戦線事件　48, 107, 337, 348, 349, 354,
　　360

人民民主主義国家　436

『新歴史』　367

事項索引　619

新歴史協会　367

水曜会　196, 198

巣鴨監獄　103, 105

鈴木貫太郎内閣　356

スターリン批判　414, 432, 438

スタンダー声明　356, 383, 393, 394

ストックホルム・アピール署名運動　441

スパルタカス団　143, 145, 149

スパルタクスグルッペ　120

政治研究会　206, 256, 265, 314, 327

政治研究会神戸支部　267

政治研究会婦人部　314

性的慰安施設　356

『青鞜』　25, 185, 474

青鞜社　79

青鞜の運動　310

政党の女性団体系列化　415

正統（派）マルクス主義　105, 299, 300

『青年の福音』　101

性病　390

性病罹患率　386

生理休暇問題　356, 391, 392

『世界人』　84

『世界婦人』　19

世界婦人大会（国際民婦連主催）　414

赤化防止会　314

赤瀾会　186, 189, 190, 191, 195, 314, 324, 325

『赤旗』　203, 305, 328, 396, 397

接待婦　387

繊維女工　312

戦艦ポチョムキンの反乱　64

『戦旗』　344, 396

全国公娼廃止期成同盟会　205, 387

全国婦人同盟　297, 316

全国婦人部協議会　272, 273, 292, 293, 312

全国婦人連盟　336

戦後対策婦人委員会　357, 358, 359

戦後の労農派　419

『前進』　348, 419

戦争公債　87

全ドイツ労働者協会　224

戦闘的マルキスト　297

戦闘的マルキスト理論雑誌　299, 328

全日本産業別労働組合会議（産別）　373

全日本無産青年同盟　306

全面講和　404, 412

占領下　355

占領下の女性労働改革　391

占領期　356

占領期女性政策　378

占領軍進駐　386

占領軍の「性政策」　386

占領軍の本質の分析　374

占領軍の民間検閲局（CCD）　389

占領政策　355

占領政策の転換　394

占領と性の問題　387

ソヴィエト　131

ソヴィエト中央集権主義　428

『総評』　457

総評（日本労働組合総評議会）　384

ソビエト共和国　287

ソビエト連邦　256

ソ連型社会主義計画経済　437

ソ連共産党　431

ソ連社会主義　301

[タ行]

第1インターナショナル　195, 224

第1回日本母親大会　443

第1次共産党事件　24, 295

第1次世界大戦　120, 142

第1次吉田内閣　393

第1次ロシア革命　64

大逆罪　213

大逆事件　65, 79, 314

第3インターナショナル　1, 168, 176, 180, 195, 206

第3インターナショナル婦人部（書記局）181, 264, 265

第3回国際共産主義女性会議　187, 282, 285, 287

第3次吉田内閣　380, 400

『大衆』　287, 297, 328

第16回総選挙　305

大正デモクラシー　24, 65, 82

『大戦の審判』　113

対ソ冷戦への転換期　355

第2インターナショナル　20, 21, 66, 103, 127, 164, 165, 225, 403, 405, 427

第2インターナショナルシュツットガルト大会　127

第2インターナショナルの第2回国際社会主義女性会議　395

第2回国際共産主義女性会議　21, 178

第2回婦人の日大会　401

第2次共産党　24, 258, 280

第2次吉田内閣　380

対日理事会　359

大日本帝国憲法　63

大日本婦人会　357

大日本労働総同盟友愛会　161, 171, 312

『第二無産者新聞』　305

『太陽』　74

太陽暦＝西暦　126

第4階級　150

第4回国際共産主義女性会議　287, 307

『種蒔く人』　20, 198

「男子」普通選挙法　305

男女同一労働同一賃金　457

男女別統計の創始　408

治安維持法　25, 256, 280, 337, 341, 360, 402

「治安維持法」違反　306, 348

治安維持法改正緊急勅令　336

治安警察法　24, 64, 103, 209, 257, 280

「治安警察法」第5条　169, 194, 263, 289, 311

「治安警察法」第5条2項　169

血のメーデー事件　441

千葉監獄　104

千葉県立食肉製造所　52, 55

『中央新聞』　74

中華人民共和国　402, 435, 436

中間検挙　306, 338

中国共産党　436, 439

中正安舒　465

『中性論』　82, 83

中ソ国境紛争　438

中ソ論争　438

朝鮮戦争　122, 381, 402, 436, 441

直接行動論　65

鎮撫派　54

美人局　340

帝国議会　63, 263

天狗党　54

転向（者）　351, 352, 417

天皇制　106

天皇制廃止綱領問題　213

天領　99

ドイツ革命　20, 126, 132, 142

ドイツ共産党　159, 307

ドイツ国民党　158

ドイツ社会主義労働者党　224

ドイツ社会民主党　87, 103, 142, 224

ドイツ帝国統計　71

ドイツ独立社会民主党　131

同一労働同一賃銀　282

東京女子師範学校　53

東京大学　121

東京都条例　402

東京都立立川短期大学　253

東京モスリン　162

東京連合婦人会　196, 204, 305, 311, 326

事項索引　621

同志社　101
同心　54
同人社女学校　53
東大経済学部　383
『動物農場』　428
東方諸民族大会　207
特殊慰安婦施設協会（RAA）　356, 386
特殊飲食店　380
特別高等警察　256, 383
独立社会民主党（独立社会党）　143, 158,
　425
特高→特別高等警察
特攻精神　352
特高第一課　349

[ナ行]

内閣情報局　350
成美女学校　76
ナロードニキ　139
2月革命　127, 128
二重権行使　393
27年テーゼ　298, 299
二大政党対立　418
日英同盟　64
日米安全保障条約　122, 404, 412
日米同盟強化　412
日米同盟強化の講和　404
『日刊平民新聞』　102, 117
日清・日露戦争　64
2.1スト　393, 398
『日本』　74
日本映画演劇労働組合（日映演労組）
　385, 397
日本共産党（共産党）　20, 26, 27, 29, 168,
　102, 110, 168, 257, 265, 266, 267, 279,
　299, 300, 331, 335, 345, 359, 370, 374,
　396, 405, 413, 419, 431, 459
日本共産党機関紙　203

日本共産党第3回大会　258, 279, 294
日本共産党 第6回全国協議会　217
日本共産党排除　385
日本基督教婦人矯風会　53, 388
日本産児調節婦人連盟　360
『日本資本主義発達史講座』　337
日本社会主義者団臨時実行委員会　128
日本社会主義同盟　102, 170, 194, 207
日本社会党　26, 65, 102, 115, 360, 412, 415,
　419
日本社会党婦人対策部　441
日本女子医学専門学校　103
日本女子大学農家生活研究所　466
日本占領　357
日本大衆党　306
日本的社会民主主義者　413
日本についてのテーゼ　298
日本農民党　306
日本の社会民主主義　212
日本婦人会議　29, 369, 372, 415, 456-459,
　457, 473, 481
日本婦人団体連合会（婦団連）　405, 441,
　442
日本婦人問題懇話会　452
日本婦人有権者同盟　359
日本復帰促進期成会　412
日本プロレタリア作家同盟　344
日本プロレタリア文化連盟（コップ）　344
日本文化中央連盟　349
『日本平民新聞』　120
日本民主婦人協議会準備会　399
「日本民主婦人協議会」（民婦協）　373
日本労働組合総同盟（総同盟）　373
日本労働組合評議会（評議会）　257, 266,
　272, 306
「日本労働組合評議会」婦人部協議会　277
日本労働総同盟　171, 265
日本労働総同盟関東同盟　295, 396
日本労農党　257, 297, 306

農業女性問題　465, 467
農民労働党　257, 271

[ハ行]

売淫制度　388
売春行為　387
売春制度　387
売春取締条例　387
「売買春」問題　356
敗戦　354
売文社　105, 107
ハウスキーパー　26, 347
ハウスキーパー事件　339
ハウスキーパー問題　346
『働く婦人』　344
働く婦人の中央集会　443
花嫁学校　78
反共政策・レッドパージ　402
反スターリン　422
反転　349
反転等の技法　344
パンパン　386
反ファシズム統一戦線　337
反マルクス主義　270
日蔭茶屋事件　116
東久邇宮稔彦内閣　256, 356, 358
東調布署手記　349
東調布署留置場　349
非共産党性　413
非共産党の領域　335
非共産党マルクス主義　212
非戦論　64
非日本共産党系マルクス主義　299
非マルクス主義的，反階級的　269
非無産階級　315
100号条約（男女同一価値労働同一賃金）
　409
百花斉放百家争鳴　438

『平等』　131, 144, 145
封印列車　132
フェビアン協会　136, 138, 152, 421, 424,
　426
フェミニスト　152, 185, 281, 322
フェミニズム　25, 138, 152, 320, 483
福祉国家　428
福祉社会政策　423
福本イズム（主義）　266, 279, 280, 288,
　291, 294, 297, 317, 327, 328, 331, 333,
　460
福本イズムの婦人組織論　294
福本イズム批判　328
父系制度　147
富士瓦斯紡績　170
富士瓦斯紡績工場　77
富士紡押上工場の争議　312
婦人オルガナイザー　275
『婦人解放』　28, 372, 373
婦人協議会　290, 307, 316
婦人月間　443
婦人月間実行委員会　450
『婦人公論』　343, 391, 392
婦人参政権　263
婦人参政権獲得期成同盟会　311
婦人参政権付与　358, 359
婦人諮問委員会　360
婦人週間　443
『婦人少年局月報』　408
婦人少年問題審議会　408
『婦人しんぶん』　456, 457
婦人政治運動促進会　297
『婦人戦旗』　344
婦人代表者会議　300, 327
婦人代表者制度　290, 307
「婦人団体協議会」（婦団協）　401, 441
婦人団体連合会　414
「婦人同盟」　258, 265, 288, 291, 294, 295,
　297, 299, 316, 324, 327, 328, 335

事項索引　623

『婦人のこえ』　28, 442, 443, 444, 451, 452
婦人の特殊要求　265, 266, 315
婦人の日　22, 377, 394, 398, 400, 450
婦人の日大会　400
婦人部協議会（日本労働組合評議会）　273
婦人部組織問題　356
婦人部テーゼ　265, 266, 272, 273, 277, 292,
　　293, 312-313
婦人部廃止案　313
婦人部撲滅論　315
婦人部論争　265
婦人民主クラブ　360, 361, 363, 366, 372,
　　386, 397
『婦人民主新聞』　364, 365, 372, 386, 397
婦人問題懇話会　415, 452, 470
『婦人問題懇話会会報』　28, 452, 457
『婦人有権者』　398
婦人労働行政　392
婦人労働者大会　161, 312
婦人労働者保護法　183
婦人労働調査所　296, 396
婦人労働問題研究会　474
婦選獲得共同委員会　307
婦選獲得同盟　305, 326
普選達成婦人委員会　305
普通選挙法　256, 265
「普通の女」　390
仏学塾　52
冬の時代　24, 65, 82
『プラウダ』　132
フラタニゼーション（Fraternization, 交
　　歓）　389
ブランキスト　127
プランゲ文庫　376
仏蘭西学舎　52
フランス革命　113, 150
フランス語夏期講習会　116
フランス婦人同盟　414
ブルー・ストッキング　112

ブルジョア階級　260
ブルジョア革命　197
ブルジョア議会　263, 319
ブルジョア女権論者　319
ブルジョア政党　264
ブルジョア知識分子　325
ブルジョア的婦人運動　24
ブルジョア・デモクラシー　260
ブルジョア婦人　260
ブルジョア婦人運動　169, 180, 474, 475
ブルジョア民主主義　366
プロレタリア革命　144, 197
プロレタリア女性　186
プロレタリア・ディクタツーア　187, 287,
　　307
プロレタリア独裁　319
『文藝戦線』　396
分離結合の理論　298
米国公文書館のGHQ/SCAP資料　376
米国の沖縄占領への無警戒　374
平民講演会　80, 85, 107, 108
平民社　101, 102
『平民新聞』　67, 73
平和4原則　419, 441
『ベーベルの婦人論』　227
北京世界女性会議　481
『へちまの花』　80
ベルリン反帝グループ　307
片面講和　404, 412
封建的家族制度　260, 281
報国学舎　52
『報知新聞』　265, 267
報道規制　304
北大女子学生の会　18, 395
母系制度　147
ポストモダン　483
北海道大学付属図書館　245
北海道庁　56, 72
北郊自主会　190

ポツダム宣言　256
ポツダム宣言を受諾　356
ボルシェヴィ（ビ）キ　20, 131, 139
ボルシェヴィキ化　287, 291
凡人　417

[マ行]

松江藩　49, 50
『まなぶ』　457
マルクス経済学　383
『マルクス主義』　288, 299
マルクス主義　22, 23, 31, 33, 36, 80, 83,
　　120, 246, 263, 317, 419, 428, 480
マルクス主義＝科学的社会主義の婦人解放
　　論　245
マルクス主義学説　317
マルクス主義女性解放論　465, 481
マルクス主義（的）社会主義　89, 120
マルクス主義的社会主義者　85, 120
マルクス主義的女性解放論　90
マルクス主義婦人論　36, 151, 474
マルクス主義婦人論の体系　259
マルクス主義理論　80, 319
マルクス派の社会主義　341
満州国　336
満洲事変　342
ミス・キャッチ　388
三つの民主主義　366
水戸藩　52
水戸藩生瀬事件　367
ミドルクラスの女性　186
『未来』　296, 396
民間検閲局　357
民間情報教育局　357
民主自由党　381
民主主義　368
民主人民戦線　360, 371, 386, 419, 456
民主人民連盟　354, 361, 368, 369, 370, 371,

　　385, 416, 419
民主人民連盟結成準備会　371
『民主戦線』　368
民主党　158
『民主婦人』　28, 369, 372, 373
民主婦人協会（連盟）　354, 361, 368, 369,
　　370, 371, 419, 456
民族独立運動　434
無産階級運動　260
無産階級の婦人　260
『無産者新聞』　258, 277, 305
無産政党　272
無産政党組織準備委員会　257, 265
無産政党の綱領問題　265
無産大衆党　306
無産婦人運動　288, 324
無産婦人同盟　289, 290, 336
無産婦人連盟　336
無産（プロレタリア）女性運動　168
無条件降伏　356
無政府共産主義　460
無政府主義　80
明治民法　63
メーデー　128, 170, 190, 325
メンシェヴィキ　131, 139
モーゼの十戒　148
モスクワとベルリンの女性書記局　282

[ヤ行]

夜業および残業の廃止　282
山川菊栄記念会　2, 47, 394, 465
山川菊栄賞　2, 28, 47, 470
山川菊栄文庫　3, 28, 47
山川主義（イズム）　266, 280, 291
山川聴取書　349
山川の社会主義フェミニズム　484
山川薬店　104
「ヤミの女」　390

事 項 索 引　　625

ヤルタ会談　430, 432
唯物史観　108, 172
唯物弁証法　318
唯物論哲学　428
友愛会　119, 160, 161, 324
友愛会婦人部　161, 170
『友愛婦人』　98, 161, 312
有給生理休暇　392
ユーゴ解放全国委員会　430
ユーゴスラヴィア共産党　430
ユダヤ人社会党　424
ユリウス暦＝旧暦　126
八日会　195, 198, 314, 324, 325, 326
『養豚新説』　57
吉田茂内閣　379
予備検束　195
夜業および残業の廃止　282
4.16事件　306, 334, 335, 337, 338

[ラ行]

『ライプツィヒ人民新聞』　131, 145
陸軍女性部隊（WAC）　359
陸軍女性補助部隊　359
陸軍女性補助部隊（WAAC）　359
リンチ事件　339, 347
ルガスピ（RGASPI）　2
冷戦の中での砦　380
『歴史評論』　474, 476, 477
レッドパージ　384
レトリック　349, 416
連合国宣最高司令官総司令部　357
労組婦人部　290
労働基準法　360, 391
労働組合期成会　64
労働組合における婦人　312
労働組合婦人部　291, 391, 392
労働組合婦人部設置賛成論　278
労働組合婦人部設置反対論　278

労働省の嘱託　384
労働省婦人少年局　378, 404
労働省婦人少年局長　26, 71, 121, 354, 361,
　　389, 412
『労働新聞』　277
『労働世界』　66
労働農民党（労農党）　257, 294, 306, 328
『労働婦人』　161
労働婦人連盟　316
『労農』　25, 297, 299, 304, 335, 396, 416,
　　419
『労農』同人　305
労農派　27, 102, 266, 301, 337
労農派マルクス主義　301, 319, 341, 480
『労農』附録婦人版　299304, 307, 328, 329
6時間労働制　275
ロシア革命　20, 80, 126, 127, 130, 132, 144,
　　173, 344, 428
ロシア飢饉救援（済）婦人有志会　196,
　　201-202, 326, 344
ロシア3月革命　130
ロシア社会民主党　128
ロシア臨時政府　132
ロマンチシズム　155

[ワ行]

『私の生涯から』　225

────────────────────

[A]

AFL（American Federation of Labor：米
　　国労働総同盟）　284

[C]

CCD（民間検閲局）　357, 389

CIE（民間情報教育局）　357
CIE 企画班　359
CIE 教育課　359

[E]

ESS（経済科学局）　393
ESS 労働課の婦人部批判　394

[G]

GHQ（連合軍）　3, 26, 357
GHQ ／ ESS（経済科学局）　392
GHQ ／ SCAP（連合軍総司令部）　357
GHQ/SCAP（CIE）　376
GHQ 占領政策　374
GHQ の MP（Military Police：憲兵隊）
　386
GHQ の活字メディア検閲　388
GHQ の検閲　389
GHQ の占領政策　374, 375
GHQ の統制　402
GHQ の反共政策　381
GHQ の反動化　384
GHQ の婦人政策　374
GHQ の労働政策　391, 393
GHQ 労働課　392

[I]

ILO（国際労働機関）　126, 160, 270
ILO 総会　122, 409

IWW（世界産業労働者組合）　80, 207

[R]

RGASPI（国立ロシア社会政治史文書館）
　208, 219

[S]

SCAP（連合国軍最高司令官）　357
SCAPIN　SCAP Instruction（連合国軍
　最高司令官通達の略）　387
SCAPIN645号　387

[T]

TUC（労働組合会議）　424, 435

[U]

USA 陸軍女性補助部隊（WAAC）　359

[W]

WAC（Women's Army Corps：陸軍女性
　部隊）　359

[Y]

YWCA（キリスト教女子青年会）　181

伊藤セツ（いとう・せつ／Ito, Setsu）

1939年	北海道函館生まれ.
1962年	北海道大学経済学部卒業.
1968年	同大大学院経済学研究科修士課程を経て博士課程単位取得満期退学.
	経済学博士（1984年 北海道大学）.
1968－1973年	北星学園女子短期大学講師―助教授.
1974－1989年	東京都立立川短期大学講師―助教授―教授.
1981年	旧東独「ライプツィヒ-クラーラ・ツェトキーン教育大学」に都費派遣短期研修.
1989－2009年	昭和女子大学教授. 同大女性文化研究所所長（2000-2004）,
	同大大学院生活機構研究科長（2004-2009）.
2009年3月	昭和女子大学定年退職. 5月～昭和女子大学名誉教授.

所属学会：
社会政策学会（1998-2000：代表幹事, 2015～名誉会員）.
日本家政学会（1990：生活時間研究で学会賞受賞, 1994-1998：理事, 2010功労賞受賞）.
経済統計学会会員（ジェンダー統計部会所属）.

〔単著〕
『クララ・ツェトキンの婦人論』（編訳著：松原セツ名）啓隆閣, 1969.
『クララ・ツェトキンの婦人解放論』有斐閣, 1984.
『現代婦人論入門』白石書店, 1985.
『有斐閣経済学叢書15 家庭経済学』有斐閣, 1990.
『両性の新しい秩序の世紀へ』白石書店, 1993.
『国際女性デーは大河のように』御茶の水書房, 2003.
『女性研究者のエンパワーメント』ドメス出版, 2008.
『生活・女性問題をとらえる視点』法律文化社, 2008.
『クラーラ・ツェトキーン ジェンダー平等と反戦の生涯』御茶の水書房, 2013.
（2013年 第20回社会政策学会学術賞受賞, 2018年 増補改訂版）

〔共著〕
川口和子他『国際婦人デーの歴史』校倉書房, 1980／大森和子他『家事労働』光生館, 1981
／伊藤セツ他『生活時間』光生館, 1984. 他.

〔共編著〕
宮崎礼子, 伊藤セツ編『家庭管理論』有斐閣, 1978.
伊藤セツ, 天野寛子編『生活時間と生活様式』光生館, 1989.
小谷正守, 伊藤セツ編『消費経済と生活環境』ミネルヴァ書房, 1999.
昭和女子大学女性文化研究所編『ベーベル女性論再考』御茶の水書房, 2004.
伊藤セツ・伊藤純編『ジェンダーで学ぶ生活経済論』ミネルヴァ書房, 2010. 他.

〔翻訳：分担訳〕
リンダ・ブルム著（1991）森ます美他共訳『フェミニズムと労働の間』御茶の水書房, 1996.
／ベティ・フリーダン著（1997）女性労働問題研究会訳『ビヨンド・ジェンダー』青木
書店, 2003.／UN 著（2005）日本統計協会訳『世界の女性2005－統計における進展』
日本統計協会, 2006.

山川菊栄研究
　過去を読み 未来を拓く

2018年11月30日　第1刷発行
定価：本体6500円＋税

著　者　伊藤セツ
発行者　佐久間光恵
発行所　株式会社 ドメス出版
　　　　東京都文京区白山 3-2-4　〒112-0001
　　　　振替　00180-2-48766
　　　　電話　03-3811-5615
　　　　FAX　03-3811-5635
　　　　http://www.domesu.co.jp

印刷・製本　株式会社 太平印刷社
ⓒ Ito, Setsu 2018 Printed in Japan
落丁・乱丁の場合はおとりかえいたします
ISBN 978-4-8107-0842-4 C0036

岡部雅子	山川菊栄と過ごして	二四〇〇円
今井けい	現代イギリス女性運動史――ジェンダー平等と階級の平等	三〇〇〇円
白井堯子	明治期女子高等教育における日英の交流	三六〇〇円
三宅義子	女性学の再創造	三三〇〇円
天野寛子	戦後日本の女性農業者の地位――男女平等の生活文化の創造へ	四八〇〇円
竹中恵美子・関西女の労働問題研究会	竹中恵美子の女性労働研究50年	二三〇〇円
女性労働問題研究会 編	定年退職と女性――時代を切りひらいた10人の証言	二〇〇〇円
橋本宏子	切り拓く――ブラックリストに載せられても	二〇〇〇円
伊藤セツ	女性研究者のエンパワーメント	二〇〇〇円
中嶌邦	成瀬仁蔵研究――教育の革新と平和を求めて	五六〇〇円

＊表示価格はすべて本体価格です